Neue Trends in den Sozialwissenschaften

Sebastian Jäckle
(Hrsg.)

Neue Trends in den Sozialwissenschaften

Innovative Techniken für qualitative
und quantitative Forschung

 Springer VS

Herausgeber
Sebastian Jäckle
Universität Freiburg
Freiburg, Deutschland

ISBN 978-3-658-17188-9   ISBN 978-3-658-17189-6   (eBook)
DOI 10.1007/978-3-658-17189-6

Die Deutsche Nationalbibliothek verzeichnet diese Publikation in der Deutschen National-
bibliografie; detaillierte bibliografische Daten sind im Internet über http://dnb.d-nb.de abrufbar.

Springer VS
© Springer Fachmedien Wiesbaden GmbH 2017

Gedruckt auf säurefreiem und chlorfrei gebleichtem Papier

Springer VS ist Teil von Springer Nature
Die eingetragene Gesellschaft ist Springer Fachmedien Wiesbaden GmbH
Die Anschrift der Gesellschaft ist: Abraham-Lincoln-Str. 46, 65189 Wiesbaden, Germany

Inhaltsverzeichnis

Einleitung.. 1
Sebastian Jäckle

Agent-Based Modeling (ABM) 11
Thomas Metz

Clusteranalyse.. 51
Pascal D. König und Sebastian Jäckle

Experimentelle Forschung – neue Entwicklungen 85
Ina Kubbe

GIS – Arbeiten mit georeferenzierten Daten 115
Sebastian Jäckle

Mehrebenenanalyse 147
Sebastian Jäckle und Julian Schärdel

Multidimensionale Skalierung................................. 177
Pascal D. König

Netzwerkanalyse... 203
Thomas Metz

Process Tracing 239
Markus B. Siewert

Qualitative Comparative Analysis............................. 273
Markus B. Siewert

Real-Time-Response-Messungen................................ 307
Thomas Waldvogel und Thomas Metz

Sequenzanalyse... 333
Sebastian Jäckle

Stichwortverzeichnis... 365

Verzeichnis der Autorinnen und Autoren

Dr. Sebastian Jäckle ist Akademischer Rat am Seminar für Wissenschaftliche Politik der Universität Freiburg; Schwerpunkte in Forschung und Lehre: Quantitative Methoden der Politikwissenschaft, Politische Eliten, Einstellungen im internationalen Vergleich und allgemein die Vergleichende Politikwissenschaft.

Dr. Pascal D. König ist Wissenschaftlicher Mitarbeiter am Institut für Politikwissenschaft der Goethe-Universität Frankfurt; Schwerpunkte in Forschung und Lehre: Politische Kommunikation, Parteienwettbewerb, quantitative Methoden und Textanalyse.

Dr. Ina Kubbe ist Post-Doctoral Fellow an der Universität Tel Aviv; Schwerpunkte in Forschung und Lehre: Experimentelle Methoden, Korruption, Demokratie- und Governanceforschung.

Thomas Metz, M.A. ist Wissenschaftlicher Mitarbeiter und Doktorand am Seminar für Wissenschaftliche Politik der Universität Freiburg; Schwerpunkte in Forschung und Lehre: Wahlverhalten, Rezeptionsbegleitende Debattenforschung, Computational Social Science, Politische Eliten und Politische Kommunikation.

Julian Schärdel, M.A. ist Wissenschaftlicher Mitarbeiter am Seminar für Wissenschaftliche Politik der Universität Freiburg; Schwerpunkte in Forschung und Lehre: Europäische Integration, Direkte Demokratie, Populismusforschung, Medien und Politik.

Markus B. Siewert, M.A. ist Wissenschaftlicher Mitarbeiter am Lehrstuhl für Qualitative Methoden der Empirischen Sozialforschung an der Goethe-Universität Frankfurt; Schwerpunkte in Forschung und Lehre: Fallorientierte Ansätze in den Sozialwissenschaften, das politische System der USA, insbesondere Aspekte der exekutiv-legislativ Beziehungen, sowie allgemeine Fragen der Vergleichenden Politikwissenschaft.

Thomas Waldvogel ist Wissenschaftlicher Mitarbeiter und Doktorand am Seminar für Wissenschaftliche Politik der Universität Freiburg; Schwerpunkte in Forschung und Lehre: Politische Kommunikation, rezeptionsbegleitende Debattenforschung, Methodik und Didaktik der Politischen Bildung.

Einleitung

Sebastian Jäckle

1 Wozu ein weiteres Methodenbuch?

Die ersten Überlegungen zu diesem Buch gehen auf zwei Entwicklungen zurück, die den Sozialwissenschaften zuletzt ihren Stempel aufgedrückt haben. Einerseits haben sich die Sozialwissenschaften in den letzten Jahren in Bezug auf die von ihnen verwendeten Techniken und Analyseverfahren extrem weit ausdifferenziert. Und andererseits nehmen methodische Aspekte einen immer wichtigeren Platz in Forschung und Lehre ein. Ein Indikator dieser Entwicklung ist die Tatsache, dass Manuskripte, die den in der Disziplin vorherrschenden methodischen Ansprüchen nicht gerecht werden, es äußerst schwer haben zur Veröffentlichung zu gelangen. Und sei das Thema noch so aktuell und interessant – nur wenn es auch mit adäquaten Techniken und einer passgenauen methodischen Herangehensweise analysiert wird gilt es als publikationsreif. Nur folgerichtig ist daher die Zahl der Methoden Summer Schools seit einigen Jahren stetig gewachsen.[1] Während diese

---

[1]Neben der altehrwürdigen Summer School in Essex, die 2016 bereits ihre 49. Auflage erfuhr, sind die ECPR Summer School in Methods and Techniques bis 2015 in Ljubiljana/ ab 2016 in Budapest (11. Auflage in 2016), die ebenfalls von der ECPR ausgerichteten Winter Schools zunächst in Wien und später in Bamberg (6. Auflage in 2016), das Methods Summer Programme der LSE (6. Auflage in 2016), die IPSA Summer Schools in Sao Paulo (7.Auflage in 2016), Singapur (5. Auflage in 2016) und bis 2015 in Ankara (3. Auflage in 2015), die vom WZB, der Berlin Graduate School of Social Sciences und der Humboldt Universität veranstaltete Berlin Summer School in Social Sciences (6. Auflage in 2016) sowie die Swiss Summer School in Social Science Methodology in Lugano (20. Auflage in 2016) nur einige nennenswerte Beispiele.

S. Jäckle (✉)
Albert-Ludwigs-Universität, Freiburg, Deutschland
E-Mail: sebastian.jaeckle@politik.uni-freiburg.de

© Springer Fachmedien Wiesbaden GmbH 2017
S. Jäckle (Hrsg.), *Neue Trends in den Sozialwissenschaften,*
DOI 10.1007/978-3-658-17189-6_1

primär auf PhD-Studierende ausgerichtet sind, so hat sich die Methodenlehre mittlerweile aber auch innerhalb der BA- und MA-Curricula einen festen Platz erarbeitet. Diese Entwicklung spiegelt sich wiederum in Haus- und Abschlussarbeiten wieder, bei denen von Seite der Dozierenden immer häufiger – und in den Augen des Herausgebers dieses Bandes auch vollkommen zurecht – der klare Anspruch erhoben wird, dass ein sauberes Forschungsdesign aufgestellt und ein angemessenes methodisches Vorgehen gewählt wird, welches dann auch korrekt auszuführen ist. Zudem wünschen sich viele Studierende die ausgetretenen Pfade der klassischerweise häufig in Arbeiten gewählten Themen, Forschungsansätze und Methoden zu verlassen und in ihren Werken innovative, neue Verfahren anzuwenden. An dieser Stelle beginnt aber oftmals das Problem: Lehrbücher, welche den klassischen Kanon quantitativ-statistischer oder qualitativer Verfahren abdecken, finden sich zu Hauf. Sobald jedoch Interesse besteht, diesen Kanon zu verlassen und Analysemethoden zu wählen, die in den Sozialwissenschaften eine bislang noch vergleichsweise geringe Verbreitung gefunden haben, so ist das Angebot an einführenden Lehrbüchern deutlich begrenzter.

An dieser Stelle setzt der vorliegende Sammelband an. Es greift hierfür eine Auswahl an Methoden und Techniken heraus, die entweder in den Sozialwissenschaften allgemein bislang noch keine weite Verbreitung gefunden haben, da sie ihre Ursprünge in anderen Disziplinen haben, oder nur in einzelnen sozialwissenschaftlichen Subdisziplinen angewendet werden, in anderen dagegen praktisch unbekannt sind, die aber – so die den Kapiteln zugrunde liegende Annahme – zukünftig in allen sozialwissenschaftlichen Teilbereichen eine deutlich steigende Bedeutung erfahren werden. Die Auswahl der Kapitel ist damit keineswegs eklektisch, sondern vielmehr daran orientiert, welche Methoden und Verfahren das Potenzial haben, zukünftig das Erscheinungsbild der Sozialwissenschaften maßgeblich zu prägen. Da ein Blick in die Glaskugel der Zukunft aber zwangsweise immer mit einer gewissen Fehlerschwankung einhergeht, kann an dieser Stelle freilich weder eine Gewähr dafür übernommen werden, dass alle methodischen Trends der nächsten Jahre und Jahrzehnten in den folgenden Kapiteln abgebildet werden, noch, dass auch wirklich alle hier beschriebenen Methoden die von uns prognostizierte Entwicklung in Richtung des sozialwissenschaftlichen Standard-Methoden-Kanons nehmen werden.

Ziel des Buches ist einerseits die Grundlogik dieser Methoden zu klären und somit ein zumindest rudimentäres Verständnis ihrer Funktionsweise zu generieren, andererseits aber vor allem zu zeigen, welche Arten von Fragestellungen man mit den jeweiligen Methoden bearbeiten kann und inwiefern sie den klassischen Katalog an Methoden, den wir in der Soziologie, der Politikwissenschaft und anderen Sozialwissenschaften haben, sinnvoll ergänzen können. Ein ähnliches Konzept verfolgt das SAGE Handbook of Innovation in Social Research Methods, welches auf mehr als 600 Seiten einen guten Überblick über aktuelle methodische Entwicklungen in den Sozialwissenschaften bietet. Gleichwohl es sich hierbei um ein exzellentes Handbuch handelt, ist es doch auf einem Level geschrieben, das den Einstieg in eine Methode selbst für fortgeschrittene BA- oder MA-Studierende doch relativ schwierig gestaltet. Das vorliegende Werk soll hier einen Mittelweg gehen: Dabei versucht es wichtige und zukunftsträchtige methodische und technische Neuerungen in den Sozialwissenschaften so darzustellen, dass sie für eine vergleichsweise breite Zielgruppe hilfreich sind. BA- und MA-Studierende, die für Hauptseminar- oder Abschlussarbeiten einen Einstieg in eine Methode suchen, sollen genauso wie Doktoranden, denen eher an einem vertieften Verständnis und an weiterführenden Literaturempfehlungen bei spezifischen Teilaspekten und Problemen der beschriebenen Verfahren gelegen ist, in diesem Buch fündig werden. Zudem sind die einzelnen Kapitel auch so angelegt, dass sie sich gut in der Lehre einsetzen lassen – beispielsweise als einführende Lektüre in weiterführenden Methodenseminaren, oder als Ergänzung zu inhaltlichen Seminaren, in denen Arbeiten besprochen werden, die eine der hier beschriebenen innovativen Techniken anwendet. Der Grundtenor dieses Buches soll sich dabei etwas von klassischen Methodenlehrbüchern unterscheiden, indem stärker und dabei knapp darauf fokussiert wird, was die Vor- und Nachteile dieser für die Sozialwissenschaften vergleichsweise neuen Methoden sind. Für ausführliche Erläuterungen zum Vorgehen, will man diese Methoden anwenden, wird auf weiterführende Literatur verwiesen. Zudem diskutieren die Beiträge, soweit es sich anbietet, auch jeweils kurz die für die praktische Anwendung zur Verfügung stehenden Softwarepakete.

Die einzelnen Kapitel beginnen jeweils mit einem Blick auf die bisherige Verbreitung der betreffenden Methode in den Sozialwissenschaften. Anhand von Publikationszahlen, die dem Social Science Citation Index (SSCI) entnommen wurden, kann einerseits ziemlich genau festgelegt werden, seit wann die Methode in den Sozialwissenschaften Fuß gefasst hat und auch wie die Entwicklung seither verlaufen ist – auch im Niveauvergleich zu den anderen in diesem Buch behandelten Verfahren. Hierbei wird nochmals zwischen politikwissenschaftlichen und weiteren sozialwissenschaftlichen Artikeln unterschieden.[2] Betrachtet man beide Teilbereiche, kombiniert und vergleicht die Zahlen für Publikationen und Zitationen seit 1955, ergibt sich das folgende Bild (Abb. 1): Offensichtlich sind einzelne Methoden deutlich häufiger anzutreffen als andere.[3] Insbesondere gilt dies für das Experiment, welches aufgrund seiner doch relativ weiten Verbreitung auch scheinbar nicht so recht in diesen Band zu passen mag. Eine Vielzahl an Neuerungen experimenteller Designs rechtfertigen jedoch, wie das entsprechende Kapitel aufzeigen wird, die Aufnahme. Die einzige in diesem Buch behandelte Methode, die in etwa an die Zahlen des Experiments herankommt, ist die Mehrebenenanalyse. Betrachtet man die Entwicklungsverläufe der einzelnen Verfahren, so zeigt sich, dass alle mit Ausnahme der Multidimensionalen Skalierung eine klar ansteigende Tendenz aufweisen. Der Startzeitpunkt dieser Entwicklungen ist jedoch unterschiedlich. So lassen sich erste cluster- oder netzwerkanalytische Publikationen bereits in den 60er und 70er Jahren finden, wohingegen Multiagentensimulationen und Sequenzanalysen erst in den 90er Jahren ihren Weg in die Sozialwissenschaften fanden. Aus dem

---

[2]Dabei werden als Grundgesamtheit diejenigen im SSCI seit 1956 gelisteten Artikel verwendet, die ausschließlich in Forschungsbereiche einsortiert werden, die vom SSCI der Oberkategorie Sozialwissenschaften zugeordnet werden. Hierdurch wird sichergestellt, dass alle in die deskriptiv-statistische Auswertung einfließenden Artikel wirklich dem Kernbereich der Sozialwissenschaften angehören. Sozialwissenschaftlich eher periphere Forschung oder interdisziplinäre Forschung mit einem nur in Teilen sozialwissenschaftlichen Fokus wird hierdurch von der Auswertung ausgeschlossen. Auch wenn dies im Einzelfall diskussionswürdig sein mag, kann doch nur auf diese Weise ein ansatzweise stringentes Bild der neuen methodischen Trends in den Sozialwissenschaften gezeichnet werden, das nicht durch Forschung an den Rändern der sowieso schon breiten Disziplin verzerrt wird. Zudem spricht die auf diese Weise noch in einem handhabbaren Bereich befindliche Fallzahl für diese Herangehensweise. Bei der Unterscheidung zwischen Politikwissenschaft und weiteren Sozialwissenschaften wird auf die Einteilung des SSCI zurückgegriffen. Konkret werden der Politikwissenschaft die Forschungsbereiche (=Unterkategorie der Oberkategorie Sozialwissenschaften) *Government & Law, International Relations* und *Public Administration* zugeordnet. In den weiteren sozialwissenschaftlichen Bereich fallen *Social Sciences, Area Studies, Criminology & Penology, Family Studies, Social Issues, Social Science Other Topics, Sociology, Urban Studies* und *Women's Studies.* Artikel, die neben der Einordnung in eine oder mehrere der oben genannten Unterkategorien zusätzlich in einem oder mehreren weiteren der SSCI Forschungsbereiche gelistet werden (z. B. *Anthropology, Telecommunications* oder *History*) werden wie gesagt nicht verwendet um die Ergebnisse auf den Kernbereich der ausschließlich sozialwissenschaftlichen Artikel zu beschränken.

[3]Für RTR-Messungen finden sich so gut wie gar keine Verweise im SSCI, weshalb für diese Methode keine grafische Auswertung vorgenommen wird. Eine Diskussion dieses Sachverhalts findet sich im entsprechenden Kap. „Real-Time-Response-Messungen".

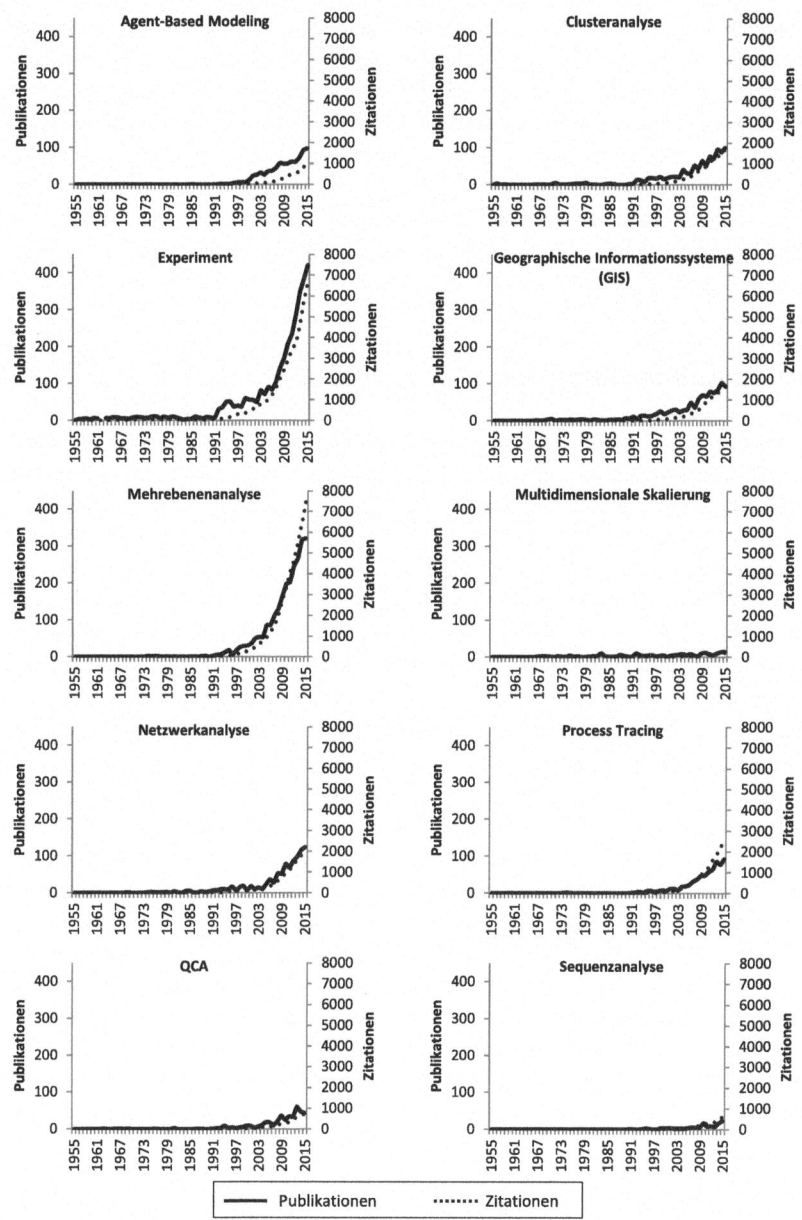

Abb. 1 Publikations- und Zitationszahlen für die in diesem Buch behandelten Methoden und Verfahren im Vergleich (1990–2015). (Quelle: Eigene Darstellung)

Vergleich der Linien für Publikationen und Zitationen lässt sich, da die Skalierung der beiden Achsen ja für alle Abbildungen dieselbe ist, ablesen, dass insbesondere Artikel, welche die Technik der Multiagentensimulation verwenden, eine vergleichsweise geringe Aufmerksamkeit auf sich ziehen, wohingegen Arbeiten, die Prozessanalysen durchführen, deutlich häufiger zitiert werden. Dies mag daran liegen, dass letztere Methode den klassischen sozialwissenschaftlichen Denkmustern näher ist als der v. a. aus der Physik übernommene Ansatz der Simulation unterschiedlicher Agenten. Auch hier soll dieses Buch helfen, ein Verständnis für solche, nicht der sozialwissenschaftlichen Logik entstammenden Methoden aufzubauen.

2   Kapitelüberblick

Thomas Metz widmet sich im zweiten Kapitel dem *Agent-Based Modeling (ABM)*. Die Simulation interagierender Individuen in künstlichen Gesellschaften hat erst langsam begonnen, in den Sozialwissenschaften breiter Fuß zu fassen. Der Beitrag stellt die Entstehung des Ansatzes dar und entwickelt vor dem Hintergrund des dort verwendeten Modellbegriffs die Prinzipien wissenschaftlicher Erklärung mit ABM. Anschließend stellt er die typischen Elemente eines Agentenmodells vor und gibt Hinweise darauf, wie ein ABM konkret entwickelt wird. Nach einem Überblick über die bisherigen Anwendungsfelder innerhalb der Sozialwissenschaften wird anhand von drei Beispielen gezeigt, wie Forschung mit Softwareagenten konkret funktioniert. Der Beitrag schließt mit Tipps zur Anwendung und zu möglichen Softwareplattformen.

Im dritten Kapitel mit dem Titel *Clusteranalyse* geben Pascal König und Sebastian Jäckle einen Einblick in den sich aktuell vor allem in den Computerwissenschaften äußerst dynamisch entwickelnden Bereich der clusteranalytischen Forschung. Dabei werden zunächst die klassischerweise verwendeten Ansätze, wie hierarchische oder k-means Clusteranalysen behandelt. Daneben wird aber vor allem auf neuere, in den Sozialwissenschaften bislang weniger verbreitete Typen der Clusteranalyse wie Two-step-Ansätze, Fuzzy Clustering, dichtebasierte Verfahren oder modellbasiertes Clustern fokussiert. Zudem argumentieren die Autoren, dass es für Sozialwissenschaftler trotz der hiermit verbundenen methodischen Herausforderungen sich lohnen dürfte, sich mit denjenigen neuen Clusterverfahren zu beschäftigen, die für die Analyse von sehr großen und hochdimensionalen Datensätzen (Stichwort Big Data) entwickelt wurden, wie sie in Zukunft auch in den Sozialwissenschaften immer häufiger anzutreffen sein dürften.

Ina Kubbe widmet sich im vierten Kapitel neueren Entwicklungen in der *Experimentellen Forschung*. Sie klärt dabei unter anderem, was unter den drei zentralen Begriffen der Kontrolle, der Manipulation und der Randomisierung im Kontext sozialwissenschaftlicher Forschung verstanden wird. Daneben wird in dem Kapitel erläutert, welcher Grundtypus des experimentellen Vorgehens (Labor, Feld, oder Umfrageexperiment) in welcher Situation geeignet ist und worauf es bei deren Durchführung zu achten gilt. Hierzu gehören auch konkrete Hinweise, was die potenzielle Täuschung und Bezahlung von Probanden anbelangt.

Das fünfte Kapitel, verfasst von Sebastian Jäckle, führt in die Arbeit mit georeferenzierten Daten und die hierfür verwendeten *Geoinformationssysteme (GIS)* ein. Neben unterschiedlichen Arten von thematischen Karten, welche im Forschungsprozess sowohl einen deskriptiven wie auch analytischen Zweck erfüllen können, werden verschiedene Optionen der räumlichen Analysen vorgestellt und an Beispielen beschrieben. Zudem gibt das Kapitel Hinweise zur praktischen Arbeit mit Geodaten. Dabei wird unter anderem geklärt, wie entsprechende Geodatensätze erstellt werden können, in welchen Fällen das Vektor- und wann das Rasterformat besser geeignet ist, oder worauf es bei der Darstellung von Karten in Veröffentlichungen zu achten gilt.

Die *Mehrebenenanalyse* steht im Mittelpunkt des von Sebastian Jäckle und Julian Schärdel verfassten sechsten Kapitels. In diesem wird geklärt, in welchen konkreten Fällen dieses zur statistischen Analyse hierarchischer Datenstrukturen entwickelte Verfahren gewinnbringend in den Sozialwissenschaften eingesetzt werden kann. Die präsentierten Beispiele aus den verschiedensten sozialwissenschaftlichen Teilbereichen zeugen dabei von der äußerst flexiblen Anwendbarkeit der Methode. Das Kapitel gibt zudem Hinweise darauf, auf was es bei der Modellierung zu achten gilt, wie sich die Güte der Schätzung bestimmen lässt und welche Software sich eignet.

Im siebten Kapitel beschäftigt sich Pascal König mit der Methode der *Multidimensionalen Skalierung (MDS)*. Diese ist als Verfahren zur Quantifizierung und Visualisierung von Ähnlichkeiten insbesondere hilfreich bei der Verdichtung von Informationen und der komplexitätsreduzierenden Darstellung derselben. Der Beitrag zeigt zum einen die breite Palette an sozialwissenschaftlichen Untersuchungsfragen auf, bei denen die MDS gewinnbringend eingesetzt werden kann – von der Generierung von Wahrnehmungsräumen, über die Auswertung expliziter Ähnlichkeitsbewertungen bis hin zur Visualisierung von Netzwerkdaten – zum anderen diskutiert er Erweiterungen des Verfahrens und gibt Hinweise zur praktischen Anwendung.

Die *Netzwerkanalyse* ist das Thema des achten, von Thomas Metz verfassten Kapitels. Diese mittlerweile auch innerhalb der Sozialwissenschaften vergleichsweise häufig anzutreffende Methode setzt sich mit relationalen Daten, d. h. den

Beziehungen zwischen Einheiten auseinander und hilft dabei, das Geflecht dieser Beziehungen zunächst verständlich darzustellen und aus ihm heraus evtl. auch weiterreichende Schlüsse zu ziehen. Neben einer historischen und aktuellen Einordnung der Netzwerkanalyse diskutiert der Beitrag mögliche Anwendungsfelder dieser Methode in den Sozialwissenschaften, gibt einen Einblick in die zur Verfügung stehenden Analysekonzepte, wie z. B. die verschiedenen Zentralitätsmaße, und erörtert, welche Anforderungen Netzwerkanalysen an die Struktur der verwendeten Daten stellen. Anhand konkreter Beispiele werden die unterschiedlichen, zuvor diskutierten netzwerkanalytischen Verfahren zudem nochmals verdeutlicht. Der Beitrag schließt mit Anwendungstipps auch im Hinblick auf die Frage, welches Softwarepaket für welche konkrete netzwerkanalytische Anwendung besonders geeignet ist.

In Kapitel neun liefert Markus Siewert einen Einblick in das Verfahren des *Process Tracings,* welches sich in den letzten Jahren zu einem der am häufigsten verwendeten Fallstudiendesigns entwickelt hat. Insbesondere sein Fokus auf kausale Mechanismen zur Erklärung bestimmter Outcomes unterscheidet es einerseits von anderen qualitativen wie quantitativen Herangehensweisen und macht es andererseits so attraktiv zur Beantwortung einer Vielzahl von sozialwissenschaftlichen Fragestellungen. Das Kapitel führt zunächst in die grundlegenden Ideen des Process Tracings als analytischem Ansatz ein und bespricht dann – auch anhand konkreter Beispiele – zwei zukunftsträchtige Weiterentwicklungen. Dabei handelt es sich erstens um eine Bayesianische und zweitens um eine mengentheoretische Herangehensweise. Daneben werden praktische Hinweise zur Durchführung gegeben.

Das zehnte Kapitel zu *Qualitative Comparative Analysis (QCA)* und den Weiterentwicklungen mengentheoretischer Verfahren stammt ebenfalls aus der Feder von Markus Siewert. Ausgehend von einer Einführung in die Grundlogiken der QCA, wie dem mengentheoretischen Denken sowie der Fall- und Diversitätsorientierung dieses Ansatzes, werden die zentralen Analyseschritte erläutert, bevor das Kapitel zukünftigen Anwendern konkrete Hilfestellungen zur praktischen Umsetzung einer QCA an die Hand gibt. Zudem werden komplexere Forschungsdesigns besprochen, beispielsweise die Frage, wie sich die Zeit in das QCA-Framework integrieren lässt oder wie sich Mengenbeziehungen kausal interpretieren lassen.

Thomas Waldvogel und Thomas Metz widmen sich im elften Kapitel *Real-Time-Response-Messungen (RTR).* Diese ermöglichen die rezeptionsbegleitende Erfassung individueller und subjektiver Reaktionen auf audiovisuelle Stimuli – was beispielsweise zur Analyse von Live übertragenen (politischen) Debatten oder TV-Duellen ein hilfreiches Analyseinstrumentarium darstellen kann. Der Beitrag führt in die historische Entwicklung der RTR-Messung ein, bespricht die Vor- und Nachteile spezifischer Eingabemethoden (z. B. Push-Button vs. Slider), diskutiert Reliabilität und Validität der so gesammelten Daten und zeigt auf, welches enorme Innovationspotenzial in der Virtualisierung der Eingabegeräte steckt – hierdurch wird es nämlich möglich sein, für einen sehr breiten Kreis an Rezipienten in ihrer natürlichen Umgebung mittels mobiler Endgeräte sekundengenau Reaktionen zu erfassen. Der Beitrag gibt zudem Hinweise zur praktischen Umsetzung von RTR-Messungen und bespricht die Vielzahl an Auswertungsstrategien, die zur Verfügung stehen, sobald RTR-Daten erst einmal vorliegen.

Im zwölften und letzten Kapitel gibt Sebastian Jäckle eine Einführung in die *Sequenzanalyse*. Diese ursprünglich für die Analyse der DNA entwickelte Methode findet seit einiger Zeit vor allem in der soziologischen Lebensverlaufsforschung eine breite Anwendung, aber auch andere sozialwissenschaftliche Teilbereiche können von den Möglichkeiten, die die Methode für die Analyse von Transitionen aufeinander folgender Zustände bietet, profitieren. Zunächst wird in dem Kapitel die für Sequenzanalysen benötigte Datenstruktur diskutiert, bevor die einzelnen Schritte des Vorgehens detailliert besprochen werden. Beispiele aus unterschiedlichen sozialwissenschaftlichen Disziplinen zeigen den Raum an Möglichkeiten, den die Sequenzanalyse bietet.

Agent-Based Modeling (ABM)

Thomas Metz

1 Einleitung

Im Verhalten eines hinreichend großen sozialen Kollektivs ist die Rolle eines Einzelnen oftmals nur schwer zu greifen. Nicht nur, weil Individuen in der Masse verschwinden. Sondern auch, weil das Verhalten des Kollektivs von dem der Akteure quasi entkoppelt sein kann: Einerseits entsteht es zwar aus dem Handeln der Individuen und ist damit von ihnen abhängig, andererseits ist sein Kern aber oft ein Muster, das nicht recht zur Begrifflichkeit der Einheiten zu passen scheint: So „lebt" ein Stau fort, obwohl die ihn bildenden Fahrzeuge stets andere sind und er „kriecht" gegen die Fahrtrichtung, obwohl die Autos die meiste Zeit stehen (Nagel und Schreckenberg 1992). So „berechnen" Märkte Preise und sorgen für effiziente Güterallokation, obwohl Käufer und Verkäufer damit mutmaßlich gar nichts im Sinn haben. So bilden viele einzelne Gespräche eine öffentliche Meinung, die konsensual oder polarisiert sein kann und die sich manchmal dramatisch ändert. In einer nicht leicht in Worte zu fassenden Weise sind all diese Dinge „mehr als die Summe ihrer Teile" und ihr Verständnis erschließt sich erst, wenn man auf die Teile *und* auf das große Ganze fokussiert. Eine Möglichkeit, derartige Phänomene in den Blick zu nehmen, ist als Agent-Based Models (ABM) bzw. Multiagentensysteme (MAS) oder Individual-Based Models (IBM) bekannt.

T. Metz (✉)
Albert-Ludwigs-Universität, Freiburg, Deutschland
E-Mail: thomas.metz@politik.uni-freiburg.de

© Springer Fachmedien Wiesbaden GmbH 2017
S. Jäckle (Hrsg.), *Neue Trends in den Sozialwissenschaften*,
DOI 10.1007/978-3-658-17189-6_2

2   Einführung in die Methode

Bei Agent-Based Models handelt es sich um Computersimulationen, in denen zumeist eine Vielzahl an Individuen („Agenten") in einer Umwelt interagiert. Sie tun dies entweder direkt, beispielsweise durch Kommunikation, Handel oder ähnliches, indirekt über ihre Effekte auf die Umwelt (z. B. Ressourcenverbrauch) oder in einer Kombination von beidem. Agenten als Modelle individueller Akteure sind dabei vor allem dadurch beschrieben, dass sie in der Lage sind, ihre Umwelt einschließlich anderer Akteure wahrzunehmen, autonom über ihr weiteres Handeln zu entscheiden und dieses umzusetzen. Viele der Simulationen haben als Ziel, korporative Effekte sozialen Handelns auf der Aggregatebene zu modellieren, also Effekte in denen die Interaktion der Individuen ein wichtiger Bestandteil der Erklärung ist. Beispiele können Gruppendynamiken (wie in Menschenmengen) sein, die Bildung und Veränderung eines Meinungskonsenses in einer Bevölkerung, die Entstehung und Dynamik von sozialen Gruppen, von Märkten, Städten, die Ausbreitung von Moden, Finanzkrisen, Verbrechen oder auch Kriegen. ABM als Methode zeigt dabei eine starke Überlappung mit den Naturwissenschaften, wo die Simulation von Systemen vieler interagierender Teilchen eine relativ lange Tradition hat. Als Simulationen verlangen ABM vom Anwender zwar einen relativ intensiven Modellieraufwand und die Einarbeitung in eine Programmiersprache, im Gegenzug unterliegen sie aber nur geringen Restriktionen sodass sie entsprechend flexibel angewendet werden können, gerade im Hinblick auf komplexe interaktive Systeme für die bislang kein ausgeprägtes Verständnis vorliegt.

2.1   Entwicklung von Agent-Based Modeling

Als eigenes Feld hat sich ABM erst im Lauf der 1990er Jahren konsolidiert, gleichwohl lassen sich viele Entwicklungslinien deutlich weiter zurückverfolgen (für einen Überblick siehe z. B. Troitzsch 1997; Macy und Willer 2002; Gilbert und Troitzsch 2005, S. 6–9; Squazzoni 2012, S. 1–9). In dieser weiteren Perspektive ist ABM der dritte große Entwicklungsschritt von Simulation in den Sozialwissenschaften, bei dem nun auch Prozesse auf individueller Ebene berücksichtigt werden, die vorher nur implizit modelliert worden waren (Macy und Willer 2002, S. 145). Die erste Phase sozialer Simulation begann in den 1950/1960er Jahren, beschränkte sich weitgehend auf Aggregatgrößen und nutzten Rechner meist „lediglich" zur numerischen Lösung von Differenz- und Differenzialgleichungen bzw. für diskrete Ereignismodelle (Gilbert und Troitzsch 2005, S. 7; Macy und Willer 2002, S. 145). Bekanntestes Beispiel sind sicherlich die „World"-Modelle des Club of Rome zur Tragfähigkeit natürlicher Ressourcen (Meadows et al. 1972). Zwar wurde die Simulation sozialer Prozesse bereits relativ bald auf die Individualebene ausgedehnt, gleichwohl blieben die Modelle einer auf Vorhersage orientierten (und weniger an Erklärung interessierten) Perspektive verhaftet (Macy und Willer 2002, S. 145–146). Der bekannteste Ansatz dieser Phase firmiert in den Sozialwissenschaften unter dem Begriff „Mikrosimulation" (siehe Gilbert und Troitzsch 2005, S. 8).[1] Da beide Phasen insgesamt aber nur auf relativ geringe Resonanz außerhalb eines engen Kreises an Spezialisten trafen, lag das Feld sozialer Simulation in den 1980ern vielfach brach (Gilbert und Troitzsch 2005, S. 8); ganz anders als in den Naturwissenschaften, insbesondere in der Physik, wo sich Simulation in den 1980ern auf breiter Front etablierte.

Die Situation änderte sich im Laufe der 1990er Jahre jedoch auch in den Sozialwissenschaften zusehends. Neben der allgemeinen Voraussetzung breit verfügbarer Rechnerkapazität war hier die Erkenntnis entscheidend, dass Simulation nicht nur eine Technik zur numerischen Lösung von Gleichungen ist, sondern dass sie auch als Manipulation von Symbolen einer Programmiersprache und damit von der Mathematik unabhängig gedacht werden kann (Troitzsch 1997, S. 41 und 44–45; Ostrom 1988). Damit einher ging ein Interpretationswandel, der Simulationen nicht mehr nur als Mittel „einfacher" Vorhersagen begriff sondern vielmehr als Instrument theoretischer Forschung (Macy und Willer 2002, S. 147).

Dieser Wandel traf zusammen mit einer zweiten Entwicklungslinie aus der Physik. Hier hatte einerseits die Forschung zu zellulären Automaten[2] (für eine Übersicht siehe Schiff 2008) deutlich gemacht, dass lokale, parallele Interaktion anhand mitunter einfachster Regeln komplexe korporative Phänomene auf Makro-Ebene erzeugen konnte. Andererseits hatte die im Licht dieser Erkenntnis aufkommende Komplexitätstheorie (Mitchell 2009) den dazu quasi-komplementären Gedanken formuliert, dass die bislang vorherrschende reduktionistische

---

[1]Bei Mikrosimulationen wird eine empirische Stichprobe (z. B. Haushalte oder Individuen) anhand von Transitionswahrscheinlichkeiten „gealtert" um ein zukünftiges Sample zu erhalten (siehe Gilbert und Troitzsch 2005, S. 8 und 57–78), beispielsweise um die Veränderung einer Bevölkerung vorherzusagen. Die den Transitionen unterliegenden Prozesse sind dabei inhaltlich von sekundärem Interesse.

[2]Zelluläre Automaten sind Simulation, in der Zellen auf einem Netzwerk (zumeist ein Gitter) lokal interagieren, bspw. indem sie anhand fester Regeln ihren Zustand in Abhängigkeit von den Zuständen der benachbarten Zellen ändern. Auf Aggregatebene erzeugen die oft simplen Regeln solcher Automaten mitunter sehr komplexe Muster, die von der Maserung von Muschelschalen über Schneeflocken bis hin zu sich selbst replizierenden Strukturen reichen können, die teilweise sogar in der Lage sind, Computer zu emulieren.

Top-Down-Perspektive mit ihrem Fokus auf die Zerlegung von Systemen in ihre Konstituenten unter Umständen deren Interaktion als wichtige Ursachen des globalen Systemverhaltens zu stark ausgeblendet haben könnte (Heath und Hill 2014, S. 35–36; Gilbert und Troitzsch 2005, S. 8–10).

Beide Anregungen trafen auf einen dritten Entwicklungsstrang aus der Informatik, der sich seit den 1980ern in der Forschung zur künstlichen Intelligenz herausgebildet hatte (siehe Gilbert und Troitzsch 2005, S. 9; Squazzoni 2010; Wooldridge 2009, S. 5). Hier trafen sich im Feld der *distributed artificial intelligence* einerseits die Idee, Software mit einem Konzept von Handlungsfähigkeit auszustatten und sie so in die Lage zu versetzen, Nutzeraufträge autonom lösen zu können sowie andererseits die Frage, wie solche autonome Softwareprogramme sinnvoll miteinander interagieren könnten. Die dabei zutage tretenden Überschneidungen mit den Sozialwissenschaften (siehe Wooldridge 2009, S. 15–16; Davidsson 2002) waren bald als potenzielle Blaupause für die Modellierung sozialer Systeme erkannt. Mit dem Paradigma der objektorientierten Programmierung[3] stand überdies ein technischer Unterbau bereit, die Individuen einer Gesellschaft als autonome Softwareobjekte zu modellieren, deren Interaktion dann in der so entstandenen „künstlichen Gesellschaft" erforscht werden konnte (Squazzoni 2010, S. 199; Macy und Willer 2002, S. 144; Gilbert 2007, S. 115; Epstein und Axtell 1996).

2.2   ABM in den Sozialwissenschaften heute

Als relative Neuentwicklung sind ABM trotz ihrer regen Nutzung und Fortentwicklung durch eine aktive, gut vernetzte Community und trotz aller Erfolge weiterhin damit beschäftigt, ihren endgültigen Platz in den traditionellen Methoden „etablierter" Forschungsrichtungen zu finden (Squazzoni 2010, S. 219). Innerhalb der Sozialwissenschaften ist die Nutzung von ABM in der Soziologie wohl am

---

[3]Objektorientierte Programmierung bezeichnet ein Paradigma, nach dem die Architektur einer Software den Strukturen des Bereichs folgt, für die sie angewendet wird. Während das (alternative) Paradigma der prozeduralen Programmierung ein Programm als Ablauf von Anweisungen begreift und damit eher der landläufigen Vorstellung von Programmierung entspricht, werden Daten und die auf sie angewendeten Funktionen beim objektorientierten Paradigma in Code-Objekten zusammengefasst, die oft den realen Objekten des Anwendungsbereichs entsprechen (z. B. würde eine Bibliothekssoftware eine ausdrückliche Repräsentation von Büchern besitzen). Aus der Interaktion dieser Objekte ergibt sich dann der Programmfluss.

meisten verbreitet (siehe Abb. 1), wo sich die meisten Modelle inhaltlich um Fragen zur Selbstorganisation sozialer Strukturen und kollektiver Dynamiken oder um die Entstehung sozialer Ordnung aus sozialer Struktur scharen (Squazzoni 2010, S. 208–209). Auch finden sich hier im Fach bereits Kernprinzipien, anhand derer sich der in Agentenmodellen implizierte „agent turn" in das Konzept den analytischen Soziologie (Little 2012; Manzo 2010) einpassen lässt. Hierzu gehört unter anderem eine generelle Tendenz in Richtung methodologisch individualistischer Ansätze (Squazzoni 2010, S. 208), die Vorstellung, Modelle (und nicht Theorien) ins Zentrum wissenschaftlicher Aufmerksamkeit zu rücken, komplexes Verhalten auf der Makro-Ebene aus einfachen Mustern der Mikro-Ebene (z. B. begrenzt rationalen Akteuren) heraus zu erklären oder gezielt die Evolution und Dynamik sozialer Struktur in den Blick zu nehmen (Squazzoni 2012, S. 9–18).

In der Politikwissenschaft läuft diese Entwicklung bislang mit einiger Verzögerung ab (siehe Abb. 1), allerdings finden sich auch hier immer wieder Überblicksdarstellungen und methodische Texte (z. B. De Marchi und Page 2014; Troitzsch 2006; Kollman und Page 2006) und in den vergangenen 10–15 Jahren hat sich eine Reihe innovativer Arbeiten angesammelt, die das Potenzial der Methode gut vor Augen führen kann, vor allem in den Bereichen Wahlforschung, Parteisystemforschung, Konfliktforschung oder der politischen Ökonomie. In den Wirtschaftswissenschaften sind ABM unter dem Stichwort *agent-based computational economics* (Tesfatsion 2006) vor allem in heterodoxen Strömungen anzutreffen, welche versuchen, die manchmal restriktiven Aspekte klassischer

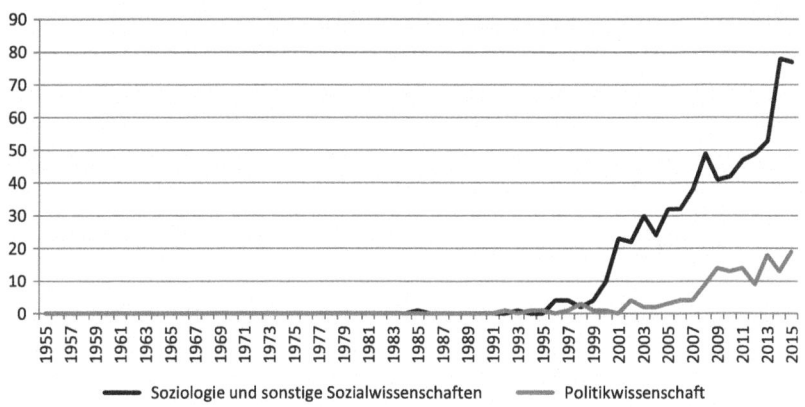

Abb. 1 Entwicklung von Agent-Based Modeling. (Quelle: Eigene Darstellung)

Modellierung (wie z. B. die Annahme von Vollinformation) zu lockern (Squazzoni 2010, S. 204–207).

2.3 Statt der Datenstruktur: Was ist ein ABM und wie benutzt man es?

Die meisten Kapitel in diesem Band fokussieren an dieser Stelle auf die Datenstruktur der jeweiligen Methode. Dies scheint für ABM wenig hilfreich, da es sich nicht um ein Verfahren zur Datenanalyse handelt sondern um eine Form von Simulation, also die Erstellung und Explikation eines Modells über Zeit. Die Nutzung von empirischen Daten in ABM ist zwar durchaus verbreitet (siehe z. B. Bravo et al. 2012; Janssen und Ostrom 2006; Duffy 2006) aber oft derart individuell, dass hier kaum allgemeine Leitlinien entwickelt werden können. Stattdessen soll hier soweit möglich ein allgemeines „Drehbuch" der Anwendung von ABM entwickelt werden. Wir fokussieren dazu auf eine Betrachtung des Agentenkonzepts und der häufigsten Elemente von ABM sowie auf die wichtigsten Schritte der Modellierung. Zu Beginn richten wir jedoch kurz die Aufmerksamkeit darauf, dass für Modelle und Simulationen oftmals ein anderes Verständnis von Erklärung zugrunde gelegt wird als in den Sozialwissenschaften üblich.

3 Erklärung mit ABM: Modell, Simulation, Generative Erklärung

Inwiefern erklärt ein ABM? Der Begriff des Modells ist eng mit einem semantischen Verständnis von Theorien verbunden. Diese Perspektive hat sich als Gegenentwurf zum klassischen, auf dem logischen Positivismus aufbauenden syntaktischen Theorieverständnis (oft auch als *received view* bezeichnet) entwickelt, das in den Sozialwissenschaften weiterhin vorherrschend ist. Die Diskussion der Ansätze kann hier nicht wiedergegeben werden, einen Überblick inklusive Plädoyer für die semantische Perspektive bieten jedoch Clarke und Primo (2012). Ein für unser Anliegen wesentlicher Differenzpunkt ist dabei, dass Theorien im syntaktischen Verständnis grob gesprochen als Sätze gelten, die wahr oder falsch sein können. In dieser Perspektive besitzen Modelle (als Interpretationen einer Theorie) wenig bis keine eigene Relevanz (Frigg und Hartmann 2012, Abschn. 4.1), gleichzeitig können sie aber wie die von ihnen interpretierte Theorie ebenfalls wahr oder falsch sein.

3.1 Das semantische Verständnis von Theorien

Die semantische Perspektive hingegen rückt Modelle ins Zentrum der Aufmerksamkeit und begreift Theorien als Sammlungen von Modellen, wobei ein Modell als Realisierung verstanden wird, für die alle Sätze der Theorie zutreffen (Clarke und Primo 2012, S. 67; Winther 2015, Abschn. 3.1). Modelle sind damit vor allem Definitionen im Hinblick auf eine Theorie und folglich (geistige) Objekte, die damit aber weder wahr noch falsch sind (Clarke und Primo 2012, S. 12–13 und 71). Aufgabe dieser Objekte ist Repräsentation, d. h. Modelle repräsentieren die Realität: „We study one thing, the phenomenon, by studying another thing, the model" (Clarke und Primo 2012, S. 13). Da Repräsentation aber stets unvollständig ist, muss ein Modell entlang seiner Nützlichkeit für einen gegebenen Zweck beurteilt werden (Clarke und Primo 2012, S. 59–60). Modelle sind damit im Kern analog zu Karten, welche die Realität ebenfalls auf einen Zweck (den der Orientierung) hin vereinfachen. Ihre Erklärungsleistung beruht darauf, dass sie den interessierenden Ausschnitt der Realität hinreichend erfassen, zeigen wieso es zu den dortigen Beobachtungen kommt und wie diese durch die Faktoren im Modell beeinflusst werden (Bokulich 2011, S. 38–39; Clarke und Primo 2012, S. 153 und 159). Bildlich gesprochen entspricht eine U-Bahn-Karte nicht der räumlichen Struktur der Stadt, ist aber dennoch sinnvoll zur Navigation (Clarke und Primo 2012, S. 53–59).

Aus dieser Perspektive heraus sind ABM gezielte Vereinfachungen der Realität, für die keine 1:1-Korrespondenz angenommen werden kann sondern die eher einer Karte gleich die wesentlichen Charakteristika eines Realitätsausschnitts wiedergeben und zwar so, dass die beobachteten Phänomene verstanden und damit (zumindest potenziell) beeinflussbar werden. Je nach Perspektive wird die Simulation eines ABM zur Analyse dann entweder schlicht als die Ausführung des Modells interpretiert, also sein weitgehend unproblematisches „Durchspielen über Zeit" oder – zumal viele Analysen gezielt in das Modell intervenieren oder es manipulieren – ggf. in die Nähe zu klassischen Experimenten gerückt, wobei allerdings umstritten ist, was diese Relation genau impliziert (siehe z. B. Frigg und Reiss 2009; Winsberg 2009).

3.2 Generative Erklärung

Sind die obigen Ausführungen streng genommen noch generisch für jede Art von Simulation, finden sich in der ABM-Community weiterführende Überlegungen, was eine ABM-Erklärung genau ausmacht. Diese Überlegungen sind als generative

Erklärung *(generative explanation)* bekannt (Epstein 2006) und finden ihren Hintergrund in der engen Verknüpfung von ABM mit der Forschung zu komplexen Systemen (siehe auch unten). Entsprechend der in diesem Feld häufig gemachten Beobachtung, dass makroskopische Outcomes zwar aus der Interaktion von Individuen entstehen, dass es aber aus der Beschreibung der Mikro-Ebene schwierig sein kann, ihr Entstehen vorherzusagen, ist die Leitfrage einer generativen Erklärung: „How could the decentralized local interaction of heterogeneous autonomous agents generate the given regularity?" (Epstein 2006, S. 5). Entsprechend gelten Modelle, welche in der Lage sind ein Macrooutcome zu produzieren als hinreichend für eine Erklärung, die zudem konstruktiv in dem Sinne ist als dass nicht nur gezeigt wird, *dass* das System das Outcome (z. B. ein Markt einen Preis) produziert sondern auch *wie* es dies erreicht (Epstein 2006, S. 8). Umgekehrt ist die Generierung notwendig um eine Erklärung zu leisten: „If you didn't grow it, you didn't explain its emergence" (Epstein 2006, S. 8). Dabei ist natürlich zu beachten, dass eine hinreichende Bedingung andere Bedingungen nicht ausschließt sodass jede generative Erklärung nur eine unter potenziell vielen möglichen ist, deren Zutreffen nur auf Mikro-Ebene entschieden werden kann (Epstein 2006, S. 53).[4]

4   ABM: Strukturelle Aspekte

Für ABM gibt es keinen einheitlichen Formalismus. Gleichwohl nennen viele Definitionen, dass in einem ABM *Agenten* in einer *Umwelt* über *Zeit* miteinander *interagieren* (z. B. Gilbert 2008, S. 2; Macal et al. 2013, S. 10–11). Agenten sind dabei Objekte im Modell, welche die realweltlichen Systemobjekte direkt repräsentieren und die gegenüber anderen Agenten/der Umwelt handelnd auftreten um ihre Ziele zu erreichen. Simulationsergebnis sind die interessierenden Outcomes wie z. B. soziale Institutionen, die sich aus dem im Programmcode festgelegten Verhalten entwickeln (Gilbert 2007, S. 120).

---

[4]Es sei erwähnt, dass die Ausführung eines Programms ein deduktiver Prozess ist sodass eine generative Erklärung eine deduktive ist (Epstein 2006, S. 11), allerdings unter der Einschränkung dass der Programmcode das Modell korrekt wiedergibt (David et al. 2007). Zudem erfüllen generative Erklärungen das Poppersche Falsifikationskriterium, da die Generierung auch fehlschlagen kann (Epstein 2006, S. 16). Zugleich sind die Erklärungen reduktiv und schließen irreduzible Phänomene aus, da das Makromuster auf die Mikro-Ebene zurückgeführt wird (Epstein 2006, S. 33–34). Für eine Kritik des Ansatzes siehe Grüne-Yanoff (2009), für eine Entgegnung Elsenbroich (2012). Teilweise noch offen ist die Frage, welche Position holistische Elemente bzw. Einflüsse der Makrostruktur auf die Mikro-Ebene einnehmen sollen (Conte et al. 2012, S. 336; Squazzoni 2008, S. 6).

4.1   Was ist ein Agent?

Was einen Agenten ausmacht, ist nur rudimentär festgelegt. Die meisten Definitionen folgen aber Wooldridge und Jennings (1995, S. 116), die Autonomie (Agenten kontrollieren ihren internen Zustand und ihre Handlungen und agieren ohne Interferenz von außen), Soziabilität (Agenten interagieren), Reaktivität (Agenten nehmen ihre Umwelt wahr und reagieren auf deren Veränderung) und Proaktivität (zielorientiertes Verhalten) nennen.[5] Strukturell können Agenten als Tupel aus Verhaltensweisen (z. B. Bewegung, Kommunikation), statischen Attributen (über den Ablauf der Simulation stabil, z. B. demografische Attribute), dynamischen Attributen (veränderlich z. B. interner Zustand des Agenten), einer Nachbarschaft zu anderen und Mechanismen zum Update des internen Zustands beschrieben werden (Macal et al. 2013, S. 10–11; Wooldridge 2009, S. 21–22 und 34). Da in einem ABM alle Agenten individuell abgebildet sind, ist es relativ leicht, jede Form von Heterogenität in der Bevölkerung wie z. B. unterschiedliche Attribute oder Verhaltensweisen zu modellieren.

Auf konkreter Ebene wird die Programmierung eines Agenten als Architektur gefasst. Grob werden hierbei reaktive und kognitive Agenten unterschieden (z. B. Bandini et al. 2009, Abschn. 2.5–2.6). Erstere haben meist keine Repräsentation ihrer Umwelt und verhalten sich nach Wenn-Dann-Regeln unterschiedlicher Komplexität sodass sich Agenten- und Modellverhalten aus den vorher einprogrammierten Regeln ergeben. Einen Überblick über die wichtigsten Designs geben Michel et al. (2009, S. 14–15), Salamon (2011, S. 29–39) und Wooldridge (2009, S. 85–92). Kognitive Agenten haben dagegen Repräsentationen geistiger Konzepte wie z. B. dem menschlichem Denken nachempfundene Entscheidungsmechanismen sodass deren implizite Codierung in Wenn-Dann-Regeln entfällt (Balke und Gilbert 2014, Abschn. 8.6). Bildlich gesprochen können sie ihre Umwelt „wahrnehmen" und über sie „nachdenken". Für einen Überblick über kognitive Architekturen siehe Wooldrige (2009) sowie Balke und Gilbert (2014). Hybride Architekturen koppeln reaktive und kognitive Mechanismen (Salamon 2011, S. 60–61).

Oben haben wir ausgebreitet, dass Modelle eine Repräsentation eines Zielsystems im Lichte einer Theorie sind. In der Diskussion um Architekturen darf daher nicht vergessen werden, dass Agenten auch (oder sogar: vor allem) Träger dessen

---

[5]Weitere Attribute sind z. B. Selbstreproduktion (Michel et al. 2009, S. 14), Adaptivität, Heterogenität (Macal und North 2010, S. 153) oder Lernfähigkeit (Macal et al. 2013, S. 11).

sind, was an den Einheiten eines Systems als für das zu modellierende Phänomen relevant angesehen wird. Insofern ist die Wahl einer Architektur auch theoretisch gebunden, da man Agenten als Container dafür begreifen kann, wie die in der Theorie repräsentierten Menschen entscheiden (Balke und Gilbert 2014, 1.1; Miller und Page 2007, S. 65). Da ein ABM mit dem Grundgedanken des methodologischen Individualismus konsistent ist, kann im Prinzip jedes Modell eines Individuums – also z. B. auch adäquat aufbereitete psychologische, rein empirisch geschätzte oder sogar normative Modelle (Macal und North 2010, S. 154) – als Agent gefasst, in eine passende Umwelt gesetzt und simuliert werden.

4.2   Weitere Elemente eines ABM

Im Hinblick auf die Interaktion von Agenten ist zu bedenken, dass ein Modell vor allem jene Situationen klären muss, in denen sich die Handlungssphären von Agenten überlappen (siehe Salamon 2011, S. 63). Dies kann z. B. koordinativ oder kooperativ als im Modell einprogrammierter Mechanismus bzw. als Verständigungsprotokoll zwischen den Agenten geschehen oder über z. B. Verhandlungsmechanismen, Auktionen oder dergleichen (Salamon 2011, S. 63–68). Hinsichtlich Kommunikation sind die am häufigsten vorkommenden Mechanismen die biologisch inspirierte Verbreitung von Signalen oder Markierungen in der Umwelt und der Austausch von Nachrichten entweder direkt zwischen den Agenten oder indirekt über eine Vermittlungsstelle, wobei bedacht werden muss, dass zur Autonomie von Agenten auch gehört, eine Nachricht abzulehnen (Michel et al. 2009, S. 20–21).

Die Umwelt hat im Kern zwei Funktionen: Zum einen stellt sie den „technischen Unterbau", der den Agenten das Handeln ermöglicht (z. B. überträgt sie die Kommunikation), zum anderen repräsentiert sie das Umfeld in dem die Agenten „leben" und interagieren (siehe z. B. Bandini et al. 2009, Abschn. 2.9; Gilbert 2008, S. 6). Aus Sicht der Agenten kann eine Umwelt voll oder nur teilweise sichtbar sein, deterministisch oder stochastisch, sequenziell oder episodisch (das Handeln des Agenten oder der gegenwärtige Zustand der Umwelt beeinflussen die Zukunft der Umwelt oder nicht), dynamisch oder statisch (die Umwelt ändert sich während der Agent überlegt oder nicht), diskret oder stetig und ohne bzw. von anderen Agenten bevölkert (Russell und Norvig 2003, S. 41–43) was sich dann wiederum in den Verhaltensregeln des Agenten widerspiegeln muss. Typischerweise lässt sich zudem eine Topologie identifizieren, d. h. die Art in der die Agenten miteinander interagieren. Die hier typischen anzutreffenden Formen sind globale Interaktion (alle Agenten interagieren mit allen), Gitter (auf denen ein Agent meist in der sog. „Von-Neumann-" bzw. „Moore-Nachbarschaft" die angrenzenden vier bzw. acht Felder erreichen kann), Netzwerke oder ein euklidischer Raum. Auch bezüglich der Repräsentation von Zeit gibt es eine Vielzahl Optionen, die hier nur grob in die Klassen stetig (das System berechnet jeweils den Zustand für einen gegebenen Zeitstempel), diskret (die Zeit verläuft in diskreten Schritten) und Event-basiert (es wird bis zum jeweils nächsten Ereignis „vorgespult") eingeteilt werden können (Michel et al. 2009, S. 22). Einen Überblick über die vielen Möglichkeiten, Zeit diskret zu repräsentieren geben Radax und Rengs (2010).

5 Modellierung mit Agenten

Wie entwickelt man ein ABM? Da ABM oft hochgradig individuell konstruiert werden, lässt sich diese Frage hier nicht abschließend beantworten. Um einen rudimentären Eindruck zu geben, soll die Konstruktion von ABM auf zwei Arten betrachtet werden: Einmal anhand eines konkreten Modells für *Standing Ovations* und einmal anhand von Phasen, die bei der Modellierung durchlaufen werden (siehe auch Edmonds und Meyer 2013).

5.1 Standing ovations

Ein gut greifbares Problem für eine Modellierung mit Agenten ist die Fragestellung, ob es nach einer Theatervorstellung zu einer *standing Ovation* kommt (Miller und Page 2004). Drei Aspekte sind direkt als relevant ersichtlich: Erstens könnten Zuschauer Information aus verschiedenen Quellen erhalten wie z. B. der eigenen Einschätzung, Freunden mit denen die Vorstellung besucht wurde, den Personen in den vorderen Reihen oder dem Publikum als Ganzem. Zweitens muss bedacht werden, wie Zuschauer über Aufstehen oder Sitzenbleiben (bzw. wieder Hinsetzen) zeitlich entscheiden, also ob die Entscheidungen synchron, asynchron oder in einer anderen Form fallen. Und drittens sind Verhaltensregeln für die Agenten notwendig, wobei ein Abweichen von optimalem, rationalem Verhalten eine Vielzahl an Möglichkeiten eröffnet, nicht perfekt zu handeln (Miller und Page 2004, S. 10).

Zu den Modellierentscheidungen zählt daher, wie die Agenten ihre eigene Bewertung der Vorstellung gegen den sozialen Druck abwägen, sich dem Publikum anzupassen. Eine weitere Frage ist, wie die Interdependenz im Publikum aussieht: Regieren Agenten nur auf die Zuschauer vor ihnen? Drehen sie sich um und reagieren auf alle? Gibt es Zuschauer (z. B. Freunde), die ihre Entscheidung

stärker beeinflussen? Entscheiden Agenten rational, d. h. optimieren sie ihre Entscheidung, aufzustehen? Folgen sie Daumenregeln? Welchen? Sind diese Regeln
für alle Agenten gleich? Wann bzw. wie oft entscheiden Agenten, was sie tun?
Eine Möglichkeit[6] (siehe Miller und Page 2004, S. 13–16 für Modell und Analyse), diese Fragen zu beantworten wäre z. B., Agenten in einem rechteckigen
Gitter als Auditorium anzuordnen. Jeder Agent besitzt eine zufällige individuelle
Bewertung der Vorstellung sowie eine zufällige individuelle Reizschwelle. Über-
schreitet die Bewertung am Ende der Vorstellung seine Reizschwelle, steht er auf.
Die Simulation läuft in diskreten Zeitschritten ab, wobei die Agenten nach jedem
Schritt aufs Neue entscheiden, ob sie aufstehen oder sich hinsetzen. Jeder Agent
hat ein Sichtfeld und entscheidet auf dessen Basis, wie er in der nächsten Runde
handelt. Eine der vielen möglichen Regeln, denen Agenten folgen können, wäre
z. B. zu stehen, wenn die Mehrheit im Sichtfeld steht und ansonsten zu sitzen.
Innerhalb eines jedes Zeitschritts muss dann für jeden Agenten entschieden werden, ob und wie er seinen Zustand ändert. Dieses Update kann auf viele verschiedene Arten geschehen, z. B. sodass alle Agenten zur gleichen Zeit den Zustand
des Publikums betrachten, ihre Entscheidung fällen und dann handeln *(synchronous updating)*, dass in einer zufälligen Sequenz jeder Agent den Zustand des
Publikums betrachtet und danach sofort handelt sodass der nächste Agent diese
Handlung bereits wahrnehmen kann *(asynchronous random updating)* oder in
einer Sequenz danach, welcher Agent am stärksten in seinem Verhalten von den
umliegenden Agenten abweicht *(asynchronous incentive based updating)*. Das
Sichtfeld der Agenten könnte z. B. das direkte Nahumfeld betonen und die Sitz-
nachbarn vorne bzw. daneben umfassen, es könnte aber auch z. B. die Struktur
eines Sichtfelds nachbilden und einen nach vorne breiter werdenden Trichter bilden.

5.2   Der Modellierprozess

Meist wird die Entwicklung eines ABM als im Kern linearer Prozess dargestellt, dessen Stationen aber ggf. mehrfach durchlaufen werden (z. B. Gilbert und
Troitzsch 2005, S. 199–215; Gilbert 2008, S. 30–68; Nikolic et al. 2013; Salamon
2011, S. 103–167) und in dem eine potenziell mehrdeutige, informelle Version
des Modells über eine eindeutige, formalisierte Fassung hin zu einer konkre-

---

[6]Das Modell ist als Java-Applet unter http://jasss.soc.surrey.ac.uk/12/1/6/appendixB/Miller-
Page2004.html zu finden.

ten Umsetzung in Programmcode fortentwickelt wird. Die erste Version stammt meist von Themenexperten, die zweite wird von einem Modellierer für die mit der Programmierung der Umsetzung beauftragten Personen erstellt.

5.2.1 Vorarbeiten

Diese Phase dient der Identifikation des zu modellierenden Systems und Formulierung einer Forschungsfrage. Als typische „Kandidaten" für ein ABM gelten Systeme, in denen Akteure Überlegungen zu ihrem Verhalten anstellen, dabei aber begrenzt rational sind, Systeme in denen eine organisatorische, soziale, territoriale oder anders geartete Gliederung der Akteure besteht oder Systeme mit künstlichen Artefakten wie z. B. Institutionen (Cioffi-Revilla 2014 S. 290–291). Entscheidend ist zudem, dass die Interaktion der Systemeinheiten eine wesentliche Rolle spielt. Oftmals empfiehlt sich, vom Makromuster ausgehend relevante Mikrostrukturen zu identifizieren (Nikolic et al. 2013, S. 74) und das Zielsystem nicht anhand konkreter Daten sondern anhand von Mustern bzw. *stylized facts* zu beschreiben, die im Modell erzeugt werden sollen (Railsback und Grimm 2012, S. 227–230).

5.2.2 Informelle bzw. konzeptionelle Modellierung

Diese Phase dient dazu, die relevanten Systemelemente zu identifizieren und eine informelle Beschreibung zu formulieren. Als Elemente dieser „Inventarisierung" (die natürlich auch theoretisch unterstützt sein kann) werden z. B. relevante Akteure und ihre Beziehungen zueinander genannt, die möglichen „Zustände" der Akteure, ihre Interessen oder andere Einheiten und Prozesse, die eine Rolle für das System spielen (Nikolic et al. 2013, S. 77–78). Für die so identifizierten Einheiten kann dann entschieden werden, wie genau sie als Agenten gefasst werden können. Hierbei können deskriptive Narrative hilfreich sein (Salamon 2011, S. 115). Ein anderer Ansatz ist der Kontakt zu im System involvierten Personen („Steakholder", z. B. Edmonds 2015; Thorngate 2015).

5.2.3 Formale Modellierung

Hier wird das Modell für die Implementierung in Computercode aufbereitet. Wesentlich ist dabei die Beseitigung von Mehrdeutigkeiten und die Ausgestaltung der Elemente und Abläufe im Modell. Während z. B. für die informelle Modellierung eines Marktmodells die Aussage genügen mag, dass Agenten Verträge schließen (siehe Nikolic et al. 2013, S. 82–83), fehlen zu Implementierung zahlreiche Details, wie z. B.: Wer initiiert den Vertrag? Wie kommt er zustande? Was ist darin enthalten (Mengen, Preise, Lieferdaten)? Regelmäßig kommen an dieser Stelle klassische Techniken der Softwareplanung zum Einsatz wie z. B.

Pseudocode, die Unified Modeling Language UML[7], Ontologien (siehe Nikolic et al. 2013, S. 82–93) oder spezialisierte Formalismen (z. B. Salamon 2011, S. 137–167). ABM-spezifisch ist hier auch das zur Dokumentation entworfene ODD-Protokoll („Overview, Design-concepts, and Details"; Grimm et al. 2006, 2010, 2013; Railsback und Grimm 2012, S. 37–44; Müller et al. 2013) als hilfreiche „Checkliste" häufiger Modellelemente zu nennen.

Dass Modellierung die Kunst der sinnvollen Vereinfachung ist, wird spätestens in dieser Phase sichtbar. In der Literatur finden sich zwei unterschiedliche Philosophien, die als KISS („Keep it simple, stupid!") und KIDS („Keep it descriptive, stupid!") bezeichnet werden. Ersteres ist relativ weit verbreitet (Gilbert und Troitzsch 2005, S. 201–202; Wilensky und Rand 2015, S. 160; Railsback und Grimm 2012, S. 8; Miller und Page 2007, S. 246; Axelrod 1997a, S. 26) und geht davon aus, dass ein Modell soweit wie möglich vereinfacht sein solle, ggf. bis hin zur „Skizzenhaftigkeit" oder (im Sinne eines statistischen Nullmodells) sogar komplett ohne Mechanismus. Dieses Modell kann dann iterativ erweitert werden, um das Zielphänomen zu produzieren. Vorteile sind, dass diese Modelle leichter zu entwickeln und zu verstehen sind (Flache und Macy 2004, S. 552; Axelrod 1997a, S. 26), dass sie auf die wesentlichen Elemente des Prozesses fokussieren (Garson 2009, S. 275) und dass einfache Modelle meist robuste Outcomes haben (Miller und Page 2007, S. 72–73). Für eine Anwendung siehe Cioffi-Revilla (2008). KIDS (siehe Edmonds und Moss 2005) wendet ein, dass Einfachheit nicht mit inhaltlicher Korrektheit gleichgesetzt werden kann (Edmonds 2007) und schlägt vor, zuerst deskriptiv exakte (mitunter komplexe) Modelle zu konstruieren, die ggf. später vereinfacht werden (Edmonds und Moss 2005, S. 130–131). Als Vorteile werden angeführt, dass solche Modelle möglichst viel vorhandenes Wissen aufnehmen (Boero und Squazzoni 2005) und dass nur vereinfacht werden kann, wenn geklärt ist, was wichtig ist (Edmonds und Moss 2005, S. 132).

5.2.4 Implementierung

Diese Phase dient der Umsetzung des formalisierten Modells in eine lauffähige Version. Eine Kernentscheidung ist dabei, wie das Modell implementiert werden soll, also worin der Code geschrieben wird. Grundsätzlich kann hier (unterschiedlich spezialisierte) Software für ABM oder eine allgemeine Programmiersprache zusammen mit einer Programmierbibliothek häufig gebrauchter ABM-Funktionalitäten genutzt werden oder das Modell wird komplett in einer allgemeinen Sprache entwickelt. Während die ersten beiden Ansätze meist einfacher zu handhaben sind, weil viel Funktionalität schon bereitsteht, bietet letzterer die größten Freiheiten,

---

[7]Eine ABM-orientierte Einführung in UML gibt Bersini (2012).

allerdings um den Preis, „Standardbauteile" eines Modells selbst entwickeln zu müssen. Auch hier kommen klassische Techniken der Softwareentwicklung zum Tragen, wie z. B. die Entwicklung verschiedener Modellversionen, Kommentare im Sourcecode, regelmäßige Tests des Codes, systematische Suche und Korrektur von Programmierfehlern („Bugs"), ggf. mithilfe spezialisierter Software usw.

5.2.5 Prüfung: Verifizierung und Validierung

Diese Phase dient dazu, die Vertrauenswürdigkeit des Modells technisch („Verifizierung") und inhaltlich („Validierung") abzusichern (siehe David 2013, S. 136; Nikolic et al. 2013, S. 126–127). Kernprobleme sind hierbei, dass für kein Programm zweifelsfrei gezeigt werden kann, dass es fehlerfrei ist (David 2013, S. 141) und dass jeder Softwaretest als „Orakel" (Weyuker 1982, S. 465) auf Daten angewiesen ist, Simulationen aber für Situationen genutzt werden, in denen Daten kaum zugänglich sind. In der Praxis bilden Verifizierung und Validierung meist keine abgeschlossene Phase, die in der Konstruktion gemachten Arbeitsschritte ohnehin dazu dienen, inhaltliche oder technische Fehler im Modell zu vermeiden.

Bei der Verifizierung kann man vielfältig vorgehen, beispielsweise indem die Modellabläufe ausgehend von einem Test der einzelnen Agenten über deren Interaktion bis hin zum Systemverhalten „aufsteigend" in den Blick genommen werden (Nikolic et al. 2013, S. 100–104). In der Literatur findet sich keine autoritative Liste an Techniken zur Verifizierung, aber oft genannt werden z. B. modulare Gestaltung des Codes (Campbell 2013, S. 142–143), regelmäßig wiederholte Tests des Codes *(unit tests)* (z. B. Gilbert und Troitzsch 2005, S. 211), zeilenweise Prüfung des Codes (z. B. Cioffi-Revilla 2014, S. 236), die Prüfung der Programmschritte eines laufenden Modells (Railsback und Grimm 2012, S. 81–82), das Durchspielen bekannter, womöglich auch analytisch lösbarer Testfälle (z. B. Helbing 2012, S. 46) oder Sensitivitätstests, bei denen geprüft wird, wie der Modelloutput auf Parameteränderungen reagiert (ten Broeke et al. 2016).

Hauptproblem einer Validierung ist, dass ein formal korrektes Modell noch lange kein inhaltlich gutes Modell sein muss (Miller und Page 2007, S. 79–80). Da Modelle in Relation zu ihrem beabsichtigten Nutzen verstanden werden müssen, lässt sich kaum allgemeingültig angeben, was ein gutes Abbild eines Ziels ist. Grundsätzlich wird jedoch oft zwischen der Reproduktion/Vorhersage von Daten auf der einen und struktureller Ähnlichkeit mit dem Ziel auf der anderen Seite unterschieden (David 2013, S. 157–159; Michel et al. 2009, S. 30), wobei oftmals die komplexe Natur der simulierten Systeme eine Vorhersage erschwert (David 2013, S. 158). Regelmäßig fokussieren Validierungen deshalb darauf, die Verbindung zwischen Theorie und Modell deutlich zu machen (siehe Leik und Meeker 1995, S. 465–466) und ein weiterer Schwerpunkt liegt bei der Korrespondenz zwischen

Modell und Zielsystems auf numerischer Ebene oder in Form von *stylized facts*
(Wilensky und Rand 2015, S. 332–336; Railsback und Grimm 2012, S. 227–240).
Hinweise auf die dabei genutzten Verfahren geben z. B. Sargent (2004), David
(2013, S. 160–164), Nikolic et al. (2013, S. 126–130) oder Martis (2006).

5.2.6 Analyse und Experimente

Ist das Vertrauen in das Modell relativ gefestigt, kann es für eine Analyse herangezogen werden. Wegen der großen Bandbreite von Modellen findet sich auch
hier kein einfaches Rezept, es lassen sich jedoch grob zwei Vorgehensweisen
unterscheiden: Zum einen kann in Sensitivitätstests untersucht werden, inwieweit
kleine Störungen auf dem Modellinput den Output beeinflussen, zum anderen
kann versucht werden, über die gezielte Variation von Input in Verbindung mit
einer Analyse des Output Hypothesen über in dem Modell stattfindende Effekte
aufzustellen und zu prüfen (Evans et al. 2013, S. 189). Letztere Herangehensweise kann auf ein Repertoire zurückgreifen, das von einfachen Manipulationen
des Inputs über Was-wäre-wenn-Szenarios bis hin zu gezielter Veränderung am
Modellcode oder einer vollständigen Kartierung des Parameterraums reicht. Eine
Liste hilfreicher Heuristiken bei der Analyse von ABM bieten Railsback und
Grimm (2012, S. 280–288).

6 Anwendungsfelder

Die Nutzung von ABM ist vielfach mit der Forschung zu komplexen Systemen[8]
verbunden. Entsprechend finden sich viele Aspekte dieser Verwandtschaft auch in
den sozialwissenschaftlichen Anwendungsfeldern für ABM. Im Folgenden liegt

---

[8]Die Forschung zu komplexen Systemen kann hier nicht ausgebreitet werden, für eine allgemeine Einführung siehe Mitchell (2009), für eine sozialwissenschaftliche Perspektive
Miller und Page (2007). Grob gesprochen ist ein komplexes System ein System vieler
Teile, deren Interaktion stabile Muster auf der Makro-Ebene erzeugt („Sebstorganisation"
bzw. „Emergenz"). Diese Muster sind oft auffallend unabhängig vom konkreten Verhalten
der Mikro-Einheiten und für gewöhnlich auch nicht in der Spezifizierung der Einheiten
angelegt sondern entstehen vielmehr aus deren Interaktion heraus, was eine reduktionistische Analyse untergräbt (Miller und Page 2007, S. 27). Zudem kann es durch die Interaktion zu schwer vorhersehbarem und mitunter auch sehr dynamischem Systemverhalten
kommen. Das Beispiel eines Vogelschwarms verdeutlicht viele Aspekte: In der Beschreibung eines Vogels ist das Konzept eines Schwarms nicht enthalten, ein Schwarm entsteht
aus der Interaktion von Vögeln, er besteht unabhängig von einem einzelnen Tier fort und
erscheint „im Großen" als klar abgrenzbares Ganzes, dessen Verhalten in einer eigenen
Begrifflichkeit („Tanz der Stare") beschrieben werden kann.

der Fokus auf Arbeiten, die sich mit menschlichen oder sozialen Systemen befassen, Arbeiten zu technischen oder natürlichen Systemen werden nicht gezielt ausgewiesen. Die Auswahl ist dabei auf einzelne, subjektiv ausgewählte Modelle beschränkt. Für einen Einstieg sei auch der Überblick von Castellano und Kollegen (2009) sowie das *Journal of Artificial Societies and Social Simulation* empfohlen, vielfache kurze Zusammenfassungen, auch zu nicht-menschlicher Systeme, finden sich zudem in Meyers (2009).

Ein weit ausgereiftes Anwendungsfeld firmiert unter dem Oberbegriff *opinion dynamics* und beschäftigt sich mit Modellen, in denen Agenten einander in ihren Einstellungen beeinflussen. Die Einstellungen können dabei diskrete (z. B. Clifford und Sudbury 1973; Sznajd-Weron und Sznajd 2000; A. Nowak et al. 1990; Galam 2002) oder stetige (Deffuant et al. 2000; Hegselmann und Krause 2002) Skalare oder ganze Vektoren (z. B. Axelrod 1997b)[9] sein, Agenten können einander nach sehr verschiedenen Regeln mehr oder minder stark beeinflussen (z. B. Kurahashi-Nakamura et al. 2016; Jager und Amblard 2005) und die Kommunikation kann jede Form von zufälliger Durchmischung über Gitterstrukturen bis hin zu komplexen Netzwerken annehmen (z. B. Weisbuch et al. 2002; Salzarulo 2006). Das Feld befasst sich mit Fragen wie der Entstehung eines Meinungskonsenses gegenüber dem Fortbestehen heterogener Einstellungen, der Rolle von extremen Meinungen für die Dynamik des Systems oder die Bildung von Gruppen. Für Überblicksdarstellungen siehe Xia et al. (2011), Lorenz (2007), Stauffer (2009) oder Miguel et al. (2005).

Trotz ihrer Abstraktion zeigen *Opinion-Dynamics*-Modelle immer wieder Parallelen zu klassischen Bereichen der Sozialwissenschaften wie z. B. der Wahlforschung (z. B. Huckfeldt et al. 2004; Fortunato und Castellano 2007) und auch die Ähnlichkeit zu Modellen der Ausbreitung von Krankheiten sind offensichtlich. Relativ eng verwandt hierzu sind auch Modelle, bei denen ein Ereignis Kaskaden auf einem Netzwerk auslöst (z. B. Fowler 2005; Aleksiejuk und Hołyst 2001), die ihrerseits wieder eine Nähe zur Perkolationstheorie (z. B. Stauffer und Aharony 1992) der Physik aufweisen, die sich mit der Durchwirkung ein Mediums durch ein anderes befasst. Die quasi Gegenseite von Modellen zum Wahlverhalten bilden Modelle zu Parteiensysteme, die vielfach auf die Strategien der einzelnen Parteien oder die daraus erwachsenden Konsequenzen für das Parteiensystem abstellen (Laver und Sergenti 2011; Muis 2010; Fowler und Smirnov 2005; Kollman et al. 1998).

---

[9]Für das Modell von Axelrod findet sich auch manchmal die Bezeichnung *cultural dynamics*.

Oft werden ABM auch dazu eingesetzt, die Dynamik von Konflikten bzw. deren Entstehung zu analysieren. Neben der offensichtlichen Frage, wieso sich Konflikte entwickeln (z. B. Bennett 2008; Younger 2011), konzentriert sich die Literatur hier auch auf spezifischere Aspekte wie z. B. die Größe von Auseinandersetzungen (z. B. Cederman 2003), die Rolle von Strukturen in der Bevölkerung (z. B. Bhavnani et al. 2014; Weidmann und Salehyan 2013; Bhavnani und Miodownik 2009), die Bedeutung von natürlichen Faktoren und Institutionen (z. B. Cioffi-Revilla und Rouleau 2010) oder der Bildung von Konfliktkoalitionen (Axelrod und Bennett 1993).

ABM werden auch für Modelle kollektiver Ressourcennutzung eingesetzt, wobei vielfältige Fragen behandelt werden, darunter z. B. Ressourcenteilung (z. B. Horiuchi 2015; Younger 2003), Landnutzung (z. B. Kaye-Blake et al. 2014) und deren Effekte (z. B. Millington et al. 2008) oder Nutzungsstrategien (z. B. Polhill et al. 2001). Während einige Modelle relativ konkret sind, finden sich auch abstrakte Modellierungen wie zum Beispiel Allmendeprobleme (z. B. Schindler 2012). Für einen Überblick über methodologische Fragen und mehrere Modelle siehe auch Parker et al. (2002). Potenziell können hier auch archäologische Modelle genannt werden, die ABM nutzen (z. B. Axtell et al. 2002; Dean et al. 2000; Janssen 2009).

Auch für die Simulation ökonomischer Systeme werden Agenten genutzt (Kollman et al. 2003). Hierzu gehören unter anderem Themen wie Arbeitsmärkte (z. B. Martin und Neugart 2008), das Renteneintrittsalter (z. B. Axtell und Epstein 2006), die Entstehung von Firmen (z. B. Axtell 1999) oder Börsenhandel (z. B. Ehrentreich 2008; Farmer et al. 2005; LeBaron et al. 1999). Für einen breiten Überblick siehe Tesfatsion und Judd (2006), für neuere Arbeiten siehe auch Boero et al. (2015) und Leitner und Wall (2014). Weitere Anwendungsfelder von ABM sind z. B. auch in der Kriminologie zu finden (z. B. Malleson et al. 2012; Groff 2007) oder in der Stadtsoziologie wo Modelle der Segregation relativ prominent sind (z. B. Stoica und Flache 2014; Hatna und Benenson 2012), wohl nicht zuletzt, weil das unterliegende Modell (Schelling 1971, 1978, S. 147–155) als ein paradigmatisches Beispiel für ABM gilt (siehe unten). Ein weiterer Bereich befasst sich zudem mit abstrahierten, zumeist spieltheoretischen Modellen von Interaktion wobei ein häufiger Fokus auf der Entstehung von Kooperation liegt (z. B. Hawick und Scogings 2009; Goldbeck 2002; Albin und Foley 2001; Axelrod 1997c; Wu und Axelrod 1995; Arthur 1994; M. Nowak und Sigmund 1993; Axelrod 1984).

Weniger unmittelbar im klassischen sozialwissenschaftlichen Bereich zu verorten, aber dennoch ein relevantes Feld der ABM-Nutzung mit Bezug zu menschlichem Verhalten ist die Modellierung von Verkehr, z. B. von Staus (z. B. Nagel und Schreckenberg 1992; Helbing et al. 2002) und damit verbunden vor allem stadtplanerische Fragestellungen die um deren Vorhersage, Randbedingungen oder Beseitigung kreisen (z. B. Klügl und Bazzan 2004; Kumar und Mitra 2006). Die Ausdehnung solcher Ansätze auf Fußgänger (z. B. Helbing et al. 2005; Helbing und Molnár 1995) ist dabei nicht nur insofern von Interesse als dass Laufwege in einer Architektur simuliert werden können (z. B. Pluchino et al. 2014; Helbing et al. 1997) sondern auch bzw. vor allem bei Sicherheitsfragen, z. B. für Großveranstaltungen (z. B. Waldherr und Wijermans 2013; Moussaid et al. 2011; Helbing et al. 2000). Das mit diesen Modellen assoziierte Forschungsfeld wird meist als *crowd dynamics* oder *crowd behavior* bezeichnet. Für eine Übersicht zur Dynamik von Evakuationen, siehe Schadschneider et al. (2009).

7 Explikation an einem konkreten Beispiel

Wie wird ein ABM konkret im Forschungsprozess eingesetzt? In der Literatur finden sich viele instruktive Beispiele, von denen im Folgenden eines zur Segregation in Städten sowie ein politikwissenschaftliches Beispiel aus der Wahl- und Einstellungsforschung näher beleuchtet werden sollen. Gerade erstere Arbeit ist über den Blick auf die Argumentation des Modells hinaus auch insofern interessant als dass das Modell einen paradigmatischen Fall von ABM darstellt, der ursprünglich ohne Computer analysiert wurde.

7.1 Urbane Segregation als unbeabsichtigte Folge individueller Präferenzen

Das wahrscheinlich paradigmatischste Beispiel eines ABM geht zurück auf die Arbeiten von Schelling (1971, 1978, S. 147–155) und befasst sich mit der Segregation von Wohnvierteln nach Hautfarbe in den USA (Schelling 1978, S. 138). Kern des Arguments ist, dass ein Individuum keine starke Präferenz für die eigene Gruppe besitzen muss, um sich in der Minderheit unwohl zu fühlen und dass man, gibt man der Tendenz nach, sich aus diesen Situationen zurückzuziehen, diese weiter verstärkt (Schelling 1978, S. 144–147). Das eigentliche Modell wird entwickelt als Spiel auf einem Schachbrett, auf dem zufällig zwei verschiedene Arten von Münzen (Agenten) verteilt werden; einige der Felder bleiben zudem unbesetzt. In jeder Runde wird eine Münze ausgewählt und geprüft, wie die acht benachbarten Felder besetzt sind. Fällt der Anteil gleicher Münzen dort unter einen bestimmten Wert, ist die Münze „unglücklich" und zieht auf ein freies Feld um, in dem der Anteil ausreicht (Schelling 1978, S. 147–148).

Geht man davon aus, dass eine Münze zumindest ein Drittel gleichfarbige Nachbarn wünscht, also vor allem den Status als kleine Minderheit ablehnt, ergibt sich unter vielen verschiedenen Bedingungen immer die gleiche Kaskade (Schelling 1978, S. 150): Jede Münze, die umzieht, erhält nicht nur mehr gleiche Nachbarn, sie hinterlässt auch ein Feld, auf das jetzt eine andere ziehen kann. Zugleich verändert sie, wie die benachbarten Münzen nun die alte Nachbarschaft bewerten, also ob sie „glücklich" oder „unglücklich" werden. Den gleichen Effekt löst sie in ihrer neuen Nachbarschaft aus, wodurch dort ggf. ebenfalls Münzen wegziehen. Über Zeit ergibt sich – weitgehend unabhängig von Gruppengröße und Stärke der Präferenz für die eigene Gruppe – ein deutlich segregiertes Schachbrett (Schelling 1978, S. 152–153), bei dem die Makrosituation und die Mikromotive deutlich auseinanderfallen: „A moderate urge to avoid small-minority status may cause a nearly integrated pattern to unravel, and highly segregated neighborhoods form" (Schelling 1978, S. 154).

Während Schelling die Analyse vor allem in Richtung verschiedener Gruppengrößen, Nachbarschaften und Präferenzen ausbreitet, bieten Railsback und Grimm (2012, S. 278–283) weitere instruktive Beispiele, was für Implikationen das Modell besitzt. So variieren sie für ein Modell mit 2000 Agenten den Anteil gewünschter Nachbarn über das mögliche Spektrum und zeigen so, dass sehr hohe Toleranzwerte dazu führen, dass sich die anfängliche zufällige Situation nicht ändert. Umgekehrt führen sehr niedrige Toleranzwerte dazu, dass sich das System nie stabilisiert, da die Agenten niemals „glücklich" sind und stets weiter umziehen – das Modell enthält also verschiedene „Zustände" zwischen denen abrupt gewechselt wird, wenn die Präferenz für die eigene Gruppe zunimmt (Railsback und Grimm 2012, S. 280) (siehe Abb. 2). Indem sie die Agenten je nach Zustand als „glücklich" oder „unglücklich" visualisieren, zeigen sie, dass sich die Segregation deshalb entwickelt, weil in „glücklichen" Nachbarschaften die Dynamik des Systems zum Erliegen kommt. Außerdem tendieren die „glücklichen" Nachbarschaften als aggregierte Strukturen dazu, mit steigender Intoleranz ihre Grenzfläche zu Nachbarschaften mit anderer Färbung zu minimieren (Railsback und Grimm 2012, S. 281–283).

Das Modell von Schelling ist vielfach untersucht und variiert worden und es finden sich viele Arbeiten, die eine empirische Prüfung anstreben (s. auch die Literatur oben). Auch ist es aus naheliegenden Gründen vielfach Ziel von inhaltlicher und methodischer Kritik geworden, auf die hier nur verwiesen werden kann (siehe Fossett 2006; Goering 2006; Bruch und Mare 2006, 2009; Rijt et al. 2009; Squazzoni 2012, S. 88–97, 144–147). Im Sinne der Metapher von Modellen als

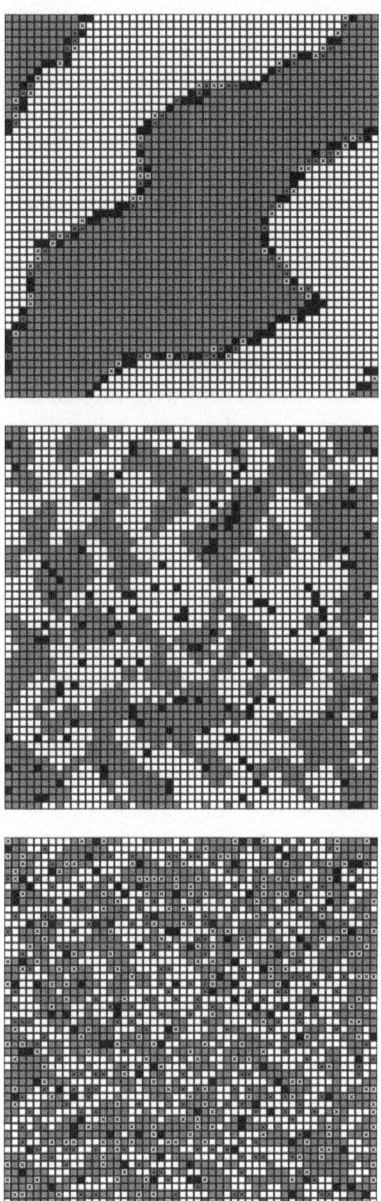

Abb. 2 Das Schelling Modell. Anmerkung: Drei exemplarische Simulationsläufe des Modells von Schelling auf einem 50 × 50 Gitter. Die Agenten sind grau und weiß, schwarze Felder sind unbesetzt. Unglückliche Agenten sind mit einem Kreuz markiert. Das linke Panel zeigt die zufällige Verteilung zu Beginn der Simulation, das mittlere eine stabile Segregation nach 20 Iterationen. In beiden Fällen wünschen sich die Agenten mindestens 30 % gleiche Nachbarn, im rechten Panel sind es 70 % und das Modell hat noch keinen stabilen Zustand erreicht. Deutlich zu erkennen ist rechts auch die Tendenz, die Grenzfläche zwischen den Gruppen zu minimieren. (Quelle: Eigene Darstellung)

Landkarten zeigt die Diskussion jedoch gut die Stärken und Schwächen von ABM als Ansatz. So ist der simulierte Mechanismus zuvorderst eine hinreichende Erklärung. Dies bedeutet, dass andere, ggf. institutionalisierte Mechanismen von Segregation und Diskriminierung, weder in Abrede noch aus der Erklärung ausgeschlossen werden (Schelling 1978, S. 138–139). Vielmehr sind sie nicht Teil des Modells. Insofern fokussiert die „Landkarte" auf eine Straße, die neben anderen Wegen ebenfalls zwei Orte verbindet und die Diskussion bricht darauf herunter, ob der abgebildete Ausschnitt der Realität sinnvoll gewählt ist. Dies mag sein oder auch nicht, in jedem Fall hebt der Fokus des Modells aber zweierlei hervor: Zum einen hängt die Überzeugungskraft eines ABM als Erklärung auch daran, wie sehr man die für seine Konstruktion benutzte „Hintergrundinformation" akzeptiert, in diesem Fall also den Mechanismus auf individueller Ebene. Zum anderen legt das Modell offen, dass es schwierig ist, von einem Aggregat auf einen unterliegenden Mechanismus zu schließen – beides kann gleichläufig sein, muss es aber nicht.

7.2   Zustimmung und Widerspruch in politischen Diskussionen

Eine politikwissenschaftliche Anwendung im Bereich der Wahl- und Einstellungsforschung bieten Huckfeldt und Kollegen (2004). Ihre Arbeit versucht, zwei Befunde zu verbinden: Auf der einen Seite kann beobachtet werden, dass die Diskussion politischer Fragen dazu führt, dass eine der beteiligten Personen ihre Meinungen an die andere annähert. Gleichzeitig führt dies aber nicht dazu, dass sich global die Einstellungen in der Bevölkerung angleichen oder der Einzelne sich ausschließlich unter Gleichgesinnten bewegen würde, vielmehr treffen Individuen vielfach weiterhin auf unterschiedliche Ansichten. Daher versuchen die Autoren, einen dynamischen Prozess zu identifizieren, der sowohl Zustimmung als auch Dissens in persönlichen Netzwerken als Ergebnis zulässt (Huckfeldt et al. 2004, S. 1).

Die Nutzung des ABM ist eingebettet in eine Reihe statistischer Analysen und theoretischer Überlegungen, die im Kern dazu dienen, zuerst die „Faktenlage" der Simulation zu klären: Zu den theoretischen Überlegungen gehört vor allem, dass man das Meinungsklima im eigenen Umfeld immer nur als Folge einzelner Interaktionen und damit nie „total" wahrnimmt, dass aber jedes Gespräch immer vor dem Hintergrund der bereits geführten wahrgenommen wird sodass sich über Zeit ein stabiler Eindruck bilden kann (Huckfeldt et al. 2004, S. 29–31). Auf Basis von Ego-Netzwerkdaten[10] (siehe Kap. „Netzwerkanalyse") zeigen die Autoren, dass Menschen oft in einem Umfeld leben, dessen politische Einstellungen sie vielfach teilen, allerdings ist dieses Klima bei Weitem nicht so homogen als dass sie vor konträren Meinungen „abgeschirmt" wären (Huckfeldt et al. 2004, S. 41–42). Regressionsanalytisch lässt sich zudem zeigen, dass Menschen einander in ihren Einstellungen anstecken und dass die Mehrheit im persönlichen Umfeld dabei im Vorteil ist: Ein Diskussionspartner hat einen umso größeren Einfluss auf die eigene Meinung, je mehr der anderen einen umgebenden sozialen Kontakte seine Meinung teilen (Huckfeldt et al. 2004, S. 61–62 und 114).

Anschließend wird das ABM in mehreren Schritten entwickelt: Als Ausgangspunkt dient ein Modell von Axelrod (1997b), das zuerst repliziert wird um einen klaren Ausgangspunkt zu schaffen (Huckfeldt et al. 2004, S. 133–135): In diesem ersten Modell leben Agenten auf einem Gitter und haben Kontakt mit den Agenten ihrer Von-Neumann-Nachbarschaft. Die Agenten haben einen Vektor aus ganzzahligen Werten (jeweils in einem festen Wertebereich), der ihre Einstellungen zu bestimmten Themen reflektiert. In jeder Runde wird jeder Agent aufgerufen und wählt zufällig einen Nachbarn aus, dem er damit quasi „begegnet" und mit dem er seine Einstellungen vergleicht. Je mehr diese Einstellungen übereinstimmen, desto eher „sprechen" beide Agenten miteinander, wobei der auswählende Agent eine zufällig ausgewählte Einstellung des anderen übernimmt, sich also annähert. Eine Reihe Indizes verfolgen für das Modell auf globaler und Agentenebene die Homogenität der Einstellungen (Huckfeldt et al. 2004, S. 130–133). Wie in der Originalstudie auch ergibt sich im Lauf der Simulation regelmäßig (praktisch) vollständige Homogenität sowohl auf Agenten- als auch globaler Ebene (Huckfeldt et al. 2004, S. 135–138), sodass sich die Autoren sicher sein können, vom gleichen Punkt aus mit ihrer Suche zu beginnen.

Im Anschluss untersuchen die Autoren nun Variationen ihres Modells daraufhin, ob sie zu einem Erhalt von Heterogenität führen. So platzieren sie auf einer Gitterzelle mehrere Agenten, die anhand eines frei wählbaren Parameters unterschiedlich stark den Kontakt mit Agenten der benachbarten Zellen suchen. Auch implementieren sie, dass Agenten mit einer frei wählbaren Wahrscheinlichkeit miteinander sprechen, obwohl sie es sonst nicht getan hätten (Huckfeldt et al. 2004, S. 139–143). Weiter Änderungen sind, dass Agenten in einer Zelle „wohnen" und in einer anderen „arbeiten", wo sie auf Agenten aus völlig anderen

---

[10]Ego-Netzwerkdaten sind (zumeist) Surveydaten, bei denen Befragte gebeten werden, nicht nur Auskunft über sich selbst zu geben sondern auch über Personen, mit denen sie in Kontakt stehen, im konkreten Fall der Studie über Menschen, mit denen sie viel über ihnen wichtige Dinge bzw. über Politik sprechen.

Zellen treffen. Darüber hinaus wird modelliert, dass Agenten bevorzugt mit jenen Kontakt suchen, mit denen sie bereits Kontakt hatten und die ihnen möglichst ähnlich sind (Huckfeldt et al. 2004, S. 143–149). In allen Fällen ändert sich der Befund der Homogenisierung jedoch nicht. Die Autoren entwickeln das Modell schrittweise sodass jeweils nur eine einzelne Veränderung gemacht wird. Dadurch können sie sicher gehen, dass Veränderungen im Modellverhalten auf diese Änderung zurückgeführt werden können bzw. dass die Änderung keinen Effekt hatte.

In einem zweiten Schritt variieren die Autoren die Einfluss-Komponente des Modells. Erneut beginnen sie beim ursprünglichen Modell und nehmen Veränderungen schrittweise vor. Zuerst variieren sie die Wahrscheinlichkeit, mit der eine Einstellung übernommen wird, erneut ohne Effekt (Huckfeldt et al. 2004, S. 156–158). Erst wenn Agenten nur dann eine Einstellung kopieren, wenn diese von der Mehrheit ihrer bisherigen Kontakte geteilt wird, homogenisiert sich das individuelle Umfeld zwar weiterhin sichtbar, andere Einstellungen verschwinden aber nicht mehr vollständig (Huckfeldt et al. 2004, S. 160–164). Um zu testen, inwieweit diese offensichtlich hinreichende Bedingung für den Erhalt von Diversität stabil ist, simulieren die Autoren sie zum einen erfolgreich in dem Modell mit „Wohn-" und „Arbeitszellen". Zum anderen setzen sie das Modell Schocks aus, indem sie zu einem festen Zeitpunkt im Simulationsablauf zufällige Agenten (mit der gleichen Einstellung zu einem Thema) auswählen und diese Einstellung auf einen anderen (für alle gleichen) Wert ändern (Huckfeldt et al. 2004, S. 167–176). Oft kehrt das System aber wieder in einen ähnlichen Zustand zurück, es finden sich aber auch Szenarien, in denen sich die Verteilung der Einstellungen deutlich verändert bzw. es zu einem „backlash" im Sinne der ursprünglichen Einstellung kommt. Damit zeigt das Modell das typische „Problem" komplexer Systeme, nur relativ schwer vorhersagbar zu sein. Alles in allem sind Systeme mit hoher Diversität eher von Veränderungen betroffen als homogenere (Huckfeldt et al. 2004, S. 176–177).

8 Hinweise zur praktischen Umsetzung

Agent-Based Modeling ist ein hochgradig flexibles Instrument um komplexe Prozesse abzubilden, welche die klassischen Ebenen sozialwissenschaftlicher Analyse verbinden. Als Simulationen ähnelt ihre Anwendung weniger der einer „herkömmlichen" Analysemethode für die man Daten sammelt und einem statistischen Modell übergibt als vielmehr einer mathematischen Modellierung eines Zielsystems, wobei aber die Beschränkung auf eine analytische Lösung entfällt. In diesem Abschnitt sind einige praktische Hinweise zur konkreten Anwendung versammelt, welche Interessierten den Einstieg erleichtern sollen.

8.1   Anwendungstipps

1. Für Einsteiger ist es wichtig, sich nicht einschüchtern oder verwirren zu lassen. Agent-Based Modeling ist eine leistungsfähige Technik, die ein Füllhorn an Möglichkeiten bietet. So positiv die damit verbundenen Freiheiten sind, die Implementierung in einem Computer macht es aber immer auch nötig, dass diese Freiheiten voll gelebt werden, sprich: bei der Konstruktion kann man nicht nur viele Weichenstellungen vornehmen, man muss es auch tun. An und für sich kann dieser Prozess bereits aufwendig wirken und oftmals kommt hinzu, dass aus der Literatur die für eine Designentscheidung benötigten Aussagen nicht immer in der nötigen Klarheit zu bekommen sind. Da ein Modell aber stets eine vollständige Spezifizierung benötigt, muss man für all diese offenen Fragen Festlegungen treffen. Damit vielleicht verbundene Bedenken sind aber unbegründet, denn schlussendlich sind alle Schritte zur Konstruktion eines Modells Designentscheidungen, die in anderer Form auch im Theorieteil klassischer statistischer Untersuchungen fallen, auch wenn sie dort oft nicht so offensichtlich werden, wie wenn man sie in Computercode implementiert. Und umgekehrt kann der Zwang zur genauen Spezifizierung des eigenen Denkens auch positiv sein, verhindert er doch dass man über Aspekte „hinwegbügelt" und zeigt er zugleich wie schwierig die konzise Theoriebildung angesichts der in den Sozialwissenschaften oftmals eher unscharfen Daten sein kann.

2. Es ist hilfreich, ein Modell eingangs möglichst einfach zu halten. Dies erleichtert nicht nur die Implementierung, da das Modellverhalten einigermaßen klar vorhersehbar ist. Ist der interessierende Effekt dann einmal isoliert, steht nichts im Wege, das Modell noch zu erweitern. Kompliziert wird es dann von ganz alleine.

3. Eine hilfreiche Methode ist es, von einem „Nullmodell" ohne sinnvolles Agentenverhalten aus zu starten und den intendierten Effekt schrittweise aufzubauen. Gibt es alternativ ein etabliertes Modell, von dem aus man weiterarbeiten kann, ist es hilfreich dieses zuerst zu replizieren, bevor man es an die eigenen Bedürfnisse anpasst.

4. Achten Sie darauf, nicht aus Versehen im Agentenverhalten etwas anzulegen, das dann in den Ergebnissen wieder auftaucht. Ein gutes Modell produziert den intendierten Effekt auch ohne die Agenten explizit auf etwas festzunageln.

5. Im Umgang mit empirischen Daten empfiehlt es sich zu abstrahieren. In der Metapher von Modellen als Landkarten sollte man nicht erwarten, auf einer

Straßenkarte auch Fußgänger erkennen zu können. Ein besser einlösbarer (und realistischerer) Anspruch ist es, auf die allgemein akzeptierten *stylized facts* über ein Phänomen zu fokussieren. Ist man in der Lage, diese zu reproduzieren, ist bereits viel erreicht.

6. Ein Modell „in einem Rutsch" zu programmieren ist keine gute Idee. Oft benötigt man dann mehr Zeit für die Fehlersuche als man bei der Programmierung vielleicht eingespart hat. Besser ist es, den Code schrittweise zu entwickeln und erst dann zum nächsten Schritt überzugehen, wenn man sicher ist, dass er seinen Zweck erfüllt. Dies Prinzip gilt auch ganz allgemein: Jede Änderung am Modells sollte nur schrittweise erfolgen und mit dem Verhalten der vorherigen Fassung verglichen werden.

7. Nutzen Sie das in jeder Sprache vorhandene *print*-Statement exzessiv, um sich die einzelnen Verarbeitungsschritte des Modells ausgeben zu lassen. Gerade für die Fehlersuche ist das besser als jeder Debugger.

8. Dokumentieren Sie Programmcode und Modell direkt während der Entwicklung. Auch bei eigenem Code muss man nach wenigen Tagen oftmals schon überlegen, wie ein bestimmter Abschnitt im Detail funktioniert. Noch schwieriger ist es oft, den Code anderer nachzuvollziehen. Entsprechend kann nur ein gut dokumentiertes Modell von Dritten eindeutig nachvollzogen und verstanden werden – ansonsten droht die Gefahr, dass andere in der eigenen Arbeit lediglich eine quasi-geheimnisvolle Blackbox sehen.

9. Führen Sie das Modell bei der Entwicklung auch mit „von Hand" lösbaren Szenarien aus. Verhält es sich korrekt? Wandeln Sie einen Aspekt des Szenarios ab und lassen das Modell erneut laufen um zu sehen ob es sich weiterhin korrekt verhält.

10. Hat Ihr Modell eine stochastische Komponente, setzen Sie für die Entwicklung immer den gleichen *seed* (Startwert) des Zufallsgenerators, sonst sind korrektes Modellverhalten und Fehler kaum zu trennen. Lösen Sie in regelmäßigen Abständen den *seed* und beobachten Sie ob sich das Modellverhalten ändert. Vertrauen Sie bei Entwicklung und Auswertung stochastischer Modelle nie einem einzigen Simulationsdurchlauf – je nach Modell können diese mitunter stark voneinander abweichen.

11. Oftmals eröffnet es bei der Implementierung neue Wege, wenn man sich klar macht, dass das Modell ein Modell und damit eine Vorstellung ist, der Code auf dem Bildschirm aber dazu dient, das Verhalten dieses Modells im Computer abzubilden. Entsprechend müssen Modell und Code nur auf diese Ebene identisch sein.

8.2   Software

Für die Programmierung von ABM stehen viele Mittel zur Verfügung. In der Literatur und online[11] finden sich entsprechend zahlreiche Überblicke und Vergleichsarbeiten (z. B. Nikolai und Madey 2009; Allan 2010; Laclavík et al. 2012; Railsback et al. 2006). Wie angedeutet kann man zwischen spezialisierter Software, Bibliotheken bzw. Frameworks (als „Zulieferer" von Bauteilen) und der „Eigenentwicklung" in einer allgemeinen Programmiersprache unterscheiden.

- **NetLogo:** NetLogo (https://ccl.northwestern.edu/netlogo/) ist eine der populärsten Plattformen für ABM. Es ist für Windows, Mac und Linux verfügbar und verwendet eine eigene, leicht zugängliche Programmiersprache, die verschiedene Agentenformen bereitstellt (bewegliche Agenten, Zellen eines 2-D-Gitters oder Netzwerkstrukturen) sowie praktisch alle Strukturen und Befehle, die in einem ABM regelmäßig benötigt werden. Für Visualisierung, Ausgabe und Steuerung des Models steht eine eigene Oberfläche bereit, auf der man über Point-and-Click z. B. Bedienelemente oder Charts erstellen kann (vgl. Abb. 3). Neben dem „rohen" Datenexport ist es möglich, Grafiken oder Filme von Modellen aufzunehmen. Zudem finden sich interessante Funktionalitäten wie z. B. Netzwerkkonzepte, GIS-Daten, eine Integration mit R oder die automatisierte Ausführung von Simulationen. Modelle können darüber hinaus im Internet veröffentlicht werden. Die allgemein flache Lernkurve macht es zu einem guten Einstiegspunkt in ABM, zudem basieren mehrere Lehrbücher auf NetLogo.
- **Repast:** Repast (https://repast.github.io/) bietet zwar auch spezielle Funktionalitäten für Einsteiger, richtet sich aber eher an Nutzer, die bereits Programmiererfahrung haben. Das Framework gibt es für Windows, Mac und Linux und es ist mit Eclipse integriert sodass in einer populären Programmierumgebung entwickelt werden kann. Repast Simphony (Java) ist eher für einzelne Rechner oder kleine Cluster gedacht und damit für die meisten Anwendungen die Standardlösung, RepastHPC (C++) dagegen richtet sich an

---

[11]Siehe auch die Übersicht des OpenABM-Konsortiums: https://www.openabm.org/modeling-platforms sowie die dort verlinkten, weiteren Übersichten. Leider wird für die meisten Projekte nicht vermerkt, welche aktiv gepflegt werden und welche „eingeschlafen" sind sodass der Auswahl einer Plattform auch immer eigene Recherche vorangehen sollte. Hierbei empfiehlt es sich, auch gleich auf die Verfügbarkeit von Tutorials zu achten sowie einer Möglichkeit, bei Fragen andere Nutzer (z. B. über eine Mailingliste) zu kontaktieren.

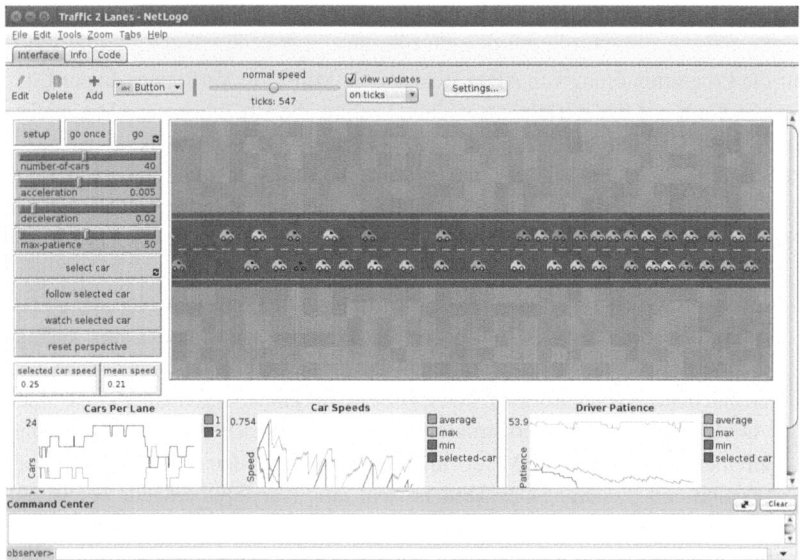

Abb. 3 NetLogo. Anmerkung: Beispielhafte Ansicht einer Stausimulation in NetLogo. (Quelle: Eigene Darstellung)

Entwickler großer Simulationen auf Superrechnern. Repast erlaubt die Entwicklung von Modellen auf mehrere verschiedene Arten, darunter Point-and-Click Statecharts, ReLogo (das für NetLogo-Nutzer leicht verständlich sein dürfte), Groovy oder direkt in Java. Vielfach bietet Repast auch Wizards, die bei Bedarf häufige Konstruktionsschritte (z. B. Visualisierung) vereinfachen. Repast verarbeitet auch GIS-Daten und es bietet eine Integration mit verschiedenen externen Programmen zur Datenanalyse wie z. B. Excel, R, Netzwerkanalyse- und sogar Data Mining-Tools. Zudem lassen sich die Modelle auch als eigene Programme exportieren, für die dann auf dem Zielrechner nur Java installiert sein muss.

- **Mason:** Als Toolkit ist Mason (http://cs.gmu.edu/~eclab/projects/mason/) derzeit nur auf Einzelrechnern ausführbar, es wird aber gegenwärtig daran gearbeitet, mehrere Rechner gleichzeitig nutzen zu können. Mason ist ebenfalls in Java und damit wie die anderen Plattformen auch betriebssystemunabhängig. Es setzt substanzielle Java-Kenntnisse voraus und ist damit eher für fortgeschrittene Nutzer geeignet. Mason ist ausdrücklich auf Effizienz entwickelt und zielt damit auch auf Projekte mit z. B. vielen Simulationsläufen. Modelle und Visualisierung sind stark getrennt sodass mehrere Visualisierungen parallel genutzt werden können und ein Betrieb ohne Darstellungen (z. B. auf Großrechnern) möglich ist. Mason versucht, das Modellverhalten auch über verschiedene Rechner hinweg identisch zu halten und erlaubt es zudem, Simulationen einzufrieren und zu speichern sodass sie an Checkpoints gesichert werden können oder alternative Abläufe möglich sind. Mason bietet ebenfalls die Möglichkeit, Grafiken und Filme zu exportieren, GIS-Daten zu nutzen und Netzwerke zu repräsentieren, zudem erlaubt es stetige, diskrete oder hexagonale Modelle in 2D und 3D. Eine Integration mit einer Entwicklungsumgebung wie Eclipse gibt es dagegen nicht.

- **Allgemeine Programmiersprachen:** ABM lassen in jeder Sprache entwickeln, es sollte jedoch mit einer substanziellen Vorlaufzeit gerechnet werden um mit der Sprache und Programmierung im Allgemeinen vertraut zu werden. Wegen seiner Objektorientierung ist in der Community Java besonders populär (für eine Einführung siehe z. B. Goll und Heinisch 2016).

9   Zusammenfassung und Mehrwert

Agent-Based Modeling ist ein relativ neuer, sehr mächtiger Ansatz, mit dem sich vor allem Systeme modellieren lassen, die sich traditionellen datenanalytischen Herangehensweisen eher verschließen. Solche Systeme bestehen oft aus einer Vielzahl Individuen, die sich weder sinnvoll ins Paradigma rationaler Akteure (und der damit möglichen Vereinfachungen) noch in das einfacher Zufallsprozesse einpassen lassen und die auf so relevante Art und Weise miteinander interagieren, dass ihre Bezüge für die Prozesse auf Systemebene entscheidend sind. Insofern liegt ein wesentlicher Mehrwert von ABM nicht nur darin, den Blick auf diese „mittlere" Beschreibung von Individuen einzuladen, sondern auch die beiden zentralen Ebenen sozialwissenschaftlicher Analyse miteinander zu verbinden und dabei die Bedeutung von Interaktion nicht aus dem Blick zu lassen. Im Kern unterscheidet sich ABM von den meisten in diesem Band dargestellten Methoden insofern, als dass es eine Spielart von Simulation und damit letztlich mathematischer Modellierung ist. Damit nimmt die Methode eine dezidiert andere Perspektive ein, deren Flexibilität darin liegt, so gut wie jede erdenkliche Vorstellung eines interaktiven Systems in Code fassen, nach Belieben manipulieren und betrachten zu können. Zugleich nötigt sie dem Anwender aber auch ab, diese Struktur nicht nur bis ins Detail zu entwerfen, sondern lässt ihn auch in der Situation zurück, nicht auf Modellgüte- oder Signifikanztests zur Beglaubigung der Ergebnisse verweisen zu können. Wie die oben stehenden Ausführungen aber hoffentlich auch gezeigt haben, muss dies kein Nachteil sein, eröffnet ein klar formuliertes und gut dokumentiertes Modell doch direkt den Blick auf jene Elemente, deren inhaltliche Absicherung das Vertrauen in seine Ergebnisse rechtfertigt.

10   Kommentierte Literaturempfehlungen

Railsback, Steven F., und Volker Grimm. 2012. Agent-Based and individual based modeling. Princeton: Princeton University Press und *Wilensky, Uri, und William Rand. 2015. An introduction to agent-based modeling. Modeling natural, social, and engineered complex systems with NetLogo. Cambridge: MIT Press.* Zwei gründliche Einführungen in ABM mit NetLogo, wobei letzteres direkt vom Schöpfer der Software stammt. Beide Bücher zeichnen sich durch umfängliche und detaillierte Darstellung der Handhabung von NetLogo aus und bieten zudem eine fundierte Diskussion zur Konstruktion, Handhabung und Analyse von Modellen.

Gilbert, Nigel, und Klaus Troitzsch. 2005. Simulation for the social scientist. Maidenhead: Open University Press. Ein guter Überblick über alle gängigen Simulationsansätze, zugeschnitten auf Sozialwissenschaftler, die einen Einstieg in die jeweilige Methode suchen. Es enthält zwei Kapitel über ABM, wovon eines die relevanten theoretischen Aspekte beleuchtet, das zweite hingegen die Entwicklung eines Modells beispielhaft illustriert.

Miller, John H., und Scott E. Page. 2007. Complex adaptive systems. An introduction to computational models of social life. Princeton: Princeton University Press. Eine gute Einführung in die Modellierung komplexer Systeme und damit quasi den „Unterbau" vieler ABM. Dem Thema entsprechend befasst es sich vor allem mit Fragen der Modellierung, tut dies jedoch aus einer Perspektive, die nahtlos für ABM nutzbar ist. Viele der besprochenen Modelle sind Klassiker und werden nicht nur im Hinblick auf Modellstruktur sondern auch hinsichtlich ihrer inhaltlichen Bedeutung gut eingeordnet.

Squazzoni, Flaminio. 2012. Agent-based computational Sociology. Chichester, UK: Wiley. Eine Einführung in ABM als Methode und in die aus soziologischer Sicht wichtigsten Modelle (z. B. *opinion dynamics,* Segregation, Kooperation). Der Schwerpunkt liegt etwas mehr auf der inhaltlichen Seite der ausführlich vorgestellten Modelle, das Buch enthält aber auch ein interessantes Kapitel mit methodologischer Diskussion.

Gilbert, Nigel. 2008. Agent-based models. Los Angeles: Sage. Ein kurzer Einführungsband in ABM mit NetLogo. Der Band behandelt nicht nur die theoretische Seite der Modellierung sondern durchläuft zusammen mit dem Leser auch Schritt für Schritt die Entwicklung eines Modells inklusive Code in NetLogo.

Literatur

Albin, Peter S., und Duncan K. Foley. 2001. The co-evolution of cooperation and complexity in a multi-player, local-interaction prisoners' dilemma. *Complexity* 6 (3): 54–63. doi:10.1002/cplx.1030.

Aleksiejuk, Agata, und Janusz A. Hołyst. 2001. A simple model of bank bankruptcies. *Physica A: Statistical Mechanics and its Applications* 299 (1–2): 198–204. doi:10.1016/S0378-4371(01)00296-5.

Allan, Rob. 2010. Survey of agent based modelling and simulation tools. Daresbury Laboratory Technical Reports DL-TR-2010-007. Warrington. https://epubs.stfc.ac.uk/work/50398.

Arthur, W. Brian. 1994. Inductive reasoning and bounded rationality. *The American Economic Review* 84 (2): 406–411.

Axelrod, Robert. 1984. *The evolution of cooperation*. New York: Basic Books.

Axelrod, Robert. 1997a. Advancing the Art of Simulation in the Social Sceiences. In *Simulating social phenomena*, Hrsg. Rosaria Conte, Rainer Hegselmann, und Pietro Temo, 21–40. Heidelberg: Springer.

Axelrod, Robert. 1997b. The dissemination of culture: A model with local convergence and global polarization. *The Journal of Conflict Resolution* 41 (2): 203–226. http://www.jstor.org/stable/174371.

Axelrod, Robert. 1997c. The evolution of strategies in the iterated prisoner's dilemma. In *The Complexity of Cooperation*, Hrsg. Robert Axelrod, 10–29. New Delhi: New Age International.

Axelrod, Robert, und D. Scott Bennett. 1993. A landscape theory of aggregation. *British Journal of Political Science* 23 (2): 211–233.

Axtell, Robert L. 1999. *The emergence of firms in a population of agents: Local increasing returns, unstable nash equilibria, and power law size distributions*. Washington: Brookings Institution.

Axtell, Robert L., und Joshua M. Epstein. 2006. Coordination in transient social networks: An agent-based computational model of the timing of retirement. In *Generative social science: Studies in agent-based computational modeling*, Hrsg. Joshua M. Epstein, 147–174. Princeton: Princeton University Press.

Axtell, Robert L., Joshua M. Epstein, Jeffrey Deand, George Gumerman, Alan Swedlund, Jason Harburger, Shubha Chakravartya, Ross Hammond, Jon Parker, und Miles Parker. 2002. Population growth and collapse in a multiagent model of the Kayenta Anasazi in Long House Valley. *Proceedings of the National Academy of Sciences* 99 (3): 7275–7279. http://www.pnas.org/content/99/suppl.3.

Balke, Tina, und Nigel Gilbert. 2014. How do agents make decisions? A survey. *Journal of Artificial Societies and Social Simulation* 17 (4): 13. doi:10.18564/jasss.2687.

Bandini, Stefania, Sara Manzoni, und Giuseppe Vizzari. 2009. Agent based modeling and simulation: An informatics perspective. *Journal of Artificial Societies and Social Simulation* 12 (4): 4. http://jasss.soc.surrey.ac.uk/12/4/4.html.

Bennett, D. Scott. 2008. Governments, civilians, and the evolution of insurgency. Modeling the early dynamics of insurgencies. *Journal of artificial societies and social simulation* 11 (4). http://jasss.soc.surrey.ac.uk/11/4/7.html.

Bersini, Hugues. 2012. UML for ABM. *Journal of Artificial Societies and Social Simulation* 15 (1): 9. doi:10.18564/jasss.1897.

Bhavnani, Ravi, und Dan Miodownik. 2009. Ethnic polarization, ethnic salience, and civil war. *Journal of Conflict Resolution* 53 (1): 30–49.

Bhavnani, Ravi, Karsten Donnay, Dan Miodownik, Maayan Mor, und Dirk Helbing. 2014. Group segregation and urban violence. *American Journal of Political Science* 58 (1): 226–245. doi:10.1111/ajps.12045.

Boero, Riccardo, und Flaminio Squazzoni. 2005. Does empirical embeddedness matter? Methodological issues on agent-based models for analytical social science. *Journal of artificial societies and social simulation* 8 (4). http://jasss.soc.surrey.ac.uk/8/4/6.html.

Boero, Riccardo, Matteo Morini, Michele Sonnessa, und Pietro Terna. 2015. *Agent-based models of the economy. From theories to applications.* Springer. http://link.springer.com/book/10.1057%2F9781137339812.

Bokulich, Alisa. 2011. How scientific models can explain. *Synthese* 180 (1): 33–45. doi:10.1007/s11229-009-9565-1.

Bravo, Giangiacomo, Flaminio Squazzoni, und Riccardo Boero. 2012. Trust and partner selection in social networks: An experimentally grounded model. *Social Networks* 34 (4): 481–492. doi:10.1016/j.socnet.2012.03.001.

Broeke, Guus ten, George van Voorn, und Arend Ligtenberg. 2016. Which sensitivity analysis method should I use for my agent-based model? *Journal of Artificial Societies and Social Simulation* 19 (1): 5. doi:10.18564/jasss.2857.

Bruch, Elizabeth E., und Robert D. Mare. 2006. Neighborhood choice and neighborhood change. *American Journal of Sociology* 112 (3): 667–709.

Bruch, Elizabeth E., und Robert D. Mare. 2009. Preferences and pathways to segregation: Reply to Van de Rijt, Siegel, and Macy. *American Journal of Sociology* 114 (4): 1181–1198.

Campbell, David E. 2013. Social networks and political participation. *Annual Review of Political Science* 16 (1): 33–48. doi:10.1146/annurev-polisci-033011-201728.

Castellano, Claudio, Santo Fortunato, und Vittorio Loreto. 2009. Statistical physics of social dynamics. *Review of Modern Physics* 81 (2): 591–646. doi:10.1103/RevMod-Phys.81.591.

Cederman, Lars-Erik. 2003. Modeling the size of wars: From billiard balls to sandpiles. *American Political Science Review* 97 (Januar): 135–150. doi:10.1017/S0003055403000571.

Cioffi-Revilla, Claudio. 2008. Simplicity and reality in computational modeling of politics. *Computational and Mathematical Organization Theory* 15 (1): 26–46. doi:10.1007/s10588-008-9042-2.

Cioffi-Revilla, Claudio. 2014. *Introduction to computational social science.* London: Springer.

Cioffi-Revilla, Claudio, und Mark Rouleau. 2010. MASON RebeLand: An agent-based model of politics, environment, and insurgency. *International Studies Review* 12 (1): 31–52. doi:10.1111/j.1468-2486.2009.00911.x.

Clarke, Kevin A., und David M. Primo. 2012. *A model discipline: Political science and the logic of representations.* Oxford: Oxford University Press. http://www.rochester.edu/college/psc/clarke/AMD_ClarkePrimo_Ch1.pdf.

Clifford, Peter, und Aidan Sudbury. 1973. A model for spatial conflict. *Biometrika* 60 (3): 581–588. http://www.jstor.org/stable/2335008.

Conte, R., Nigel Gilbert, G. Bonelli, C. Cioffi-Revilla, G. Deffuant, J. Kertesz, V. Loreto, et al. 2012. Manifesto of computational social science. *The European Physical Journal Special Topics* 214 (1): 325–346. doi: 10.1140/epjst/e2012-01697-8.

David, Nuno. 2013. Validating simulations. In *Simulating social complexity. A handbook,* Hrsg. Bruce Edmonds und Ruth Meyer, 135–171. Heidelberg: Springer.

David, Nuno, Jaime Simão Sichman, und Helder Coelho. 2007. Simulation as formal and generative social science. The very idea. In *Worldviews, science and us. Philosophy and complexity,* Hrsg. Carlos Gershenson, Diederik Aerts, und Bruce Edmonds, 266–284. Singapore: World scientific.

Davidsson, Paul. 2002. Agent based social simulation. A computer science view. *Journal of artificial societies and social simulation* 5 (1). http://jasss.soc.surrey.ac.uk/5/1/7.html.

Dean, Jeffrey S., George J. Gumerman, Joshua M. Epstein, Robert L. Axtell, Alan C. Swedlund, Miles T. Parker, und Steven McCarroll. 2000. Understanding Anasazi culture change through agent-based modeling. In *Dynamics in human and primate societies,* Hrsg. A. Kohler Timothy und George J. Gummerman, 179–205. Oxford: Oxford University Press.

Deffuant, Guillaume, David Neau, Frederic Amblard, und Gérard Weisbuch. 2000. Mixing beliefs among interacting agents. *Advances in Complex Systems* 3 (01n04): 87–98. doi:10.1142/S0219525900000078.

Duffy, John. 2006. Agent-based models and human subject experiments. In *Handbook of computational economics 2,* Hrsg. Leigh Tesfatsion und Kenneth I. Judd, 949–1011. Amsterdam: Elsevier.

Edmonds, Bruce. 2007. Simplicity is not truth-indicative. In *Worldviews, science and us,* Hrsg. Carlos Gershenson, Diederik Aerts, und Bruce Edmonds, 65–80. Singapore: World scientific.

Edmonds, Bruce. 2015. A context- and scope-sensitive analysis of narrative data to aid the specification of agent behaviour. *Journal of Artificial Societies and Social Simulation* 18 (1): 17. doi:10.18564/jasss.2715.

Edmonds, Bruce, und Ruth Meyer. Hrsg. 2013. *Simulating social complexity: A handbook.* Heidelberg: Springer.

Edmonds, Bruce, und Scott Moss. 2005. From KISS to KIDS – An 'Anti-simplistic' modelling approach. In *Multi-agent and multi-agent-based simulation. Joint Workshop MABS 2004, New York, NY, USA, July 19, 2004, Revised Selected Papers,* Hrsg. Paul Davidsson, Brian Logan, und Keiki Takadama, 130–144. Berlin: Springer.

Ehrentreich, Norman. 2008. *Agent-based modeling. The Santa Fe Institute artificial stock market model revisited.* Berlin: Springer.

Elsenbroich, Corinna. 2012. Explanation in agent-based modelling: Functions, causality or mechanisms? *Journal of Artificial Societies and Social Simulation* 15 (3): 1. http://jasss.soc.surrey.ac.uk/15/3/1.html.

Epstein, Joshua M. 2006. *Generative social science. Studies in agent-based computational modeling.* Princeton: Princeton University Press.

Epstein, Joshua M., und Robert L. Axtell. 1996. *Growing artificial societies. Social science from the bottom up.* Washington DC: Brookings Institution Press.

Evans, Andrew, Alison Heppenstall, und Mark Birkin. 2013. Understanding simulation results. In *Simulating social complexity. A handbook,* Hrsg. Bruce Edmonds und Ruth Meyer, 173–195. Heidelberg: Springer.

Farmer, J. Doyne, Paolo Patelli, und Ilija I. Zovko. 2005. The predictive power of zero intelligence in financial markets. *Proceedings of the National Academy of Sciences of the United States of America* 102 (6): 2254–2259. doi:10.1073/pnas.0409157102.

Flache, Andreas, und Michael W. Macy. 2004. Bottom-up Modelle sozialer Dynamiken: Agentenbasierte Computermodellierung und methodologischer Individualismus. *Kölner*

Zeitschrift für Soziologie und Sozialpsychologie Sonderheft 44, Hrsg. Andreas Diekmann, 536–559. http://www.gesis.org/sowiport/search/id/iz-solis-90353277.

Fortunato, Santo, und Claudio Castellano. 2007. Scaling and universality in proportional elections. *Physical Review Letters* 99 (13): 138701. doi:10.1103/PhysRevLett.99.138701.

Fossett, Mark. 2006. Ethnic preferences, social distance dynamics, and residential segregation: Theoretical explorations using simulation analysis. *Journal of Mathematical Sociology* 30 (3/4): 185–273.

Fowler, James H. 2005. Turnout in a small world. In *The social logic of politics. Personal networks as contexts for political behavior,* Hrsg. Alan Zuckerman, 269–287. Philadelphia: Temple University Press.

Fowler, James H., und Oleg Smirnov. 2005. Dynamic parties and social turnout. An agent-based model. *American Journal of Sociology* 110 (4): 1070–1094.

Frigg, Roman, und Julian Reiss. 2009. The philosophy of simulation: Hot new issues or same old stew? *Synthese* 169 (3): 593–613. http://dx.doi.org/10.1007/s11229-008-9438-z.

Frigg, Roman, und Stephan Hartmann. 2012. Models in science. In *The Stanford encyclopedia of philosophy (fall 2012 edition),* Hrsg. Edward N. Zalta. Stanford: The Metaphysics Research Lab, Center for the Study of Language and Information, Stanford University. http://plato.stanford.edu/archives/fall2012/entries/models-science/.

Galam, Serge. 2002. Minority opinion spreading in random geometry. *The European Physical Journal B – Condensed matter and complex systems* 25 (4): 403–406. http://dx.doi.org/10.1140/epjb/e20020045.

Garson, G. David. 2009. Computerized simulation in the social sciences. A survey and evaluation. *Simulation and Gaming* 40 (2): 267–279. http://sag.sagepub.com/content/40/2/267.

Gilbert, Nigel. 2007. Computational social science Agent-based social simulation. In *Agent-based modelling and simulation in the social and human sciences,* Hrsg. Denis Phan und Frédéric Amblard, 115–133. Oxford: Bardwell Press.

Gilbert, Nigel. 2008. *Agent-based models.* Los Angeles: Sage.

Gilbert, Nigel, und Klaus Troitzsch. 2005. *Simulation for the social scientist.* Maidenhead: Open University Press.

Goering, John. 2006. Shelling Redux: How sociology fails to make progress in building and empirically testing complex causal models regarding race and residence. *Journal of Mathematical Sociology* 30 (3/4): 299–317.

Goldbeck, Jennifer. 2002. Evolving strategies for the prisoner's dilemma. In Proceedings of the 3rd WSEAS International Conference on Evolutionary Computing (EC'02), Hrsg. Ales Grmela und Nikos Mastorakis, 4861–4868. Interlaken.

Goll, Joachim, und Cornelia Heinisch. 2016. *Java als erste Programmiersprache: Grundkurs für Hochschulen.* Wiesbaden: Springer.

Grimm, Volker, Uta Berger, Finn Bastiansen, Sigrunn Eliassen, Vincent Ginot, Jarl Giske, John Goss-Custard, et al. 2006. A standard protocol for describing individual-based and agent-based models. *Ecological Modelling* 198 (1–2): 115–126. doi:10.1016/j.ecolmodel.2006.04.023.

Grimm, Volker, Uta Berger, Donald L. DeAngelis, Gary Polhill, Jarl Giske, und Steven F. Railsback. 2010. The ODD protocol: A review and first update. *Ecological Modelling* 221 (23): 2760–2768. doi:10.1016/j.ecolmodel.2010.08.019.

Grimm, Volker, Gary Polhill, und Julia Touza. 2013. Documenting social simulation models: The ODD Protocol as a Standard. In *Simulating social complexity. A handbook,*

Hrsg. Bruce Edmonds und Ruth Meyer, 117–133. Springer. http://www.pensamiento-complejo.com.ar%2Fdocs%2Ffiles%2FEdmonds-Mayer%2520-%2520Simulating%252 0Social%2520Complexity.pdf.

Groff, Elizabeth R. 2007. Simulation for theory testing and experimentation: An example using routine activity theory and street robbery. *Journal of Quantitative Criminology* 23 (2): 75–103. doi:10.1007/s10940-006-9021-z.

Grüne-Yanoff, Till. 2009. The explanatory potential of artificial societies. *Synthese* 169 (3): 539–555. http://dx.doi.org/10.1007/s11229-008-9429-0.

Hatna, Erez, und Itzhak Benenson. 2012. The Schelling model of ethnic residential dynamics: Beyond the integrated – Segregated dichotomy of patterns. *Journal of Artificial Societies and Social Simulation* 15 (1): 6. http://jasss.soc.surrey.ac.uk/15/1/6.html.

Hawick, K. A., und C. J. Scogings. 2009. Roles of space and geometry in the spatial prisoners' dilemma. In *Proceedings of the IASTED international conference on modelling, simulation and identification (MSI'09)*, 659-10-1–6. Beijing.

Heath, Brian, und Raymond Hill. 2014. Some insights into the emergence of agent-based modeling. In *Agent-based modeling and simulation*, Hrsg. Simon J. E. Taylor, 32–44. Basingstoke: Palgrave Macmillan. http://link.springer.com/book/10.1057/9781137453648.

Hegselmann, Rainer, und Ulrich Krause. 2002. Opinion dynamics and bounded confidence. Models, analysis and simulation. *Journal of Artificial Societies and Social Simulation* 5 (3): 2. http://jasss.soc.surrey.ac.uk/5/3/2.html.

Helbing, Dirk. 2012. *Social self-organization: Agent-based simulations and experiments to study emergent social behavior*. Berlin: Springer.

Helbing, Dirk, und Péter Molnár. 1995. Social force model for pedestrian dynamics. *Physical Review E* 51 (5): 4282–4286. doi:10.1103/PhysRevE.51.4282.

Helbing, Dirk, Joachim Keltsch, und Peter Molnar. 1997. Modelling the evolution of human trail systems. *Nature* 388 (6637): 47–50.

Helbing, Dirk, Illes Farkas, und Tamas Vicsek. 2000. Simulating dynamical features of escape panic. *Nature* 407:487–490. doi:10.1038/35035023.

Helbing, Dirk, A. Hennecke, Vladimir Shvetsov, und Martin Treiber. 2002. Micro- and macro-simulation of freeway traffic. *Mathematical and Computer Modelling* 35 (5–6): 517–547. doi:10.1016/S0895-7177(02)80019-X.

Helbing, Dirk, Lubos Buzna, Anders Johansson, und Torsten Werner. 2005. Self-organized pedestrian crowd dynamics: Experiments, simulations, and design solutions. *Transportation Science* 39 (1): 1–24.

Horiuchi, Shiro. 2015. Emergence and collapse of the norm of resource sharing around locally abundant resources. *Journal of Artificial Societies and Social Simulation* 18 (4): 7. doi:10.18564/jasss.2904.

Huckfeldt, R. Robert, P. E. Johnson, und John D. Sprague. 2004. *Political disagreement: The survival of diverse opinions within communication networks. Cambridge studies in political psychology and public opinion*. Cambridge: Cambridge University Press.

Jager, Wander, und Frédéric Amblard. 2005. Uniformity, bipolarization and pluriformity captured as generic stylized behavior with an agent-based simulation model of attitude change. *Computational & Mathematical Organization Theory* 10:295–303. http://dx.doi.org/10.1007/s10588-005-6282-2.

Janssen, Marco A. 2009. Understanding artificial Anasazi. *Journal of Artificial Societies and Social Simulation* 12 (4): 13. http://jasss.soc.surrey.ac.uk/12/4/13.html.

Janssen, Marco A, und Elinor Ostrom. 2006. Empirically based, agent-based models. *Ecology and Society* 11 (2): 37. http://www.ecologyandsociety.org/articles/1861.html, http://www.ecologyandsociety.org/vol11/iss2/art37/, http://www.ecologyandsociety.org/vol11/iss2/art37/ES-2006-1861.pdf.

Kaye-Blake, Bill, Chris Schilling, und Elizabeth Post. 2014. Validation of an agricultural MAS for Southland, New Zealand. *Journal of Artificial Societies and Social Simulation* 17 (4): 5. doi:10.18564/jasss.2564.

Klügl, Franziska, und Ana L. C. Bazzan. 2004. Route decision behaviour in a commuting scenario: Simple heuristics adaptation and effect of traffic forecast. *Journal of Artificial Societies and Social Simulation* 7 (1). http://jasss.soc.surrey.ac.uk/7/1/1.html.

Kollman, Ken, und Scott E. Page. 2006. Computational methods and models of politics. In *Handbook of computational economics 2*, Bd. 2, Hrsg. Leigh Tesfatsion und Kenneth I. Judd, 1433–1463. Amsterdam: Elsevier.

Kollman, Ken, John H. Miller, und Scott E. Page. 1998. Political parties and electoral landscapes. *British Journal of Political Science* 28 (1): 139–158. http://www.jstor.org/stable/194160.

Kollman, Ken, John H. Miller, und Scott E. Page. 2003. *Computational models in political economy*. Cambridge: MIT Press.

Kumar, Sujai, und Sugata Mitra. 2006. Self-organizing traffic at a malfunctioning intersection. *Journal of Artificial Societies and Social Simulation* 9 (4): 3. http://jasss.soc.surrey.ac.uk/9/4/3.html.

Kurahashi-Nakamura, Takasumi, Michael Mäs, und Jan Lorenz. 2016. Robust clustering in generalized bounded confidence models. *Journal of Artificial Societies and Social Simulation* 19 (4): 7. doi:10.18564/jasss.3220.

Laclavík, Michal, Štefan Dlugolinský, Martin Šeleng, Marcel Kvassay, Bernhard Schneider, Holger Bracker, Michał Wrzeszcz, Jacek Kitowski, und Ladislav Hluchý. 2012. Agent-based simulation platform evaluation in the context of human behavior modeling. In *Advanced Agent Technology: AAMAS 2011 Workshops, AMPLE, AOSE, ARMS, DOCM3AS, ITMAS, Taipei, Taiwan, May 2–6, 2011 Revised Selected Papers*, Hrsg. Francien Dechesne, Hiromitsu Hattori, Adriaan ter Mors, Jose Miguel Such, Danny Weyns, und Frank Dignum, 396–410. Springer.

Laver, Michael, und Ernest Sergenti. 2011. *Party competition: An agent-based model*. Princeton: Princeton University Press.

LeBaron, Blake, W. Brian Arthur, und Richard Palmer. 1999. Time series properties of an artificial stock market. *Journal of economic dynamics and control* 23 (9–10): 1487–1516.

Leik, Robert K., und Barbara F. Meeker. 1995. Computer simulation for exploring theories: Models of interpersonal cooperation and competition. *Sociological Perspectives* 38 (4): 463–482. http://www.jstor.org/stable/1389268.

Leitner, Stephan, und Friederike Wall, Hrsg. 2014. *Artificial economics and self organization: Agent-based approaches to economics and social systems ; [Papers presented in the 9th edition of the artificial economics, Held in Klagenfurt Am Wörthersee (Austria)]*. Lecture notes in economics and mathematical systems 669. Cham: Springer.

Little, Daniel. 2012. Analytical sociology and the rest of sociology. *Sociologica* 1:1–47. www.gemass.org/manzo/sites/default/files/2_little.pdf.

Lorenz, Jan. 2007. Continuous opinion dynamics under bounded confidence. A survey. *International Journal of Modern Physics C: Computational Physics and Physical Com-*

putation 18 (12): 1819–1838. http://www.redi-bw.de/db/ebsco.php/search.ebscohost. com/login.aspx?direct=true&db=aph&AN=29999101&site=ehost-live.

Macal, Charles M., und M. J. North. 2010. Tutorial on agent-based modelling and simulation. *Journal of Simulation* 4 (3): 151–162. doi:10.1057/jos.2010.3.

Macal, Charles M., Michael J. North, und Douglas A. Samuelson. 2013. Agent-based simulation. In *Encyclopedia of operations research and management science*, Hrsg. Saul I. Gass und Michael C. Fu, 8–16. Boston: Springer. http://dx.doi.org/10.1007/978-1-4419-1153-7_1229.

Macy, Michael, und Robert Willer. 2002. From factors to actors. Computational sociology and agent-based modeling. *Annual review of sociology* 28:143–166. http://www.jstor. org/stable/3069238.

Malleson, Nick, Linda See, Andy Evans, und Alison Heppenstall. 2012. Implementing comprehensive offender behaviour in a realistic agent-based model of burglary. *Simulation* 88 (1): 50–71. doi:10.1177/0037549710384124.

Manzo, Gianluca. 2010. Analytical sociology and its critics. *European Journal of Sociology/ Archives Européennes de Sociologie/Europäisches Archiv für Soziologie* 51 (1): 129–170. http://www.jstor.org/stable/23998859. .

Marchi, Scott de, und Scott E. Page. 2014. Agent-based models. *Annual Review of Political Science* 17 (1): 1–20. doi:10.1146/annurev-polisci-080812-191558.

Martin, Christian, und Michael Neugart. 2008. Shocks and endogenous institutions. An agent-based model of labor market performance in turbulent times. *Computational Economics* 33 (1): 31–46.

Martis, Morvin Savio. 2006. Validation of simulation based models: A theoretical outlook. *Electronic Journal of Business Research Methods* 4 (1): 39–46. http://www.ejbrm.com/ issue/download.html?idArticle=163.

Meadows, Donella H., Dennis L. Meadows, Jorgen Randers, und William W. III Behrens. 1972. *The limits to growth: A report for the Club of Rome's project on the predicament of mankind*. New York: Universe Books.

Meyers, Robert A. Hrsg. 2009. *Encyclopedia of complexity and systems science (Springer reference)*. New York: Springer.

Michel, Fabien, Jacques Ferber, und Alexis Drogoul. 2009. Multi-agent systems and simulation: A survey from the agent community's perspective. In *Multi-agent systems. Simulation and applications,* Hrsg. Adelinde Uhrmacher und Danny Weyns, 3–51. Boca Raton: CRC Press.

Miguel, Maxi San, Victor M. Eguiluz, Raul Toral, und Konstantin Klemm. 2005. Binary and multivariate stochastic models of consensus formation. *Computing in Science and Engineering* 7 (6): 67–73. http://link.aip.org/link/?CSX/7/67/1.

Miller, John H., und Scott E. Page. 2004. The standing ovation problem. *Complexity* 9 (5): 8–16. doi:10.1002/cplx.20033.

Miller, John H., und Scott E. Page. 2007. *Complex adaptive systems. An introduction to computational models of social life*. Princeton: Princeton University Press.

Millington, James, Raúl Romero-Calcerrada, John Wainwright, und George Perry. 2008. An agent-based model of mediterranean agricultural land-use/cover change for examining wildfire risk. *Journal of Artificial Societies and Social Simulation* 11 (4): 4. http://jasss. soc.surrey.ac.uk/11/4/4.html.

Mitchell, Melanie. 2009. *Complexity. A guided tour*. Oxford: Oxford University Press.

Moussaid, M., D. Helbing, und G. Theraulaz. 2011. How simple rules determine pedestrian behavior and crowd disasters. *Proceedings of the National Academy of Sciences* 108 (17): 6884–6888. doi:10.1073/pnas.1016507108.

Muis, Jasper. 2010. Simulating political stability and change in the Netherlands (1998–2002): An agent-based model of party competition with media effects empirically tested. *Journal of Artificial Societies and Social Simulation* 13 (2): 4. http://jasss.soc.surrey. ac.uk/13/2/4.html.

Müller, Birgit, Friedrich Bohn, Gunnar Dreßler, Jürgen Groeneveld, Christian Klassert, Romina Martin, Maja Schlüter, Jule Schulze, Hanna Weise, und Nina Schwarz. 2013. Describing human decisions in agent-based models – ODD + D, an extension of the ODD protocol. *Environmental Modelling and Software* 48:37–48. doi:10.1016/j. envsoft.2013.06.003.

Nagel, Kai, und Michael Schreckenberg. 1992. A cellular automaton model for freeway traffic 2. *Journal de Physique I France* 2 (12): 2221–2229.

Nikolai, Cynthia, und Gregory Madey. 2009. Tools of the trade: A survey of various agent based modeling platforms. *Journal of Artificial Societies and Social Simulation* 12 (2): 2. http://jasss.soc.surrey.ac.uk/12/2/2.html.

Nikolic, I., K. H. van Dam, und J. Kasmire. 2013. Practice. In *Agent-based modelling of socio-technical systems,* Hrsg. Koen H. van Dam, Igor Nikolic, und Zofia Lukszo, 11–72. Dodrecht: Springer.

Nowak, Andrzej, Jacek Szamrej, und Bibb Latané. 1990. From private attitude to public opinion: A dynamic theory of social impact. *Psychological Review* 97 (3): 362–376. http://www.redi-bw.de/db/ebsco.php/search.ebscohost.com/login.aspx?direct= true&db=pdh&AN=rev-97-3-362&site=ehost-live.

Nowak, Martin, und Karl Sigmund. 1993. A strategy of win-stay, lose-shift that outperforms tit-for-tat in the Prisoner's Dilemma game. *Nature* 364 (6432): 56–58.

Ostrom, Thomas. 1988. Computer simulation. The third symbol system. *Journal of experimental social psychology* 24 (5): 381–392. http://www.sciencedirect.com/science/article/ pii/0022103188900273#.

Parker, Dawn C., Thomas Berger, und Steven M. Manson. 2002. Agent-based models of land-use and land-cover change. In *Report and review of an international workshop October 4–7, 2001, Irvine, California, USA,* Hrsg. William J. McConnell. LUCC Report Series 6.

Pluchino, Alessandro, Cesare Garofalo, Giuseppe Inturri, Andrea Rapisarda, und Matteo Ignaccolo. 2014. Agent-based simulation of pedestrian behaviour in closed spaces: A museum case study. *Journal of Artificial Societies and Social Simulation* 17 (1): 16. doi:10.18564/jasss.2336.

Polhill, Gary, N. M. Gotts, und A. N. R. Law. 2001. Imitative versus nonimitative strategies in a land-use simulation. *Cybernetics and Systems* 32 (1–2): 285–307. doi:10.1080/019697201300001885.

Radax, Wolfgang, und Bernhard Rengs. 2010. Timing matters: Lessons from the CA literature on updating. In Proceedings of the 3rd World Congress on Social Simulation WCSS2010, Hrsg. Andreas Ernst und Silke Kuhn. Kassel: Center for Environmental Systems Research.

Railsback, Steven F., und Volker Grimm. 2012. *Agent-based and individual based modeling.* Princeton: Princeton University Press.

Railsback, Steven F., Steven L. Lytinen, und Stephen K. Jackson. 2006. Agent-based simulation platforms: Review and development recommendations. *SIMULATION* 82 (9): 609–623. doi:10.1177/0037549706073695.

Rijt, Arnout van de, David Siegel, und Michael Macy. 2009. Neighborhood chance and neighborhood change: A comment on Bruch and Mare. *American Journal of Sociology* 114 (4): 1166–1180.

Russell, Stuart J., und Peter Norvig. 2003. *Artificial intelligence. A modern approach*. Pearson: Upper Saddle River.

Salamon, Tomas. 2011. *Design of agent-based models*. Repin: Tomas Bruckner.

Salzarulo, Laurent. 2006. A continuous opinion dynamics model based on the principle of meta-contrast. *Journal of Artificial Societies and Social Simulation* 9 (1): 13.

Sargent, Robert G. 2004. Validation and verification of simulation models. In *Proceedings of the 2004 winter simulation conference*, Hrsg. R. G. Ingalls, M. D. Rossetti, J. S. Smith, und B. A. Peters, 17–28. New York: ACM.

Schadschneider, Andreas, Wolfram Klingsch, Hubert Klüpfel, Tobias Kretz, Christian Rogsch, und Armin Seyfried. 2009. Evacuation dynamics: Empirical results, modeling and applications. In *Encyclopedia of complexity and systems science*, Hrsg. Robert A. Meyers, 3142–3176. New York: Springer.

Schelling, Thomas C. 1971. Dynamic models of segregation. *Journal of Mathematical Sociology* 1 (2): 143–186. http://search.ebscohost.com/login.aspx?direct=true&db=sih&AN=13985129&site=ehost-live.

Schelling, Thomas C. 1978. *Micromotives and macrobehaviour*. New York: Norton.

Schiff, Joel L. 2008. *Cellular automata. A discrete view of the world*. Hoboken: Wiley. http://eu.wiley.com/WileyCDA/WileyTitle/productCd-047016879X.html.

Schindler, Julia. 2012. Rethinking the tragedy of the commons: The integration of socio-psychological dispositions. *Journal of Artificial Societies and Social Simulation* 15 (1): 4. doi:10.18564/jasss.1822.

Squazzoni, Flaminio. 2008. The micro-macro link in social simulation. *Sociologica* 2 (1): 1–25. http://www.sociologica.mulino.it/journal/article/index/Article/Journal:ARTICLE:179.

Squazzoni, Flaminio. 2010. The impact of agent-based models in the social sciences after 15 years of incursion. *History of economic ideas* 18 (2): 197–233. doi:10.1400/148280.

Squazzoni, Flaminio. 2012. *Agent-based computational sociology*. Chichester: Wiley.

Stauffer, Dietrich. 2009. Opinion dynamics and sociophysics. In *Encyclopedia of complexity and systems science*, Hrsg. Robert A. Meyers, 6380–6388. New York: Springer.

Stauffer, Dietrich, und Amnon Aharony. 1992. *Introduction to percolation theory*. London: Taylor and Francis.

Stoica, Victor Ionut, und Andreas Flache. 2014. From Schelling to schools: A comparison of a model of residential segregation with a model of school segregation. *Journal of Artificial Societies and Social Simulation* 17 (1): 5. http://jasss.soc.surrey.ac.uk/17/1/5.html.

Sznajd-Weron, Katarzyna, und Józef Sznajd. 2000. Opinion evolution in closed community. *International Journal of Modern Physics C: Computational Physics & Physical Computation* 11 (6): 1157–1165. http://www.redi-bw.de/db/ebsco.php/search.ebscohost.com/login.aspx?direct=true&db=aph&AN=6623635&site=ehost-live.

Tesfatsion, Leigh. 2006. Agent-based computational economics: A constructive approach to economic theory. In *Handbook of computational economics 2*, Hrsg. Leigh Tesfatsion und Kenneth I. Judd, 831–880. Amsterdam: Elsevier.

Tesfatsion, Leigh, und Kenneth I. Judd. 2006. *Handbook of computational economics. Agent-based computational economics. Volume 2*, Bd. 13. Amsterdam: Elsevier.

Thorngate, Warren. 2015. Heads and hearts: Three methods for explicating judgment and decision processes. *Journal of Artificial Societies and Social Simulation* 18 (1): 14. doi:10.18564/jasss.2639.

Troitzsch, Klaus. 1997. Social science simulation – Origins, prospects, purposes. In *Simulating social phenomena*, Hrsg. Rosaria Conte, Rainer Hegselmann, und Pietro Terna, 41–54. Berlin: Springer.

Troitzsch, Klaus. 2006. Dynamische Systemmodelle. In *Methoden der Sozialforschung*, Hrsg. Andreas Diekmann, 505–535. Wiesbaden: VS Verlag.

Waldherr, Annie, und Nanda Wijermans. 2013. Communicating social simulation models to sceptical minds. *Journal of Artificial Societies and Social Simulation* 16 (4): 13. http://jasss.soc.surrey.ac.uk/16/4/13.html.

Weidmann, Nils B., und Idean Salehyan. 2013. Violence and ethnic segregation: A computational model applied to Baghdad. *International Studies Quarterly* 57 (1): 52–64. doi:10.1111/isqu.12059.

Weisbuch, Gérard, Guillaume Deffuant, Frédéric Amblard, und Jean-Pierre Nadal. 2002. Meet, discuss, and segregate! *Complexity* 7 (3): 55–63. doi:10.1002/cplx.10031.

Weyuker, Elaine J. 1982. On testing non-testable programs. *The Computer Journal* 25 (4): 465–470. doi:10.1093/comjnl/25.4.465.

Wilensky, Uri, und William Rand. 2015. *An introduction to agent-based modeling. Modeling natural, social, and engineered complex systems with NetLogo*. Cambridge: MIT Press.

Winsberg, Eric. 2009. Computer simulation and the philosophy of science. *Philosophy Compass* 4 (5): 835–845. doi:10.1111/j.1747-9991.2009.00236.x.

Winther, Rasmus Grønfeldt. 2015. The structure of scientific theories. In *The Stanford Encyclopedia of Philosophy (Spring 2015 Edition)*, Hrsg. Edward N. Zalta. Stanford: The Metaphysics Research Lab, Center for the Study of Language and Information, Stanford University. http://plato.stanford.edu/archives/spr2015/entries/structure-scientific-theories/.

Wooldridge, Michael. 2009. *An introduction to multiagent systems*. New York: Wiley.

Wooldridge, Michael, und Nicholas R. Jennings. 1995. Intelligent agents. Theory and practice. *Knowledge engineering review* 10 (2): 115–152.

Wu, Jianzhong, und Robert Axelrod. 1995. How to cope with noise in the iterated prisoner's dilemma. *The Journal of Conflict Resolution* 39 (1): 183–189.

Xia, Haoxiang, Huili Wang, und Zhaoguo Xuan. 2011. Opinion dynamics: A multidisciplinary review and perspective on future research. *International journal of knowledge and systems science* 2 (4): 72–91. http://www.igi-global.com/article/opinion-dynamics-multidisciplinary-review-perspective/61135.

Younger, Stephen. 2003. Discrete agent simulations of the effect of simple social structures on the benefits of resource sharing. *Journal of Artificial Societies and Social Simulation* 6 (3). http://jasss.soc.surrey.ac.uk/6/3/1.html.

Younger, Stephen. 2011. Leadership, violence, and warfare in small societies. *Journal of Artificial Societies and Social Simulation* 14 (3): 8. doi:10.18564/jasss.1784.

Clusteranalyse

Pascal D. König und Sebastian Jäckle

1   Grundidee und Entwicklung der Methode

Zunächst mag es verwundern, in einem Buch über neue methodische Trends in den Sozialwissenschaften ein Kapitel über die Clusteranalyse zu finden – stellt diese doch wahrlich kein neues Analyseverfahren dar. Eine erste Beschreibung lieferte Tyron bereits Ende der 1930er Jahre (Tyron 1939) und seit dem nicht nur in der Biologie vielbeachteten Werk „Principles of Numerical Taxonomy" (Sokal und Sneath 1963) fanden sich auch vermehrt Anwendungsbeispiele und Weiterentwicklungen in einer Vielzahl von Wissenschaftsdisziplinen, unter anderem auch den Sozialwissenschaften. Bis Clusteranalysen dort jedoch vermehrt Einsatz fanden, vergingen noch einige Jahre. So wies Bailey noch im ersten großen Methodenüberblicksartikel zum Thema Clusteranalyse aus dem Jahr 1975 darauf hin, dass die Soziologie im Gegensatz zur Psychologie und Anthropologie erst langsam anfinge, die mannigfaltigen Möglichkeiten der Clusteranalyse für sich zu entdecken (Bailey 1975, S. 60). Die grundsätzliche Relevanz der Clusteranalyse für dieses Buch leitet sich schon allein daraus ab, dass Typologisierungen seit jeher ein zentrales Untersuchungsziel in den meisten sozialwissenschaftlichen Disziplinen darstellen (Bailey 1983, S. 252) und auch die wissenschaftliche

P.D. König (✉)
Goethe Universität, Frankfurt a. M., Deutschland
E-Mail: p.koenig@soz.uni-frankfurt.de

S. Jäckle
Albert-Ludwigs-Universität, Freiburg, Deutschland
E-Mail: sebastian.jaeckle@politik.uni-freiburg.de

© Springer Fachmedien Wiesbaden GmbH 2017
S. Jäckle (Hrsg.), *Neue Trends in den Sozialwissenschaften,*
DOI 10.1007/978-3-658-17189-6_3

Beschäftigung mit dem Typologie und Klassifikationsbegriff eine gewisse Tradition besitzt (Lazarsfeld 1962; Capecchi 1968). Sei es die auf den beiden Kriterien „Güte der Herrschaft" und „Anzahl der Herrschenden" fußende Herrschaftstypologie bei Aristoteles oder Max Webers Konzept des Idealtypus, sie alle versuchen den empirisch vorliegenden, potenziell unendlichen Merkmalsraum so zu reduzieren, dass sinnvolle Aussagen erst ermöglicht werden. Dabei werden Typologien in der Regel anhand von konzeptionellen Vorüberlegungen gebildet und rein theoretisch begründet, um dann die Vielfalt der empirischen Fälle einordnen zu können. Verfahren, die wie die Clusteranalyse gewissermaßen den umgekehrten Weg gehen und auf induktive Weise Gruppenstrukturen in einer Menge von Beobachtungen aufzudecken helfen, waren in den Sozialwissenschaften klassischerweise seltener anzutreffen. Mittlerweile hat sich allerdings die Auffassung durchgesetzt, dass ein solches Vorgehen durchaus einen großen Erkenntnisgewinn mit sich bringen kann.

Allerdings zeigt die Kurve in Abb. 1, dass die Clusteranalyse sich neben einigen vereinzelten Anwendungen in den 60er, 70er und 80er Jahren als Methode generell erst ab etwa 1990 etabliert hat, bevor ihre Anwendung im neuen Jahrtausend dann einen sehr starken Zuwachs erfuhr. Die Zahlen für die Politikwissen-

Abb. 1 Entwicklung der Clusteranalyse in den Sozialwissenschaften. (Quelle: Eigene Darstellung)

schaft liegen dabei deutlich unter denen der sonstigen Sozialwissenschaften.[1] Das verstärkte Auftauchen der Clusteranalyse im letzten Jahrzehnt des 20. Jahrhunderts hängt in hohem Maß damit zusammen, dass eine gestiegene Rechnerleistung sowie die Entwicklung von Softwarelösungen die Methode für ein breiteres Spektrum von Anwendungen zugänglich gemacht hat. Der darauf folgende steile Anstieg ab den frühen 2000er Jahren ist ebenso durch informationstechnologische Weiterentwicklungen begründet. So führen eine größere Verfügbarkeit von Informationen insgesamt und die Entstehung von sehr großen Datensätzen – Stichwort Big Data –, beispielsweise auf Basis von Tätigkeiten und Interaktionen von Millionen Internetnutzern (Twitter, Facebook usw.), dazu, dass musteridentifizierende Verfahren wie die Clusteranalyse enorm an Relevanz gewonnen haben. Eine Reihe von neueren Entwicklungen der Clusteranalyse hängt entsprechend eng mit den Herausforderungen zusammen, die sich durch die sehr großen Datenmengen ergeben (Shirkhorshidi et al. 2014). In die Weiterentwicklung der Clusteranalyse ist damit neue Bewegung gekommen, diese spielt sich jedoch noch vorwiegend in speziellen Bereichen wie der Computerwissenschaft oder dem neuen Feld der *data science* ab. Die dort entwickelten neueren Verfahren haben bisher größtenteils ihren Weg noch nicht bis in die Sozialwissenschaften gefunden, hierfür fehlen schlicht auch Implementationen in gängigen Statistikpaketen. Immerhin jedoch zeigen sich erste Anwendungen und es ist angesichts der Bedeutung von Clusterverfahren für typische Fragestellung in den Sozialwissenschaften davon auszugehen, dass künftig vermehrt auch diese neueren Varianten, welche auf die Analyse großer Datenmengen ausgelegt sind, anzutreffen sein werden. Bevor das Kapitel auf dieses wichtiger werdende Anwendungsfeld der Clusteranalyse eingeht, seien zuvor die Grundidee clusteranalytischer Verfahren sowie deren zentrale Varianten beschrieben.

---

[1]An dieser Stelle muss nochmals darauf hingewiesen werden, dass die den Entwicklungs-Abbildungen zugrunde liegende SSCI-Suche ausschließlich auf Begriffe in den Keywords, Abstracts und Überschriften der Publikationen basiert. Kann man bei eigenständigen Untersuchungsmethoden in der Regel davon ausgehen, dass der Name der Methode in einem der drei Suchbereiche auftaucht, muss dies bei Methoden, die zumindest teilweise als Hilfsmethode neben, bzw. vor anderen Analyseverfahren zum Einsatz kommen, nicht immer der Fall sein. Die Clusteranalyse kann man, wie im weiteren Verlauf des Kapitels deutlich werden dürfte, häufig in die zuletzt genannte Kategorie einstufen. Deshalb werden vermutlich einige eigentlich relevante Publikationen nicht gefunden werden – anders als bei den in den anderen Kapiteln behandelten Methoden. Die absolute Höhe der Kurve ist damit nur mit Vorsicht zu interpretieren. An der Aussage über die Trends ändert dies jedoch nichts.

2   Grundidee

Bei der Clusteranalyse handelt es sich um eine Familie von strukturidentifizieren-
den Verfahren, die allesamt prüfen, inwieweit sich Individuen einer Population auf
Basis mehrerer Merkmale (seltener auch nur eines Merkmals) in unterschiedliche
Gruppen einteilen lassen. Dabei sollen die Objekte innerhalb einer Gruppe möglichst homogen im Hinblick auf die interessierenden Merkmale sein, sich aber von
den Individuen in anderen Gruppen möglichst deutlich unterscheiden.[2] Die Clusteranalyse eignet sich besonders gut für explorative Zwecke. Gerade zu Beginn
einer Analyse kann es entsprechend hilfreich sein, sich mittels Clusteranalyse
einen ersten Überblick über die Daten zu verschaffen. Oftmals wird die gefundene
Clusterlösung dann noch in weiterführenden Analyseschritten verwendet, beispielsweise als UV oder AV in Regressionen. Die Anwendungsmöglichkeiten der
Clusteranalyse sind damit generell sehr weit gefasst, da sie überall dort eingesetzt
werden kann, wo es um das Auffinden von Typen oder Gruppenstrukturen geht,
die sich durch spezifische Merkmalskombinationen charakterisieren lassen.

Breit ist auch das zur Verfügung stehende Spektrum an Varianten der Clusteranalyse (s. nächster Abschnitt). Damit stellt sich für die Anwenderin die Frage,
welches spezifische Verfahren sich am besten für die jeweiligen Daten eignet –
eine schwierige Frage, da ja die Struktur in den Daten in der Regel unbekannt ist
und erst durch die Cluster-Analyse aufgedeckt werden soll. Daneben gilt es für
die Forscherin sich auch Antworten auf folgende Fragen zu überlegen (Jain 2010,
S. 656; Backhaus et al. 2016b, S. 510): Was macht ein Cluster aus? Welche Merkmale sind relevant? Wodurch bestimmt sich Ähnlichkeit? Üblicherweise ist zudem
die (optimale) Clusterzahl nicht bekannt und muss im Zuge der Analyse bestimmt
werden. Hinzu kommt, dass gängige Verfahren der Clusteranalyse keine statistischen Hypothesentests beinhalten, mit denen sich Aussagen über die Existenz
einer vorgefundenen Clusterstruktur absichern ließen (Wiedenbeck und Züll 2010,
S. 525). Nicht zuletzt gilt es sich bewusst zu machen, dass verschiedene Varianten der Clusteranalyse zu voneinander abweichenden Ergebnissen führen kön-

---

[2]Grundsätzlich lassen sich Objekte auch mittels Diskriminanzanalyse voneinander unterscheiden. Im Unterschied zur Clusteranalyse muss dabei jedoch die Gruppenmitgliedschaft
von einigen Objekten bereits a priori bekannt sein. Aus diesen lässt sich dann eine Grup-
pierungsregel gewinnen, die dann auf andere – bislang nicht eingruppierte – Objekte angewendet werden kann (Backhaus et al. 2016a, S. 215–282). Bei der Clusteranalyse hingegen
ist zu Beginn nicht klar welches Individuum in welche Gruppe gehört – oftmals ist nicht
einmal die Anzahl der Gruppen bekannt.

nen. Der Variantenreichtum, der die Clusteranalyse auszeichnet, führt auch dazu, dass es kein einheitliches Vorgehen gibt, welches hier an dieser Stelle als Pars pro Toto beschrieben werden könnte. Vielmehr hängt das konkrete Vorgehen von der jeweiligen Methode ab, weshalb die nachfolgende Darstellung sich auf einige zentrale Arten der Clusteranalyse beschränken muss. Die Fülle der Verfahren mag Anwenderinnen und Anwender ratlos bei der Frage zurücklassen, auf welches sie im konkreten Fall zurückgreifen sollen. Sicherlich mag es Fragestellungen geben, bei denen eine Vielzahl von Clusterverfahren berechtigt durchführbar wäre. Allerdings sind einige Verfahren für bestimmte Bedingungen besser geeignet als andere. Dies hängt insbesondere ab von der Anzahl der Fälle, der Datenstruktur und der erwarteten Art des Musters und der Gruppen (z. B. symmetrische Form oder nicht). Zudem ist relevant, ob von einer diskreten Zugehörigkeit zu Gruppen ausgegangen werden sollte oder abgestufte Gruppenzugehörigkeiten mehr Sinn ergeben. Zuletzt gilt es auch die Frage zu klären, ob eine theoriegeleitete Extraktion von Clustern angestrebt wird. Auf diese Kriterien und die Eignung der nachfolgend vorgestellten Varianten für spezifische Zwecke, insbesondere in den Sozialwissenschaften, gehen die jeweiligen Abschnitte knapp ein.

3 Varianten der Clusteranalyse und sozialwissenschaftliche Anwendungen

Von der Clusteranalyse als einer Methode im Singular zu sprechen ist, wie bereits angedeutet, nicht angebracht, denn dieser Oberbegriff umfasst eine Fülle von Verfahrensarten, von denen jede einzelne wiederum spezifische Weiterentwicklungen und Verfeinerungen erfahren hat. Jain (2010) spricht von mehr als tausend bisher vorgeschlagenen Algorithmen. Es ist angesichts dessen kaum verwunderlich, dass sich Handbücher zu clusteranalytischen Verfahren mitunter bemerkenswert darin unterscheiden, welche Bereiche sie abdecken, welches Gewicht sie den einzelnen Verfahren beimessen und sogar darin, wie sie diese einteilen. Die nachfolgende Darstellung konzentriert sich auf solche Ansätze, die bei sozialwissenschaftlichen Untersuchungen häufiger Einsatz finden oder die ein vielversprechendes Potenzial hierfür bieten, auch wenn sie bislang in den Sozialwissenschaften noch kaum etabliert sind. Der Schwerpunkt liegt dabei auf der grundlegenden Funktionsweise der einzelnen Clusterverfahren sowie ihrer konkreten Eignung für die Sozialwissenschaften. Eine detaillierte Darstellung der Verfahren kann in extenso in einschlägigen Handbüchern nachgelesen werden (Kaufman und Rousseeuw 2005; Xu und Wunsch 2009; Everitt et al. 2011; Hennig et al. 2016). Abb. 2 gibt einen Überblick über die verschiedenen Grundtypen, die sich alle auf die grundlegende

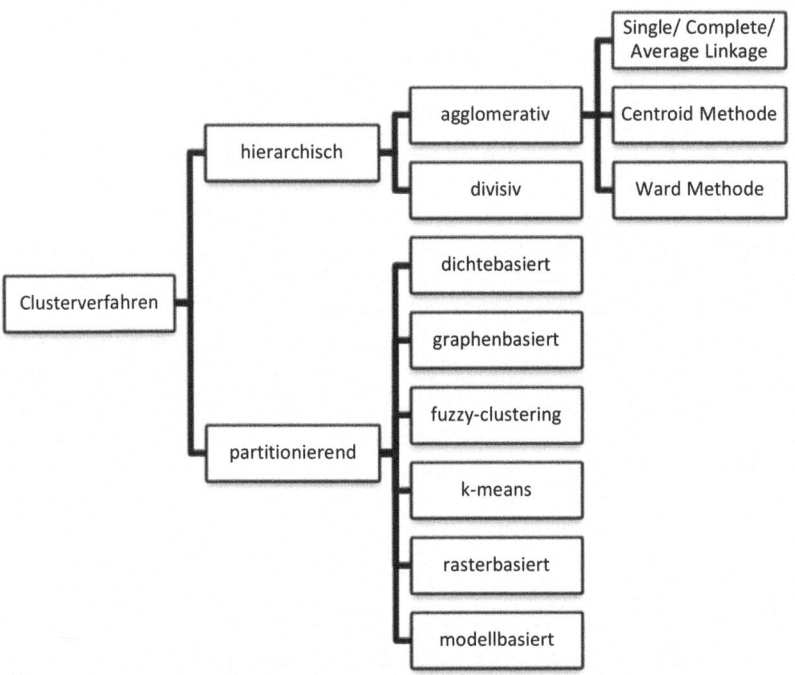

Abb. 2 Arten von Clusterverfahren. (Quelle: Eigene Darstellung)

Unterscheidung zwischen hierarchischen und partitionierenden Verfahren zurückführen lassen.[3]

Um den Mehrwert neuerer Entwicklungen im Kontrast zu verdeutlichen, stehen zunächst diejenigen Varianten der Clusteranalyse im Vordergrund, die seit
geraumer Zeit zur Verfügung stehen und noch immer die weiteste Verbreitung finden – die hierarchisch-agglomerative Clusteranalyse und eine bestimmte Gruppe
partitionierender Ansätze, die sogenannten *k-Means*-Verfahren. Im Anschluss

---

[3]Es handelt sich hierbei keinesfalls um die einzige denkbare oder sinnvolle Einteilung und
bei weitem deckt sie nicht die Breite und die Feingliedrigkeit der verschiedenen einzelnen Varianten oder gar Algorithmen ab. So existieren darüber hinaus etwa sehr spezielle
Verfahren wie spektrales Clustern, Kerndichte basiertes Cluster, Clustern auf der Basis von
Support Vectors. Die Übersicht in Abb. 2 konzentriert sich auf wesentliche Verfahren, bei
denen am ehesten von einer breiteren Anwendung gesprochen werden kann oder künftig
auszugehen ist.

daran wendet sich das Kapitel vergleichsweise neueren Clusterverfahren zu, neben kombinierten Clusteranalysen der dichtebasierten Clusteranalyse und modellbasierten Verfahren.

Separat sei darüber hinaus auf ein besonderes neueres Anwendungsfeld für Clusteranalysen eingegangen. So stellt sich mit Blick auf die Analyse sehr großer und hochdimensionaler Datensätze, die durch den Informationsreichtum insbesondere auf Basis des Internet verfügbar werden (Liu 2013), die Frage, welche Art der Clusteranalyse hierfür am besten geeignet ist.

3.1 Hierarchische Clusteranalyse

In sozialwissenschaftlichen Analysen sind die schon seit Längerem existierenden Cluster-Verfahren sehr weit verbreitet. Hierbei handelt es sich einerseits um hierarchische, in erster Linie hierarchisch-agglomerative Verfahren, und andererseits partitionierende Clusteranalysen. Bei der hierarchischen Clusteranalyse werden entweder ausgehend von allen Einzelbeobachtungen diese nach und nach miteinander verschmolzen (agglomerative Verfahren) oder aber ein Gesamtcluster aus allen Beobachtungen schrittweise aufgespalten, bis nur noch Einzelobjekte bestehen (divisive Verfahren). In jedem Fall bedarf es hierzu Ähnlichkeits- oder Distanzmaßen, die für die Paarvergleich der Objekte über alle interessierenden Merkmalsausprägungen der betrachteten Fälle zu berechnen sind. Anhand dieser Maße lässt sich dann bewerten, ob zwei Elemente (dabei kann es sich um Einzelbeobachtungen oder in einem früheren Verschmelzungsschritt bereits zusammengefasste Gruppen handeln) so ähnlich sind, dass man sie sinnvollerweise in ein gemeinsames Cluster zusammenfassen kann. Eine Reihe von Berechnungsmethoden für unterschiedliche Skalenniveaus steht hierfür zur Verfügung. Ähnlichkeitsmaße wie der Matching-Koeffizient, der Phi-Koeffizient, oder Rogers-Tanimoto werden primär bei nominalen oder ordinalen Skalenniveaus eingesetzt, Distanzmaße wie die City-Block-Metrik oder die (quadrierte) Euklidische Distanz – die beide Spezialfälle der allgemeinen Minkowski-Metrik darstellen – bei metrischem Niveau (Wagschal 1999, S. 248–261; Backhaus et al. 2016b, S. 457–475).

Relevant ist zudem die Frage, wie nach der ersten Verschmelzung die Distanzen des neu entstandenen Clusters zu allen anderen Objekten und im weiteren iterativen Verlauf die Distanzen zwischen den entstandenen Clustern berechnet werden. Beim Single-Linkage-Fusionierungsalgorithmus wird jeweils das Minimum der Abstände zwischen den Elementen des neu fusionierten Clusters und den übrigen Objekten (bzw. nächstgelegenen Elementen innerhalb bereits bestehender Cluster) als Distanz definiert. Hierdurch können leicht Ketten von Objekten zu

Clustern zusammengefügt werden. Beim Complete-Linkage-Verfahren, das die Distanz zwischen den am weitesten entfernten Elementen zweier Cluster als Distanz definiert, wird eine Kettenbildung vermieden und dafür eher kleine, vergleichsweise homogene Gruppen gebildet. Das Average-Linkage Verfahren verwendet die mittlere Distanz zwischen allen Objekten zweier Cluster zueinander. Auf den Mittelpunkten der Cluster basiert die Centroid oder Clusterzentren-Methode. Centroide spielen auch bei der Ward-Methode eine Rolle, welche jedoch die Fusionierung so durchführt, dass die interne Streuung des gebildeten Clusters möglichst gering ausfällt. Hierfür werden bestehende Partitionen durch Hinzunahme weiterer Objekte sukzessive so vergrößert, dass gemessen an der quadrierten Euklidischen Distanz der Objekte zu den Cluster-Centroiden der geringste Heterogenitätszuwachs entsteht.[4] Das Ward-Verfahren neigt dazu, vergleichsweise gleichgroße Cluster zu bilden. Abb. 3 gibt einen schematischen Überblick der fünf hier genannten Fusionierungsverfahren.

Diese Maße bilden auch die Grundlage dafür, um abzuwägen, an welchem Schritt der Verschmelzung bzw. Aufspaltung eine optimale Lösung gemessen an der Homogenität der Gruppen und/oder der Unterscheidbarkeit zwischen den Gruppen erreicht worden ist. Verhältnismäßig große Sprünge zwischen den Verschmelzungsniveaus indizieren sinnvolle Partitionierungen. Um solche Sprünge und damit die Güte der Clusterlösung auszumachen, bieten sich mehrere grafische Inspektionsweisen an, die in Abb. 4 aufgeführt sind und in der folgenden Infobox kurz erläutert werden.

Infobox: Varianten zur Identifikation der optimalen Clusteranzahl
Eine einfache Darstellungsweise, die insbesondere den agglomerativen Clusterbildungsprozess in seiner Gänze gut widerspiegelt, ist das Baumdiagramm oder Dendrogramm (a). Bei diesem werden anhand einer auf der Distanz- bzw. Ähnlichkeitsmessung basierenden Skala, die Verschmelzungsniveaus der Individuen (bzw. in weiteren Schritten die zuvor bereits gebildeten Gruppen) hin zu noch umfassenderen Gruppen als Verbindung zwischen den Individuen/Gruppen abgetragen. Da jedes Objekt stets nur einer übergeordneten Gruppe zugeordnet werden kann, entsteht auf diese Weise eine hierarchische Baumstruktur. Die relative Länge der Äste bis hin zu den sogenannten Verschmelzungsbrücken gibt dabei Auskunft über die

---

[4]Die Verwendung der Euklidischen Distanz als Maß erfordert metrisches Skalenniveau bei den Rohdaten.

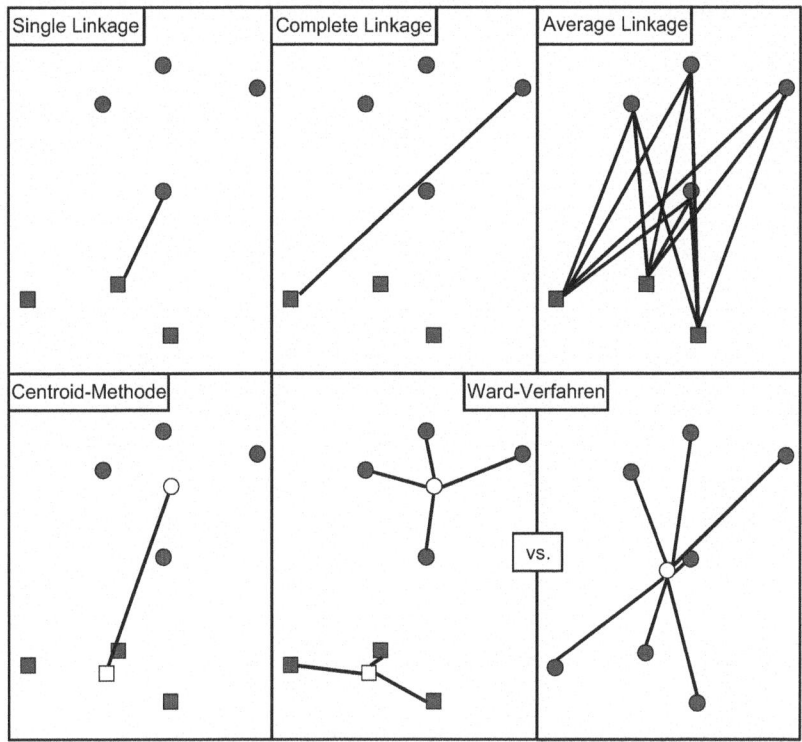

Abb. 3 Fusionierungsverfahren für hierarchisch agglomerative Cluster-Verfahren. (Quelle: Eigene Darstellung)

Clusterhomogenität: je länger ein Ast, desto eher können die zu ihm gehörigen Objekte sinnvollerweise in ein eigenes Cluster gruppiert werden. Die optimale Clusterzahl findet man entsprechend, indem man dort eine horizontale Line durch das Diagramm legt, wo bei allen geschnittenen Ästen nach oben möglichst viel Abstand zum nächsten Verschmelzungspunkt vorherrscht: in Abb. 4a), in der als Beispiel Karrieresequenzen von Bundesverfassungsrichtern vor dem Einzug ins höchste deutsche Richteramt aufbauend auf einer vorgeschalteten Sequenzanalyse gruppiert wurden (vgl. Kap. Sequenzanalyse), würde also eine Zwei-Cluster-Lösung nach diesem Kriterium favorisiert, gefolgt von einer Vier-Cluster-Lösung.

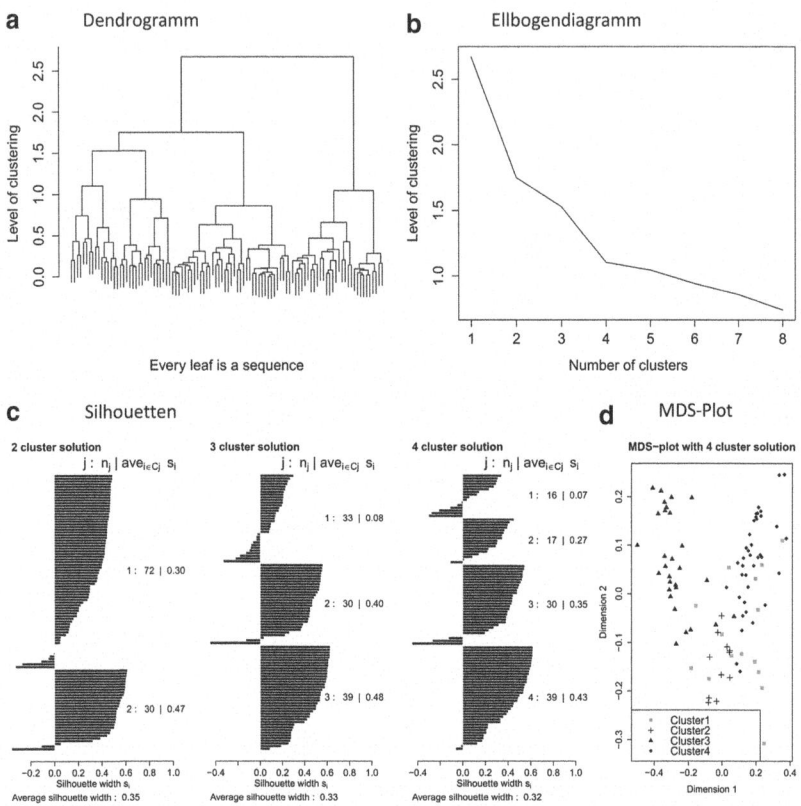

Abb. 4 Vier grafische Verfahren zur Identifikation der optimalen Clusteranzahl. (Quelle: Eigene Darstellung)

Eine weitere Option zur Bestimmung der optimalen Clusterzahl bietet der sogenannte *Inverse-Scree*-Test, oder auf Deutsch das Ellbogenkriterium (Abb. 4b): hierbei betrachtet man eine zweidimensionale Darstellung, die auf der Y-Achse die schon bekannten Verschmelzungsniveaus für die jeweiligen auf der X-Achse abgetragenen Clusteranzahlen abträgt. Mit jedem Verschmelzungsschritt nimmt durch die Y-Achse repräsentierte Heterogenität der Lösung zu. Ein markantes Abflachen des Graphen (eben ein Ellbogen) deutet auf eine Verschmelzung hin, die die Heterogenität übergebührlich erhöht und entsprechend als ein zu weit gehender Schritt zu erachten ist. Auch dieses grafische Hilfsmittel deutet im zuvor erwähnten Beispiel auf eine optimale Clusterzahl von zwei oder vier hin.

Die von Rousseeuw (1987) entwickelte Silhouettenanalyse ist ein weiteres Verfahren zum Testen der gefundenen Clusterlösung (vgl. Abb. 4c). Aufbauend auf einer bestimmten gefundenen Clusterlösung mit k Gruppen, sowie der Distanzmatrix zwischen allen Objekten berechnet man für jeden Fall i im Datensatz dessen mittlere Distanz zu den anderen Fällen innerhalb seines eigenen Clusters und vergleicht diesen Wert a_i mit dem Minimum der durchschnittlichen Distanzen von i zu allen anderen Clustern, d. h. mit der durchschnittlichen Distanz zum nächstgelegenen Cluster ($= b_i$). Das Silhouetten-Maß s_i berechnet sich dann für jeden einzelnen Fall über $s_i = (b_i - a_i)/max\{a_i, b_i\}$. Werte für s_i nahe 1 indizieren, dass die durchschnittliche Distanz von i zum nächsten anderen Cluster deutlich größer ist als die mittlere Distanz zu den Elementen des eigenen Clusters. In einem solchen Fall hat der Cluster-Algorithmus i in das richtige Cluster einsortiert. Wenn s_i nahe null ist kann man von einem uneindeutigen Fall sprechen, bei dem es keinen Unterschied machen würde, ob er in das Nachbar-Cluster verschoben würde oder in dem ursprünglichen Cluster verbliebe. Im schlechtesten Fall nimmt s_i negative Werte an; dann läge i im Durchschnitt näher an den Objekten des Nachbarclusters als an den Elementen seines eigenen Clusters. Zusammenfassend kann man sagen, dass s_i misst, wie gut Objekt i in die gefundene Clusterlösung passt und damit wie gut es von dieser klassifiziert wurde. Die Berechnung der s_i-Werte sollte stets für mehrere Clusterlösungen durchgeführt werden um deren Qualität im direkten Vergleich besser einschätzen zu können. In der Grafik werden die s_i-Werte dann nach den Clustern sortiert abgetragen. Zusätzlich wird in der Regel auch der mittlere Silhouettenwert für jedes Cluster angegeben. Mithilfe der Silhouetten lassen sich so auf einen Blick trennscharfe von weniger trennscharfen Clustern unterscheiden. Der Vorteil der Silhouettenanalyse im Vergleich zu den beiden zuvor genannten Methoden liegt darin begründet, dass sie in einer einfach zu interpretierenden Grafik die Güte der Clusterlösung nicht nur insgesamt, sondern auch für jedes einzelne Cluster darstellt. Sobald eine Silhouette in der Abbildung deutlich „rechtslastig" ist und damit ihr durchschnittlicher s_i-Wert relativ hoch ist, kann ein Cluster als homogen gelten. Wenn hingegen eine größere Anzahl an Fällen negative s_i-Werte hat, passt die gefundene Clusterlösung nicht sonderlich gut auf die Daten. In Abb. 4c zeigt sich, dass beispielsweise die Drei-Cluster-Lösung zwei relative homogene und ein sehr heterogenes Cluster produzieren würde. An dieser Stelle gilt es für die Forscherin jedoch häufig abzuwägen, ob eine rein statistisch betrachtet bessere Clusterlösung auch konzeptionell Sinn ergibt. Wenn beispielsweise wie hier eine zwei-Cluster-Lösung nahe gelegt wird, kann diese einen vergleichsweise großen Informationsverlust bedeuten (im konkreten Beispiel hieße eine zwei-Cluster-Lösung, eine Unterscheidung zwischen Bundesverfassungsrichtern, die zuvor an Universitäten als Professoren gelehrt hatten und allen anderen – was zweifellos nur einen geringen Erkenntnisgewinn mit sich brächte). Hier könnte es also eventuell sinnvoll sein, ein vergleichsweise inhomogenes Cluster zu tolerieren wenn sich dafür die anderen drei Gruppen relativ homogen gestalten und sich v. a. auch inhaltlich sinnvoll interpretieren lassen (wie dies im vorliegenden Beispiel bei der Vier-Cluster-Lösung der Fall wäre).

Eine letzte Variante, um die gefundene Clusterlösung visuell zu überprüfen, stellt die Multidimensionale Skalierung (MDS) dar (vgl. Kap. Multidimensionale Skalierung). Trägt man die Objekte der gefundenen Clusterlösung anhand ihrer relativen Ähnlichkeiten zueinander in einen zweidimensionalen MDS-Plot ein und kennzeichnet sie symbolisch entsprechend ihrer Gruppenzuordnung, so zeigt sich schnell, inwiefern diese Lösung homogene Gruppen generiert, oder nicht. Im betrachteten Beispiel sieht man so, dass das erste Cluster der Vier-Cluster-Lösung – wie auch schon von der Silhouettenanalyse vorhergesagt – deutlich heterogener ist, als es die anderen drei Gruppen sind. Diese grenzen sich im Plot stärker voneinander ab.

Die Bestimmung der optimalen Clusterzahl kann gleichwohl als ein genereller Schwachpunkt der hierarchischen Clusteranalyse gelten, weil trotz der vier vorgestellten grafischen Verfahren hierfür keine fest-etablierten Kriterien oder Regeln existieren.[5] Die hierarchische Clusteranalyse bleibt damit stark explorativ, was andererseits aber auch den Vorteil mit sich bringt, dass sie kein Vorwissen voraussetzt und somit flexibel einsetzbar ist. Zugleich ist ihr Anwendungsbereich aufgrund

---

[5]Backhaus und Kollegen stellen basierend auf einer Simulationsstudie von Milligan und Cooper (1985), die 30 *stopping rules* verglichen hatten, zwei Teststatistiken vor, die eine eindeutige Entscheidung für eine bestimmte optimale Clusteranzahl erleichtern. Diese seien in bis zu 90 % der Fälle in der Lage die wahre Gruppenstruktur zu finden (Backhaus et al. 2016b, S. 496–497).

der mit steigender Fallzahl überproportional ansteigenden Komplexität, der damit benötigten Rechenkapazität und der Unübersichtlichkeit resultierender Dendrogramme (siehe Abb. 4a) klassischerweise jedoch beschränkt auf vergleichsweise kleine Datensätze von maximal mehreren hundert Beobachtungen. Ein weiteres Manko ist, dass die Ergebnisse von hierarchischen Clusteranalysen vergleichsweise stark von Ausreißern und Rauschen verzerrt sein können. Denn sobald ein Fall einem Cluster zugeordnet ist, wird dieser nicht weiter beachtet. Hierarchische Clusteralgorithmen sind damit nicht in der Lage, mögliche Fehlklassifikationen in späteren Schritten richtigzustellen (Xu und Wunsch 2009, S. 40). In den letzten 20 Jahren wurde eine ganze Reihe an Algorithmen entwickelt, die sich diesen Problemen annehmen und die hierarchische Clusteranalyse damit auch für komplexere Analysen wieder verwendbar machen (z. B. BIRCH, CURE, ROCK und Chameleon).[6]

Die soziologische Literatur umfasst eine Reihe an Studien, die sich die hierarchische Clusteranalyse zu Eigen machen. So wurden bereits xenophobe Einstellungen von Jugendlichen (Neumann et al. 1999), die ethnische und ökonomische Zusammensetzung von Nachbarschaftsvierteln (Sucoff und Upchurch 1998), Persönlichkeitseigenschaften innerhalb verschiedener Kulturen (Allik und McCrae 2004), Kulturen des Sporttreibens in den EU-Staaten (Van Tuyckom 2013) sowie aus einer kriminologischen Perspektive Viktimisierungsmuster innerhalb der OECD-Staatengruppe (Norris 2009) hierarchischen Clusteranalysen unterzogen. Ähnlich den beiden zuletzt genannten Arbeiten greifen hierarchische Clusteranalysen in der Politikwissenschaft ebenfalls häufig auf Aggregatdaten auf Länderebene zurück, da die hierbei vorliegenden überschaubaren Fallzahlen mit dieser Form der Clusteranalyse gut bearbeitbar sind. Besonders häufige Anwendung finden sich hierfür bislang im Bereich der vergleichenden Policy-Forschung, in der oftmals bestehende Typologien, wie die von Esping-Andersen vorgeschlagenen „Drei Welten der Wohlfahrtsstaatlichkeit" (Esping-Andersen 1990) oder die von Castles geprägten *families of nations* (Castles 1993), in unterschiedlichen Policy-Bereichen überprüft und weiterentwickelt wurden (Obinger und Wagschal 2001; Arts und Gelissen 2002; Saint-Arnaud und Bernard 2003; Powell und Barrientos 2004; Bambra 2007). Ebenso wurde die von Hall und Soskice erdachte Typologie der *varieties of capitalism* mittels hierarchischer Datenanalyse empirisch überprüft (Schneider und Paunescu 2012).

---

[6]Beschreibungen dieser Weiterentwicklungen der hierarchischen Clusteranalyse finden sich bei Xu und Wunsch (2009, S. 40–45).

Häufig sind solche Analysen auf bestimmte Ländergruppen wie die OECD-Welt beschränkt und in der Regel finden diese vor dem Hintergrund von theoretischen Annahmen über die Existenz von Gruppen statt. Das Vorgehen ist damit nicht rein explorativ, sondern mitunter liegen klare kausale Annahmen vor. Diese laufen darauf hinaus, dass bestimmte Merkmale auf gemeinsame Ursachen zurückgehen oder einander stützen, so dass sie systematisch gebündelt auftreten und bestimmte Typen ausmachen. Deutlich kommt dies beispielsweise bei der Frage nach der Existenz unterschiedliche Kapitalismusarten zum Tragen, bei der eine Komplementarität unterschiedlicher politökonomischer Rahmenbedingungen unterstellt wird. Noch expliziter nutzen Wolfson et al. (2004) in ihrer Studie die Clusteranalyse, um dem Zusammenwirken von Ländermerkmalen mit Blick auf die Beteiligung an internationalen Konflikten auf die Spur zu kommen. Hierfür clustern sie Länder nach politischen, wirtschaftlichen und konfliktbezogenen Variablen. Auf der Basis der vorgefundenen Cluster und der Häufigkeiten ihres Vorkommens können sie schließlich Aussagen darüber treffen, welche politisch-wirtschaftliche Konstellation zu welcher Art von Konflikt und welchem Grad der Konfliktverwicklung führt. Über politikwissenschaftliche Analysen auf der Länder-eben hinaus finden sich auch Anwendungen auf der Mesoebene, beispielsweise zur Einteilung von Parteien in bestimmte Typen oder Familien (Ensser 2012).

3.2   k-Means

Als grundlegende und sehr weit verbreitete Variante der partitionierenden Clusteranalyse kann das k-Means-Verfahren gesehen werden. Während bei der hierarchischen Clusteranalyse eine optimale Clusterzahl im Nachhinein auf Basis des Verlaufs des Analyseprozesses bestimmt werden muss – wobei, wie gesehen, immer ein gewisser Interpretationsspielraum bei der Forscherin verbleibt – verhält es sich bei der partitionierenden Clusteranalyse umgekehrt. Die Anzahl der Cluster k gilt es a priori festzulegen. Idealerweise sind auch die Positionen der Clusterzentren, d. h. der Mittelwerte(/punkte) der Cluster bekannt. Die eigentliche k-Means-Algorithmus folgt dann vier Schritten, in denen die Partitionierung optimiert wird (vgl. Bacher et al. 2010a, S. 300):

1. Die einzelnen Objekte werden zufällig den k Clustern zugeordnet.
2. Die Clusterzentren werden neu berechnet, d. h. es werden die Mittelwerte über alle interessierenden Variablen der in ein Cluster zugeordneten Objekte berechnet.

3. Die zu klassifizierenden Objekte werden demjenigen Cluster zugeordnet, zu dessen Clusterzentrum die quadrierte Euklidische Distanz am geringsten ist. Mit diesem Schritt verringert sich die Streuungsquadratsumme in den Clustern und parallel erhöht sich die Streuungsquadratsumme zwischen den Clustern. Anders ausgedrückt: die Cluster werden in sich homogener und untereinander heterogener.

4. Der Algorithmus iteriert nun so lange zwischen Schritt 2 und 3 bis die Streuungsquadratsumme innerhalb der Cluster ein Minimum erreicht hat und sich damit die Zuordnung der Objekte zu den Clustern nicht mehr ändert.[7] Allerdings kann es mehrere solcher (lokaler) Minima geben; bei einer erreichten Lösung handelt es sich also nicht zwangsläufig um das globale Minimum. Schon die Startpartition ist bestimmend dafür, welche Lösung das Verfahren liefert.

Abb. 5 gibt einen Überblick über die Grundlogik des k-Means Verfahren im Vergleich zur hierarchisch agglomerativen Variante und der dichtebasierten Clusteranalyse.

Obgleich das k-Means-Verfahren vergleichsweise weit verbreitet ist, hat es doch in seiner Grundform mit einer Reihe von Problemen zu kämpfen. So konvergiert erstens der Algorithmus schlechter, wenn die Cluster sich deutlich überlappen. Auch benötigt man in diesem Fall eine sehr viel größere Stichprobengröße (ca. 1000 Fälle) um zu ähnlich stabilen Ergebnissen zu gelangen, wie im Fall einer praktisch überlappungsfreien wahren Clusterstruktur, bei der schon etwa 50 Objekte ausreichen um eine stabile Lösung zu generieren (Bacher et al. 2010a, S. 301–302). Ein zweites Problem liegt in dem bereits erwähnten Umstand begründet, dass k-Means nicht zwangsläufig die global optimale Clusterlösung findet, sondern sich je nach verwendeter Startpartitionierung unterschiedliche lokale Optima ergeben. Um die Sensitivität der Ergebnisse bezogen auf die Wahl der Startpunkte zu testen, wurde vorgeschlagen den Algorithmus mehrmals über unterschiedliche Startkonfigurationen laufen zu lassen. Sofern die Ergebnisse dann mehrheitlich übereinstimmen könne man relativ sicher sein, das globale

---

[7]Neben dem Kriterium der minimalen Streuungsquadratsumme innerhalb der Cluster wurden noch weitere Kriterien für den Abbruch der k-Means-Iteration vorgeschlagen. Sie alle versuchen entweder die interne Homogenität der Cluster oder die externe Heterogenität zu erfassen, beispielsweise über die maximale Distanz zwischen den Objekten eines Clusters, oder der Summe der Distanzen eines Objektes in einem Cluster zu allen Objekten außerhalb dieses Clusters. Diese und weitere Kriterien sind bei Xu und Wunsch (2009, S. 65–67) im Detail nachzulesen.

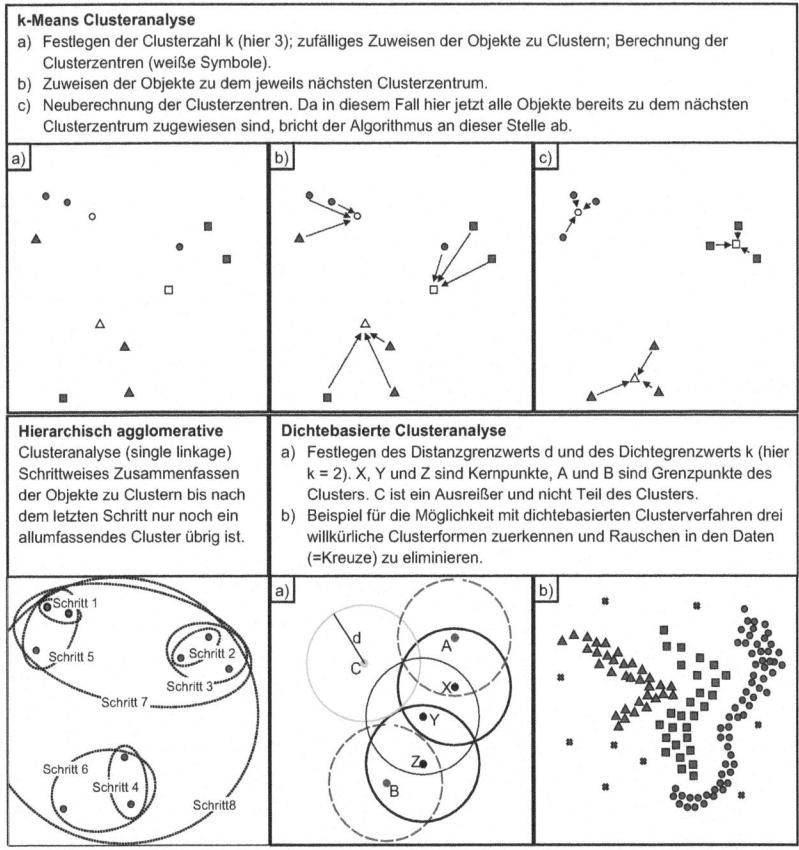

k-Means Clusteranalyse
a) Festlegen der Clusterzahl k (hier 3); zufälliges Zuweisen der Objekte zu Clustern; Berechnung der Clusterzentren (weiße Symbole).
b) Zuweisen der Objekte zu dem jeweils nächsten Clusterzentrum.
c) Neuberechnung der Clusterzentren. Da in diesem Fall hier jetzt alle Objekte bereits zu dem nächsten Clusterzentrum zugewiesen sind, bricht der Algorithmus an dieser Stelle ab.

Hierarchisch agglomerative Clusteranalyse (single linkage) Schrittweises Zusammenfassen der Objekte zu Clustern bis nach dem letzten Schritt nur noch ein allumfassendes Cluster übrig ist.

Dichtebasierte Clusteranalyse
a) Festlegen des Distanzgrenzwerts d und des Dichtegrenzwerts k (hier k = 2). X, Y und Z sind Kernpunkte, A und B sind Grenzpunkte des Clusters. C ist ein Ausreißer und nicht Teil des Clusters.
b) Beispiel für die Möglichkeit mit dichtebasierten Clusterverfahren drei willkürliche Clusterformen zuerkennen und Rauschen in den Daten (=Kreuze) zu eliminieren.

Abb. 5 Grundlogik hierarchisch agglomerativer, k-Means und dichtebasierter Clusteranalysen. (Quelle: Eigene Darstellung)

Minimum gefunden zu haben (Jain und Dubes 1988, S. 98). Auch hierbei gilt, dass umso mehr zufällige Startkonfigurationen nötig sind um ein globales Minimum zu finden, je undeutlicher sich die wahren Cluster voneinander unterscheiden (Bacher et al. 2010a, S. 305). Das dritte generelle Problem besteht in dem Dilemma, dass die Clusteranzahl im Vorhinein zu bestimmen ist, wobei der Forscher diese in der Regel vorher nicht kennt. Zwei einfache Möglichkeiten, um dieses Problem zu adressieren bestehen darin, entweder mit verschiedenen Clusterzahlen zu rechnen und die resultierenden Lösungen zu vergleichen oder eine andere Art der Clusteranalyse vorzuschalten. Im ersten Fall lässt sich, wie bei der hierarchischen Variante, eine optimale Clusteranalyse an Sprüngen in der Clusterhomogenität ablesen. Bei der zweiten Möglichkeit kann etwa zuerst eine hierarchisch-agglomerative Analyse über die Daten durchgeführt werden – gegebenenfalls über eine Zufallsstichprobe aus dem Datensatz, falls dieser vergleichsweise groß ist –, um die so erhaltene Clusterlösung als Startbedingungen für die k-Means-Analyse zu verwenden (Backhaus et al. 2016b, S. 478; Wiedenbeck und Züll 2010, S. 542–545).[8]

Xu und Wunsch nennen darüber hinaus noch zwei weitere Probleme des k-Means-Verfahrens: So seien dessen Ergebnisse leicht durch Ausreißer und Rauschen in den Daten zu beeinflussen. Dadurch, dass der Algorithmus letztlich auf arithmetischen Mittelwerten basiert, müssten zudem die interessierenden Variablen eigentlich metrisch skaliert sein. Für beide Probleme präsentieren die Autoren aber auch Lösungsvorschläge (Xu und Wunsch 2009, S. 72–73). Eine Möglichkeit, die sowohl die Robustheit der Ergebnisse in Bezug auf Ausreißer verbessert als auch die Verwendung kategorialer und ordinaler Variablen ermöglicht, stellt das von Kaufmann und Rousseeuw entwickelte *Partitition Around Medoids* (PAM) Verfahren dar. Das Medoid eines Clusters ist dabei dasjenige reale Objekt, dessen durchschnittliche Unähnlichkeit zu allen anderen Objekten des Clusters minimal ist (Kaufman und Rousseeuw 2005, S. 72). Neben diesem Verfahren gibt es noch eine Reihe an weiteren Variationen und Weiterentwicklungen des klassischen k-Means Algorithmus (z. B. Kernel-k-Means, oder X-Means) die sich bei Reddy und Vinzamuri (2014, S. 93–100) nachlesen lassen.

Ein illustratives Beispiel für die Verwendung von k-Means in den Sozialwissenschaften findet sich bei Lechner, die auf Basis von Präferenzen von Jugendlichen für bestimmte Freizeitaktivitäten, Filmgenres oder Musikstilen sieben Cluster jugendlicher Life Styles identifiziert, darunter „RockerInnen" – die aggressive Musik hören und gerne alternative Filme sehen, ansonsten aber fast allen anderen Aktivitäten ablehnend gegenüberstehen – oder die „actionorientierten SportlerInnen" – deren Leben sich fast ausnahmslos um Sport dreht und die

---

[8]Die Kombination von hierarchischen und partitionierenden Clusterverfahren kann zudem dazu genutzt werden, um eine Clusterlösung wie folgt zu validieren: Die in einer Stichprobe per hierarchischer Variante gewonnen Clusterlösung kann darauf hin geprüft werden, wieweit sie sich in einer anderen relevanten Stichprobe oder Population reproduzieren lässt. Letzteres geschieht durch die partitionierende Variante, die eine Clusterlösung auf Basis der Informationen aus dem vorangehenden Analyseschritt optimiert. Im Zuge dessen kann die Übereinstimmung der Clusterprofile in der ersten und der zweiten Analyse festgestellt und das Clusterergebnis validiert werden (Berger 2000).

außer Actionfilmen auch keinerlei Präferenz für andere Film- oder Musikrichtungen hegen (Lechner 2001, 68–82).

3.3   Fuzzy-Clustering

Beim k-Means-Verfahren werden sämtliche Beobachtungen klar einem der k Cluster zugeordnet. Die Frage der Zugehörigkeit läuft damit zwangsläufig auf eine binäre Entscheidung zwischen ja oder nein, *in* oder *out* hinaus. Auch wenn dieses Vorgehen insofern plausibel ist, als es eine klare Interpretierbarkeit der Clusterung ermöglicht, kann es doch oftmals sinnvoll sein, die Annahme einer *diskreten Clusterzugehörigkeit* zu lockern. So mag es Beobachtungen geben, die zwischen zwei oder mehreren Clustern liegen und augenscheinlich kaum einem dieser Cluster klar zugehörig sind. Begreift man demnach die Cluster-Mitgliedschaft nicht binär – als sogenanntes *Crisp-Set* –, sondern sieht man teilweise Mitgliedschaft in Gruppen – also *Fuzzy-Sets* – als Option an, so erhöht sich automatisch der Informationsgehalt der zur Verfügung stehenden Daten. Mit dieser Annahme einer graduellen Zugehörigkeit von Beobachtungen zu Clustern operiert das Fuzzy-Means-Clustering (Xu und Wunsch 2009, S. 83–92; Kaufman und Rousseeuw 2005, S. 171; Höppner et al. 1999). Es bildet für jede Beobachtung Zugehörigkeitswerte oder Gewichte im Hinblick auf jedes der k gebildeten Cluster, wobei Werte über 0,5 auf einer Skala von 0 bis 1 eins eher für eine Zugehörigkeit als eine Nichtzugehörigkeit sprechen. Diese Zugehörigkeitsgrade können auch als Wahrscheinlichkeiten aufgefasst werden, wenn sie mit der Einschränkung versehen werden, dass sich die Zugehörigkeitswerte bei jedem Fall auf eins summieren müssen. In diesem Fall wird auch von probabilistischer Clusteranalyse gesprochen (Xu und Wunsch 2009, S. 85).

Prinzipiell läuft das Verfahren analog zur k-Means-Methode ab. Anhand von vorgegebenen oder zufällig gewählten Clustermittelwerten werden Zugehörigkeitswerte für die Beobachtungen berechnet, mit der Besonderheit jedoch, dass diese als teilweise Mitgliedschaftswerte zwischen null und eins liegen. Auf dieser Basis findet eine durch die Zugehörigkeiten gewichtete Berechnung der neuen Clustermittelwerte statt. Ausschlaggebend für die Lösung ist dabei noch ein Parameter, der bestimmt, wie scharf oder umgekehrt wie „fuzzy" die Trennung bei der Zuweisung von Werten von Clustern sein soll. Das schrittweise Verfahren konvergiert abermals bei einem Minimum für die gewichteten Abweichungen der Beobachtungen von den Clustermittelwerten. Dabei ist die Gefahr, nur ein lokales Minimum zu erreichen jedoch geringer als beim k-Means-Verfahren (Jayaram und Klawonn 2013; Klawonn 2004, S. 128–131). Potenziell problematisch sind jedoch auch beim Fuzzy-Means-Verfahren Ausreißer, Rauschen in den Daten und die Notwendigkeit, eine Clusterzahl vorzugeben. Um diesen Problemen zu begegnen, ist eine Reihe von ergänzenden Verfahren entwickelt worden (Xu und Wunsch 2009, S. 86–87; Oliveira und Pedrycz 2007).

Weniger gut geeignet ist das Fuzzy-Means-Clustering, wenn empirisch in der Tat multiple vollständige Clustermitgliedschaften möglich sind – beispielsweise wenn ein Doktorand einerseits als Student an einer Universität eingeschrieben ist und andererseits als wissenschaftlicher Mitarbeiter bei der Universität angestellt ist (Tan et al. 2006, S. 492–493). Ein Problem, das sowohl k-Means als auch Fuzzy-Means-Clustering aufweist, ist die Tendenz, sphärische Muster zu extrahieren. Hiervon abweichende Formen der Ballung von Objekten (z. B. in Form von Ellipsen oder Diagonalen) lassen sich mit diesen Verfahren weniger gut erkennen (Ahlquist und Breunig 2012, S. 96) – hier können dichte-und modellbasierte Clustermethoden helfen (s. unten).

Wo liegen nun in den Sozialwissenschaften die besonderen Vorzüge des Fuzzy-Clustering gegenüber dem k-Means-Verfahren? Grundsätzlich bietet es sich dort an, wo gezielt die Ambiguität von Fällen berücksichtigt und mögliche Ausreißer identifiziert werden sollen.[9] Anhand der Mitgliedschaftswerte lässt sich nämlich bestimmen, ob ein Objekt zentral für ein Cluster ist, oder eher an dessen Grenze hin zu anderen Clustern liegt und somit als Brücke zu diesen dienen kann. Ein Beispiel stellt die Untersuchung sozialer wie physischer Räume in Form von kriminellen Hotspots dar (Grubesic 2006). In diesem Kontext kann ein wertvoller informationeller Zusatznutzen von Fuzzy-Means-Clustering darin bestehen, unklare Fälle berücksichtigen sowie räumliche Ausreißer erkennen zu können. Es bietet damit einen realistischeren Ansatz zur Beschreibung von urbanen kriminellen Gefahrenzonen als andere in räumlichen Analysen verbreitete partitionierende Cluster-Verfahren wie k-Means oder das Medoid-Verfahren PAM (Grubesic 2006, S. 102).

Ein weiteres Beispiel bieten Iezzi und Deriu (2014), die Fuzzy-Clustering verwenden, um Arten von Aktivisten zu identifizieren. Die drei sich ergebenden Cluster 1) politische und gewerkschaftliche Aktivisten, 2) engagierte Freiwillige und 3) ökologische Aktivisten werden im Anschluss im Hinblick auf ihr selbst empfundenes Wohlergehen verglichen, um sodann mittels einer Regressionsanalyse den Einfluss der Cluster-Mitgliedschaft auf das Vertrauen anderer Menschen gegenüber zu untersuchen.

---

[9]Ist ein Objekt gleich weit von mehreren Clusterzentren entfernt, liegt es im Überlappungsbereich dieser Cluster. Befindet es sich weit weg von einem Clusterzentrum wird es als Ausreißer bezeichnet (Bacher et al. 2010b, S. 323).

3.4 Kombinierte Clusteranalyse am Beispiel der Two-Step-Clusteranalyse

Die hierarchisch-agglomerative Analyse eignet sich nur für Datensätze, die eine vergleichsweise geringe Fallzahl nicht überschreiten. Um mit größeren und v. a. sehr großen Datensätzen umgehen zu können, ist die Two-Step-Clusteranalyse entwickelt worden. Da sie keine Vorannahmen über Cluster benötigt, eignet sie sich besonders für ein exploratives *data mining,* wobei sowohl metrische als auch kategoriale Variablen verwendet werden können (Bacher et al. 2010a, S. 446). Das Verfahren basiert auf dem BIRCH-Algorithmus (Zhang et al. 1996), der den Gruppenbildungsprozess in zwei Hauptanalyseschritte zerlegt. Zunächst werden die Objekte sequenziell daraufhin geprüft, ob sie sich anhand ihrer Variablenausprägungen zu sogenannten Präclustern zusammenfassen lassen. In diesem ersten Schritt entsteht ein Clusterbaum (cluster feature tree dessen Endknoten die darin gebündelten Fälle zusammenfassend abbildet und mit Informationen über Objekte (Anzahl, Centroide und Homogenität), den cluster features, versieht. Die nach diesem Schritt gebildeten Präcluster gehen schließlich selbst wiederum als Einheiten in eine hierarchische agglomerative Clusteranalyse ein (Sarstedt und Mooi 2014, S. 298; Schendera 2010, S. 96–98; Wiedenbeck und Züll 2010, S. 539–540). Als Maß für die Ähnlichkeit zwischen diesen Analyseeinheiten dienen die Abstände zwischen den Präclustern.[10] Die Anzahl der Cluster wird anders als bei der klassischen hierarchisch-agglomerativen Methode durch das Verfahren selbst bestimmt. Sie richtet sich nach den Veränderungen bei Verschmelzungsschritten gemessen am bayesianischen Informationskriterium (BIC) (Bacher et al. 2010a, S. 448–450).

Ähnlich wie das k-Means-Verfahren ist die Two-Step-Clusteranalyse dort sinnvoll anwendbar, wo die Fallzahlen den praktikablen Rahmen für die hierarchische

---

[10]Die Distanzmessung erfolgt im Fall rein metrischer Variablen über die Euklidische Distanz, sind auch kategoriale Variablen vorhanden, geschieht dies über die Log-Likelihood-Distanz. Dabei wird bei metrischen Variablen Mittelwert und Standardabweichung gespeichert und angenommen, dass die Variablen einer Normalverteilung folgen. Bei kategorialen Variablen geht man von einer Multinominalverteilung aus und speichert die absoluten Häufigkeiten sämtlicher Merkmalsausprägungen. Basierend auf diesen Daten und Annahmen berechnet man den Wert der maximierten Likelihood-Funktion. Die Log-Likelihood-Distanz zwischen zwei potenziell zu fusionierenden Clustern A und B erhält man sodann – analog zur Logik beim Ward-Verfahren – aus dem Vergleich der Gesamtlikelihood der beiden Cluster (L_A und L_B) mit der Gesamtlikelihood des dann zusammengefassten Clusters (L_{AB}): LLDist $= L_{AB} - L_A - L_B$. Die Gesamtlikelihood eines Clusters ergibt sich dabei über die maximierte Likelihood für alle Variablen (Bacher et al. 2010a, S. 447).

Variante sprengen und insbesondere dann, wenn sowohl kategoriale als auch metrische Variablen vorliegen. Allerdings muss diese Aussage laut Bacher und Kollegen eingeschränkt werden, da sie in einer Simulationsstudie zeigen konnten, dass beim Two-Step-Verfahren Unterschiede in einer kategorialen Variable deutlich stärker ins Gewicht fallen als bei einer (standardisierten) metrischen Variable. Entsprechend empfehlen sie das Two-Step-Verfahren nur unter Vorbehalt für gemischt skalierte Daten (Bacher et al. 2004, S. 21). Als weiterer Vorteil des Two-Step-Verfahrens kann gelten, dass für dieses weder a priori eine bestimmte Clusterzahl vorgegeben werden muss (wie bei k-Means), noch die optimale Clusterzahl erst a posteriori mit großem Interpretationsspielraum anhand von Dendrogrammen o. ä. festzulegen ist (wie bei hierarchischen Verfahren), sondern auf einheitliche Art und Weise aus den Daten ermittelt wird.

Sozialwissenschaftliche Anwendungsbeispiele finden sich vor allem auf der Individualebene. Okazaki (2006) nutzt die Two-Step-Clusteranalyse beispielsweise, um mehrere Hundert mobile Internetnutzer auf Basis von demografischen und Einstellungsvariablen zu gruppieren, wobei bei dieser Fallzahl die Möglichkeiten der Two-Step-Clusteranalyse bei Weitem noch nicht ausgeschöpft sind. Datensätze von mehreren Millionen Fällen und vielen Variablen könnte sie – im Gegensatz zu vielen anderen Clusterverfahren – noch vergleichsweise schnell bearbeiten (Bacher et al. 2004, S. 21).

3.5 Dichtebasierte Verfahren

Die Grundidee dichtebasierter Clusterbildung ist, dass die Dichte an Objekten innerhalb eines Clusters höher ist als außerhalb. Anders als die partitionierenden Verfahren, muss bei der dichtebasierten Clusterbildung keine Clusterzahl vorgegeben werden. Allerdings sind zwei Grenzwerte im Voraus festzusetzen, ein Distanzgrenzwert d, welcher den Radius des Nachbarschaftsbereichs angibt, in dem die Dichte betrachtet wird, sowie ein Häufigkeits- oder Dichtegrenzwert k, der angibt wie viele Objekte neben dem betrachteten Objekt X in dessen Nachbarschaftsbereich liegen müssen um bei X von einem Kernpunkt sprechen zu können (Sander 2010, S. 272; Xu und Wunsch 2009, S. 220–221). Beobachtungen, für die gilt, dass sich mindestens k andere Fälle mit einer Distanz von höchstens d in seinem Umfeld befinden, werden als solche Kernpunkte eines Clusters bezeichnet (vgl. Abb. 5). Zum Cluster gehören weiterhin Punkte, die zwar nicht das Kriterium für einen Kernpunkt erfüllen, aber von einem Kernpunkt eines Clusters nicht weiter als d entfernt sind – diese werden auch als Grenzpunkte bezeichnet. Beobachtungen, die sich nicht auf die beschriebene Weise mit anderen Punkten zusammenführen lassen, gelten als Ausreißer, die für die Gruppierung nicht weiter relevant sind.

Durch diese Möglichkeit, Ausreißer einfach auszusortieren, sind dichtebasierte Verfahren zugleich gut dazu geeignet, um mit Rauschen in den Daten umzugehen. Außerdem können mit ihnen selbst ungewöhnliche Formen von Punktewolken als Cluster entdeckt werden (vgl. Abb. 5). Dies mag zunächst eher für naturwissenschaftliche Anwendungen wie in der Biologie oder Astronomie relevant erscheinen. Doch auch für spezifische sozialwissenschaftliche Datengrundlagen und Fragestellungen kann jener Umstand einen besonderen Vorzug darstellen, auch wenn dichtebasierte Verfahren bislang noch sehr selten in den Sozialwissenschaften anzutreffen sind. Sie scheinen vor allem dort sinnvoll einsetzbar, wo das Konzept der Dichte besonders relevant ist und Räume in sowohl geografischer als auch sozialer Hinsicht auf Muster durchsucht werden sollen. So lassen sich soziale Informationen mit geografischen Daten zusammenführen, um daraus sozioökologische Strukturen zu extrahieren (Shi et al. 2014). Das dichtebasierte Clustering dient dann dazu, nach bestimmten Merkmalen homogene sowie beieinander liegende Einheiten in Gruppen zusammenzuführen. So lassen sich etwa zusammenhängende, von Armut betroffene Stadtviertel auf Basis einer Reihe relevanter Indikatoren identifizieren (Montrone und Perchinunno 2013). Insbesondere für solche räumlichen Analysen mit sozialwissenschaftlichem Hintergrund bietet sich das dichtebasierte Clustering an, weil die Form der gebildeten Cluster nicht im Voraus feststeht und somit der Form natürlicher oder menschgemachter Strukturen wie Flüssen, Bergen oder Straßennetzen folgen kann (Sander 2010, S. 271). Außerdem können die verfügbaren dichtebasierten Cluster-Algorithmen – einige, wie etwa DENCLUE, noch besser als das Standardverfahren DBSCAN (Sander 2010, S. 273) – mit sehr großen Datensätzen umgehen. Weiterhin kann der Einsatz dichtebasierter Clusterverfahren bei der Analyse sozialer Netzwerkdaten sinnvoll sein. So lassen sich etwa Gruppen in virtuellen Gemeinschaften auf der Basis von nutzergenerierten Texten ausmachen, wenn diese Texte im Hinblick auf bestimmte Merkmale wie Worthäufungen aufbereitet worden sind (Yang und Ng 2011). Bei diesen Analysen, die als Datengrundlage Texte verwenden, hat das dichtebasierte Clustering den besonderen Vorteil, mit dem häufig in dieser Art Daten auftretenden Rauschen umzugehen.[11]

---

[11]Eng verwandt mit den dichtebasierten Verfahren ist die rasterbasierte Clusteranalyse, welche über die Dichte in a priori vorgegebenen Zellen eine Art Vorclusterung ähnlich dem BIRCH-Verfahren durchführt. Hierdurch können deutlich schnellere Rechenzeiten als bei reinen dichtebasierten Clusteranalysen erzielt werden (Xu und Wunsch 2009, S. 225–226; Fahad et al. 2014, S. 269).

3.6 Modellbasiertes Clustern und Latent-Class-Modelle

Mit der Ausweitung der Rechenkapazität sowie durch Entwicklungen im Bereich Statistiksoftware sind die Voraussetzungen gegeben, sich explizit gegen heuristische Verfahren der Clusteranalyse zu entscheiden und stattdessen für modellbasiertes Clustern zu optieren (Stahl und Sallis 2012, S. 342). Es sind in erster Linie die als *finite mixture models* (Stahl und Sallis 2012) oder *mixture density-based clustering* (Xu und Wunsch 2009) bezeichneten Verfahren, die vermehrt Aufmerksamkeit erfahren. Ihnen liegt die Annahme zugrunde, dass die Datenpunkte durch mehrere, sich überlagernde Wahrscheinlichkeitsverteilungen zustande gekommen sind. Die Daten können demnach durch eine Funktion abgebildet werden, die sich selbst aus verschiedenen Wahrscheinlichkeitsdichtefunktionen zusammensetzt. Theoretisch können diese Dichtefunktionen unterschiedlicher Art sein und für unterschiedliche Cluster als verschieden angenommen werden. Üblicher ist jedoch die Annahme der allgemeinen Form der multivariaten Gaußschen Wahrscheinlichkeitsdichte (Xu und Wunsch 2009, S. 74).[12] Um die Parameter der Funktion über die Mischung der Dichteverteilungen zu erhalten, wird deren Likelihood geschätzt. Es werden dadurch diejenigen Parameter bestimmt, bei denen die Wahrscheinlichkeit, alle Beobachtungen zu erzeugen, maximiert werden. Dies geschieht iterativ und in der Regel über den Erwartungs-Maximierungs-Algorithmus (Xu und Wunsch 2009, S. 77–78). Weitere Verfahren finden sich bei Stahl und Sallis (2012). Auf Basis der geschätzten Parameter können die Zugehörigkeiten der Beobachtungen zu den Gruppen in Form von A-posteriori-Wahrscheinlichkeiten angegeben werden. Eine definitive Zuordnung zu einem Cluster erfolgt danach, für welches Cluster ein Fall den höchsten Wahrscheinlichkeitswert aufweist.

---

[12]Für kategoriale Variablen, bei denen keine Normalverteilung innerhalb der Cluster angenommen werden kann, sind die sogenannten *latent class* Analysen entwickelt worden (Allerdings ist es nicht ausgeschlossen, metrische und normalverteilte Merkmale zusätzlich hinzuzuziehen). Diese Verfahren gehen davon aus, dass eine Gesamtheit von Objekten in homogene Segmente oder Klassen auf der Basis ihrer nominalen oder ordinalen Klassifikationsmerkmale zerlegt werden kann – die Merkmale sind demnach unabhängig voneinander, ihr Zusammenfallen kann durch die latenten Klassen vollständig aufgeklärt werden (Bacher und Vermunt 2010, S. 555–556). Abweichungen von diesen Klassen lassen sich dann, auf der Basis der Kenntnis der Verteilungshäufigkeiten, als Wahrscheinlichkeiten der Zugehörigkeit auffassen. Die Analyse latenter Klassen ist dabei insofern modellbasiert, als sie bestimmte Verteilungsannahmen voraussetzt, um die Objekte auf latente Klassen zurückzuführen (Bacher und Vermunt 2010; Stahl und Sallis 2012, S. 347–349).

Entscheidend ist beim modellbasierten Clustern der Umstand, dass das Verfahren auf wahrscheinlichkeitstheoretischen Grundlagen fußt. Dies hat mehrere Konsequenzen im Hinblick auf die Interpretation der Befunde und die Aussagen, die sich auf Basis einer modellbasierten Gruppenextraktion machen lassen. So erlaubt das Verfahren nicht nur Aussagen über die Unsicherheit der Klassifizierung auf Basis der A-Posteriori-Wahrscheinlichkeiten, möglich sind außerdem die Berücksichtigung unterschiedlicher Clustergrößen, -formen und -orientierungen im Datenraum je nach Modellwahl sowie die Bestimmung des optimalen Modells und der optimalen Clusterzahl auf Basis eines statistischen Gütemaßes, des Bayesian Information Criterion BIC (Ahlquist und Breunig 2012, S. 101; Stahl und Sallis 2012, S. 347). Allerdings kann der Aufwand des Verfahrens schnell groß werden, denn dieser steigt mit der Anzahl der zu schätzenden Parameter (d. h. auch Cluster). Außerdem konvergiert die Schätzung auf der Basis des Erwartungs-Maximierungs-Algorithmus nicht immer. Dann ist es ratsam, Einschränkungen einzuführen oder aber auf Bayesianische Verfahren zurückzugreifen (Stahl und Sallis 2012, S. 345). Zwei interessante Arbeiten, die modellbasierte Clusteranalysen anwenden seien hier vorgestellt. Ahlquist und Breunig (2012) zeigen mithilfe einer modellbasierten Clusteranalyse, dass die theoretisch hergeleiteten und in früheren empirischen Studien gefundenen zwei Varieties of Capitalism (Liberal Market Economies und Coordinated Market Economies) sich empirisch nicht als Cluster nachweisen lassen. Generell argumentieren die beiden, dass modellbasierte Clusterverfahren besonders gut geeignet seien, um das Vorhandensein bzw. die Robustheit theoretisch begründeter Klassifikationen zu überprüfen. Dies sei insofern wichtig, als eine Klassifikation sinnvollerweise nur dann in weiteren Analysen zur Fallauswahl oder als erklärende Variable herangezogen werden sollte, wenn diese auch dem Vergleich mit der Realität – in Form von modellbasierter Clusteranalyse – standhält (Ahlquist und Breunig 2012, S. 103–108). Auf die Vorteile der modellbasierten Clusteranalyse berufen sich auch Mun et al. (2008) explizit in ihrer Auswertung. Ihr Ziel besteht darin, Jugendliche nach Arten von Problemverhalten wie Drogenkonsum zu gruppieren, um diese Gruppen bei einer späteren Befragung im Hinblick auf deren Entwicklung zu vergleichen. Die Autoren wählen die modellbasierte Clusteranalyse, um über eine solide Grundlage für die Abschätzung der besten Clusterlösung zu verfügen. So betonen sie als bedeutenden Vorteil, dass mehrere geprüfte Modelle im Hinblick auf ihre Passung zu den Daten anhand des BIC verglichen werden können. Dabei ist es entscheidend, dass sie zugleich Modelle mit erstens unterschiedlichen Clusterzahlen und zweitens unterschiedlichen Parametrisierungen (zu Form, Orientierung und Volumen der Verteilungen hinter den Gruppen) miteinander vergleichen können. Auf der Basis verschiedener zugrunde gelegter

Modelle im Hinblick auf Clusterzahl und die angenommenen Verteilungen identifizieren sie diejenige Clusterlösung, die die beste Passung für die Daten gemessen am BIC aufweist: Eine Vier-Gruppen-Lösung, bestehend aus den Clustern „Low Risk", „Multiproblem High Risk", „Smoking High Risk" und „Normative" (kaum oder keine Anzeichnen von Problemverhalten). Die so abgesicherte Gruppierung ziehen sie schließlich heran, um zu eruieren, inwiefern diese Gruppen systematisch verschiedene Entwicklungspfade aufweisen, wenn Indikatoren wie physische und mentale Gesundheit und erreichter Bildungsgrad betrachtet werden.

4 Clusteranalyse bei sehr großen Datensätzen

Die Weiterentwicklung der Clusteranalyse ist in jüngerer Zeit vor allem durch die Verfügbarkeit sehr großer und komplexer Datensätze zusätzlich befeuert worden (siehe auch Liu 2013). Durch den verbreiteten Einsatz von Sensorik und Verhaltenstracking sowie die vermehrte Generierung von *User-Generated Content* ist die Menge der produzierten maschinenlesbaren Informationen regelrecht explodiert, wodurch mittlerweile vergleichsweise einfach alle möglichen Lebensbereiche vermessen und in Daten überführt werden können. Vor diesem Hintergrund kommt der Clusteranalyse als ein exploratives Werkzeug zum Auffinden von Mustern in Daten, die sehr viele Informationen beinhalten und über die wenig Vorwissen besteht, ein größerer Stellenwert zu – gerade auch in den Sozialwissenschaften, soweit diese Zugriff auf sehr große und komplexe Datensätze erhalten. Allerdings stellen sich mit diesem skizzierten neuen Anwendungsfeld auch neue Herausforderungen. Xu und Wunsch (2009, S. 213) formulieren diese wie folgt: „With the further advances of database, Internet, and other technologies, which increase the complexity of data, scalability becomes increasingly important in clustering".

Bei der von den Autoren angesprochenen Komplexität der Daten ist zu unterscheiden, ob ein Clusterverfahren rein mit einer sehr großen Menge von Fällen umgehen können soll oder auch mit einer hohen Komplexität durch eine hohe Dimensionalität, d. h. eine große Anzahl der Merkmale, mit denen die Fälle beschrieben werden. Immerhin steigt nicht nur die Fallzahl mit den oben erwähnten neuen Datenquellen, sondern auch die Anzahl der erhobenen Variablen (die Anzahl der Merkmale mag in bestimmten Datensätzen mit vielen Fällen sogar deren Anzahl vielfach überschreiten). Clusteranalytische Verfahren, die für hohe Fallzahlen geeignet sind, schneiden in puncto Effektivität wie Effizienz nicht per se auch gut bei der Analyse solcher hochdimensionaler Daten ab. Welches Verfahren für letztere geeignet ist, kann nicht pauschal an bestimmten Unterarten der

Clusteranalyse festgemacht werden. Unterschiede bestehen vielmehr auf der Ebene der konkreten Algorithmen. So ist der dichtebasierte Algorithmus DBSCAN nicht für hochdimensionale Datensätze geeignet, während das ebenfalls dichtebasierte Verfahren DENCLUE als eine Generalisierung dichtebasierter Verfahren hiermit umgehen kann (Xu und Wunsch 2009, S. 214).

Da hochdimensionale Datensätze eher für den Zweck eines reinen *data mining* und der völlig explorativen Analyse interessant sind und zudem im sozialwissenschaftlichen Bereich ohnehin noch wenig vorkommen, richtet sich der Blick im Folgenden auf die Anwendung bei lediglich sehr hohen Fallzahlen. Bei entsprechenden Analysen ist das klassische hierarchische Clustering schon wegen hoher Rechenintensität schlecht geeignet. Mit dem k-Means-Verfahren ist diese Problematik abgemildert. Doch für den Umgang mit Rauschen in den Daten sowie das Auffinden nicht sphärischer Muster – mit beidem ist mit wachsender Fallzahl tendenziell vermehrt zu rechnen – ist k-Means nicht geeignet. Um das Rauschen sowie Ausreißer in den Daten zu berücksichtigen, kann sich bereits das Fuzzy-Clustering als hilfreich erweisen. Daneben gibt es aber Verfahren, die noch besser sehr große Fallzahlen bewältigen können. Hierzu gehören solche, welche zunächst die zu verarbeitende Datenmenge aufteilen oder verdichten. Dies kann durch Zufallsziehungen aus den vorliegenden Daten (z. B. CLARA) oder Aufsplitten und schrittweise Zusammenfügen des Datensatzes *("divide and conquer")* geschehen. Ebenso können Informationen in den Daten im Zuge von kombinierten Verfahren wie der Two-Step-Clusteranalyse in einem ersten Schritt kondensiert werden. Weiterhin kommen für die Analyse großer Fallzahlen dichtebasierte, rasterbasierte, sowie modellbasierte Algorithmen infrage (Xu und Wunsch 2009, S. 216–228).

Allerdings sind nicht alle erwähnten Varianten auch gleichermaßen geeignet. Wichtige Einsichten hierzu liefert der Beitrag von Fahad et al. (2014), der auf Basis einer Reihe von umfangreichen Datensätzen fünf Clusterverfahren einem systematischen Benchmark unterzieht.[13] Hierbei betrachten sie die untersuchten Verfahren im Hinblick auf mehrere Kriterien: die interne Validität im Sinn der Gruppentrennschärfe, die Genauigkeit der Identifikation einer bekannten Gruppenstruktur als Maß für die externe Validität, die Stabilität bei mehrfacher Durchführung sowie der Aufwand in der Form von Geschwindigkeit und Skalierbarkeit. Das modellbasierte Verfahren sowie das Fuzzy-Cluster-Verfahren erweisen sich

---

[13]Konkret verglichen werden das Fuzzy-C-Means Clustering, der mehrstufige hierarchische BIRCH-Algorithmus, das dichtebasierte DENCLUE-Verfahren, der rasterbasierte OptiGrid-Ansatz sowie das modellbasierte Clustering mittels Erwartungs-Maximierungs-Algorithmus (Fahad et al. 2014, S. 271–273).

dabei als am zuverlässigsten beim Auffinden der tatsächlichen Gruppenzugehörigkeiten, jedoch sind sie nicht die besten Verfahren mit Blick auf die interne Validität. Zudem sind beide im Vergleich sehr langsam und ineffizient, insbesondere das modellbasierte Verfahren. Insgesamt stellen die Autoren fest, dass keines der Verfahren optimal bei der Analyse sehr großer Datenmengen abschneidet – wobei allerdings zu bemerken ist, dass sie für jede Variante nur einen konkreten Algorithmus ausgesucht haben und es jeweils noch andere, effektivere Algorithmen gibt. Insbesondere ist bedenkenswert, dass bei allen getesteten Verfahren die Ergebnisse merklich instabil waren (Fahad et al. 2014, S. 277–278).

Die Folgerungen, die sich daraus ableiten lassen, sind allerdings nicht allzu verschieden von den allgemeinen Empfehlungen, die mit Blick auf die Clusteranalyse gegeben werden können. Erstens ist die Robustheit der Lösung möglichst dadurch abzusichern, dass verschiedene Verfahren gerechnet werden. Damit wird ersichtlich, inwieweit eine bestimmte Lösung von der Wahl des Verfahrens abhängt oder über verschiedene Verfahren hinweg stabil bleibt. Zweitens gilt es, sich bei der Wahl des konkreten Verfahrens danach zu richten, welche Anforderungen und Gütekriterien in Anbetracht des Forschungszwecks besonders wichtig sind.

5 Software für Clusteranalysen

Die großen Statistikpakete SPSS, Stata und R beherrschen allesamt die grundlegenden Clustertechniken, insbesondere das k-Means-Verfahren und die hierarchische Clusteranalyse mitsamt der für diese notwendigen verschiedenen Distanzmaße und Fusionierungsalgorithmen (Single-Linkage, Ward usw.). Stata enthält darüber hinaus jedoch keinerlei Routinen für weiterführende Cluster-Verfahren. SPSS hingegen ist mit der implementierten Two-Step-Clusteranalyse gut für die Analyse großer Datensätze geeignet. Die umfassendsten Möglichkeiten bietet eindeutig R. Die Standardbibliothek für Clusteranalysen in R *„cluster"* beinhaltet bereits sämtliche von Kaufman und Rousseeuw (2005) beschriebenen Algorithmen[14] sowie diverse Möglichkeiten, um die Güte der Clusterlösung zu überprüfen (z. B. via Dendrogrammen oder Silhouetten) und die gefundenen Cluster im zweidimensionalen Raum darzustellen *(clusplot)*. Mit dem Paket *dbscan* können zudem dichtebasierte Cluster-Analysen gerechnet werden und mit

---

[14]Dies sind Partitition Around Medoids (PAM), Clustering Large Applications (CLARA), Fuzzy Analysis (FANNY), Agglomerative Nesting (AGNES), Divisive Analysis (DIANA) und Monothetic Analysis (MONA).

mclust lässt sich modellbasiertes Clustern vornehmen. Gleichwohl gibt es auch eine Reihe an Verfahren, die selbst in R noch nicht implementiert sind (beispielsweise der dichtebasierte Ansatz DENCLUE). Insbesondere sind dies spezielle Varianten die für Big Data Analysen entwickelt wurden. Durch das Vorliegen immer größerer Datensätze dürften aber auch die Standardstatistikpakete vermehrt Verfahren implementieren, die mit entsprechenden Daten umgehen können.

6 Zusammenfassung

Die Clusteranalyse hat sich seit ihren Anfängen zu einem äußerst breiten Feld entwickelt und vor allem in den vergangenen 25 Jahren das Aufkommen einer Vielzahl von neuen Varianten erlebt. Selbst bei jüngeren Studien aus dem Bereich der Sozialwissenschaften sind jedoch noch häufig diejenigen Verfahren anzutreffen, die als die ältesten Varianten gelten. So ist die hierarchische Clusteranalyse für kleinere Fallzahlen keineswegs aus der Mode gekommen; und bei größeren Fallzahlen hat das k-Means-Verfahren oftmals Anwendung gefunden. Angesichts neuerer Entwicklungen sowie der zunehmenden Verfügbarkeit größerer Datensätze unterschiedlicher Beschaffenheit dürften allmählich andere Varianten der Clusteranalyse wichtiger werden.

So kann das – auch schon nicht mehr ganz neu zu nennende – Fuzzy-Clustering für den Umgang mit einigen der Probleme, die bei k-Means auftreten, vorteilhaft sein. Kombinierte Verfahren wie der Two-Step-Algorithmus erlauben es, eine Gruppenstruktur samt optimaler Clusterzahl auch bei größeren Fallzahlen zu extrahieren – d. h. ohne eine Clusterzahl vorgeben zu müssen. Die dichtebasierte Clusteranalyse bietet eine wertvolle Erweiterung insbesondere für soziogeografische Analysen. Nicht zuletzt kommt der modellbasierten Clusteranalyse ein besonderes Potenzial für theoriegeleitete typologisierende Untersuchungen in den Sozialwissenschaften zu. Sie liefert eine solide Basis für die Abwägung darüber, durch welche Gruppenstruktur in Form von Clusterzahl wie Verteilung dieser Cluster eine Datenmenge am besten abgebildet werden kann. Damit erlaubt sie es, zielgerichtet Vermutungen über das Vorhandensein bestimmter Gruppen zu prüfen und die Unsicherheit der gefundenen Clusterstruktur zu beziffern.

Abschließend möchten wir noch darauf hinweisen, dass wir uns selbst bei der Sichtung der relevanten Literatur und dem Abfassen dieses Kapitels vergleichsweise schnell bei diversen Cluster-Verfahren und -Algorithmen an Punkten angelangt sahen, an denen ein sehr tief gehendes Verständnis voraussetzungsvoller mathematischer Grundlagen erforderlich ist. Aus der Perspektive sozialwissenschaftlicher Anwenderinnen und Anwender stellt dieses hoch spezialisierte Wissen und Verständnis eine hohe Hürde für ein grundlegendes Verständnis der Verfahren dar. Unbefriedigend ist in diesem Zusammenhang ebenfalls, dass auch in Überblickswerken (wie z. B. Xu und Wunsch 2009) und Handbüchern (wie Hennig et al. 2016) zu neueren Cluster-Verfahren eine äußerst technische Sprache dominiert, die den Einstieg in die Thematik deutlich erschwert und dazu wenig Hinweise bieten, in welchem Fall welchem der zahlreichen Verfahren der Vorrang zu geben ist. Zudem stellen die dort vorgestellten konkreten Verfahren nur einen kleinen Bruchteil der neueren aus den Computerwissenschaften stammenden Verfahren dar. Obgleich diese aktuell in den Sozialwissenschaften nur sehr selten angewendet werden sind wir doch der Auffassung, dass gerade diese Ansätze, welche auch mit hohen Fallzahlen und hochdimensionalen Daten umzugehen in der Lage sind, zukünftig für Sozialwissenschaftler immer wichtiger werden dürften.

7 Kommentierte Literaturempfehlungen

Bacher, Johann, Andreas Pöge, und Knut Wenzig. 2010. Clusteranalyse – Anwendungsorientierte Einführung in Klassifikationsverfahren. München, Oldenbourg. Standardwerk zu sämtlichen Formen von Klassifikationsverfahren im deutschsprachigen Raum. Neben der eigentlichen Clusteranalyse sind auch die Korrespondenzanalyse und multidimensionale Skalierung enthalten. Das Werk zeichnet sich durch ausführliche und verständlich geschriebene Beschreibung der einzelnen Verfahren aus. In Bezug auf neuere Entwicklungen (z. B. modellbasierte Clusteranalysen) ist es allerdings etwas veraltet.

Everitt, Brian, Sabine Landau, Morven Leese, und Daniel Stahl. 2011. Cluster Analysis. New York: Halsted Press. Fünfte Auflage des englischsprachigen Standardwerks, dessen erste Auflage bereits mehr als drei Jahrzehnte zurückliegt. Es enthält über die älteren Verfahren der hierarchischen Clusteranalyse und des k-means-Algorithmus auch weitergehende Varianten wie das modellbasierte Clustern sowie Dichte- und Fuzzy-Clustern. Der Band deckt damit wesentliche Varianten der Clusteranalyse ab. Er beschreibt diese ausführlich und anschaulich mit Blick auf deren praktische Anwendung.

Hennig, Christian M., Marina Meila, Fionn Murtagh, und Roberto Rocci (Hrsg.) 2016. Handbook of Cluster Analysis. Boca-Raton, CRC-Press. Mit über 700 Seiten sehr umfangreiches Handbuch, das neben einem gut zugänglichen Überblickskapitel, in dem die einzelnen Clusterverfahren grob beschrieben werden, alle heutzutage wichtigen Clusterverfahren im Detail in Einzelkapiteln vorstellt. Darunter befinden sich auch spezielle Anwendungen wie Time-Series

Clustering, Model-Based Clustering für Netzwerkdaten oder das Clustern spezieller Datenformate (z. B. von grafischen Symbolen). Daneben enthält es einige Kapitel, die sich mit der durchaus relevanten aber oftmals (so auch zugegebenermaßen in diesem Kapitel) nur knapp behandelten Frage der Cluster Validierung beschäftigen.

Wiedenbeck, Michael, und Cornelia Züll. 2010. Clusteranalyse. In Christof Wolf und Henning Best (Hrsg.): Handbuch der sozialwissenschaftlichen Datenanalyse, 525–552. Wiesbaden: VS Verlag für Sozialwissenschaften. Das Kapitel beinhaltet eine anwendungsorientierte Einführung in die Clusteranalyse anhand der relativ verbreiteten Verfahren hierarchische Clusteranalyse, k-means und Two-Step-Clusteranalyse. Alle drei Varianten werden anhand eines anschaulichen Beispiels hinsichtlich ihrer Anwendung und Interpretation betrachtet. Die Beschreibung der Durchführung orientiert sich dabei an SPSS.

Xu, Rui, und Donald C. Wunsch 2009. Clustering. Piscataway (NJ), IEEE Press: Überblickswerk, das sich eindeutig an fortgeschrittene Anwenderinnen und Anwender richtet. Es ist sehr dicht geschrieben und verlangt eine gehörige Portion an mathematischem Vorwissen. Insbesondere für das Verständnis der neueren Entwicklungen im Bereich der Clusteranalyse, die zum Teil auch in diesem Kapitel ausgespart wurden, wie z. B. auf neuronalen Netzen basierende Clusterverfahren oder das Clustern hochdimensionaler Daten ist es aber eine sehr empfehlenswerte Anlaufstelle.

Literatur

Ahlquist, John S., und Christian Breunig. 2012. Model-based clustering and typologies in the social sciences. *Political Analysis* 20 (1): 92–112. doi:10.1093/pan/mpr039.

Allik, Jüri, und Robert R. McCrae. 2004. Toward a geography of personality traits: Patterns of profiles across 36 cultures. *Journal of Cross-Cultural Psychology* 35 (1): 13–28. doi:10.1177/0022022103260382.

Arts, W. I. L., und John Gelissen. 2002. Three worlds of welfare capitalism or more? A state-of-the-art report. *Journal of European Social Policy* 12 (2): 137–158. doi:10.1177/0952872002012002114.

Bacher, Johann, und Jeroen K. Vermunt. 2010. Analyse latenter Klassen. In *Handbuch der sozialwissenschaftlichen Datenanalyse*, Hrsg. Christof Wolf und Henning Best, 553–574. Wiesbaden: VS Verlag.

Bacher, Johann, Knut Wenzig, und Melanie Vogler. 2004. SPSS TwoStep cluster – A first evaluation. Universität Erlangen-Nürnberg, Wirtschafts- und Sozialwissenschaftliche Fakultät, Sozialwissenschaftliches Institut Lehrstuhl für Soziologie. Nürnberg.

Bacher, Johann, Andreas Pöge, und Knut Wenzig. 2010a. *Clusteranalyse: Anwendungsorientierte Einführung in Klassifikationsverfahren*, 3., vollst. überarb. und neu gestaltete Aufl. München: Oldenbourg.

Bacher, Johann, Andreas Pöge, und Knut Wenzig. 2010b. *Clusteranalyse: Anwendungsorientierte Einführung in Klassifikationsverfahren*, 3., ergänze, vollständig überarbeitete und neu gestaltete Aufl. München: Oldenbourg.

Backhaus, Klaus, Bernd Erichson, Wulff Plinke, und Rolf Weiber. 2016a. *Multivariate Analysemethoden: Eine anwendungsorientierte Einführung*, 14., überarbeitete und aktualisierte Aufl. Berlin: Springer Gabler (Lehrbuch).

Backhaus, Klaus, Bernd Erichson, Rolf Weiber, und Wulff Plinke. 2016b. „Clusteranalyse". In *Multivariate Analysemethoden: Eine anwendungsorientierte Einführung*, Hrsg. Klaus Backhaus, Bernd Erichson, Wulff Plinke, und Rolf Weiber, 453–516. Berlin: Springer.

Bailey, Kenneth D. 1975. Cluster analysis. *Sociological Methodology* 6:59–128. doi:10.2307/270894.

Bailey, Kenneth D. 1983. Sociological classification and cluster analysis. *Quality and quantity* 17 (4): 251–268. doi:10.1007/BF00167539.

Bambra, Clare. 2007. Defamilisation and welfare state regimes: A cluster analysis. *International Journal of Social Welfare* 16 (4): 326–338. doi:10.1111/j.1468-2397.2007.00486.x.

Berger, Martin. 2000. Einstellung zum Computer. Anwendung exploratorischer und restringierter Clusteranalysen. In *Angewandte Klassifikationsanalyse in den Sozialwissenschaften*, Hrsg. Jost Reinecke, 36–54. Münster: Waxmann.

Capecchi, Vittorio. 1968. On the definition of typology and classification in sociology. *Quality & Quantity* 2 (1): 9–30. doi:10.1007/BF00234205.

Castles, Francis Geoffrey, Hrsg. 1993. *Families of nations. patterns of public policy in Western democracies*. Aldershot: Dartmouth.

Ennser, Laurenz. 2012. The homogeneity of West European party families: The radical right in comparative perspective. *Party Politics* 18 (2): 151–171. doi:10.1177/1354068810382936.

Esping-Andersen, Gosta. 1990. *The three worlds of welfare capitalism*. Cambridge: Polity Press.

Everitt, Brian S., Sabine Landau, Morven Leese, und Daniel Stahl. 2011. *Cluster analysis. Wiley series in probability and statistics*. Chichester: Wiley.

Fahad, Adil, Najlaa Alshatri, Zahir Tari, Abdullah Alamri, Ibrahim Khalil, Albert Y. Zomaya, Sebti Foufou, und Abdelaziz Bouras. 2014. A survey of clustering algorithms for big data: Taxonomy and empirical analysis. *IEEE Transactions on Emerging Topics in Computing* 2 (3): 267–279. doi:10.1109/TETC.2014.2330519.

Grubesic, Tony H. 2006. On the application of fuzzy clustering for crime hot spot detection. *Journal of Quantitative Criminology* 22 (1): 77–105. doi:10.1007/s10940-005-9003-6.

Hennig, Christian M., Marina Meilă, Fionn Murtagh, und Roberto Rocci, Hrsg. 2016. *Handbook of cluster analysis. Chapman & Hall/CRC handbooks of modern statistical methods 9*. Boca Raton: CRC Press, Taylor & Francis Group.

Höppner, Frank, Frank Klawonn, Rudolf Kruse, und T. Runkler. 1999. *Fuzzy cluster analysis: Methods for cassification, data analysis, and image recognition*. Chichester: Wiley.

Iezzi, Domenica Fioredistella, und Fiorenza Deriu. 2014. Women active citizenship and wellbeing: The Italian case. *Quality & Quantity* 48 (2): 845–862. doi:10.1007/s11135-012-9806-0.

Jain, Anil K. 2010. Data clustering: 50 years beyond k-means. *Pattern Recognition Letters* 31 (8): 651–666. doi:10.1016/j.patrec.2009.09.011.

Jain, Anil K., und Richard C. Dubes. 1988. *Algorithms for clustering data*. Prentice Hall *advanced reference series*. Englewood Cliffs: Prentice Hall.

Jayaram, Balasubramaniam, und Frank Klawonn. 2013. Can fuzzy clustering avoid local minima and undesired partitions? In *Computational intelligence in intelligent data analysis*, Hrsg. Christian Moewes und Andreas Nürnberger, 31–44. Berlin: Springer.

Kaufman, Leonard, und Peter J. Rousseeuw. 2005. *Finding groups in data: An introduction to cluster analysis*. Wiley series in probability and mathematical statistics. Hoboken: Wiley.

Klawonn, Frank. 2004. Fuzzy clustering: Insights and new approach. *Mathware and Soft Computing* 11 (2–3): 125–142.

Lazarsfeld, Paul F. 1962. Philosophy of science and empirical social research. In *Logic, methodology and philosophy of science: Proceedings of the 1960 International Congress*, Hrsg. Ernest Nagel, Patrick Suppes, und Alfred Tarski. Logic, methodology and philosophy of science. Stanford University Press.

Lechner, Birgit. 2001. *Freizeitverhalten von BerufsschülerInnen im Rahmen der Lebensstilforschung und Subkulturtheorie*. Nürnberg: Universität Erlangen-Nürnberg, Sozialwissenschaftliches Institut, Lehrstuhl für Soziologie.

Liu, Bing. 2013. *Web data mining: Exploring hyperlinks, contents, and usage data*. Berlin: Springer.

Milligan, Glenn W., und Martha C. Cooper. 1985. An examination of procedures for determining the number of clusters in a data set. *Psychometrika* 50 (2): 159–179. doi:10.1007/BF02294245.

Montrone, Silvestro, und Paola Perchinunno. 2013. Socioeconomic zoning: Comparing two statistical methods. In *Statistical methods for spatial planning and monitoring*, Hrsg. Silvestro Montrone und Paola Perchinunno, 93–118. Milano: Springer.

Mun, Eun Young, Michael Windle, und Lisa M. Schainker. 2008. A model-based cluster analysis approach to adolescent problem behaviors and young adult outcomes. *Development and Psychopathology* 20 (1): 291–318. doi:10.1017/S095457940800014X.

Neumann, Jörg, Wolfgang Frindte, Friedrich Funke, und Susanne Jacob. 1999. Sozialpsychologische Hintergründe von Fremdenfeindlichkeit und Rechtsextremismus. In *Rechtsextremismus und Fremdenfeindlichkeit: Bestandsaufnahme und Interventionsstrategien*. Schriften zum Strafvollzug, Jugendstrafrecht und zur Kriminologie, Hrsg. Frieder Dünkel und Bernd Geng, Bd. 6, 111–138. Mönchengladbach: Forum Verlag Godesberg.

Norris, Paul A. 2009. Families of nations, victimisation and attitudes towards criminal justice. *International Review of Victimology* 16 (3): 229–255. doi:10.1177/026975800901600301.

Obinger, Herbert, und Uwe Wagschal. 2001. Families of nations and public policy. *West European Politics* 24 (1): 99–114. doi:10.1080/01402380108425419.

Okazaki, Shintaro. 2006. What do we know about mobile Internet adopters? A cluster analysis. *Information & Management* 43 (2): 127–141. doi:10.1016/j.im.2005.05.001.

Oliveira, J. Valente de, und Witold Pedrycz, Hrsg. 2007. *Advances in fuzzy clustering and its applications*. Chichester: Wiley.

Powell, Martin, und Armando Barrientos. 2004. Welfare regimes and the welfare mix. *European Journal of Political Research* 43 (1): 83–105. doi:10.1111/j.1475-6765.2004.00146.x.

Reddy, Chandan K., und Bhanukiran Vinzamuri. 2014. A survey of partitional and hierarchical clustering algorithms. In *Data clustering: Algorithms and applications*. *Chapman & Hall/CRC data mining and knowledge discovery series*, Hrsg. Charu C. Aggarwal und Chandan K. Reddy, 87–110. Boca Raton: Chapman and Hall/CRC.

Rousseeuw, Peter J. 1987. Silhouettes: A graphical aid to the interpretation and validation of cluster analysis. *Journal of Computational and Applied Mathematics* 20:53–65.

Saint-Arnaud, Sébastien, und Paul Bernard. 2003. Convergence or resilience? A hierarchical cluster analysis of the welfare regimes in advanced countries. *Current Sociology* 51 (5): 499–527. doi:10.1177/0011392103051500⁴.

Sander, Joerg. 2010. Density based clustering. In *Encyclopedia of machine learning*, Hrsg. Claude Sammut und Geoffrey I. Webb, 270–273. New York: Springer.

Sarstedt, Marko, und Erik Mooi. 2014. *A concise guide to market research: The process, data, and methods using IBM SPSS statistics*. New York: Springer.

Schendera, Christian F. G. 2010. *Clusteranalyse mit SPSS: Mit Faktorenanalyse*. München: Oldenbourg.

Schneider, Martin R., und Mihai Paunescu. 2012. Changing varieties of capitalism and revealed comparative advantages from 1990 to 2005: A test of the Hall and Soskice claims. *Socio-Economic Review* 10 (4): 731–753. doi:10.1093/ser/mwr038.

Shi, Jieming, Nikos Mamoulis, Dingming Wu, und David W. Cheung. 2014. Density-based place clustering in geo-social networks. In *SIGMOD '14 Proceedings of the 2014 ACM SIGMOD International Conference on Management of Data: June 22–27, 2014, Snowbird, UT, USA*, 99–110. New York.

Shirkhorshidi, Ali Seyed, Saeed Aghabozorgi, Teh Ying Wah, und Tutut Herawan. 2014. Big data clustering: A review. In *Computational science and its applications – ICCSA 2014*, Hrsg. Beniamino Murgante, Sanjay Misra, Ana Maria A. C. Rocha, Carmelo Torre, Jorge Gustavo Rocha, Maria Irene Falcão, David Taniar, Bernady O. Apduhan, und Osvaldo Gervasi, Bd. 8583, 707–720. Cham: Springer.

Sokal, Robert R., und Peter Sneath. 1963. *Principles of numerical taxonomy*. San Francisco: Freeman.

Stahl, Daniel, und Hannah Sallis. 2012. Model-based cluster analysis. *Wiley Interdisciplinary Reviews: Computational Statistics* 4 (4): 341–358. doi:10.1002/wics.1204.

Sucoff, Clea A., und Dawn M. Upchurch. 1998. Neighborhood context and the risk of childbearing among metropolitan-area black adolescents. *American Sociological Review* 63 (4): 571–585. doi:10.2307/2657268.

Tan, Pang-Ning, Michael Steinbach, und Vipin Kumar. 2006. *Introduction to data mining*, 1. Aufl. Boston: Pearson Addison Wesley.

Tyron, R. 1939. *Cluster analysis*. New York: Mc Graw Hill.

Van Tuyckom, Charlotte. 2013. Six sporting worlds. A cluster analysis of sports participation in the EU-25. *Quality & Quantity* 47 (1): 441–453. doi:10.1007/s11135-011-9528-8.

Wagschal, Uwe. 1999. *Statistik für Politikwissenschaftler. Lehr- und Handbücher der Politikwissenschaft*. Oldenbourg: Wien.

Wiedenbeck, Michael, und Cornelia Züll. 2010. Clusteranalyse. In *Handbuch der sozialwissenschaftlichen Datenanalyse*, Hrsg. Christof Wolf und Henning Best, 525–552. Wiesbaden: VS Verlag.

Wolfson, Murray, Zagros Madjd-Sadjadi, und Patrick James. 2004. Identifying national types: A cluster analysis of politics, economics, and conflict. *Journal of Peace Research* 41 (5): 607–623. doi:10.1177/0022343304045975.

Xu, Rui, und Donald C. Wunsch. 2009. *Clustering*. IEEE Press series on computational intelligence. Hoboken: Wiley & IEEE Press.

Yang, C. C., und T. D. Ng. 2011. Analyzing and visualizing web opinion development and social interactions with density-based clustering. *IEEE Transactions on Systems, Man, and Cybernetics – Part A: Systems and Humans* 41 (6): 1144–1155. doi:10.1109/TSMCA.2011.2113334.

Zhang, Tian, Raghu Ramakrishnan, und Miron Livny. 1996. BIRCH: An efficient data clustering method for very large databases. *ACM SIGMOD Record* 25 (2): 103–114.

Experimentelle Forschung – neue Entwicklungen

Ina Kubbe

1 Einleitung

Seit Ende der 1990er Jahre steigt die Anwendung experimenteller Untersuchungsdesigns in der deutschsprachigen Sozialwissenschaft stetig an. So zeigt sich eine zunehmende Institutionalisierung und Etablierung eines eigenen experimentellen Forschungsstranges, sodass das Experiment eine immer stärkere Bedeutung in den sozialwissenschaftlichen Disziplinen als Methode erlangt. Das Experiment, unter dem allgemein die systematische Untersuchung von Kausalzusammenhängen unter der Verwendung eines spezifischen Forschungsdesigns verstanden wird (McDermott 2002), stellt eine Logik der jeweiligen Untersuchungsplanung dar. Das grundsätzliche Ziel besteht darin, Erkenntnisse über Ursache-Wirkungsbeziehungen zu gewinnen und auf dieser Grundlage soziale Phänomene zu erklären. Die Besonderheit besteht dabei in der Anwendung des „Prinzips der aktiven Erfahrung" (Eifler 2014, S. 195). Das heißt, die zu untersuchenden Vorgänge werden vom Forscher intentional hergestellt, damit bestimmte Phänomene eindeutig als Wirkungen einer bestimmten Ursache betrachtet werden können. So ermöglicht das Experiment, theoretisch generierte Hypothesen in kontrollierten Versuchen zu überprüfen und Ableitungen zu formulieren, die Nachweise über Kausalzusammenhänge und die Richtigkeit von Interpretationen liefern (Döring und Bortz 2016).

Lange Zeit galt die Sozialwissenschaft eher als beobachtende und befragende und nicht als experimentelle Wissenschaft. Experimente, die in der Regel nur eine

I. Kubbe (✉)
Tel Aviv University, Tel Aviv, Israel
E-Mail: inakubbe@post.tau.ac.il

© Springer Fachmedien Wiesbaden GmbH 2017
S. Jäckle (Hrsg.), *Neue Trends in den Sozialwissenschaften,*
DOI 10.1007/978-3-658-17189-6_4

begrenzte Anzahl von Variablen untersuchen können, erschienen für viele Jahre als eine zu eingeschränkte Methode, um die komplexen Forschungsgegenstände der sozialen Welt und die zahlreichen zu beachtenden Einflussfaktoren erfassen zu können (Green und Gerber 2002; Petersen 2002). Aufgrund dieser praktischen, aber auch ethischen Skepsis wurden sie meist als nicht anwendbar und invalide verworfen, weshalb sie – im Gegensatz zum angloamerikanischen Raum – im deutschsprachigen Raum lange Zeit eine Randerscheinung geblieben sind (Kittel 2009; Faas und Huber 2010).[1]

Inzwischen werden Experimente in nahezu allen sozialwissenschaftlichen Forschungsfeldern angewandt und tragen zur Empirie, Theoriebildung und -verfeinerung der Disziplinen bei. Der ausschlaggebendste Grund für die steigende Anwendung und wissenschaftliche Akzeptanz experimenteller Forschungsdesigns ist, dass Vertreter der Disziplinen erkannten, dass etablierte Methoden wie beobachtende Verfahren und Befragungen hinsichtlich des Nachweises von Kausalbeziehungen zwischen Variablen nur begrenzt aussagekräftig sind (Brody und Brownstein 1975; Iyengar und Kinder 1987; Morton und Williams 2010). Darüber hinaus haben sich durch das Aufkommen neuer Fragestellungen auf der Individual- (Mikroebene) und Institutionenebene (Mesoebene) die Forschungsschwerpunkte innerhalb der Sozialwissenschaften zunehmend verlagert. So zeigt sich in den letzten Dekaden eine Interessenverschiebung innerhalb der Disziplinen weg von der Analyse der Länderebene (Makroebene) hin zur Ebene des Individuums. Hierzu zählen etwa das ansteigende Interesse an der Erforschung von Individual- und Gruppenentscheidungen (Blendin und Schneider 2012; Lorenz et al. 2015), am Verhalten von Kleingruppen, beispielsweise im Umgang mit Kollektivgütern (Cárdenas und Ostrom 2004; Ostrom 2014), sozialen Normen (Mironova und Whitt 2014), politischen Einstellungen und Wahlverhalten (Gschwend und Hooghe 2008; Brunner 2012; Linhart und Tepe 2015), der Wirkung von Medien und politischer Kommunikation (Ansolabehere et al. 1994; Druckman und Leeper 2012) oder politischen Entscheidungen und Verhandlungen (Palfrey 2009; Kittel und Luhan 2013). Auch in Policy-Bereichen wie der Umwelt- und Bildungspolitik wird zunehmend auf experimentelle Methoden zurückgegriffen (Liebe 2015). Ein weiterer Grund für die zunehmende Verbreitung experimenteller Methoden ist die

---

[1]Die Ursachen hierfür sind auch in der universitären Ausbildung deutscher Sozialwissenschaftler zu finden. Während an US-amerikanischen Hochschulen das Erlernen und Anwenden von Experimenten einen wesentlichen Bestandteil der methodischen Ausbildung darstellt, spielen diese in Deutschland bislang eine untergeordnete Rolle. So fehlt es vielen Forschenden noch an Wissen und Vertrautheit in der methodischen Anwendung (Faas und Huber 2010, S. 724).

verstärkte Nutzung und Überprüfung sogenannter formaler Modelle in der Ökonomie und Politikwissenschaft (Morton und Williams 2012; Lorenz 2012).[2] Daneben haben neue technologische und strukturelle Möglichkeiten wie das Aufkommen des Internets die Entwicklung experimenteller Forschung vereinfacht. So können Forscher auf größere und vor allem heterogenere Teilnehmerpools zurückgreifen und dadurch die Robustheit experimenteller Befunde erhöhen (Iyengar 2011; Sniderman 2011). Auch wird zunehmend spezielle Computersoftware für die experimentelle Forschung entwickelt, die die Arbeit der Forscher bei der Planung, Durchführung und Auswertung experimenteller Untersuchungen, etwa bei der Rekrutierung von Teilnehmern, unterstützt (Morton und Williams 2010). Ein Beispiel dafür ist die „Zurich's Toolbox for ready-made economic experiments" (z-Tree), die von dem Ökonomen Urs Fischbacher entwickelt wurde und die computergestützte Durchführung von Experimenten erleichtert (Fischbacher 2007). Immer wieder hervorzuheben ist auch der komplementäre Charakter experimenteller Studien. So werden Experimente in größeren Forschungsprojekten meist mit anderen Methoden genutzt und bilden die interdisziplinäre Brücke der einzelnen sozialwissenschaftlichen Disziplinen wie der Psychologie, Ökonomie, Kommunikationswissenschaft und der Politikwissenschaft.

Ziel des vorliegenden Beitrags ist es, das Potenzial von Experimenten für die Sozialwissenschaften aufzuzeigen, eine Übersicht zu geben sowie Kenntnisse zu vermitteln, die grundlegend für experimentelle Untersuchungen sozialwissenschaftlicher Phänomene sind. Auch sollen Experimente als eine Logik der Untersuchungsplanung verstanden werden, die als komplementäre Ergänzung zu anderen Methoden, Theorien und zur Überprüfung zugrunde liegender Axiome, das heißt Grundannahmen, geeignet sind (Green und Gerber 2002; Druckman et al. 2006). Letztendlich soll der Beitrag auch verdeutlichen, dass die Lehre und Vermittlung der experimentellen Methode zentraler Bestandteil der sozialwissenschaftlichen Ausbildung sein sollte. Dazu wird zunächst die geschichtliche Entwicklung der experimentellen Forschung aufgezeigt, deren Logik beschrieben und die zentralen Grundbegriffe vorgestellt. Anschließend wird auf die unterschiedlichen Grundtypen des Experiments und Forschungsdesigns eingegangen sowie eine Studie beispielhaft diskutiert. Der Beitrag schließt mit einer kurzen Zusammenfassung.

---

[2]Es gibt einige sehr gute Überblicksdarstellungen, die verschiedene Teilbereiche etwa der experimentellen Politikwissenschaft illustrieren, etwa (Faas und Huber 2010; Druckman et al. 2011). Die Anzahl an Publikationen in angloamerikanischen wie auch deutschsprachigen Zeitschriften zeigt, dass die experimentelle Forschung insbesondere in der politischen Einstellungs- und Wahlforschung Anwendung findet (Kubbe 2016).

2   Geschichtliche Entwicklung der experimentellen Forschung

Das Experiment war stets wesentlicher Bestandteil des wissenschaftlichen Erkenntnis- und Fortschrittsprozesses (Heller 2012). Nach naturwissenschaftlicher Sicht stellt es die Urform bzw. den Prototyp wissenschaftlicher Forschung dar, aus dem sich andere wissenschaftliche Methoden wie die der Beobachtung oder Befragung ableiten lassen (Behnke et al. 2010, S. 49). Etymologisch ist der Begriff im 16. Jahrhundert in medizinischen Schriften aus dem Lateinischen „experimentum" (= Versuch, Erfahrungsbeispiel) ins Deutsche übersetzt worden und wurde als eine erprobte Arznei verstanden. Unter dem Einfluss von Francis Bacon hat das Experiment im 17. Jahrhundert schließlich Eingang in die Naturwissenschaften gefunden und bezeichnete einen Versuch, einen Beweis, eine Prüfung oder eine Probe insbesondere im Rahmen der Experimentalphysik.

Seinen Weg in die Sozialwissenschaft fand das Experiment im 19. Jahrhundert zunächst über die Psychologie. Im Vergleich zum Vorbild des naturwissenschaftlichen Experiments besteht der wesentliche Unterschied von sozialwissenschaftlichen Experimenten darin, dass kein „Objekt", sondern ein „erlebendes Subjekt", das heißt ein freiwillig teilnehmender und selbstbewusster Mensch, in der Rolle als Versuchsperson auftritt und bestimmte Aufgaben in einer kontrollierten Situation erfüllt (Wundt 1896). Bekannte aber auch sehr umstrittene sozialwissenschaftliche Untersuchungen stammen beispielsweise von Stanley Milgram (1963), der die Bereitschaft eines Menschen, einer (Pseudo-)Autorität zu folgen, untersuchte. Daneben führte Benjamin Libet (1985) psychologische Experimente zum sogenannten freien Willen durch[3] oder Simons und Chabris (1999) zur Unaufmerksamkeitsblindheit.[4]

In der Soziologie, die zahlreiche thematische Überschneidungen mit der (Sozial-)Psychologie aufzeigt, wurden Experimente insbesondere im 19./20. Jahrhundert angewandt. Beispielhaft ist hier das „Tauzieh-Experiment" von Ringelmann und der in diesem Zusammenhang gefundene „Ringelmann-Effekt" zu

---

[3]Als Libet-Experimente wurden die Messungen des zeitlichen Abstands bekannt, der zwischen der Nervenaktivität im Gehirn, die einer bestimmten Handbewegung einleitend vorausgeht, und dem erst danach erfolgenden Bewusstwerden der dazu gehörenden Handlungsentscheidung liegt.

[4]Unaufmerksamkeitsblindheit bezeichnet die Nichtwahrnehmung von Objekten, die durch die begrenzte Verarbeitungsfähigkeit des menschlichen Gehirns bedingt ist (Simons und Chabris 1999).

nennen.[5] Weitere Untersuchungen aus der Soziologie sind die Hawthorne-Experimente von Roethlisberger und Dickson (1939), Aschs Konformitätsexperimente zum Einfluss von Gruppenzwang (1951), das Ferienlager-Experiment von Sherif et al. (1954) oder Studien zur Theorie der sozialen Identität (Tajfel und Turner 1986; Jackson und Cox 2013).

Seit Beginn des 20. Jahrhunderts existiert auch in der Ökonomie ein experimenteller Forschungsstrang, der sich verstärkt mit der Bewertung ökonomischer Theorien beschäftigt und in der Regel psychologische Grundlagen individuellen Handelns in ökonomisch relevanten Entscheidungssituationen überprüft (Ostrom 1990; Raub et al. 2015). Auch in der Kommunikationswissenschaft ist das Experiment eine vielfach genutzte Methode und gehört seit ihrem Import aus der Psychologie zu den zentralen Varianten der empirischen Untersuchungsanlage in den Feldern, in denen die Medienrezeption und/oder die Wirkung von Medien auf das Individuum erforscht werden. So werden Experimente insbesondere bei der Werbewirkungsforschung oder der Erforschung der Wirkung von Fernsehnachrichten etwa im Zusammenhang mit Wahlentscheidungen eingesetzt (Klimmt und Weber 2013).

Die ersten experimentellen Untersuchungen mit politikwissenschaftlichen Bezügen wurden in den 1920er und 1930er in den USA durchgeführt und in Fachzeitschriften der Soziologie und Sozialpsychologie publiziert. Bei diesen Experimenten handelte es sich vornehmlich um Feldexperimente, das heißt Experimente, die in einer realen Umgebung und nicht im Labor stattfanden. Diese setzten sich im Bereich der Medienwirkungsforschung mit der Mobilisierung von Wählern bzw. Fragen auseinander, wie sich politische Einstellungen bilden und letztendlich Wahlentscheidungen getroffen werden (Green und Gerber 2003). Eines der bekanntesten Experimente aus dieser Zeit stammt von Gosnell (1927), der die Mobilisierung von Wahlberechtigten in Chicago analysierte und als eines der frühesten kontrollierten Feldexperimente in der Politikwissenschaft bezeichnet wird (Gerber und Green 2000).

Andere politikwissenschaftliche Experimente, die in der ersten Hälfte des 20. Jahrhunderts veröffentlicht wurden, sind die von Lund (1925), Hartmann (1936), Moore und Callahan (1943), Hovland et al. (1949) oder Stouffer et al.

---

[5]Dieser bezeichnet die Tatsache, dass – entgegen der damaligen Erwartung – die Zugleistung von unterschiedlichen großen Gruppen beim Tauziehen stets geringer ist als die Summe der einzelnen Leistungen der Versuchsteilnehmer. Dieser Effekt wird auch „Soziales Faulenzen" genannt, da dieser aufgrund der geringeren Motivation bzw. fehlenden Koordination der Teilnehmer in der Gruppe auftritt. Ähnliche bzw. Folgeexperimente wurden in den 1970er Jahren durchgeführt (Ingham et al. 1974).

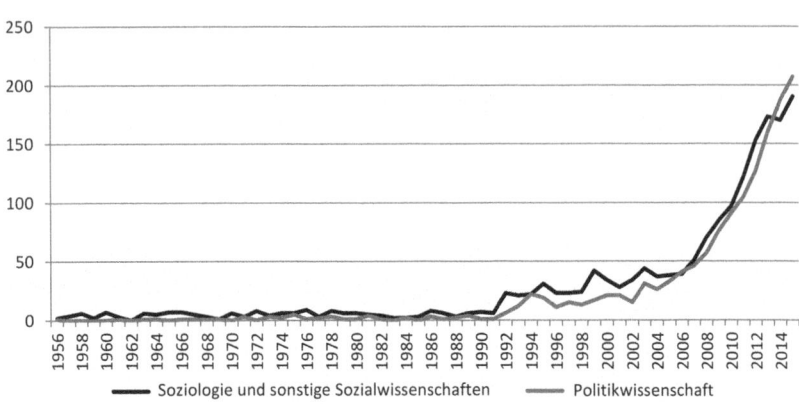

Abb. 1 Entwicklung von Experimenten in den Sozialwissenschaften. (Quelle: Eigene Darstellung)

(1949).[6] Diese Studien bildeten in der Politikwissenschaft jedoch eher die methodische Ausnahme für die folgenden Jahrzehnte. Nach Ende des Zweiten Weltkriegs verschwanden experimentelle Forschungsdesigns fast vollständig aus dem Methodenrepertoire der Disziplin (Green und Gerber 2002; Green und Gerber 2003). Dies steht vor allem im Zusammenhang mit einem Paradigmenwechsel in der Politikwissenschaft ab den 1950er Jahren und der Etablierung der Umfrageforschung (Gerrig und Zimbardo 2008; Gerber 2011).

Wie die Abb. 1 verdeutlicht ist der Einsatz von Experimenten im Bereich der Sozial- bzw. Politikwissenschaft seit den 1990er Jahren schließlich sprunghaft angestiegen. Die Zahl der auf experimentellen Designs beruhenden Veröffentlichungen und Konferenzbeiträgen wächst seitdem kontinuierlich. Heute werden Experimente in nahezu allen Teilbereichen der Politikwissenschaft angewandt. Innerhalb des deutschsprachigen Raumes waren die ersten experimentellen Forschungsbeiträge die Studien von Huber (2008), der die Einstellungsbildung zu

---

[6]So manipulierte Lund (1925) Argumente in politischen Debatten, um herauszufinden, inwieweit diese die politischen Einstellungen von Bürgern beeinflussen. In Hartmanns Experiment (1936) in Allentown, Pennsylvania, hingegen wurden für die Wahl 1935 zehntausend Faltblätter mit einem emotionalen und einem rationalen Wahlaufruf der Sozialisten in unterschiedlichen Wahlbezirken verteilt. Auf Grundlage der Wahlergebnisse in den einzelnen Stadtbezirken konnte Hartmann eine stärkere Wirkung der emotionalen Wahlbotschaften als der rationalen Argumente feststellen. Hovland et al. (1949) sowie Stouffer et al. (1949) erforschten die Wirkung von Propagandafilmen auf Soldaten.

politischen Kandidaten analysierte, Klein und Rosar (2009), die nach dem Einfluss der physischen Attraktivität des Kandidaten auf das Wahlverhalten fragten, von Faas und Schoen (2010), die die Wirkung von Framing auf politische Einstellungen in Deutschland prüften oder von Meffert und Gschwend die den Einfluss von Umfragen und Koalitionssignalen untersuchten, indem sie strategisches Wahlverhalten in Mehrparteiensystemen mit Koalitionsbildungen simulierten (vgl. Faas und Huber 2010, S. 724).

3 Zur Logik experimenteller Forschung

3.1 Experimentelle Variablen

Eines der wesentlichen Merkmale und Abgrenzungsmerkmal von Experimenten zu den traditionellen Methoden wie der Beobachtung und Befragung ist, dass der Forscher aktiv in das Geschehen, das heißt in den Datenerhebungsprozess, eingreift. Seine Aufgabe besteht darin, mindestens eine unabhängige Variable X (= Ursache) systematisch zu variieren, um zu analysieren, ob und wie die unterschiedlichen Ausprägungen der unabhängigen Variablen sich auf mögliche Veränderungen der abhängigen Variablen Y (= Wirkung bzw. Effekt) auswirken (Heller 2012). Das heißt, um eine Kausalbeziehung zwischen Variablen empirisch überprüfen zu können, muss sowohl Varianz im Auftreten von X (tritt ein/tritt nicht ein), als auch Varianz im Auftreten von Y (tritt ein/tritt nicht ein) vorliegen. Um zu untersuchen, ob und wie die unterschiedlichen Ausprägungen der unabhängigen Variablen X sich auf mögliche Veränderungen der abhängigen Variablen Y auswirken, muss der Forscher mögliche Wirkungen anderer Variablen, sogenannter Stör- oder Drittvariablen, ausschalten bzw. kontrollieren (ceteris-paribus-Klausel) (Czienskowski 1996; Morton und Williams 2010).[7] Stör- bzw. Drittvariablen sind Faktoren, die während eines Experiments unkontrolliert auftreten können und die abhängige Variable beeinflussen. Diese können sowohl an die Personen als auch an die Untersuchungssituation gebunden sein. Die Kontrolle von Drittvariablen soll sicherstellen, dass sich die Rahmenbedingungen der

---

[7]Kanitsar und Kittel (2015, S. 381) sprechen hier auch von der sogenannten „Isolation" – als eines der Prinzipien neben der Identifikation, auf denen die experimentelle Methode basiert. Isolation wird definiert als „die Abschirmung des zentralen Zusammenhangs von Drittvariablen." Die Identifikation eines kausalen Zusammenhangs erfolgt dabei durch die „systematische Manipulation des Untersuchungsdesigns in den Versuchsgruppen" (Kanitsar und Kittel 2015, S. 381).

Untersuchungsdurchführung bis auf die unabhängigen Variablen nicht unterscheiden. Das heißt, die natürlichen Umweltbedingungen müssen vom Forscher so weit manipuliert werden, dass nur noch eine einzige Ursache übrig bleibt, um die vermutete Wirkung der unabhängigen Variablen auf die abhängige Variable herauszufiltern (McDermott 2002; Druckman et al. 2006).

Insgesamt gilt, dass in jedem Experiment die sogenannte „stable unit treatment value assumption" (abgekürzt SUTVA) (Rubin 1986) erfüllt sein muss. Diese besagt, dass alle Teilnehmer, sowohl in der Versuchs- als auch der Kontrollgruppe, das Experiment, unter denselben sozialen Bedingungen erfahren müssen. Diese Bedingung ist jedoch insbesondere bei sozialwissenschaftlichen Experimenten aufgrund der Komplexität sozialer Phänomene kaum zu erfüllen (Gangl 2010). Um der Erfüllung dennoch möglichst nahe zu kommen, ist die Kontrolle des gesamten Untersuchungsablaufs durch den Forscher entscheidend.

3.2   Kontrolle, Manipulation und Randomisierung

Neben der Kontrolle der zentralen erklärenden Variablen, die manipuliert werden, erfolgt die Kontrolle der Störfaktoren in erster Linie durch die Randomisierung der Teilnehmer, das heißt durch die zufällige Aufteilung der Probanden auf die Experimental- und die Kontrollgruppe. Die Gruppe, die ein Treatment erhält, wird dabei Experimentalgruppe genannt. Die Gruppe, die keines erhält, ist die Kontrollgruppe. Ein Treatment, abgeleitet aus dem englischen Wort für „Behandlung", bezeichnet in der empirischen Sozialforschung eine Art Maßnahme, der die Experimentalgruppe in einem Experiment ausgesetzt wird, um nach dem erfolgten Treatment Aussagen über vorab aufgestellte Hypothesen treffen zu können. Ein Beispiel für ein Treatment in einem politikwissenschaftlichen Experiment wäre die Menge an Informationen, die einem Wähler von politischen Kandidaten in einer (nachgestellten) Wahl zur Verfügung stehen. Während die Experimentalgruppe bestimmte Informationen erhält, werden der Kontrollgruppe diese nicht gegeben. Die Schlussfolgerungen bzw. Interpretationen zum Einfluss der erklärenden Variablen X auf die zu erklärende Variable Y werden dann anschließend über den Vergleich der beiden Versuchsgruppen gezogen (Döring und Bortz 2016).

Unter Randomisierung werden in der Literatur zwei unterschiedliche Konzepte gefasst: zum einen die zufällige Ziehung der Probanden aus einer Gesamt- oder Zielpopulation (Random Selection) und zum anderen die zufällige Aufteilung der Teilnehmer auf zwei Gruppen (Random Assignment) (Garcia 2011). Durch Randomisierung verfolgt der Versuchsleiter außerdem das Ziel, dass eine Stichprobe von Menschen repräsentativ für die Gesamtbevölkerung ist und es zu keinen systematischen Verzerrungen der Ergebnisse kommt. Die strikte Einteilung in Experimental- und Kontrollgruppe bzw. die vollständige Randomisierung ist aufgrund begrenzter zeitlicher und finanzieller Ressourcen des Forschers jedoch nicht immer möglich (Morton und Williams 2010). So geschieht auch die Auswahl des gesamten Probandenpools selten zufällig und es handelt es sich meist um eine bewusste und keine repräsentative Auswahl. Dies lässt sich kaum vermeiden, da die Verfügbarkeit von Versuchspersonen ein häufiges Problem darstellt. Für die Forschung liegt es daher nahe, Probanden immer an Orten zu rekrutieren, wo sie zumeist aus beruflichen Gründen zusammenkommen und zur Verfügung stehen (siehe dazu Kubbe 2016). In einem Großteil sozialwissenschaftlicher Experimente wird deshalb auf diese sogenannten Convenience-Samples zurückgegriffen, also auf eine in der Regel nicht repräsentative Auswahl leicht zugänglicher Probanden. Besonders häufig werden deshalb Studierende oder Schüler in Experimenten untersucht (Shadish et al. 2001; Mintz et al. 2006), da deren Rekrutierung mit einem relativ geringen finanziellen und organisatorischen Aufwand verbunden ist und die Studierendenschaft einen sich ständig erneuernden Pool darstellt, dessen Eigenschaften im Zeitverlauf relativ stabil sind. Dennoch versucht eine wachsende Zahl experimentell arbeitender Forscher, nicht ausschließlich auf Studierende zurückzugreifen, sondern mit repräsentativen Untersuchungsgruppen zu arbeiten. Insgesamt gilt bei Experimenten jedoch immer, je größer die Anzahl der Teilnehmer, desto größer ist also die Chance, dass die Randomisierung ihren Zweck erfüllt.

Zusammenfassend lässt sich sagen, dass ein „erfolgreiches" Experiment, das heißt ein Nachweis eines Kausalzusammenhangs aufgezeigt werden kann, in den häufigsten Fällen eine randomisierte Aufteilung der Teilnehmer auf zwei Gruppen (Random Assignment) beinhaltet, wenn ein Zusammenhang zwischen der manipulierten Variablen (Mi), dem Treatment (Ti) und der abhängigen Variablen (Yi) messbar ist bzw. wenn drei Bedingungen erfüllt sind (Morton und Williams 2010; Hamenstädt 2012, S. 94–95):

1. Die Experimental- und Kontrollgruppe müssen voneinander unabhängig sein. Die Wahrscheinlichkeit, zu einer der beiden Gruppen zu gehören, darf weder mit anderen Faktoren korrelieren noch darf eine Doppelzuweisung oder ein (unkontrollierter) Informationsaustausch stattfinden.

2. Es sollten keine Daten fehlen, das heißt, die Teilnehmerzahl sollte sich während des Ablaufs des Experiments nicht verringern und auch nicht im Zusammenhang mit dem Treatment oder dem zu untersuchenden Gegenstand stehen.

3. Mi und Ti sollten perfekte Substitute sein, das heißt, die Nichtbefolgung oder Nichtbeantwortung (Non-Compliance) der Anweisungen durch die Probanden kann ausgeschlossen werden. Problematisch hinsichtlich der Unabhängigkeit zwischen der Experimental- und Kontrollgruppe kann es werden, wenn das Treatment oder die Manipulation zwar randomisiert stattfindet, aber unerwünschte Faktoren darauf einwirken.

3.3 Weitere Kontrolltechniken

Neben der Randomisierung gibt es in der experimentellen Forschung weitere Kontrollmöglichkeiten von Störfaktoren. Bei einer kleineren Anzahl von Probanden und bei bestehenden Annahmen über wichtige Unterschiede zwischen den Gruppen ist das alternative Vorgehen die Parallelisierung der Untersuchungsgruppen oder das Matching einander entsprechender Versuchsteilnehmer. Das Prinzip der Parallelisierung beinhaltet, dass die Experimental- und Kontrollgruppe bezüglich relevanter Merkmalsausprägungen angeglichen werden, zum Beispiel hinsichtlich des Geschlechts oder der Altersgruppe. Parallelisierung bezeichnet demnach ein Verfahren zur Bildung von Gruppen, die bezüglich eines oder mehrerer Störfaktoren homogen sind.[8] Die Parallelisierung wird aufgrund einiger Nachteile jedoch wesentlich seltener als Kontrollinstrument genutzt als die Randomisierung. Beispielsweise ist die Wahrscheinlichkeit, dass andere Personenmerkmale nicht gleich verteilt sind, vor allem diejenigen, die dem Forscher noch unbekannt sind, sehr hoch. So können nur bestimmte Merkmale kontrolliert werden (siehe dazu ausführlicher Kubbe 2016).

Darüber hinaus existieren die Techniken der Elimination und Konstanthaltung. Diese erlauben mögliche Störvariablen vollständig auszuschalten bzw. diese konstant zu halten, sodass sie in Experimental- und Kontrollgruppe etwa

---

[8]Wenn beispielsweise eine Lehrmethode bewertet werden soll, können durch Parallelisierung zwei Studierendengruppen gebildet werden, die hinsichtlich ihrer Note ähnlich sind. Dies kann entweder als paarweise Gleichsetzung von Probanden in Experimental- und Kontrollgruppe (Matching) oder als Gleichverteilung relevanter Merkmale in Experimental- und Kontrollgruppe (Factor Equation) erfolgen. Das heißt, es werden die Probanden von vornherein so aufgeteilt, dass das betreffende Merkmal in allen Gruppen ähnlich verteilt sind (z. B. gleiche Geschlechterverteilung in allen Versuchsbedingungen).

eine jeweils gleichartige Wirkung aufzeigen. Dies ist vor allem bei Experimenten möglich, die im Labor stattfinden. Das Ziel der Elimination ist es, dass auf die Versuchspersonen neben der unabhängigen Variablen möglichst keine weiteren Faktoren einwirken. Um zu gewährleisten, dass die Probanden nicht durch äußere Ereignisse beeinflusst werden, können Experimente etwa in fensterlosen, schallisolierten Kabinen durchgeführt werden. Dies hat jedoch zur Folge, dass die Untersuchungssituation dadurch sehr künstlich und wenig realitätsnah ist. Konstanthaltung ist eine weitere Technik zur Kontrolle von Störfaktoren. Um sicherzustellen, dass der beobachtete Effekt auf die Variation der unabhängigen Variablen zurückgeht, wird versucht, alle anderen Faktoren konstant zu halten. Da die natürliche Helligkeit von Tag zu Tag und im Tagesverlauf schwankt, sollten beispielsweise Versuche zur visuellen Wahrnehmung von Politikern auf Fotos oder am PC in einem über alle Versuchsdurchführungen hinweg gleich ausgeleuchteten Labor durchgeführt werden.

Insgesamt zeigt sich, dass Randomisierung die sicherste Technik zur Kontrolle der Störfaktoren bei der Durchführung experimenteller Untersuchungen ist. Es wird daher empfohlen, auf diese zurückzugreifen, um einem idealen Experiment mit validen und reliablen Ergebnissen möglichst nahe zu kommen. Dieser zufällige Auswahlprozess kann auch mithilfe einer im Experiment verwendeten Software durchgeführt werden. Zur erleichterten Durchführung sozialwissenschaftlicher Experimente, insbesondere zur Stichprobenauswahl, Randomisierung der Teilnehmer und Auswertung der Ergebnisse, existieren verschiedene Softwarepakete. Beispielsweise bietet das Programm z-Tree Randomisierungs- und Gruppierungstools an (Fischbacher 2007), die bei der Durchführung der Untersuchung[9] sehr hilfreich und anwendungsfreundlich sind. Hroot ist eine webbasierte Software zur Verwaltung von Teilnehmern, die es ermöglicht, Einladungen zu Experimenten aus spezifizierten Subjektpools kontrolliert zu randomisieren. Außerdem kann der Auswahlprozess potenzieller Probanden präzise für den Zweck der Replikation dokumentiert werden und die Software bietet kombinierbare Filterwerkzeuge.

---

[9]Zur Auswertung der erhobenen Daten steht eine Vielzahl unterschiedlicher statistischer Auswertungstechniken zur Verfügung, die in Abhängigkeit von der gewählten methodischen Ausrichtung zum Einsatz kommen können. Dabei ist darauf zu achten, dass zur Analyse der Daten möglichst angemessene Modelle eingesetzt und die für die Problemformulierung relevanten Daten ausgewertet werden. Bei den meisten experimentellen Untersuchungen fallen die Messdaten in Form stochastisch schwankender Zahlenwerte an und müssen dann mit den gängigen statistischen Methoden Tests, etwa Mittelwertvergleiche, ausgewertet werden. Das heißt, der Forscher sollte mit den experimentellen Untersuchungsformen bzw. statistischen Auswertungsverfahren vertraut sein, um die entsprechenden Daten adäquat analysieren können.

ORSEE und SoPHIE sind weitere Softwareprogramme zur Umsetzung von Experimenten und statistischen Auswertung der Ergebnisse, die durch die Bereitstellung von fertigen Bausteinen einen einfachen Einstieg für Forscher auch ohne Programmierkenntnisse ermöglicht.[10]

3.4   Experimentelle Forschungsdesigns

Generell lassen sich zwei Grundtypen experimenteller Forschungsdesigns unterscheiden: das Between-Subject- und das Within-Subject-Design. Wenn die Versuchspersonen in randomisierte Gruppen für jeweils ein Treatment aufgeteilt werden, wird von einem Between-Subject-Design gesprochen. Wenn die gleiche Person unter zwei unterschiedlichen Treatments untersucht wird, wird das Design als Within-Subject-Design bezeichnet, das heißt, es handelt sich um die Messung der Wirkung eines Treatments auf die gleiche Person (Vorher-Nachher-Messung) (Behnke et al. 2010; Druckman et al. 2011). Dieses findet oft Anwendung in der Politischen Ökonomie, bei dem die Probanden mit zwei (unterschiedlichen) Treatments konfrontiert werden. Diese Methode basiert auf einer wiederholten Anwendung der Treatments über mehrere Runden eines Experiments. Somit ist eine Versuchsperson in einer Runde Treatment A und in einer anderen Treatment B ausgesetzt. Beispielsweise haben in Treatment A die Probanden keine Informationen über die inhaltliche Position eines politischen Kandidaten. In Treatment B verfügen sie jedoch über vollständige Informationen. Durch die Verwendung des Within-Subject-Designs kann nun gemessen werden, wie das Verhalten der Personen durch die unterschiedlichen Treatments (gegebene Information oder nicht gegebene Information) beeinflusst wird. Dabei sollte auch der Einfluss individueller Charakteristika der Probanden kontrolliert werden (Morton und Williams 2012).

Für beide Forschungsdesigns gibt es jeweils verschiedene Varianten. So ist die einfachste Variante des Between-Subject-Designs das Post-Test-Design. Die Probanden werden in diesem Design zufällig auf die beiden Gruppen aufgeteilt. Häufig werden das Within-Subject- und das Between-Subject-Design auch vermischt.

---

[10]Folgende weitere webbasierte Plattformen stehen Forschern online für die Durchführung von Experimenten zur Verfügung: EconPort (http://www.econport.org), FEELE (http://projects.exeter.ac.uk/feele/), Vecon Lab (http://veconlab.econ.virginia.edu/), MobLab (http://www.moblab.com/), AEE Lab Experiments Archive (http://www.aton.com.au/activeexperiments.html), Seaweed (http://sourceforge.net/projects/c-weed/), WebLab (https://github.com/tomrutter/WebLab) und jars (https://github.com/s-plum/jars).

Diese Mischformen können etwa als Pre-Test-Post-Test-Design, Solomon-Vier-Gruppen-Design oder als faktorielles Design angelegt sein (siehe hierzu ausführlicher Kubbe 2016). Letzteres bietet sich etwa an, wenn mehrere hypothetische Ursachen gleichzeitig untersucht werden sollen – z. B. wenn die Wirkung von zwei Policy-Instrumente gleichzeitig untersucht werden soll (Hamenstädt 2012, S. 85). Mit einem faktoriellen Design könnte etwa getestet werden, welchen Einfluss die Präsentation eines Fernseh- oder Radioberichts über den Umweltschutz hat, wenn dieser aus unterschiedlichen Quellen stammt (A), einer glaubwürdigen Quelle (A1) und einer weniger glaubwürdigen Quelle (A2), und wenn der Fernsehbericht in verschiedenen Formen präsentiert wird (B), einmal als positive Darstellung des Umweltschutzes (B1) und einmal als eine eher skeptische Darstellung des Umweltschutzes (B2) (Eifler 2014, S. 204).

Bei diesen Variationen und Kombinationen der beiden Grundtypen experimenteller Designs, Between-Subject und Within-Subject-Design, ist stets zu berücksichtigen, dass jede Erweiterung und Wiederholung auch einen höheren Aufwand an Planung, Organisation und Durchführung erfordert.

3.5 Gütekriterien experimenteller Untersuchungen

Die Validität, Reliabilität und Objektivität sind entscheidende Gütekriterien eines Experiments, da sie die Grundlage für zuverlässige, verwertbare und eindeutige Auswertungen darstellen. Die Validität ist das wichtigste Gütekriterium und bezeichnet die kausale Zurückführung einer Verhaltens- oder Merkmalsausprägung der abhängigen Variablen auf die Veränderung der unabhängigen Variablen. Das heißt Validität, abgeleitet aus dem lateinischen Wort „validus" (= „kräftig", „wirksam"; engl. „validity" = „Gültigkeit"), bezeichnet im Kontext der experimentellen Forschung den Grad der Wahrheit über die untersuchte Kausalbeziehung. Demnach stellt die Validität die Frage danach, was die Daten aus der Untersuchung verraten und ob sie „wahr" sind. Validität bezeichnet einerseits die Belastbarkeit der Operationalisierung („Inwieweit misst das Testinstrument wirklich das, was es zu messen vorgibt?") und andererseits die Belastbarkeit der auf den Messungen basierenden Aussagen oder Schlussfolgerungen („Inwieweit trifft es zu, dass X wirklich Y beeinflusst?"). Dabei wird zwischen der internen und der externen Validität unterschieden. Interne Validität besteht, wenn die Veränderung der abhängigen Variablen Y eindeutig auf die Veränderung der unabhängigen Variablen X zurückgeführt werden kann. Das heißt, Alternativverklärungen für das Vorliegen oder die Höhe des gefundenen Effekts müssen weitestgehend ausgeschlossen werden können (Morton und Williams 2010; Rauhut und Winter

2012). Von externer Validität hingegen, wird gesprochen, wenn die Ergebnisse der Untersuchung verallgemeinert werden können etwa auf andere Personen, Situationen oder Operationalisierungen der Variablen („Inwieweit lassen sich die Ergebnisse über die teilnehmenden Versuchspersonen hinaus und auf allgemeinere Situationen generalisieren").

Externe und interne Validität werden oft als alternative Qualitätsmerkmale der experimentellen Forschung betrachtet. So zeigt sich nach der Ansicht vieler Forscher, dass zwischen der internen und externen Validität eine Art Zielkonflikt herrscht (Faas und Huber 2010; Krupnikov und Levine 2014). Das bedeutet, dass die Erhöhung der internen Validität durch die Kontrolle aller Variablen häufig zulasten der Übertragbarkeit der Ergebnisse auf die Realität außerhalb der experimentellen Untersuchung geht. Morton und Williams (2010, S. 275) führen zum Wechselverhältnis von interner und externer Validität jedoch an: „(E)xternal validity can only be established for results that have been demonstrated to be internally valid. […] It makes no sense to say that some empirical research is low on internal validity but high on external validity." Auch Kittel (2015, S. 84) betont, dass die suggerierte Möglichkeit, „externe Validität anzustreben, ohne zu wissen, ob es den postulierten Zusammenhang überhaupt gibt", nicht haltbar ist. Das heißt, die externe Validität von experimentellen Befunden kann erst dann gewährleistet werden, wenn auch deren interne Validität vorliegt bzw. – wie Campbell und Stanley (1967, S. 175) es ausdrücken –, dass das Kriterium der externen der internen Validität in der experimentellen Forschung nachgeordnet ist.[11] Letztendlich ist die Frage nach dem für den Forschungsgegenstand geeigneten Design nicht nur eine Frage des Forschungsgegenstands selbst, sondern vor allem eine Frage des Untersuchungsziels und der Abwägung bei der Vermeidung spezifischer Probleme.

4   Grundtypen und Forschungsdesigns der experimentellen Forschung

Aufgrund des jeweiligen Erhebungsortes und der Erhebungsart wird zwischen dem Labor-, Feld- und Umfrageexperiment unterschieden (Morton und Williams 2010). Darüber hinaus ergibt sich die Differenzierung der drei Grundformen auch

---

[11]Siehe hierzu auch Schram (2005, S. 225): „External validity is relatively more important for experiments searching for empirical regularities than for theory-testing experiments. As experimental results are being used more often in the development of new theories, a methodological discussion of their external validity is becoming more important."

aus dem damit verbundenen „Naturalismus" (Harrison und List 2004).[12] Mit Blick auf dieses letzte Kriterium ist das Laborexperiment die „unnatürlichste" und das Feldexperiment die „natürlichste" Form, während das Umfrageexperiment sich vom Naturalismusgrad her irgendwo „dazwischen" befindet. Darüber können Experimente auch danach unterschieden werden, inwiefern sich ihre Durchführung an bestimmten Normen der Ökonomie und der Psychologie orientiert. Diese beziehen sich vor allem auf den Umgang mit Täuschung bzw. Fehlinformationen und auf die Bezahlung der Probanden (Morton und Williams 2010).

Beim Laborexperiment werden die Probanden in eine künstlich geschaffene soziale Situation gebracht. Dies bedeutet nicht, dass die Untersuchung unbedingt im Labor stattfinden muss. Es handelt sich lediglich um einen gemeinsamen Ort, an dem sich die Teilnehmer befinden und an dem alle Einflussfaktoren möglichst konstant gehalten, das heißt kontrolliert werden können. Laborexperimente besitzen den Vorteil der bestmöglichen Kontrolle der Teilnehmer, der Umgebung sowie anderer möglicher Störvariablen durch den Forscher (Palfrey 2009; Iyengar 2011). Laborexperimente gelten daher auch als „gold standard" experimenteller Untersuchungen (McDermott 2002, S. 32), da sie die Kriterien der internen Validität am besten erfüllen. Auch die Kosten und der organisatorische Aufwand sind im Gegensatz zu anderen experimentellen Erhebungsformen vergleichsweise gering, da in den meisten Fällen nur ein Raum für die Durchführung vorhanden sein muss und die Untersuchung beliebig oft wiederholt werden kann.

Bei Feldexperimenten hingegen bleiben die Teilnehmer in ihrer gewohnten Umgebung, das heißt, beide Gruppen, Experimental- und Kontrollgruppe, agieren in der realen Umwelt, in der auch die Intervention durch den Forscher stattfindet. Dabei wird der Begriff des Feldes weit definiert und meint jede Umgebung, die nicht eigens für die Durchführung einer empirischen Untersuchung angelegt wurde. Im Gegensatz zum Laborexperiment kann der Versuchsleiter den Ablauf des Experiments hier jedoch nur eingeschränkt kontrollieren, was die interne Validität der Untersuchung einschränkt. Feldexperimente bieten hingegen die Möglichkeit, die Künstlichkeit vieler Labor- und auch Umfrageexperimente weitgehend zu überwinden, indem sogenannte „reale" Manipulationen in der natürlichen Umgebung der Teilnehmer vorgenommen werden. Daher wird angenommen, dass sie sich deshalb natürlicher verhalten als in einem Labor. Dies führt wiederum zu einer hohen externen Validität der Untersuchung.

---

[12]Harrison und List (2004) bestimmen den Grad des Naturalismus anhand der Zusammensetzung des Probandenpools, der gegebenen Informationen und Vorkenntnisse der Probanden, der Art des betrachteten Gutes, der Natürlichkeit der Regeln, der Anreizformen sowie der Umwelt der experimentellen Untersuchung.

Das Umfrageexperiment oder auch Survey-Experiment stellt eine Kombination des Labors- und Feldexperiments dar. Dieser Experimenttyp hat sich in den letzten Jahrzehnten insbesondere durch das Internet etabliert. Umfrageexperimente zeichnen sich dadurch aus, dass die Probanden unabhängig von ihrem Standort teilnehmen können und dass während der Durchführung des Experiments kein Versuchsleiter physisch anwesend sein muss (Sniderman 2011; Mullinix et al. 2015). Während Laborexperimente meist nur auf eine begrenzte Anzahl von Probanden zurückgreifen können, haben Umfrageexperimente den Vorteil, dass sie mit größeren Untersuchungssamples arbeiten, teilweise sogar mit repräsentativen Bevölkerungsstichproben, da die Durchführung nicht mehr an einen genauen Ort gebunden ist. Auf diese Art lassen sich Experimente auch mit großen Teilnehmerzahlen simultan über große Entfernungen durchführen. Die Datenerhebung kann „face-to-face", über das Internet[13] oder telefonisch erfolgen (Sniderman 2011; Brader und Tucker 2012). Daneben ermöglichen Umfrageexperimente zusätzliche Analysemöglichkeiten durch die Einführung komplexerer Designs (einschließlich multimedialer Treatments) und durch Variationen in Bevölkerungsumfragen etwa zum Vergleich von Effekten in verschiedenen Regionen, Bevölkerungsgruppen oder Kulturkreisen. Hierdurch können Hypothesen bezüglich regional- bzw. kulturspezifischer Verhaltensmuster untersucht oder auch Interaktionen von interkulturellen Gruppen getestet werden.

Alle drei experimentellen Grundtypen weisen Stärken und Schwächen auf. Dabei zeigt sich vor allem, dass Laborexperimente durchführen sollte, wer vollständige Kontrolle über die Teilnehmer und die Versuchsbedingungen für die Beantwortung der Forschungsfrage benötigt. Wer jedoch sicherstellen möchte, dass gefundene Zusammenhänge auch außerhalb des Labors vorliegen, muss umgekehrt auf eine hohe Kontrolle und damit eine hohe interne Validität verzichten. Daher ist es empfehlenswert, sich nicht mit der einmaligen Untersuchung eines Phänomens zufriedenzugeben, sondern unterschiedliche experimentelle wie auch nichtexperimentelle Methoden nebeneinander anzuwenden und Ergebnisse, die mit einer Methode gewonnen worden sind, mit einer anderen Methode erneut zu überprüfen (Faas und Huber 2010; Druckman et al. 2011).

In der Forschungspraxis ergeben sich häufig auch Mischformen der drei Experimenttypen, die sich meist durch die Abwägung der Vor- und Nachteile der experimentellen Forschungsdesigns ergeben und oft nur schwer voneinander

---

[13]Wenn das Experiment über das Internet durchgeführt wird, wird auch von „Online-Experimenten" oder „webbasierten Experimenten" gesprochen. Oftmals wird es auch als spezifische Form des Feldexperiments betrachtet („Online-Feldexperimente") (Döring 2003).

abzugrenzen sind. Gleichzeitig gibt es auch nichtexperimentelle Untersuchungstypen, die der experimentellen Logik stark ähneln. Diese sind jedoch mit noch stärkeren Einschränkungen der Validität verbunden, da der Versuchsleiter oft nicht selbst in den Datenerhebungsprozess eingreift und häufig keine Randomisierung der Probanden auf die Experimental- und Kontrollgruppe erfolgt. Dennoch bietet sich bei einigen Studien, abhängig vom Untersuchungsziel und der Fragestellung, auch die Anwendung dieser Designs an. Beispiele hierfür sind Lab-in-the-field-Experimente, Naturexperimente, Ex-post-facto-Forschungsdesigns und Quasi-Experimente (siehe hierzu ausführlicher Kubbe 2016).

4.1　Umgang mit Täuschungen

Während in der Ökonomie jede Form der Täuschung[14] abgelehnt wird, wird in psychologischen Experimenten häufig eine stärkere Form genutzt – oft im Sinne einer Coverstory, mit dem Ziel, die Teilnehmer vom eigentlichen Untersuchungsziel abzulenken. Einige Experimente machen von starken Formen der Täuschung Gebrauch, wenn die Versuchspersonen etwa bezüglich der Identität der Forscher irregeführt werden oder sie falsche Informationen über die Entscheidung anderer Teilnehmer erhalten. Die meisten Forschungsstellen, die etwa Experimente zu Themen der Politischen Ökonomie durchführen, lehnen diese Formen der Täuschung ab, da weitgehend Einigkeit darüber besteht, dass solche Maßnahmen einen Teilnehmerpool „vergiften" können.[15]

Wie mit möglichen Gefahren für die Probanden oder mit Betrug und Täuschung durch den Versuchsleiter umgegangen wird, ist eine essenzielle Frage bei der Durchführung von Experimenten. Daher ist immer zu empfehlen, sich an den geltenden Regelungen für die experimentelle (sozialwissenschaftliche) Forschung zu orientieren, insbesondere, wenn der Versuchsleiter Täuschungen der Probanden in der experimentellen Untersuchung vorgesehen hat. Einheitliche und

---

[14]So wird auch oft argumentiert, dass durch Täuschungsversuche im Experiment die Menschenwürde und Selbstbestimmungsrechte der Probanden verletzt werden. Selbst durch eine spätere Aufklärung könnte psychologischer Stress und sogar Langzeitschäden ausgelöst werden, wie etwa ein sinkendes Selbstwertgefühl und Vertrauen in die Umwelt (Hamenstädt 2012; Morton und Williams 2010).

[15]Eine Coverstory beinhaltet die Beschreibung eines Erkenntnisziels, das den Versuchsteilnehmern mitgeteilt wird, jedoch nicht dem tatsächlichen Ziel entspricht, um möglichst realitätsnahe Ergebnisse zu erhalten und soziale Erwünschtheit seitens der Probanden zu reduzieren (Dickson 2011). Das Milgram-Experiment (1963), das für das Untersuchungsziel eine Coverstory nutzte, ist in diesem Zusammenhang ein oft genanntes Beispiel.

geltende Richtlinien für die Einhaltung ethischer Grundüberzeugungen bei sozialwissenschaftlichen Experimenten sind bislang kaum zu finden. An Hochschulen
sind daher Ethikkommissionen mit der Begutachtung von Forschungsskizzen zu
Experimenten betraut, an die sich in den häufigsten Fällen auch Politikwissenschaftler wenden können. Forscher sollten sich dennoch stets strikten ethischen
Grundsätzen verpflichtet fühlen und sich dabei an den geltenden Gepflogenheiten
der freiwilligen Zustimmung der Probanden zum Experiment, der Aufklärungs-
und Abschlussgespräche, der Kosten-Nutzen-Abwägung seitens des Forschers
und der vorsätzlichen Täuschung orientieren (Gerrig und Zimbardo 2008;
Hamenstädt 2012, S. 115). Zudem haben sich gewisse inoffizielle Standards herausgebildet, wie der Umgang mit Studierenden in Experimenten verdeutlicht.
So sollte etwa, vor Beginn eines Experiments in jedem Fall ein standardisiertes
Gespräch mit den Teilnehmern stattfinden, das über den Verlauf des Experiments
und die damit verbundenen Erwartungen und Risiken aufklärt und erläutert, wie
die Sicherstellung der Privatsphäre gewährleistet wird. Es ist auch festzuhal-
ten, dass das Experiment vom Teilnehmer ohne Angabe von Gründen jederzeit
abgebrochen werden kann, ohne negative Konsequenzen befürchten zu müssen.
Darüber hinaus sollte bei der Durchführung immer eine verantwortliche Person
bereitstehen, an die sich die Teilnehmer bei Beschwerden wenden können. Im
Anschluss an das Experiment wird dann ein Abschlussgespräch empfohlen bzw.
in dem Fall, dass keine Täuschung im Experiment durchgeführt worden ist, ein
Informations- bzw. Abschlussfragebogen mit entsprechenden Hinweisen auszu-
teilen. In dem Gespräch bzw. Informations- und Fragebogen sollte dem Proban-
den zudem die Möglichkeit gegeben werden, die Zustimmung zur Verwendung
von Daten zurückzuziehen. Sollten die Teilnehmer im Experiment getäuscht
worden sein, muss dies nach Ende des Experiments offengelegt werden und die
Teilnehmer mit ausreichend Informationen versorgt werden. Zum Abschluss des
Gesprächs sollte eine Erklärung unterschrieben werden, in der der Proband der
Teilnahme am Experiment und der wissenschaftlichen Verwertung der erhobenen
Daten zustimmt und angibt, dass er über das Experiment aufgeklärt wurde.

Insgesamt sollte bei der Verwendung von Täuschung im Experiment auf die
folgenden Maßgaben geachtet werden:

1. Der „wissenschaftliche Wert"[16] der Untersuchung ist hinreichend, um eine
   Täuschung im Experiment zu rechtfertigen.

---

[16]Der Ausdruck „wissenschaftlicher Wert" ist in Anführungszeichen gesetzt, weil sich dieses Kriterium objektiven Bestimmungen entzieht (Hamenstädt 2012, S. 116).

2. Es gibt – und dies muss vom Forscher nachgewiesen werden – kein anderes Verfahren (ohne Täuschung), das die Datenerhebung ermöglicht.
3. Nach der Offenlegung der Täuschung können die Probanden die Verwendung ihrer Daten untersagen. Sollte eine Risiko-Nutzen-Abschätzung vor Beginn des Experiments notwendig sein, muss im Verlauf des Experiments sichergestellt sein, dass die zutage getretenen Risiken so gering wie möglich zu halten sind.
4. Zudem sollten alle notwendigen Vorsichtsmaßnahmen getroffen und die Teilnehmer ausreichend aufgeklärt werden. Sollte ein Wissenschaftler bei der Planung eines Experiments auf mögliche Risiken für die Versuchsteilnehmer stoßen, ist es zu empfehlen, eine Ethikkommission einzuschalten (Hamenstädt 2012; McDermott 2002).

4.2 Bezahlung von Probanden

In der Art der Bezahlung bzw. Belohnung zeigt sich der größte Unterschied zwischen psychologischen und ökonomischen Experimenten. Während bei psychologischen Experimenten die Teilnehmer entweder gar nicht bezahlt werden oder nur eine Aufwandsentschädigung erhalten, vergüten Ökonomen ihre Probanden meist in Abhängigkeit von den getroffenen Entscheidungen (Friedman und Sunder 1994). Aus der ökonomischen Perspektive sind finanzielle Anreize hauptsächlich dazu geeignet, unterschiedliche Präferenzstrukturen der Teilnehmer am Experiment abzubilden und genau zu kontrollieren, indem ihnen ihre Idealpunkte oder Auszahlungsmatrizen für Interaktionen mit anderen Versuchspersonen vorgelegt werden. Die finanzielle Entlohnung wird damit auch als ein Element der Kontrolle im Forschungsdesign verstanden. Nach Ansicht vieler Ökonomen lassen sich so etwa spieltheoretische und Gleichgewichtskonzepte leichter überprüfen (Kagel und Roth 1995; Morton und Williams 2010; Hamenstädt 2012).

Bei der Frage, wie Politikwissenschaftler mit den unterschiedlichen Vorstellungen in den benachbarten Disziplinen umgehen sollten, kommen Morton und Williams (2010) nach der Auswertung unterschiedlicher Analysen zu dem Ergebnis, dass Politikwissenschaftler, falls der Gegenstand es zulässt, sich auf der Seite der Ökonomen verorten sollten. Sie zeigen auf, dass die in der Ökonomie untersuchten Fragestellungen denen der Politikwissenschaft stark ähneln und dass vor allem hinsichtlich des Erkenntnisinteresses eine große Übereinstimmung besteht. Die experimentelle Politikwissenschaft hat sich jedoch noch nicht festgelegt, ob sie eher den Normen der Psychologie oder denen der Ökonomie folgt. Insgesamt steht fest, dass die Orientierung an den beiden unterschiedlichen Paradigmen nicht aufgrund eigener Vorlieben stattfinden sollte, sondern aufgrund substanzieller

Überlegungen zum bestmöglichen experimentellen Forschungsdesign für die Bearbeitung der jeweiligen Fragestellung und die Ziele der Untersuchung (Faas und Huber 2010; McDermott 2002).

5   Ablauf einer experimentellen Untersuchung

Wie jede wissenschaftliche Untersuchung erfordern auch experimentelle Studien eine weitreichende, vorausschauende Planung und eine stringente Ableitung des Forschungsdesigns aus der Fragestellung, einem geeigneten theoretischen Bezugs-rahmen und Forschungsstand in Kenntnis von deren Ergebnissen und Problemen sowie den dazugehörigen Hypothesen. Die Entscheidung, ob das gewählte experi-mentelle Design angemessen für die Bearbeitung der zugrunde liegenden Frage-stellung ist, hängt dabei von der jeweiligen Zielsetzung des Experiments ab, das heißt von der Frage, was genau untersucht werden soll. Hierbei ist erneut daran zu erinnern, dass der Datengenerierungsprozess bei Experimenten in der Regel nicht darauf ausgerichtet ist, das zu untersuchende Phänomen vollständig in den Blick zu nehmen, sondern vielmehr einzelne Teilaspekte der Theorie auf ihre Gül-tigkeit hin zu überprüfen (Hyde 2010). Darüber hinaus sind Experimente in der Regel auf Untersuchungen von individuellen Verhaltensweisen auf der Mikroe-bene ausgerichtet und sind auf der Makroebene nicht immer ohne größere Prob-leme zu realisieren. Im Zusammenhang mit experimentellen Untersuchungen ist vor allem die Anwendung von Mikrotheorien zu empfehlen, da diese auf der sozialen Einstellungsebene von Individuen ansetzen und auf verhaltensorientierte Erklärungsmodelle zurückgreifen. Da das vorrangige Ziel bei der Durchführung von Experimenten die Klärung der Frage nach der Kausalbeziehung zwischen zwei Variablen ist, sind in diesem Zusammenhang Theorien oder Theorieelemente wich-tig, die Kausalbeziehungen unterstellen, denn diese Elemente oder Axiome von Theorien sind es, die durch Experimente empirisch untersucht werden (Morton und Williams 2012). Experimente sollten also nur dann durchgeführt werden, wenn Kausalannahmen im Vordergrund der Forschungsfrage stehen und es sich um fokussierte Fragestellungen mit klaren Annahmen handelt. Auch sollte es den Forschenden möglich sein, unabhängige Variablen zu identifizieren, die in ethisch akzeptabler Weise und unabhängig von anderen unabhängigen Variablen manipu-liert werden können, sowie mindestens eine abhängige Variable zu benennen, die valide und reliabel gemessen werden kann. Aufgrund der oft mangelnden externen Validität von Experimenten ist es zu empfehlen, dass eine Fragestellung nicht spe-zifisch für eine bestimmte ausgewählte Untersuchungsgruppe ist, sondern auch auf andere Teilnehmerpools anwendbar ist.

Der idealtypische Ablauf einer experimentellen Studie setzt sich aus den Phasen der Planung (Theorie und Festlegung der Fragestellung, Hypothesenformulierung, Literaturanalyse und Konzeptspezifikation, Festlegung des Forschungsdesigns, Operationalisierung der zu erhebenden Variablen, Kontrolle der Störvariablen, Auswahl der Untersuchungsstichprobe), der Durchführung (Feldphase und Datenerhebung, Datenerfassung und Datenkontrolle), der Datenanalyse und Auswertung der Ergebnisse ((Kontext-)Beschreibung, Hypothesentest, Generalisierung und Prognose) und Interpretation bzw. Diskussion sowie Dokumentation der Ergebnisse zusammen und endet mit einer Publikation. Dieser Ablauf muss nicht zwangsläufig in allen Einzelschritten eingehalten werden, soll aber bei der Durchführung eigener experimenteller Untersuchungen Orientierung und Unterstützung geben. Wichtig ist, dass experimentelle Untersuchungen stets standardisierte Ablaufpläne benötigen, die gut und vor allem langfristig vorbereitet sind.

Zum besseren Verständnis beschreiben die folgenden Ausführungen exemplarisch den Ablauf einer experimentellen Untersuchung anhand der Studie von Brancati (2014) „Building Confidence in Elections: The Case of Electoral Monitors in Kosovo". Diese erfüllt die wesentlichen Anforderungskriterien einer guten experimentellen Untersuchung und entspricht einem klassischen Feldexperiment aus der Politikwissenschaft. Brancatis Untersuchung beschäftigt sich mit der Wirkung von Wahlbeobachtungen auf die Wahrnehmung von Bürgern von Wahlintegrität sowie auf deren Beteiligung an Wahlen. Die Untersuchung folgt der Fragestellung, ob Bürger davon ausgehen, dass die Anwesenheit von Wahlbeobachtern Wahlen demokratischer gestalten können. Dabei bezieht sich der Autor auf Annahmen aus der Wahl- und Partizipationsforschung (Tucker 2007; Beaulieu und Hyde 2009), wie etwa auf den gegebenen Zusammenhang von Wahlbeobachtern und ansteigendem Vertrauen in politische Institutionen (Birch 2010; Norris 2011). Zur Beantwortung seiner Forschungsfrage führte der Autor ein Feldexperiment während der Kommunalwahlen 2009/2010 im Kosovo durch. Er variierte dabei die Informationen (Treatment), die die Personen über die Aufgaben von Wahlbeobachtern hinsichtlich der im Land stattfindenden Wahlen haben. Wenn die Personen glaubten, dass Wahlbeobachtungen Wahlvergehen minimieren können, sollten sie auch davon ausgehen, dass Wahlbeobachtungen umso effektiver sind, je mehr Aufgaben Beobachter während Wahlen haben und je informierter die Bürger über diese Aufgaben sind. Denn je mehr Aspekte des Wahlprozesses die Beobachter beaufsichtigen können, desto mehr Möglichkeiten haben diese auch, um eventuelle Vergehen zu entdecken und zu verhindern.

Das Experiment bestand aus einer Experimentalgruppe und zwei Kontrollgruppen. Die Experimentalgruppe bekam einen Flyer, der die Probanden über die entsprechenden Aufgaben der Wahlbeobachter[17] informierte, während die andere Gruppe der Probanden mit der Erinnerungsmitteilung einen Flyer erhielten, der nur die Wahlen ankündigte sowie eine Gruppe, die überhaupt keine Mitteilung bekam. Das Feldexperiment wurde in 15 Wahllokalen in acht Kommunen in fünf Regionen im Kosovo durchgeführt. Vor den Wahlen, wurden die entsprechenden Wahllokale in Blöcke aufgeteilt bzw. gematcht, das heißt die Untersuchungsgruppen wurden so aufgeteilt, dass relevante Merkmalsausprägungen ähnlich verteilt waren. Brancati (2014, S. 7) gibt dazu an, die Wahllokale „were matched in terms of the issues most likely to affect people's perceptions of electoral monitors and their propensity to vote, namely past turnout, past competitiveness, and size." Das heißt, die 15 Wahllokale wurden danach ausgewählt, wie nah sie diesen Dimensionen kommen und entsprechend zugeteilt. Darüber hinaus wurde darauf geachtet, dass diese räumlich möglichst weit voneinander entfernt sind, um mögliche Verletzungen der „stable unit treatment value assumption" (SUTVA) zu vermeiden. Innerhalb der Blöcke, wurden die Wahllokale dann zufällig den Experimental- und Kontrollgruppen zugeordnet. Die Probanden wurden jeweils vor und nach den Wahlen befragt. Von Vorteil wäre in diesem Zusammenhang gewesen, vor der eigentlichen Durchführung des Experiments Vortests (Pretests) des Designs durchzuführen, um dessen Verwendbarkeit für die Datenerhebung zu testen. Dazu hat der Autor jedoch keine Angaben gegeben.

Die entsprechenden Flyer wurden etwa zwei Wochen vor den Wahlen in die jeweiligen Haushalte verteilt. Das Experiment umfasste insgesamt 29.020 Teilnehmer (9938 in der Experimentalgruppe, 8792 in der Erinnerungsgruppe und 10.290 in der Gruppe, die keinen Flyer bekamen). Die Nachbefragung, die etwa zwei Wochen nach den Wahlen stattfand, umfasste 400 Personen aus den Experimental- und den Kontrollgruppen (Brancati 2014). Die Wahlbeobachter waren am Wahltag in jedem Wahllokal des Landes anwesend. Die Flyer waren in einer möglichst neutralen Sprache formuliert, um die Probanden lediglich über die Aufgaben der Beobachter zu informieren und nicht etwa von deren Arbeit zu überzeugen. Die Erinnerungsflyer informierten die Personen über den Wahltag und die Namen der 36 Gemeinden, in denen gewählt wurde. Der Erinnerungsflyer war mit dem Informationsflyer fast identisch. Der einzige Unterschied war, dass er anstelle von Informationen hinsichtlich der Aufgaben der Wahlbeobachter,

---

[17]Diese Aufgaben beinhalteten die Bestätigung der Wahlregistrierungslisten, Besichtigung der Wahllokale am Wahltag, Kontrolle der Wahlen, ob sie geheim und sicher durchgeführt wurden, Bestätigung der Stimmenauszählung nach der Wahl, und Gesamtberichterstattung zu Fairness und Transparenz der Wahlen.

eine Karte vom Kosovo enthielt und eine Liste der Gemeinden, in denen gewählt wurde. Auch hier wurde der Text des Flyers sehr sorgfältig formuliert.

Insgesamt zeigen die Ergebnisse, dass Personen, die über mehr Informationen hinsichtlich der Aufgaben von Wahlbeobachtern hatten, davon ausgingen, dass die Wahlen freier und fairer ablaufen, als die Probanden aus den beiden Kontrollgruppen. Dennoch führte dies nicht zu einer erhöhten Wahlteilnahme der Teilnehmer aus der Experimentalgruppe. Vor den Wahlen gaben etwa 66 % der Teilnehmer aus der Experimentalgruppe an, dass sie erwarten, dass Wahlbeobachter Wahlen freier und fairer gestalten können, das heißt „very helpful" in ihrer Arbeit sind (Brancati 2014, S. 9). Im Gegensatz dazu, gaben dies nur 44 % aus den Kontrollgruppen an. Dieser Effekt zeigte sich auch anhand einer Regressionsanalyse, die für politisches Interesse, Ethnizität und den Wettbewerb von Kommunalwahlen kontrollierte. Keine der Kontrollvariablen war signifikant. Nach den Wahlen, betrachteten 43 % aus der Experimentalgruppe und 34 % aus den Kontrollgruppen Wahlbeobachter als „very helpful". Jedoch konnte dieser Unterschied zwischen der Experimental- und Kontrollgruppe nicht statistisch nachgewiesen werden. Weder ein Chi-Quadrat-Test als auch eine Regressionsanalyse, die für politisches Interesse, Ethnizität, Zufriedenheit mit dem Wahlausgang, persönlicher Beobachtung von Unregelmäßigkeiten in Wahllokalen, und Wettbewerb der Kommunalwahlen kontrollierte, waren signifikant. Dies könnte jedoch auch auf die kleinere Fallanzahl zurückzuführen sein (Brancati 2014). Insgesamt gaben 58 % der Befragten an, dass das Wissen, dass Wahlbeobachter anwesend sind, ihre Wahlentscheidung nicht beeinflusst hat. Nur 28 % sagten, es hätte die Wahrscheinlichkeit ihrer Wahlteilnahme erhöht. Auch dieser Zusammenhang konnte nicht statistisch nachgewiesen werden. Zwei Drittel der Befragten gaben hingegen andere Gründe für ihre Nicht-/Wahlteilnahme an, etwa ihre Bürgerpflicht, ihr freier Wille sowie die politischen und ökonomischen Wirtschaftsangelegenheiten im Kosovo. Insgesamt kommt die Studie also zu dem Schluss, dass Wahlbeobachtungen das Vertrauen in die Integrität von Wahlen erhöhen können, diese jedoch nicht unbedingt die Wahlbeteiligung erhöhen.

Brancatis Studie stellt ein gutes Beispiel für ein solides politikwissenschaftliches Feldexperiment dar. Zu kritisieren ist dennoch, dass die Diskussion und Kontextbeschreibung[18] der Ergebnisse sowie deren mögliche Übertragung auf

---

[18]Die Kontextbeschreibung ist vor allem in der vergleichenden Analyse von Forschungsgegenständen von Bedeutung. So können Beschreibungen der Ergebnisse auf der Mikroebene und Makroebene erste Informationen über die spezifische Situation eines Landes oder Region geben. Zudem besteht dann die Möglichkeit, landesinterne Beziehungsmuster und Zusammenhänge zu bestimmen. Auch die Kontextbeschreibung von Basisindikatoren des (Bundes-)Landes ist hilfreich, da sie ermöglicht Unterschiede und Gemeinsamkeiten zwischen Untersuchungsländern bereits grob einschätzen zu können (Lauth et al. 2015).

andere Länder hätte ausführlicher erfolgen können. So verweist der Autor nur an einigen wenigen Stellen auf die günstigen strukturellen Bedingungen im Kosovo für die Durchführung des Experiments. Beispielsweise gab die Regierung den Wahlbeobachtern ein breites Mandat und gute Ressourcen für die Umsetzung der experimentellen Untersuchung. Dennoch hätte der Autor noch umfassender etwa auf die sozialen, wirtschaftlichen und politischen Bedingungen im Land eingehen können. Von Vorteil wäre es auch gewesen, hätte Brancati ausführlicher diskutiert, inwieweit die experimentellen Daten generalisiert bzw. verallgemeinert werden können. Dieser Schritt wäre die logische Erweiterung des vorgenommenen Hypothesentests und ermöglicht nicht nur Prognosen für noch nicht untersuchte Fälle, sondern bietet auch die Möglichkeit, erste Implikationen für die Bildung neuer Theorien und Grundannahmen für zukünftige Forschung zu gewinnen.

6 Fazit und Ausblick

Nach dem Vorbild der Naturwissenschaften zeigt sich das Experiment bislang als die zentrale und sicherste Methode zur empirischen Untersuchung von kausalen Zusammenhängen (McDermott 2002). So greift mittlerweile auch die deutschsprachige Sozialwissenschaft in verschiedenen Teilgebieten und bei sehr unterschiedlichen Fragestellungen verstärkt auf experimentelle Forschungsdesigns zurück. Insgesamt zeigt sich, dass Kontrolle, Manipulation und Randomisierung und das entsprechende Design von Experimenten die entscheidenden Kriterien für die Güte experimenteller Forschungen und ihrer Befunde darstellen. Auf diese Kriterien ist daher in der Vorbereitung, Durchführung und Auswertung von Experimenten besonderes Augenmerk zu richten. Insbesondere die Möglichkeit, einzelne Aspekte von Theorien im Experiment zu überprüfen, lassen experimentelle Designs als eine geeignete komplementäre Ergänzung zu bereits bestehenden und weitestgehend etablierten methodischen Ansätzen hervortreten. Als Bestandteil einer Methodentriangulation bieten sie daher einen vielversprechenden Weg für wissenschaftliche Erkenntnisprozesse in den sozialwissenschaftlichen Disziplinen (Kittel 2009; Faas und Huber 2010). Innovative Impulse sind vor allem dadurch zu erwarten, dass die traditionelle experimentelle Logik der Kausalitätsprüfung mit anderen methodischen Verfahren und Designs der Datengewinnung wie der Beobachtung oder Befragung verknüpft wird, denn die Erkenntnismöglichkeiten, die das Experiment als Untersuchungsanlage bietet, sind längst nicht ausgeschöpft (Klimmt und Weber 2013). Trotz einiger Herausforderungen sind Experimente ein besonderes nützliches Werkzeug im Methodenbaukasten der Sozialwissenschaften und werden daher auch zukünftig in vielen Forschungsfeldern sowie in der Lehre und Ausbildung von Studierenden eine bedeutende Rolle spielen.

7 Kommentierte Literaturempfehlungen

Druckman, James N., Donald P. Green, James H. Kuklinski, und Arthur Lupia (Hrsg.). 2011. Cambridge handbook of experimental political science. Cambridge, New York: Cambridge University Press. Dieses Handbuch ist ein klassisches Einführungswerk zu Experimenten in der Politikwissenschaft.

Kinder, Donald R., und Thomas R. Palfrey (Hrsg.). 1993. Experimental foundations of political science. Ann Arbor: University of Michigan Press. Das Buch liefert einen geschichtlichen Überblick zur experimentellen Forschung, nicht nur politik-, sondern auch der sozialwissenschaftlichen Forschung insgesamt.

McDermott, Rose. 2002. Experimental methods in political science. Annual Review of Political Science 5 (1), 31–61. Standardartikel zu Experimenten in der Politikwissenschaft, der eine gute erste und vor allem umfassende Einführung in das Feld der experimentellen Forschung gibt.

Stoker, Gerry, und Helen Margetts. 2010. The experimental method: Prospects for laboratory and field studies. Kap. 15 in David Marsh und Gerry Stoker (Hrsg.). Theory and methods in political science, 308–324. Basingstoke: Palgrave Macmillan. Der Beitrag von Stoker und Margetts setzt sich vertiefend mit den einzelnen Typen von Experimenten auseinander.

Morton, Rebecca B., und Kenneth C. Williams. 2010. Experimental political science and the study of causality. From nature to the lab. Cambridge, New York: Cambridge University Press. Darin Kap. 1: The advent of experimental political science, 3–27. Insbesondere das erste Kapitel von Morton und Williams ist als einführender Artikel zu Experimenten sehr zu empfehlen.

Literatur

Ansolabehere, Stephen, Shanto Iyengar, Adam Simon, und Nicholas Valentino. 1994. Does attack advertising demobilize the electorate? *American Political Science Review* 88 (4): 829–838. doi:10.2307/2082710.

Asch, Solomon E. 1951. Effects of group pressure upon the modification and distortion of judgments. In *Groups, leadership and men; research in human relations*, 177–190. Oxford: Carnegie Press.

Beaulieu, Emily, und Susan D. Hyde. 2009. In the shadow of democracy promotion: Strategic manipulation, international observers, and election boycotts. *Comparative Political Studies* 42 (3): 392–415. doi:10.1177/0010414008325571.

Behnke, Joachim, Nina Baur, und Nathalie Behnke. 2010. *Empirische Methoden der Politikwissenschaft*. Paderborn: Schöningh.

Birch, Sarah. 2010. Perceptions of electoral fairness and voter turnout. *Comparative Political Studies* 43 (12): 1601–1622. doi:10.1177/0010414010374021.

Blendin, Hanja, und Gerald Schneider. 2012. Nicht jede Form von Stress mindert die Entscheidungsqualität: Ein Laborexperiment zur Groupthink-Theorie. In *Experiment und Simulation*, Hrsg. Thomas Bräuninger, André Bächtiger, und Susumu Shikano, Jahrbuch für Handlungs- und Entscheidungstheorie, Bd. 7, 61–80. Wiesbaden: VS Verlag.

Brader, Ted A., und Joshua A. Tucker. 2012. Survey experiments: Partisan cues in multiparty systems. In *Experimental political science: Principles and practices*, Hrsg. Bernhard Kittel, Wolfgang J. Luhan, und Rebecca B. Morton, 112–139. London: Palgrave Macmillan.

Brancati, Dawn. 2014. Building confidence in elections: The case of electoral monitors in Kosova. *Journal of Experimental Political Science* 1 (1): 6–15. doi:10.1017/xps.2013.1.

Brody, Richard A., und Charles N. Brownstein. 1975. Experimentation and Simulation. In *Handbook of political science*, Hrsg. Fred I. Greenstein und Nelson W. Polsby, 211–263. Reading: Addison-Wesley.

Brunner, Martin. 2012. Der Einfluss strategischen Wahlverhaltens auf den Parteienwettbewerb in Mehrparteiensystemen mit Koalitionsregierungen: Eine Computersimulation. In *Experiment und Simulation*, Hrsg. Thomas Bräuninger, André Bächtiger, und Susumu Shikano. Jahrbuch für Handlungs- und Entscheidungstheorie, Bd. 7, 125–163. Wiesbaden: VS Verlag.

Campbell, Donald Thomas, und Julian Cecil Stanley. 1967. *Experimental and quasi-experimental designs for research*, 2. Aufl. Boston: Houghton Mifflin Comp.

Cárdenas, Juan-Camilo, und Elinor Ostrom. 2004. What do people bring into the game? Experiments in the field about cooperation in the commons. *Methods for Studying Collective Action in Rural Development* 82 (3): 307–326. doi:10.1016/j.agsy.2004.07.008.

Czienskowski, Uwe. 1996. *Wissenschaftliche Experimente: Planung, Auswertung, Interpretation*. Weinheim: Beltz, Psychologie-Verl.-Union.

Dickson, Eric S. 2011. Economics versus psychology experiments. *In Cambridge Handbook of Experimental Political Science*, Hrsg. James N. Druckman, Donald P. Green, James H. Kuklinski, und Arthur Lupia, 58–70. Cambridge: Cambridge University Press.

Döring, Nicola. 2003. *Sozialpsychologie des Internet: Die Bedeutung des Internet für Kommunikationsprozesse, Identitäten, soziale Beziehungen und Gruppen*. Internet und Psychologie, Bd. 2, 2., vollst. überarb. und erw. Aufl. Göttingen: Hogrefe.

Döring, Nicola, und Jürgen Bortz. 2016. *Forschungsmethoden und Evaluation in den Sozial- und Humanwissenschaften*. 5. vollständig überarbeitete, aktualisierte und erweiterte Aufl. Springer-Lehrbuch. Berlin: Springer.

Druckman, James N., und Thomas J. Leeper. 2012. Learning more from political communication experiments: Pretreatment and its effects. *American Journal of Political Science* 56 (4): 875–896. doi:10.1111/j.1540-5907.2012.00582.x.

Druckman, James N., Donald P. Green, James H. Kuklinski, und Arthur Lupia. 2006. The growth and development of experimental research in political science. *The American Political Science Review* 100 (4): 627–635. doi:10.2307/27644392.

Druckman, James N., Donald P. Green, James H. Kuklinski, und Arthur Lupia. Hrsg. 2011. *Cambridge Handbook of Experimental Political Science*. Cambridge: Cambridge University Press.

Eifler, Stefanie. 2014. Experiment. In *Handbuch Methoden der empirischen Sozialforschung*, Hrsg. Nina Baur und Jörg Blasius, 195–209. Wiesbaden: Springer Fachmedien.

Faas, Thorsten, und Sascha Huber. 2010. Experimente in der Politikwissenschaft: Vom Mauerblümchen zum Mainstream. *Politische Vierteljahresschrift* 51 (4): 721–749.

Faas, Thorsten, und Harald Schoen. 2010. Mehrwertsteuer und Staatsverschuldung: Lassen sich die Einstellungen der Bevölkerung durch Framing verschieben? In *Information – Wahrnehmung – Emotion: Politische Psychologie in der Wahl- und Einstellungsforschung*, Hrsg. Thorsten Faas, Kai Arzheimer, und Sigrid Roßteutscher, 123–143. Wiesbaden: VS Verlag.

Fischbacher, Urs. 2007. z-Tree: Zurich toolbox for ready-made economic experiments. *Experimental Economics* 10 (2): 171–178. doi:10.1007/s10683-006-9159-4.

Friedman, Daniel, und Shyam Sunder. 1994. *Experimental methods: A primer for economists*. Cambridge: Cambridge University Press.

Gangl, Markus. 2010. Causal inference in sociological research. *Annual Review of Sociology* 36 (1): 21–47. doi:10.1146/annurev.soc.012809.102702.

Garcia, Melody. 2011. Micro-methods in evaluating governance interventions. Evaluation working papers. Bonn: Bundesministerium für Wirtschaftliche Zusammenarbeit und Entwicklung.

Gerber, Alan S. 2011. Field experiments in political science. In *Cambridge Handbook of Experimental Political Science*, Hrsg. James N. Druckman, Donald P. Green, James H. Kuklinski, und Arthur Lupia, 115–138. Cambridge: Cambridge University Press.

Gerber, Alan S., und Donald P. Green. 2000. The effects of canvassing, telephone calls, and direct mail on voter turnout: A field experiment. *The American Political Science Review* 94 (3): 653–663. doi:10.2307/2585837.

Gerrig, Richard J., und Philip G. Zimbardo. 2008. *Psychologie*, 18., aktualisierte Aufl. PS Psychologie. München: Pearson Higher Education.

Gosnell, Harold F. 1927. *Getting out the vote: An experiment in the stimulation of voting*. Chicago: University of Chicago Press.

Green, Donald P., und Alan S. Gerber. 2002. Reclaiming the experimental tradition in political science. In *Political science: State of the discipline*, Hrsg. Ira Katznelson und Helen Milner, 805–832. New York: Norton.

Green, Donald P., und Alan S. Gerber. 2003. The underprovision of experiments in political science. *The Annals of the American Academy of Political and Social Science* 589 (1): 94–112. doi:10.1177/0002716203254763.

Gschwend, Thomas, und Marc Hooghe. 2008. Should I stay or should I go? An experimental study on voter responses to pre-electoral coalitions. *European Journal of Political Research* 47 (5): 556–577. doi:10.1111/j.1475-6765.2008.00787.x.

Hamenstädt, Ulrich. 2012. *Die Logik des politikwissenschaftlichen Experiments: Methodenentwicklung und Praxisbeispiel*. Wiesbaden: VS Verlag.

Harrison, Glenn W., und John A. List. 2004. Field experiments. *Journal of Economic Literature* 42 (4): 1009–1055. doi:10.1257/0022051043004577.

Hartmann, G. W. 1936. A field experiment on the comparative effectiveness of ‚emotional‘ and ‚rational‘ political leaflets in determining election results. *The Journal of Abnormal and Social Psychology* 31 (1): 99–114. doi:10.1037/h0056079.

Heller, Jürgen. 2012. *Experimentelle Psychologie: Eine Einführung*. Lehr- und Handbücher der Psychologie. München: Oldenbourg Wissenschaftsverlag.

Hovland, Carl I., Arthur A. Lumsdaine, und Fred. D. Sheffield. 1949. *Experiments on mass communication*. Princeton: Princeton University Press.

Huber, Sascha. 2008. Personalisierung der Politik, Informationsverarbeitung und institutioneller Kontext : Eine experimentelle Studie. In *Politik und Persönlichkeit*, Hrsg. Johannes Pollak, Fritz Sager, Ulrich Sarcinelli, und Annette Zimmer. Wien: WUV Facultas.

Hyde, Susan D. 2010. Experimenting in democracy promotion: International observers and the 2004 presidential elections in Indonesia. *Perspectives on Politics* 8 (2): 511–527. doi:10.1017/S1537592710001222.

Ingham, Alan G., George Levinger, James Graves, und Vaughn Peckham. 1974. The Ringelmann effect: Studies of group size and group performance. *Journal of Experimental Social Psychology* 10 (4): 371–384. doi:10.1016/0022-1031(74)90033-X.

Iyengar, Shanto. 2011. Laboratory experiments in political science. In *Cambridge Handbook of Experimental Political Science*, Hrsg. James N. Druckman, Donald P. Green, James H. Kuklinski, und Arthur Lupia, 126–155. Cambridge: Cambridge University Press.

Iyengar, Shanto, und Donald R. Kinder. 1987. *News that matters: Television and American opinion*. American politics and political economy. Chicago: Univ. of Chicago Press.

Jackson, Michelle, und D. R. Cox. 2013. The principles of experimental design and their application in sociology. *Annual Review of Sociology* 39 (1): 27–49. doi:10.1146/annurev-soc-071811-145443.

Kagel, John Henry, und Alvin E. Roth, Hrsg. 1995. *The Handbook of Experimental Economics*. Princeton: Princeton Univ. Press (Princeton Paperbacks).

Kanitsar, Georg, und Bernhard Kittel. 2015. Experimentelle Methoden. In *Handbuch Policy-Forschung*, Hrsg. Georg Wenzelburger und Reimut Zohlnhöfer, 379–407. Wiesbaden: Springer Fachmedien.

Kittel, Bernhard. 2009. Eine Disziplin auf der Suche nach Wissenschaftlichkeit: Entwicklung und Stand der Methoden in der deutschen Politikwissenschaft. *Politische Vierteljahresschrift* 50 (3): 577–603.

Kittel, Bernhard. 2015. Experimente in der Wirtschaftssoziologie: Ein Widerspruch? In *Experimente in den Sozialwissenschaften*, Hrsg. Marc Keuschnigg und Tobias Wolbring, 82–109. Baden-Baden: Nomos.

Kittel, Bernhard, und Wolfgang J. Luhan. 2013. Decision making in networks: An experiment on structure effects in a group dictator game. *Social Choice and Welfare* 40 (1): 141–154. doi:10.1007/s00355-011-0594-6.

Klein, Markus, und Ulrich Rosar. 2009. Sie, Sie, Sie oder Er? Die Kanzlerkandidatur Angela Merkels im Spiegel der Daten einer experimentellen Befragung. In *Wahlen und Wähler: Analysen aus Anlass der Bundestagswahl 2005*, Hrsg. Oscar W. Gabriel, Bernhard Weßels, und Jürgen W. Falter, 346–357. Wiesbaden: VS Verlag.

Klimmt, Christoph, und René Weber. 2013. Das Experiment in der Kommunikationswissenschaft. In *Handbuch standardisierte Erhebungsverfahren in der Kommunikationswissenschaft*, Hrsg. Wiebke Möhring und Daniela Schlütz, 125–144. Wiesbaden: Springer Fachmedien.

Krupnikov, Yanna, und Adam Seth Levine. 2014. Cross-sample comparisons and external validity. *Journal of Experimental Political Science* 1 (1): 59–80. doi:10.1017/xps.2014.7.

Kubbe, Ina. 2016. *Experimente in der Politikwissenschaft Eine methodische Einführung*. Wiesbaden: Springer VS.

Lauth, Hans-Joachim, Gert Pickel, und Susanne Pickel. 2015. *Methoden der vergleichenden Politikwissenschaft: Eine Einführung*, 2., aktualisierte Aufl. Wiesbaden: Springer VS.

Libet, Benjamin. 1985. Unconscious cerebral initiative and the role of conscious will in voluntary action. *Behavioral and Brain Sciences* 8 (4): 529–539. doi:10.1017/S0140525X00044903.

Liebe, Ulf. 2015. Experimentelle Ansätze in der sozialwissenschaftlichen Umweltforschung. In *Experimente in den Sozialwissenschaften: Soziale Welt – Sonderband 22*, Hrsg. Marc Keuschnigg und Tobias Wolbring, 137–157. Baden-Baden: Nomos.

Linhart, Eric, und Markus Tepe. 2015. Rationales Wählen in Mehrparteiensystemen mit Koalitionsregierungen. Eine laborexperimentelle Untersuchung. *PVS Politische Vierteljahresschrift* 56 (1): 44–76. doi:10.5771/0032-3470-2015-1-44.

Lorenz, Jan. 2012. Zur Methode der agenten-basierten Simulation in der Politikwissenschaft am Beispiel von Meinungsdynamik und Parteienwettstreit. In *Experiment und Simulation*, Hrsg. Thomas Bräuninger, André Bächtiger, und Susumu Shikano. Jahrbuch für Handlungs- und Entscheidungstheorie, Bd. 7, 31–58. Wiesbaden: VS Verlag.

Lorenz, Jan, Heiko Rauhut, und Bernhard Kittel. 2015. Majoritarian democracy undermines truth-finding in deliberative committees. *Research & Politics* 2 (2): 1–10. doi:10.1177/2053168015582287.

Lund, E. J. 1925. Experimental control of organic polarity by the electric current. V. The nature of the control of organic polarity by the electric current. *Journal of Experimental Zoology* 41 (2): 155–190. doi:10.1002/jez.1400410203.

McDermott, Rose. 2002. Experimental methods in political science. *Annual Review of Political Science* 5 (1): 31–61.

Milgram, Stanley. 1963. Behavioral study of obedience. *The Journal of Abnormal and Social Psychology* 67 (4): 371–378. doi:10.1037/h0040525.

Mintz, Alex, Stephen B. Redd, und Arnold Vedlitz. 2006. Can we generalize from student experiments to the real world in political science, military affairs, and international relations? *Journal of Conflict Resolution* 50 (5): 757–776. doi:10.1177/0022002706291052.

Mironova, Vera, und Sam Whitt. 2014. Ethnicity and altruism after violence: The contact hypothesis in Kosovo. *Journal of Experimental Political Science* 1 (2): 170–180. doi:10.1017/xps.2014.18.

Moore, Underhill, und Charles C. Callahan. 1943. Law and learning theory: A study in legal control. *The Yale Law Journal* 53 (1): 1–136. doi:10.2307/792883.

Morton, Rebecca B., und Kenneth C. Williams. 2010. *Experimental political science and the study of causality: From nature to the lab.* Cambridge: Cambridge University Press.

Morton, Rebecca B., und Kenneth C. Williams. 2012. Experimente in der Politischen Ökonomie. In *Experiment und Simulation*, Hrsg. Thomas Bräuninger, André Bächtiger, und Susumu Shikano. Jahrbuch für Handlungs- und Entscheidungstheorie, Bd. 7, 13–30. Wiesbaden: VS Verlag.

Mullinix, Kevin J., Thomas J. Leeper, James N. Druckman, und Jeremy Freese. 2015. The generalizability of survey experiments. *Journal of Experimental Political Science* 2 (2): 109–138. doi:10.1017/XPS.2015.19.

Norris, Pippa. 2011. *Democratic deficit: Critical citizens revisited.* New York: Cambridge University Press.

Ostrom, Elinor. 1990. *Governing the commons: The evolution of institutions for collective action.* Political Economy of Institutions and Decisions. Cambridge: Cambridge University Press.

Ostrom, Elinor. 2014. Collective action and the evolution of social norms. *Journal of Natural Resources Policy Research* 6 (4): 235–252. doi:10.1080/19390459.2014.935173.

Palfrey, Thomas R. 2009. Laboratory experiments in political economy. *Annual Review of Political Science* 12 (1): 379–388. doi:10.1146/annurev.polisci.12.091007.122139.

Petersen, Thomas. 2002. *Das Feldexperiment in der Umfrageforschung.* Campus Forschung 841. Frankfurt a. M.: Campus.

Raub, Werner, Vincent Buskens, und Rense Corten. 2015. Social dilemmas and cooperation. In *Handbuch Modellbildung und Simulation in den Sozialwissenschaften*, Hrsg. Norman Braun und Nicole J. Saam, 597–626. Wiesbaden: Springer Fachmedien.

Rauhut, Heiko, und Fabian Winter. 2012. On the validity of laboratory research in the political and social sciences: The example of crime and punishment. In *Experimental political science: Principles and practices*, Hrsg. Bernhard Kittel, Wolfgang J. Luhan, und Rebecca B. Morton, 209–232. London: Palgrave Macmillan.

Roethlisberger, Fritz J., und William J. Dickson. 1939. *Management and the worker: An account of a research program conducted by the Western Electric Company, Hawthorne Works, Chicago.* Cambridge: Harvard University Press.

Rubin, Donald B. 1986. Statistics and causal inference: Comment: Which ifs have causal answers. *Journal of the American Statistical Association* 81 (396): 961. doi:10.2307/2289065.

Schram, Arthur. 2005. Artificiality: The tension between internal and external validity in economic experiments. *Journal of Economic Methodology* 12 (2): 225–237. doi:10.1080/13501780500086081.

Shadish, William R., Thomas D. Cook, und Donald T. Campbell. 2001. *Experimental and quasi-experimental designs for generalized causal inference.* Boston: Houghton Mifflin.

Sherif, Muzafer, O. J. Harvey, Jack B. White, William R. Hood, und Carolyn Wood Sherif. 1954. *Experimental study of positive and negative intergroup attitudes between experimentally produced groups: Robbers cave study.* Norman: University of Oklahoma Press.

Simons, Daniel J., und Christopher F. Chabris. 1999. Gorillas in our midst: Sustained inattentional blindness for dynamic events. *Perception* 28 (9): 1059–1074. doi:10.1068/p281059.

Sniderman, Paul M. 2011. The logic and design of the survey experiment. In *Cambridge Handbook of Experimental Political Science*, Hrsg. James N. Druckman, Donald P. Green, James H. Kuklinski, und Arthur Lupia, 102–114. Cambridge: Cambridge University Press.

Stouffer, Samuel A., Edward A. Suchman, Leland C. Devinney, Shirley A. Star, und Robin M. Williams Jr. 1949. *The American soldier: Adjustment during army life.* Studies in social psychology in World War II, Bd. 1. Oxford: Princeton Univ. Press.

Tajfel, Henri, und John C. Turner. 1986. The social identity theory of intergroup behavior. In *Psychology of intergroup relations*, Hrsg. Stephen Worchel und William G. Austin, 7–24. Chicago: Nelson-Hall.

Tucker, Joshua A. 2007. Enough! Electoral fraud, collective action problems, and postcommunist colored revolutions. *Perspectives on Politics* 5 (3): 535. doi:10.1017/S1537592707071538.

Wundt, Wilhelm. 1896. *Grundriss der Psychologie.* Leipzig: Engelmann.

GIS – Arbeiten mit georeferenzierten Daten

Sebastian Jäckle

1 Grundidee

Geografische Informationssysteme (GIS) galten lange Zeit als eine Domäne von Geografen. In den letzten zehn Jahren hat sich jedoch die Idee, dass räumliche Informationen auch für die Sozialwissenschaften von Relevanz sein könnten, vermehrt durchgesetzt. Gleichzeitig haben die Entwicklung vergleichsweise einfach zu handhabender GIS-Software und der verbesserte Zugang zu räumlichen Daten dazu beigetragen, dass das ehemalige „Herrschaftswissen" von Geodätinnen und Geografinnen mittlerweile auch für Sozialwissenschaftlerinnen problemlos anwendbar ist. Von Interesse sind GIS generell für alle Sozialwissenschaften. Denn die Erkenntnis, dass sämtliche Individuen, aber auch soziale Gruppen, stets durch einen Kontext geprägt werden, der sehr häufig geografisch zu fassen ist – beispielsweise im Sinne von räumlicher Nähe (z. B. Nachbarschaften) – ist in allen sozialwissenschaftlichen Teilbereichen schon lange unumstritten. Es ist daher nur folgerichtig, Untersuchungsobjekte nicht mehr als atomistische Akteure wahrzunehmen. Vielmehr gilt es, für sie ihre jeweilige Verortung im geografischen Raum zu betrachten (sowohl absolut in Bezug auf geografische Gegebenheiten als auch relativ im Verhältnis zu anderen Akteuren). Man könnte sogar so weit gehen zu sagen, dass es den Sozialwissenschaften erst durch die technischen

S. Jäckle (✉)
Albert-Ludwigs-Universität, Freiburg, Deutschland
E-Mail: sebastian.jaeckle@politik.uni-freiburg.de

© Springer Fachmedien Wiesbaden GmbH 2017   115
S. Jäckle (Hrsg.), *Neue Trends in den Sozialwissenschaften*,
DOI 10.1007/978-3-658-17189-6_5

Möglichkeiten, die GIS bieten, nun endlich möglich ist, die Vielfalt der vorhandenen Theorien sozialer Interaktionen adäquat abzuprüfen (Cho und Gimpel 2012,
S. 445–446).
Was die Verbreitung in den Sozialwissenschaften angeht, zeigt Abb. 1, dass der
intensive Gebrauch von GIS ein relativ junges Phänomen ist – auch wenn vereinzelt bereits in den 70er Jahren räumliche Analysen publiziert wurden. War die
Politikwissenschaft anfangs sogar die treibende Kraft und auch zu Beginn der
1990er Jahre noch etwa gleichauf mit den restlichen Sozialwissenschaften, so ist
die GIS-Nutzung bei letzteren in den vergangenen zehn Jahren deutlich stärker
gestiegen als in der Politikwissenschaft. Eine qualitative Betrachtung der erschie-
nenen Artikel zeigt zudem, dass geografische Informationssysteme und räumliche
Analysen jeweils in einzelnen Teildisziplinen bereits etwas länger verwendet werden, wohingegen andere Bereiche der Sozialwissenschaften gerade erst anfangen,
sich mit den Möglichkeiten, die GIS bieten, vertraut zu machen. So werden geografische Analysen in der Konfliktforschung schon etwa seit der Jahrtausendwende intensiv genutzt (Ward und Gleditsch 2002). Etwa zur selben Zeit
entstanden auch die ersten (polit)soziologischen und kriminologischen Analysen,
die v. a. Tendenzen der geografischen Clusterung in den Blick nahmen, z. B. bezogen auf Selbstmordraten (Baller et al. 2001), Kriminalität (Anselin et al. 2000),
soziale Ungleichheit (Tickamyer 2000) oder ethnische Zusammensetzung der
Wohnbevölkerung (Gimpel und Cho 2004). Auch die Stadtsoziologie, die sich
schon seit Langem mit räumlichen Prozessen beschäftigte, hat die Möglichkeiten

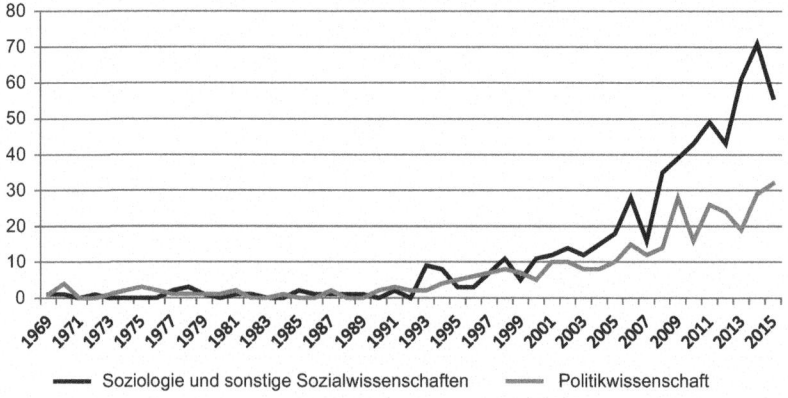

Abb. 1 Entwicklung von GIS in den Sozialwissenschaften. (Quelle: Eigene Darstellung)

von GIS erkannt.[1] Bereits in den 1990er Jahren wurden GIS zudem im eher tech-
nisch-administrativen Bereich der Wahlkreiseinteilung (Stichworte *redistricting*
und *gerrymandering*) eingesetzt (Horn 2005). Später kamen sie dann auch in politikwissenschaftlichen Analysen zum Einsatz, die auf Basis von lokalen und damit
räumlich definierten Identitäten, wie sie bereits Putnam (1966) theoretisch begründete, Wahlentscheidungen untersuchen bzw. diejenigen Gebiete identifizieren, in
denen Wahlkampf sich für eine Partei besonders lohnt (Gimpel et al. 2007). In den
letzten Jahren wurden dann zudem eine ganze Reihe an Arbeiten veröffentlicht,
die Geodaten mithilfe komplexerer statistischer Verfahren analysieren, wie sie aus
der räumlichen Ökonometrie schon länger bekannt sind (Anselin 1988): So gibt es
mittlerweile beispielsweise eine breite Literatur zu (Policy-)Diffusionseffekten
(Cohen und Tita 1999; Berry und Baybeck 2005; Shipan und Volden 2008).

Dieser Beitrag gibt zunächst einen Überblick über die technischen Möglichkeiten der Arbeit mit geografischen Daten. Dabei wird zwischen Möglichkeiten
der Informationsvermittlung via thematischen Karten einerseits und andererseits
Verfahren unterschieden, welche georeferenzierte Daten in den zumeist statistischen Analyseprozess inkludieren. Im Anschluss werden Beispiele aus der sozialwissenschaftlichen Forschung vorgestellt, bevor Hinweise zur praktischen Arbeit
mit GIS gegeben werden. Hierbei wird auch auf spezielle Software-Pakete eingegangen, die eine Bearbeitung, Analyse und Präsentation von räumlichen und georeferenzierten Daten erlauben.

Zunächst soll jedoch geklärt werden, was eigentlich genau unter den bereits
genannten Fachtermini zu verstehen ist. Georeferenzierte Daten (auch kurz Geodaten) bestehen stets aus zwei Komponenten: Erstens den räumlichen Daten, die

---

[1]So konnte Downey (2003) das in der Stadtsoziologie beheimatete Konzept des „spatial
mismatch" (Wilson 1990) mithilfe einer GIS-Analyse überprüfen. Nach diesem Konzept
ist die Entwicklung urbaner Ghettos ab den 1970er Jahren in US-Großstädten v. a. darauf zurückzuführen, dass die Arbeitsplätze sich kontinuierlich von den Stadtzentren an
die Ränder und in die Vororte verlegt hätten, was für die benachteiligte Stadtbevölkerung
erhebliche Hürden der Arbeitsaufnahme und damit des Lohnerwerbs mit sich gebracht
hätte. Downey zeigt indes für Detroit, dass der *spatial mismatch* zwischen Wohn- und
Arbeitsgegenden zwar durchaus besteht, dieser aber weniger darauf zurückzuführen ist,
dass die arme (schwarze) Bevölkerung auf ihre angestammten Wohngebiete im Stadtzen-
trum beschränkt bliebe, sondern v. a. darauf, dass schwarze Vorstadtbewohner vielfach in
Außenbezirke ziehen, in denen nur wenige Arbeitsplätze vorhanden sind (Griffith 2014,
S. 445). Das Unterkapitel 4.3 stellt eine weitere Analyse von Downey zu diesem The-
menkomplex vor, in der dem Zusammenhang zwischen Ethnie, Wanderungsbewegungen
innerhalb von Städten sowie räumlich abgrenzbaren (Gesundheits-)Gefahren durch Indus-
trieansiedlungen nachgegangen wird.

die genaue kartografische Position eines Objekts beschreiben[2] und zweitens den Attributdaten, die das Objekt in Bezug auf verschiedenartige Merkmale charakterisieren. So können Gemeinden als geografische Objekte[3] qualitative wie quantitative Attribute zugeordnet werden, die sich auf der Gemeindeebene messen lassen (z. B. Arbeitslosenquote oder das Vorhandensein weiterführender Schulen). GIS sind entsprechend Systeme zur Speicherung, Bearbeitung, Analyse und Darstellung kartografischer oder räumlicher Informationen (Steinberg und Steinberg 2006, S. 7). Auch wenn eine händische Bearbeitung von Geodaten und Karten (mit Zirkel, Lineal und Stift) immer noch möglich ist, so wird heute doch in der Regel eine Kombination aus Hard- und Software zu deren Untersuchung eingesetzt. Hierbei gilt, genau wie bei anderen computerbasierten Methoden auch, dass der Anwender mehr können muss, als nur die Daten zu sammeln und *auf einen Knopf zu drücken*. Gute Forschung bedarf auch bei GIS-Analysen einer auf die konkrete Forschungsfrage ausgerichteten Datensammlung und deren Analyse mithilfe von adäquaten Verfahren (Steinberg und Steinberg 2006, S. 16) – für bei-

---

[2]Die Position eines realweltlichen Objekts kann dabei entweder in Bezug gesetzt werden zu mehr oder weniger alltäglichen, leicht zugänglichen Referenzsystemen (z. B. Wahlkreise, Telefonvorwahlbezirke) oder direkt zu einem Koordinatenbezugssystem (KBS). Ein solches ermöglicht die exakte Verortung eines Objekts auf der Erdoberfläche und dessen Darstellung auf einer Karte. Eine Karte stellt dabei eine zweidimensionale Projektion der Erdoberfläche dar. Dabei gilt es zu beachten, dass es sowohl eine Vielzahl unterschiedlichster Kartenprojektionsverfahren als auch KBS gibt. Bekannteste KBS sind das geografische Koordinationssystem WGS84, das die Position eines Objekts auf der Erdoberfläche über Längengrad, Breitengrad und eventuelle Höhe definiert sowie die beiden projizierten KBS, Gauß-Krüger (v. a. in Deutschland) und UTM (Universal Transverse Mercator). Das grundsätzliche Problem bei der Projektion der Erdoberfläche auf eine zweidimensionale Karte ist, dass nicht gleichzeitig die vier Eigenschaften Fläche, Distanz, Richtung und Form in der Abbildung erhalten bleiben können. Alle Projektionsverfahren verzerren somit die Realität in Bezug auf diese Faktoren mehr oder weniger stark. Die Auswahl des Projektionsverfahrens und des KBS ist damit nicht nur eine rein technische Frage, sondern hat durchaus praktische Relevanz für die Forschung und sollte dementsprechend auch theoretisch durchdacht sein. Allerdings handelt es sich hierbei in der Tat um eine äußerst komplizierte Thematik, die entsprechend nicht Teil dieses Überblicksartikels sein kann. Wer selber mit georeferenzierten Daten arbeiten möchte, der sollte sich jedoch mit diesen elementaren Grundlagen intensiver auseinandersetzen. Einen ersten Einstieg bietet die Hilfeseite von QGIS zum Thema Projektionen und Koordinatenbezugssysteme. (http://docs.qgis.org/2.0/de/docs/gentle_gis_introduction/coordinate_reference_systems.html) sowie das Einführungswerk von Huisman und By (2009).

[3]Ein geografisches Objekt muss entsprechend nicht punktförmig sein, sondern kann auch aus einer Linie oder wie hier im Fall der Gemeinde aus einer Fläche bestehen.

des ist ein zumindest grundlegendes Verständnis der hinter geografischen Informationssystemen stehenden geografischen, geodätischen und kartografischen Konzepte von Vorteil, um die Möglichkeiten, aber auch Grenzen, dieser Methode einschätzen zu können (Longley et al. 2015).

2 Thematische Karten zur Präsentation sozialwissenschaftlicher Daten

In den empirisch arbeitenden Sozialwissenschaften lässt sich seit einiger Zeit ein klarer Trend hin zu einer vermehrt grafischen Aufbereitung und Präsentation von Informationen erkennen: Regressionstabellen werden dabei durch Koeffizientenplots ersetzt (Tomz et al. 2003), bei der Interpretation komplexer Residuentests wird oftmals darauf vertraut, dass das menschliche Auge Abweichungen von einer gewissen Normalität (insbesondere der Linearität) sehr gut erkennen kann[4] und bei Netzwerk- und Sequenzanalysen wird davon ausgegangen, dass es dem Betrachter der Plots möglich ist, Muster in diesen zu erkennen, die bei einer rein tabellarischen Darstellungsform weitaus weniger offensichtlich wären (vgl. Kap. Netzwerkanalyse und Sequenzanalyse). Auch gerade im Hinblick darauf, dass viele Forschende in den Sozialwissenschaften den Leitsatz von King, Keohane und Verba „Good description is better than bad explanation" (1994, S. 45) mittlerweile durchaus verinnerlicht haben und damit den Wert einer verständlichen, gleichzeitig aber die Komplexität nur soweit wie nötig reduzierenden Beschreibung der Wirklichkeit anerkennen, sollten sich insbesondere auch thematische Karten als Kommunikationsmedium anbieten. Solche thematischen Karten verknüpfen eine oder mehrere interessierende Variablen mit den ihr zugeordneten geografischen Informationen. Auf diese Weise können beispielsweise die Wahlergebnisse für einzelne Parteien nach Wahlkreisen getrennt durch unterschiedliche Schattierungen oder Farben dargestellt werden, wodurch sich unter anderem regionale Hochburgen einfach identifizieren lassen.[5] Diese Form thematischer Karten,

---

[4]„The human eye can distinguish well between a straight line and a curve" (Miller et al. 1981, S. 164).

[5]Der Bundeswahlleiter bietet solche thematischen Karten zu Wahlbeteiligung, der stärksten Partei sowie den Stimmenanteilen der größten Parteien jeweils nach Wahlkreisen oder Bundesländern aufgegliedert auf seinen Seiten zum Download an (z. B. zur Europawahl 2014: https://www.bundeswahlleiter.de/de/europawahlen/EU_BUND_14/ergebnisse/bundesergebnisse/themkarten/).

auch Choroplethenkarte genannt, ist dadurch, dass sie einen schnellen Überblick über die räumliche Verteilung und Variation einer Variable ermöglicht, auch gut zur ersten Exploration von Daten geeignet, auf deren Basis sich im Anschluss Hypothesen aufstellen lassen, die letztlich dann mithilfe weiterführender (regressionsbasierter) Modelle geprüft werden können (Cho und Gimpel 2012, S. 448). Während bei der erwähnten Wahlkarte nur eine einzige Variable (hier der Stimmanteil) über geografische Einheiten hinweg betrachtet wird, ist es in thematischen Karten grundsätzlich auch möglich, mehrere Variablen gleichzeitig in den Blick zu nehmen. So ließen sich Handelsströme zwischen Staaten durch unterschiedlich dicke Pfeile und gleichzeitig der Anteil eines Landes an den weltweiten Exporten als Farbe des Landes darstellen.

Zudem kann mit der in Karten stets vorhandenen räumlichen Dimension auch eine zeitliche Dimension verbunden werden. Zwei Optionen gibt es für eine solche Raum-Zeit-Verknüpfung. Sofern sich Attribute über Raum und Zeit gleichzeitig ändern, ist es möglich beides in einer Karte darzustellen. Ein äußerst gelungenes Beispiel hierfür lieferte 1861 der französische Ingenieur Charles Minard. Ihm gelang es mit einer einzigen Infografik den Verlauf des für Napoleon desaströsen Russlandfeldzugs (1812/13) samt wichtiger Charakteristika darzustellen (s. Abb. 2). Zentrale Variable ist dabei die Truppenstärke, die er als mengenproportional dicke Linie zeichnet.[6] Die Grafik zeigt, wie die Grande Armeé mit mehr als 400.000 Mann den Fluss Njemen und damit die Grenze zu Russland überquerte. Auf dem Vormarsch dezimierte sich die Truppenstärke v. a. durch Krankheiten, Desertationen, aber auch durch das strategische Zurücklassen einzelner Truppenteile als Flankenschutz sowie Schlachten wie die um Smolensk rapide, sodass am 14. September, als Moskau eingenommen wurde, Napoleon nur mehr 100.000 Mann zur Verfügung standen. Auch verstärkt durch den extrem kalten Winter geriet der Rückzug dann vollends zum Fiasko für die Franzosen. Von der einst so mächtigen Armee waren am Ende nur etwa 10.000 Mann übrig geblieben. Die Infografik gibt diese Entwicklung facettenreich wieder. Dabei beinhaltet sie insgesamt sechs Variablen: die Truppenstärke, die Position der Armee auf einer zweidimensionalen Karte, die Bewegungsrichtung des Zuges, die Lage von Orten und wichtigen Flüssen, die es für die Armee zu überqueren galt, sowie für den Rückzug das genaue Datum sowie die Temperatur. Einerseits

---

[6]Eine große Verbreitung weisen solche Darstellungsformen von Mengenflüssen auch in der Analyse von Material- oder Energieströmen auf – dort unter der Bezeichnung Sankey-Diagramm firmierend.

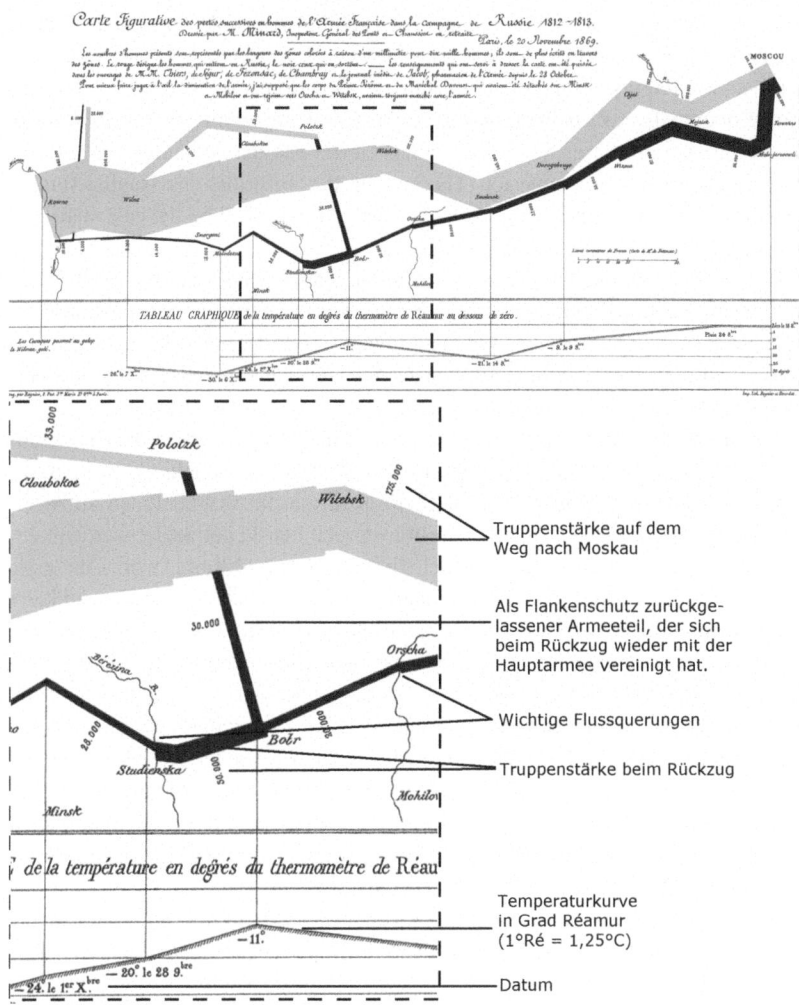

Abb. 2 Minards Karte des Russlandfeldzugs von Napolen (1812–1813). (Quelle: Charles Mignon 1781–1870, via Wikimedia Commons)

erhält der Betrachter so einen schnellen Überblick über alle relevanten Größen und den Gesamtverlauf des Feldzugs, andererseits lassen sich so auch einzelne historische Ereignisse wie die Schlacht an der Beresina (bei der Napoleons Armee nochmals etwa halbiert wurde, siehe Kartenausschnitt) besser einordnen. Man kann sich an dieser Stelle also guten Gewissens der Meinung von Edward Tufte – einem der bekanntesten Theoretiker der Informationsvisualisierung – anschließen, wenn er über Minards Karte sagt: „It may well be the best statistical graphic ever drawn" (Tufte 2001, S. 40).

Eine zweite Option, die Zeit zu inkludieren, wäre es, aus einer Karte ein Video zu machen, in dem Veränderungen – beispielsweise der regionalen Wahlergebnisse einer Partei über mehrere Wahlen hinweg – sichtbar gemacht werden. Dazu würde man die einzelnen thematischen Karten mit den Ergebnissen aufeinanderfolgender Wahlen wie bei einem Daumenkino hintereinander abspielen.

Vor allem die Möglichkeit, mehrere unterschiedliche Variablen über geografische Referenzen zu verknüpfen, kann für die Sozialwissenschaften von Interesse sein. Ist es auf diese Weise doch möglich, geografische Korrelationen aufzuzeigen, die in einem späteren Analyseschritt eventuell kausal betrachtet werden können. So zeigt Abb. 3 eine aus zwei Schichten bestehende Karte, wobei die erste Schicht in Form einer Choroplethenkarte den Stimmenanteil rechtsradikaler und rechtspopulistischer Parteien bei der Bundestagswahl 2013 darstellt und der zweite Layer Anschläge auf Flüchtlinge und Flüchtlingsunterkünfte im Jahr 2015 als schwarze Kreise widerspiegelt. Die Größe der Kreise ist dabei entsprechend der Häufigkeit von Anschlägen an einem Anschlagsort skaliert. Bereits auf den ersten Blick zeigt sich, dass dort, wo rechte Parteien besonders gut abgeschnitten haben, Anschlagsdichte und -häufigkeit deutlich erhöht sind. Insbesondere ist dies in Thüringen und Sachsen der Fall. Ein solcher erster explorativer Befund kann dann in weiteren Analyseschritten intensiver überprüft werden. Wie dies aussehen kann, wird weiter unten in Abschn. 4.2 gezeigt.

Am Beispiel dieser Karte lassen sich aber auch gewisse Gefahren aufzeigen, die bei der Verwendung thematischer Karten existieren. So können unterschiedlich große Gebiete (hier Wahlkreise) zu einer verzerrten Wahrnehmung führen, da das Gesamtbild insbesondere durch die großen Flächen dominiert wird, wohingegen kleinere Gebiete im Auge des Betrachters untergehen. Das führt in diesem Fall dazu, dass bevölkerungsarme Gebiete das Gesamtbild stärker prägen als Städte mit ihren flächenmäßig sehr kleinen Wahlkreisen. Eine Möglichkeit dieses Problem aktiv anzugehen bieten sogenannte Kartenanamorphoten, die Gebiete

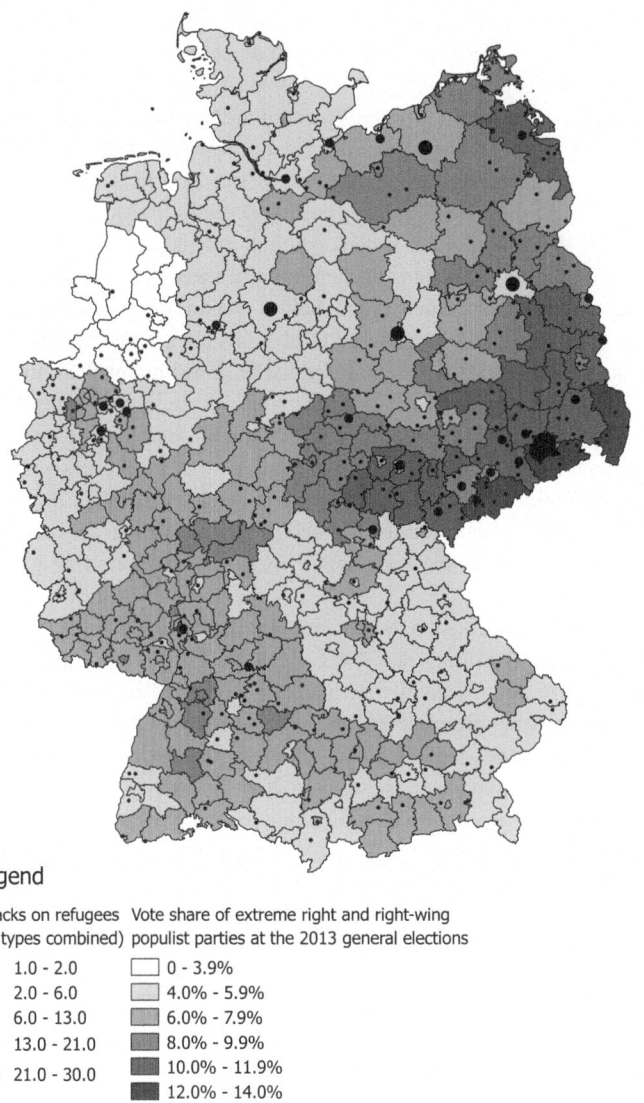

Legend

Attacks on refugees   Vote share of extreme right and right-wing
(all types combined) populist parties at the 2013 general elections

- ·   1.0 - 2.0   □ 0 - 3.9%
- •   2.0 - 6.0   ▨ 4.0% - 5.9%
- ●   6.0 - 13.0   ▨ 6.0% - 7.9%
- ●   13.0 - 21.0   ▨ 8.0% - 9.9%
- ●   21.0 - 30.0   ▨ 10.0% - 11.9%
-                    ▨ 12.0% - 14.0%

Abb. 3 Choroplethenkarte des Anteils rechter Parteien bei der Bundestagswahl 2013 und Anschläge auf Flüchtlingsheime in 2015. (Quelle: Jäckle und König 2016, S. 14)

nicht nach deren Fläche skalieren, sondern sie nach einer anderen interessierenden Variable, wie beispielsweise der Bevölkerungszahl maßstäblich verzerrt darstellen (vgl. Ballas et al. 2014; Hennig 2013). Abb. 4 zeigt beispielhaft eine auf diese Weise von Benjamin D. Hennig erstellte thematische Karte der Stimmenverteilung der Partei Die Linke bei der Bundestagswahl 2013. Mithilfe einer solchen bevölkerungsproportionalen Karte lässt sich beispielsweise die auch mehr als 20 Jahre nach der Wiedervereinigung weiterhin bestehende Zweiteilung Berlins in einen West- und einen Ostteil deutlich anhand des Wahlergebnisses ausmachen. Bei einer klassischen, flächenproportionalen Karte wäre dies sehr viel schlechter zu erkennen. Noch einen Schritt weiter gehen Tile-Grid-Maps, die die einzelnen Gebiete alle in gleicher Größe darstellen und so zu einer einfachen Interpretation beitragen, wobei kartografische Unstimmigkeiten hingenommen werden. Das Beispiel in Abb. 5 zeigt eine solche Karte bei der jeder US-Bundesstaat durch ein Quadrat repräsentiert wird. Obwohl durch diese grobe Vereinfachung sowohl Größe wie auch Lage der Staaten verzerrt wiedergegeben wird, ist doch allein durch die Form der Gesamtkarte direkt ersichtlich, dass es sich um die USA handelt. Diese Form der Darstellung bietet sich beispielsweise auch bei allen Entscheidungen an, die nach dem Prinzip *one state one vote* getroffen werden (z. B. UNO).

Daneben kann sich schon durch eine leichte Verschiebung der Kategoriengrenzen oder eine Änderung der Kategorienanzahl (z. B. bei Stimmenanteil oder Anschlagszahl in Abb. 3) bereits ein gänzlich anderes Bild ergeben. Kategoriengrenzen können dabei grundsätzlich auf unterschiedliche Art und Weise festgelegt werden. Während eine in gleichgroße Teilabschnitte unterteilte, lineare Skala die Interpretation erleichtert, kann dieses Verfahren bei wenig gleichmäßig verteilten Variablenwerten zu unerwünschten Ergebnissen führen (z. B. leere Kategorien). Abhilfe kann hier das sogenannte Jenks-Verfahren liefern, das auf Basis der Verteilung der interessierenden Variable die Kategoriengrenzen so festlegt, dass in dicht besetzten Bereichen die Kategorien schmaler, in weniger dicht besetzten Bereichen breiter werden. Karten mit Jenks-Kategorisierung weisen daher eine gleichmäßigere Verteilung der einzelnen Kategorien auf – und dies auch im Falle von stark von der Gleichverteilung abweichenden Verteilungsformen. Gleichzeitig werden hierdurch jedoch Ausreißer eingeebnet und – per definitionem – unterschiedlich große Kategorien generiert, was vielfach ebenfalls das Bild verzerren und die Interpretation somit erschweren mag. Auch wenn es kein Patentrezept für den Umgang mit dem Kategorien-Problem gibt, so ist doch schon viel gewonnen, wenn sich die

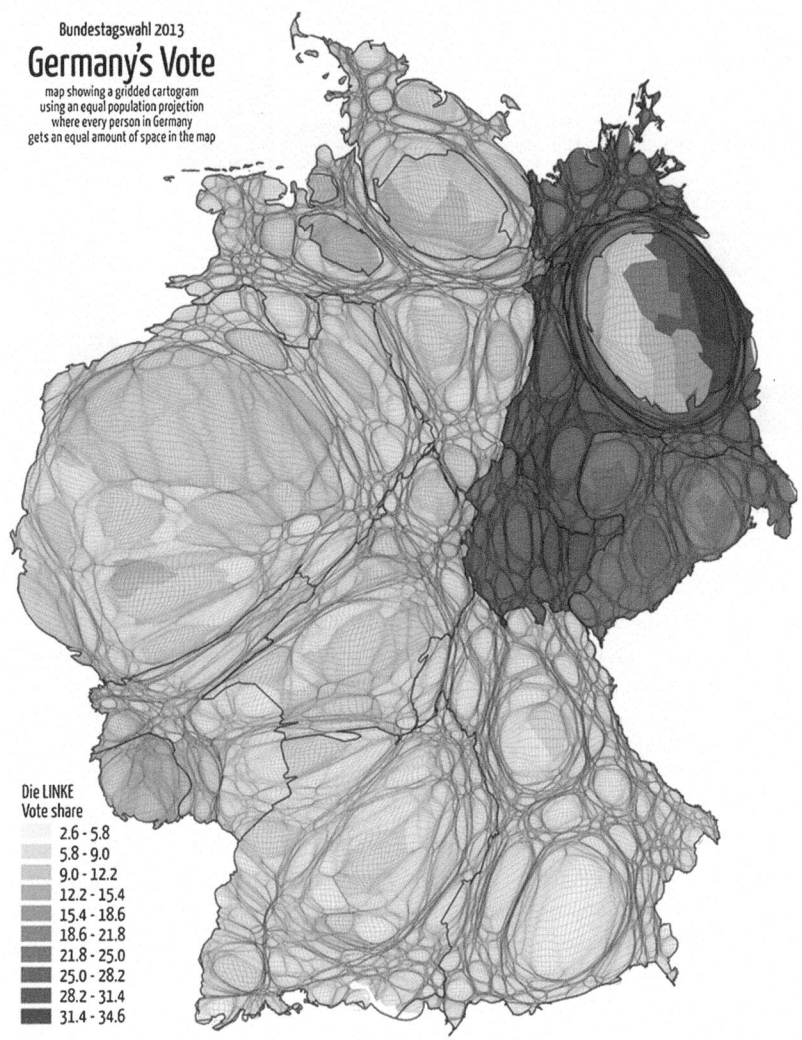

Abb. 4 Stimmenanteil der Partei *Die Linke* bei der Bundestagswahl 2013 auf einer nach der Bevölkerungszahl verzerrten Deutschlandkarte. (Quelle: Karte erstellt von Benjamin D. Hennig: http://www.viewsoftheworld.net/?p=3835)

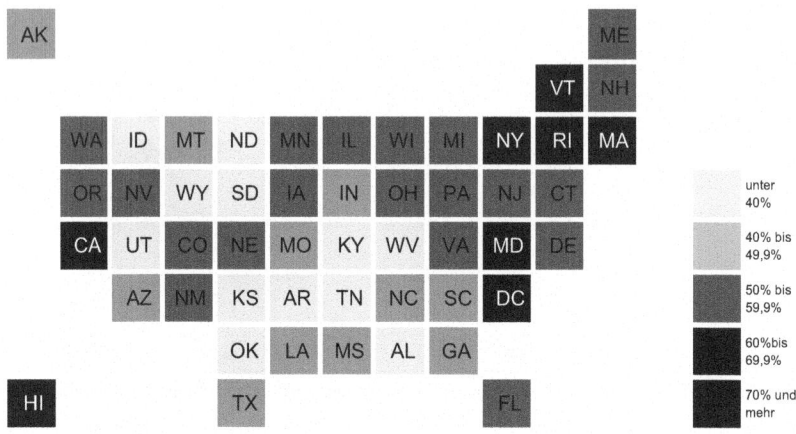

Abb. 5 Tile-Grid-Map des Stimmenanteils (Popular Vote) für Barack Obama bei der US-Präsidentschaftswahl 2012. (Quelle: Eigene Darstellung)

Forscherin bewusst ist, dass die Wahl der Kategoriengrenze eine gewisse Verzerrung mit sich bringen kann. Im Sinne von Robustheitstests ist es aus diesem Grund auch sinnvoll, mehrere Karten, die auf unterschiedliche Kategorisierungen aufbauen, anzufertigen und zu vergleichen.

Eine ähnlich verzerrende Wirkung auf die Wahrnehmung können die unterschiedlichen Skalierungsoptionen für Kartensymbole entfalten. Hierbei gilt es beispielsweise festzulegen, ob das Symbol (in der Anschlagskarte beispielsweise die schwarzen Kreise) proportional zur Fläche oder zum Durchmesser skaliert werden soll. Wer sich intensiver mit der Erstellung thematischer Karten beschäftigen möchte, findet bei Peterson (2009) und Brewer (2016) Anleitungen dafür, wie man vorgehen sollte und bei Monmonier (1996), auf was es besser zu verzichten gilt, will man nicht in den Verdacht geraten, mit Karten die Wirklichkeit bewusst zu verfälschen. Gute Karten sollten folglich auch nicht mit unnötigen Informationen überladen werden und den Blick des Betrachters gezielt auf den zu kommunizierenden Sachverhalt lenken.

3 Räumliche Analysen (Spatial Analysis)

In den Sozialwissenschaften werden GIS bislang vor allem als Möglichkeit wahrgenommen, Karten zu erstellen, mit denen räumliche Daten eingängig präsentiert werden können (Gleditsch und Weidmann 2012, S. 464).[7] Allerdings ist mit solchen Karten, die oftmals auch nur als dekoratives Beiwerk ein Forschungspapier schmücken, das Potenzial von GIS bei Weitem noch nicht ausgeschöpft. Viele räumliche Analysen benötigen zudem auch gar keine kartografischen Darstellungen mehr. Geografische Informationssysteme – gleich ob mit ihnen nun Karten erstellt werden oder nicht – können vielmehr während des gesamten sozialwissenschaftlichen Forschungsprozesses hilfreich sein, stellen sie doch Instrumente dar, um Sachverhalte zu erkunden, mögliche kausale Zusammenhänge zu identifizieren und damit letztlich zur Theoriebildung beizutragen (Cho und Gimpel 2012, S. 444). Generell können sozialwissenschaftliche Analysen vor allem auf zwei Arten von GIS profitieren (Gleditsch und Weidmann 2012, S. 462): Erstens durch räumliche Disaggregierung der Analyseeinheiten auf ein für die Untersuchung sinnvolles Level, wodurch sich oftmals auch das Problem geringer Fallzahlen bei makro-quantitativen Untersuchungen beheben lässt.[8] In diesem Zusammenhang

---

[7]Ein interessantes Beispiel einer weiteren Anwendung für GIS, die über eine reine Kartenerstellung hinausgeht, zeigen Landry und Shen (2005). Die beiden argumentieren, dass bisherige Auswahlverfahren, die auf offiziellen Bevölkerungslisten oder Zensusdaten basieren, für repräsentative Umfragen stets insofern ungeeignet sind, als sie systematisch bestimmte Bevölkerungsgruppen nicht berücksichtigen (z. B. Obdachlose oder illegale Migranten). Sie schlagen deshalb ein mehrstufiges Auswahlverfahren vor, das im ersten Schritt den gesamten Untersuchungsraum sehr genau über ein GPS in gleichgroße räumliche Einheiten unterteilt und aus diesen dann zufällig eine gewisse Anzahl auswählt. In diesen können dann mittels einer weiteren Zufallsstichprobe beispielsweise einzelne Haushalte ausgewählt werden. GIS würden hierbei also helfen eine möglichst unverzerrte, repräsentative Stichprobe zu erzielen.

[8]Gleditsch und Weidmann (2012) zeigen am Beispiel der Forschung zu Bürgerkriegen, wie wenig zielführend die bisherige Praxis ist, ganze Länder als Analyseeinheiten zu verwenden. So sei zumeist nur ein bestimmter Teil des Staatsgebiets direkt von einem Bürgerkrieg betroffen, während zur selben Zeit oftmals große Teile des Landes vergleichsweise in Frieden leben. Hier über GIS diejenigen Gebiete zu identifizieren, in denen die kriegerischen Handlungen stattfinden, könne helfen die verschiedenen Konfliktakteure (und die einzelnen Konfliktinteraktionen) klar zu trennen und so auf dem korrekten Analyselevel – nämlich dem, auf dem der Konflikt de facto anzusiedeln ist – zu untersuchen. Die beiden Autoren formulieren dies prägnant so: *„If all politics indeed are local, then the causes of conflicts are more likely to be observable in the characteristics of the areas where they occur than in features of the state in large"* (Gleditsch und Weidmann 2012, S. 471).

sollte auch das Potenzial geografischer Informationssysteme für die sich in den Sozialwissenschaften immer weiter durchsetzenden Mehrebenenanalysen erwähnt werden (vgl. Kap. Mehrebenenanalyse). Diese gehen grundsätzlich davon aus, dass abhängige Variablen auf Individualebene nicht nur durch unabhängige Variablen auf derselben Ebene, sondern auch durch den sozialisierenden Kontext übergeordneter Ebenen beeinflusst werden können (Jäckle 2015, S. 139). Mit GIS kann dieser Kontext geografisch greifbar gemacht werden und das auch dann, wenn keine offiziellen Grenzen existieren (oder staatlich-administrative Grenzen für das theoretische Argument unbedeutend sind). Geht man beispielsweise davon aus, dass Personen in ihren Einstellungen durch ihre Nachbarschaft geprägt werden, kann mit Hilfe von GIS zunächst der Nachbarschaftsbereich festgelegt werden um dann in einer Mehrebenenregression die auf diese Weise geografisch definierten Nachbarschafts-Cluster als potenziell prägende Ebene zu modellieren. Beispiele für die Verwendung von GIS im Rahmen von Mehrebenenanalysen finden sich bei Cho und Gimpel (2012, S. 452).

Der zweiten große Vorteil von GIS kann darin gesehen werden, dass sie mit räumlichen Daten (z. B. Distanz zwischen zwei Objekten oder Größe eines Gebiets) und mit durchaus auch außerhalb der sozialen Sphäre liegenden georeferenzierten Daten (z. B. Geländeeigenschaften oder Wetter) neue Formen von Informationen bereitstellen, die die Forschung in den Sozialwissenschaften beflügeln können. Insbesondere die Möglichkeit diverse Variable über geografische Referenzen miteinander zu verknüpfen ist dabei von Relevanz. Hierdurch wird eine neue Klasse von Verfahren, die als räumliche Analysen *(spatial analysis)* bezeichnet werden, erst ermöglicht. Diese gehen von der Grundidee aus, dass so gut wie alle sozialwissenschaftlich relevanten Phänomene nicht zufällig oder gleichmäßig im Raum verteilt sind, sondern einer gewissen räumlichen Struktur folgen. Ziel der räumlichen Analysen ist es, diese Struktur aufzudecken und zu nutzen, um Korrelationen oder Kausalitäten zwischen interessierenden Variablen aufzufinden. Dabei wird häufig angenommen, dass mit räumlicher Nähe oftmals auch eine weitere Beziehung zwischen den Variablen einhergeht, sei sie korrelativer oder kausaler Natur (Cho und Gimpel 2012, S. 444) – oder wie Tobler bereits 1970 in seinem ersten geografischen Gesetz formulierte: „everything is related to everything else, but near things are more related than distant things" (Tobler 1970, S. 236). Diese Aussage gilt auch heute noch. Denn auch wenn in Zeiten des Internet und sozialer Netzwerke Kontakte über große Entfernungen gepflegt werden können, geht die Forschung doch davon aus, dass physische und räumliche Nähe die primäre Quelle für einflussreiche soziale Interaktionen bleibt (Cho und Gimpel 2012, S. 445).

Wohl das erste Beispiel einer solchen räumlichen Analyse lieferte der britische Arzt John Snow, der im Jahr 1854 einen Choleraausbruch in London untersuchte. Zu diesem Zeitpunkt war mangels Kenntnissen über Bakterien noch nicht bekannt, wie sich die Cholera überträgt. Zwei konkurrierende Theorien standen im Raum: Die vorherrschende der beiden besagte, dass Cholera durch das Einatmen übler Gerüche – sogenannter Miasmen – übertragen würde, eine weitere, dass man sich mit der Krankheit durch die Aufnahme von verseuchter Nahrung oder verunreinigten Wassers anstecken könnte. Snow ging von letzterem aus. Um seine Theorie zu untermauern, zeichnete er auf einer Straßenkarte einerseits die Cholera-Toten eines jeden Hauses und andererseits Trinkwasserbrunnen ein (vgl. Abb. 6). Es zeigte sich, dass die Häuser in denen die Todesfälle zu beklagen waren so gut wie alle näher an dem Brunnen in der Broad Street lagen als an anderen Brunnen. Und bei den wenigen Toten, die näher an anderen Brunnen gelebt hatten, konnte Snow durch Befragungen der Angehörigen herausfinden, dass diese ebenfalls ihr Wasser vom Brunnen in der Broad Street bezogen. Nachdem auf Betreiben Snows der Broad Street-Brunnen geschlossen worden war, ging die Zahl der Infizierten rapide zurück. Durch das Aufzeigen und die Interpretation der räumlichen Struktur der Todesfälle war es Snow möglich, das dahinterliegende System zu verstehen, das diese Struktur hervorgebracht hatte (Dale und Fortin 2014, xiii). Allerdings ging der Arzt dabei nicht rein induktiv vor, sondern hatte das Trinkwasser bereits im Verdacht, sodass er auf seiner Karte gezielt Brunnen und Cholera-Tote zusammenbrachte. Ein theoretisches Konzept, das einen Zusammenhang zwischen zwei Variablen beschreibt, ist entsprechend zumeist vorteilhaft, um zunächst potenzielle Faktoren zu identifizieren, die sich dann im Rahmen einer Spatial Analysis gegenüberstellen lassen um auf diese Weise ihren räumlichen Zusammenhang zu untersuchen. Bei einem rein induktiven Vorgehen hätte Snow ausschließlich eine Karte der Todesfälle als Ausgangspunkt gehabt, deren räumliche Clusterung er mit der Lage von allen möglichen weiteren, potenziell auslösenden Ansteckungsherden (z. B. Lebensmittelgeschäfte, Krankenhäuser usw.) hätte abgleichen müssen. Grundsätzlich lassen sich räumliche Analysen aber sowohl rein induktiv, wie auch Hypothesen testend und damit deduktiv konzipieren (Steinberg und Steinberg 2006, S. 54–65).

Die Analyse von Snow stellt allerdings nur eine Spielart räumlicher Analysen dar. In ihrem eigentlich für die Umweltwissenschaften geschriebenen GIS

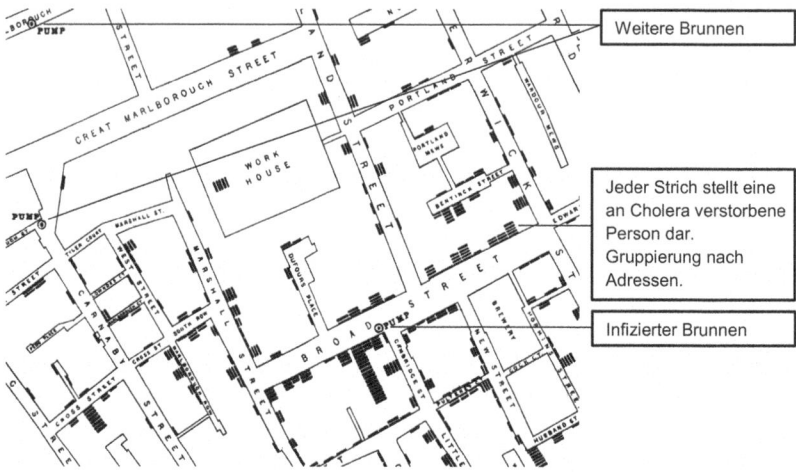

Abb. 6 Ausschnitt aus John Snows Karte des Choleraausbruchs in London 1854. (Quelle: Karte von John Mackenzie https://www.udel.edu/johnmack/frec682/cholera/cholera2.html)

Einführungswerk unterscheiden Dale und Fortin (2014, S. 2–3) mögliche Typen, die auch in den Sozialwissenschaften sinnvoll angewandt werden können:[9]

1. *Beschreiben und Testen räumlicher Strukturen.* Hierbei werden Abhängigkeiten zwischen den Werten einer Variable an benachbarten Orten betrachtet, in der Regel als Funktion der Distanz. Zumeist werden diese Analysen global durchgeführt, d. h. eine einzige Maßzahl beschreibt letztlich die gesamte räumliche Struktur. Ein Beispiel hierfür wäre Moran's I, das räumliche Autokorrelation global, d. h. über alle Untereinheiten in einem Gesamtgebiet hinweg bemisst. Auf diese Weise kann beispielsweise angegeben werden, ob sich

---

[9]Neben den hier beschriebenen vier Typen zählen Dale und Fortin (2014) noch zwei weitere Arten von räumlichen Analysen auf, die allerdings (bislang) in den Sozialwissenschaften noch nicht sonderlich verbreitet sind: Erstens räumliche Interaktionen, die Flüsse z. B. von Informationen oder Energie zwischen Orten untersuchen und testen, inwiefern räumlich zu verortende Faktoren wie Distanzen oder Widerstände den Fluss bedingen. Diese Verfahren greifen oftmals auf graphen- und netzwerktheoretische Ansätze zurück, die Verbindungsstrukturen im Raum mathematisch beschreiben können. Und zweitens statistische Modellierungen, die gleichzeitig räumliche, zeitliche und raumzeitliche Faktoren berücksichtigen. Einen umfassenden Einblick in die Analyse solcher komplexen Datenstrukturen bieten Cressie und Wikle (2011).

die Wählerschaft einer Partei in einem Land insgesamt zufällig verteilt oder räumlich clustert.[10]

2. *Räumliche Extrapolation und Interpolation.* Hierbei wird von den bekannten Observationen unter Berücksichtigung der räumlichen Autokorrelation, die sich aus der Distanzmatrix ergibt, auf Variablenwerte geschlossen, die nicht observiert wurden. Bei der Extrapolation liegen diese geografisch außerhalb, bei der Interpolation innerhalb des eigentlichen Untersuchungsgebiets. Dieses auch Kriging[11] genannte geostatistische Interpolationsverfahren ist immer dann hilfreich, wenn eine Vollerhebung an allen interessierenden Orten nicht möglich oder zu teuer wäre (Cho und Gimpel 2012, S. 456; Steinberg und Steinberg 2006, S. 180–186).

3. *Räumliche Partitionierung.* Diese Verfahren generieren aus einem Raum (i. d. R. ein zweidimensionaler Euklidischer Raum) mehrere disjunkte Subsets, d. h. mehrere sich nicht überlappende Teilräume. Hierzu werden unter anderem Cluster-Verfahren eingesetzt, die Fälle entsprechend der Werte der interessierenden Variablen zu räumlichen Gruppen zusammenfassen (Han et al. 2009).

4. Räumliche Regression *und Simulation.* Hierbei handelt es sich um statistische Modelle oder Simulationen, in die räumliche Abhängigkeiten, beispielsweise über Distanzen gemessen, aufgenommen werden. Generell lassen sich zwei Arten der Modellierung räumlicher Abhängigkeiten unterscheiden: *spatial lag-* und *spatial error* Modelle. Bei ersteren wird eine Beeinflussung räumlich

---

[10]Neben den globalen Maßen gibt es auch Maße, die auf lokaler Ebene eine räumliche Konzentration hoher bzw. niedriger Werte feststellen, die sogenannten LISA Statistiken *(local indicators of spatial association).* Zu diesen zählen eine von Anselin (1995) beschriebene lokale Variante des Moran's I, welches insbesondere bei der Erkennung räumlicher Instationaritäten hilfreich ist, sowie das von Getis und Ord (1992) entwickelte Gi*-Maß, welches positive oder negative räumliche Autokorrelationswerte, sogenannte Hot- und Cold-Spots identifizieren kann (Fortin und Dale 2009, S. 96–97). Im Vergleich zu den für diese Zwecke sonst häufig eingesetzten Kernel-Density Karten haben diese Maße den Vorteil, dass sie mithilfe klassischer Signifikanztests auch in Graubereichen eine eindeutige Einstufung erlauben und somit klarere Grenzen zwischen zufälliger Verteilung und überzufälliger Ähnlichkeit/Unähnlichkeit im Raum erlauben. LISA Maße werden entsprechend häufig im Zusammenspiel mit thematischen Karten zur explorativen Analyse von räumlichen Daten insbesondere in Bezug auf geografische Cluster und Ausreißer verwendet (Logan 2012, S. 510).

[11]Kriging ist benannt nach dem südafrikanischen Bergbauingenieur Danie Krige, der diese Methode entwickelte, um anhand von einigen wenigen Bohrlöchern die wahrscheinliche Verteilung von Gold in einem Abbaugebiet abzuschätzen.

naher Einheiten aufeinander angenommen (sog. Ansteckungs- oder Diffusionseffekte). Analog zur Verwendung von zeitlich verzögerten abhängigen Variablen *(lagged dependent variables)* in gepoolten Zeitreihenanalysen ist die theoretische Annahme hinter Diffusions- oder Ansteckungseffekten, die über *spatial lags* in ein Modell eingebracht werden jedoch nicht, dass die geografische Nähe als solche einen Einfluss hat, sondern, dass das Verhalten räumlich naher Einheiten sich auf das Verhalten des betrachteten Objekts auswirkt.[12] Durch den *spatial lag* Term lässt sich der angenommene räumliche Effekt damit auch nur indirekt beobachten – was die Mechanismen hinter diesem Effekt sind, können dann nur weitere Untersuchungen klären, die sich den Gründen der gefundenen Diffusion widmen. Bei einem *spatial error* Modell geht die Forscherin hingegen davon aus, dass ein empirisch anzutreffendes räumliches Muster durch nicht observierte Heterogenität in den Daten erzeugt wird. Um Verzerrungen bei der Schätzung zu vermeiden, fließt die räumliche Autokorrelation in den Fehlerterm ein (Cho und Gimpel 2012, S. 453).[13]

Der grundlegende Unterschied zwischen den beiden Modelltypen ist also das Forschungsinteresse: Während man im ersten Fall einen räumlichen Effekt testen möchte und diesen aktiv über die Inklusion eines *spatial lags* modelliert, hat man im zweiten Fall keinerlei Annahmen über räumliche Effekte, geht aber davon aus, dass gewisse, die abhängige Variable beeinflussende nicht beobachtete Variablen existieren, deren Verteilung zudem einem räumlichen Muster folgt. Mehrebenenmodelle über geografisch definierte Makro-Einheiten, die diese räumlichen Muster aufgreifen, können eine solche nicht observierte Heterogenität in die Modellschätzung aufnehmen und hierdurch die Modellgüte verbessern.

---

[12]Berry und Baybeck (2005) zeigen beispielsweise, dass US-Bundesstaaten entsprechend der Idee des Policy-Lernens solche wohlfahrtsstaatlichen Gesetze einführen, die in der Mehrheit der Nachbarstaaten bereits implementiert sind. Dies wäre ein klassischer Fall einer Diffusion von Politiken. Bei der Ausgestaltung staatlicher Lotterien würden die politischen Entscheidungsträger hingegen eher entsprechend eines wirtschaftlichen Wettbewerbsmodells dann eine entsprechende Policy einführen, wenn sie fürchten, dass die Bürger in benachbarte Bundesstaaten fahren würden, um dort Lotto zu spielen. Beide Effekte lassen sich über räumliche Modelle mit *spatial lags* testen.

[13]Schätzungen mittels OLS würden durch die Inklusion der autokorrelierten Fehler zwar weiterhin unverzerrte Schätzer liefern, allerdings wären die Koeffizienten ineffizient, da die Standardfehler einem Bias unterliegen. Aus diesem Grund sollten *spatial error* Modelle über Generalized Least Squares (GLS) oder Maximum Likelihood (ML) geschätzt werden (Darmofal 2015, S. 102–108).

Für den Fall, dass die Forscherin die räumliche Abhängigkeit nicht adäquat in ihr Modell integriert, können sich hingegen Probleme ergeben. Im Fall eines fälschlicherweise nicht integrierten *spatial lags* sind dies analog zum bekannten *omitted variable bias* (Wenzelburger et al. 2014, S. 28) verzerrte Effekte. Im Falle einer nicht beachteten *spatial error*-Struktur können sich ineffiziente Schätzer und fehlerhafte Standardfehler ergeben (Cho und Gimpel 2012, S. 454). Ob ein *spatial error* oder ein *spatial lag* Modell angebracht ist, ist jedoch nicht nur eine theoretische Frage, sondern sollte auch statistisch getestet werden (z. B. via Lagrange Multiplier Test auf *spatial lags* oder Moran Test auf *spatial error*) (Darmofal 2015, S. 77–90). In beiden Modellvarianten wird jedoch eine über das gesamte Untersuchungsgebiet konstante räumliche Autokorrelation angenommen. Diese Stationaritätsannahme muss jedoch keinesfalls immer gerechtfertigt sein. Geht man beispielsweise davon aus, dass die Nachbarschaft einen Wähler beeinflusst, so ist es plausibel anzunehmen, dass der Nachbarschaftseffekt in ländlich geprägten Gegenden auf einen größeren Bereich zurückzuführen ist als in Städten. Sofern es nicht möglich ist a priori die Größe des Gebiets zu bestimmen, innerhalb dessen der Nachbarschaftseffekt wirksam ist (anders gesagt zu bestimmen welche Umgebung eine Person noch als Nachbarschaft wahrnimmt), können sogenannte GWR *(geographically weighted regressions)* helfen, auf flexible Art und Weise kleinere wie größere Kontexteffekte zu modellieren, die simultan innerhalb des Untersuchungsgebiets ablaufen (Fotheringham et al. 2002). GWR liefern zumeist eine bessere Anpassungsgüte insbesondere bei starker räumlicher Heterogenität der Kontextprozesse. Interessant sind sie allerdings nur für den Fall, dass die Forscherin sich auch für lokale Effektgrößen (und deren Varianz) interessiert. Bei Interesse an globalen Effekten sind GWR hingegen wenig hilfreich (Cho und Gimpel 2012, S. 454–455).

4   Drei Beispiele aus der sozialwissenschaftlichen Forschung mit GIS

4.1   Besley und Reynal-Querol: The Legacy of Historical Conflict: Evidence from Africa

Wie bereits erwähnt war eines der ersten sozialwissenschaftlichen Anwendungsfelder, in denen die Analyse räumlicher Daten Fuß fasste, die Konfliktforschung. In dieser Tradition steht auch der Artikel von Besley und Reynal-Querol (2014), in dem das Autorenduo untersucht, inwiefern die präkoloniale Geschichte Afrikas (1400–1700) Auswirkungen auf postkoloniale und noch heute anhaltende

Konflikte zeigt. Neben einer statistischen Analyse auf Ebene der 49 heute existierenden afrikanischen Staaten, in der sich bereits zeigt, dass Länder auf deren Gebiet in der präkolonialen Ära interne Konflikte ausgetragen wurden, eine gewaltsamere postkoloniale Geschichte haben als ehemals friedlichere Königreiche (Besley und Reynal-Querol 2014, S. 326–328), wird in einem zweiten Schritt auch eine in der Konfliktforschung häufig angewendete Methode genutzt: die auf Rasterdaten basierende Analyse von Gitternetzzellen *(grid cell data)*. Hierzu wird über den gesamten afrikanischen Kontinent ein Gitternetz mit einer Zellgröße von 120 × 120 km gelegt. Für jede dieser Zellen codieren Besley und Reynal-Querol, ob zwischen 1997 und 2010 in dieser Zelle ein bewaffneter Konflikt stattgefunden hat sowie die von Satelliten gemessene Helligkeit in der Nacht, die als Proxy für das andernfalls schwerlich so genau zu messende ökonomische Entwicklungsniveau gelten kann (Besley und Reynal-Querol 2014, S. 330). Diese beiden Variablen werden in der späteren Regressionsanalyse die abhängigen Variablen darstellen. Die unabhängige Variable ist ein Dummy, der angibt, ob auf dem Zellgebiet zwischen 1400 und 1700 ein Konflikt stattgefunden hat. Daneben kontrollieren die Modelle auf eine Reihe weitere auf dem Level der Gitternetzzellen gemessene Faktoren wie Bevölkerungsdichte, Anteil des Einkommens, das auf die Ausbeutung von Bodenschätzen zurückgeht, sowie geografische und klimatische Variablen (z. B. Topologie oder Durchschnittstemperatur). Zudem lenken die Autoren durch die Inklusion von Länder-Dummies als *fixed effects* das Augenmerk in den Analysen auf die Varianz innerhalb der Länder. Als Ergebnis stellen sie fest, dass eine konfliktreiche präkoloniale Vergangenheit die Wahrscheinlichkeit um ca. 15 % erhöht, dass nach der kolonialen Ära in diesen Gebieten (Zellen) wiederum gewaltsame Konflikte stattfanden. Umgekehrt fällt der heutige Entwicklungsstand niedriger aus, wenn zu Zeiten der historischen afrikanischen Königreiche gewaltsame Konflikte auf dem Gebiet einer Gitternetzzelle ausgetragen wurden (Besley und Reynal-Querol 2014, S. 330).

4.2   Jäckle und König: The dark side of German welcome culture

Im Jahr 2015 kamen etwa eine Million Flüchtlinge nach Deutschland. Angela Merkel sowie auch die vielen freiwilligen Helfer erhielten zwar auf der einen Seite für die gelebte, von der Kanzlerin angestoßene Willkommenskultur viel nationalen und internationalen Beifall, auf der anderen Seite gab es auch einen sprunghaften Anstieg der Zahl an Anschlägen gegen Flüchtlingsunterkünfte sowie der Gewaltdelikte mit fremdenfeindlichem Hintergrund. Zur Analyse dieser Entwicklung greifen Jäckle und König (2016) auf GIS zurück, zunächst um thematische Karten zur Deskription der Sachlage zu erstellen und dabei bereits optisch die Plausibilität der Annahme zu überprüfen, dass dort, wo rechtsradikale Parteien stark sind, vermehrt fremdenfeindliche Anschläge stattfinden (s. Abb. 3). Zudem testen sie auf das Vorhandensein eines Ansteckungseffekts. Hierfür werden zunächst die Centroide der Landkreispolygone bestimmt (= die geografischen Mittelpunkte). Von diesen ausgehend wird über das WGS-84 Referenzellipsoid die geodätische Distanz zum nächstgelegenen Anschlagsort der vorangegangenen Woche berechnet. Diese Distanz fließt letztlich als erklärende Variable in ein logistisches Mehrebenenregressionsmodell ein und zwar in logarithmierter Form, da davon ausgegangen wird, dass der Distanzeffekt nicht linearer Natur ist, sondern umso stärker wirkt, je näher der letzte Anschlag war. Dieses Vorgehen ist damit ein Beispiel für die Verwendung der geodätischen Distanz als Proxy für die Möglichkeit sozialer Beeinflussung durch einen engeren sozialen Kontakt, wobei ein Verhaltensansteckungseffekt postuliert wird, ähnlich wie er aus Terrorismus- und Gewaltstudien bereits bekannt ist (Engene 2004; Patten und Arboleda-Flórez 2004). Die Ergebnisse der Analyse zeigen, dass sowohl die Stärke rechtsradikaler Parteien als auch die Distanz zum letzten Anschlagsort signifikant die Wahrscheinlichkeit beeinflussen, dass in einem Landkreis ebenfalls ein Anschlag verübt wird. Die Stärke des Ansteckungseffekts ist dabei hoch: während die auf Basis des Regressionsmodells für einen Anschlag innerhalb eines Monats vorhergesagte Wahrscheinlichkeit in einem Landkreis, der vom letzten Anschlag 600 km oder mehr entfernt war, bei etwa 4 % liegt, wird mit knapp 20 prozentiger Wahrscheinlichkeit ein Anschlag verübt, wenn der letzte Anschlag weniger als 10 km entfernt stattgefunden hat (Jäckle und König 2016).

4.3 Crowder und Downey: Interneighborhood Migration, Race, and Environmental Hazards: Modeling Microlevel Processes of Environmental Inequality

Aufbauend auf Studien, die zeigen konnten, dass die durch Industrieansiedlung verursachte Umweltbelastung und Luftverschmutzung in US-amerikanischen Wohngebieten dort am höchsten ist, wo mehrheitlich Schwarze und Latinos leben (Ash und Fetter 2004; Downey 2007), untersuchen Crowder und Downey erstmals auf der Individualebene die Faktoren, die dazu führen, dass bestimmte ethnische Gruppen in stärker belasteten Gebieten wohnen. Sie kombinieren hierzu Daten aus der national repräsentativen *Panel Study of Income Dynamics* (PSID) und Daten zur industriellen Verschmutzung, die von der Umweltschutzbehörde im sogenannten *Toxic Release Inventory* (TRI) festgehalten werden (Crowder und Downey 2010, S. 1119). Sowohl die Haushalte, als auch die Standorte der mehr als 30.000 Industriebetriebe, die in der TRI zwischen 1990 und 2010 gelistet wurden, können über ein GIS exakt verortet werden. Aus den Daten der TRI lässt sich die genaue Menge der emittierten Schadstoffe für eine Fabrik entnehmen. Über eine abnehmende Funktion wird ausgehend von allen in einem Umkreis von 1,5 Meilen sich befindlichen Industrieanlagen die Gesamtbelastung von Gitternetzzellen der Größe 400 × 400 Fuß berechnet. Diese Gitternetzzellenwerte werden zuletzt auf das Level der Befragungsbezirke aggregiert, welches von den Autoren als bestmögliche Annäherung an das Konzept von Nachbarschaften zu verstehen seien (Crowder und Downey 2010, 1120 und 1123). Die Studie zeigt, dass ethnische Unterschiede bei der Umweltbelastung am Wohnort weiterhin existent sind. Höhere Bildung und höheres Einkommen finden sich zwar signifikant häufiger bei Personen, die weiter von den stark verschmutzten Gebieten entfernt leben, diese und weitere sozioökonomische Ressourcen können die Varianz zwischen Weißen und Asiaten einerseits und Schwarzen und Latinos andererseits jedoch nicht vollständig erklären. Die letzten beiden Gruppen leben auch dann in höher verschmutzten Gebieten, wenn sie nach Bildung und Einkommen eigentlich in weniger verschmutzten Gegenden wohnen könnten. Die Studie zeigt dass diese Unterschiede vor allem daher rühren, dass mobile, d. h. häufig umziehende Latino-Haushalte, häufiger als weiße Vergleichshaushalte in Gegenden mit einer hohen Umweltbelastung ziehen. Ähnliches gilt für Schwarze, bei denen aber zusätzlich hinzukommt, dass diese eine deutlich geringere Wahrscheinlichkeit aufweisen, innerhalb der 20 observierten Jahre aus ihrer ursprünglichen Wohngegend – die eben oftmals starker Verschmutzung ausgesetzt ist – wegzuziehen (Crowder und Downey 2010, S. 1144).

5   Hinweise zur praktischen Arbeit mit Geodaten

5.1   Erstellung von Geodatensätzen

Wie auch bei anderen auf empirisches Datenmaterial zurückgreifenden Ansätzen gilt es ebenfalls für GIS-Analysen, die hierfür nötigen räumlichen Daten detailreich und so nah wie möglich an ihrer Rohform zu sammeln. Einem solchen Vorgehen stehen in den Sozialwissenschaften allerdings häufig ethische und datenschutzrechtliche Beschränkungen entgegen, weswegen beispielsweise – selbst wenn diese Information zur Verfügung stünde – die genaue Adresse einer

Untersuchungsperson nicht ausgewertet werden würde. Anstelle dessen werden solche Individualdaten auf höher gelegene geografische Ebenen aggregiert (z. B. Gemeinden, Wahlkreise), so dass eine individuelle Zuordnung ausgeschlossen ist. Dadurch gehen jedoch natürlich zwangsweise Informationen über mögliche räumliche Varianzen innerhalb des nun betrachteten Gebiets verloren (Steinberg und Steinberg 2006, S. 11).

Grundsätzlich können räumliche Datensätze auf zwei Arten entstehen. Entweder werden bei der Primärdatenerhebung direkt geografische Informationen miterhoben (beispielsweise indem bei einer persönlichen Befragung mittels GPS Gerät die Koordinaten des Wohnorts des Befragten abgespeichert werden) oder man versucht bestehende Datensätze, die bislang keine geografischen Informationen enthalten durch eine Georeferenzierung dieser Daten GIS-kompatibel zu machen (Gleditsch und Weidmann 2012, S. 468–469). Ein Beispiel hierfür wäre die Global Terrorism Database (START 2016), in der weltweit terroristische Anschläge gelistet werden. Die dort enthalten Informationen beispielsweise zu durchführender Terrorgruppe, Anzahl an Opfern aber eben auch dem Anschlagsort werden aus nationaler und übernationaler Medienberichterstattung extrahiert. Mit Hilfe von Ortslexika, sogenannten Gazetteers, werden dort mittlerweile automatisiert die in den Zeitungsartikeln genannten Ortsnamen in geografische Koordinaten übersetzt und dann dem Datensatz zugespielt. Eine weitere Option, GIS-Datensätze zu erstellen, ist es, bestehende Karten in räumliche Datensätze zu konvertieren, wozu bei historischen Karten diese zunächst gescannt werden müssen um interessierende Merkmale dann zu geocodieren (Gleditsch und Weidmann 2012, S. 469). Ein Beispiel für ein solches Vorgehen liefern McLarnon und Kollegen (2009), die über historische Karten die städtebauliche Entwicklung Philadelphias nachzeichnen, insbesondere was die sich im Laufe der Jahrzehnte deutlich veränderte Straßenführung und -bezeichnung anbelangt. Mit diesem Wissen lassen sich beispielsweise ehemalige, heute so nicht mehr existente Adressen aus Bevölkerungsarchiven in geografische Koordinaten übersetzen, die dann mithilfe räumlicher Modelle weiter analysiert werden können.

5.2 Vektor- oder Rasterformat?

Generell können Geodaten in zwei unterschiedlichen Datenarten vorliegen. Entweder als Vektor- oder als Rasterdaten. Abb. 7 zeigt anschaulich, was der Unterschied zwischen den beiden Datenmodellen ist. Die beiden stark simplifizierten Karten stellen die koreanische Halbinsel mit den Landesgrenzen Nord- und Südkoreas, sowie den Hauptstädten Seoul und Pjöngjang dar. Während die Vektor-

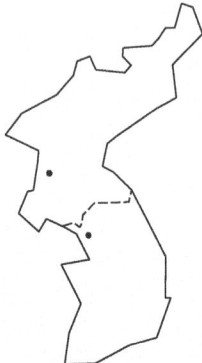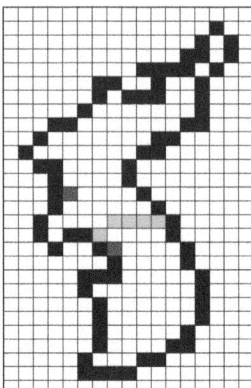

Abb. 7 Schematische Darstellung der koreanischen Halbinsel im Vektor- (links) und Rasterformat (rechts). (Quelle: Eigene Darstellung)

form vom Aussehen her zunächst stark an klassische Karten erinnert, in denen jedes realweltliche Objekt ebenfalls über eine der drei geometrischen Formen Punkt, Linie oder Polygon (d. h. Fläche) repräsentiert wird, wirkt die Rastervariante auf das menschliche Auge deutlich weniger zugänglich. Im Vektorformat kann jedem Objekt (sei es der Punkt der Seoul kennzeichnet, oder das Polygon, das Nordkorea darstellt) eine beliebige Anzahl an Attributen zugeordnet werden, die separat in einer Attributtabelle hinterlegt werden können (Steinberg und Steinberg 2006, S. 22; Gleditsch und Weidmann 2012, S. 463). Solche statistischen Daten sind oftmals unabhängig von den geografischen Daten bereits vorhanden und lassen sich mit vergleichsweise geringem Aufwand anhand eines Schlüssels, der die geografischen Einheiten eindeutig identifiziert, wie beispielsweise der in Deutschland gebräuchliche amtliche Gemeindeschlüssel (AGS), mit den Kartendaten matchen. Das Rasterformat erlaubt ein solches Datenmanagement nicht. Hier wird jedem Pixel in der Regel nur eine Information zugeordnet, die zu einer in der Realität oft kontinuierlichen Variable gehört, wie etwa Höhenangaben. Ebenso können aber auch kategoriale Daten in einem Rasterformat gespeichert werden wie in Abb. 7 in der eine Zelle eingefärbt wird, wenn auf diesem Gebiet die Grenze verläuft oder die Hauptstadt liegt. Rasterdatensätze enthalten damit in der Regel weniger Informationen und diese sind zudem auch ungenauer als in der Vektorversion, wobei letzteres natürlich stark von der gewählten Pixelgröße, d. h. der Auflösung der Rasterkarte abhängt (je größer die Pixel, desto größer der Informationsverlust). Diese Nachteile machen Rasterdaten aber durch die sehr viel geringere Dateigröße wieder wett, wodurch sie in sämtlichen Software-Anwendungen einfacher und schneller bearbeitet werden können als Vektordaten (Steinberg und Steinberg 2006, S. 23). Zudem können mehrere Rasterdatensätze, die sich auf dasselbe Gebiet beziehen, auch als Layer übereinander gelegt und deren jeweilige Zellwerte mithilfe einer speziellen Karten-Algebra *(map algebra)* kombiniert werden (Steinberg und Steinberg 2006, S. 24–25). Ob Vektor- oder Rasterdaten die bessere Wahl sind, hängt auch von der Forschungsfrage ab. Liegt das Interesse auf topologischen Fragestellungen, d. h. insbesondere auf den Verbindungen zwischen Objekten, oder auf der möglichst genauen kartografischen Darstellung, sind Vektordaten vorzuziehen. Will die Forscherin hingegen Geodaten in komplexe statistische Modelle einbringen gelingt dies mit Rasterdaten deutlich leichter – weshalb insbesondere auch auf GIS-Daten basierende rechenintensive Simulationen (z. B. Klimamodelle) meist über Rasterdaten laufen (Gleditsch und Weidmann 2012, S. 464).

5.3   Software und Dateiformate

Für die Arbeit mit Geodaten gibt es mittlerweile eine ganze Reihe an Programmen, die eine breite Palette an GIS-Anwendungen abdecken. Eine der meistgenutzten kommerziellen Anwendungen ist ArcGIS vom kalifornischen Softwarekonzern ESRI. Dieser hat auch das Shapefile-Format entwickelt, welches das am weitesten verbreitete Format für Geodaten in Vektorform darstellt. Ein Shapefile besteht dabei stets aus mindestens drei Dateien, die einerseits die Geometrieinformationen (*.shp), andererseits die auch mit einem Tabellenkalkulationsprogramm lesbaren Attributwerte (*.dbf) sowie eine Indexdatei enthalten, die Geometrie- mit Attributinformationen verknüpft (*shx). Daneben ist zumeist auch eine Datei inkludiert, die die verwendete Projektionsart sowie das Koordinatenbezugssystem des Shapefiles beschreibt (*.prj). Diese Information ist wichtig um die Karten korrekt, d. h. nicht verzerrt darzustellen (vgl. Fußnote 2). Neben ArcGIS und den ebenfalls weit verbreiteten kommerziellen Anwendungen MapInfo und GeoMedia gibt es auch Open-Source Pakete wie GRASS GIS oder QGIS, die einen großen Funktionsumfang bieten und die vor allem durch eine Vielzahl sehr guter, frei zugänglicher Online-Tutorials, Dokumentationen[14] und

---

[14]Empfehlenswert sind beispielsweise http://www.qgistutorials.com/de/index.html sowie die offizielle QGIS-Dokumentation unter http://docs.qgis.org/2.6/en/docs/index.html sowie das Umfangreiche Handbuch für GRASS GIS https://grass.osgeo.org/grass70/manuals/index.html.

Einführungsbücher (Graser und Peterson 2016; Menke et al. 2015; Graser 2014; Petrasova et al. 2015) den Einstieg in die praktische Arbeit mit Geodaten erleichtern. Zudem bieten mittlerweile alle großen Statistikpakete Routinen für räumliche Analysen an und auch die Erstellung thematischer Karten ist in diesen in ähnlicher Qualität wie in klassischen GIS-Anwendungen möglich.[15]

5.4   Datenquellen für Geodaten

Sozialwissenschaftliche Forscherinnen können für räumliche Analysen auf eine große Anzahl an oftmals frei zugänglichen Datenquellen für geografische Informationen zurückgreifen. So lassen sich für die Wahlforschung beispielsweise Shapefiles der Wahlkreisgrenzen beim Bundeswahlleiter beziehen, das statistische Bundesamt hält ebenfalls eine Reihe an Shapefiles (Bundesländer, Landkreise, Gemeinden usw.) bereit und auch das Open-Streetmaps Projekt kann als Quelle für georeferenzierte Objektinformationen dienen. So können über ein GIS Programm wie QGIS beispielsweise die in Open-Streetmaps hinterlegten Koordinaten von Autobahnen und sonstiger Verkehrsinfrastruktur genauso wie die Position von Kinderspielplätzen und Schulen als Vektordateien importiert werden. Daneben gibt es auch eine Vielzahl an frei zugänglichen Datensätzen, die bereits georeferenzierte Informationen enthalten und die direkt für räumliche Analysen genutzt werden können. Aus der Fülle der für sozialwissenschaftliche Analysen interessanten Geodatensätze seien hier nur drei herausgegriffen:[16] Für international vergleichende subnationale Analysen ist die GADM Database of Global Administrative Areas (www.gadm.org) hilfreich, wobei dieser Datensatz leider keine Veränderungen der administrativen Einheiten festhält, sondern nur die aktu-

---

[15]In SPSS lassen sich seit Version 23 mithilfe von Geoassoziationsregeln räumliche Muster in Daten nachspüren sowie räumlich-temporale Vorhersagen treffen. Zudem lassen sich Shapefiles einlesen um aus diesen beispielsweise Choroplethenkarten zu erzeugen. Für Stata gibt es eine Reihe benutzergeschriebener Kommandos mit denen beispielsweise zweidimensionale Gitternetze über eine Untersuchungsgegend gelegt (*spgrid*), Indizes lokaler räumlicher Autokorrelation berechnet (*spatlsa*), Matrizen mit räumlichen Gewichten ermittelt (*spatwmat*), räumliche ökonometrische Modelle geschätzt (*sppack*) oder Karten gezeichnet (*spmap*) werden können. Die umfassendsten Möglichkeiten bietet aber zweifellos R. Einen Überblick über diese, sowohl was räumliche Modellierung als auch kartographische Darstellungen anbelangt, liefern Bivand und Kollegen (2013) sowie Brunsdon (2014).

[16]Ein Überblick über weitere relevante Datensätze findet sich bei Gleditsch und Weidmann (2012, S. 465–468).

ell gültigen Grenzverläufe beinhaltet. Das Armed Conflict Location and Event Dataset (ACLED) listet georeferenziert gewalttätige Auseinandersetzungen weltweit auf und das von Weidmann und Kollegen (Weidmann et al. 2010) initiierte GREG-Projekt *(georeferencing of ethnic groups)* ist eine interessante Quelle um die Siedlungsräume unterschiedlicher ethnischer Gruppen zu untersuchen (Gleditsch und Weidmann 2012, S. 465–466).

5.5   Hinweise zur Darstellungsform von Karten in Veröffentlichungen

Für eine Reihe von kartografischen Darstellungsformen eignet sich der in den Sozialwissenschaften immer noch vorherrschende Publikationstyp in Form von Büchern oder Zeitschriftenartikeln in schwarz-weiß-Druck nicht mehr sonderlich. Insbesondere gilt dies für die angesprochenen animierten Kartenvideos, aber auch für interaktive Karten. Hier verlangt es nach neuen Publikationsmedien, wie beispielsweise Blogs, in denen auch Animationen in Form von GIFs oder Youtube-Videos eingebunden werden können. Ähnliches gilt für hochauflösende Farbkarten, die deutlich mehr Informationen transportieren könnten als die normalerweise in sozialwissenschaftlichen Publikationen zu findenden kleinen schraffierten Schwarz-Weiß-Karten. Immer mehr Zeitschriften ermöglichen mittlerweile allerdings auch Farbdarstellungen (zumindest in der Online-Version) sowie Online-Anhänge, in denen Karten zumindest als große, zoombare PDF-Dateien präsentiert werden können. Generell sollten jedoch bei der Kartenerstellung dieselben Qualitätskriterien angelegt werden wie bei anderen für den Transport von Informationen erstellten Darstellungen. Auch kartografische Darstellungen sollten nur das für das Verständnis Nötigste und keinen *chartjunk* enthalten bzw. mit Druckerfarbe sparsam umgehen, um auf diese Weise eine möglichst hohe *data-ink-ratio* im Sinne von Tufte (2001) zu erzielen.

6   Zusammenfassung

Obwohl sie bereits seit Beginn des Jahrtausends in einzelnen sozialwissenschaftlichen Teildisziplinen wie der Konfliktforschung vermehrt anzutreffen sind, haben geografische Informationssysteme den generellen Durchbruch in den Sozialwissenschaften bislang nicht geschafft. Das ist umso verwunderlicher, als geografischräumliche Konzepte wie „Distanz" oder „Nähe" in vielen sozialwissenschaftlichen Theorien durchscheinen. Vor allem die hochkomplexe praktische Handhabung von

Geodaten in wenig benutzerfreundlichen GIS-Systemen hat es offenbar bis in die letzten Jahre verhindert, dass diese Datenquelle in den Sozialwissenschaften ausgewertet wurde. Wie dieses Kapitel gezeigt hat, bieten GIS – die mittlerweile auch deutlich einfacher zu bedienen sind – eine Vielzahl an Anwendungsmöglichkeiten, die oftmals weit über die offensichtlichste Anwendung – die Erstellung von Karten – hinausgehen. Insofern ist bereits abzusehen, dass der Einsatz von Geodaten in den nächsten Jahren stark zunehmen und die Beherrschung von GIS entsprechend eine Kernkompetenz für angehende Sozialwissenschaftlerinnen werden wird.

7 Kommentierte Literaturempfehlungen

Darmofal, David. 2015. Spatial analysis for the social sciences. Analytical methods for social research. New York, NY: Cambridge University Press. Aktuelles, stark ökonometrisch geprägtes Überblickswerk, das Sozialwissenschaftlerinnen in die Möglichkeiten der statistischen räumlichen Analyse einführt.

De Smith, Michael J., Michael F. Goodchild, und Paul A. Longley. 2015. Geospatial Analysis – A Comprehensive Guide to Principles, Techniques and Software Tools. http://www.drmz.net/ga/catalog.html. Kostenlos downloadbares Lehrbuch, das anhand vieler Beispiele unter Verwendung unterschiedlicher GIS-Software grundlegende sowie weiterführende Verfahren für räumliche Analyse und Modellierung präsentiert.

Fotheringham, A. Stewart und Peter A. Rogerson. (Hrsg.). 2009. The SAGE Handbook of Spatial Analysis. Los Angeles: SAGE Publications. Umfassendes Handbuch zu nahezu allen Aspekten räumlicher Analysen von deren Grundlagen wie räumlicher Autokorrelation, über *geographically weighted regressions* bis hin zu neuronalen Netzwerken zur Analyse von Geodaten.

Matthews, Stephen, Ellis Logan, und Rachel Bacon. 2015. Spatial Analysis. doi: 10.1093/obo/9780199756384-0058. Übersichtsseite, die den Stand der Nutzung von GIS v. a. in der Soziologie gut widerspiegelt.

Steinberg, Steven J., und Sheila L. Steinberg. 2006. GIS: geographic information systems for the social sciences: investigating space and place. Thousand Oaks, California: SAGE Publications. Empfehlenswerter Einführungstext in die Welt der geografischen Informationssysteme für Sozialwissenschaftler, der insbesondere gut die spezifischen Datenerhebungs- und Analyseverfahren beleuchtet, welche für Geodaten nötig sind.

Sommer, Shelly, und Tasha Wade (Hrsg.). 2006. A to Z GIS – An illustrated dictionary of geographic information systems. Redlands, California: ESRI Press. Illustriertes GIS-Wörterbuch. Gut als Nachschlagewerk für GIS-Novizen geeignet.

Literatur

Anselin, Luc. 1988. *Spatial econometrics: Methods and models.* Studies in operational regional science, Bd. 4. Dordrecht: Springer.

Anselin, Luc. 1995. Local indicators of spatial association-LISA. *Geographical Analysis* 27 (2): 93–115. doi:10.1111/j.1538-4632.1995.tb00338.x.

Anselin, Luc, Jacqueline Cohen, David Cook, Wilpen Gorr, und George Tita. 2000. Spatial analysis of crime. In *Criminal justice 2000: Band 4*, Hrsg. David von Duffee, 213–262. Washington: National Institute of Justice.

Ash, Michael, und T. Robert Fetter. 2004. Who lives on the wrong side of the environmental tracks? Evidence from the EPA's risk-screening environmental indicators model. *Social Science Quarterly* 85 (2): 441–462. doi:10.1111/j.0038-4941.2004.08502011.x.

Ballas, Dimitris, Daniel Dorling, und Benjamin Hennig. 2014. *The social atlas of Europe.* Bristol: Policy Press.

Baller, Robert D., Luc Anselin, Steven F. Messner, Glenn Deane, und Darnell F. Hawkins. 2001. Structural covariates of U.S. county homicide rates: Incorporating spatial effects. *Criminology* 39 (3): 561–588. doi:10.1111/j.1745-9125.2001.tb00933.x.

Berry, William D., und Brady Baybeck. 2005. Using geographic information systems to study interstate competition. *American Political Science Review* 99 (4): 505–519. doi:10.1017/S0003055405051841.

Besley, Timothy, und Marta Reynal-Querol. 2014. The legacy of historical conflict: Evidence from Africa. *American Political Science Review* 108 (2): 319–336. doi:10.1017/S0003055414000161.

Bivand, Roger, Edzer J. Pebesma, und Virgilio Gómez-Rubio. 2013. *Applied spatial data analysis with R.* Second edition. Use R! New York: Springer.

Brewer, Cynthia A. 2016. *Designing better maps: A guide for GIS users,* 2. Aufl. Redlands: Esri Press.

Brunsdon, Chris. 2014. *An introduction to r for mapping a spatial analysis,* 1. Aufl. Thousand Oaks: Sage.

Cho, Wendy K. Tam, und James G. Gimpel. 2012. Geographic information systems and the spatial dimensions of american politics. *Annual Review of Political Science* 15 (1): 443–460. doi:10.1146/annurev-polisci-031710-112215.

Cohen, Jaqueline, und George Tita. 1999. Diffusion in homicide: Exploring a general method for detecting spatial diffusion processes. *Journal of Quantitative Criminology* 15 (4): 451–493.

Cressie, Noel A. C., und Christopher K. Wikle. 2011. *Statistics for spatio-temporal data.* Wiley series in probability and statistics. Hoboken: Wiley.

Crowder, Kyle, und Liam Downey. 2010. Interneighborhood migration, race, and environmental hazards: Modeling microlevel processes of environmental inequality1. *American Journal of Sociology* 115 (4): 1119–1149. doi:10.1086/649576.

Dale, Mark R. T., und Marie-Josée Fortin. 2014. *Spatial analysis: A guide for ecologists,* 2. Aufl. Cambridge: Cambridge University Press.

Darmofal, David. 2015. *Spatial analysis for the social sciences.* Analytical methods for social research. New York: Cambridge University Press.

Downey, Liam. 2003. Spatial measurement, geography, and urban racial inequality. *Social Forces* 81 (3): 937–952. doi:10.1353/sof.2003.0031.

Downey, Liam. 2007. US metropolitan-area variation in environmental inequality outcomes. *Urban Studies* 44 (5): 953–977. doi:10.1080/00420980701256013.

Engene, Jan Oskar. 2004. *Terrorism in Western Europe: Explaining the trends since 1950.* Cheltenham: Elgar.

Fortin, Marie-Josée, und Mark R. T. Dale. 2009. Spatial autocorrelation. *Handbook of spatial analysis,* 107–189. London: Sage.

Fotheringham, A. Stewart, Chris Brunsdon, und Martin Charlton. 2002. *Geographically weighted regression: The analysis of spatially varying relationships.* Chichester: Wiley.

Getis, Arthur, und J. K. Ord. 1992. The analysis of spatial association by use of distance statistics. *Geographical Analysis* 24 (3): 189–206. doi:10.1111/j.1538-4632.1992. tb00261.x.

Gimpel, James G., und Wendy K. Tam Cho. 2004. The persistence of white ethnicity in New England politics. *Political Geography* 23 (8): 987–1008. doi:10.1016/j.polgeo.2004.05.008.

Gimpel, James G., Karen M. Kaufmann, und Shanna Pearson-Merkowitz. 2007. Battleground states versus blackout states: The behavioral implications of modern presidential campaigns. *The Journal of Politics* 69 (3): 786. doi:10.1111/j.1468-2508.2007.00575.x.

Gleditsch, Kristian Skrede, und Nils B. Weidmann. 2012. Richardson in the information age: Geographic information systems and spatial data in international studies. *Annual Review of Political Science* 15 (1): 461–481. doi:10.1146/annurev-polisci-031710-112604.

Graser, Anita. 2014. *Learning QGIS: Use QGIS to create great maps and perform all the geoprocessing tasks you need,* 2. Aufl. open source – community experience destilled. Birmingham: Packt.

Graser, Anita, und Gretchen N. Peterson. 2016. *QGIS map design.* Chugiak: Locate Press LLC.

Griffith, Elizabeth. 2014. Geographic Information Systems (GIS) and spatial analysis. In *The SAGE handbook of innovation in social research methods,* Hrsg Malcolm von Williams, 1. Paperback-Ausgabe, 442–464. Los Angeles: Sage.

Han, Jiawei, Jae-Gil Lee, und Micheline Kamber. 2009. An overview of clustering methods in geographic data analysis. In *Geographic data mining and knowledge discovery,* Hrsg. Harvey J. von Miller und Jiawei Han, 149–188. Boca Raton: CRC Press.

Hennig, Benjamin D. 2013. *Rediscovering the world.* Springer Theses. Berlin: Springer.

Horn, Mark. 2005. GIS and the geography of politics. In *Geographical information systems: Principles, techniques, management and applications,* Hrsg. Paul A. von Longley, Michael F. Goodchild, David J. Maguire, und David W. Rhind, 2. Aufl., 939–951. New York: Wiley.

Huisman, Otto, und Rolf A. de By. 2009. *Principles of geographic information systems an introductory textbook.* Enschede: The International Institute for Geo-Information Science and Earth Observation (ITC).

Jäckle, Sebastian. 2015. Mehrebenenanalyse. In *Methodologie, Methoden, Forschungsdesign: Ein Lehrbuch für fortgeschrittene Studierende der Politikwissenschaft,* Hrsg. Achim von Hildebrandt, Sebastian Jäckle, Frieder Wolf, und Andreas Heindl, 139–161. Wiesbaden: Springer VS.

Jäckle, Sebastian, und Pascal D. König. 2016. The dark side of the German 'welcome Culture': Investigating the causes behind attacks on refugees in 2015. *West European Politics* 8 (1): 1–29. doi:10.1080/01402382.2016.1215614.

King, Gary, Robert Keohane, und Sidney Verba. 1994. *Designing social inquiry. Scientific inference in qualitative research*. Princeton: Princeton University Press.

Landry, Pierre F., und Mingming Shen. 2005. Reaching migrants in survey research: The use of the global positioning system to reduce coverage bias in China. *Political Analysis* 13 (1): 1–22.

Logan, John R. 2012. Making a place for space: Spatial thinking in social science. *Annual Review of Sociology* 38 (1): 507–524. doi:10.1146/annurev-soc-071811-145531.

Longley, Paul A., Mike Goodchild, David J. Maguire, und David W. Rhind, Hrsg. 2015. *Geographic information systems & science*, 4. Aufl. Hoboken: Wiley.

McLarnon, Michael, Heather Newlin, und Jason Hutchins. 2009. Chapter 8: Mapping historic streets. In *PhillydotMap: The shape of Philadelphia*, Hrsg. Cartographic Modeling Lab, 53–61. University of Pennsylvania.

Menke, Kurt, Phillip Smith, Luigi Pirelli, und John Van Hoesen. 2015. *Mastering QGIS: Go beyond the basics and unleash the full power of QGIS with practical step-by-step examples*. Birmingham: Packt.

Miller, M. Clinton, Milton C. Westphal, und John Routt Reigart. 1981. *Mathematical models in medical diagnosis*, 2. Aufl. New York: Praeger.

Monmonier, Mark S. 1996. *How to lie with maps*, 2. Aufl. Chicago: University of Chicago Press.

Patten, S. B., und J. A. Arboleda-Flórez. 2004. Epidemic theory and group violence. *Social Psychiatry and Psychiatric Epidemiology* 39 (11): 853–856. doi:10.1007/s00127-004-0867-9.

Peterson, Gretchen N. 2009. *GIS cartography: A guide to effective map design*. Boca Raton: CRC Press.

Petrasova, Anna, Brendan Harmon, Vaclav Petras, und Helena Mitasova. 2015. *Tangible modeling with open source GIS*. Cham: Springer.

Putnam, Robert D. 1966. Political attitudes and the local community. *The American Political Science Review* 60 (3): 640. doi:10.2307/1952976.

Shipan, Charles R., und Craig Volden. 2008. The mechanisms of policy diffusion. *American Journal of Political Science* 52 (4): 840–857. doi:10.1111/j.1540-5907.2008.00346.x.

START, National Consortium for the Study of Terrorism and Responses to Terrorism. 2016. Global terrorism datanbase. https://www.start.umd.edu/gtd/. Zugegriffen: 16. März 2016.

Steinberg, Steven J., und Sheila L. Steinberg. 2006. *GIS: Geographic Information Systems for the social sciences: Investigating space and place*. Thousand Oaks: Sage.

Tickamyer, Ann R. 2000. Space matters! Spatial inequality in future sociology. *Contemporary Sociology* 29 (6): 805–813. doi:10.2307/2654088.

Tobler, W. R. 1970. A computer movie simulating urban growth in the detroit region. *Economic Geography* 46: 234–240. doi:10.2307/143141.

Tomz, Michael, Jason Wittenberg, und Gary King. 2003. Clarify: Software for interpreting and presenting statistical results. *Journal of Statistical Software* 29 (6): 1–30. doi:10.18637/jss.v008.i01.

Tufte, Edward R. 2001. *The visual display of quantitative information*, 2. Aufl. Cheshire: Graphics Press.

Ward, M. D., und Kristian Skrede Gleditsch. 2002. Location, location, location: An MCMC approach to modeling the spatial context of war and peace. *Political Analysis* 10 (3): 244–260. doi:10.1093/pan/10.3.244.

Weidmann, N. B., J. K. Rod, und L.-E. Cederman. 2010. Representing ethnic groups in space: A new dataset. *Journal of Peace Research* 47 (4): 491–499. doi:10.1177/0022343310368352.

Wenzelburger, Georg, Sebastian Jäckle, und Pascal König. 2014. *Weiterführende statistische Methoden für Politikwissenschaftler: Eine anwendungsbezogene Einführung mit Stata.* Oldenbourg: Gruyter.

Wilson, William Julius. 1990. *The truly disadvantaged: The inner city, the underclass, and public policy.* Paperback-Ausgabe. Chicago: Univ. of Chicago Press.

Mehrebenenanalyse

Sebastian Jäckle und Julian Schärdel

1   Grundlogik und Entwicklung in den Sozialwissenschaften

Das primäre Untersuchungsobjekt der Sozialwissenschaften – der Mensch – wird von diesen zumeist (wenn auch nicht immer explizit) als in einem bestimmten sozialen Kontext eingebunden begriffen. Eine atomistische Sichtweise auf Personen, nach der der Mensch von seiner Umgebung nicht beeinflusst wird und auch diese nicht aktiv beeinflusst, würden Sozialwissenschaftler, gleich aus welcher konkreten Disziplin sie stammen, in der Regel vehement ablehnen. Dasselbe gilt auch für andere in den Sozialwissenschaften anzutreffende Untersuchungsobjekte wie Parteien, Regierungen oder Schulklassen. Gleichwohl basiert ein Großteil der eingesetzten regressionsanalytischen Verfahren (z. B. OLS) auf der Annahme, dass diese Objekte voneinander unabhängig sind. Auch wenn diese Annahme oftmals empirisch nicht haltbar ist, müssen sich hieraus nicht zwangsläufig allzu gravierende Verzerrungen ergeben. Es gibt aber auch Fälle, in denen dies anders ist und die Verwendung beispielsweise einer klassischen Regression daher nicht angebracht wäre. Denn lassen sich eine OLS problemlos anwenden und deren Ergebnisse sinnvoll interpretieren, solange die analysierten Daten einem einfachen Zufallsauswahlprozess entstammen, gilt dies bei einer mehrstufigen Zufallsauswahl nicht mehr. Hier gilt es auf die hierarchische Baumstruktur der ineinander

S. Jäckle (✉) · J. Schärdel
Albert-Ludwigs-Universität, Freiburg, Deutschland
E-Mail: sebastian.jaeckle@politik.uni-freiburg.de

J. Schärdel
E-Mail: julian.schaerdel@politik.uni-freiburg.de

© Springer Fachmedien Wiesbaden GmbH 2017   147
S. Jäckle (Hrsg.), *Neue Trends in den Sozialwissenschaften*,
DOI 10.1007/978-3-658-17189-6_6

verschachtelten Daten *(hierarchically nested data)* zu kontrollieren. Dies leistet die Mehrebenenanalyse (MEA).[1]

Wenn man nicht vom Datengenerierungsprozess ausgeht, lässt sich eine MEA auch über die Art der betrachteten sozialwissenschaftlichen Phänomene begründen: Wenn diese von Natur aus auf mehreren unterschiedlichen Ebenen stattfinden und sich die einzelnen Ebenen auch gegenseitig beeinflussen können, dann sind MEAs angebracht. Dabei ist zu beachten, dass bei MEAs die abhängige Variable immer auf der untersten Ebene (auch bezeichnet als Level-1, Mikro- oder Individualebene) liegen muss, die erklärenden Variablen können dagegen sowohl auf Ebene-1 wie auch auf höheren Aggregatebenen (Level-2 oder Makro-Ebenen) angesiedelt sein. Die betrachteten Level-1-Einheiten müssen dabei trotz der Bezeichnung *Individualebene* nicht zwangsläufig Individuen im Sinne von einzelnen Personen sein, sondern sie können auch selbst Aggregatniveau besitzen. Einzig relevant ist, dass es noch mindestens eine höhere Ebene gibt, in die sie sich einordnen lassen. Beispielsweise könnten die Kommunen in Deutschland auf diese Weise als Individuen begriffen werden, welche sich in die 41 Regierungsbezirke auf Aggregatebene einsortieren lassen. Generell lassen sich beliebig viele Ebenen im Rahmen einer MEA modellieren, sofern eine klare hierarchische Struktur gegeben ist (genauer dazu weiter unten). Das in diesem Kapitel zur Erklärung herangezogene Zwei-Ebenen-Modell kann entsprechend problemlos auf drei und mehr Ebenen erweitert werden.[2]

Um das Grundkonzept der MEA zu verstehen, bietet sich ein Blick in die pädagogische Forschung an, in der diese Analyseform im Rahmen von Leistungsstudien für Schüler bereits eine vergleichsweise lange Tradition aufweisen kann. Hierbei wird angenommen, dass die Leistung eines Schülers nicht ausschließlich durch dessen Persönlichkeitsmerkmale determiniert wird, sondern dass auch sozialisierende Kontexteffekte existieren können, die eine gesamte Schulklasse in gleichem Maße betreffen, beispielsweise die Qualität des Klassenlehrers. Über MEAs können dann Effekte auf der Schüler- wie der Klassenebene (oder noch höheren Ebenen) modelliert werden. Ähnlich offensichtlich ist die Anwendung von MEAs in der Einstellungsforschung, bei der man als Forscher oft guten Gewissens davon ausgehen kann, dass Einstellungen von Personen nicht ausschließlich durch Charakteristika des Individuums selbst, sondern auch durch

---

[1]Eine alternative Bezeichnung, die häufig anzutreffen ist, ist die Hierarchische Lineare Modellierung (HLM).

[2]Ein Beispiel für mehr als zwei Ebenen liefern Dülmer und Ohr (2008), welche die Wahlabsicht für rechtsextremistische Parteien über die drei Ebenen der Befragten, der Landkreise und der Bundesländer betrachten.

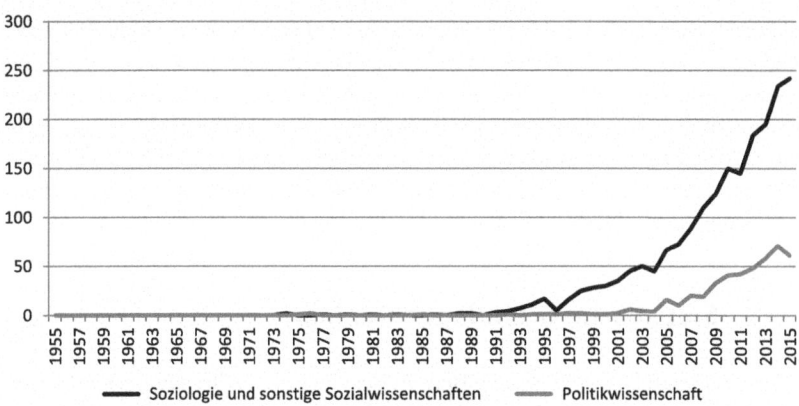

Abb. 1 Entwicklung der Publikationen mit Mehrebenenanalyse. (Quelle: Eigene Darstellung)

übergeordnete Aggregatmerkmale geprägt werden – auf eine Person also gewisse Sozialisationseffekte wirken, die nicht nur sie selbst, sondern auch andere um sie herum erfahren. So kann sich zum Beispiel eine nationalstaatliche Kultur prägend auf die Einstellungen eines Individuums auswirken.[3]

Die in Abb. 1 dargestellte Publikationsentwicklung zeigt, dass MEAs mittlerweile durchaus häufig eingesetzt werden, wobei sie in der Politikwissenschaft noch seltener zum Einsatz kommen als in anderen Sozialwissenschaften, insbesondere der Soziologie. Ab Mitte der 2000er Jahre lässt sich dort ein regelrechter Boom in der Anwendung der MEA verzeichnen, der freilich auch darauf zurückzuführen ist, dass in dieser Zeit eine Reihe an Lehrbüchern erschienen (z. B. Snijders und Bosker 1999; Hox 2002), die das Potenzial der Methode für einzelne sozialwissenschaftliche Bereiche (z. B. die soziologische Umfrageforschung oder die

---

[3]Aus theoretischer Perspektive sind solche kontextuellen Effekte nichts Unbekanntes. Lange Zeit beschränkten sich Analysen, insbesondere solche, die auf Umfragen gründen, jedoch darauf, individuelle Merkmale abzutesten. Das rief schon früh Kritiker wie Barton auf den Plan, eine rein individualistische Ausrichtung ohne Bezug auf das soziale Umfeld des Befragten bei diesen Arbeiten zu kritisieren: „But as usually practiced, using random sampling of individuals, the survey is a sociological meatgrinder, tearing the individual from his social context and guaranteeing that nobody in the study interacts with anyone else in it. It is a little like a biologist putting his experimental animals through a hamburger machine and looking at every hundredth cell though a microscope; anatomy and physiology get lost, structure and function disappear, and one is left with cell biology" (Barton 1968, S. 1).

Bildungsforschung) klar erkennen ließen. Dies sind auch heute noch die Bereiche, in denen die MEA am weitesten verbreitet ist. Hiermit ist das ganze Potenzial dieser Methode jedoch bei weitem noch nicht ausschöpft. Nach einer kurzen Beschreibung der statistischen Grundlagen werden deshalb im Folgenden auch eine Reihe innovativer Ansätze aus unterschiedlichen sozialwissenschaftlichen Teilbereichen vorgestellt, in denen MEAs bereits gewinnbringend zur Beantwortung unterschiedlichster Forschungsfragen eingesetzt wurden.

2 Statistische Grundlagen der MEA

Wie weiter oben beschrieben bedürfen MEAs einer hierarchischen Datenstruktur. Was es damit genau auf sich hat, zeigt Abb. 2 am Beispiel von Schülern. Während ganz links eine solche hierarchische Struktur vorliegt, bei der jeder Schüler in genau einer Klasse und jede Klasse in genau einer Schule genestet ist, können Schüler im Falle der multiplen Mitgliedschaft mehreren Schulen zugeordnet

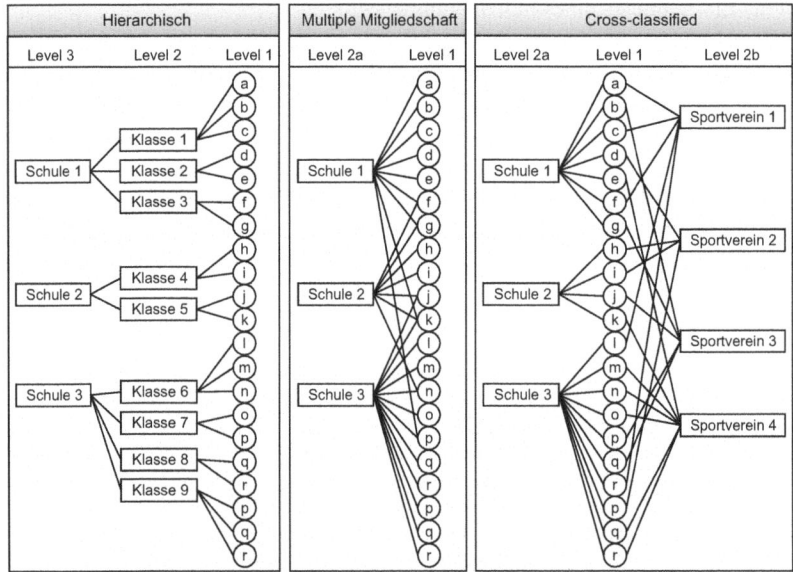

Abb. 2 Beispiele für hierarchische, *cross-classified* und multiple Mitgliedschaftsdatenstrukturen. (Quelle: Eigene Darstellung)

werden (z. B. weil Sie im Laufe des Schuljahres die Schule gewechselt haben), was die eindeutig hierarchische Struktur zerstört.[4] Im Falle von *cross-classified*-Daten werden die Schüler einerseits hierarchisch in Schulen und andererseits ebenfalls hierarchisch in Sportvereine gruppiert. Die beiden Gruppierungsebenen sind dabei voneinander unabhängig und können sich somit überschneiden, sodass Schüler, die in eine bestimmte Schule gehen, in alle vier Sportvereine, und andersherum Schüler, die in einen bestimmten Sportverein gehen, alle drei Schulen besuchen können. Auch in diesem Fall hat man es mit einer imperfekten hierarchischen Struktur zu tun. Ebenfalls möglich als Datenstruktur, hier aber nicht extra dargestellt, ist die Kombination aus *cross-classified* und multipler Mitgliedschaft. Liegen multiple Mitgliedschaften und/oder *cross-classified*-Daten vor, müssen spezielle Varianten der MEA geschätzt werden. Eine Diskussion dieser Verfahren würde den Rahmen dieses Kapitels sprengen, weshalb im Weiteren ausschließlich der klassische und die MEA auch konstituierende Fall einer perfekten hierarchischen Baumstruktur ineinander verschachtelter Gruppen angenommen werden soll. Informationen zum Umgang mit imperfekten hierarchischen Daten finden sich bei Hox (2010, S. 171–187), Goldstein (2011, S. 243–265) Rabe-Hesketh und Skrondal (2012a, S. 433–470) sowie Snijders und Bosker (2012, S. 205–215).

Um ein Verständnis dafür zu entwickeln, welche Zusammenhänge sich überhaupt mit einer MEA modellieren lassen, bietet es sich zunächst an, alle potenziell möglichen Effekte zu betrachten, die auf bzw. zwischen Mikro- und Makro-Ebene vorkommen können. Die folgenden Schaubilder (Abb. 3a–f) stellen diese schematisch in Anlehnung an Snijders und Bosker (2012, S. 10–12) dar – Großbuchstaben stehen dabei für Merkmale auf der Aggregatebene, Kleinbuchstaben für Merkmale auf der Individualebene.

Bei reinen Mikro-Ebenen-Zusammenhängen (Abb. 3a) spielt die Makro-Ebene nur über die Auswahl der Stichprobe mit in die Analyse hinein. Bereits in einem solchen Fall kann aber eine MEA notwendig sein. Angenommen ein Umfrageforscher wählt über eine Zufallsauswahl 30 Länder weltweit aus, in denen er auf repräsentative Survey-Daten zur Einstellung gegenüber Ausländern zurückgreifen kann. Er geht davon aus, dass das Alter der Befragten (x) sich auf deren Einstellung gegenüber Ausländern (y) auswirkt. Seine Schätzer sind aber nur dann unverzerrt, wenn sich der Effekt, den das Alter ausübt, nicht zwischen

---

[4]Die Klassenebene wurde aus Gründen der Übersichtlichkeit hier weggelassen. Gleichwohl können multiple Mitgliedschaften wie auch *cross-classified*-Daten zwischen allen Ebenen des Modells vorkommen.

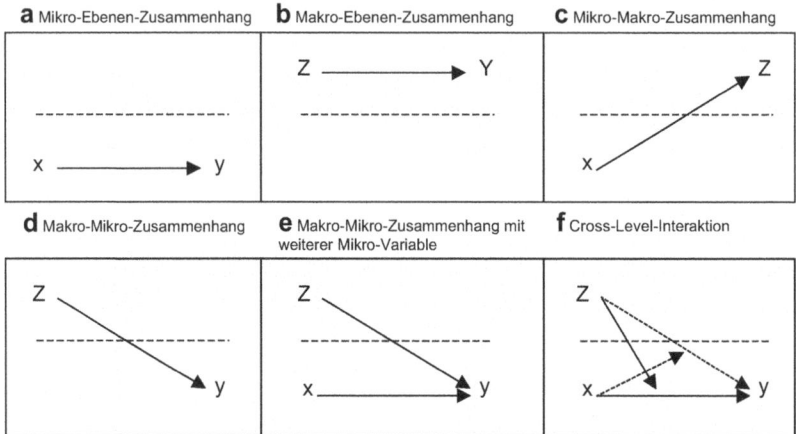

Abb. 3 a–f: Zusammenhänge zwischen Mikro- und Makro-Ebene. (Quelle: Eigene Darstellung)

den einzelnen Ländern unterscheidet. Ist dem jedoch nicht so, bringt eine reine Mikro-Modellierung immer ein gewisses Maß an unerklärtem Rauschen mit sich. Mit einer MEA, welche die hier vorliegende hierarchische Datenstruktur (Befragte genestet in Ländern) in der Modellierung berücksichtigt, ließe sich dieser Varianzanteil hingegen adäquat erklären. Es gilt also zu beachten, dass auch wenn keine erklärende Variable auf der Makro-Ebene vorhanden ist, es in manchen Fällen Sinn ergibt, eine MEA zu schätzen. Auch bei reinen Makro-Ebenen-Zusammenhängen (Abb. 3b) kann eine MEA sinnvoll sein, nämlich dann, wenn die betrachteten Merkmale auf der Mikro-Ebene beobachtet und erst durch Aggregation zu Aggregatmerkmalen werden. In diesem Fall gilt es, die der Stichprobe eigentlich inhärente mehrstufige Zufallsauswahl zu beachten (Jäckle 2015, S. 93). Effekte der Mikro- auf die Makro-Ebene (Abb. 3c), bei denen die abhängige Variable auf der höheren Ebene liegt, lassen sich mit einem ME-Design hingegen nicht testen.

Die unteren drei Schaubilder in Abb. 3 stellen die klassischen Anwendungsfelder von MEAs dar. Beim einfachsten Fall eines Makro-Mikro-Zusammenhangs (Abb. 3d) wirkt sich eine Variable auf der Aggregatebene auf eine abhängige Variable auf der Individualebene aus. Beispielsweise lässt sich so testen, ob die Einstellung einer Person gegenüber Ausländern (y) vom Ausländeranteil in einem Land (Z) abhängt. Zusätzlich zu dem direkten Effekt der Makro-Ebene können auch weitere direkte Individualeffekte (x) dazukommen – zum Beispiel Alter oder Geschlecht der Person (Abb. 3e). Diese Situation lässt sich auch begreifen als Test einer Makro-Variable unter Kontrolle einer Mikro-Variable, bzw. umgekehrt. Variablen können aber auch einen indirekten, d. h. konditionierenden Einfluss ausüben und zwar auf den Effekt, den eine weitere, auf einer anderen Ebene angesiedelte Variable hat. Dies bezeichnet man als Cross-Level-Interaktion (Abb. 3f). Beispielsweise könnte der Effekt, den das Alter einer Person (x) auf deren Einstellung gegenüber Ausländern (y) hat, vom Postmodernismusgrad der Gesellschaft (Z) konditioniert werden. Cross-Level-Interaktionen sind dabei grundsätzlich in beide Richtungen denkbar – hier dargestellt durch die gepunkteten Pfeile. Man könnte also auch annehmen, dass der Effekt, den der Postmodernismusgrad der Nation auf die Einstellung des Individuums Ausländern gegenüber ausübt, dadurch konditioniert wird, wie alt die betreffende Person ist. An der eigentlichen Berechnung der Interaktion ändert dies nichts, einzig die Interpretation der Ergebnisse gälte es anzupassen.

Theoretisch sind drei Alternativen zur Schätzung einer MEA bei Vorliegen von hierarchischen Daten denkbar: 1) die Aggregation der Mikro-Daten auf Makro-Level und entsprechend eine Regression auf Makro-Ebene, 2) die Disaggregation der Makro-Level Variablen auf die Mikro-Ebene und entsprechend eine Regression auf selbiger Ebene sowie 3) die Berechnung separater Regressionsmodelle für alle Makro-Gruppen. Da jedoch jedes dieser Verfahren spezifische Probleme mit sich bringt (so werden beispielsweise durch die Option einer künstlichen Aufspaltung der Aggregatdaten stets die Standardfehler der gefundenen Effekte unterschätzt, da zwar die Observationszahl anwächst, die einzelnen Observationen jedoch nicht mehr als unabhängig voneinander betrachtet werden können), ist im Gegensatz zu einer MEA keines dieser drei Verfahren wirklich zur Modellierung von hierarchischen Daten zu empfehlen.[5]

2.1 Wann sollte man eine MEA rechnen?

Die Frage, ob eine MEA notwendig ist, lässt sich sowohl theoretisch als auch statistisch beantworten. Man sollte auf jeden Fall immer dann dieses Verfahren einsetzen, wenn aus der Theorie konkrete Hypothesen abgeleitet werden können, die sich nur auf diese Weise überprüfen lassen. Geht man beispielsweise von einem

---

[5]Genauere Beschreibungen dieser drei suboptimalen Optionen mit hierarchischen Daten umzugehen sowie der mit ihnen verbundenen Probleme finden sich bei Wenzelburger et al. (2014, S. 94–95), Snijders und Bosker (2012, S. 14–17) sowie Pötschke (2006, S. 174).

Effekt einer Aggregatvariable oder einer Cross-Level-Interaktion aus – beides Dinge, die sich mit anderen statistischen Methoden nicht adäquat testen ließen – ist der Rückgriff auf eine MEA unausweichlich. Zudem ist eine MEA in diesen Fällen, selbst wenn die Varianz der abhängigen Variable nur marginal über die Gruppierung erklärt würde, per se kein falsches Modell. Einzig wenn man Probleme mit der Zahl der Freiheitsgrade hat, sollte man sich in diesem Fall überlegen, evtl. doch auf ein einfacheres, nicht hierarchisches Regressionsmodell umzusteigen.

Die statistische Begründung für eine MEA zielt dagegen auf den Anteil der über die unterschiedlichen Ebenen erklärten Varianz ab. Konkret gilt, dass es, sobald die gesamte Varianz zwischen den betrachteten Individuen zu einem relevanten Anteil auf Unterschiede zwischen den Makro-Level-Einheiten zurückzuführen ist, Sinn ergibt, dies aktiv über eine MEA zu modellieren. Der Intraklassenkorrelationskoeffizient (IKK) hilft bei der Beantwortung der Frage, wie groß dieser Anteil ist. Er berechnet sich als der Anteil der Gesamtvarianz der abhängigen Variable, welcher durch die Gruppierung erklärt wird.[6] Die Entscheidung, ab welchem IKK-Wert eine MEA notwendig ist hängt allerdings laut Hox (2010) davon ab, ob man theoretisch von einer schwachen oder starken Intraklassenkorrelation ausgeht. Dies wiederum ist je nach Forschungsgebiet unterschiedlich und hängt stark von den dort vorherrschenden Gruppengrößen ab. So gälte in der mit großen Cluster-Stichproben arbeitenden Umfrageforschung ein Wert von 0,10 bereits als hoch, im bildungswissenschaftlichen Kontext von Schulklassen würde man eher ab 0,15 von einem großen IKK sprechen und in der soziologischen Forschung in kleinen Gruppen und Familien wären erst Werte ab 0,30 als groß einzustufen. Die konkrete Problematik illustrieren Kreft und Leeuw (1998, S. 10). Sie zeigen, dass das operationale Alpha-Level, welches den realen Anteil an Fehlern erster Art angibt (also Fehlern für das fälschlicherweise Zurückweisen der Nullhypothese), bei einer nicht auf die hierarchische Datenstruktur korrigierenden Analyse umso größer ausfällt, je größer sowohl IKK als auch Gruppengröße sind. Bereits ein an sich sehr geringer IKK von 0,01 würde bei einer Gruppengröße von 100 das Alpha-Level von den eigentlich angestrebten 0,05 (= 95 %-Konfidenzniveau) faktisch auf 0,17 (d. h. 83 %-Konfidenzniveau) anheben. Läge die Gruppengröße hingegen bei 10 (IKK erneut bei 0,01) wäre die Verände-

---

[6]Alternativ kann der IKK auch als Korrelation zweier zufällig ausgewählter Mikro-Einheiten innerhalb einer zufällig ausgewählten Gruppe gesehen werden. Je höher diese Intraklassenkorrelation, desto größer ist der Anteil der Gesamtvarianz, der auf die Unterschiede zwischen den Gruppen zurückzuführen ist. Bei Wenzelburger et al. (2014, S. 96) findet sich ein einfaches Beispiel, das die Logik des IKK anhand des arithmetischen Mittels erklärt.

rung des Alpha-Levels vom nominellen Wert 0,05 auf 0,06 nicht allzu gravierend. Bei einem IKK-Wert von 0,20 würde jedoch auch bei einer solch kleinen Gruppengröße das operationale Alpha-Level so groß werden (0,28; d. h. 72 %-Konfidenzniveau), dass eine die Mehrebenenstruktur nicht adäquat modellierende Analyse keinesfalls mehr angemessen wäre. Da der IKK, sofern er zusammen mit Informationen über die Größe der Gruppen betrachtet wird, eine einfache Option darstellt, um zu testen, inwieweit eine MEA statistisch notwendig, sinnvoll oder nur eine methodische Spielerei ohne nennenswerten analytischen Mehrwert ist, sollte er stets zu Beginn einer Analyse berechnet und in dieser auch berichtet werden.

Alternativ zur Berechnung des IKK können hierzu auch gruppenspezifische Residuen[7] sowie die Ergebnisse von Devianztests betrachtet werden. Mit Hilfe von Devianztests (die auch als Likelihood-Ratio-Chi-Quadrat-Tests bezeichnet werden) lässt sich überprüfen, ob es einen signifikanten Unterschied zwischen dem Nullmodell auf der Individualebene und dem Mehrebenen-Nullmodell gibt, welches die Gesamtvarianz in die Teilvarianzen zwischen und innerhalb der Gruppen aufteilt.[8] Generell lassen sich mit Devianztests sämtliche ineinander geschachtelten Mehrebenenmodelle miteinander vergleichen. So kann mit ihnen beispielsweise auch getestet werden, ob das Hinzufügen einer weiteren Variable

---

[7]Dies sind die Abweichungen der Gruppenmittel vom Gesamtmittelwert. Für ihre Berechnung greift man auf ein Mehrebenenmodell zurück, bei dem außer der Gruppierungsvariable keine weiteren erklärenden Kovariate enthalten sind (Mehrebenen-Nullmodell) und lässt sich die Residuen für die einzelnen Makro-Einheiten ausgeben. Aufgelistet oder geplottet können diese Gruppen-Residuen dabei helfen, diejenigen Gruppen zu identifizieren, für die ein signifikant höherer oder niedrigerer Wert geschätzt wird als im Mittel für alle Gruppen. Ist dies bei vielen Gruppen der Fall, ist eine MEA angebracht. Wenn die Residuen der Gruppen sich hingegen nicht sonderlich voneinander unterscheiden, ist eine normale Regression ausreichend.

[8]Die Teststatistik berechnet sich als: 2 ($LL_{\text{Mehrebenen}} - LL_{\text{Individual}}$). Diesen empirischen Wert vergleicht man mit einem theoretischen Wert aus einer Chi-Quadrat-Tabelle. Man findet die gesuchte Zelle in der Chi-Quadrat-Tabelle anhand des gewünschten Vertrauenswahrscheinlichkeitsniveaus sowie der Anzahl der zwischen den beiden Modellen veränderten Parameter (= Anzahl der Freiheitsgrade). Dasjenige Modell, welches den vom Betrag her niedrigeren Log-Likelihood-Wert hat, kann bei signifikantem Testergebnis als das besser angepasste Modell gelten (Pötschke 2006, S. 173). In der Forschungspraxis lässt sich der Devianztest z. B. in Stata automatisch ausgeben, was den händischen Weg über die Chi-Quadrat-Tabelle unnötig macht.

die Passgenauigkeit eines Modells verbessert oder die Aufnahme einer Cross-Level-Interaktion statistisch gerechtfertigt ist.[9]

2.2   Eine Frage der Fallzahl?

Wie auch bei anderen Regressionsmethoden muss auch bei MEAs eine ausreichende Zahl an Untersuchungsfällen vorhanden sein. Generell werden mit mehr Fällen auf allen Ebenen auch die Schätzer und Standardfehler auf diesen Ebenen genauer. Nach Snijders (2005) ist für die Analyse von Level-1-Effekten primär die Gesamtzahl der Level-1-Einheiten von Relevanz. Im Fall großer Umfragedatensätze wie beispielsweise des World Value Surveys, dürfte es hier nur relativ selten zu Problemen kommen. Sind die Untersuchungseinheiten hingegen z. B. in die 13 deutschen Flächenländer genestete Bundestagswahlkreise, dann ist die Fallzahl auf der untersten Ebene bereits deutlich begrenzter. Gleichwohl dürfte in diesem Fall das größere Problem von der geringen Anzahl an Level-2-Gruppen (Bundesländer) ausgehen, die auch Snijders als den am stärksten limitierenden Faktor für ME-Designs betrachtet (Snijders 2005).[10] Wie viele Level-2-Einheiten benötigt werden, um aussagekräftige Ergebnisse mittels einer MEA zu erzielen, ist in der Forschung allerdings durchaus

---

[9]Der Betrag des Log-Likelihood-Wertes sinkt automatisch mit kleiner werdender Fallzahl. Aus diesem Grund gilt es bei der Aufnahme neuer Variablen darauf zu achten, dass diese nicht durch fehlende Werte die in die Regression eingehende Fallzahl reduzieren. Denn hierdurch würde fälschlicherweise eine Signifikanz beim Likelihood-Ratio-Chi-Quadrat-Test generiert. Man würde also annehmen, dass die aufgenommene Variable das Modell signifikant verbessert, in Wirklichkeit wäre es jedoch die geringere Fallzahl, die den Test signifikant werden ließ (Hadler 2004, S. 70). Um diese Problematik komplett zu vermeiden, kann über eine Filtervariable der Datensatz auf diejenigen Fälle begrenzt werden, für die keinerlei fehlende Werte in den aufzunehmenden Variablen vorliegen. Diese Strategie kann allerdings oftmals zu einer merklichen Reduzierung der Fallzahlen führen. Alternativ kann auch multiple Imputation angewendet werden. Hierbei gilt es allerdings darauf zu achten, dass sich die Mehrebenenstruktur auch in den Imputationsmodellen widerspiegelt. Aktuell sind Statistikpakete wie SPSS oder Stata hierzu nicht in der Lage. Das Center for Multilevel Modeling der Universität Bristol bietet allerdings mit *Realcom Impute* ein kostenloses Programm an, das multiple Imputation bei Mehrebenendaten durchführen kann (http://www.bristol.ac.uk/cmm/software/realcom/imputation.html). Daneben ist darauf zu achten, dass Modelle, die sich in ihren fixen Teilen (d. h. unabhängigen Variablen unterscheiden) mittels Devianztest nur sinnvoll zu vergleichen sind, sofern sie mit normaler Maximum Likelihood geschätzt wurden und nicht mittels Restricted Maximum Likelihood (REML). Devianztests sind bei REML-Schätzungen nur erlaubt, sofern sich die Modelle ausschließlich in ihren Zufallskomponenten unterscheiden (Snijders und Bosker 2012, S. 97).

[10]Weniger relevant für die Robustheit der Ergebnisse ist die durchschnittliche Gruppengröße.

umstritten – genannt werden Werte zwischen 30 und 100 Makro-Einheiten.[11] Allerdings finden sich bei einem Blick in die empirische Forschungslandschaft auch Arbeiten, die MEAs auf Basis von deutlich weniger Makro-Einheiten schätzen (Peffley und Rohrschneider 2003; Rosar 2003). Insbesondere, wenn die Schätzung mittels Restricted Maximum Likelihood (REML) durchgeführt wird, seien auch Analysen mit relativ wenigen Level-2-Gruppen möglich (Browne und Draper 2000; Maas und Hox 2004). Allerdings würde die Inklusion von vergleichsweise vielen Makro-Variablen bei gleichzeitig relativ wenigen Makro-Gruppen zu einem Problem mit der Anzahl der Freiheitsgrade führen. Nach Hox erhöht sich bei einer vergleichsweise kleinen Gruppenanzahl von 24–30 das operationale Alpha-Level für die Zufallseffekte, von den eigentlich angestrebten fünf auf neun Prozent – die Standardfehler der Random-Effects werden demzufolge kleiner geschätzt, als sie in Wirklichkeit sind. Deutlich weniger beeinflusst von der niedrigen Gruppenanzahl werden dagegen die Koeffizienten der fixen Effekte sowie deren Standardfehler (Hox 2010, S. 233–234). Neuere, über Monte-Carlo-Simulationen gewonnene Erkenntnisse bestätigen die Problematik und mahnen sogar zu noch größerer Vorsicht (Stegmueller 2013). Sie zeigen, dass insbesondere, wenn komplexere ME-Designs getestet werden (z. B. mit Inklusion von Makro-Variablen und Cross-Level-Interaktionen), eine vergleichsweise geringe Gruppenanzahl (unter 20) zu signifikant verzerrten Schätzern und vor allem zu falsch ausgewiesenen Konfidenzintervallen führt. Für den Test einer Level-2-Variable fasst Stegmueller zusammen:

Estimated with 15 or 20 available countries, ML [Maximum Likelihood] confidence intervals are almost 5 % too short – in other words, researchers are more likely to obtain 90 % confidence intervals rather than the 95 % intervals announced by their software package (Stegmueller 2013, S. 758).[12]

---

[11]Für einen Überblick über diese Daumenregeln siehe Braun et al. (2011).

[12]Laut Stegmueller stellt auch die REML Methode keine wirkliche Alternative dar. Sie generiert zwar im Fall von einfachen ME-Designs geringfügig bessere Konfidenzintervalle als die klassische MLE. Bei komplexeren Designs hingegen ergeben sich „quite drastic noncoverage problems" (Stegmueller 2013, S. 751). Er empfiehlt vielmehr auf eine bayesianische Schätzung auszuweichen. Diese würde einerseits etwas weniger Bias bei den Punktschätzern generieren und v. a. deutlich passendere Konfidenzintervalle erzeugen. Diese wären zudem im Gegensatz zu den von der MLE erzeugten Konfidenzintervallen eher zu lang als zu kurz, weshalb man sagen kann, dass „researchers using Bayesian multilevel models put their hypotheses to more rigid tests than their colleagues relying on ML estimates!" (Stegmueller 2013, S. 759). Betrachtet man die Anzahl veröffentlichter MEAs, stellt die Bayesianische Modellierung allerdings noch die absolute Ausnahme dar, weshalb sie auch hier nicht weiter verfolgt wird. Einen Einstig in die Welt der Bayesianischen MEA bieten Hamaker und Klugkist (2011).

Was bedeuten diese Voraussetzungen nun für die Anwendung von ME-Modellen in den Sozialwissenschaften? In erster Linie, dass insbesondere die Anzahl der Makro-Einheiten als limitierender Faktor nicht übersehen werden darf. Sollten in den Daten etwa nur 20 Level-2-Einheiten vorhanden sein – wie dies in der politikwissenschaftlichen Forschung beispielsweise bei Analysen der OECD-Welt oftmals der Fall ist – sind eben nur solche ME-Modelle sinnvoll schätzbar, die nur wenige Variablen auf Aggregatebene aufweisen und die v. a. nur wenige oder gar keine Cross-Level-Interaktionen testen. Kurz gesagt: je schlanker das Modell, desto geringer sind die Probleme durch geringe Fallzahlen. Zudem kann als pragmatische Antwort auf die Analyse von Stegmueller gesagt werden, dass man bei eher geringen Fallzahlen auf Level-2 auf die angegebenen Konfidenzintervalle immer noch einen gewissen Aufschlag dazurechnen sollte, bzw. wenn man eigentlich ein Signifikanzniveau von 95 % anstrebt, die Schätzung mit einem Signifikanzniveau von 99 % durchführt. Gleichzeitig dürften Analysen mit weniger als zehn Makro-Einheiten wohl in den seltensten Fällen noch sinnvolle Ergebnisse liefern. Hier seien auf Maximum Likelihood Schätzung basierende Konfidenzintervalle laut Stegmueller oftmals um bis zu 15 Prozentpunkte zu schmal (2013, S. 753), was jegliche ernsthafte Interpretation unterminiert. Für die konkrete Entscheidung, ob die Anzahl an Fällen und Gruppen bei einem spezifischen Forschungsinteresse ausreichen, können die in Tab. 1 gelisteten Daumenregeln helfen. Letztlich gilt es stets zwischen dem Anspruch einer großen statistischen Power und den mit der Datenerhebung verbundenen Kosten für eine hierfür notwendige Vergrößerung des Samples abzuwägen (sofern eine solche überhaupt möglich ist). Damit sich der Leser ein Bild davon machen kann, wie schwerwiegend die Fallzahlproblematik ist, sollte es selbstverständlich sein, die Fallzahlen auf jeder einzelnen Ebene und im besten Fall auch die durchschnittliche Gruppengröße (und deren Spannweite) in einer Mehrebenenpublikation anzugeben.

Tab. 1 Daumenregeln für Fallzahlen und Gruppengrößen. (Nach Hox 2010, S. 235)

Forschungsinteresse	Durchschnittliche Fallzahl in der Gruppe	Anzahl an Gruppen
Fixe Effekte	30	30
Cross-Level-Interaktionen	20	50
Zufallseffekte, Varianz- und Kovarianzkomponenten und deren Standardfehler	10	100

2.3 Modellierungsstrategien für hierarchische Daten

Bei allen MEAs liegt die zu erklärende Variable auf der Individualebene. Deren Varianz kann dabei, wie die Abb. 3a–f gezeigt haben, auf Unterschiede zwischen wie innerhalb der Makro-Gruppen zurückgehen. MEAs bieten entsprechend die Möglichkeit drei Arten von Effekten zu modellieren: 1) Effekte der Mikro-Ebene, 2) Effekte der Makro-Ebene (bzw. noch weiterer höher gelegener Ebenen) sowie 3) Cross-Level-Interaktionen.

In Bezug auf Level-1-Effekte besteht der Vorteil der MEA gegenüber einer normalen OLS darin, dass je nach Gruppe ein unterschiedlicher Effekt angenommen werden kann und man entsprechend nicht davon ausgehen muss, dass eine Variable über alle Gruppen hinweg denselben Effekt auf die in der Gruppe enthaltenen Individuen ausübt. Dabei können zwei unterschiedlich flexible Modelle unterschieden werden: das Random-Intercept- und das Random-Slope-Modell. Bei ersterem (formal: $y_{ij} = b_0 + b_1 x_{ij} + u_j + e_{ij}$)[13] wird ausschließlich der Achsenabschnitt (Intercept) als variabel angenommen. Dieser variiert für jede Gruppe um u_j um den mittleren Intercept aller Gruppen b_0 herum (vgl. Abb. 4a). Die Steigung b_1 hingegen wird für alle Gruppen als gleich angenommen. Insofern unterscheiden sich im Random-Intercept-Modell die Effekte der Level-1-Variablen ausschließlich entsprechend ihres Niveaus, nicht jedoch in ihrer Steigung. Sofern man annimmt, dass die Level-1-Effekte nicht nur im Niveau zwischen den Gruppen variieren, sondern, dass eine Level-1-Variable in verschiedenen Gruppen voneinander abweichende Effekte, d. h. unterschiedliche Steigungen aufweisen kann, lässt sich dies über ein Random-Slope-Modell schätzen (formal: $y_{ij} = b_0 + b_1 x_{ij} + u_{0j} + u_{1j} x_{ij} + e_{ij}$). Die neu hinzugekommenen Elemente der Gleichung lassen sich anschaulich in Abb. 4b betrachten. Der Effekt, den eine Level-1-Variable hat, wird relativ zum mittleren Effekt über alle Gruppen betrachtet. Im Unterschied zum vorherigen Random-Intercept-Modell nimmt man allerdings an, dass sich die Gruppen in Bezug auf einen Level-1-Faktor nicht nur in ihren Achsenabschnitten u_{0j}, sondern auch in ihren Steigungen u_{1j} unterscheiden können. Anschaulich sieht das folgendermaßen aus: Vergleicht man die Gerade für Gruppe 1 (gepunktete Linie) mit der mittleren Steigung über alle Individuen (fett gedruckte Linie), zeigt sich für diese Gruppe eine größere Steigung als im Mittel (u_{11}). Dies ist auch der Term, um den die Formel des Random-Intercept-Modells erweitert wird.

Neben den Mikro-Effekten, die sich wie gesehen auch von Makro-Einheit zu Makro-Einheit unterscheiden können, lassen sich auch Effekte modellieren,

---

[13]Der Index i steht für ein Individuum in der Gruppe j.

Abb. 4 a Random-
Intercept-Modell, **b**
Random-Slope-Modell.
(Quelle: Eigene
Darstellung)

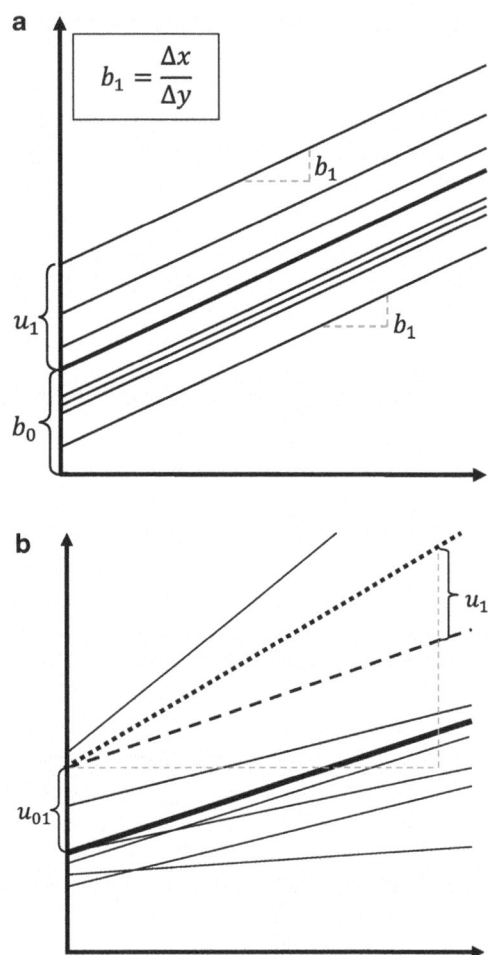

die direkt von Level-2 aus auf die abhängige Variable wirken (vgl. Abb. 3d). So
könnte sich beispielsweise die Arbeitslosenquote in einem Land auf die Einstellung der Bevölkerung zum Thema Arbeitslosengelderhöhung auswirken und dies
unabhängig davon, ob die betreffende Person selbst arbeitslos ist oder nicht. Um
solche Sozialisations- oder Kontexteffekte adäquat zu modellieren, ist ein Rückgriff auf MEAs notwendig, da die Disaggregation der Level-2-Einheiten – wie

oben beschrieben – die Standardfehler dieser Variablen systematisch unterschätzen würde.

Zusätzlich zu den Haupteffekten können Level-1- und Level-2-Variablen auch in Form von Interaktionseffekten auf die AV einwirken. Besonders interessant in dieser Hinsicht ist der Fall von Cross-Level-Interaktionen zwischen einer Mikro- und einer Makro-Variable (vgl. Abb. 3f). Die um den Interaktionseffekt erweiterte Modellgleichung schreibt sich folgendermaßen: $y_{ij} = b_0 + b_1 x_{1ij} + b_2 X_{2j} + b_3 x_{1ij} {}^* X_{2j} + u_{0j} + u_{1j} x_{1ij} + e_{ij}$. Die Darstellung der Cross-Level-Interaktionseffekte sollte sinnvollerweise – wie auch bei anderen Interaktionen üblich – entweder über vorhergesagte Werte (dabei auf einen sinnvoll zu interpretierenden Wertebereich achten) oder über marginale Effekte erfolgen (Preacher et al. 2006).[14]

Auch wenn die Flexibilität, welche Random-Slope-Modelle und Cross-Level-Interaktionen bieten, verführerisch sein kann, sollten Forscher stets bedenken, dass jede Erweiterung des Modells durch zusätzliche Parameter immer auch auf Kosten der Modellschätzung geht. Sparsame Modelle sind entsprechend in der Regel allzu umfangreichen Modellen vorzuziehen. Als Forscher sollte man deshalb stets testen, ob die Freisetzung einer Level-1-Varianz oder die Inklusion einer Cross-Level-Interaktion die Modellschätzung signifikant verbessern und damit wirklich sinnvoll sind. Hierzu können Devianztests verwendet werden. Alternativ kann man auch, um die Güte von zwei Modellen zu vergleichen, das Akaike Information Criterion (AIC) oder das Bayesian Information Criterion (BIC) heranziehen. Diese beiden Maße bestrafen im Gegensatz zur Devianz die Aufnahme weiterer Variablen, weshalb sie besonders im Sinne einer möglichst sparsamen Modellbildung hilfreich sind. Das BIC bestraft zusätzlich auch noch eine hohe Fallzahl und stellt damit in der Regel einen noch härteren Test als das AIC dar (Hox 2010, S. 50). Ein Vorteil dieser Testmaße ist, dass sie nicht nur auf ineinander geschachtelte Modelle anwendbar sind – wie beim Devianztest der Fall – sondern mit ihrer Hilfe beispielsweise auch Modelle mit voneinander abweichenden erklärenden Variablen miteinander verglichen werden können. Einzig die Fallzahl der beiden Modelle muss identisch sein.

---

[14]Der Artikel von Brambor et al. (2006) in der Zeitschrift Political Analysis kann als *best practice guide* für die Anwendung von Interaktionseffekten dienen. Daneben gibt es gute Einführungsbücher, die auch Hilfestellungen bei der praktischen Schätzung von Interaktionseffekten im Statistikprogramm enthalten (Urban und Mayerl 2011, S. 214–217–301; Wenzelburger et al. 2014, S. 39–54; Kohler und Kreuter 2012, S. 292–96).

Infobox: Zentrieren

Aus Gründen der besseren Interpretierbarkeit empfiehlt es sich bei MEAs oftmals Variablen am Gesamtmittelwert zu zentrieren *(grand mean centering)*. Von einer Zentrierung am Gruppenmittelwert *(group mean centering)*, wie sie Raudenbush (1989) noch generell empfohlen hat, raten heute hingegen die meisten Experten ab, da diese Form der Zentrierung die Gefahr beinhalte, unechte Varianz auf Level-2 zu erzeugen (Plewis 1989) und das Basis-Modell so verändern würde, dass es nicht mehr äquivalent zum nicht-zentrierten Modell ist (Kreft et al. 1995). Hierdurch kann es vorkommen, dass man allein durch das Zentrieren am Gruppenmittelwert ein anderes Modell schätzt, als man eigentlich im Auge hatte (Paccagnella 2006). Nur bei spezifischen Fragestellungen böte sich eine Zentrierung am Gruppenmittel an: Beispielsweise um den sogenannten „frog-pond"-Effekt (Hox 2010, S. 69) nachzuweisen, bei dem die relative Positionierung eines Falles im Vergleich zu den anderen Fällen seiner Gruppe die Ausprägung der abhängigen Variable mit determiniert. In bildungspsychologischen Studien kann dies beispielsweise sinnvoll sein, wenn der Forscher annimmt, dass sich Schüler mit ihren Mitschülern und auch mit dem Klassendurchschnitt vergleichen und entsprechend ihre Leistung durch diese Vergleiche beeinflusst wird.

Durch *grand mean centering* wird dagegen primär die Interpretierbarkeit des Achsenabschnitts ermöglicht. In einem Random-Intercept-Modell entspricht der Intercept genau wie in einer klassischen OLS-Regression dem Wert, den die AV annimmt, wenn alle UV gleich Null sind. Ist Null jedoch kein sinnvollerweise einsetzbarer Wert für eine UV (wie z. B. bei der Variable Alter in einem Umfragedatensatz), bietet es sich an die Variable zu zentrieren, d. h. über alle Fälle den Gesamtmittelwert abzuziehen. Der Achsenabschnitt kann dann entsprechend als der Wert interpretiert werden, den die AV bei einem, bezogen auf die zentrierte unabhängige Variable, durchschnittlichen Fall annimmt (eine Person mittleren Alters im Beispiel). Bei Variablen, bei denen die Null bereits im sinnvoll zu interpretierenden Bereich liegt, ist ein Zentrieren nicht unbedingt notwendig, allerdings sollte im Sinne einer einfachen Interpretierbarkeit generell immer dann alle UV zentriert werden, sobald eine von diesen notwendigerweise zentriert werden muss. Dies gilt allerdings nur für Variablen, bei denen Mittelwerte eine sinnvolle Aussage erlauben. Anders gesagt, sollten primär metrische Variablen zentriert werden (am arithmetischen Mittel). Ordinale Variablen können am Median zentriert werden, Dummies hingegen sollten nie zentriert werden.

2.4   Gütemaße für ME-Modelle

Zum Test der Modellgüte bietet sich zunächst die bereits angesprochene Devianz an, welche sich als 2 * der Log-Likelihood-Wert berechnet. Grundsätzlich gilt: je näher dieser Wert an Null ist, desto besser passt das Modell auf die Daten. Der Absolutwert der Devianz ist allerdings von der Fallzahl abhängig, weshalb er sich als solcher nicht interpretieren lässt. Erst im direkten Vergleich zweier ineinander geschachtelter Modelle sind Devianzwerte aussagekräftig: Ist ihre Differenz signifikant (Test mittels Chi-Quadrat-Verteilung), so kann dasjenige Modell mit dem absolut betrachtet niedrigeren Devianzwert als signifikant besser angepasst gelten als das andere (Snijders und Bosker 2012, S. 97–99). Die Devianz lässt damit nur Aussagen über die relative Güte einer MEA im Vergleich zu einem anderen, sparsamer ausgestalteten Modell zu. Analog gilt dies auch für die Interpretation von AIC und BIC, bei denen ebenfalls niedrigere Werte auf einen besseren Fit des Modells hinweisen, erneut aber der Absolutwert nicht interpretierbar ist. Ab einer Differenz von etwa zehn zwischen den AIC- bzw. BIC-Werten zweier Modelle kann davon ausgegangen werden, dass dasjenige mit dem geringeren Wert auch wirklich besser angepasst ist als das andere (Raftery 1995, S. 134–40). Devianz-, AIC und BIC-Tests eignen sich, um im direkten Vergleich mit anderen Modellen die am besten passende Modellspezifikation zu ermitteln, ein absolutes Maß für die Erklärungskraft eines ME-Modells stellen sie jedoch nicht dar.

Hierfür schlagen Snijders und Bosker für ein Zwei-Ebenen-Modell zwei getrennt zu berechnende R^2 vor, ein R^2_{mikro} und ein R^2_{makro}. Das R^2_{mikro} gibt die „proportionale Fehlerreduktion für ein individuelles Outcome" (Snijders und Bosker 2012, S. 111 [eigene Übersetzung]) an, das R-Quadrat auf der Makro-Ebene hingegen, um wie viel Prozent sich die Varianz zwischen den Level-2-Gruppen, d. h. zwischen den Gruppenmittelwerten, reduzieren lässt. Für die Berechnung greift man auf die Varianzen der Residuen zurück, die zwischen sowie innerhalb der Level-2-Gruppen vorliegen und vergleicht dabei das interessierende Modell stets mit dem ME-Nullmodell (Snijders und Bosker 1999, S. 102–103). Die Berechnung der beiden R-Quadrate ist bei Random-Slope-Modellen deutlich komplizierter. Da sich die R^2-Werte aber meist nur marginal ändern sobald Zufallsparameter in das Modell aufgenommen werden, plädieren Snijders und Bosker dafür, ihr R^2 stets auf Basis des entsprechenden Random-Intercept-Modells zu berechnen (Snijders und Bosker 1994).[15] Angaben zur Modellgüte sollten Standard in allen MEA Veröffentlichungen sein.

3   Beispiele für Mehrebenenanalysen aus der sozialwissenschaftlichen Forschung

Nachdem die statistischen Grundlagen der MEA geklärt sind, sollen nun verschiedene Anwendungsmöglichkeiten in der sozialwissenschaftlichen Forschung vorgestellt und anhand ausgewählter Beispiele veranschaulicht werden.

3.1   Klassische Anwendungen der Mehrebenenanalyse

Auch wenn die Wurzeln kontextueller Analysen bis ins 19. Jahrhundert zu Durkheims Studien über Selbstmordraten innerhalb bestimmter sozialer Gruppen zurückreichen (Durkheim 1897), beginnt der Aufstieg der klassischen MEA erst etwa Mitte des 20. Jahrhunderts und insbesondere ab Ende der 70er Jahre im Bereich der Bildungsforschung. Lernleistungen von Schülern wurden nicht mehr länger nur auf individuelle Merkmale wie den Intelligenzquotient der Schützlinge zurückgeführt, sondern auch auf Gruppenmerkmale der Schule oder der Schulklasse. Auch heute noch stellt die MEA einen festen Bestandteil des methodischen Instrumentariums der pädagogischen Forschung dar (Minello und Barban 2012). Doch sie ist nicht in diesem Wissenschaftsbereich verharrt, sondern hat sich zu einer in den gesamten Sozialwissenschaften eingesetzten Analysemethode entwickelt. Insbesondere in der Soziologie kam die Methode ab den 90er Jahren immer häufiger zum Einsatz. Die Politikwissenschaft folgte diesem Trend etwa 10 Jahre später (vgl. Abb. 1), wobei hier die meisten Publikationen dem Bereich der Vergleichenden Politikwissenschaft zuzuordnen sind. Klassische

---

[15]Sofern Kovarianzen zwischen den unabhängigen Variablen in dem Modell angenommen werden, lassen sich die R²-Werte nach Snijders und Bosker nicht mehr sinnvoll interpretieren. Pötschke (2006, S. 174) schlägt in diesen Fällen die Verwendung des Pseudo-R² nach Maddala vor, welches grundsätzlich bei allen nach dem Maximum Likelihood Verfahren geschätzten Modellen berechnet werden kann: $Maddala\,R^2 = 1 - \exp\left(\frac{-2\log Likelihood_{M1} - (-2\log Likelihood_{M0})}{n}\right)$. Der sich ergebende Wert gibt an wie viel Prozent der Varianz die im Vergleich zum Nullmodell hinzugefügten Variablen erklären können, wobei diese Erklärungskraft sich sowohl auf „Varianzen der unabhängigen Variablen als auch [...] Kovarianzen zwischen unabhängigen Variablen" (Pötschke 2006, S. 174) beziehen kann.

Anwendungsgebiete der MEA in den Sozialwissenschaften sind heute neben der Bildungsforschung die Einstellungsforschung sowie die Wahlforschung. In diesen Bereichen liegt auf der Hand, dass Level-1-Einheiten zumeist Individuen sind, deren Lernleistungen, Einstellungen oder Wahlentscheidungen durch die Gruppierung, in der die Einheiten anzutreffen sind, und den dort vorherrschenden Kontext bedingt sein können. Eine größere Varianz finden wir je nach Untersuchungsgegenstand auf dem Makro-Level. Die Mehrzahl der MEA arbeitet mit zwei Ebenen. Nur wenige Publikationen beziehen eine dritte oder vierte Ebene in die Untersuchung ein, auch wenn dies methodisch durchaus möglich wäre. Während in soziologischen Studien oft kleinere Level-2-Einheiten wie beispielsweise die Familie gewählt werden, die das direkte soziale Umfeld der Untersuchungsperson maßgeblich bestimmen, ist in der Politikwissenschaft der Nationalstaat nach wie vor der eindeutig dominierende Untersuchungsgegenstand. Dies ist zumindest zum Teil auch dem Umstand geschuldet, dass viele verfügbare Daten auf nationalstaatlicher Ebene erhoben werden.

Als ein Beispiel für die klassische Verwendung der MEA im Rahmen der Einstellungsforschung mit Individuen auf Level-1 und Nationalstaaten auf Level-2 kann die Studie von Braun und Tausendpfund (2014) zum Einfluss der Eurokrise auf die Einstellung der Unionsbürger zur EU dienen. Die Autoren untersuchen hier mit Eurobarometerdaten, inwiefern die Unterstützung der EU auf Individualebene zum einen durch nationalstaatliche Makrovariablen wie die Zunahme der Arbeitslosigkeit in der Krise und zum anderen durch Variablen auf der Mikro-Ebene wie die gefühlte ökonomische Situation der Befragten, beeinflusst wurde. Der Anteil der Varianz, der durch Level-2-Einheiten erklärt werden kann, wird mit 6 % angegeben und liegt somit am unteren Ende der Daumenregeln, die eine MEA gerade noch für sinnvoll erscheinen lassen (siehe Abschn. 2.1). Die Ergebnisse zeigen allerdings, dass sowohl Level-1- als auch Level-2-Einheiten signifikanten Einfluss auf die Unterstützung der EU durch die Bürger haben. Während auf Individualebene eine negative Evaluation der Krise und der persönlichen wirtschaftlichen Situation erwartungsgemäß mit einer geringeren Unterstützung der EU einhergehen, erweist sich auf Makro-Ebene erstaunlicherweise nicht der Verlauf der Krise (z. B. Anstieg der Arbeitslosigkeit) als signifikant, sondern das absolute wirtschaftliche Niveau. Anders als auf Individualebene geht ein höheres BIP dabei mit einer geringeren Unterstützung einher. Auch Cross-Level-Interaktionen wurden in der Studie nachgewiesen. So besteht zwischen der individuellen Bewertung der Krise und der Unterstützung der EU erwartungsgemäß vor allem in den Ländern der Eurozone ein starker Zusammenhang.

MEAs wie diese, bei der die Individuen als Level-1- und Nationalstaaten als Level-2-Einheiten verwendet werden, stellen in der Einstellungsforschung eine durchaus sinnvolle Herangehensweise dar, allerdings kommt hier häufig die oben

angesprochene Fallzahlenproblematik zum Tragen. Da die benötigen Individualdaten oft nur für die OECD-Staaten oder die Mitgliedstaaten der Europäischen
Union vorliegen und von diesen Datenkorpussen teilweise aus konzeptionellen
Gründen noch weitere Fälle ausgeschlossen werden müssen, bleiben für die Analyse oft nur vergleichsweise wenige Level-2-Einheiten übrig. In solchen Fällen
sind die Ergebnisse von MEAs – wie oben beschrieben – mit großer Vorsicht hinsichtlich der Standardfehler der gefundenen Parameterschätzer zu sehen.

3.2 Mehrebenenanalysen auf Basis kleinerer Level-2-Einheiten

Um die Fallzahlen auf Level-2 zu erhöhen, kann man von der nationalen Ebene
auf die Ebene kleinerer subnationaler Gebietskörperschaften oder nichtgeografi-
scher Makro-Einheiten wie Unternehmen, Bildungseinrichtungen oder Nachbarschaften wechseln. Die Gruppierung von Individuen in kleineren Kontexten hat
außerdem oft zur Folge, dass die Erklärungskraft der zweiten Ebene deutlich größer ist als in weitläufigen geografischen Einheiten, da eine größere Homogenität
der Mitglieder, bzw. ein stärkerer sozialisierender Effekt auf die Gruppenmitglie-
der, zu erwarten ist. Die Varianz zwischen den Individuen innerhalb einer Gruppe
ist dementsprechend geringer, während die Varianz zwischen den Gruppen tendenziell an Bedeutung gewinnt. Ein entsprechendes Beispiel findet sich in einem Artikel von Johnston et al. (2005), die in ihrer Analyse individuellen Wahlverhaltens
britischer Wähler eindrucksvolle 82 % des Varianzanteils auf Ebene der Haushalte
verorten. Ausgehend von der Annahme, dass das engste soziale Umfeld auch den
stärksten Einfluss auf individuelles Verhalten ausübt, untersuchen die Autoren die
Wahlentscheidung von knapp 15.000 Bürgern, gruppiert in rund 8500 Hauhal-
ten. Der enorme Varianzanteil, den die Autoren auf der Kontextebene ausmachen,
muss zwar insofern relativiert werden, als dass auch Einpersonenhaushalte in die
Analyse aufgenommen wurden, wodurch die zwei Ebenen, die eigentlich getrennt
betrachtet werden sollen – nämlich Individuum und Haushalt – zusammenfallen.
Das Beispiel zeigt aber trotzdem, dass kleinere Einheiten, wie die Haushalts-,
Nachbarschafts- oder auch Kommunalebene für sozialwissenschaftliche MEAs im
Prinzip einen interessanten Forschungsrahmen darstellen können.

3.3 Mehrebenenanalysen ohne Individuen auf Level-1

Weiterhin lassen sich in der sozialwissenschaftlichen Literatur auch Beispiele für
MEAs finden, die ganz andere Wege gehen. Wie oben beschrieben, ist eine MEA

immer dann sinnvoll, wenn sich die Einheiten auf der ersten Ebene eindeutig jeweils einer einzigen Aggregateinheit auf höherer Ebene zuordnen lassen. So können beispielsweise auch Aggregateinheiten wie etwa subnationale Gebietskörperschaften als Level-1-Einheiten betrachtet werden, solange sie sich in einer höheren Ebene (z. B. Nationalstaaten) gruppieren lassen. Daneben können MEAs auch völlig von Personen oder Personengruppen als Forschungsobjekt Abstand nehmen. Einen Ansatz dieser Art stellt das Paper von (Cranmer 2011) dar, das populistische Tendenzen in der schweizerischen politischen Kommunikation untersucht. Dafür wurden 1174 öffentliche Reden von eidgenössischen Politikern, die in Bezug auf zwei Abstimmungen zur Asyl- und Einwanderungspolitik gehalten wurden, auf populistische Äußerungen durchsucht. Ein Populismusindex von 0–13 dient als abhängige Variable. Die einzelnen Reden stellen die erste Ebene der Analyse dar, auch wenn unter anderem individuelle Merkmale der Redner wie die Parteizugehörigkeit, politische Erfahrung und andere als erklärende Variablen auf Level-1 gewählt werden.[16] In der Annahme, dass sich die Reden innerhalb einer Parlaments-, Ausschuss- oder Talkshowdebatte aufeinander beziehen und sich somit stark gegenseitig beeinflussen, gruppiert Cranmer sie in die 204 Debatten, in denen sie gehalten wurden. Hierdurch erklärt die Analyse etwa 10 % der Varianz des Populismus in den Reden. Die Autorin geht entsprechend davon aus, dass der Grad des Populismus in politischen Reden unter anderem davon abhängt, in welchem Kontext die Rede gehalten wurde. Als Level-2-Variablen nimmt Cranmer daher Variablen wie den Öffentlichkeitsgrad der Debatte oder die zeitliche Distanz der Debatte zum nächsten Abstimmungstermin in die Analyse auf. Sie kommt zu dem Schluss, dass insbesondere der Öffentlichkeitsgrad der Debatte einen starken Einfluss auf die Verwendung populistischer Äußerungen von Politikern hat, wobei eine große Öffentlichkeit populistische Tendenzen erwartungsgemäß befördert. Durch den Einbezug von Interaktionseffekten in die MEA wird außerdem nachgewiesen, dass dieser Effekt insbesondere für die Schweizer Volkspartei zutrifft, auch wenn sich die Parteizugehörigkeit des Redners allein nicht als signifikante Variable gezeigt hatte.

Ein weiterer interessanter Einsatz der MEA findet sich in einem Artikel von Midtbø (2011) aus der Zeitschrift *Scandinavian Political Studies*. Darin untersucht er für ein Sample von 153 norwegischen Abgeordneten, welche Politiker in den Medien besonders häufig und besonders positive Berichterstattung erhalten,

---

[16]Dieses Vorgehen erscheint in diesem Fall insofern gerechtfertigt, als dass vermutlich die meisten der Reden von unterschiedlichen Politikern gehalten wurden. Gesetz dem Fall, dass nur sehr wenige Politiker sehr viele Reden gehalten hätten, wäre diese Disaggregation von individuellen Eigenschaften weniger Politiker auf viele Reden nicht zulässig.

bzw. welche Politiker eher schlechte oder gar keine Presse bekommen. Dafür analysiert er 18.144 Artikel aus 14 norwegischen Zeitungen im Zeitraum von 2001–2005. Die Artikel stellen hier die Einheiten der ersten Ebene dar, individuelle Eigenschaften der Abgeordneten sind auf Level-2 angesiedelt. Dahinter steht die Vermutung, dass sich die Berichterstattung über einen Abgeordneten in verschiedenen Artikeln tendenziell ähnelt und die Artikel daher sinnvoll über die Individuen gruppiert werden können. Auf Level-1 wurden der Zeitpunkt der Veröffentlichung des Artikels (Wahljahr oder kein Wahljahr) und die Art des Artikels (Boulevardzeitung oder Qualitätszeitung) als unabhängige Variablen verwendet. Auf Level-2 finden sich – ähnlich wie im vorigen Beispiel auf der ersten Ebene – Individualmerkmale der Abgeordneten wie Alter, Geschlecht und politische Erfahrung, sowie die Parteimitgliedschaft und die Position innerhalb dieser Partei. Auch wenn die Erklärungskraft der zweiten Ebene mit ca. 10 % auch in diesem Fall nicht beeindruckend groß ist, deckt die Analyse doch einige interessante Tendenzen auf. So wird in den norwegischen Medien beispielsweise über weibliche Abgeordnete zwar weniger, dafür aber positiver berichtet. Das Gegenteil lässt sich über Parteivorsitzende konstatieren. Auf Level-1 erweist sich die Zeitungsart als besonders einflussreich, wobei dieses Ergebnis aufgrund der durchgeführten Disaggregation der Zeitungsmerkmale auf Artikelebene mit Vorsicht zu genießen ist.[17]

3.4 Der Faktor Zeit als mögliche Analyseeinheit in Mehrebenenanalysen

Zuletzt soll an dieser Stelle darauf eingegangen werden, dass auch die Zeit als Analyseeinheit genutzt werden kann – eine Anwendung der MEA, die bislang vor allem in der Wahlforschung zum Einsatz kam. Zum einen besteht die Möglichkeit die Zeit, beziehungsweise die Umstände zu einem bestimmten Zeitpunkt, als Level-2-Einheit zu modellieren und beispielsweise das Wahlverhalten von Individuen über bestimmte Jahre hinweg zu gruppieren. In diesem Fall stellen die Wahlentscheidung und eventuell weitere Individualvariablen die erste Ebene dar,

---

[17]Da davon auszugehen ist, dass sich die Berichterstattung bezüglich eines Abgeordneten innerhalb einer Zeitung ähnelt und es gleichzeitig Unterschiede hierin zwischen den Zeitungen gibt, wäre es an dieser Stelle eventuell sinnvoll gewesen die Zeitung als weitere Ebene zwischen Artikel und Parlamentarier einzubeziehen. Hierdurch hätte eine künstliche Erhöhung der Fallzahl mit den oben geschilderten negativen Konsequenzen vermieden werden können.

während die Wahljahre mit ihren jeweiligen Gegebenheiten (wie z. B. die staatliche Wirtschaftslage, besondere politische Ereignisse, etc.) die zweite Ebene bilden (Singh 2010). Zum anderen ist es aber auch möglich die MEA als Alternative zur gepoolten Zeitreihenanalysen zu verwenden. Wenn beispielsweise Paneldaten für das Wahlverhalten bestimmter Bürger vorliegen, können die einzelnen Beobachtungszeitpunkte als erste Ebene verwendet werden. Wie im obigen Beispiel bei den Zeitungsartikeln fungieren in diesem Fall die Individuen als „Gruppen" auf Level-2, denen die einzelnen Beobachtungen zugeordnet werden können. Ein Beispiel für den Einsatz der MEA zur Analyse von TSCS-Daten bietet ein Artikel von (Lafree 2006). Die Autoren untersuchen in ihrer Arbeit den Zusammenhang zwischen Mordraten und Demokratie. Überprüft wird für 44 Staaten, ob sich die Mordrate mit zunehmender Demokratisierung absenkt, ob das Gegenteil der Fall ist, oder ob die These zutrifft, dass die Mordrate in der Transitionsphase stark ansteigt, um sich dann über die Jahre abzusenken. Die jährliche Mordrate zum Zeitpunkt $t = 1, 2, 3 \ldots$ nach der ersten Aufzeichnung bildet die abhängige Variable auf Level-1. Da davon auszugehen ist, dass die Mordrate zum Zeitpunkt t1 in einem Land mit der Mordrate zu t2 in demselben Land zusammenhängt, werden die Beobachtungen über die jeweiligen Nationalstaaten gruppiert. Die MEA wird hier somit als Werkzeug zur Handhabung von Autokorrelationsproblemen verwendet. Auf der ersten Ebene wird zusätzlich zum Demokratie- auch auf das Altersniveau der jeweiligen Bevölkerung kontrolliert, auf der Aggregatebene werden regionale Dummyvariablen und wirtschaftliche Eigenschaften des Landes als erklärende Variablen überprüft. Die durchgeführte MEA bestätigt schließlich die Modernisierungsthese, die einen Gewaltanstieg für den begrenzten Zeitraum der Transitionsphase vermutete. Im Vergleich zur herkömmlichen Zeitreihenanalyse liegt ein Vorteil der Mehrebenenanalyse in ihrer Flexibilität im Umgang mit unausgeglichenen und unvollständigen Datensätzen (Snijders und Bosker 1999; Rabe-Hesketh und Skrondal 2012a).[18]

---

[18]Für eine ausführlichere Diskussion der MEA als Ersatz für Time-Series-Cross-Section-Analysen siehe (Tiemann 2009). Bei Hox (2010) und Goldstein (2011) werden außerdem Anknüpfungspunkte der MEA zu anderen statistischen Techniken wir der Survival-Analyse, Faktoranalysen oder Strukturgleichungsmodellen aufgezeigt. Insbesondere die Kombination aus letzteren und MEAs in Form von Mehrebenenstrukturgleichungsmodellen bietet für den Forscher eine Reihe neuer Möglichkeiten. So erfassen diese Modelle nicht nur die Standardfehler in hierarchischen Datensets korrekt und ermöglichen den Test von Prädiktoren auf unterschiedlichen Ebenen, wie dies auch andere MEAs tun, sondern sie können auch mit dem Vorliegen von latenten Variablen umgehen, die auf Basis eines Sets an Items oder messfehleranfälligen Instrumenten bestimmt werden (Kline 2011, S. 586–587; Rabe-Hesketh et al. 2012, S. 512).

4   Software für MEA

Alle großen Statistiksoftwarepakete wie SPSS, Stata oder R enthalten Routinen zur Schätzung von Mehrebenenmodellen.[19] Eine Einführung in die unterschiedlichen Programme würde den Rahmen dieses Kapitels bei Weitem sprengen. Einen guten Einstieg in die jeweiligen Verfahren bieten folgende Bücher: für SPSS Heck et al. (2010, 2013), für Stata Rabe-Hesketh und Skrondal (2012a, b) und für R Finch et al. (2016). Zwischen den Programmen lassen sich allerdings durchaus Unterschiede in den Schätzverfahren ausmachen, die einerseits die Parameterschätzer und andererseits die Rechenzeit beeinflussen können. MEAs mit dichotomer oder ordinaler abhängiger Variable benötigen aufgrund ihres iterativen Schätzverfahrens generell deutlich länger als solche mit metrischer AV. Bei großen Datensätzen mit mehreren zehntausend Fällen auf Level-1, wie sie beispielsweise in der Einstellungsforschung üblich sind, kann die Schätzung eines Modells durchaus mehrere Stunden bis Tage (!) benötigen, insbesondere wenn es sich auch noch um ein vergleichsweise komplexes Modell mit Cross-Level-Interaktionen und Random Slopes handelt.[20] Neben den Routinen der großen Statistikpakete gibt es auch rein auf MEAs spezialisierte Programme wie HLM oder

---

[19]In SPSS laufen MEAs über den Befehl *MIXED*, in Stata über die „xt-Familie" *xtreg* und *xtmixed* (für metrische AV), *xtlogit* (für einfachere logistische MEAs), *xtmelogit* (für komplexere logistische MEAs) bzw. seit Stata Version 13 über die „Mixed Effects (me)-Familie" (*mixed, melogit* u. a.) oder über die zumeist relativ langsame, aber sehr flexible *gllamm*-Routine. Zudem kann aus Stata direkt über *runmlwin* auf das auf MEAs spezialisierte Programm MLwiN zugegriffen werden. In R gibt es ebenfalls mehrere Pakete, mit denen sich MEAs schätzen lassen. Dazu zählen die Pakete *nlme, lme4* und *multilevel* und *merTools* – wobei letzteres insbesondere für die anschauliche Darstellung von Ergebnissen aus MEAs geeignet ist.

[20]Eine große Rolle für die Frage der Rechenzeit spielt hierbei auch die Anzahl an Integrationspunkten. Je größer diese ist, desto genauer ist die Approximation der Likelihood und damit der Schätzer. Allerdings steigt die Rechenzeit proportional zum Produkt der Anzahl der Integrationspunkte für alle Random Effects an. Ein Modell mit drei Random Effects und acht Integrationspunkten bräuchte entsprechend etwa $8 * 8 * 8 = 512$ mal länger als die einfache Laplace-Approximation, die nur einen Integrationspunkt verwendet und entsprechend ungenau ist. Dasselbe Modell mit vier Integrationspunkten würde nur $4 * 4 * 4 = 64$ mal länger als die Laplace Approximation benötigen. Daneben steigt die Rechenzeit auch etwa proportional zur Anzahl an Observationen und (bei Programmen die mit numerischer Integration arbeiten) zum Quadrat der Anzahl an Regressionsparametern. Oftmals ist es deshalb sinnvoll vor dem eigentlichen Modell ein Testmodell mit weniger Parametern und Integrationspunkten zu rechnen, um abschätzen zu können, wie lange ein volles Modell in etwa bräuchte (Rabe-Hesketh und Skrondal 2012b, S. 541).

MLwiN – letzteres vom Centre for Multilevel Modeling der Universität Bristol entwickelt, auf dessen Internetseite auch ein sehr hilfreicher, frei verfügbarer Online-Kurs zur Analyse von hierarchischen Daten mithilfe von MLwiN, R und Stata angeboten wird.[21] Diese Spezialsoftware ist in der Lage, sehr flexible Modelle in einer relativ kurzen Zeit zu rechnen, für die meisten Anwendungen in den Sozialwissenschaften dürften jedoch die in den großen Statistikpaketen angebotenen Routinen ausreichen, was gegen einen immer mit einem gewissen Zeitaufwand verbundenen Wechsel von dem vertrauten Statistikprogramm zu einer solchen Spezialsoftware spricht.

5   Zusammenfassung

Die MEA stellt ein flexibles statistisches Werkzeug dar, das immer dann sinnvoll eingesetzt werden kann, wenn Daten in einer hierarchischen Struktur vorliegen. Insbesondere wenn von (sozialisierenden) Effekten der übergeordneten Ebene(n) auf die Individualebene oder von Cross-Level-Interaktionen ausgegangen werden kann, gibt es keine wirkliche Alternative zur Schätzung von MEAs. In den Sozialwissenschaften werden solche hierarchischen Modelle schon seit geraumer Zeit gewinnbringend angewandt – allerdings mit einer sehr starken Konzentration auf die Bildungswissenschaft und die Einstellungsforschung. Dieses Kapitel hat jedoch gezeigt, dass gerade aufgrund der ihnen inhärenten Flexibilität Mehrebenenmodelle für eine Vielzahl weiterer Forschungsbereiche von Interesse sein könnten. Um die Möglichkeiten, welche die MEA bietet, voll ausschöpfen zu können, ist es jedoch eventuell nötig, Forschungsfragen aus einer anderen Perspektive zu betrachten und sich so erst einer vorliegenden hierarchischen Struktur bewusst zu werden oder auch den Fokus auf Untersuchungsebenen zu lenken, auf denen eine ausreichende Fallzahl für die Makro-Ebene bereitsteht. So ist der in der Politikwissenschaft seit kurzem zu verzeichnende Trend weg von Analysen auf der Nationalstaatsebene, hin zu Arbeiten, die sich mit kleineren subnationalen Einheiten beschäftigen und entsprechende Datensätze erstellen, auch für die Nutzung von MEAs ein großer Fortschritt.

---

[21]https://www.cmm.bris.ac.uk/lemma/.

6 Kommentierte Literaturempfehlungen

Bickel, Robert. 2007. Multilevel Analysis for Applied Research – It's Just Regression! New York: The Guilford Press. Ein eher für Einsteiger geeignetes Lehrbuch, das anhand vieler Beispiele primär aus dem Bereich der Bildungswissenschaften grundlegende Mehrebenenverfahren vorstellt. Formeln werden dabei sehr ausführlich erklärt, was v. a. für Leser mit geringeren Statistik-Vorkenntnissen hilfreich sein dürfte. Zudem schließt jedes Kapitel damit ab, wie in SPSS die jeweiligen Berechnungen durchgeführt werden können. Leider sind die hierzu verwendeten Beispieldatensätze nicht mehr online erhältlich.

Goldstein, Harvey. 2011. Multilevel Statistical Models. Chichester: Wiley. Bereits in der vierten Auflage erschienenes, sehr umfassendes Lehrbuch, das von den Grundlagen bis hin zu komplexen Modellen und Erweiterungen sehr viel abdeckt. Dabei sollte der Leser jedoch ein gewisses Maß an Verständnis für die statistische Notation mitbringen, da die Kapitel allesamt vergleichsweise stark formalisiert geschrieben sind.

Hox, Joop J. 2010. Multilevel Analysis – Techniques and Applications. New York: Routledge. Sowohl für Anfänger als auch Fortgeschrittene zu empfehlendes Lehrbuch, das relativ kurz die Grundlagen der MEA abhandelt, daneben jedoch auch Weiterführendes behandelt (z. B. alternative Schätzmethoden, oder Fragen der Sample-Größe und statistischen Power) sowie Schnittstellen zu anderen statistischen Verfahren (z. B. Mehrebenen-Survival-Analysen, Mehrebenen-Pfadmodelle oder MEAs mit mehr als einer AV).

Hox, Joop J., und Kyle J. Roberts (Hrsg.). 2011. Handbook of Advanced Multilevel Analysis. New York: Routledge. Sammelband mit Beiträgen zu weiterführenden Mehrebenenverfahren. Behandelt werden u. a. Multilevel Latent Variable Modeling (LVM), MEAs für longitudinale und dyadische Daten, Modelle für *cross classified* Daten und für multiple Mitgliedschaften, Fragen der Zentrierung und des Bootstrappings, der Umgang mit *omitted variable bias* und multipler Imputation bei MEAs sowie deren bayesianische Schätzung.

Rabe-Hesketh, Sophia, und Anders Skrondal 2012a, b. Multilevel and Longitudinal Modeling Using Stata. College Station: Stata Press. Diese beiden Bücher (Band I behandelt kontinuierliche AV, Band II kategoriale, Zähl- und Ereignisdaten) sind in erster Linie für Stata-Nutzer geschrieben. Aufgrund der ausführlichen Beispiele dürften sie aber auch allen anderen fortgeschrittenen Anwendern von MEAs gute Dienste leisten.

Snijders, Tom, und Roel Bosker 2012. Multilevel Analysis – An Introduction to Basic and Advanced Multilevel Modeling. Los Angeles: Sage. Standardwerk, das einerseits Kapitel für Kapitel schrittweise das Vorgehen bei einer MEA erläutert und andererseits auch weiterführende Themen wie diskrete abhängige Variablen, Längsschnittdaten oder Survey Gewichtungen bespricht. Zudem beinhaltet es ein gutes Überblickskapitel zur auf dem Markt befindlichen Mehrebenen-Software.

Literatur

Barton, Allen H. 1968. Bringing society back in. Survey research and macro-methodology. *American Behavioral Scientist* 12 (2): 1–9.

Brambor, Thomas, William Roberts Clark, und Matt Golder. 2006. Understanding interaction models. Improving empirical analyses. *Political Analysis* 14 (1): 63–82. doi:10.1093/pan/mpi014.

Braun, Daniela, und Markus Tausendpfund. 2014. The impact of the euro crisis on citizens' support for the European Union. *Journal of European Integration* 36 (3): 231–245. doi: 10.1080/07036337.2014.885751.

Braun, Daniela, Nicole Seher, Markus Tausendpfund, und Ansgar Wolsing. 2011. Einstellungen gegenüber Immigranten und die Zustimmung zur Europäischen Integration – eine Mehrebenenanalyse. Working Paper Nr. 136 (März). http://www.mzes.uni-mannheim.de/publications/wp/wp-136.pdf.

Browne, William J., und David Draper. 2000. Implementation and performance issues in the Bayesian and likelihood fitting of multilevel models. *Computational Statistics* 15 (3): 391–420.

Cranmer, Mirjam. 2011. Populist communication and publicity: An empirical study of contextual differences in Switzerland: Populist communication and publicity. *Swiss Political Science Review* 17 (3): 286–307. doi:10.1111/j.1662-6370.2011.02019.x.

Dülmer, Hermann, und Dieter Ohr. 2008. Rechtsextremistische Wahlabsicht und regionaler Kontext: Mehrebenenanalysen zur Rolle sozialer Milieus und regionaler Gruppenkonflikte in Deutschland. *Politische Vierteljahresschrift* 49 (3): 491–517.

Durkheim, Émile. 1897. Le suicide: Étude de sociologie. Bibliothèque de philosophie contemporaine. Paris: Alcan.

Finch, W. H., J. E. Bolin, und K. Kelley. 2016. *Multilevel modeling using R. Chapman & Hall/CRC statistics in the social and behavioral sciences.* Chapman & Hall/CRC statistics in the social and behavioral sciences. Boca Raton: CRC Press.

Goldstein, Harvey. 2011. *Multilevel statistical models.* Chichester: Wiley.

Hadler, Markus. 2004. Die Mehrebenen-Analyse. Ihre praktische Anwendung und theoretische Annahmen. *Österreichische Zeitschrift für Soziologie* 29 (1): 53–74. doi:10.1007/s11614-004-0003-9.

Hamaker, Ellen L., und Irene Klugkist. 2011. Bayesian estimation of multilevel models. In *Handbook of advanced multilevel analysis,* Hrsg. Joop J. von Hox und J. Kyle Roberts, 137–162. New York: Taylor & Francis.

Heck, R. H., S. L. Thomas, und L. N. Tabata. 2010. *Multilevel and longitudinal modling with IBM SPSS.* Quantitative Methodology Series. New York: Taylor & Francis.

Heck, R. H., S. Thomas, und L. Tabata. 2013. *Multilevel modeling of categorical outcomes using IBM SPSS.* Quantitative Methodology Series. New York: Taylor & Francis.

Hox, Joop J. 2002. *Multilevel analysis – Techniques and applications.* New York: Taylor & Francis.

Hox, Joop J. 2010. *Multilevel analysis – Techniques and applications.* New York: Routledge.

Jäckle, Sebastian. 2015. Mehrebenenanalyse. In *Methodologie, Methoden, Forschungsdesign: Ein Lehrbuch für fortgeschrittene Studierende der Politikwissenschaft,* Hrsg. Achim von Hildebrandt, Sebastian Jäckle, Frieder Wolf, und Andreas Heindl, 139–161. Wiesbaden: Springer VS.

Johnston, Ron, Kelvyn Jones, Carol Propper, Rebecca Sarker, Simon Burgess, und Anne Bolster. 2005. A missing level in the analyses of British voting behaviour: The household as context as shown by analyses of a 1992–1997 longitudinal survey. *Electoral Studies* 24 (2): 201–225. doi:10.1016/j.electstud.2004.04.002.

Kline, Rex B. 2011. Convergence of structural equation modeling and multilevel modeling. In *The age handbook of innovation in social research methods,* Hrsg. Malcolm von Williams und Paul W. Vogt, 562–589. Los Angeles: Sage.

Kohler, Ulrich, und Frauke Kreuter. 2012. *Datenanalyse mit Stata.* München: Oldenbourg.

Kreft, Ita, und Jan de Leeuw. 1998. *Introducing multilevel modeling.* London: Sage.

Kreft, Ita, Jan de Leeuw, und Leona S. Aiken. 1995. The effect of different forms of centering in hierarchical linear models. *Multivariate Behavioral Research* 30 (1): 1–21.

Lafree, Gary 2006. Democracy and crime: A multilevel analysis of homicide trends in forty-four countries, 1950–2000. *The ANNALS of the American Academy of Political and Social Science* 605 (1): 25–49. doi:10.1177/0002716206287169.

Maas, Cora J. M., und Joop J. Hox. 2004. Robustness issues in multilevel regression analysis. *Statistica Neerlandica* 58 (2): 127–137. doi:10.1046/j.0039-0402.2003.00252.x.

Midtbø, Tor. 2011. Explaining media attention for Norwegian MPs: A new modelling approach. *Scandinavian Political Studies* 34 (3): 226–249. doi:10.1111/j.1467-9477.2011.00270.x.

Minello, Alessandra, und Nicola Barban. 2012. The educational expectations of children of immigrants in Italy. *The ANNALS of the American Academy of Political and Social Science* 643 (1): 78–103. doi:10.1177/0002716212442666.

Paccagnella, Omar. 2006. Centering or not centering in multilevel models? The role of the group mean and the assessment of group effects. *Evaluation Review* 30 (1): 66–85. doi: 10.1177/0193841x05275649.

Peffley, Mark, und Robert Rohrschneider. 2003. Democratization and political tolerance in seventeen countries: A multi-level model of democratic learning. *Political Research Quarterly* 56 (3): 243–257. doi:10.1177/106591290305600301.

Plewis, Ian. 1989. Comment on ,Centering' predictors in multilevel analysis: Choices and consequences. *Multilevel Modeling Newsletter* 1 (2): 10–12.

Pötschke, Manuela. 2006. Mehrebenenanalyse. In *Qualitative und quantitative Analyseverfahren,* Hrsg. Behnke von Joachim, Thomas Gschwend, Delia Schindler, und Kai-Uwe Schnapp, 167–179. Baden-Baden: Nomos.

Preacher, Kristopher J., Patrick J. Curran, und Daniel J. Bauer. 2006. Computational tools for probing interactions in multiple linear regression, multilevel modeling, and latent curve analysis. *Journal of Educational and Behavioral Statistics* 31 (4): 437–448.

Rabe-Hesketh, Sophia, und Anders Skrondal. 2012a. Continuous responses. Multilevel and Longitudinalm Modeling Using Stata, Bd. 1. College Station: Stata Press.

Rabe-Hesketh, Sophia, und Anders Skrondal. 2012b. Multilevel and Longitudinal Modeling Using Stata, Bd. 2. College Station: Stata Press.

Rabe-Hesketh, Sophia, Anders Skrondal, und Xiaohui Zheng. 2012. Multilevel structural equation modeling. In *Handbook of structural equation modeling*, Hrsg. Rick H. von Hoyle, 512–532. New York: Guilford Press.

Raftery, Adrian E. 1995. Bayesian model selection in social research. *Sociological Methodology* 25: 111–163.

Raudenbush, Stephan W. 1989. Centering' predictors in multilevel analysis: Choices and consequences. *Multilevel Modelling Newsletter* 1 (2): 10–12.

Rosar, Ulrich. 2003. Die Einstellungen der Europäer zum Euro. Ein Anwendungsbeispiel der Mehrebenenanalyse als Instrument komparativer Umfrageforschung. In *Vergleichende politikwissenschaftliche Methoden: Neue Entwicklungen und Diskussionen*, Hrsg. Susanne von Pickel, Gert Pickel, Hans-Joachim Lauth, und Detlef Jahn, 221–245. Wiesbaden: Westdeutscher Verlag.

Singh, Shane P. 2010. Contextual influences on the decision calculus: A cross-national examination of proximity voting. *Electoral Studies* 29 (3): 425–434. doi:10.1016/j.electstud.2010.03.014.

Snijders, Tom. 2005. Power and sample size in multilevel modeling. In *Encyclopedia of statistics in behavioral science*, Hrsg. B. S. von Everitt und D. C. Howell, Bd. 3, 1570–1573. Chicester: Wiley.

Snijders, Tom, und Roel Bosker. 1994. Modeled variance in two-level models. *Sociological Methods & Research* 22 (3): 342–363.

Snijders, Tom, und Roel Bosker. 1999. *Multilevel analysis: An introduction to basic and advanced multilevel modeling*. London: Sage.

Snijders, Tom, und Roel Bosker. 2012. *Multilevel analysis: An introduction to basic and advanced multilevel modeling*. London: Sage.

Stegmueller, Daniel. 2013. How many countries for multilevel modeling? A comparison of frequentist and Bayesian approaches. *American Journal of Political Science* 57 (3): 748–761. doi:10.1111/ajps.12001.

Tiemann, Guido. 2009. Zwei Verfahren zur Analyse heterogener Kausalität: Time-Series-Cross-Section- und Mehrebenenmodelle. In *Methoden der vergleichenden Politik- und Sozialwissenschaft*, Hrsg. Susanne von Pickel, Gert Pickel, Hans-Joachim Lauth, und Detlef Jahn, 213–232. Wiesbaden: VS Verlag.

Urban, Dieter, und Jochen Mayerl. 2011. *Regressionsanalyse: Theorie, Technik und Anwendung*, 4. Aufl. Wiesbaden: VS Verlag.

Wenzelburger, Georg, Sebastian Jäckle, und Pascal König. 2014. *Weiterführende statistische Methoden für Politikwissenschaftler: Eine anwendungsbezogene Einführung mit Stata*. Oldenbourg: De Gruyter.

Multidimensionale Skalierung

Pascal D. König

1 Einführung in die Methode

Die Multidimensionale Skalierung (MDS) hat einen vergleichsweise exotischen Status in den Sozialwissenschaften, obwohl sie vergleichsweise alt ist und für eine verwandte Disziplin entwickelt wurde. So stammt die Ausarbeitung der (metrischen) MDS aus dem Jahr 1952 von Warren Torgerson, der dieses Verfahren für die Psychometrie konzipierte. Den Hintergrund für seine Arbeit bildete der Umstand, dass bei der Untersuchung von Stimulusbewertungen durch Probandinnen häufig kein Vorwissen über die relevanten Dimensionen gegeben ist, nach denen die Stimuli (Reizdarbietungen wie Objekte, Bilder oder Geräusche) als ähnlich oder unähnlich beurteilt werden. Die Frage war daher, mit welchem Verfahren die Dimensionen, auf denen die Ähnlichkeitsbewertungen der Stimuli erfolgen (z. B. positiv versus negativ erfahrene Reize), aus den Daten selbst gewonnen werden können (Young und Hamer 1987, S. 15–16). In den darauffolgenden Jahrzehnten ist die MDS mehrfach erweitert und ausdifferenziert worden. Hierbei sind insbesondere die Weiterentwicklung des Verfahrens auf ordinalem Skalenniveau, die Möglichkeit der Berücksichtigung von interindividuellen Unterschieden zwischen den Bewertenden (als unterschiedliche Bewertungsquellen) sowie die Darstellung von Eigenschaften und Objekten in einem gemeinsamen Raum zu nennen. Darüber hinaus weisen die diversen Varianten der MDS jeweils eine Reihe möglicher Spezifikationen auf, sodass Analysen flexibel an den Anwendungszweck angepasst werden können.

P.D. König (✉)
Goethe Universität, Frankfurt a. M., Deutschland
E-Mail: p.koenig@soz.uni-frankfurt.de

© Springer Fachmedien Wiesbaden GmbH 2017   177
S. Jäckle (Hrsg.), *Neue Trends in den Sozialwissenschaften*,
DOI 10.1007/978-3-658-17189-6_7

Ein Bild von der Verbreitung der MDS über die Zeit in den Sozialwissenschaften liefert Abb. 1. Erkennbar ist darin, dass nach Torgersons Publikation in den frühen 1950er Jahren die MDS mehr als zehn Jahre lang ein Schattendasein in den Sozialwissenschaften fristete. Wie Young und Hamer (1987, S. 19) schreiben, hat vor allem die in den 1960er Jahren entwickelte ordinale MDS, mit der eine größere Spanne von Datenquellen bearbeitbar wurde, dann für ein steigendes Interesse an dem Verfahren gesorgt und so zu deren Verbreitung beigetragen. Mit Beginn der 1980er Jahre ist ein allmählicher Anstieg auf jedoch geringem Niveau festzustellen. Dies liegt sicherlich daran, dass seitdem die zunehmende Rechnerleistung und Entwicklung sowie Verbreitung von relevanten Softwarepaketen die Durchführung der MDS erleichtert haben. Erst im vergangenen Jahrzehnt war eine etwas stärkere Zunahme festzustellen, bei der allerdings noch abzusehen bleibt, inwieweit sie sich fortsetzen wird. Wenngleich die MDS ihrer flexiblen Anwendbarkeit zum Trotz noch immer eine randständige Position einnimmt, hat sie immerhin in etablierte Forschungsgebiete, wie etwa die Parteienforschung in der Politikwissenschaft, Eingang gefunden. Zudem haben einige Autorinnen und Autoren, wie die weiter unten angeführten Beispiele verdeutlichen dürften, die MDS auf teils innovative Art und Weise auf Gegenstände angewandt, die von den ursprünglichen Analysegegenständen weit entfernt liegen. Dabei haben sie mitunter methodische Neuerungen und Erweiterungen der MDS in die Forschungspraxis einfließen lassen.

Den verschiedenen Varianten der MDS ist gemein, dass sie in einer räumlichen Darstellung das Beziehungsgefüge zwischen Entitäten auf Basis von Informationen zu deren Ähnlichkeiten und Unähnlichkeiten extrahieren, ohne dass

Abb. 1 Entwicklung der MDS in den Sozialwissenschaften. (Quelle: Eigene Darstellung)

vorherige Kenntnisse über Dimensionen zu ihrer Anordnung nötig sind. Sofern nur einige wenige Entitäten auf diese Weise betrachtet werden (z. B. drei Parteien), ist das sich ergebende Gesamtbild noch gut intuitiv vorstellbar. Dies gilt zumindest, wenn die Informationen zu Ähnlichkeiten und Unähnlichkeiten in Form einfacher Abstufungen oder Gegensätze angegeben werden, wie etwa in Form von „Partei A ist von Parteien B und C sehr verschieden, während sich B und C sehr ähnlich sind". Aus einer größeren Datenmatrix lässt sich eine gesamtheitliche Struktur jedoch nicht mehr ohne weiteres herauslesen. In solchen Fällen ist die Verdichtung von Daten durch das Verfahren der Multidimensionalen Skalierung zweckdienlich. Sie überführt eine nicht direkt interpretierbare Datengrundlage in eine einfach verständliche visuelle Darstellung, bei der die Distanzen zwischen den Objekten deren Ähnlichkeiten und Unähnlichkeiten wiedergeben sollen. Sie ist demnach ein strukturidentifizierendes und insbesondere für explorative Analysen geeignetes Verfahren, das Ähnlichkeiten oder Gemeinsamkeiten von Objekten oder Merkmalen quantifiziert und visuell darstellt (Rabinowitz 1975; Kruskal und Wish 1978; Young und Hamer 1987; Cox und Cox 2001; Borg et al. 2013). Dies macht sie für einige sozialwissenschaftliche Untersuchungsfelder besonders relevant: Zu nennen sind hier vor allem die Einstellungs- und Verhaltensforschung sowie die Parteienforschung. Häufig handelt es sich bei den Ähnlichkeiten, die in die Analyse eingehen, um Wahrnehmungen von Personen, die Objekte als mehr oder weniger einander ähnlich einstufen. Die Visualisierung der Gesamtstruktur der Ähnlichkeiten liefert dann einen Wahrnehmungsraum *(perceptual space)* dieser Personen, entweder einzeln oder aller zusammen, quasi als durchschnittliches Bild. Die Grundlage einer MDS müssen jedoch nicht solche explizit subjektiven Einstufungen durch Personen sein, ebenso kann es sich um objektive Merkmale wie etwa Distanzen zwischen Orten handeln.

Der Zweck der MDS kann streng explorativer Art sein, wenn beispielsweise kein Vorwissen über die in den Daten enthaltene Struktur besteht. Ebenso sehr können die aus der MDS resultierenden Befunde aber auch dazu genutzt werden, Vermutung über eine bestimmte Struktur auf die Probe zu stellen. So gibt es womöglich konkrete Annahmen darüber, welche Objekte sehr eng beieinander (z. B. CDU und CSU) und zugleich entfernt von anderen sein müssten (CSU und Bündnis 90/Die Grünen) oder welche Objekte zusammen erkennbare Gruppierungen bilden. Weiterhin kann die MDS einerseits variablenorientiert sein (wie die Faktorenanalyse) und die Beziehungen von Merkmalen untereinander aufzeigen, indem sie deren Verwandtschaft gemessen an der Stärke der Zusammenhänge zwischen diesen grafisch repräsentiert. Zum anderen kann die MDS fallorientiert Objekte nach deren Ähnlichkeiten in einem Wahrnehmungsraum kartografieren. Außerdem kann die MDS dazu genutzt werden, zugleich Eigenschaften und Objekte zu visualisieren, d. h. in einem gemeinsamen Raum abzubilden. Zunächst sei jedoch auf die einfache MDS eingegangen.

2 Grundidee

Grundsätzlich benötigt die MDS Informationen zu den (wahrgenommenen) Ähnlichkeiten zwischen Objekten bzw. Variablen, die in die Analyse eingehen und aus denen letztlich räumliche Distanzen gewonnen werden. Wie weiter unten näher erläutert wird, können die Daten in unterschiedlichen Strukturen vorliegen. Auch müssen die ursprünglichen Ähnlichkeiten nicht auf einer metrischen Skala gemessen sein, sondern sie können, wie es häufig auch in der praktischen Anwendung der Fall ist, auch ordinal skaliert vorliegen (Borg et al. 2013, S. 37–38). Die Bestimmung der räumlichen Positionen von Objekten per MDS, woraus sich letztlich die räumlichen Distanzen ergeben, erfolgt nach dem folgenden Kriterium: Die relative Entfernung und Lage unter den Objekten soll möglichst gut die in den Ursprungsinformationen vorliegenden Ähnlichkeiten und Unterschiede zwischen den Objekten annähern und wiedergeben. Die Ähnlichkeiten können in unterschiedliche Formate (z. B. Rangordnungen, Häufigkeit des gemeinsamen Auftretens von Ereignissen, Korrelationen) beschrieben werden, ebenso gibt es mehrere Möglichkeiten, die Distanzen zu beschreiben (Borg et al. 2013, S. 39–40; Backhaus et al. 2015, S. 358–60), üblicherweise wird jedoch der euklidische Abstand verwendet, d. h. die direkte Strecke zwischen zwei Punkten im zwei- oder mehrdimensionalen Raum.

Weiterhin ist zu unterscheiden zwischen einer metrischen und einer nicht metrischen MDS. Die klassische, metrische MDS nach Torgerson transformiert die Ähnlichkeitsmatrix in Koordinatenwerte in einem niedrigdimensionalen Raum, so dass die metrischen Ausgangsähnlichkeiten möglichst exakt mit den entsprechenden Distanzen zwischen den Koordinatenpunkten übereinstimmen (Cox und Cox 2001, S. 31–35; Borg et al. 2013, S. 38, 81–83). Die nicht-metrische, ordinale MDS ist dagegen ein iteratives Verfahren (Borg et al. 2013, S. 84–86). Die Lösung der MDS wird also schrittweise und nicht analytisch erreicht. Durch das niedrigere Ausgangsskalenniveau sind die Anforderungen an die Transformationen der Ähnlichkeiten in Distanzen geringer (Allerdings kann das iterative Verfahren auch auf höhere Skalenniveaus erweitert werden). Bei ihr gilt, dass zumindest dahin gehend eine monotone Beziehung zwischen Ähnlichkeiten und erzeugten Distanzen besteht, dass die größte Ähnlichkeit zwischen zwei Objekten die geringste Distanz zwischen diesen im Schaubild ergibt, die Zweigrößte

Ähnlichkeit die zweitgrößte Distanz usw. (Borg 2010, S. 395–397; Backhaus et al. 2015, S. 361–368). Obwohl bei diesen Entsprechungsverhältnissen nur eine Rangordnung gewahrt bleiben soll, kann die MDS bei genügend Informationen, d. h. Vergleichsobjekten, eine differenzierte Struktur extrahieren, denn es müssen alle vorliegenden Paarvergleiche *zugleich* in einer Konstellation repräsentiert werden (siehe hierzu auch Borg et al. 2013, S. 24–25).

Die Annäherung an eine optimale Lösung geschieht dabei sukzessive: Ausgehend von einer Startanordnung – die unterschiedlich bestimmt werden kann (siehe unten) – werden die Objekte so lange zueinander verschoben, bis eine stabile Lösung erreicht ist. Wie die Objekte verschoben werden, richtet sich dabei danach, inwieweit und bezogen auf welche Objekte Abweichungen der in einem Schritt generierten Distanzen einerseits zu den Ähnlichkeiten anderseits vorliegen.[1] Ziel der ordinalen MDS ist es, diese Abweichungen, aus denen sich der sogenannte Stress-Wert bestimmt, zu minimieren. Der iterative Prozess hört auf, wenn keine wesentlichen Veränderungen des Stress-Werts mehr erreicht werden. Der finale Stress-Wert gibt zusammenfassend an, wie gut die räumlichen Distanzen zu den Ähnlichkeiten zwischen den Objekten passen. Es dient somit als Gütemaß zur Bewertung der Anpassung an die zugrunde liegenden Daten. Es gibt verschiedene Varianten der Berechnung von Stress-Werten (Borg et al. 2013, S. 25–26; Backhaus et al. 2015, S. 365), grundsätzlich gilt jedoch, dass kleinere Werte für eine bessere Anpassung sprechen.

Die Datenbasis kann bei der MDS unterschiedliche Formen annehmen. Eine wichtige Unterscheidung ist diejenige danach, ob direkt Ähnlichkeiten zwischen Objekten als Informationen vorliegen – ohne dass Eigenschaften dieser Objekte bekannt sein müssen – oder aber, ob Ähnlichkeiten aus bekannten Eigenschaften

---

[1]Allerdings werden dabei die Abweichungen zu bestimmten, transformierten Ähnlichkeiten betrachtet. Stimmt die Rangfolge der Ursprungsähnlichkeiten einerseits mit in einem Schritt generierten Distanzen andererseits nicht überein, so handelt es sich um keine monotone Beziehung zwischen beiden. Für eine optimale Annäherung an diese Beziehung können transformierte Werte für die Ursprungsähnlichkeiten berechnet werden, die, soweit es mit dem ordinalen Skalenniveau vereinbar ist, möglichst gut an die Distanzen angepasst sind. Die Monotoniebedingungen auf diesem Skalenniveau bedeutet, dass die Ähnlichkeitswerte von Objektpaaren bis zu dem Punkt verändert werden können, dass die Abfolge (Rangordnung) der Ähnlichkeiten zumindest noch monoton ist. De facto heißt dies, dass zwei unterschiedliche Ausgangsähnlichkeiten von Objektpaaren (durch Mitteln) denselben transformierten Wert annehmen können. Diese sogenannten Disparitäten stellen dort, wo die Distanz für ein Objektpaar von der korrespondierenden Ähnlichkeit abweicht, die bestmögliche Annäherung an die Distanzen dar (siehe ausführlicher Borg et al. 2013, S. 21–23; Backhaus et al. 2015, S. 362–364).

der Objekte erst errechnet werden. Bei der ersten Möglichkeit sind wiederum verschiedene Varianten möglich (Backhaus et al. 2015, S. 355–358). So können beispielsweise alle Paarvergleiche gemessen an ihrer Ähnlichkeit in eine Rangfolge gebracht werden. Ein höherer Informationswert ist demgegenüber gegeben, wenn die paarweisen Ähnlichkeiten in Form von Werten auf einer Rating-Skala für alle Objektvergleiche verfügbar sind. Jedoch hat diese Variante gegenüber einer Rangfolge von Paarvergleichen den Nachteil, dass mehrere Paarvergleiche denselben Ratingwert erhalten können, sodass es zu einer mangelnden Differenzierung kommt (Borg et al. 2013, S. 38). Eine gängige Abhilfe ist in diesem Fall, dass die Ratings über alle Paarvergleiche von mehreren Personen erhoben werden. Dadurch ist es möglich einen Mittelwert für jeden der Paarvergleiche zu errechnen, wodurch die Redundanz bei Rating-Werten weniger wahrscheinlich wird.

Bei der zweiten Möglichkeit liegt eine verfeinerte Datengrundlage im Vergleich zur bloßen Ähnlichkeitsmatrix vor. So können die Objekte im Hinblick auf verschiedene Eigenschaften von Personen bewertet werden, anstatt dass diese Objekte direkt miteinander vergleichen. Danach können jene Bewertungen abermals gemittelt werden, in diesem Fall für jede Eigenschaften bezogen auf jedes Objekt. Aus den (gemittelten) Ausprägungen dieser Eigenschaftsbewertungen werden wiederum die Ähnlichkeiten zwischen den Objekten gewonnen. So weisen Objekte, die über alle Variablen hinweg identische oder sehr ähnliche Ausprägungen erhalten haben, eine hohe Gesamtähnlichkeit auf. Die Extraktion der Ähnlichkeiten aus der Eigenschafts-Objekt-Matrix nimmt Statistiksoftware wie SPSS automatisch vor.

In jedem Fall erzeugt die MDS aus der Datengrundlage eine finale Anordnung, die sogenannte *Konfiguration,* in der die Objekte anhand der berechneten Koordinaten positioniert werden. Dabei ist die Anzahl der Dimensionen, auf denen die Objekte dargestellt werden, für die Durchführung der Analyse von der Forscherin vorzugeben (Erst durch die Betrachtung mehrerer Lösungen mit verschiedenen Dimensionszahlen sowie anhand einiger weiterer Kriterien kann eine optimale Dimensionszahl bestimmt werden (Borg et al. 2013, S. 23–24; Backhaus et al. 2015, S. 365)). Weniger Dimensionen bedeuten grundsätzlich eine stärkere Verdichtung und potenziell einen größeren Informationsverlust – und somit einen höheren Stress-Wert. Häufig erlauben bereits zwei Dimensionen eine angemessene Verdichtung von Informationen, die zugleich einfach zu interpretieren ist. Die Konfiguration enthält die Gesamtstruktur aller relativen Ähnlichkeiten zwischen den betreffenden Objekten. In einem solchen per MDS gewonnenen Schaubild lassen sich die räumlichen Distanzen relativ zueinander interpretieren. Möglich sind Aussagen wie „A ist doppelt so weit entfernt von C wie B von C".

Diese Art der metrischen Interpretation der Objektbeziehungen zusammen mit der grafischen Visualisierung dieser Objektbeziehungen ist der zentrale Vorzug der MDS. Sie ist selbst dann möglich, wenn die ursprünglichen Daten nur auf ordinalem Niveau vorlagen.

Gegebenenfalls ist darüber hinaus in dem Schaubild die inhaltliche Bedeutung der Dimensionen und der Anordnung von Objekten interpretierbar. Dafür ist allerdings Wissen über die Verortung dieser Objekte hinsichtlich interessierender Merkmale erforderlich. Eine Parteienforscherin könnte beispielsweise per MDS die Bewertungen von Parteien in einen Wahrnehmungsraum übersetzen und an der Anordnung von Parteien entlang einer Dimension erkennen, dass diese Achse einen Gegensatz zwischen hoch und niedrig ausgeprägter innerparteilicher Demokratie beschreibt.[2] Statt lediglich mittels Vorwissen solche Interpretationen vorzunehmen, können, wie weiter unten beschrieben ist, bekannte Merkmalsausprägungen von Objekten auch nachträglich mit den Ergebnissen aus der MDS, konkret den Objektpositionierungen auf den Koordinatenachsen, kombiniert werden. Dadurch erhält man Informationen darüber, wie stark bestimmte Merkmale mit den räumlichen Achsen assoziiert sind.

Obwohl die MDS also keine Ex-Ante-Informationen über Dimensionen benötigen, erlaubt sie gegebenenfalls neben einer Komplexitätsreduktion der Daten und der Visualisierung vielfältiger Beziehungen auch die inhaltliche Interpretation der räumlichen Achsen. Dass eine solche inhaltliche Interpretation möglich ist, ist jedoch keinesfalls garantiert; es hängt von den konkreten Ergebnissen ab. Darin besteht die Kehrseite des Vorzugs der MDS, dass die Dimensionalität nicht vorgegeben, sondern aus den Daten selbst erzeugt wird.

Der Anwendungszweck einer MDS lässt sich an einer Studie von Bilsky und Kollegen (2008) veranschaulichen. Die Autoren untersuchen darin, wie Studierende, Rechtsreferendare und Referendarinnen sowie Polizeibeamtinnen und Polizeibeamte verschiedene Ausformungen von Kriminalität wahrnehmen. Sie interessieren sich dabei nicht nur explizit für den subjektiven Wahrnehmungsraum von Personen, sondern auch für die Unterschiede dieser Räume in Abhängigkeit von den Gruppenzugehörigkeiten. Hierfür sollten von den erwähnten drei Gruppen zwölf Delikte (zum Beispiel unterlassene Hilfeleistung und Wahlfälschung) direkt auf ihre Ähnlichkeit hin auf einer Skala von null bis vier bewerten.

---

[2]Die Interpretation unterliegender Dimensionen mag nicht nur für die nähere Kennzeichnungen von Objekten relevant sein, sie ist es natürlich auch dann, wenn Eigenschaften bzw. Variablen per MDS in einem Wahrnehmungsraum verortet werden.

Sie hatten damit insgesamt 66 Paarvergleiche zu absolvieren.[3] Über die Mittelung der Vergleichsbewertungen innerhalb der Teilnehmergruppen erhielten die Autoren auswertbare Ähnlichkeitsmatrizen, mit der mittleren Ähnlichkeit für jeden Deliktpaarvergleich.

Für zwei der drei von den Autoren untersuchten Gruppen sind zur Veranschaulichung die Ergebnisse der MDS in Abb. 2a, b dargestellt: Die Wahrnehmungen der Studierenden (a) und der Polizeibeamtinnen und Polizeibeamten (b). Die Schaubilder zeigen, dass sich ähnliche Strukturen ergeben, bei denen bestimmte Delikte inhaltlich stimmig nahe beieinander gruppiert sind. So sehen beispielsweise beide Befragungsgruppen Einbruch/Diebstahl und Hausfriedensbruch als vergleichsweise ähnlich an. In beiden Konfigurationen zeigen sich auch der Gegensatz zwischen anonymen und individuellen bzw. konkreten Opfern (horizontale Dimension 1) sowie der auf der vertikalen Dimension 2 abgetragene Kontrast zwischen Delikten, die Eigentum betreffen und solchen, die dies nicht tun. Neben den zunächst ins Auge stechenden Gemeinsamkeiten ist aber auch erkennbar, dass die Wahrnehmungsräume der Studierenden und Polizeibeamten gewisse markante Unterschiede aufweisen. So sehen Polizeibeamte Raub in höherem Maß als eine gegen Personen und weniger gegen Eigentum gerichtete Straftat. Außerdem stufen sie Widerstand gegen Vollstreckungsbeamte („widersta") nahe zur Körperverletzung ein, während sie bei den Studierenden eher bei politischen Delikten wie Wahlfälschung verortet wird.

Anmerkungen: Ordinale MDS für 312 Studierende bzw. 159 Polizeibeamtinnen und Polizeibeamte. Die Kreise, gestrichelten Kreise und Linien wurden von den Autoren zur Illustration eingefügt. Die Kreise heben die Unterschiede hinsichtlich „widersta" und „raub" hervor. Die gestrichelten Kreise basieren auf einer zusätzlich ausgeführten Clusteranalyse. Die eingezeichneten Linien sollen inhaltlich unterscheidbare Bereiche trennen und orientieren sich an „widersta" und „raub" als mögliche Grenzfälle mit Blick auf inhaltliche Überlegungen.[4]

---

[3]Die Anzahl möglicher Kombinationen berechnet sich über den Binomialkoeffizient: $\binom{12}{2} = \frac{12 \cdot 11}{2} = 66$.

[4]Ein Tippfehler in der Originalabbildung (rechte Grafik) wurde für die hier verwendete Darstellung ausgebessert.

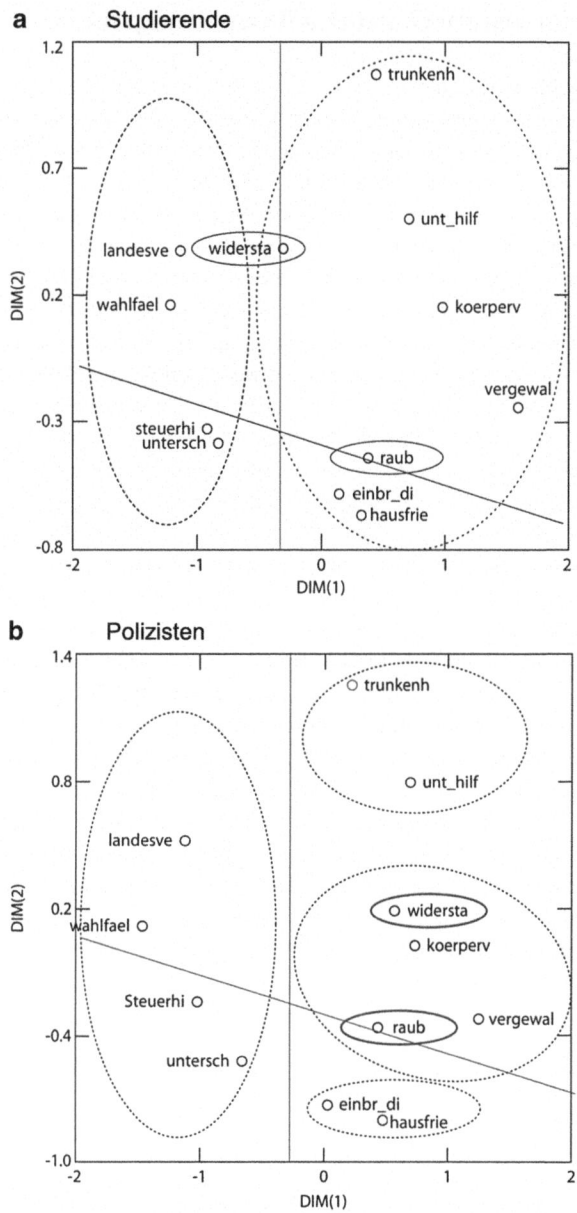

Abb. 2 **a** und **b** Wahrnehmungsraum von Delikten bei Studierenden und Polizisten. (Quelle: Die Abbildungen stammen von Bilsky et al. 2011, S. 267–268)

3 Sozialwissenschaftliche Anwendungsfelder

Solche Wahrnehmungsräume zu erzeugen, stellt eine klassische Anwendung der MDS dar. Die Anwendungsmöglichkeiten erstrecken sich aber auf viele andere Forschungsgegenstände und Datengrundlagen im Bereich der Sozialwissenschaften (aber auch darüber hinaus, siehe Young und Hamer 1987). Die Vielfältigkeit möglicher Anwendungen geht bereits darauf zurück, dass die Datenmatrix unterschiedlich beschaffen sein kann. Dabei ist nicht nur bedeutsam, wie die Matrix angeordnet ist, sondern auch was sich inhaltlich hinter Zeilen und Spalten verbirgt. Denn je nachdem, mit welcher Datengrundlage die MDS gefüttert wird, fällt die Interpretation der Ergebnisse anders aus. So können erstens Wahrnehmungsräume wie der zuvor dargestellte entweder direkt auf Ähnlichkeitsdaten (Tabelle mit $n \cdot n$ Objekten) beruhen oder aber auf Datentabellen, aus denen die Ähnlichkeitswerte erst berechnet werden müssen: mit k Merkmalen in den Zeilen, auf denen die n Objekte in den Spalten Ausprägungen annehmen. Bei dieser Datenstruktur müssen jedoch zweitens nicht zwangsläufig Eigenschaften die Grundlage für die Berechnung von Ähnlichkeiten zwischen Objekten abgeben, sondern es können auch Personen sein[5], wie es die Analyse von universellen Werten nach Schwartz (2012) verdeutlicht. Auch dieser Analyse liegt letztlich eine $k \cdot n$-Datenmatrix zugrunde. Allerdings werden dabei die persönlichen Werte, die eigentlich Personenmerkmale repräsentieren und die Variablen im Datensatz bilden, wie Objekte behandelt. Diese sind schließlich im Hinblick auf ihre Relationen zueinander zu positionieren und grafisch darzustellen. Die Verwandtschaften, d. h. die Ähnlichkeiten zwischen den abgefragten Werten ergeben sich auf der Basis von Wichtigkeitsbewertungen dieser Werte durch Personen.[6]

Beurteilen Personen bestimmte Werte gleichermaßen und im Unterschied zu anderen Werten als wichtig, dann sind diese Werte eher miteinander verwandt, so der Grundgedanke. Allerdings ist dabei eine personenspezifische Korrektur erforderlich, denn einige Personen geben insgesamt, bezogen auf alle Merkmale, durchweg höhere Ausprägungen, andere durchweg geringere an. Die Einzelbewertungen

---

[5]Dies ist zu unterscheiden vom Einbezug von Personenpräferenzurteilen und der Methode der multidimensionalen Entfaltung, die weiter unten behandelt werden. Diese versuchen schließlich Objekte einerseits sowie Personen oder Eigenschaften andererseits gleichzeitig in einem gemeinsamen Raum zu positionieren.

[6]Dies ist anders, als wenn für die Generierung eines Wahrnehmungsraums jede befragte Person k Merkmale bei n Objekten bewerten muss, denn bei den Wichtigkeitsurteilen zu den Werten gibt eine Person lediglich je eine Ausprägung bei k Werten an.

sind daher durch eine Subtraktion um dieses persönliche Niveau (rechnerisch der Mittelwert aus allen Wichtigkeitsbewertungen) zu bereinigen, was letztlich auch zu anderen Ergebnissen als ohne jene Zentrierung am Mittelwert führt (Schwartz 2003). Hieran ist zu erkennen, dass theoretische Überlegungen beim Umgang mit der Datengrundlage für den Output aus der MDS entscheidend sind und keineswegs von Analyseprogrammen selbstständig berücksichtigt werden. Die Nützlichkeit der MDS für die Analyse der zehn von Schwartz behaupteten universellen Werte besteht in erster Linie darin, dass er hinter diesen eine Art Semantik vermutet, die eine bestimmte Struktur ergibt. So geht Schwartz davon aus, dass persönliche Werte nach ihrer Affinität zueinander in einer kreisförmigen Struktur angeordnet sind, bei der benachbarte Werte einander verwandt (z. B. Sicherheit und Tradition) und diametral einander entgegengesetzt positionierte Werte (z. B. Sicherheit und Stimulation) gegensätzlicher Natur sind.

Die Darstellung solcher Strukturen von Gemeinsamkeiten und Gegensätzen hat sich auch in anderen Bereichen als dienlich erwiesen. Die Marketingwissenschaft nutzt sie zur Analyse von Images, Positionierung von Marken, Produkt- und Wettbewerbervergleichen, Marktsegmentierung sowie zum Finden von einstellungsrelevanten Merkmalen (siehe etwa Reutterer 1994). Beispiele aus der Soziologie sind etwa die Erforschung der Frage, welche Struktur hinter der Wahrnehmung des Prestiges von Berufen steckt (Grasmick 1976), wie unterschiedliche Formen von Hilfeleistung (Pearce und Amato 1980) oder abweichende Verhaltensweisen am Arbeitsplatz (Robinson und Bennett 1995) wahrgenommen werden, wie Kinder ihr Familienumfeld erfahren (Amato 1990) und inwieweit sich aus der gemeinsamen Mitgliedschaft von Ländern in internationalen Organisationen eine globale Struktur und Weltordnung herausschälen lässt (McEntee 2004). Die Analyse von Wahrnehmungsräumen kommt ebenfalls in der Bildungsforschung vor, so etwa in den Untersuchungen, wie Studierende verschiedene Formen der Unredlichkeit im wissenschaftlichen Arbeiten (z. B. plagiieren) (Schmelkin et al. 2008), wissenschaftliche Berufe (Masnick et al. 2010) oder Arten von Fehlverhalten seitens der Dozenten (Simon und Eby 2003) wahrnehmen.

Jüngere Beiträge verweisen auf das Potenzial der MDS, Netzwerkstrukturen und Kommunikationsmuster in Gesellschaft und Politik aufzudecken, was selbst bei einer Vielzahl von Datenpunkten und damit einer immensen zu verdichtenden Informationsmenge[7] gelingt (McEntee 2004; Lang und Leifeld 2008, S. 234; Pfeffer 2010, S. 232; A. Okada 2011; Schunter und Liebau 2014). Es ist

---

[7]Immerhin steigt mit jedem weiteren Objekt die Informationsmenge nicht bloß linear, da dessen Ähnlichkeit mit allen anderen abgeglichen wird.

beispielsweise möglich, Kommunikationsnetzwerke zwischen Twitter-Nutzerinnen gemessen an der Ähnlichkeit ihrer Inhalte in Form von hashtags abzubilden (Bode et al. 2015). So argumentieren Bode et al., dass sich anhand verwendeter Hashtags die politische Zugehörigkeiten abbilden und Gruppenstrukturen extrahieren lassen: „Analysis of the co-occurrence of particular hashtags and their frequency of use within clusters provides a glimpse into the self-structuring of online clusters around shared ideas and strategies" (Bode et al. 2015, S. 153). In Kombination mit Inhaltsanalysen kann die MDS auch dazu dienen, Diskurskoalitionen von Akteuren in medialen Debatten zu extrahieren (Adam 2008). In eine ähnliche Richtung weist der Versuch, mittels MDS Informationen über das gemeinsame Auftreten von Wörtern (wofür selbst wiederum unterschiedliche Methoden zur Textaufbereitung zu Anwendung gelangen können) zu verdichten, darzustellen und so semantische Felder zu beschreiben (Lund und Burgess 1996; siehe auch Brier und Hopp 2011).

Besondere Relevanz kommt der MDS für die Politikwissenschaft zu, weil sie es erlaubt, Parteien anhand ihrer Ähnlichkeiten auf der Basis ihrer Positionen hinsichtlich einer Reihe von Sachfragen wie wirtschaftlicher Liberalisierung oder Immigration räumlich zu positionieren. Solche Positionierungsanalysen finden sich mittlerweile in einer Reihe von Arbeiten, die nationale Parteiensysteme zu beschreiben und zu vergleichen suchen (van der Brug 2001; Kriesi et al. 2006; Arzheimer 2009; Bornschier 2010; Häusermann 2010; Wagschal und König 2014). Positionierungen lassen sich aber nicht nur im Hinblick auf Parteien, sondern auch für andere Akteure durchführen. Beispielsweise konnten Thomson et al. (2004) auf der Basis von Orientierungen zu 174 Sachfragen die Positionen von EU-Mitgliedsstaaten sowie EU-Institutionen in einem zweidimensionalen Raum abbilden.

Auch beim Anwendungszweck der Positionierung spielen inhaltliche Überlegungen zur Datenbasis eine wichtige Rolle. So argumentiert van der Brug, dass die MDS bei der räumlichen Positionierung von Parteien auf Basis von Informationen über die Betonung bestimmter Positionen in deren Programmen dem Verfahren der Skalierung und Dimensionsreduktion anhand von Faktoranalysen vorzuziehen sei. Er begründet dies damit, dass das Ausmaß der Betonung politischer Themen (z. B. in Parteiprogrammen) anders als eine Positionierung auf einer politischen Dimension zu begreifen ist. Politische Themen wie etwa Steuern und deren Hervorhebung sind selbst Ausdruck einer bestimmten politischen Orientierung und entsprechend konnotiert sind. Die starke Betonung bestimmter Themen geht daher häufig mit einer geringen Betonung anderer Themen einher (z. B. Steuer und Sozialstaat), wohingegen bei einer Positionsvariable befürwortende und entgegengesetzte Positionen unmittelbar auf einem Kontinuum dargestellt werden können. Folglich seien die Beziehungen und Affinitäten zwischen

Parteien auf der Basis von Sachfragen als Relationen der Nähe aufzufassen, die von der MDS adäquater erfasst wird (van der Brug 2001, S. 120).

Spezielle multidimensionale Skalierungsmodelle liegen des Weiteren politikwissenschaftlichen Positionierungsanalysen zugrunde, die politische Wettbewerbsdimensionen aus Daten zu offenen Abstimmungen extrahieren (Poole und Rosenthal 1985; Hix 2001). Die entscheidenden Informationen – die wie Ähnlichkeiten behandelt werden können – stecken dabei in der Aufzeichnung, welche Personen wie oft in gleicher Weise abgestimmt haben. Bei einer größeren Anzahl von Personen aus einer Menge von Abstimmungen (Hix (2001) etwa zieht 1031 Abstimmungen heran) sind genügend Informationen vorhanden, um ein differenziertes Muster zu erschließen. Weiß man darüber hinaus, welchen Parteien die abstimmenden Personen angehören, lassen sich wiederum politische Gegensätze und Dimensionen interpretieren und es kann festgestellt werden, inwieweit es Abstimmungsverhalten entlang der Parteizugehörigkeiten gibt oder nicht.

4 Erweiterungen

Die Weiterentwicklungen der MDS laufen im Wesentlichen darauf hinaus, mehr Informationen einbeziehen zu können. So kann es bei bestimmten Fragestellungen erforderlich sein, die Daten vor der Verarbeitung unterschiedlich zu gewichten (Young und Hamer 1987, S. 117–152; Borg und Groenen 2005, S. 342–344). Beispielsweise bedienen sich Kriesi et al. (2006) bei der Generierung eines Raums von Parteipositionen auch an Informationen zur Salienz, der Wichtigkeit von Sachfragen, die in die Positionierung einfließen. Statt Gewichte extern vorzugeben, können im Zuge einer speziellen Variante der MDS aber auch Gewichte, und zwar für die Dimensionen, aus den Daten selbst extrahiert werden (Borg et al. 2013, S. 42–44). So berücksichtigt das Verfahren der individuellen Unterschiede (INDSCAL), dass unterschiedliche Personen Bewertungsdimensionen (die als latent angenommen werden können und noch nicht bestimmt sind) womöglich unterschiedlich stark gewichten. Bei der Formel zur Berechnung der Distanzen schlägt sich dies darin nieder, dass jeweils ein personenspezifischer Gewichtungsfaktor mit einer Ausprägung für jede Dimension hinzugenommen und im Zuge der Analyse bestimmt wird. Man kann sich dies so vorstellen, dass der Wahrnehmungsraum je nach individueller Gewichtung der Dimensionen entsprechend im Vergleich zu denjenigen Räumen anderer Personen gestaucht oder gestreckt wird. Dafür werden die Daten so eingelesen, dass jede bewertende Person als eine separate Quelle definiert wird. Das Output der MDS nach dem INDSCAL-Verfahren liefert schließlich zwei grafische Repräsentationen, zum einen die Dimensionengewichtungen der Bewertenden und zum anderen die Verortung der Objekte, deren Ähnlichkeiten von Interesse sind, unter Berücksichtigung der Gewichtungen. Die resultierenden Gewichte beziehen sich üblicherweise auf bewertende Personen, dies ist jedoch nicht notwendigerweise der Fall. Die Studie von Dickes et al. (2010) etwa untersucht mittels Eurobarometer-Daten den Wahrnehmungsraum von Lebensbedürfnissen per INDSCAL, ist dabei jedoch nicht an der Dimensionenwichtigkeit der einzelnen Befragten im Datensatz interessiert. Die Ähnlichkeiten jener Bedürfnisse werden über ihre Zusammenhänge der entsprechenden Variablen untereinander abgebildet, wobei diese Zusammenhänge jedoch länderspezifisch berücksichtigt werden. Die Länder – nicht bewertende Personen – stellen also voneinander separate Datenquellen für das INDSCAL-Verfahren dar. Dadurch kann der Tatsache Rechnung getragen werden, dass je nach Land die Wichtigkeit der latenten Dimensionen unterschiedlich ausfällt. Inwieweit INDSCAL tatsächlich die Positionierung maßgeblich verfeinert, ist grundsätzlich fraglich. Borg (2013, S. 43–44) schätzt den Mehrwert in der Regel eher gering ein und weist darauf hin, dass zur Ermittlung der Bedeutung der Gewichte für die Repräsentation der Datenbasis ein spezielles Verfahren nötig ist.

Für eine Reihe von Fragestellungen ist eine weitere Variante und Erweiterung der MDS nutzbringend: Wenn nicht nur die relative Struktur von Objekten von Interesse ist, sondern die Relationen und Affinitäten zwischen entweder Personen(-Gruppen) und damit deren Präferenzen einer- und Objekten andererseits, oder aber Eigenschaften einer- und Objekten andererseits. Das Ziel ist dann eine gemeinsame Darstellung beider Arten von Elementen in einem gemeinsamen Raum *(joint space)*.

Eine Möglichkeit, beide Arten von Informationen aus den MDS-Ergebnissen zu erhalten, besteht darin, externe Informationen mit jenen Ergebnissen zu kombinieren (Backhaus et al. 2015, S. 376). Soll herausgefunden und grafisch repräsentiert (und damit auch verdichtet) werden, wie Personen zu allen bereits positionierten Objekten stehen, dann benötigt die Forscherin als weitere Informationen die Präferenzurteile von Personen bezogen auf diese Objekte. Die Präferenzen werden per Regression auf die Koordinaten der Objekte auf den gegebenen Dimensionen zurückgeführt (d. h. jede Dimension bildet eine erklärende Variable hinsichtlich der Präferenzen).

Die resultierenden Koeffizienten für die Dimensionsvariablen beschreiben bei diesem sogenannten *Preference Mapping,* im einfacheren Fall, einen Vektor, der die Präferenz einer Person wiedergibt. Dieser Vektor kann im Schaubild, das bereits die Objekte enthält, verzeichnet werden. Wenn die Präferenzen nicht in Form von Vektoren, sondern als Idealpunkte konzipiert und modelliert werden sollen, muss die Regressionsfunktion entsprechend modifiziert werden. Grundsätzlich ist das Verfahren jedoch dasselbe (Backhaus et al. 2015, S. 382). Dieses Verfahren scheint bisher vor allem für Anwendung im Marketing und der psychologischen Forschung von Belang gewesen zu sein, in die sozialwissenschaftliche Forschung hat es so gut wie noch keinen Eingang gefunden.

Ebenso wie sich externe Präferenzinformationen Befragter in eine bereits generierte Konfiguration von Objekten einfügen lassen, kann die Affinität zwischen Eigenschaften (streng genommen Eigenschaftsbewertungen) und Objekten grafisch repräsentiert werden *(Property Fitting)*. Analog zum Einbezug von Präferenzen wird eine Regression von aggregierten Eigenschaftsbewertungen, die ebenfalls nachträglich und in diesem Sinn extern berücksichtigt werden, auf die Dimensionskoordinaten der Objekte durchgeführt (Backhaus et al. 2015, S. 387–388). Zeigt dabei beispielsweise eine Dimension einen starken, die andere hingegen praktisch keinen Einfluss auf die Präferenzen hinsichtlich einer Eigenschaft, so kann daraus gefolgert werden, dass diese Eigenschaft sehr klar durch die erste Dimension abgebildet wird. In Form der Dimensionseffekte ergeben sich also abermals Werte, anhand derer nun statt Personen Eigenschaften in Form von Vektoren (oder aber Idealpunkten) in einer Konfiguration verortet werden können.

Auf diesem Weg kann eine Struktur in einer gegebenen Konfiguration darauf hin näher geprüft werden, ob hinter der Anordnung von Elementen oder gar hinter den Dimensionen selbst konkrete Eigenschaften liegen. So nutzen Green et al. (2005) die Property-Fitting-Technik, um herauszufinden, welche Eigenschaftsdimensionen hinter der von ihnen erzeugten Konfiguration von Gender-Typen, inklusive Rollen und Stereotypen, stehen. Dafür ziehen sie eine Reihe von potenziell genderbezogenen Eigenschaften wie „aktiv" und „passiv" heran und berechnen Vektoren, die sie in ihre Konfiguration einzeichnen können. Ähnlich gehen Hix et al. (2006) vor, um die beiden Dimensionen einer Konfiguration besser zu interpretieren, die sie auf Basis des Abstimmungsverhaltens von Abgeordneten im Europäischen Parlament (EP) ermittelt haben. Hierzu ziehen sie die Positionen der zugehörigen nationalen Parteien der EP-Abgeordneten auf relevanten politischen Dimensionen heran. Das Property Fitting mittels externer Informationen kann also eine nützliche Ergänzung darstellen, wenn eine MDS zuvor allein auf der Basis von Ähnlichkeitsdaten durchgeführt werden konnte.

Neben dem Hinzuziehen externer Informationen ist es allerdings auch möglich, einen *joint space* durch eine sogenannte multidimensionale Entfaltung zu erhalten: Hierfür muss die Datenmatrix auf geeignete Weise aufbereitet sein (siehe hierzu Borg et al. 2013, S. 45–46), sodass darin Informationen in Form von Ähnlichkeiten zwischen Objekten und Eigenschaften bereits enthalten sind. Die Eigenschaften werden dann gemeinsam mit den Objekten in einer Konfiguration abgebildet, wobei die Objekte als Idealpunkte aufgefasst werden können. Mit größerem Abstand einer Eigenschaft zu diesen sinkt die Affinität oder Präferenz für diesen (Idealpunktmodell). Die Entfaltung liefert also beides, die Positionen der Objekte wie die der Eigenschaften in einem Schritt, anstatt die Beziehung der Eigenschaften zu den Dimensionen und Objekten nachträglich und durch Einbezug externer Informationen zu ermitteln.

Die Erzeugung eines gemeinsamen Raumes ist beispielsweise das Anliegen der bereits erwähnten Studie von Kriesi et al. (2006; ähnlich Bornschier 2010), in der die Autoren über die Positionen europäischer Parteien zu einer Reihe von (gerichtet formulierten) politischen Sachfragen die relativen Positionen der Parteien zueinander wie zu den Sachfragen extrahieren. Auf dieser Basis können sie im Einklang mit ihren Vermutungen zeigen, dass die politischen Räume diverser europäischer Länder durch die zwei politischen Dimensionen eines wirtschaftlichen und eines soziokulturellen Gegensatzes hinsichtlich Parteipositionen beschrieben werden können.

Dieses Beispiel zeigt überdies, dass eine MDS statt offen und explorativ auch mit klaren Vorannahmen über die resultierende Struktur und in diesem Sinn konfirmatorisch durchgeführt werden kann. Eine konfirmatorische MDS in einem strikten Sinn, bei der Hypothesen über die Struktur in den Daten in Einschränkungen bei der Analyse übersetzt werden, bedeutet jedoch einen wesentlich höheren Aufwand. Die Eingabe entsprechender Bedingungen ist bei gängigen Anwendungen nicht direkt implementiert und erfordert eine mathematische Formulierung der vorausgesetzten Bedingung. Grundsätzlich wird hierbei neben der Stress-Funktion zusätzlich eine weitere zu optimierende Funktion, eine Straffunktion, eingeführt (Borg et al. 2013, S. 49–57). Daneben gibt es eine schwach konfirmatorische Vorgehensweise (Borg et al. 2013, S. 50), bei der eine theoretisch begründete Startkonfiguration vorgegeben wird in der Annahme, dass die gefundene Lösung in der Nähe dieser Konfiguration liegt. Beispielsweise geben Bilsky et al. (2011) für die Nachbildung des oben erwähnten Wertekreises nach Schwartz als Startkonfiguration dem Items die Koordinaten im Raum vor, die sie nach der theoretischen Konzeptualisierung des Wertekreises annehmen müssten. Ihnen zufolge ist dies wegen der expliziten theoretischen Annahmen über die Struktur der Items eine angemessene Herangehensweise, die zudem besser vergleichbare und replizierbare Befunde liefert (Bilsky et al. 2011, S. 765).

In der neueren Methodenliteratur finden sich weiterhin einige Ansätze, die MDS weiterzuentwickeln. Sie sind allerdings sehr speziell und werden wohl bestenfalls mittelfristig für breitere Anwenderschichten zugänglich. So gibt es Versuche, die MDS mit Bayesianischer Statistik zu verbinden und Parameter, die üblicherweise vor der Analyse festgelegt werden müssen, im Zuge der Analyse selbst bestimmten zu lassen. So kann etwa auf die Vorgabe eines Distanzmaßes verzichtet und dieser Parameter stattdessen geschätzt werden (Lee 2008; K. Okada und Shigemasu 2010). Dies ist jedoch in gängigen Anwendungen wie Stata und SPSS bislang nicht implementiert. Ein weiterer komplexer und potenziell nutzbringender Ansatz besteht darin, Idealpunkt- und Vektormodelle miteinander in einer MDS zu verbinden, um so der möglichen Heterogenität von untersuchten Personen/Fällen Rechnung zu tragen (Park et al. 2008). Mit diesen Beispielen sei verdeutlicht, dass die Entwicklung der MDS, obwohl sie durchaus als ausgereiftes Verfahren angesehen werden kann, keineswegs abgeschlossen ist.

5 Hinweise zur praktischen Umsetzung

Für die praktische Umsetzung der MDS bietet sich den Nutzerinnen ein breites Spektrum von Statistiksoftware dar. Gängige Statistikanwendungen enthalten alle ein Paket für die MDS, wobei es merkliche Unterschiede bei den Varianten der MDS gibt, die die Programme umfassen. SPSS enthält bereits seit einiger Zeit die MDS-Analyse per ALSCAL, mit dem eine Ähnlichkeitsmatrix ausgewertet werden kann. Vorzugsweise ist jedoch der neuere und funktionsreichere PROXSCAL-Algorithmus zu verwenden. Er erlaubt auch das Einlesen von Daten im Format „k Eigenschaften mal n Objekte", die Berücksichtigung von Gewichten und die Analyse mit individuellen Unterschieden (INDSCAL). Zudem enthält er eine Reihe weiterer Spezifikationen. Für die Erzeugung von gemeinsamen Räumen von Objekten und Eigenschaften kann ebenfalls PROXSCAL verwendet werden, allerdings liefert PREFSCAL hierfür etwas robustere Ergebnisse (Borg et al. 2013, S. 46) und ist intuitiver zu bedienen. Die Generierung von joint spaces ist damit recht komfortabel zu erreichen. PREFSCAL ist außerdem in der Lage, bei einer Datenmatrix mit k Eigenschaften und n Objekten die Eigenschaften zu gewichten.

Stata enthält MDS-Befehle, die mit Daten im Ähnlichkeitsformat umgehen können, seit Stata 10 ist es auch möglich, ordinal skalierte Daten für eine nicht-metrische MDS heranzuziehen. Für die Statistiksoftware R gibt es das smacof-Paket, die eine große Bandbreite von MDS-Varianten abdecken. Daneben enthalten auch Matlab sowie als Excel-Erweiterung XLSTAT sowie weniger verbreitete Statistikanwendungen wie NewMDSX und Statistica MDS-Algorithmen.

Wer neben grundlegenden Funktionen auf eine interaktive Komponente Wert legt, die den unmittelbaren Nachvollzug dessen erlaubt, wie sich Manipulationen der Spezifikationen in der Lösung niederschlagen, kann auf die Programme GGVIS und Permap zurückgreifen. Nennenswert ist in diesem Zusammenhang außerdem die Einbindung des MDS-Algorithmus in eine Java-Anwendung, die im Fachbereich Informatik und Informationswissenschaft der Universität Konstanz entwickelt worden ist (Algorithmics Group 2009). Interessant wird sie auch für diejenigen, die die Darstellung von Wahrnehmungsräumen über Java in Webseiten einbetten und die dynamische Eingabe von Daten durch Nutzer zulassen wollen.

Die Durchführung einer MDS selbst ist unkompliziert, wenn die Daten für den Analysezweck auf geeignete Art und Weise erhoben und aufbereitet worden sind (siehe oben). Allerdings ist es mit Blick auf den konkreten Untersuchungsgegenstand ratsam, die Spezifikation des Modells zu reflektieren und anzupassen. Auch sollten mehrere Analysen mit verschiedenen Einstellungen, beispielsweise unterschiedlichen Ausgangskonfigurationen, durchgeführt werden, um die Robustheit der Befunde zu prüfen. Zu beachten und vor der eigentlichen Analyse zu bestimmen sind grundsätzlich das Distanzmaß, das Skalenniveau der Ursprungsdaten, die Startkonfiguration, die Art der Datenmatrix, die Anzahl der Dimensionen und bei der speziellen Variante der individuellen Unterschiede (INDSCAL) zudem die Anzahl der Datenquellen.

Nach der Durchführung einer MDS ist bei der Interpretation der Ergebnisse eine Reihe von Dingen zu beachten (ausführlicher Cox und Cox 2001, S. 76–92; Borg et al. 2013; Backhaus et al. 2015, S. 369). So ist zu bedenken, dass die Koordinatenachsen der resultierenden Diagramme per se keine inhaltliche Bedeutung haben. Interpretierbar sind grundsätzlich die *relativen Distanzen* unter den dargestellten Datenpunkten, eine absolute Interpretation ihrer Lage, etwa im Hinblick auf die Dimensionen, ist nicht möglich. Mit Blick auf die Koordinatenachsen ist außerdem Vorsicht bei den Seitenverhältnissen der Schaubilder geboten. Wenn dieselben Einheiten auf den Achsen in der Abbildung nicht dieselbe Länge aufweisen, das Schaubild also beispielsweise vertikal gestaucht wird, dann können die relativen Distanzen nicht mehr direkt interpretiert werden (ein Beispiel hierfür sind die oben angeführten Abb. 2a, b).

Weiterhin ist zu berücksichtigen, dass die ordinale MDS iterativ den Stress-Wert für eine endgültige Lösung minimiert. Dabei kann es sein, dass der Prozess zu einer Lösung konvergiert, bei der der Stress-Wert schrittweise nicht mehr bedeutend kleiner werden kann, die aber zugleich nicht den kleinsten überhaupt erreichbaren Wert (das globale Minimum) darstellt. Es handelt sich dann lediglich um ein lokales Minimum, das nicht unbedingt eine besonders angemessene Repräsentation der Daten sein muss. Um diesen Fall auszuschließen, kann es hilfreich sein, die Startkonfiguration zu modifizieren. Es ist empfehlenswert, neben dem klassischen Torgerson-Start[8] auch andere Startkonfigurationen wie eine zufällige Anfangsverteilung zu prüfen, um die Robustheit der Befunde abzusichern.

Problematisch sind insbesondere sogenannte degenerierte Lösungen, die sich in sehr kleinen Stress-Werten äußern, mit denen bei der ordinalen MDS und zu wenig vorliegenden Informationen zu rechnen ist (der Stress-Wert kann dabei beliebig verkleinert werden, ohne dass die Ähnlichkeiten besser zu den Distanzen passen müssen).[9] Zwar ist die MDS auf ordinalem Skalenniveau generell vorzuziehen, weil sie bei den Transformationen der Ursprungsdaten in Distanzen weniger restriktiv ist. Doch bei degenerierten Lösungen ist die Analyse möglichst auf Intervallskalenniveau auszuführen, wodurch sich dieses Problem häufig beseitigen lässt, gerade weil damit mehr Einschränkungen an die Daten herangetragen werden.

Vor der Durchführung der MDS sollte außerdem bereits die spätere Datenstruktur mit Blick auf das Analyseziel und damit verbundene Anforderungen reflektiert werden. So sind bei einer Erhebung von Primärdaten Vorüberlegungen anzustellen, wie die Daten schließlich vorliegen müssen, wie dafür die Erhebung zum Beispiel per Umfrage ausschauen muss und wie aufwendig dies ausfällt. Bei Abfrage vieler Objekte stellen alle möglichen Paarvergleiche schnell eine Überforderung von Befragten dar. So müssten Befragte bei sechs zu bewertenden Objekten bereits 15 Paarvergleiche durchführen, bei sieben Objekten sind es bereits 21. Gegebenenfalls ist es sinnvoller, eine Bewertung von n Objekten im Hinblick auf k Eigenschaften vornehmen zu lassen und daraus Ähnlichkeiten zu errechnen oder aber zwecks Durchführbarkeit nicht jede der bewertenden Personen alle Objekte beurteilen zu lassen (siehe hierzu etwa Weiber et al. 2008).

Schließlich sei darauf hingewiesen, dass es bei einigen Anwendungszwecken Alternativen in der Form der Faktorenanalyse und der Clusteranalyse geben kann. Diese mögen für bestimmte Forschungsfragen, die ganz gezielt auf die Absicherung

---

[8]Dabei wird zunächst eine nicht-iterative, metrische MDS nach dem Algorithmus von Torgerson durchgeführt, um Startpunkte zu bestimmen. Diese gehen dann in die ordinale MDS ein.

[9]Durch das ordinale Skalenniveau kann es sein, dass die damit auferlegte Restriktion – die Rangordnung der Distanzen soll im Einklang mit der Rangordnung der Ähnlichkeiten stehen – zu keiner differenzierten Darstellung mehr führt. So kann gegebenenfalls dieses Entsprechungsverhältnis nahezu perfekt auf ordinalem Niveau umgesetzt werden, so dass der Stress-Wert nahe bei null liegt, doch zugleich mangelt es an der Wiedergabe von Abstufungen in den Ursprungsähnlichkeiten, die genauer wäre als die bloße Rangordnung (Borg et al. 2013, S. 46, 63–65).

von Gruppenstrukturen (bezogen auf Variablen bzw. auf Fälle) in gegebenen Daten hinauswollen, besser geeignet sein als die MDS. Andererseits hat die MDS ihnen gegenüber aber auch einige Vorzüge. So ergeben sich gerade mit der Visualisierung von Beziehungen per MDS nennenswerte Vorzüge gegenüber der Clusteranalyse und der Hauptkomponenten- und Faktorenanalyse. Auf diese beiden Verfahren kann an dieser Stelle nicht weiter eingegangen werden (zur Clusteranalyse siehe Kap. „Clusteranalyse" in diesem Buch, zur Hauptkomponenten- und Faktoranalyse siehe Wolff und Bacher (2010)), doch sollen ihre Beziehung zur MDS für deren Verortung und ein besseres Verständnis kurz beschrieben werden. Die Clusteranalyse, die Objekte auf Basis ihrer Ähnlichkeit zueinander zu Gruppen zusammenführt, kann ebenfalls auf der Grundlage einer Ähnlichkeitsmatrix durchgeführt werden. Ihre Ergebnisse legen nahe, wie viele Gruppen die Daten am besten abbilden und welche Gruppenzugehörigkeiten die Objekte aufweisen. Im Gegensatz zur MDS zeigt sie jedoch nicht direkt, wie genau die Objekte zueinander in Relation stehen. Die MDS gibt hingegen ein umfassenderes Muster wieder, in dem sich gegebenenfalls bereits Gruppierungen erkennen lassen und bei dem zusätzlich die Möglichkeit einer Interpretation von Dimensionen hinter der Anordnung besteht. Eine Clusteranalyse kann nach einer MDS immer noch zusätzlich durchgeführt werden, um die visuelle Identifikation von Gruppierungen im MDS-Plot abzusichern. Im Rahmen von Sequenzanalysen ist der umgekehrte Fall, die visuelle Absicherung der über eine Clusteranalyse gewonnen Gruppierung anhand eines MDS-Plots, eine gängige Vorgehensweise (vgl. Kap. Sequenzanalyse).

Während die Clusteranalyse und die MDS ergänzend zueinander verwendet werden können, besteht zwischen der MDS einerseits und der Hauptkomponentenanalyse sowie der Faktorenanalyse[10] andererseits eine Verwandtschaft, die auf dem gemeinsamen Ziel der Zusammenfassung von Informationen über Objekte auf einen niedrigdimensionalen Raum beruht. So bündelt die Hauptkomponentenanalyse mehrere Variablen zu neuen Variablen, Komponenten, die die Ursprungsvariablen möglichst gut zusammenfassen sollen. Auf diesen neu gebildeten Variablen nehmen die zugrunde liegenden Merkmalsträger entsprechend neue Ausprägungen an. Die gewonnenen Komponenten können wie räumliche Dimensionen oder Achsen behandelt werden, auf denen den Objekten Koordinaten

---

[10]Die explorativen Faktorenanalyse bündelt wie die Hauptkomponentenanalyse gegebene Variablen, doch sie zielt darauf, latente Variablen hinter diesen ursprünglichen Indikatorvariablen sowie der Zusammenhänge zwischen ihnen aufzudecken, wobei sie anders als die Hauptkomponentenanalyse davon ausgeht, dass nicht die gesamte Varianz in den Daten erklärt werden kann.

zugewiesen und jene so im aufgespannten Raum verortet werden können. Dieser Umgang mit Ergebnissen aus einer Hauptkomponentenanalyse liefert eine ähnliche Darstellung wie die MDS. Von der Hauptkomponentenanalyse lässt sich jedoch die MDS dahin gehend abgrenzen, dass bei Letzterer nicht die Dimensionen selbst und deren möglichst gute Verdichtung der Informationen in den Ausgangsvariablen im Vordergrund stehen. Vielmehr liegt der Schwerpunkt der MDS auf der Darstellung des Beziehungsgefüges zwischen Elementen bei einer vorgegebenen Dimensionszahl.

Steht also nicht die Frage im Vordergrund, welche und wie viele Dimensionen sich bilden lassen, um gegebene Variablen möglichst gut zu bündeln, sondern ist in erster Linie das Gefüge der Relationen der Objekte zueinander von Interesse, so empfiehlt sich die Durchführung der MDS. Sie ist zudem in der Lage, mit mehr Datenformaten umzugehen als die Hauptkomponenten- und Faktorenanalyse und ihre Verwendung kann auch schon bei geringeren Fallzahlen sinnvoll sein. Auch das Erfordernis der Faktorenanalyse, dass eine multivariate Normalverteilung der Variablen vorliegen sollte, gilt für die MDS nicht. Zusammen mit der Möglichkeit, ordinal skalierte Daten heranzuziehen, macht dies die MDS zu einem sehr flexiblen Verfahren, das zudem an bestimmte weitere Anforderungen wie individuelle Unterschiede und gemeinsame Räume von Objekten und Eigenschaften angepasst werden kann.

6   Zusammenfassung

Die MDS ist ein Verfahren zur Quantifizierung und Darstellung von Ähnlichkeiten zwischen Elementen. Bei diesen kann es sich um Objekte oder Eigenschaften oder beides handeln. Sie erlaubt die Verdichtung von Informationen, die verständliche Visualisierung der nicht direkt interpretierbaren Relationen von Ähnlichkeiten und Unähnlichkeiten sowie gegebenenfalls die inhaltliche Interpretation der Dimensionalität in der Anordnung von Objekten. Damit zeigt sie sich anschlussfähig für ein breites Spektrum sozialwissenschaftlicher Forschungsgegenstände. Insbesondere in der einfachen Visualisierung von selbst komplexeren Datenstrukturen liegt ein großer Nutzen der MDS.

Wie die vorangehenden Ausführungen gezeigt haben, umfasst die Spanne möglicher Anwendungszwecke in den Sozialwissenschaften das Generieren von Wahrnehmungsräumen, das Durchführen von Positionierungsanalysen, Textanalysen in Kombination mit einer geeigneten inhaltsanalytischen Aufbereitung sowie die Visualisierung von Netzwerkstrukturen. Auch wo es explizit um die Analyse von Ähnlichkeitsbewertungen durch Personen geht, ist die MDS ein unverzichtbares Analysewerkzeug. Zudem ist die einfallsreiche und sinnvolle Entlehnung der MDS für Anwendungen abseits dieses klassischen Verwendungszwecks in verschiedensten Formen möglich. Der Grund hierfür ist in ihrer Analysegrundlage zu sehen, haben doch Informationen zu Unterschieden und Gemeinsamkeiten von Elementen einen fundamentalen Stellenwert für nahezu alle sozialwissenschaftlich relevanten Erkenntnisse.

7 Kommentierte Literaturempfehlungen

Backhaus, Klaus, Bernd Erichson, und Rolf Weiber. 2015. Fortgeschrittene multivariate Analysemethoden: eine anwendungsorientierte Einführung. 3., überarbeitete und aktualisierte Auflage. Berlin, Heidelberg: Springer Gabler. Das Kapitel zur MDS in dem Band vereint eine einführende Darstellung der MDS mit weiterführenden Varianten der Methode sowie mit anwendungsorientierten Ausführungen. Die Einführung in die MDS bedient sich einfacher Beispiele und schrittweiser Berechnungen zum Nachvollzug. Die weiterführenden Abschnitte zeigen insbesondere Techniken auf, mit denen eine gleichzeitige Darstellung von Objekten und Eigenschaften/Personen möglich ist. Ein separater Abschnitt zur Anwendung der MDS enthält neben der beispielhaften schrittweisen Durchführung per SPSS auch weitere, speziell für die MDS geeignete Softwarelösungen.

Borg, Ingwer, und Patrick J. F. Groenen. 2005. Modern multidimensional scaling: theory and applications. 2. Auflage. New York: Springer. Die Inhalte dieses umfassenden Werks reichen von einer ausführlichen Behandlung der Grundlagen der MDS bis hin zu einer Darstellung von mit der MDS verwandten Verfahren. Zudem beinhaltet der Band speziellere und weiterführende Entwicklungen wie die konfirmatorische MDS und die multidimensionale Entfaltung sowie einen Anhang mit Beschreibungen von Softwareanwendungen. Wenngleich sich der umfängliche Band vor allem für eine tiefer gehende Auseinandersetzung mit der MDS eignet, kann er auch als einführende Literatur herangezogen werden. So enthält der erste Teil einige einführende Kapitel, die neben den Grundlagen der MDS auch deren Entwicklung behandeln.

Borg, Ingwer, Patrick J. F. Groenen, und Patrick Mair. 2013. Applied Multidimensional Scaling. Berlin: Springer. Bei dem Band handelt es sich um eine anwendungsorientierte Einführung, die insbesondere durch eine klare Strukturierung in kompakte Kapitel sehr einstiegsfreundlich ist. Er enthält aber auch wichtige weiterführende Erläuterungen zur MDS, insbesondere durch ein Kapitel zu verschiedenen Varianten der MDS sowie ein Kapitel zur konfirmatorischen MDS.

Besonders hilfreich für die Anwendung des Verfahrens sind überdies die Hinweise zu möglichen Fehlern, die bei der Anwendung zu beachten sind sowie die Angaben zu verfügbarer Software, inklusive einer knappen Beschreibung, wie die MDS darin umzusetzen ist.

Cox, Trevor F., und Michael A. A. Cox. 2001. Multidimensional Scaling. Zweite Auflage. Chapman and Hall. Der Band bietet eine grundlegende und umfassende, mit Blick auf mathematische Vorkenntnisse zugleich aber auch recht voraussetzungsvolle Darstellung der MDS. Der Band enthält neben den beiden Grundvarianten metrischer und ordinaler MDS auch weitere, speziellere Formen der MDS sowie eine Reihe von Erweiterungen wie das Einführen von Beschränkungen für die zu extrahierende Konfiguration, die multidimensionale Entfaltung und die Berücksichtigung individueller Unterschiede. Speziell unter dem Gesichtspunkt der praktischen Umsetzung sind die Anwendungsbeispiele und die Verweise auf Softwarelösungen interessant, wobei der Überblick über die verfügbare Software allerdings nicht mehr zeitgemäß ist.

Hothorn, Torsten, und Brian S. Everitt S. 2006. A Handbook of Statistical Analyses Using R. CRC Press. In dem Kapitel zur MDS, die der stark anwendungsorientierte Band neben einer Fülle anderer Verfahren abdeckt, stellen die Autoren in erster Linie die Umsetzung des Verfahrens mittels R vor. Das Vorgehen wird schrittweise sowie unter Angabe der verwendeten Syntax beschrieben. Bevor sich das Kapitel den Anwendungsbeispielen anhand von zwei Datensätzen zuwendet, führt es knapp in die metrische und die ordinale MDS ein.

Young, Forrest W., und Robert M. Hamer. 1987. Multidimensional scaling: history, theory, and applications. Hillsdale: L. Erlbaum Associates. Als Besonderheit des Bandes von Young und Hamer kann die Schilderung der historischen Entwicklung der MDS angesehen werden. Die Abhandlung der Grundlagen der MDS geht über eine einführende Darstellung hinaus und ist mathematisch voraussetzungsvoll. Weiterhin beinhaltet der Band eine Reihe von Anwendungsbeispielen aus unterschiedlichsten Disziplinen. Die Beispiele enthalten auch einige weiterführende Varianten der MDS. Der Band eignet sich insgesamt vor allem als Nachschlagewerk für eine tiefer gehende Auseinandersetzung mit den Grundlagen der MDS.

Literatur

Adam, Silke. 2008. Medieninhalte aus der Netzwerkperspektive: Neue Erkenntnisse durch die Kombination von Inhalts- und Netzwerkanalyse. *Publizistik* 53 (2): 180–199. doi:10.1007/s11616-008-0074-x.

Algorithmics Group. 2009. *MDSJ: Java Library for Multidimensional Scaling.* Konstanz: Universität Konstanz. http://www.inf.uni-konstanz.de/algo/software/mdsj/.

Amato, Paul R. 1990. Dimensions of the family environment as perceived by children: A multidimensional scaling analysis. *Journal of Marriage and the Family* 52 (3): 613. doi:10.2307/352928.

Arzheimer, Kai. 2009. Ideologien. In *Politische Soziologie: Ein Studienbuch*, Hrsg. Viktoria Kaina und Andrea Römmele, 83–108. Wiesbaden: VS Verlag.

Backhaus, Klaus, Bernd Erichson, und Rolf Weiber. 2015. *Fortgeschrittene multivariate Analysemethoden: Eine anwendungsorientierte Einführung*, 3., überarbeitete und aktualisierte Auflage. Berlin: Springer Gabler.

Bilsky, Wolfgang, Dirk Wentura, und Tobias Gollan. 2008. Kriminalität aus der Sicht von Laien und Experten: Strukturelle Gemeinsamkeiten und Unterschiede. *Forensische Psychiatrie, Psychologie, Kriminologie* 2 (4): 263–270. doi:10.1007/s11757-008-0097-1.

Bilsky, Wolfgang, Michael Janik, und Shalom H. Schwartz. 2011. The structural organization of human values-evidence from three rounds of the European Social Survey (ESS). *Journal of Cross-Cultural Psychology* 42 (5): 759–776. doi:10.1177/0022022110362757.

Bode, Leticia, Alexander Hanna, Junghwan Yang, und Dhavan V. Shah. 2015. Candidate networks, citizen clusters, and political expression: Strategic hashtag use in the 2010 midterms. *The ANNALS of the American Academy of Political and Social Science* 659 (1): 149–165. doi:10.1177/0002716214563923.

Borg, Ingwer. 2010. Multidimensionale Skalierung. In *Handbuch der sozialwissenschaftlichen Datenanalyse*, Hrsg. Christof Wolf und Henning Best, 391–418. Wiesbaden: VS Verlag.

Borg, Ingwer, und Patrick J. F. Groenen. 2005. *Modern multidimensional scaling: Theory and applications*, 2. Aufl. New York: Springer (Springer series in statistics).

Borg, Ingwer, Patrick J. F. Groenen, und Patrick Mair. 2013. *Applied multidimensional scaling*. Heidelberg: Springer (Springer Briefs in statistics).

Bornschier, Simon. 2010. The new cultural divide and the two-dimensional political space in Western Europe. *West European Politics* 33 (3): 419–444. doi:10.1080/01402381003654387.

Brier, Alan, und Bruno Hopp. 2011. Computer assisted text analysis in the social sciences. *Quality & Quantity* 45 (1): 103–128. doi:10.1007/s11135-010-9350-8.

Brug, Wouter van der. 2001. Analysing party dynamics by taking partially overlapping snapshots. In *Estimating the policy position of political actors*, Hrsg. Michael Laver, 115–132. London: Routledge.

Cox, Trevor F., und Michael A. A. Cox. 2001. *Multidimensional scaling*, 2. Aufl. Boca Raton: Chapman & Hall/CRC.

Dickes, Paul, Alessio Fusco, und Eric Marlier. 2010. Structure of national perceptions of social needs across EU countries. *Social Indicators Research* 95 (1): 143–167. doi:10.1007/s11205-009-9454-5.

Grasmick, Harold G. 1976. The occupational prestige structure: A multidimensional scaling approach. *The Sociological Quarterly* 17 (1): 90–108. doi:10.1111/j.1533-8525.1976. tb02154.x.

Green, Raymond J., Richard D. Ashmore, und Robert Manzi. 2005. The structure of gender type perception: Testing the elaboration, encapsulation, and evaluation framework. *Social Cognition* 23 (5): 429–464. doi:10.1521/soco.2005.23.5.429.

Häusermann, Silja. 2010. *The politics of welfare state reform in continental Europe: Modernization in hard times*. Cambridge: Cambridge University Press.

Hix, Simon. 2001. Legislative behaviour and party competition in the European Parliament: An application of nominate to the EU. *JCMS. Journal of Common Market Studies* 39 (4): 663–688. doi:10.1111/1468-5965.00326.

Hix, Simon, Abdul Noury, und Gerard Roland. 2006. Dimensions of politics in the European Parliament. *American Journal of Political Science* 50 (2): 494–520. doi:10.1111/j.1540-5907.2006.00198.x.

Kriesi, Hanspeter, Edgar Grande, Romain Lachat, Martin Dolezal, Simon Bornschier, und Timotheos Frey. 2006. Globalization and the transformation of the national political space: Six European countries compared. *European Journal of Political Research* 45 (6): 921–956. doi:10.1111/j.1475-6765.2006.00644.x.

Kruskal, Joseph B., und Myron Wish. 1978. *Multidimensional scaling*. Beverly Hills: Sage.

Lang, Achim, und Philip Leifeld. 2008. Die Netzwerkanalyse in der Policy-Forschung: Eine theoretische und methodische Bestandsaufnahme. In *Die Zukunft der Policy-Forschung: Theorien, Methoden, Anwendungen*, Hrsg. Frank Janning und Katrin Toens, 223–241. Wiesbaden: VS Verlag.

Lee, M. D. 2008. Three case studies in the Bayesian analysis of cognitive models. *Psychonomic Bulletin & Review* 15 (1): 1–15. doi:10.3758/PBR.15.1.1.

Lund, Kevin, und Curt Burgess. 1996. Producing high-dimensional semantic spaces from lexical co-occurrence. *Behavior Research Methods, Instruments, & Computers* 28 (2): 203–208. doi:10.3758/BF03204766.

Masnick, Amy M., S. Stavros Valenti, Brian D. Cox, und Christopher J. Osman. 2010. A multidimensional scaling analysis of students' attitudes about science careers. *International Journal of Science Education* 32 (5): 653–667. doi:10.1080/09500690902759053.

McEntee, Shawn. 2004. World order and welfare provision: A multidimensional scaling analysis. *International Journal of Sociology* 34 (1): 52–70.

Okada, Akinori. 2011. Centrality of asymmetric social network: Singular value decomposition, conjoint measurement, and asymmetric multidimensional scaling. In *New perspectives in statistical modeling and data analysis: Proceedings of the 7th conference of the classification and data analysis group of the Italian Statistical Society, Catania, September 9–11, 2009*, Hrsg. Salvatore Ingrassia, Roberto Rocci, und Maurizio Vichi, 219–227. Berlin: Springer.

Okada, Kensuke, und Kazuo Shigemasu. 2010. Bayesian multidimensional scaling for the estimation of a Minkowski exponent. *Behavior Research Methods* 42 (4): 899–905. doi:10.3758/BRM.42.4.899.

Park, Joonwook, Wayne S. DeSarbo, und John Liechty. 2008. A hierarchical Bayesian multidimensional scaling methodology for accommodating both structural and preference heterogeneity. *Psychometrika* 73 (3): 451–472. doi:10.1007/s11336-008-9064-1.

Pearce, Philip L., und Paul R. Amato. 1980. A taxonomy of helping: A multidimensional scaling analysis. *Social Psychology Quarterly* 43 (4): 363. doi:10.2307/3033956.

Pfeffer, Jürgen. 2010. Visualisierung sozialer Netzwerke. In *Netzwerkanalyse und Netzwerktheorie: Ein neues Paradigma in den Sozialwissenschaften*, Hrsg. Christian Stegbauer, 227–238. Wiesbaden: VS Verlag.

Poole, Keith T., und Howard Rosenthal. 1985. A spatial model for legislative roll call analysis. *American Journal of Political Science* 29 (2): 357–384.

Rabinowitz, George B. 1975. An introduction to nonmetric multidimensional scaling. *American Journal of Political Science* 19 (2): 343–390. doi:10.2307/2110441.

Reutterer, Thomas. 1994. Analytische Modelle zur Unterstützung von Positionierungsentscheidungen – Versuch einer Bestandsaufnahme. *der markt* 33 (2): 88–109. doi:10.1007/BF03032038.

Robinson, Sandra L., und Rebecca J. Bennett. 1995. A typology of Deviant workplace behaviors: A multidimensional scaling study. *Academy of Management Journal* 38 (2): 555–572. doi:10.2307/256693.

Schmelkin, Liora Pedhazu, Kim Gilbert, Karin J. Spencer, Holly S. Pincus, und Rebecca Silva. 2008. A multidimensional scaling of college students' perceptions of academic dishonesty. *The Journal of Higher Education* 79 (5): 587–607. doi:10.1353/jhe.0.0021.

Schunter, Jürgen, und Martin Liebau. 2014. Menschliche Beziehungsnetzwerke verstehen!? Morenos Werk aus der Sicht der sozialen Netzwerkanalyse. *Zeitschrift für Psychodrama und Soziometrie* 13 (S1): 151–165. doi:10.1007/s11620-014-0232-2.

Schwartz, Shalom H. 2003. A proposal for measuring value orientations across nations. In *European social survey core questionnaire development*, 259–319. London: European Social Survey. http://www.europeansocialsurvey.org/index.php?option=com_docman&task=doc_view&gid=126&Itemid=80.

Schwartz, Shalom H. 2012. An overview of the Schwartz theory of basic values. *Online Readings in Psychology and Culture* 2 (1): 1–20. doi:10.9707/2307-0919.1116.

Simon, Shana A., und Lillian T. Eby. 2003. A typology of negative mentoring experiences: A multidimensional scaling study. *Human Relations* 56 (9): 1083–1106. doi:10.1177/0018726703569003.

Thomson, Robert, Jovanka Boerefijn, und Frans Stokman. 2004. Actor alignments in European Union decision making. *European Journal of Political Research* 43 (2): 237–261. doi:10.1111/j.1475-6765.2004.00153.x.

Wagschal, Uwe, und Pascal König. 2014. Alle gleich? Analyse der programmatischen Parteienunterschiede bei Bundestagswahlen auf der Basis des Wahl-O-Mats. *ZParl* 45 (4): 865–884.

Weiber, Rolf, Daniel Mühlhaus, und Robert Hörstrup. 2008. AVD – ein reduziertes Erhebungsdesign für MDS-Anwendungen. *Marketing Review St. Gallen* 25 (6): 44–49. doi:10.1007/s11621-008-0107-x.

Wolff, Hans-Georg, und Johann Bacher. 2010. Hauptkomponentenanalyse und explorative Faktorenanalyse. In *Handbuch der sozialwissenschaftlichen Datenanalyse*, Hrsg. Christof Wolf und Henning Best, 333–365. Wiesbaden: VS Verlag.

Young, Forrest W., und Robert M. Hamer. 1987. *Multidimensional scaling: History, theory, and applications*. Hillsdale: Erlbaum.

Netzwerkanalyse

Thomas Metz

1 Einleitung

Der Gegenstand der Sozialwissenschaften ist in vielfacher Hinsicht relational: Seien es die Entstehung und der Erhalt sozialer Normen durch die Kommunikation in einer Gemeinschaft, die Macht eines Menschen über einen anderen (bzw. im Sinne Hannah Arendts 2005: mit anderen zusammen) oder die Wirkung informeller Organisationsstrukturen auf das Verhalten von Institutionen – regelmäßig richtet sich das Interesse von Sozialwissenschaftlern auf das, was Menschen oder andere Akteure miteinander in ein Gewebe aus Beziehungen, und damit in ein (soziales) Netzwerk, integriert. Umso erstaunlicher mag es daher anmuten, dass die Netzwerkanalyse als Methode zur Kartierung und Erschließung dieser Strukturen lange Zeit eine eher untergeordnete Rolle gespielt hat, bevor sie Ende der 1990er Jahre im Gefolge ihrer breiten Anwendung in den Naturwissenschaften auch in den Sozialwissenschaften in den Fokus der Aufmerksamkeit gerückt ist. Anders als manche in diesem Band beschriebenen Methoden ist die Netzwerkanalyse weniger stark kanonisiert und damit in ihrer Anwendung entsprechend auch weniger klar umrissen. Der hieraus folgende (scheinbare) Nachteil, keine einfachen „Rezepte" zu ihrer Anwendung bereitstellen zu können, wird allerdings dadurch aufgewogen, dass die Netzwerkanalyse ein äußerst flexibles Instrumentarium anbietet, mit dessen Hilfe verschiedene Zugangswege zu einer Materie erschlossen werden können, die unseren Forschungsgegenstand nicht nur umhüllen, sondern ihn vielfach auch erst konstituieren.

T. Metz (✉)
Albert-Ludwigs-Universität, Freiburg, Deutschland
E-Mail: thomas.metz@politik.uni-freiburg.de

© Springer Fachmedien Wiesbaden GmbH 2017
S. Jäckle (Hrsg.), *Neue Trends in den Sozialwissenschaften,*
DOI 10.1007/978-3-658-17189-6_8

2   Einführung in die Methode

Im Kern handelt es sich bei der Netzwerkanalyse um die Auseinandersetzung mit relationalen Daten, d. h. mit Daten über die Beziehungen zwischen Einheiten (und weniger über die Einheiten selbst wie in den meisten „klassischen" statistischen Verfahren). Grundfigur eines jeden Netzwerks sind dabei *Knoten* als Repräsentanten der Analyseeinheiten (z. B. Individuen, Parteien, Firmen, Länder usw.), die durch *Kanten* (z. B. Freundschaft, ideologische Nähe, Warenströme, Konflikte usw.) zu einem Netzwerk verbunden sind. Damit geht die Netzwerkanalyse wie die meisten anderen Analysemethoden auch von einer Mikro-Ebene aus Einheiten aus, repräsentiert darüber hinaus aber auch ausdrücklich, dass (und wie) sich diese Einheiten zu einem Netzwerk als Makro-Ebene zusammenfinden. Mithin vermittelt sie daher zwischen den zwei klassischen Analyseebenen in den Sozialwissenschaften und ist als Methode besonders gut für Fragestellungen geeignet, welche gleichermaßen die Konstituenten und die Struktur eines Analysegegenstandes berühren: z. B. Individuen in einer Gesellschaft, Mitglieder einer sozialen Gruppe, Akteure auf Märkten oder allgemein Einheiten in einem System. In der Praxis unterscheiden sich daher die konkreten Fragestellungen oft sehr über die einzelnen Anwendungsbereiche und die anwendenden Disziplinen hinweg. Historisch entstammen hingegen viele der verwendeten Konzepte genuin soziologischer Begrifflichkeit, sie werden zusehends aber durch eine „statistischere" Perspektive überformt sodass der Charakter der Methode in den einzelnen Fächern oft sehr unterschiedlich erscheinen mag. Ein kurzer Überblick über die wechselvolle Entwicklung der Netzwerkanalyse kann diese Situation klären helfen.

2.1   Entwicklung der Netzwerkanalyse

Die Ursprünge und Entwicklung der Netzwerkanalyse sind bereits gut aufbereitet worden (siehe dazu z. B. Scott 2013; Jansen 2006 auf denen dieser Abschnitt beruht; sowie Schnegg 2010; Raab 2010) sodass wir hier nur jene zentralen Leitlinien berichten, die für ein Verständnis der Methode hilfreich sind. Die Entstehung der Netzwerkanalyse kann in drei Entwicklungslinien systematisiert werden: eine sozialpsychologische in der Tradition des Gestalt-Konzepts sowie eine britisch- und eine US-amerikanisch-anthropologische (Scott 2013, S. 11–12; daran anlehnend: Jansen 2006, S. 37–38). Wesentliche Wendepunkte der Entwicklung sind einerseits die Zusammenführung dieser drei Linien durch die Harvard-Strukturalisten um White in den 1970er Jahren als „Geburtsstunde" der Netzwerkanalyse als Methode (Raab 2010) sowie die explosionsartige Verbreitung und Anpassung ihrer Konzepte in den Naturwissenschaften gegen Ende der 1990er Jahre nebst der „Rückkehr" der so modifizierten Methode in die Sozialwissenschaften (Watts 2004b; Barabási 2009). Ihren zentralen Fokus auf die Struktur der Beziehungen zwischen Menschen hat die (soziale) Netzwerkanalyse dagegen bereits mit Vertretern der deutschsprachigen Soziologie wie z. B. Simmel gemein (Jansen 2006, S. 37) und seitdem beibehalten.

Kerngedanke des Gestalt-Konzepts der sozialpsychologischen Linie ist, dass erst die Form des Ganzen den Einzelteilen Bedeutung verleiht (Jansen 2006, S. 39). Neben Lewin ist hier vor allem Moreno hervorzuheben, der individuelles Wohlbefinden oder Verhalten als Funktion des sozialen (Kleingruppen-)Umfelds zu erfassen suchte (Scott 2013, S. 13) und so die frühesten Darstellungen sozialer Netzwerke geschaffen hat (s. auch Borgatti et al. 2009, S. 892). Bis heute einflussreich sind auch die Überlegungen Heiders zur kognitiven Balance, der (noch mit Blick auf Einstellungen) untersucht hat, wie in welche psychologisch spannungsgeladenen oder -freien Konstellationen sich positive und negative Beziehungen zwischen mehreren Menschen sortieren lassen (Scott 2013, S. 15–16).[1] Newcomb (1961) hat diesen Gedanken von psychologischer Balance auf interpersonelle Beziehungen übertragen, Cartwright und Harary (1956) konnten zeigen, welche Implikationen die Balance individueller Konfigurationen für das globale Netzwerk hat (nämlich, dass entweder alle Individuen positiv verbunden sind oder in zwei einander ablehnende Lager zerfallen). Ebenfalls dieser Linie zugerechnet werden makrosoziologische Arbeiten, welche die „Ansteckung" von Akteuren in einem Netzwerk (Coleman et al. 1966) oder die Erreichbarkeit über Netzwerke (Milgram 1967; Travers und Milgram 1969; siehe auch de Sola Pool und Kochen 1978) zum Gegenstand hatten bzw. die den Grundstein für einen statistischen Zugang zu Netzwerken eröffnet haben (Rapoport und Horvath 1961; siehe Jansen 2006, S. 41–42).

In der anthropologischen Linie finden sich auf der einen Seite mehrere an der Universität Manchester beheimatete Arbeiten, die als Alternative zur ansonsten vorherrschenden normativen Betrachtung konkrete Konfigurationen von Beziehungen als treibende Kräfte für individuelles Verhalten in den Mittelpunkt stellten und dabei neben einem Fokus auf größere Gruppen wie z. B. Stämme oder Dörfer vor allem auf das persönliche Nahumfeld (sog. Ego-Netzwerke, welche

---

[1]Balance besteht für Heider darin dass die einzelnen Einstellungen einer Person einander nicht widersprechen. Beispielsweise ist die Situation für eine Person in einer Dreierkonstellation angespannt, wenn sie positive Einstellungen zu den beiden anderen hat, diese einander aber negativ gegenüberstehen. Sind alle drei Personen einander positiv verbunden, sind die Einstellungen ausgeglichen.

nur die direkten Kontakte einer Person erfassen) abstellten (Jansen 2006, S. 43; Scott 2013, S. 29–30; Borgatti et al. 2009, S. 893). Prägend war hier die von Nadel (1957) entwickelte Vorstellung wonach konkrete Handlungen zwischen Menschen (z. B. A verschreibt B ein Medikament) Ausdruck einer unterliegenden abstrakten Beziehung sind (A ist Arzt und B Patient), die sich gesellschaftlich wiederholt (Ärzte behandeln immer Patienten) sodass die Ordnung der Beziehungsmuster letztendlich eine Sozialstruktur bildet (Jansen 2006, S. 44–45; Scott 2013, S. 32). Nadels Ideen können insofern als geistiger Vorläufer von Äquivalenzkonzepten oder der Blockmodellanalyse gewertet werden, auch wenn die britische Linie in ihrem Arbeiten ansonsten weitgehend mit der Vorstellung eines persönlichen Nahumfelds assoziiert blieb (Scott 2013, S. 34).

Die US-amerikanische anthropologische Linie legte den Fokus auf informelle Beziehungen (Roethlisberger und Dickson 1939; Homans 1950, S. 64–74) bzw. auf die Rolle persönlicher Kontakte für die Integration von Individuen in örtliche Gemeinschaften (Warner und Lunt 1941; Davis et al. 1941; siehe Scott 2013, S. 20–25). Intensiv rezipiert wurde sie durch Homans in Harvard, wo sich in der Gruppe der Harvard-Strukturalisten um White auch der spätere Durchbruch der Netzwerkanalyse als Methode verorten lässt (Scott 2013, S. 34–35; Raab 2010). Maßgeblich dafür war die Kombination von Graphentheorie und Matrixalgebra mit der Entwicklung der Blockmodellanalyse und einer theoretischen Perspektive, soziale Struktur nicht mehr im Sinne von Kategorien sondern als Muster von Relationen zu begreifen (Raab 2010, S. 33–34; Jansen 2006, S. 47–48). Eine große Relevanz für die weitere Popularisierung der Methode kommt den Arbeiten von Granovetter zu, in denen er sich mit der Bedeutung schwacher und entfernter Kontakte, sogenannter Weak Ties (siehe Avenarius 2010) als Informationsträger beschäftigt (Granovetter 1973, siehe auch Granovetter 1974, 1983; Scott 2013, S. 35) und bei der es sich um die am häufigsten zitierte Netzwerkanalyse handelt (Avenarius 2010, S. 99).

Nach ihrem „Durchbruch" in den 1970ern und 1980ern erfuhr die Netzwerkanalyse einen weiteren, deutlichen Schub etwa Mitte der 1990er Jahre als die Naturwissenschaften (allen voran Physik, Informatik und Mathematik, aber auch die Biologie) begannen, dem Konzept Netzwerk große Aufmerksamkeit entgegenzubringen. Die Gründe hierfür sind vielfältig, neben dem starken Wachstum der Rechenleistung als Voraussetzung ist ein wesentlicher Faktor sicherlich der sprunghafte Anstieg an Datensätzen in Netzwerkform, sei es durch Digitalisierung (z. B. Netzwerke von Koautoren, Patenten, Telefonaten), das Internet (als Ort menschlicher Aktivität wie z. B. in sozialen Netzwerken und Blogs, aber auch das Netz als Struktur selbst) oder die Möglichkeit, biologische Phänomene als Netzwerke zu erfassen und zu modellieren (z. B. neuronale Netzwerke, Protein-Interaktionen, Nahrungsketten oder auch die Ausbreitung ansteckender Krankheiten).

Aber auch die Entdeckung struktureller Ähnlichkeiten zwischen vielen der beobachteten Netzwerke (z. B. Skalenfreiheit[2]) und das Aufkommen des fächerübergreifenden Paradigmas komplexer Systeme, als deren wesentliches Merkmal die, oftmals unvorhersehbare Dynamiken hervorbringende, Interaktion der einzelnen Systemelemente gesehen wird, haben diesen Prozess begünstigt. Zentrale Arbeiten sind hier sicherlich die Modelle von Watts und Strogatz (1998) sowie von Barabasi und Albert (1999) zur Generierung spezifischer Netzwerkstrukturen, die das auf Erdös und Renyi (1959) zurückgehende und bis dahin vorherrschende Paradigma „einfacher Zufallsgraphen" ablösten (Barabási 2009, S. 412). Inzwischen gibt es mehrere, oft auch sehr unterhaltsame Überblicke über die neueren Entwicklungen (Barabási 2003; Christakis und Fowler 2010; Watts 2004a).

2.2 Netzwerkanalyse: Die jüngere Vergangenheit

Auch wenn sie methodisch stets fest etabliert war, hat die Netzwerkanalyse in der Politikwissenschaft lange eine vergleichsweise kleine Rolle gespielt, da die Disziplin mit Verfestigung der Fachgrenzen in den 1950ern neben der Institutionenanalyse auf eine psychologische (später auch nutzenmaximierende) und damit intra-individuelle Vorstellung von Individuen setzte und sich zugleich methodisch an der Umfrageforschung und ihrem Paradigma unabhängiger Analyseeinheiten orientierte. Diese Ausrichtung führte schnell dazu, dass ursprünglich durchaus vorhandene, relationale Erklärungsmodelle (z. B. für Wahlverhalten, siehe Lazarsfeld et al. 1944; Berelson et al. 1954), anders als in der Soziologie, bald in den Hintergrund rückten (Lazer 2011, S. 61; siehe auch Zuckerman 2005, S. 11–16; Huckfeldt 2014) weshalb relationale Modellierungen eher als Materie für Spezialisten galten. Dies änderte sich jedoch nach und nach, einerseits im Zuge der naturwissenschaftlichen „Entdeckung" der Netzwerkanalyse, aber auch durch andere parallele Entwicklungen wie z. B. das Aufkommen der Sozialkapitalforschung (Putnam et al. 1993; Putnam 2001). Beides verhalf bestehenden interpersonellen Ansätzen zu neuer Popularität (z. B. zum Wahlverhalten

---

[2]Skalenfreiheit oder –invarianz bezeichnet eine Situation, in der sich Charakteristika eines Objekts trotz Veränderung der Betrachtungsgröße nicht verändern. In der Netzwerkanalyse bezieht sich der Begriff auf skalenfreie Netzwerke, bei denen die Verteilung des Knotengrads (die Anzahl Kanten an einem Knoten) einem Potenzgesetz der Form $y = ax^b$ folgt. Bekanntestes Beispiel ist das Internet, wo die Anzahl Websites mit k eingehenden Links proportional zum Faktor $1/k^2$ ist. Die Invarianz zeigt sich darin, dass die Form der Verteilung (nicht die eigentliche Häufigkeit der Seiten) immer die gleiche ist, egal wie sehr man sie vergrößert (siehe Mitchell 2009, S. 239–246; Barabási und Bonabeau 2003).

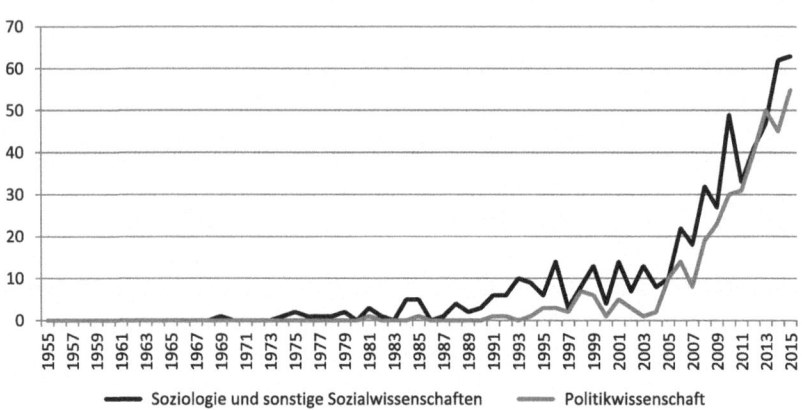

Abb. 1 Entwicklung der Netzwerkanalyse in den Sozialwissenschaften. (Quelle: Eigene Darstellung)

Huckfeldt et al. 1995, 2004; Mutz 2006) und begünstigte das Neuaufkommen von Arbeiten, z. B. zu Politiknetzwerken (Schneider 2009), zu Netzwerken im US-Kongress (z. B. Fowler 2006a, b) oder auch zu Netzwerken von Terroristen (Krebs 2002) sodass inzwischen auch von einer „Rückkehr zur sozialen Logik von Politik" (Zuckerman 2005; siehe auch Lazer 2011, S. 63) gesprochen wird, die in allen Teilen des Faches spürbar ist (Hafner-Burton et al. 2009; Ward et al. 2011). Die neue Aufmerksamkeit für Netzwerke schlägt sich auch in Studien zur intellektuellen (z. B. Kristensen 2012; Sillanpää und Koivula 2010; Russett und Arnold 2010) und soziologischen Struktur (z. B. Arzheimer und Schoen 2009; Metz und Jäckle 2013, 2017; Leifeld und Ingold 2016) des Faches nieder und ist als generelle Signatur in der starken Zunahme an Publikationen in den vergangenen ca. zehn Jahren gut erkennbar (vgl. Abb. 1). Insofern darf wohl davon ausgegangen werden, dass der Netzwerkanalyse als Methode in den Sozialwissenschaften allgemein eine gute Zukunft bevorsteht.

3   Anwendungsfelder und Fragestellungen der Netzwerkanalyse

Für welche Fragestellungen sich eine Netzwerkanalyse besonders eignet, lässt sich gut anhand der Form der benötigten Daten überlegen. Wie erwähnt besteht ein Netzwerk aus Knoten und Kanten, deren Bezugsmuster das Netzwerk ist.

Entsprechend ihres relationalen Fokus ist die Netzwerkanalyse damit auf Fragestellungen „abonniert", deren unterliegendes Modell der Beziehung zwischen den Einheiten eine entscheidende Rolle für das zu erklärende Phänomen zuweist. Dies kann entweder in Form einer Beeinflussung der Knoten durch das Netzwerk (d. h. das Netzwerk wäre hier eine unabhängige Variable), einer Moderation ihres Verhaltens (das Netzwerk als intervenierende Variable) oder der Entstehung des Netzwerks selbst aus individuellem Verhalten (das Netzwerk als abhängige Variable; siehe auch Hennig et al. 2012, S. 44–47) geschehen.

3.1 Netzwerke als Variablen

Ein Beispiel: Geht man davon aus, dass Regierungspolitik allein anhand von Medienberichten bewertet wird, benötigt man keine Netzwerkdaten um dies zu analysieren. Hat man hingegen Grund zur Annahme, dass die Bewertung auch im Gespräch mit anderen reflektiert und entwickelt wird, ist es relevant, was das Umfeld der Person denkt, sodass es erfasst und in die Erklärung integriert werden sollte (Netzwerk als unabhängige Variable). Auch kann es sein, dass Menschen sich vor allem mit jenen austauchen, die ihre Ansichten bereits teilen – ein Phänomen, das insbesondere mit Blick auf soziale Online-Netzwerke unter dem Begriff der „Echokammern" Bekanntheit erlangt hat. In diesem Fall würde das Netzwerk selbst als abhängige Variable in den Fokus der Forschung geraten. Auch ist es möglich, dass Personen nur dann ihre Bewertung der Regierungspolitik auch in Handlungen wie z. B. öffentliche Aussagen oder Wahlverhalten umsetzen, wenn sie den Eindruck haben, dass ihr Umfeld ähnlich denkt wie sie (Netzwerk als moderierende Variable). Ähnliche Beispiele lassen sich auch für die Makroebene finden: kann beispielsweise eine hierarchisch organisierte Gruppe ihre Ziele besser erreichen als eine dezentral organisierte Gruppe (Netzwerk als unabhängige Variable)? Inwiefern hat das konkrete Muster der sozialen Kontakte in der Bevölkerung die Ausbreitung von Protesten begünstigt und so letztlich zum Ausbruch einer Revolution mit beigetragen (moderierende Variable)? Oder: Wieso verändert sich das Kontaktnetzwerk von Abgeordneten des US-Kongresses mit der öffentlichen Meinung (Netzwerk als abhängige Variable: Kirkland 2014)?

Entsprechend dem strukturellen Fokus der Methode kann man daher neben der reinen Kartierung und Deskription einige „typische" (in der Praxis selbstverständlich oft überlappende) Fragestellungen identifizieren, die mit netzwerkanalytischen Methoden bearbeitet werden und die man – je nach Schwerpunkt des Interesses – versuchen kann, eher auf Ebene der Knoten, des Netzwerks selbst oder auf Ebene von Knotengruppen zu beantworten. Da hier kein vollständiger

Literaturbericht möglich ist, sei im Folgenden eine Auswahl an Arbeiten ohne Anspruch auf Repräsentativität zur Illustration häufiger Forschungsperspektiven gegeben. Einen sehr breiten inhaltlichen Einblick in die Anwendungsfelder der Netzwerkanalyse liefern das *Handbuch Netzwerkforschung*, welches in Abschn. 7 auch explizit auf Anwendungsmöglichkeiten innerhalb der Sozialwissenschaften eingeht (Stegbauer und Häußling 2010) sowie die Werke von Newman (2010, S. 17–104) und Boccaletti et al. (2006), wobei letzterer Überblick stärker naturwissenschaftlich geprägt ist.

3.2   Analyseebenen

Neben der reinen Kartierung und Deskription eines Netzwerks als „Einstieg" in eine Analyse ist auf individueller Ebene die Identifizierung wichtiger oder zentraler Knoten eine häufige Perspektive (z. B. Newman 2004). Regelmäßig werden dabei Netzwerkpositionen auch an individuelle Attribute und/oder Verhaltensweisen gekoppelt, die sowohl als Ursache als auch als Wirkung fungieren können (z. B. Campbell 2013; Christakis und Fowler 2007). In eine ähnliche Richtung geht zudem die Untersuchung von Potenzialen und/oder Beschränkungen für den Einzelnen, die aus den jeweiligen Verbindungen erwachsen, beispielsweise hinsichtlich Macht, Reputation, Einfluss, der Mobilisierung oder Kontrolle von Ressourcen, dem Erwerb von Informationen oder sozialer Unterstützung (z. B. Krackhardt 1990, 1992; Putnam 2001). Neben der Diskussion um „starke" und „schwache" Verbindungen (Granovetter 1973; Avenarius 2010) und die damit einhergehenden unterschiedlichen Möglichkeiten, nicht-redundante Informationen zu erhalten, ist hier auch die Diskussion um das aus der Überbrückung „struktureller Löcher" (Burt 2004; Scheidegger 2010) im Netzwerk entstehende individuelle Brokerage-Potenzial[3] zu verorten. In eine ähnliche Kerbe wie die obigen Fragestellungen schlagen auch Versuche, die Attribute eines Knotens an das direkte oder weitere Netzwerkumfeld zu binden und dahinter liegende Entstehungs- oder Beeinflussungsprozesse zu analysieren (Bond et al. 2012; Huckfeldt et al. 1995, 2004; Lazer et al. 2010; Mutz 2006). Beide Perspektiven sind vor allem mit den Begriffen der Homophilie, die eine Kantenbildung zwischen einander ähnlichen

---

[3]Das Konzept struktureller Löcher basiert auf dem Gedanken, dass manche Individuen Kontakt zwischen ansonsten weitgehend unverbundenen Regionen eines Netzwerks herstellen. Dadurch können sie z. B. Informationen aus einem Teil des Netzwerks an einen anderen weitergeben und als „Übersetzer" zwischen den Gruppen für sich selbst Vorteile ziehen (Scheidegger 2010, S. 149).

Knoten bezeichnet (McPherson et al. 2001) und der sozialen Ansteckung zwischen Knoten (z. B. Christakis und Fowler 2013; Fowler 2005; Watts 2002) verbunden. Eher auf Ebene des gesamten Netzwerks angesiedelt sind Fragen nach den strukturellen Organisationsprinzipien von Netzwerken, sei es in statischer Hinsicht (z. B. Conover et al. 2012; Dunbar et al. 2015; Csermely et al. 2013), als Ergebnis eines dynamischen Entstehungs- oder Modifikationsprozesses (z. B. Watts und Strogatz 1998; Barabási und Albert 1999; Bearman et al. 2004) oder im Sinne theoretischer Konzepte wie beispielsweise struktureller Balance, Kohäsion, Polarisierung oder sozialer Rollen bzw. Blöcke (z. B. Padgett und Ansell 1993; Moody und White 2003; Andris et al. 2015). Der Übergang zu Fragen nach den sich aus diesen Prinzipien ergebenden Konsequenzen wie z. B. die Möglichkeiten, in einem Netzwerk Knoten zu finden und Information zu transportieren (z. B. Milgram 1967; Travers und Milgram 1969; Dodds et al. 2003) oder die Auswirkungen auf die auf dem Netzwerk stattfindenden Prozesse (z. B. Huckfeldt et al. 2004) ist dabei fließend. Andere Makroperspektiven sind z. B. die Organisation von Netzwerken interessierender Knoten wie z. B. salienter sozialer Gruppen, die Einbettung des Netzwerks in eine Umwelt (bspw. eine Institution) nebst den daraus entstehenden Konsequenzen für Umwelt und/oder Netzwerk selbst (Fowler 2006a; Kirkland 2011; Eagle et al. 2010; Tam Cho und Fowler 2010; Kirkland und Gross 2014) bzw. für die individuellen Knoten (z. B. Erisen und Erisen 2012).

Zwischen beiden Ebenen liegt vor allem die Suche nach hervorgehobenen (meist dicht geknüpften) Regionen im Netzwerk und die Interpretation der so gefundenen Gruppen (z. B. Zachary 1977; Girvan und Newman 2002; Adebayo et al. 2014; Zhang et al. 2008). Einen Überblick über gängige Ansätze zur Identifizierung von Netzwerkclustern und anderen Partitionierungen geben z. B. Newman (2010, S. 354–391), Täube (2010) oder Jansen (2006, S. 193–236). Wiederum ein anderes Bild, das alternativ auch unter die Organisationsprinzipien von Netzwerken hätte subsumiert werden können, entwerfen Studien mit einem Fokus auf die Ursachen von Verbindungen zwischen Knoten, die meist an deren individuellen Attribute geknüpft werden (z. B. Bratton und Rouse 2011). Stärker prozessual ausgerichtet sind dagegen Fragestellungen, die entweder die Rolle des Netzwerks als „Trägerstruktur" eines Prozesses (z. B. die Diffusion von Einstellungen) analysieren (z. B. Salzarulo 2006) oder auch als Struktur die aus den Prozessen entsteht (z. B. Banisch 2010) bzw. auf sie reagiert (Rosvall und Sneppen 2009; Rosvall und Sneppen 2007). Allerdings geht das Feld wegen seiner vielen Simulationsstudien fließend in Fragestellungen der Agent-Based-Modeling Literatur über (siehe Kap. „Agent-Based Modeling (ABM)"). Ebenfalls nicht immer als „klassische" Netzwerkanalysen geführt, aber gleichwohl bedeutsam sind Arbeiten, die das Netzwerk-Paradigma auf Bereiche anwenden, die nicht zur gängigen impliziten Gleichsetzung von Knoten und Akteur passen wie beispielsweise Janning (2009), der Diskurse mittels netzwerkanalytischer Verfahren untersucht. Zudem können Netzwerkanalysen auch als Bausteine anderer Analysemethoden eingesetzt werden. So interpretiert Bison (2014) Übergänge von Karrierestationen und damit sequenzanalytische Daten als Netzwerk (siehe auch Kap. „Sequenzanalyse").

3.3   Analysekonzepte

Ward et al. (2011) sortieren das „Handwerkszeug" zur Analyse dieser breit gefächerten Fragestellungen grob in einerseits deskriptive und andererseits inferenzstatistische Konzepte. Zu ersteren gehören z. B. Maße zur Beschreibung von Knoten wie Ein- und Ausgangsgrad (= Anzahl der Kanten eines Knotens), Closeness- (Wie sehr liegt ein Knoten in der „Mitte" des Netzwerks?) oder Betweenness-Zentralität (Wie sehr sind andere Knoten auf einen Knoten als Vermittler angewiesen?). Die gebräuchlichsten Metriken sind beispielsweise bei Mutschke (2010), Newman (2010, S. 168–231) oder Wasserman und Faust (1994, S. 169–219) beschrieben. Zu den deskriptiven Konzepten gehören auch beispielsweise verschiedene Distanz- und Größenmaße (wobei Distanzen als Schritte entlang von Kanten erfasst werden), Netzwerkdichte (als Anteil realisierter Kanten an allen prinzipiell möglichen) oder weitergehende Konzepte wie z. B. Zentralisierung, Clustering (als Größe zur Erfassung von Kontrolle des Netzwerks durch einzelne Knoten oder –gruppen bzw. als Maß für die Tendenz zur Bildung von Triaden) oder auch z. B. Subgruppen. Gegenwärtig in rasanter Entwicklung sind sogenannte Exponential Random Graph Modelle (ERGM; z. B. Harris 2014; Cranmer und Desmarais 2011; Lusher et al. 2012) als Repräsentanten einer inferenzstatistischen Perspektive. Diese modellieren im Kern, wie sich ein Netzwerk hinsichtlich z. B. der Verbindungen zwischen Knoten mit bestimmten Attributen, aber auch in Bezug auf komplexere Figuren wie Reziprozität von Kanten, Dreiecksbildung oder anderen Strukturen, von einem zufällig entstandenen Netzwerk unterscheidet. Vereinfacht gesprochen stellen sie damit gewissermaßen ein netzwerkanalytisches Äquivalent zur Regressionsanalyse dar. Ein drittes Standbein stellen für sie zudem Netzwerkgenerierungsmodelle dar, die Prozesse spezifizieren über die Netzwerke ihre Struktur erhalten können (z. B. Watts und Strogatz 1998; Barabási und Albert 1999).

4 Struktur der benötigten Daten

Dass Netzwerke aus Knoten und Kanten bestehen, bedeutet aus Sicht der Methode erst einmal viel Flexibilität, kann doch (fast) alles als Netzwerk erfasst werden solange sich irgendeine Form von Einheiten identifizieren lässt, die irgendwie untereinander verbunden sind.[4] (Diese Verbindungen können dabei ohne eine spezielle Richtung sein (= einfacher Graph, z. B. A und B haben zusammen einen wissenschaftlichen Artikel verfasst) oder von einem Knoten zum anderen verlaufen (= gerichteter Graph, z. B. A schreibt B eine Email). Falls inhaltlich sinnvoll können Knoten auch (gerichtete oder ungerichtete) Kanten mit sich selbst haben („Schleifen", z. B. in einem Netzwerk einander zitierender Autoren), Knoten können durch mehrere Kanten verbunden sein (= Multigraphen, z. B. Orte sind über verschiedene Straßen verbunden) oder eine Kante kann verschiedene Beziehungsformen umfassen (= Multiplexität, z. B. A und B sind Geschäftspartner und gleichzeitig befreundet während A und C nur befreundet sind). Auch wenn dies wegen des damit verbundenen analytischen Aufwands nicht oft der Fall ist, können diese Strukturmerkmale darüber hinaus prinzipiell relativ frei miteinander kombiniert werden. Außerdem können „herkömmliche" (d. h. tabellarische) Datenformate insofern in die Analyse mit einbezogen werden als dass Knoten mit Attributen (z. B. Alter, politische Orientierung, Geschlecht usw.) versehen werden können (ein Beispiel wäre die Frage ob ein persönliches Kontaktnetzwerk parteipolitisch homogen ist oder nicht). Nach dem gleichen Muster kann man für Kanten zusätzliche Information (oft als „Gewichte" bezeichnet) nutzen um zu erfassen, wie „stark", „lang" o. ä. eine Verbindung ist (z. B. wird eine Information umso eher weitergegeben, je häufiger zwei Personen miteinander sprechen), aber auch z. B. die Art der Kante (bei Multiplexität) ist hier denkbar.

Eine besondere Form von Netzwerkdaten sind sogenannte Ego-Netzwerke, die nur das persönliche Nahumfeld (die „alteri") einer fokalen Person („ego") beschreiben. Da man die dafür benötigten Daten meist bei der fokalen Person selbst erfragen kann, lassen sich Ego-Netzwerke gut in herkömmliche Surveys einbauen und können daher (zumindest in Teilen) sogar mit dem „herkömmlichen" statistischen Instrumentarium für dieses Datenformat analysiert werden. Ein weiteres, häufig vorkommendes Datenformat sind sogenannte Two-Mode-Netzwerke (eigentlich Affiliationsnetzwerke, oft etwas ungenau auch als „bipartit" bezeichnet) in denen zwei verschiedene Knotenarten vorkommen, die jeweils untereinander

---

[4]Für eine umfangreiche Einführung in die Strukturmerkmale von Graphen und Netzwerken siehe Newman (2010, S. 109–164) oder Wasserman und Faust (1994, S. 92–166).

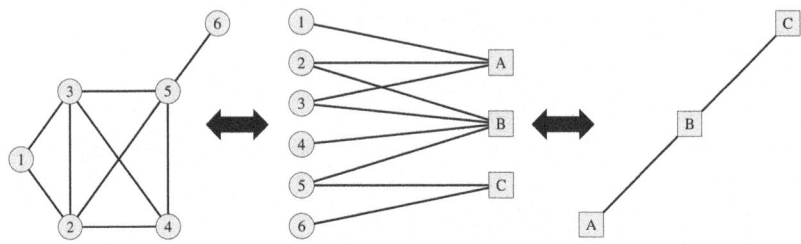

Abb. 2 Beispiel eines Two-Mode-Netzwerks. (Quelle: Eigene Darstellung)

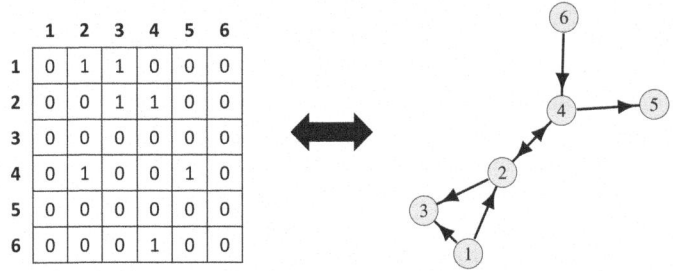

Abb. 3 Von der Adjazenzmatrix zum Netzwerk. (Quelle: Eigene Darstellung)

keine Verbindungen eingehen können, beispielsweise Schauspieler, die zusammen in Filmen gespielt haben (vgl. Abb. 2). Diese Netzwerke lassen sich durch einfache Matrizenrechnung in zwei verschiedene Darstellungen (je ein Netzwerk aus Schauspielern (= Ziffern 1–6 in Abb. 2), die durch gemeinsame Auftritte verbunden sind, sowie ein Netzwerk aus Filmen (= A, B und C in Abb. 2) mit einem oder mehreren gleichen Schauspielern) projizieren und untersuchen.

Ebenfalls anführen lassen sich Cognitive Social Structures, bei denen die Netzwerkknoten auch gebeten werden, Auskunft über Beziehungen zwischen anderen Knotenpaaren zu geben (also A gebeten wird einzuschätzen ob B und C verbunden sind) was Rückschlüsse auf ihre Fähigkeit erlaubt, das Netzwerk über die eigenen Kontakte hinaus zu „sehen" und evtl. auf dieser Basis Einfluss auszuüben (für eine solche Anwendung siehe z. B. Krackhardt 1990).

Formal wird ein Netzwerk oft als quadratische Matrix (die sog. „Adjazenzmatrix" A) mit je einer Zeile/Spalte pro Knoten beschrieben, da sich diese für die mathematische Verarbeitung besonders anbietet (vgl. Abb. 3). Während der Eintrag

„0" im Feld a_{ij} der Adjazenzmatrix bedeutet, dass keine Kante vom Knoten i zum Knoten j verläuft, zeigt der Wert „1" (oder auch direkt das Kantengewicht selbst) an, dass i mit j verbunden ist. Je nachdem, ob die Kanten im Netzwerk dabei gerichtet oder ungerichtet sind, wird entsprechend auch das an der Hauptdiagonalen „gegenüberliegende" Feld a_{ji} identisch gefüllt (bei ungerichteten Kanten besteht automatisch auch eine Verbindung von j nach i) oder eben nicht (bei gerichteten Kanten ist eine Rückverbindung nicht zwingend gegeben). Je nach Autor kann diese Notation übrigens abweichen, was für Einsteiger u. U. verwirrend sein kann. Die Inzidenzmatrix (oder Affiliationsmatrix) als zweites populäres Format enthält für gewöhnlich die Knoten als Zeilen und das sie verbindende Element als Spalten (z. B. die oben bereits erwähnten Schauspieler in den Zeilen und ihre Filme in den Spalten), woraus über Matrizenmultiplikation das entsprechende Netzwerk hergeleitet werden kann. Andere populäre Formate basieren auf (je nach Anwendungsbereich angepassten) Listen von Kanten. Eine Übersicht hierzu bieten Hennig und Kollegen (2012, S. 70–71).

Die Sammlung von Netzwerkdaten kann auf vielfach verschiedene Weise erfolgen. Für alle Arten gleichermaßen gilt jedoch, dass man vor einer Analyse klären muss, welches die relevanten Einheiten und Beziehungen sind. Einen guten Überblick über die Sammlung von Netzwerkdaten geben Hennig und Kollegen (2012, S. 61–100) sowie Jansen (2006, S. 69–90). Eine klare Abgrenzung ist vor allem deshalb wichtig, da fehlende, unsauber gesammelte oder nicht zur Fragestellung passende Daten die beobachtete Netzwerkstruktur verändern und damit vielfach die Ergebnisse beeinflussen können – beispielsweise wenn eine Maßzahl die gesamte Netzwerkstruktur mit berücksichtigt. Zwar sind Knoten in den Sozialwissenschaften häufig Individuen, aber aggregierte Einheiten wie Firmen, Parteien oder Länder sind selbstverständlich ebenfalls möglich. Wichtig ist es vor allem, die im jeweils theoretischen Modell handelnden Einheiten als Knoten zu erheben (Hennig et al. 2012, S. 63–64).

Häufige Kriterien für die Auswahl von Individuen als Knoten sind gut abgrenzbare Einheiten wie beispielsweise soziale Gruppen oder Organisationen, es lassen sich aber auch geografische Kriterien oder die Teilnahme an Ereignissen, Mitgliedschaften o. ä. anlegen. Allen Ansätzen gemein ist dabei allerdings das Risiko, vor allem auf institutionelle Akteure zu fokussieren und dabei informelle Akteure zu übersehen. Aus diesem Grund findet sich auch die Empfehlung, die Knoten durch die Sammlung der Beziehungen selbst zu bestimmen (z. B. durch die Beobachtung von Transaktionen zwischen den Akteuren), was aber wiederum Knoten ohne Interaktion außen vor lässt. Je weniger klar die „übergeordneten" Einheiten abgegrenzt werden können, desto gravierender wird das geschilderte Problem (Jansen 2006, S. 69). Da mutmaßlich kein einzelnes

Kriterium endgültig zufrieden stellen kann, empfiehlt es sich zudem, die Liste der Knoten iterativ anhand mehrerer Kriterien zu erstellen und im Zweifelsfall eher großzügig zu verfahren, da Knoten immer noch nachträglich ignoriert werden können (Jansen 2006, S. 72). Aufmerksamkeit sollte zudem der Frage gewidmet werden, ob ein Netzwerk in seiner Gänze zu erheben ist oder ob nur ein Teilausschnitt betrachtet werden soll bzw. kann. Im Gegensatz zu den vor allem nominalistischen Methoden der Abgrenzung über ein vorgegebenes Kriterium stehen realistische, in denen die Akteure selbst darüber entscheiden, wer zum Netzwerk gehört. Optionen hierfür sind etwa die Beobachtung konkreter Teilnahmen, Experteneinschätzungen, oder Befragungen eines Satzes an eindeutig dem Netzwerk zugehörigen Akteuren, die angeben sollen, wer außer ihnen noch Teil des Netzwerkes ist. Der letztgenannte Ansatz kann zudem helfen nachträglich die gefundenen Daten zu validieren (Jansen 2006, S. 73).

Einen deutlich anderen Weg der Datensammlung schlagen Ego-Netzwerke ein, welche auch als „persönliche Netzwerke" bezeichnet werden, wenn zusätzlich die Verbindungen der alteri mit abgefragt werden. Die hierfür eingesetzten Fragebatterien werden meist als „Namensgeneratoren" (zur Sammlung der entsprechenden Personen) und „Namensinterpretatoren" (zur Sammlung von Information über die Personen) bezeichnet (siehe z. B. Hennig et al. 2012, S. 85–93; Jansen 2006, S. 80–87; Wolf 2010). Eng mit dieser Art der Datensammlung verwandt ist das sog. Schneeballverfahren bei dem Personen (z. B. auch aus einer Stichprobe, andere Quellen sind aber durchaus möglich) über ihre Kontakte befragt werden. Diese Kontakte werden dann kontaktiert und ihrerseits über ihre Kontakten befragt usw. bis ein vordefiniertes Abbruchkriterium (bspw. eine vorher festgelegte Anzahl Schritte) erreicht ist.

Ist die Population an Knoten abgegrenzt, können die Kanten erhoben werden. In den Sozialwissenschaften sind regelmäßig Individuen und ihre Kontakte Gegenstand des Interesses, daher orientieren sich die meisten Hinweise zur Datensammlung an diesem Bereich. Als Formen der primären (d. h. eigenen) bzw. sekundären (d. h. durch andere) Datenerhebung ist als aktiver Ansatz die Befragung mittels Survey (siehe Hennig et al. 2012, S. 76–79; Jansen 2006, S. 74–79) das zentrale Instrumentarium. Prinzipiell lassen sich hier viele der bekannten Regeln für „klassische" Surveys unverändert auf die Sammlung von Netzwerkdaten übertragen (vgl. z. B. Jacob et al. 2013), für die Erfassung der Kanten ist jedoch daran zu erinnern, dass den Befragten klar sein muss, welcher Beziehungstyp erfasst werden soll (z. B. Unterstützung, Rat, Freundschaft; gerichtet oder ungerichtet), gegebenenfalls wie dieser zu verstehen ist (d. h. Was ist „Freundschaft"?) und inwiefern die Stärke oder Frequenz der Beziehung eine Rolle spielt (siehe auch Hennig et al. 2012, S. 64). Typische Beziehungen (siehe

Borgatti et al. 2009; Hennig et al. 2012, S. 66), die in einer Netzwerkanalyse untersucht werden, sind dabei Ähnlichkeiten (gleicher Ort, gemeinsame Mitgliedschaft oder gleiches Attribut), soziale Beziehungen (Verwandtschaft, Rolle, affektiver oder kognitiver Bezug wie z. B. „mag"/„hasst" bzw. „kennt"), Flüsse (z. B. von Information, Ressourcen, Vorstellungen) oder Interaktion (Hilfe, Gespräch).

Bei der Auswahl der potenziellen Kontakte (siehe Hennig et al. 2012, S. 76–77) wird oft entweder eine vom Forscher vorab erstellte Liste benutzt aus der die Befragten Kontakte auswählen *(free choice)* oder deren Namen sie in einer Form frei anordnen *(ranking)* sollen. Alternativ können Befragte aber auch frei die Namen ihrer Kontakte angeben *(free recall)*. Der erste Ansatz setzt voraus, dass eine Liste erstellt werden kann und stellt damit sicher, dass alle Befragten zu den gleichen Personen Stellung bezogen haben, ist aber anfällig dafür, dass der Forscher bei seiner Auswahl potenzieller Knoten in Wirklichkeit relevante Knoten übersieht. Der zweite Ansatz hat dieses Problem nicht (und kann bei der Sammlung sogar überraschen), kann aber nicht garantieren, dass alle Befragten an die gleiche Personengruppe denken. Teilweise wird auch eine bestimmte (Mindest-)Anzahl von Kontakten abgefragt *(fixed choice)*.

Mit der passiven Beobachtung als weiterem Modus der primären Datenerhebung gewinnt (neben der „klassischen" Beobachtung der Akteure selbst wie bspw. in ethnografischen Studien üblich) vor allem die Auswertung von digitalen Spuren immens an Bedeutung. Darunter fallen Auswertungen sozialer Netzwerke, der Nutzung von Suchmaschinen, von Kreditkartenzahlungen, Telefonanrufen, Foreneinträgen, gemeinsamen Produktkäufen oder anderer in den letzten Jahren explosionsartig gestiegener digitaler Spuren des Einzelnen im Internet und andernorts (Hennig et al. 2012, S. 79–81). Da einige dieser Netzwerkdaten in Bezug auf den Datenschutz eine enorme Tragweite entfalten können (Jernigan und Mistree 2009), gilt es hier in der Forschung achtsam zu sein und in Zweifelsfällen Ethik-Kommissionen zurate zu ziehen. Zudem ist zu bedenken, dass der Zugang zu den entsprechenden Daten eigentlich in den Händen der z. B. Websitebetreiber liegt sodass der größte „Wachstumsmarkt" an Netzwerkdaten für die universitäre Forschung teilweise nur mittelbar zugängig ist, auch wenn Ansätze wie Webscraping (Munzert et al. 2014; Russell 2013) diese Abhängigkeit etwas reduzieren. Im Grundsatz gleich gelagert, im Zugang aber näher am „üblichen" Instrumentarium von Sozialwissenschaftlern ist die Auswertung (historischer) Archivdaten oder anderer, meist gedruckter Quellen wie z. B. Geschäftsberichte oder Listen von Mitgliedern. Bei passiver Beobachtung kann die Kante zwar ausdrücklich gegeben sein (z. B. bei Daten über Eheschließungen), oftmals ist sie aber implizit sodass mit Affiliationen gearbeitet wird (z. B. dass zwei Firmen verbunden sind, da Mitglieder des einen Aufsichtsrats auch im anderen sitzen).

Verwandt zu diesem Verständnis der Netzwerkgenese sind die in Arbeiten zu bibliografischen Netzwerken entwickelten Konzepte der Kozitation (zwei Knoten sind in dem Ausmaß verbunden, in dem dieselben Knoten auf sie verweisen) und der bibliographischen Kopplung (zwei Knoten sind in dem Ausmaß verbunden, indem sie auf dieselben Knoten verweisen), die sich aber auch allgemein auf jede Form von Überlappung bzw. Nähe in Information verallgemeinern lassen, die an Knoten erhoben werden kann (siehe z. B. McPherson und Ranger-Moore 1991).

5   Explikation an einem konkreten Beispiel

Ein Forschungsfeld, in dem die Netzwerkanalyse regelmäßig Anwendung findet, ist die Untersuchung von sozialen oder politischen Eliten als System aus miteinander verbundenen Akteuren (Keller 2017). Da sich diese Arbeiten trotz ihres gemeinsamen Gegenstandes in vielfacher Weise unterscheiden, können sie gut als Anschauungsmaterial für das konkrete Vorgehen bei einer Netzwerkanalyse dienen. Als Illustration mögen dabei die Netzwerke der Medici (Padgett und Ansell 1993; siehe auch Padgett 1994, 2010, 2011), der Kommunistischen Partei Chinas (Keller 2016) und der Abgeordneten des Deutschen Bundestages (Metz und Jäckle 2016) dienen.

5.1   Die Medici

Einige der sicherlich bekanntesten Untersuchungen von Elitennetzwerken sind die Studien John Padgetts (im Folgenden wird vor allem die gemeinsame Arbeit mit Christopher Ansell berichtet) zum Aufstieg der Medici im Florenz der Renaissance. Die Untersuchung von Padgett und Ansell (1993) nimmt ihren Ausgangspunkt in der Frage, wie es den Medici gelang, ihre Dominanz im entstehenden florentinischen Staatswesen zu etablieren und zu sichern. Für ihren Datensatz stützen sich die Autoren dabei auf bestehende historische Forschung, aus der sie ein Netzwerk von 92 Familien der florentiner Elite und ihrer Beziehungen zueinander generieren. Dabei betrachten sie unter anderem Eheschließungen und mehrere verschiedene Arten wirtschaftlicher, politischer und freundschaftlicher Beziehungen. Zudem werten sie Daten über Reichtum, politisches Prestige und Wohnort der Familien aus und untersuchen, inwiefern die betrachteten Familien mit den Medici oder der konkurrierenden, aus alteingesessenen florentiner Patrizierfamilien bestehenden Partei der Oligarchen assoziiert waren, oder ob sie sich neutral zwischen diesen beiden Polen positionierten (Padgett und Ansell 1993, S. 1265–1269). Nachdem sie anhand statistischer Tests zeigen konnten, dass beide Parteien anhand von z. B. Einkommenshöhe, Prestige und Wohnort weitgehend identisch sind (was alternative Erklärungen in der Literatur ausschließt), beginnt ihre eigentliche Netzwerkanalyse. Hierzu stützen sie sich auf einen Blockmodell-Ansatz, bei dem sie für jede Familie getrennt deren ein- und ausgehende Ehe- und wirtschaftlichen Beziehungen zu einem einzigen Vektor zusammenfassen und anschließend für alle Paare von Familien die Korrelationen dieser Vektoren berechnen. Die so entstehende Matrix enthält in jeder Zelle die Ähnlichkeit der Außenbeziehungen zweier Familien. Sie wurde dann einem Clustering-Algorithmus unterzogen, um darin ähnliche Gruppen von Familien zu finden. Anhand der so identifizierten Gruppen von Familien (der Einfachheit halber benannt nach der größten darin enthaltenen Familie) wurden dann die ursprünglichen Ausgangsdaten vereinfacht (vgl. Abb. 4): Jede Familiengruppe erhielt eine (je nach Beziehungsart ggf. gerichtete) Kante zu einer anderen Gruppe, wenn mehr als zwei Beziehungen einer Art (ökonomischer Natur oder Eheschließungen) zwischen zwei der beteiligten Familien vorlagen (Padgett und Ansell 1993, S. 1310–1311).

Die Erklärungskraft des so generierten Netzwerks zeigt sich vor allem daran, dass die Parteien der Medici und der Oligarchen jeweils unterschiedliche, deutlich abgegrenzte Teile des Netzwerks bilden (Padgett und Ansell 1993, S. 1275). Die stark verschiedene Struktur beider Netzwerkteile wird dann als Erklärung für die Bedeutung der Medici interpretiert: Während das Netzwerk der Oligarchen dicht geknüpft ist und keine klare Familiengruppe als Anführerin ausweist (was umgekehrt bedeutet, dass es multiple Führungsansprüche geben kann), ist das Netzwerk um die Medici in Sternform organisiert, sodass die darin enthaltenen Gruppen nur durch die Medici selbst Zugang zum Rest der florentinischen Elite hatten. Heirat und ökonomische Kontakte waren demnach die Basis der beiden intern ungleich organisierten Parteien (Padgett und Ansell 1993, S. 1274–1279). Durch die Detailbetrachtung der einzelnen Familiengruppen können die Autoren darlegen, dass die Medici ihre strukturelle Macht innerhalb ihrer Partei festigen konnten, indem sie Gegensätze überbrückten, diese aber nicht auflösten, sondern zu ihren Gunsten ausspielten: Einerseits unterhielten sie ökonomische Kontakte vorwiegend zu den (um Anerkennung bemühten und daher bündnistreuen) Aufsteigern aus ihrem lokalen Stadtumfeld, andererseits gingen sie Heiraten meist mit dem (lokal in anderen Teilen der Stadt ansässigen) alten Adel ein, unterhielten mit diesem aber keine ökonomischen Beziehungen (auf politischer Ebene gingen sie dagegen einen Mittelweg, indem sie mit beiden Seiten z. B. Patronageverhältnisse eingingen). Auf diese Weise verbanden und kontrollierten die Medici beide Seiten der sozialen Spaltung der Stadt, mussten aber gleichzeitig nicht das Risiko fürchten, von Konkurrenten herausgefordert zu werden – beide Teile ihrer Partei lehnten

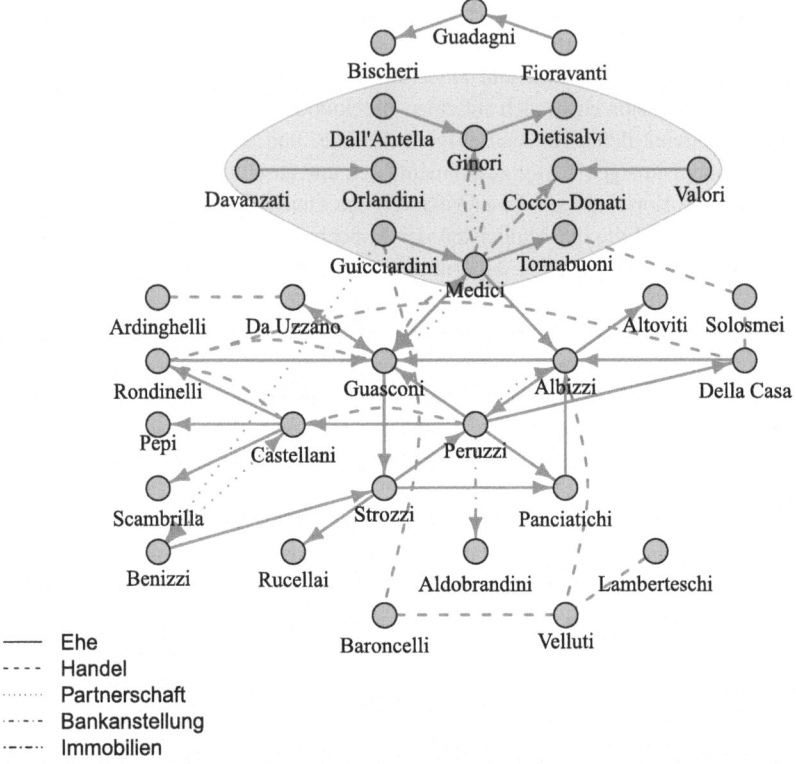

Ehe
Handel
Partnerschaft
Bankanstellung
Immobilien

Abb. 4 Netzwerk florentinischer Familien. Anmerkung: Blockmodellstruktur der florentinischen Familien (Heirat und ökonomische Beziehungen). Jeder Knoten steht für eine Gruppe äquivalenter Familien und ist nach der prominentesten darin enthaltenen Familie benannt. Die grau hinterlegte Fläche zeigt die Partei der Medici. (Quelle: Eigene Darstellung, adaptiert von Padgett und Ansell 1993, S. 1276)

sich gegenseitig ab, was das Risiko einer Verbindung zwischen ihnen minimierte (Padgett und Ansell 1993, S. 1279–1285).

5.2 Die KP Chinas

Eine andere Perspektive auf Elitennetzwerke findet sich in Franziska Kellers Analyse des Zentralkomitees der Kommunistischen Partei Chinas (Keller 2015, 2016). Aufbauend auf öffentlich zugänglichen Daten schließt diese Arbeit auf das unterliegende soziale Netzwerk, aus dem sich die Parteifraktionen speisen. Das Modell wird aus einer Gegenüberstellung der bisherigen Versuche entwickelt, Licht in die Verbindungen innerhalb der Partei zu bringen (Keller 2016). Während auf der einen Seite „explorative" Ansätze vor allem auf Dokumente, Interviews und andere Quellen wie Informanten abstellen, um Allianzen und Bindungen zwischen Personen festzustellen, gehen „strukturierte" Ansätze davon aus, dass Verbindungen zwischen zwei Parteimitgliedern anhand von öffentlicher Information (z. B. gleicher Geburtsort, gleiches Alter, gleiche formative Erlebnisse oder gleiche Arbeitsstelle) gefolgt werden können. Da beide Ansätze ihre eigenen Schwächen haben (z. B. unsichere Information vs. mangelnde Präzision) schlägt Keller als Synthese vor, ein unterliegendes soziales Netzwerk in der Partei anzunehmen, das in Teilen für die Fraktionszugehörigkeit verantwortlich ist (Keller 2016, S. 22–23). Nach dem visuellen Vergleich eines explorativen Netzwerks des Zentralkomitees (für das die von Journalisten zusammengetragenen Rechercheergebnisse mutmaßlich verlässlich sind) mit mehreren „strukturierten" Netzwerken, erweist sich ein Netzwerk auf Basis gemeinsamer Arbeitsstellen insofern als vielversprechend, als dass es strukturell (gemessen als Korrelation der Adjazenzmatrizen) dem explorativen ähnelt (Keller 2016, S. 30). Auch zeigt Keller anhand eines ERGMs, dass eine gemeinsame Kante im Mitarbeiter-Netzwerk (in geringerem Maße auch in den anderen Netzwerken) eine Kante im explorativen vorhersagt, beide Netzwerke also relativ ähnlich sind. Dies ist vor allem dann der Fall, wenn die Kanten im Mitarbeiter-Netzwerk danach konstruiert werden, ob zwei Personen lange am gleichen Ort gearbeitet haben, zwei Mal an unterschiedlichen Orten zusammen gearbeitet haben oder ob die rangniedere Person in der gemeinsamen Zeit befördert wurde (Keller 2016, S. 31–33). Auch bei der Vorhersage des innerparteilichen Rangs (Mitgliedschaft im Politbüro) erweisen sich die Anzahl an Kanten eines Knotens (sein „Grad") und seine Betweenness-Zentralität[5] im Mitarbeiter-Netzwerk als klar vorhersagekräftig (Keller 2016, S. 33–36).

Auf Basis dieser Beobachtungen kann dann ein Netzwerk der Mitglieder des Zentralkomitees erstellt werden: Zwei Personen sind verbunden, wenn sie in der

---

[5]Die Betweenness-Zentralität erfasst das Potenzial eines Knotens, die Kommunikation entlang der Kanten in einem Netzwerk zu kontrollieren. Um sie zu berechnen wird für jeden Knoten untersucht, wie viele der kürzesten Verbindungen zwischen allen *anderen* Knoten im Netzwerk den interessierenden Knoten enthalten. Je höher dieser Anteil ist, umso größer ist die Betweenness-Zentralität. Unter der Annahme, dass Information zwischen zwei kommunizierenden Knoten entlang der kürzesten Verbindung zwischen ihnen weitergegeben wird, bedeutet damit eine hohe Betweenness-Zentralität, dass dem entsprechenden Knoten eine wichtige Vermittlerrolle für den Informationsaustausch im Netzwerk zufällt.

gleichen bürokratischen Einheit gearbeitet haben und das rangniedere Mitglied in dieser Zeit befördert wurde (Keller 2015, S. 80–82). Dahinter steht die Annahme, dass das übergeordnete Mitglied das untergeordnete kennt und den Aufstieg entweder selbst gefördert oder zumindest nicht verhindert hat (Keller 2015, S. 81). Ob die in diesem Netzwerk erfassten Strukturen tatsächlich einen Einfluss auf den Weg in die innersten Kreise der Parteielite haben, wird dann anhand einer Folge von Event-History-Analysen entschieden, laut der Kontakte zu Förderern, der Grad eines Knotens und seine Closeness-Zentralität[6] als Maßzahl für die Positionierung im Netzwerk die Wahrscheinlichkeit erhöhen, ins Politbüro aufgenommen zu werden, genauso wie sich Förderer anhand ihrer Betweenness-Zentralität identifizieren lassen (Keller 2015, S. 87–101).

5.3   Der Bundestag

Während es für die USA eine relativ gut ausgebaute Literatur zu Netzwerken in der Legislative gibt (z. B. Caldeira et al. 1993; Fowler 2006b; Victor und Ringe 2009; Bratton und Rouse 2011; Kirkland 2011; Kirkland und Gross 2014) sind vergleichbare Arbeiten für andere Länder bisher kaum vorgelegt worden. Thomas Metz und Sebastian Jäckle (2016) benutzen daher kleine Anfragen im 17. Deutschen Bundestag (2009–2013), um diese Lücke teilweise zu schließen und per Netzwerkanalyse einen Einblick in die interne Organisation der Oppositionsfraktionen zu werfen. Sie machen sich dabei zunutze, dass kleine Anfragen namentlich an erster Stelle den Verfasser ausweisen, daneben aber auch Unterstützer in der Fraktion, welche die Anfrage mitgezeichnet haben (Siefken 2010, S. 28). Da diese zusätzlichen Namen für das Zustandekommen einer erfolgreichen Anfrage eigentlich nicht nötig sind, Anfragen aber funktional dazu benutzt werden, um der Partei, den Medien und Wählern gegenüber Aktivität zu demonstrieren, gehen sie davon aus, dass ein Mitzeichnen vor allem dazu dient, die eigene Verbundenheit mit dem Fragesteller anzuzeigen und die eigene Expertise in dem Bereich zu unterstreichen (Metz und Jäckle 2016, S. 512). Da die Studie explorativ angelegt ist, konzentriert sie sich vor allem auf die Beschreibung der gefundenen Strukturen.

Ausgehend vom deskriptiven Befund, dass Anfragen praktisch ausschließlich von der Opposition gestellt und dass die Fraktionen dabei kaum kooperieren, ist ein

---

[6]Die Closeness-Zentralität versucht zu erfassen, wie sehr ein Knoten in der „Mitte" des Netzwerks liegt. Dazu summiert sie für jeden Knoten die Länge der kürzesten Verbindungen zu allen anderen Knoten auf und nimmt davon den Kehrwert. Für Vergleiche unterschiedlicher Netzwerke existiert auch eine normalisierte Version (siehe Jansen 2006, S. 133–134).

erster Netzwerkbefund, dass manche Abgeordnete ihre Unterstützung von relativ wenigen (dafür aber regelmäßig mitzeichnenden) Abgeordneten erhalten, während andere deutlich mehr Kontakte haben, die dafür aber weniger regelmäßig mitzeichnen (Metz und Jäckle 2016, S. 519–520). Auch finden sich in den beiden kleineren Parteien thematische Experten und Generalisten nebeneinander, während in der SPD die Unterschiede weniger stark ausgeprägt sind (Metz und Jäckle 2016, S. 521–522).

Ein detaillierter Blick auf die einzelnen Fraktionen zeigt relativ deutliche Unterschiede in der internen Organisation: Für die SPD hat das Netzwerk eine stark Stern-artige Struktur um die Fraktionsführung in der Mitte. Um dieses Zentrum herum findet sich eine größere Anzahl von Arbeitsgruppen, die für fast alle Anfragen zu einem Thema zuständig sind und in denen sich immer wieder „Schriftführer" identifizieren lassen, sodass das Netzwerk im Ganzen eine deutlich zentralisierte und hierarchische Arbeitsteilung der Fraktion nahelegt (Metz und Jäckle 2016, S. 523–526). Da die Anfragen (und damit auch die Netzwerkkanten) thematisch klassifiziert sind, lassen sich diese Gruppen leicht identifizieren, indem nur jene Kanten gezeichnet werden, die aus Anfragen zu einem bestimmten Thema stammen. Für die Grünen zeigt sich so ebenfalls eine klare Strukturierung anhand von Arbeitsgruppen, allerdings ohne eine zentrale Mitzeichnung durch die Fraktionsführung bzw. ohne eine klare Rolle von Schriftführern. Auch erhalten die Gruppen sichtbar Unterstützung von anderen Arbeitsgruppen, sodass die Organisation der Fraktion dezentraler ausgebaut ist (Metz und Jäckle 2016, S. 526–528). Für die Linke weicht das Muster deutlich ab: Fasst man hier die Themen der Anfragen passend zusammen, zeigen sich zwar deutliche Aktivitätsschwerpunkte (z. B. Außen- und Sicherheitspolitik, Wirtschaft und Umwelt sowie Arbeit, Gesundheit und soziale Sicherheit), eine ähnlich sichtbare Arbeitsgruppenstruktur wie bei den anderen Parteien fehlt jedoch (Metz und Jäckle 2016, S. 529–531).

Um die Organisation der Fraktionen weiter zu analysieren, wenden Metz und Jäckle auch Permutationstests[7] an, bei denen über Simulationen geprüft wird, ob die Netzwerke Homophilie (McPherson et al. 2001) zeigen, also Kanten

---

[7]Permutationstests (siehe auch Kirkland 2013; Christakis und Fowler 2013, S. 559–561) gehen der Frage nach, ob Knoten mit dem gleichen Attribut (z. B. Neuzugänge im Bundestag) überzufällig oft miteinander verbunden sind. Dazu wird eine interessierende Maßzahl (z. B. die Zahl Kanten von Neuzugängen zu wiedergewählten Abgeordneten) berechnet. Im Anschluss werden dann die einzelnen Werte des Attributs zufällig über die Knoten verteilt, die gleiche Größe noch einmal berechnet und der zufällige Wert notiert. Dieser Schritt wird dann vielfach wiederholt, sodass sich aus den notierten zufälligen Werten eine Verteilung ergibt, die beschreibt, wie viele Kanten von Neuzugängen zu Wiedergewählten zu erwarten wären, wenn Netzwerkstruktur und Attribut unabhängig voneinander wären. Liegt die empirische Größe außerhalb dieser Verteilung, kann von Clustering gesprochen werden.

überzufällig häufig zwischen Knoten mit gleichen Attributen (Geschlecht, Direkt-/Listenkandidatur, Ost/West und Neuzugang im Bundestag) verlaufen. Während dies für die beiden klar nach Arbeitsgruppen organisierten Fraktionen von SPD und Grünen nicht feststellbar ist (mit anderen Worten: die Kanten zeichnen vor allem die institutionelle Struktur der Fraktionen nach), zeigt sich, dass das Netzwerk der Linken zumindest in Teilen auch klar ein soziales Netzwerk ist, indem weibliche Abgeordnete überproportional Mitzeichnung erhalten (männliche dagegen nicht), ostdeutsche Abgeordnete einander mehr unterstützen und etablierte Mitglieder Unterschriften von Neuzugängen erhalten (aber nicht umgekehrt). Alles in allem legt der Befund damit nahe, dass die Unterstützungsprozesse im Vorfeld einer Anfrage in der Linken weniger stark institutionalisiert verlaufen als in den beiden anderen Fraktionen.

6 Hinweise zur praktischen Umsetzung

Wie gezeigt unterscheidet sich eine Netzwerkanalyse in einigen Punkten von den klassischerweise in den Sozialwissenschaften zum Einsatz kommenden Ansätzen. Hinzu kommt dass das es relativ wenig standardisierte Vorgehensweisen gibt, sodass sich nicht immer leicht allgemeine Tipps für den Einstieg in die Methode finden lassen. Außerdem gibt es eine sehr breit gefächerte Palette angebotener Software, die aber jeweils im Anwendungsprofil recht unterschiedlich ist.

6.1 Anwendungstipps

Für den Einsatz von Netzwerkanalysen lassen sich eine Reihe Anwendungstipps formulieren:

1. Achten Sie auch auf nicht-offensichtliche Daten. Da Netzwerkdaten als Format relativ „anspruchslos" sind (es reicht die Identifikation von Knoten und Kanten), lassen sich sehr viel mehr Informationen als Netzwerke interpretieren, als auf den ersten Blick ersichtlich. Grob gesprochen kann jedes Affiliationsformat (ein X ist einem oder mehreren Y zugeordnet, z. B. Politiker und Großspender, Texte und Autoren, Postings und Likes), jede Sequenz über ein abgrenzbares Repertoire an Zuständen (z. B. ein Spielverlauf über einzelne Konfigurationen auf dem Spielbrett oder Lebensläufe über verschiedene Stationen siehe Bison 2014), jede quadratische Matrix und jede Liste von Paaren (z. B. gemeinsame Nennungen in Zeitungsartikeln) als Netzwerk gedacht und

entsprechend analysiert werden. Dies ist zwar keine Garantie, dass eine solche Re-Interpretation für das jeweilige Anwendungsfeld immer hilfreich ist, aber der veränderte Blick kann helfen, neue Fragen zu entwickeln oder Wege aufzeigen, bestehende Probleme in einem anderen Licht zu betrachten. Hier kann es auch hilfreich sein, sich bewusst zu machen, dass die Netzwerkanalyse in den Sozialwissenschaften oft sehr schnell in der Begrifflichkeit von Individuen gedacht wird, man diese Begrifflichkeit aber auch aktiv verlassen und sich auf die Beziehungen zwischen anderen Einheiten konzentrieren kann.

2. Für eine Netzwerkanalyse sollte man einerseits besondere Aufmerksamkeit darauf verwenden, die Menge untersuchter Knoten schlüssig zu definieren und abzugrenzen und andererseits die zwischen ihnen erhobenen Kanten klar zu fassen. Die Knotenmenge mag auf den ersten Blick zwar häufig offensichtlich erscheinen, erfahrungsgemäß entpuppt sie sich bei genauerem Hinsehen dann aber oft doch noch als trickreich (ein Beispiel wäre die Frage, wie bei einem Forschungsnetzwerk die teilnehmenden Individuen, Arbeitsgruppen, Institute und/oder die R&D-Abteilungen beteiligter Firmen bzw. die Firmen selbst als Knoten auf einen Nenner zu bringen sind und wie mit Akteuren zu verfahren ist, die z. B. dem Netzwerk formell zwar nicht angehören, seine Funktion aber doch mit beeinflussen). Da die damit verbundene Weichenstellung die Datensammlung mitunter deutlich verändern kann, sollten Unsicherheiten hier so gut es geht vermieden werden. Auch die Erhebung der Kanten sollte eine ähnliche Aufmerksamkeit erhalten, da sie von der Knotendefinition abhängt. Um im Beispiel zu bleiben: Kann eine Firma eine Einzelperson im Forschungsnetzwerk „kennen"? Und wer innerhalb der Firma trifft dann eigentlich diese Aussage?

3. Eng damit verbunden ist die Frage nach der inhaltlichen Bedeutung der Kanten, da diese im Endeffekt bestimmt, wie das Netzwerk interpretiert werden kann. Im Hinblick auf die anzuwendenden Maßzahlen sind die Konsequenzen relativ deutlich: So geht z. B. die Betweenness-Zentralität von einem Fluss (beispielsweise an Information) entlang der Kanten aus während die Closeness-Zentralität die Länge von Wegen in den Vordergrund stellt – je nach Netzwerk kann eine der Maßzahlen inhaltlich mehr oder weniger sinnvoll bis hin zu völlig unangebracht sein. Augenmerk sollte dabei auch ausdrücklich Konstrukten gewidmet sein, die über eine unmittelbare Kante hinausgehen: Erst wenn diese ebenfalls sinnvoll sind, ist eine Interpretation auf Ebene des Netzwerks nachvollziehbar. So kann ein Weg von zwei Schritten länge in einem Freundschafts-Netzwerk problemlos als „Freund eines Freundes" sinnvoll interpretiert werden. Für ein Netzwerk aus Worten, die in einem Text aufeinander folgen, ist das hingegen nicht der Fall, da viele der aus Wegen

gebildeten „Sätze" sinnlos und damit inhaltlich unbrauchbar sind (auch wenn die Vorschlag-Funktion eines Smartphones für das nächste Wort einer SMS ein ebensolches Netzwerk sehr gewinnbringend einsetzt).

4. Gerade beim Nutzerverhalten im Internet[8] (z. B. User und ihre Likes für Postings), aber auch bei vielen anderen Informationen besteht die Schwierigkeit, dass Daten ohne eine eindeutige netzwerkanalytische Fragestellung einfach „anfallen". Dies sollte bei gegebenem Interesse kein Hinderungsgrund für eine Analyse sein. Um jedoch nicht in Beliebigkeit zu verfallen, ist es gerade hier wichtig, sich im Vorfeld gezielt klar zu machen, was für Fragestellungen anhand der Daten überhaupt beantwortet werden können und dann auch nur diese zu bearbeiten. Entsprechend sollte man bei der Analyse dann auch Vorsicht walten lassen, die Ergebnisse nicht versehentlich zu „überdehnen".

5. Es ist hilfreich, sich ausdrücklich darüber klar zu werden, welche Rolle eine netzwerkbasierte Perspektive in einem Forschungsfeld spielt (Hennig et al. 2012, S. 30). Nicht selten bietet die theoretische Literatur zu einem Forschungsfeld nämlich vor allem intra-individuelle Paradigmen an (z. B. bei Modellen mit nutzenmaximierenden Agenten), was mitunter einiges an theoretischen Vorarbeiten nötig machen kann. Diese lässt sich besser bewerkstelligen, wenn man gezielt nach dem Mehrwert einer Netzwerkanalyse fragt, sich also klar macht, was eine strukturelle Perspektive auf den Forschungsgegenstand bringt (wobei Struktur sowohl als Ursache für individuelles Verhalten als auch als dessen Folge verstanden werden kann) und inwieweit die eigene Fragestellung dieser Perspektive gerecht wird.

6. Lassen Sie bei der Visualisierung von Netzwerken Sorgfalt walten. Netzwerke haben keine Dimensionen im eigentlichen Sinne sodass die Position eines Knotens und der Verlauf einer Kante inhaltlich erst einmal keine Aussage enthalten. Hier kann eine klar strukturierte Visualisierung viel Gutes bewirken, indem sie es Lesern ermöglicht, ein ansonsten unübersichtliches Gewirr aus Punkten und Linien intuitiv zu erfassen und seine wichtigsten Merkmale zu verstehen.[9] Sie kann aber auch verwirren und schlimmstenfalls sogar suggestiv wirken, wenn sie den Eindruck erweckt, dass das Netzwerk „direkt" für eine

---

[8]Aus persönlicher Erfahrung sei darauf hingewiesen, dass hier eine rudimentäre Kenntnis der Sprache HTML sehr zu empfehlen ist. Vielfach ist im Quellcode der Website (der mit jedem Browser betrachtet werden kann) oder in der Adresszeile des Browsers deutlich mehr Information enthalten als man direkt angezeigt bekommt. Dies kann (geschickt genutzt) den Erhebungsaufwand mitunter drastisch reduzieren.

[9]Gute Einführungen in die Visualisierung finden sich bei Hennig et al. (2012, S. 149–179) und bei Krempel (2010).

bestimmte Interpretation „spricht". Bedenken Sie zudem, dass auch Sie als Forscher dieser Suggestion anheimfallen können, bspw. wenn Sie eine visuelle Darstellung entwickeln oder für die Aufbereitung einen automatischen Layout-Algorithmus benutzen.[10]

6.2   Software

Eine einfache Internetsuche liefert bereits über 40 verschiedene Programme für die Netzwerkanalyse zur Auswahl, für die aber vielfach keine Zahlen zur Verbreitung zu finden sind. Die folgende Auswahl versucht gleichwohl, die am weitesten verbreiteten Programme abzudecken, muss dabei aber immer auch subjektiv bleiben. Grundsätzlich sind zwar alle genannten Programme für den alltäglichen Forschungsgebrauch gut geeignet, bevor man sich jedoch in eine Software einarbeitet, ist es ratsam, sich mehrere Programme anzusehen um ein besseres Gefühl für eventuelle Differenzen im Funktionsumfang zu bekommen.

- **R** und **igraph/statnet**: Für die Programmiersprache R findet sich eine dreistellige Anzahl Pakete, die entweder direkt der Netzwerkanalyse dienen oder Netzwerkfunktionalitäten enthalten. Die bekanntesten sind dabei *igraph* (http://igraph.org/) und *statnet* (https://statnet.csde.washington.edu/, zumeist werden *sna* und *network* als spezielle Pakete genannt). Während *igraph* ein generelles Analysepaket ist, das sich zwar nicht ausdrücklich an Sozialwissenschaftler richtet, aber auch typischerweise benötigte Funktionen enthält, ist *statnet* eine Sammlung von Paketen zur (sozialen) Netzwerkanalyse. Vorteil an letzterer ist, dass sie nicht nur durch eine breite Entwicklercommunity getragen wird sondern auch eine umfangreiche ERGM-Funktionalität bietet (für einen Überblick siehe Handcock et al. 2008).

---

[10]Ein konkretes Beispiel wäre, dass z.B. der Fruchterman-Reingold-Algorithmus (Fruchterman und Reingold 1991) ein Netzwerk als System aus Ringen (den Knoten) begreift, die mit Federn (den Kanten) verbunden sind und die Anordnung der Knoten dann nach einem physikalischen Modell errechnet. Dies hat zur Folge, dass eng verflochtene Regionen visuell in der Mitte des Netzwerks platziert werden, während schwächer angebundene nach außen wandern und unverbundene Knoten das Netzwerk wie ein „Ring" umgeben. Auch wenn die bildliche Darstellung auf diese Weise suggeriert, dass die einzelnen oder schwächer verbundenen Knoten „peripher" sind, sollte dieser Schluss nur dann gezogen werden, wenn er auch inhaltlich aus den Daten heraus gerechtfertigt werden kann (also wenn Unverbundenheit tatsächlich eine periphere Position impliziert).

- **Gephi** (https://gephi.org): Laut eigenem Bekunden will Gephi für die Netzwerkanalyse das Äquivalent zur Bildbearbeitungssoftware Photoshop sein. Das Open Source Projekt wird stetig weiterentwickelt und bietet durch seine grafische Oberfläche die Möglichkeit, das Netzwerk nicht nur zu sehen sondern per Point-and-Click auch nach Belieben zu manipulieren (ein spreadsheet-artiger Editor dient der Vorhaltung und Bearbeitung der Knoten-/ Kantendaten). Auch bietet das Programm die häufigsten in der sozialwissenschaftlichen Netzwerkanalyse benötigten Metriken an, vor allem aber die Visualisierung ist durch die grafische Oberfläche relativ gut ausgebaut. Darüber hinaus hat Gephi auch Funktionalitäten zur Analyse von Netzwerken über Zeit, zudem gibt es eine inzwischen recht anschauliche Auswahl an Plug-ins (für eine Einführung siehe Khokhar 2015).
- **Pajek** (http://mrvar.fdv.uni-lj.si/pajek/): Dieses Programm ist mit 20 Jahren Entwicklungszeit ein „alter Hase" der sozialen Netzwerkanalyse. Entsprechend ausgereift und breit ist auch der Funktionsumfang, der neben sehr vielen Metriken und auch einige eher selten implementierte Konzepten der sozialwissenschaftlichen Analyse beinhaltet (z. B. strukturelle Löcher, Blockmodelling). Daneben können mit Pajek Netzwerke über Zeit, vorzeichenbesetzte Kanten, mehrfache Relationen und Genealogien bearbeitet werden. Zudem ist das Programm in der Lage, mit sehr großen Netzwerken umzugehen und es bietet eine Möglichkeit, komplexere Arbeitsabläufe in Makros zu organisieren. De Nooy et al. (2012) bieten eine gute Einführung in die Netzwerkanalyse mit Pajek.
- **Ucinet/NetDraw** (https://sites.google.com/site/ucinetsoftware/home): Ebenfalls auf die Analyse sozialer Netzwerke ausgerichtet ist Ucinet das zusammen mit der Software NetDraw zur Visualisierung vertrieben wird. Neben den am meisten verbreiteten Techniken zur Analyse von Netzwerken (ERGM sind nicht enthalten) bietet des Programm auch erweitere Funktionalitäten zur Matrixalgebra und zur statistischen Analyse von Daten. Anders als die restlichen hier besprochenen Programme ist Ucinet kostenpflichtig, allerdings gibt es eine kostenlose Testversion und der Preis ist für Studierende erschwinglich. Für eine Einführung in die Netzwerkanalyse mit Ucinet siehe Borgatti et al. (2013).
- **NetworkX** (https://networkx.github.io/): Eher für Spezialisten geeignet ist diese umfangreiche Python-Bibliothek, die sich vornehmlich an Naturwissenschaftler richtet und daher meist keine besondere Betonung auf die für Sozialwissenschaftler interessierenden Konzepte legt. Gleichwohl kann sie vor allem für größere, kollaborative Projekte im Umfeld Data Mining oder Simulation interessant sein, einerseits da über Python hier eine breite Vielfalt an sehr guten Paketen zur Verfügung steht und andererseits, da NetworkX

Anwendern besonders große Freiheiten dabei einräumt, was als Knoten und Kanten zu gelten hat.

Weiterhin erwähnt seien zudem **NodeXL** (http://www.smrfoundation.org/nodexl/; eine als Basisversion kostenfreie Excel-Erweiterung zur Netzwerkanalyse, siehe Hansen et al. 2010), **Visone** (https://visone.info/) und **GraphViz** (http://graphviz. org/; eine Graphen-Visualisierungssoftware), die ebenfalls immer wieder anzutreffen sind. Aus persönlicher Erfahrung empfiehlt der Autor die Einarbeitung in R (in Verbindung mit *igraph* und/oder *statnet*), da hier nicht nur das größtmögliche Anforderungsprofil abgedeckt wird, sondern quasi „kostenlos" auch die Funktionalitäten der anderen Pakete sowie einer Programmiersprache erworben werden. Die mitunter steilere Lernkurve und der Verzicht auf eine Point-and-Click-Oberfläche erschweren zwar den Start, die langfristigen Ergebnisse wiegen die Kosten aber deutlich auf. Wer auf eine grafische Oberfläche hingegen nicht verzichten will, dem seien vor allem Gephi oder Pajek empfohlen.

7   Zusammenfassung

Die spezifische Stärke der Netzwerkanalyse liegt in der Verarbeitung relationaler Daten und damit in der Fähigkeit, einen Forschungsgegenstand strukturell zu betrachten, also die Brücke zwischen individueller und aggregierter globaler Ebene zu schlagen. Ursprünglich ein Kind psychologischer, anthropologischer und soziologischer Forschung, hat sie sich schon seit einiger Zeit fest etabliert, aber erst in der jüngsten Vergangenheit mit ihrer „Entdeckung" durch die Naturwissenschaften und aufgrund der in den vergangenen Jahren immens gestiegenen Datenmengen, gerade auch aus dem Internet, eine nahezu explosionsartige Verbreitung erfahren. Durch die Verknüpfung zweier Analyseebenen ist sie in der Lage, Netzwerke sowohl als Ursache für individuelles Handeln als auch als Produkt dessen zu fassen und so manchmal schillernden Begriffen wie „Umfeld", „Kontext" oder „Sozialstruktur" eine sehr konkrete, scharf abgegrenzte Interpretation zu verleihen, auch wenn die Sammlung von Daten potenziell mehr Aufwand verursacht als die Befragung einer herkömmlichen Zufallsstichprobe. Zugleich löst sie ein wesentliches Element sozialwissenschaftlicher Forschung – die Beziehung von Individuen und damit die gegenseitige Beeinflussung zwischen den Analyseeinheiten – aus der misslichen Lage, für viele statistische Analysemethoden eher als Störung der Modellannahmen denn als aktives Element der Theoriebildung zu erscheinen. Gerade letzteres dürfte ein nicht unwesentlicher Aspekt sein, der den Reiz der Netzwerkanalyse auch in Zukunft zu erhalten.

8   Kommentierte Literaturempfehlungen

Newman, Mark E. J. 2010. Networks. An Introduction. Oxford: Oxford University Press. Eines der umfangreichsten Bücher zu Netzwerken. Da der Autor Physiker ist, ist die Darstellung zwar eher mathematisch orientiert, zugleich werden die unterliegenden Konzepte aber im Text sehr anschaulich erklärt sodass der Zugang oft auch ohne Formeln möglich ist. Das Buch stellt vor allem auf die „neue" Anwendung der Netzwerkanalyse durch die Naturwissenschaften ab sodass man hier einen guten Überblick über die relevanten Innovationen bekommt.

Hennig, Marina, Ulrik Brandes, Jürgen Pfeffer, und Ines Mergel. 2012. Studying social Networks: A guide to empirical research. Frankfurt: Campus. Dieses Buch ist als „Hands on"-Begleiter für ein Netzwerkprojekt geschrieben und zielt vor allem auf Sozialwissenschaftler. Es deckt alle wichtigen Schritte vom Forschungsdesign über Datensammlung und -auswertung bis hin zur Visualisierung ab. Vor allem der vordere Teil nennt immer wieder klassische Netzwerkstudien und zeigt, wie dort die jeweiligen Fragestellungen angegangen wurden, was mitunter recht inspirierend sein kann.

Jansen, Dorothea. 2006. Einführung in die Netzwerkanalyse. Grundlagen, Methoden, Forschungsbeispiele. Wiesbaden: VS Verlag. Dieses Buch ist der Klassiker der deutschen Netzwerkanalyse und gegenwärtig in der dritten Auflage (die vierte ist für 2018 angekündigt). Da es keine großen Voraussetzungen auf Seiten des Lesers annimmt und viele der Berechnungen Schritt für Schritt erklärt, ist es gerade für Einsteiger sehr gut geeignet. Die Beispiele sind meist der soziologischen Literatur entnommen, sind aber auch für Fachfremde leicht nachzuvollziehen.

Wasserman, Stanley, und Katherine Faust. 1994. Social Network Analysis. Methods and Applications. Cambridge: Cambridge University Press. Trotz des höheren Alters ein immer noch sehr gewichtiger Band. Das Buch ist weniger als Lehrbuch konzipiert, das man von vorne nach hinten durcharbeitet, sondern bietet vielmehr kapitelweise Überblicke über fast alle relevanten Netzwerkkonzepte. Daher funktioniert es vor allem gut als Nachschlagewerk.

Lusher, Dean, Johan Koskinen, und Garry Robins. 2012. Exponential Random Graph Models for Social Networks: Theory, Methods, and Applications. Cambridge: Cambridge University Press, und *Harris, Jenine K. 2014. An Introduction to Exponential Random Graph Modeling. Los Angeles: Sage.* Die meisten Lehrbücher zur Netzwerkanalyse haben bislang keinen extra Teil zu ERGM, daher seien hier beide Bände erwähnt. Während Lusher und Kollegen ERGMs in ihrer vollen Breite als statistische Modelle vorstellen und eine relativ software-unabhängige Darstellung wählen, ist der kürzere Band von Harris eher darauf ausgerichtet, das Schätzen von ERGM Schritt für Schritt anhand konkreter Beispiele mit der Suite *statnet* zu erlernen. Entsprechend gibt das Buch auch direkt den nötigen R-Code an und hält auf einer eigenen Website die benötigten Datensätze vor. *Stegbauer, Christian, und Roger Häußling (Hrsg.). 2010. Handbuch Netzwerkforschung. Wiesbaden: VS Verlag.* Eine umfassende Sammlung kurzer Überblicksdarstellungen ist das Handbuch Netzwerkforschung. Neben methodischen Kapiteln finden sich auch Darstellungen netzwerktheoretischer Konzepte sowie ein großer Teil zu Anwendungsfeldern der Netzwerkanalyse. Zudem sei auf den darin enthaltenen Beitrag von Mergel und Hennig (2010) verwiesen, die eine umfassende Übersicht über aktuelle Lehrbücher zur Netzwerkforschung zusammengetragen haben.

Literatur

Adebayo, Julius, Musso Tiziana, Kawandeep Virdee, Casey Friedman, und Bar-Yam Yaneer. 2014. An exploration of social identity: The structure of the BBC news-sharing community on Twitter. *Complexity* 19 (5): 55–63. doi:10.1002/cplx.21490.

Andris, Clio, David Lee, Marcus J. Hamilton, Mauro Martino, Christian E. Gunning, und John Armistead Selden. 2015. The rise of partisanship and super-cooperators in the U.S. house of representatives. *Plos ONE* 10 (4): e0123507–e0123507. http://journals.plos.org/plosone/article?id=10.1371/journal.pone.0123507.

Arendt, Hannah. 2005. *Vita activa oder vom tätigen Leben*. München: Piper.

Arzheimer, Kai, und Harald Schoen. 2009. Isoliert oder gut vernetzt? Eine vergleichende Exploration der Publikationspraxis in der PVS. *Politische Vierteljahresschrift* 50 (3): 604–626. doi:10.1007/s11615-009-0149-y.

Avenarius, Christine B. 2010. Starke und Schwache Beziehungen. In *Handbuch Netzwerkforschung*, Hrsg. Christian Stegbauer und Roger Häußling, 99–111. Wiesbaden: VS Verlag.

Banisch, Sven. 2010. Unfreezing social dynamics: Synchronous update and dissimilation. In *Proceedings of the 3rd World Congress on social simulation WCSS2010 (CD-ROM)*, Hrsg. Andreas Ernst und Silke Kuhn. http://www.usf.uni-kassel.de/wcss2010/.

Barabási, Albert-László. 2003. *Linked – How everything is connected to everything else and what it means for business, science, and everyday life*. New York: Plume.

Barabási, Albert-László. 2009. Scale-free networks: A decade and beyond. *Science* 325 (5939): 412–413. doi:10.1126/science.1173299.

Barabási, Albert-László, und Eric Bonabeau. 2003. Scale-free networks. *Scientific American* 288 (May): 50–59. http://www.barabasilab.com/pubs/CCNR-ALB_Publications/200305-01_SciAmer-ScaleFree/200305-01_SciAmer-ScaleFree.pdf.

Barabási, Albert-László, und Réka Albert. 1999. Emergence of scaling in random networks. *Science* 286:509–512. http://www.nd.edu/%7Ealb/Publication06/063%20Emergence%20of%20scaling%20in%20random%20networks/Emergence%20of%20scaling%20in%20random%20networks.pdf.

Bearman, Peter S., James Moody, und Katherine Stovel. 2004. Chains of affection: The structure of adolescent romantic and sexual networks. *American Journal of Sociology* 110 (1): 44–91. http://www.soc.duke.edu/~jmoody77/chains.pdf.

Berelson, Bernard R., Paul F. Lazarsfeld, und William N. McPhee. 1954. *Voting: A study of opinion formation in a presidential campaign*. Chicago: University of Chicago Press.

Bison, Ivano. 2014. Sequence as network: An attempt to apply network analysis to sequence analysis. In *Advances in sequence analysis: Theory, method, applications*, Hrsg. Philippe Blanchard, Felix Bühlmann, und Jacques-Antoine Gauthier, 231–248. Cham: Springer.

Boccaletti, S., V. Latora, Y. Moreno, M. Chavez, und D.-U. Hwang. 2006. Complex networks: Structure and dynamics. *Physics Reports* 424: 175–308.

Bond, Robert M., Christopher J. Fariss, Jason J. Jones, Adam D. I. Kramer, Cameron Marlow, Jaime E. Settle, und James H. Fowler. 2012. A 61-million-person experiment in social influence and political mobilization. *Nature* 489 (7415): 295–298.

Borgatti, Stephen P., Ajay Mehra, Daniel J. Brass, und Giuseppe Labianca. 2009. Network analysis in the social sciences. *Science* 323 (5916): 892–895. doi:10.1126/science.1165821.

Borgatti, Stephen P., Martin G. Everett, und Jeffrey C. Johnson. 2013. *Analyzing social networks*. London: Sage.

Bratton, Kathleen A., und Stella M. Rouse. 2011. Networks in the legislative arena: How group dynamics affect cosponsorship. *Legislative Studies Quarterly* 36 (3): 423–460. doi:10.1111/j.1939-9162.2011.00021.x.

Burt, Ronald S. 2004. Structural holes and good ideas. *The American Journal of Sociology* 110 (2): 349–399.

Caldeira, Gregory A., John A. Clark, und Samuel C. Patterson. 1993. Political respect in the legislature. *Legislative Studies Quarterly* 18 (1): 3–28.

Campbell, David E. 2013. Social networks and political participation. *Annual Review of Political Science* 16 (1): 33–48. doi:10.1146/annurev-polisci-033011-201728.

Cartwright, Dorwin, und Frank Harary. 1956. Structural balance: A generalization of heider's theory. *Psychological Review* 63 (5): 277–293.

Christakis, Nicholas A., und James H. Fowler. 2007. The Spread of obesity in a large social network over 32 years. *New England Journal of Medicine* 357 (4): 370–379. doi:10.1056/NEJMsa066082.

Christakis, Nicholas A., und James H. Fowler. 2010. *Connected! Die Macht sozialer Netzwerke und warum Glück ansteckend ist*. Frankfurt a. M.: Fischer.

Christakis, Nicholas A., und James H. Fowler. 2013. Social contagion theory. Examining dynamic social networks and human behavior. *Statistics in Medicine* 32 (4): 556–577. doi:10.1002/sim.5408.

Coleman, James S., Elihu Katz, und Herbert Menzel. 1966. *Medical innovation: A diffusion study*. Indianapolis: The Bobbs-Merrill Company.

Conover, Michael D., Bruno Gonçalves, Alessandro Flammini, und Filippo Menczer. 2012. Partisan asymmetries in online political activity. *EPJ Data Science* 1 (6). doi:10.1140/epjds6.

Cranmer, Skyler J., und Bruce A. Desmarais. 2011. Inferential network analysis with exponential random graph models. *Political Analysis* 19 (1): 66–86. doi:10.1093/pan/mpq037.

Csermely, Peter, András London, Ling-Yun Wu, und Brian Uzzi. 2013. Structure and dynamics of core/periphery networks. *Journal of Complex Networks* 1 (2): 93–123. doi:10.1093/comnet/cnt016.

Davis, A., B. B. Gerdner, und M. R. Gardner. 1941. *Deep south.* Chicago: University of Chicago Press.

Dodds, Peter Sheridan, Roby Muhamad, und Duncan J. Watts. 2003. An experimental study of search in global social networks. *Science* 301 (5634): 827–829. doi:10.1126/science.1081058.

Dunbar, R. I. M., Valerio Arnaboldi, Marco Conti, und Andrea Passarella. 2015. The structure of online social networks mirrors those in the offline world. *Social Networks* 43: 39–47. doi:10.1016/j.socnet.2015.04.005.

Eagle, Nathan, Michael Macy, und Rob Claxton. 2010. Network diversity and economic development. *Science* 328 (5981): 1029–1031. doi:10.1126/science.1186605.

Erdös, P., und A. Renyi. 1959. On random graphs I. *Publicationes Mathematicae* 6:290–297.

Erisen, Elif, und Cengiz Erisen. 2012. The effect of social networks on the quality of political thinking. *Political Psychology* 33 (6): 839–865.

Fowler, James H. 2005. Turnout in a small world. In *The social logic of politics. Personal networks as contexts for political behavior*, Hrsg. Alan Zuckerman, 269–287. Philadelphia: Temple University Press.

Fowler, James H. 2006a. Connecting the Congress: A study of cosponsorship networks. *Political Analysis* 14 (4): 456–487.

Fowler, James H. 2006b. Legislative cosponsorship networks in the US House and Senate. *Social Networks* 28 (4): 454–465. doi:10.1016/j.socnet.2005.11.003.

Fruchterman, Thomas M. J., und Edward M. Reingold. 1991. Graph drawing by force-directed placement. *Software – Practice and Experience* 21 (11): 1129–1164.

Girvan, M., und M. E. J. Newman. 2002. Community structure in social and biological networks. *Proceedings of the National Academy of Sciences of the United States of America* 99 (12): 7821–7826. doi:10.1073/pnas.122653799.

Granovetter, Mark. 1973. The strength of weak ties. *The American Journal of Sociology* 78 (6): 1360–1380.

Granovetter, Mark. 1974. *Getting a job. A study of contacts and careers.* Chicago: University of Chicago Press.

Granovetter, Mark. 1983. The strength of weak ties: A network theory revisited. *Sociological Theory* 1: 201–233.

Hafner-Burton, Emilie M., Miles Kahler, und Alexander H. Montgomery. 2009. Network analysis for international relations. *International Organization* 63 (Juni): 559–592. doi:10.1017/S0020818309090195.

Handcock, Mark S., David R. Hunter, Carter T. Butts, Steven M. Goodreau, und Martina Morris. 2008. statnet: Software tools for the representation, visualization, analysis and simulation of network data. *Journal of Statistical Software* 24 (1). doi:10.18637/jss.v024.i01.

Hansen, Derek, Ben Shneiderman, und Marc A. Smith. 2010. *Analyzing social media networks with NodeXL: Insights from a connected world.* Burlington: Morgan Kaufmann.

Harris, Jenine K. 2014. *An introduction to exponential random graph modeling.* Thousand Oaks: Sage.

Hennig, Marina, Ulrik Brandes, Jürgen Pfeffer, und Ines Mergel. 2012. *Studying social Networks: A guide to empirical research.* Frankfurt: Campus.

Homans, George C. 1950. *The human group.* New York: Harcourt, Brace & World.

Huckfeldt, Robert. 2014. Networks, contexts, and the combinatorial dynamics of democratic politics. *Political Psychology* 35:43–68. doi:10.1111/pops.12161.

Huckfeldt, Robert, Paul Allen Beck, Russell J. Dalton, und Jeffrey Levine. 1995. Political environments, cohesive social groups, and the communication of public opinion. *American Journal of Political Science* 39 (4): 1025–1054.

Huckfeldt, Robert, Paul E. Johnson, und John Sprague. 2004. *Political disagreement. The survival of diverse opinions within communication networks*. Cambridge: Cambridge University Press.

Jacob, Rüdiger, Andreas Heinz, und Jean Philippe Décieux. 2013. *Umfrage : Einführung in die Methoden der Umfrageforschung*, 3., Überarb. Aufl. München: Oldenbourg.

Janning, Frank, Philip Leifeld, Thomas Malang, und Volker Schneider. 2009. Diskursnetzwerkanalyse. Überlegungen zur Theoriebildung und Methodik. In *Politiknetzwerke. Modelle, Anwendungen und Visualisierungen*, Hrsg. Volker Schneider, Frank Janning, Philip Leifeld, und Thomas Malang, 7–27. Wiesbaden: VS Verlag.

Jansen, Dorothea. 2006. *Einführung in die Netzwerkanalyse. Grundlagen, Methoden, Forschungsbeispiele*. Wiesbaden: VS Verlag.

Jernigan, Carter, und Behram Mistree. 2009. Gaydar: Facebook friendships expose sexual orientation. *First Monday* 14 (10). doi:10.5210/fm.v14i10.2611.

Keller, Franziska Barbara. 2015. *Networks of power. Using social network analysis to understand who will rule and who is really in charge in an authoritarian regime. Theory, method, and application on Chinese communist elites (1982–2012)*. New York: New York University.

Keller, Franziska Barbara. 2016. Moving beyond factions: Using social network analysis to uncover patronage networks among chinese elites. *Journal of East Asian Studies* 16 (1): 17–41. doi:10.1017/jea.2015.3.

Keller, Franziska Barbara. 2017. Analyses of elite networks. In *The Palgrave Handbook of Political Elites*, Hrsg. Heinrich Best, Maurizio Cotta, Jean-Pascal Daloz, John Higley, Ursula Hoffmann Lange, Jan Pakulski, und Elena Semenova. London: Palgrave Macmillan.

Khokhar, Devangana. 2015. *Gephi cookbook*. Birmingham: Packt.

Kirkland, Justin H. 2011. The relational determinants of legislative outcomes: Strong and weak ties between legislators. *The Journal of Politics* 73 (Juli): 887–898. doi:10.1017/S0022381611000533.

Kirkland, Justin H. 2013. Hypothesis testing for group structure in legislative networks. *State Politics & Policy Quarterly* 13 (2): 225–243. doi:10.1177/1532440012473842.

Kirkland, Justin H. 2014. Chamber size effects on the collaborative structure of legislatures. *Legislative Studies Quarterly* 39 (2): 169–198. doi:10.1111/lsq.12041.

Kirkland, Justin H., und Justin H. Gross. 2014. Measurement and theory in legislative networks: The evolving topology of congressional collaboration. *Social Networks* 36: 97–109. doi:10.1016/j.socnet.2012.11.001.

Krackhardt, David. 1990. Assessing the political landscape: Structure, cognition, and power in organizations. *Administrative Science Quarterly* 35 (2): 342–369.

Krackhardt, David. 1992. The strength of strong ties: The importance of philos in organizations. In *Networks and organizations: Structure, form and action*, Hrsg. Nitin Noriah und Robert Eccles, 216–239. Boston: Harvard Business School Press.

Krebs, Valdis E. 2002. Mapping networks of terrorist cells. *Connections* 24 (3): 43–52.

Krempel, Lothar. 2010. Netzwerkvisualisierung. In *Handbuch Netzwerkforschung*, Hrsg. Christian Stegbauer und Roger Häußling, 539–567. Wiesbaden: VS Verlag.

Kristensen, Peter M. 2012. Dividing discipline: Structures of communication in international relations: Structures of communication in international relations. *International Studies Review* 14 (1): 32–50. doi:10.1111/j.1468-2486.2012.01101.x.

Lazarsfeld, Paul F., Bernard Berelson, und Hazel Gaudet. 1944. *The people's choice. How the voter makes up his mind in a presidential campaign.* New York: Duell, Sloan & Pearce.

Lazer, David. 2011. Networks in political science: Back to the future. PS. *Political Science & Politics* 44 (1): 61–68. doi:10.1017/S1049096510001873.

Lazer, David, Brian Rubineau, Carol Chetkovich, Nancy Katz, und Michael Neblo. 2010. The coevolution of networks and political attitudes. *Political Communication* 27 (3): 248–274. doi:10.1080/10584609.2010.500187.

Leifeld, Philip, und Karin Ingold. 2016. Co-authorship networks in Swiss political research. *Swiss Political Science Review* 22 (2): 264–287. doi:10.1111/spsr.12193.

Lusher, Dean, Johan Koskinen, und Garry Robins. 2012. *Exponential random graph models for social networks: Theory, methods, and applications.* Cambridge: Cambridge University Press.

McPherson, J.Miller, und James R. Ranger-Moore. 1991. Evolution on a dancing landscape: Organizations and networks in dynamic blau space. *Social Forces* 70 (1): 19–42.

McPherson, J.Miller, Lynn Smith-Lovin, und James M. Cook. 2001. Birds of a feather: Homophily in social networks. *Annual Review of Sociology* 27: 415–444.

Mergel, Ines, und Marina Hennig. 2010. Lehrbücher der Netzwerkforschung. In *Handbuch Netzwerkforschung*, Hrsg. Christian Stegbauer und Roger Häußling, 931–939. Wiesbaden: VS Verlag.

Metz, Thomas, und Sebastian Jäckle. 2013. Koautorenschaften in der deutschsprachigen Politikwissenschaft, eine Netzwerkanalyse auf Basis von Fachzeitschriftenartikeln. *Politische Vierteljahresschrift* 54 (2): 256–291.

Metz, Thomas, und Sebastian Jäckle. 2016. Hierarchical, decentralized, or something else? Opposition networks in the German bundestag. *Legislative Studies Quarterly* 41 (2): 501–542. doi:10.1111/lsq.12122.

Metz, Thomas, und Sebastian Jäckle. 2017. Patterns of publishing in political science journals: An overview of our profession using bibliographic data and a co-authorship network. *PS: Political Science & Politics* 50 (1). doi:10.1017/S1049096516002341.

Milgram, Stanley. 1967. The small-world problem. *Psychology Today* 1 (1): 61–67.

Mitchell, Melanie. 2009. *Complexity. A guided tour.* Oxford: Oxford University Press.

Moody, James, und Douglas R. White. 2003. Structural cohesion and embeddedness: A hierarchical concept of social groups. *American Sociological Review* 68 (1): 103–127.

Munzert, Simon, Christian Rubba, Peter Meissner, und Dominic Nyhuis. 2014. *Automated data collection with R: A practical guide to web scraping and text mining.* New York: Wiley.

Mutschke, Peter. 2010. Zentralitäts- und Prestigemaße. In *Handbuch Netzwerkforschung*, Hrsg. Christian Stegbauer und Roger Häußling, 365–378. Wiesbaden: VS Verlag.

Mutz, Diana C. 2006. *Hearing the other side: Deliberative versus participatory democracy.* Cambridge: Cambridge University Press.

Nadel, Siegfried. 1957. *The theory of social structure.* Glencoe: The Free Press.

Newcomb, Theodore M. 1961. *The acquaintance process.* New York: Holt, Rinehart & Winston.

Newman, Mark E. J. 2004. Who is the best connected scientist? A study of scientific coauthorship networks. In *Complex Networks*, Hrsg. E. Ben-Naim, H. Frauenfelder, und Z. Toroczkai, 337–370. Berlin: Springer.

Newman, Mark E. J. 2010. *Networks. An introduction*. Oxford: Oxford University Press.

Nooy, Wouter de, Andrej Mrvar, und Vladimir Batagelj. 2012. *Exploratory social network analysis with Pajek*. Cambridge: Cambridge University Press.

Padgett, John F. 1994. Marriage and elite structure in renaissance Florence, 1282–1500. Paper delivered to the Social Science History Association.

Padgett, John F. 2010. Open elite? Social mobility, marriage, and family in florence, 1282–1494. *Renaissance Quarterly* 63 (2): 357–411.

Padgett, John F. 2011. Introduction to "Marriage and Elite Structure in Renaissance Florence, 1282–1500". *REDES- Revista hispana para el análisis de redes sociales* 21 (2): 34–41.

Padgett, John F., und Christopher K. Ansell. 1993. Robust action and the rise of the Medici, 1400–1434. *American Journal of Sociology* 98 (6): 1259–1319.

Putnam, Robert D. 2001. *Bowling alone: The collapse and revival of American community*. New York: Simon & Schuster.

Putnam, Robert D., Robert Leonardi, und Raffaella Y. Nanetti. 1993. *Making democracy work: Civic traditions in modern Italy*. Princeton: Princeton University Press.

Raab, Jörg. 2010. Der Harvard Breakthrough. In *Handbuch Netzwerkforschung*, Hrsg. Christian Stegbauer und Roger Häußling, 29–37. Wiesbaden: VS Verlag.

Rapoport, Anatol, und William J. Horvath. 1961. A study of a large sociogram. *Behavioral Science* 6 (4): 279–291. doi:10.1002/bs.3830060402.

Roethlisberger, Fritz J., und William J. Dickson. 1939. *Management and the worker: An account of a research program conducted by the Western electric company, Hawthorne works, Chicago*. Cambridge: Harvard University Press.

Rosvall, Martin, und Kim Sneppen. 2007. Dynamics of opinions and social structures. *arXiv*, 0708.0368v2-0708.0368v2. http://arxiv.org/abs/0708.0368v2.

Rosvall, Martin, und Kim Sneppen. 2009. Reinforced communication and social navigation generate groups in model networks. *Physical Review E* 79 (Februar): 026111–026111. doi:10.1103/PhysRevE.79.026111.

Russell, Matthew A. 2013. *Mining the social web. Data mining Facebook, Twitter, LinkedIn, Google+, GitHub, and More*. Sebastopol: O'Reilly Media.

Russett, B., und T. Arnold. 2010. Who talks, and who's listening? Networks of international security studies. *Security Dialogue* 41 (6): 589–598. doi:10.1177/0967010610388205.

Salzarulo, Laurent. 2006. A continuous opinion dynamics model based on the principle of meta-contrast. *Journal of Artificial Societies and Social Simulation* 9 (13).

Scheidegger, Nicoline. 2010. Strukturelle Löcher. In *Handbuch Netzwerkforschung*, Hrsg. Christian Stegbauer und Roger Häußling, 145–155. Wiesbaden: VS Verlag.

Schnegg, Michael. 2010. Die Wurzeln der Netzwerkforschung. In *Handbuch Netzwerkforschung*, Hrsg. Christian Stegbauer und Roger Häußling, 21–29. Wiesbaden: VS Verlag.

Schneider, Volker. 2009. Die Analyse politischer Netzwerke: Konturen eines expandierenden Forschungsfeldes. In *Politiknetzwerke*, Hrsg. Volker Schneider, Frank Janning, Philip Leifeld, und Thomas Malang, 7–27. Wiesbaden: VS Verlag.

Scott, John G. 2013. *Social network analysis*. Los Angeles: Sage.

Siefken, Sven T. 2010. Parlamentarische Anfragen: Symbolpolitik oder wirksames Kontrollinstrument? *Zeitschrift für Parlamentsfragen* 41 (1): 18–36.

Sillanpää, Antti, und Tommi Koivula. 2010. Mapping conflict research: A bibliometric study of contemporary scientific discourses1. *International Studies Perspectives* 11 (2): 148–171. doi:10.1111/j.1528-3585.2010.00399.x.

Sola Pool, Ithiel de, und Manfred Kochen. 1978. Contacts and influence. *Social Networks* 1 (1): 5–51. doi:10.1016/0378-8733(78)90011-4.

Stegbauer, Christian, und Roger Häußling, Hrsg. 2010. *Handbuch Netzwerkforschung.* Wiesbaden: VS Verlag.

Tam Cho, Wendy K., und James H. Fowler. 2010. Legislative success in a small world: Social network analysis and the dynamics of congressional legislation. *The Journal of Politics* 72 (Januar): 124–135. doi:10.1017/S002238160999051X.

Täube, Volker G. 2010. Cliquen und andere Teilgruppen sozialer Netzwerke. In *Handbuch Netzwerkforschung*, Hrsg. Christian Stegbauer und Roger Häußling, 397–406. Wiesbaden: VS Verlag.

Travers, Jeffrey, und Stanley Milgram. 1969. An experimental study of the small World problem. *Sociometry* 32 (4): 425–443.

Victor, Jennifer Nicoll, und Nils Ringe. 2009. The social utility of informal institutions: Caucuses as networks in the 110th U.S. House of representatives. *American Politics Research* 37 (5): 742–766. doi:10.1177/1532673X09337183.

Ward, Michael D., Katherine Stovel, und Audrey Sacks. 2011. Network analysis and political science. *Annual Review of Political Science* 14 (1): 245–264. doi:10.1146/annurev.polisci.12.040907.115949.

Warner, W. Lloyd, und P. S. Lunt. 1941. *The social life of a modern community.* New Haven: Yale University Press.

Wasserman, Stanley, und Katherine Faust. 1994. *Social network analysis. Methods and applications.* Cambridge: Cambridge University Press.

Watts, Duncan J. 2002. A simple model of global cascades on random networks. *Proceedings of the National Academy of Sciences* 99 (9): 5766–5771. doi:10.1073/pnas.082090499.

Watts, Duncan J. 2004a. *Six degrees: The science of a connected age.* New York: W. W. Norton & Company.

Watts, Duncan J. 2004b. The ‚New' science of networks. *Annual Review of Sociology* 30:243–270.

Watts, Duncan J., und Steven H. Strogatz. 1998. Collective dynamics of small-world networks. *Nature* 393 (6684): 440–442. doi:10.1038/30918.

Wolf, Christof. 2010. Egozentrierte Netzwerke: Datenerhebung und Datenanalyse. In *Handbuch Netzwerkforschung*, Hrsg. Christian Stegbauer und Roger Häußling, 471–483. Wiesbaden: VS Verlag.

Zachary, Wayne W. 1977. An information flow model for conflict and fission in small groups. *Journal of Anthropological Research* 33 (4): 452–473.

Zhang, Yan, A. J. Friend, Amanda L. Traud, Mason A. Porter, James H. Fowler, und Peter J. Mucha. 2008. Community structure in congressional cosponsorship networks. *Physica A. Statistical Mechanics and its Applications* 387:1705–1712.

Zuckerman, Alan. 2005. Returning to the social logic of political behavior. In *The social logic of politics. Personal networks as contexts for political behavior*, Hrsg. Alan Zuckerman, 3–20. Philadelphia: Temple University Press.

Process Tracing

Markus B. Siewert

1 Einleitung

Fallstudiendesigns haben in den letzten Jahren einen enormen Zuwachs an Aufmerksamkeit innerhalb der Sozialwissenschaften und insbesondere in der Politikwissenschaft erfahren. Auch wenn die Debatten um die Vor- und Nachteile von Einzelfallstudien bereits eine lange Tradition aufweisen (Eckstein 1975; Flyvbjerg 2006; Lijphart 1971), so haben insbesondere die jüngsten Diskussionen im Nachgang der Veröffentlichung von Gary Kings, Robert Keohanes und Sydney Verbas wegweisendem Werk „Designing Social Inquiry" (DSI; King et al. 1994) eine Reihe von innovativen Antworten hervorgebracht. Diese konzentrieren sich einerseits darauf, den spezifischen Nutzen von Fallstudiendesigns in Abgrenzung zu anderen Forschungsansätzen herauszuarbeiten und andererseits die in DSI vorgetragenen Kritikpunkte aufzunehmen sowie das eigene methodische Instrumentarium kritisch zu hinterfragen, zu schärfen, und zunehmend auszudifferenzieren (statt vieler, siehe u. a. Beach und Pedersen 2016; Bennett und Checkel 2015; Bennett und Elman 2006; Blatter und Haverland 2012; Brady und Collier 2004, 2010; Mahoney 2010; Rohlfing 2012).

Die verstärkte Konzentration auf die Aufdeckung von Kausalerklärungen in den Sozialwissenschaften trug ebenso zum Revival von Fallstudiendesigns bei; erstens indem die Suche nach kausalen Mustern eine nachvollziehbare Begründung für den Einsatz von Einzelfallstudien lieferte, sodass deren Existenzberechtigung heutzutage letztlich von niemanden mehr infrage gestellt wird, und zweitens erfuhren innovative Fallstudiendesigns einen zusätzlichen Auftrieb; denn

M.B. Siewert (✉)
Goethe Universität, Frankfurt a. M., Deutschland
E-Mail: siewert@soz.uni-frankfurt.de

© Springer Fachmedien Wiesbaden GmbH 2017
S. Jäckle (Hrsg.), *Neue Trends in den Sozialwissenschaften*,
DOI 10.1007/978-3-658-17189-6_9

im Gegensatz zu Regressionen, die Zusammenhänge, welche auf Kovariationen basieren, in den Blick nehmen, oder Experimente, die mittels Manipulation einen kausalen Effekt eines einzelnen Treatments aufzeigen können, eignen sich Einzelfallstudien in besonderer Weise zur Untersuchung von kausalen Mechanismen, die zwischen einem oder mehreren Explanantia (X) und einem Explanandum (Y) liegen.[1] So hat der sogenannte „mechanistic turn" (Gerring 2010), wonach der zentrale Fokus innerhalb der qualitativen Forschung vermehrt auf die einem Prozess zugrunde liegenden Mechanismen zu richten sei, dazu geführt, dass Fallstudiendesigns heute als Königsweg zur Aufdeckung solcher Kausalmechanismen gelten (Kittel und Kuehn 2013; Morgan 2016).

Innerhalb fallorientierter Forschungsansätze mit einer Fokussierung auf Kausalmechanismen stellt Process Tracing[2] wohl den derzeit prominentesten Vertreter dar. Der Ansatz selbst wurde zwar bereits Ende der 1970er bzw. Anfang der 1980er Jahre in die Politikwissenschaften eingeführt (Bennett und Checkel 2015, S. 5; Falleti 2016, S. 2), die differenzierte Ausarbeitung und Anwendung der Methode setzte allerdings erst wesentlich später ein. Wie ein Überblick über die Publikationen zeigt (Abb. 1), ist insbesondere in den letzten zehn Jahren ein rasanter Anstieg von Studien zu verzeichnen, die Kausalmechanismen untersuchen bzw. Process Tracing anwenden. Der Auftakt des heutigen Booms fällt dabei mit der Publikation von Alexander George und Andrew Bennett (George und Bennett 2005) zu Fallstudiendesigns zusammen, in der das Verfahren einer breiteren Öffentlichkeit vorgestellt wurde. Ebenso auffällig ist, dass Arbeiten, die unter den Schlagworten Process Tracing und Kausalmechanismus firmieren, wesentlich häufiger in den Politikwissenschaften publiziert werden als in den übrigen Sozialwissenschaften.

Aus der Grafik geht allerdings nicht hervor, dass sich unter dem Label Process Tracing heutzutage eine Vielzahl unterschiedlicher Ansätze und Methoden versammeln, die sich nicht nur hinsichtlich der Frage unterscheiden, *wie* getraced wird, sondern durchaus auch einen unterschiedlichen Analysefokus darauf richten, *was* getraced wird. Aus diesem Grund wird im Folgenden zunächst auf

---

[1]Henry Brady unterscheidet etwa vier grundlegende Kausalitätsverständnisse: Gesetzmäßigkeit, Manipulation, kontrafaktisches Denken und Mechanismen. Diese sollten jedoch keineswegs als exklusiv begriffen werden. Vielmehr sind solche Kausalaussagen am stärksten, die Elemente aller Verständnisse bedienen (Brady 2008).

[2]Im Deutschen wird Process Tracing oftmals mit Prozessanalyse übersetzt. Im Folgenden wird allerdings der englische Begriff verwendet, da sich gerade im *tracing*, was sinngemäß mit ‚einer Spur nachgehen' übersetzt werden kann, ein wesentliches Charakteristikum der Methode ausdrückt, welches andernfalls verloren ginge.

Abb. 1 Publikationen zu Process Tracing und Kausalmechanismen in den Sozialwissenschaften. (Quelle: Eigene Darstellung)

die grundlegenden Ideen von Process Tracing als analytischer Ansatz eingegangen und dann in einem weiteren Schritt zwei ausgewählte methodische Herangehensweisen präsentiert, die in letzter Zeit das größte Innovationspotenzial für ein systematisches Process Tracing gezeigt haben. Dabei werden die methodischen Zugänge im zweiten Teil sowohl in ihren theoretischen Grundlagen vorgestellt sowie am Beispiel von politikwissenschaftlichen Anwendungen erläutert. Den Abschluss bildet dann eine knappe Besprechung diverser anwendungsorientierter Hilfestellungen und Richtlinien, die derzeit als Handreichungen für eine stärkere Formalisierung und mehr Transparenz innerhalb der Process Tracing Literatur diskutiert werden, aber auch Anknüpfungspunkte zu anderen Methoden bieten.

2 Was wird getraced? Zur Grundidee von Process Tracing als Ansatz

Process Tracing wird zu Recht ein gewisses „buzzword problem" attestiert (Beach und Pedersen 2016, S. 302; Bennett und Checkel 2015, S. 4; Hay 2016, S. 1–2). So fungiert der Begriff als ein Sammelbecken für diverse Ansätze, wobei nahezu alle die Aufdeckung kausaler Mechanismen ins Zentrum ihrer Definitionen stellen. Allerdings unterscheiden sich die Lesarten innerhalb der Methodenliteratur teilweise enorm, was einen Kausalmechanismus ausmacht bzw. wie sich dieser operationalisieren lässt (siehe für eine Zusammenstellung unterschiedlicher Definitionen

u. a. Gerring 2010; Goertz 2017; Hedström und Ylikoski 2010; Mayntz 2004; Mahoney 2001; Trampusch und Palier 2016). Im Wesentlichen lassen sich hierbei drei Auffassungen unterscheiden.

Eine erste Auslegung von Kausalmechanismen betont vor allem die Bedeutung temporaler Aspekte wie etwa Sequenzen, Timing, Dauer, Tempo oder Geschwindigkeit, aber auch weitere Elemente wie pfadabhängige, verstärkende oder abschwächende Prozesse (Büthe 2002; Collier 2011; Falleti 2016; Falleti und Lynch 2009; Falleti und Mahoney 2015; Mahoney et al. 2009; Grzymala-Busse 2011; Pierson 2003). Dabei besteht weitgehende Einigkeit darüber, dass eine deskriptive Aneinanderreihung von Ereignissen nicht als Kausalmechanismus gelten kann. Treffend konstatiert hierzu etwa Grzymala-Busse, dass „when aspects of time are used as placeholders for underspecified mechanisms and processes, we label rather than explain" (Grzymala-Busse 2011, S. 1272; ähnlich auch Beach und Pedersen 2013, S. 33–35; Beach und Pedersen 2016, S. 73–75). Demnach ist eine ausschließliche Fokussierung auf die zeitliche Abfolge von Begebenheiten nicht in der Lage, die *Blackbox* zwischen X und Y zu öffnen und den kausalen Prozess zwischen diesen freizulegen. Folglich sollte ein Process Tracing mit kausalanalytischem Anspruch deutlich über eine Geschichte in Form von „und dann und dann und dann" hinausgehen (Wolf et al. 2015, S. 216), ebenso wie sich eine gute historische Erzählung nicht auf eine bloße Aneinanderreihung von Erlebnissen beschränkt.

Diese Lesart leistet in zweierlei Hinsicht einen wertvollen Beitrag zur Debatte, was Process Tracerinnen in den Blick nehmen sollten. Zum einen können temporale Sequenzen als Grundgerüst für tiefer gehende Analysen von Ursache-Wirkungs-Zusammenhängen dienen, wobei im weiteren Verlauf dann herausgearbeitet werden kann, ob und auf welche Art und Weise die Ereignisse kausal miteinander verbunden sind (Falleti und Mahoney 2015; Mahoney 2015). Zum anderen trägt diese Perspektive zu einer Sensibilisierung für komplexe zeitliche Zusammenhänge bei. Dies kann sich auf die Einbettung von kausalen Prozessen in ihren jeweiligen Kontext beziehen, aber auch beispielsweise darauf verweisen, dass die analytischen Bausteine innerhalb eines Kausalmechanismus nicht linear miteinander verbunden sein müssen, sondern unter Umständen Pfadabhängigkeiten bestehen, Rückkoppelungsschleifen auftreten oder aber auch die Beschleunigung oder Verdichtung von zeitlichen Strukturen einen unabhängigen Einfluss innerhalb des Mechanismus entfalten können (Bennett und Checkel 2015; Büthe 2002; Falleti und Lynch 2009; Kreuzer 2016).

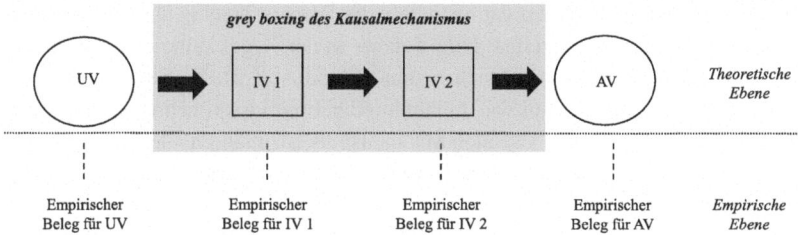

Abb. 2 Minimales Verständnis eines Kausalmechanismus. (Quelle: Eigene Darstellung, adaptiert nach Beach und Pedersen 2013, S. 38)

Eine zweite weitverbreitete Lesart definiert Mechanismen als intervenierende Variablen (IV), die zwischen unabhängiger (UV) und abhängiger Variable (AV)[3] liegen und beide kausal miteinander verknüpfen (King et al. 1994; Gerring 2008; George und Bennett 2005; Mahoney 2015 siehe Abb. 2). Diesem Verständnis folgend lässt sich ein Mechanismus mittels weiterer Erklärungsfaktoren in kleinere Einzelschritte zerlegen und damit analysierbar machen. Auch wenn man in der Forschungspraxis diese Form der Analyse von Kausalmechanismen bis dato wohl am Häufigsten antrifft, so wird grundsätzliche Kritik an der Konzeptualisierung von Mechanismen als intervenierende Variable geäußert. David Waldner veranschaulicht das Grundproblem am Beispiel eines fahrenden Autos. Um zu erklären, warum ein Auto schneller wird (AV), wenn man das Gaspedal bedient (UV), reicht es nicht aus, den Motor als weiteren Erklärungsfaktor in das Erklärungsmodell aufzunehmen (IV). So wird zwar durch sein Hinzufügen ein genaueres Bild der Fortbewegung des Autos gezeichnet, der eigentliche Mechanismus, welcher die Bewegung des Autos erklärt, bleibt jedoch weiterhin im Dunkeln. Vielmehr müssen nunmehr sogar zwei Kausalmechanismen erläutert werden, nämlich erstens wie sich das Drücken des Gaspedals auf den Antrieb auswirkt – hier wäre der Mechanismus der Verbrennungsprozess – und zweitens wie die resultierende Zustandsänderung im Motor die Bewegung des Autos erzeugt – nämlich mittels Übertragung des Drehmoments in Kraft (Waldner 2012, S. 74–75; Waldner 2015a, S. 130–133).

Mechanismen sind demnach gerade keine Variablen, sondern liefern Erklärungen für Beziehungen zwischen Variablen. Sie stellen somit das kausale Bindeglied

---

[3]Begriffe wie Erklärungsfaktor, Variable und Bedingung werden im vorliegenden Text synonym für ein Explanans verwendet, obwohl ihre Bedeutung über unterschiedliche Forschungstraditionen hinweg variiert. Ähnliches gilt für das Explanandum, das mal als abhängige Variable und mal als Outcome bezeichnet wird.

zwischen Erklärungsfaktoren dar.[4] Studien, die Process Tracing als Analyse intervenierender Variablen begreifen, liefern daher in der Regel keine Argumente hinsichtlich der Wirkkraft eines Mechanismus (siehe Abb. 2). Im Vergleich zu rein deskriptiven Beschreibungen von Abläufen oder Ereignissen gelingt es hier allerdings schon eher, sich dem kausalen Mechanismus anzunähern – jedoch ohne dass dieser systematisch offengelegt wird. Aus diesem Grund wird ein solches Vorgehen auch als „grey boxing" (Beach und Pedersen 2016, S. 36–40), „causal mechanisms lite" (Beach und Pedersen 2016, S. 75–79) oder „weak mechanisms" (Waldner 2015b, S. 242) bezeichnet.[5]

In Abgrenzung hierzu wird Process Tracing, drittens, ein engeres Verständnis von Kausalmechanismen zugrunde gelegt. Demnach setzen sich Mechanismen aus Systemen ineinandergreifender analytischer Bausteine zusammen, die in ihrer Gesamtheit eine kausale Wirkung von einer oder einem Bündel an Bedingungen X auf ein Outcome Y ausüben (Beach und Pedersen 2013, 2016; Bennett und Checkel 2015; George und Bennett 2005; Illari und Williamson 2012; Machamer et al. 2000; Rohlfing 2012; Waldner 2012). Derek Beach und Rasmus Brun Pedersen fassen diese Grundidee wie folgt zusammen (Beach und Pedersen 2016, S. 80):

> [...] causal mechanisms can be defined in terms of entities that engage in activities that transfer causal forces from C to O [...]. Entities are the factors (actors, organizations, structures) engaging in activities (the parts of the mechanism, i.e. toothed wheels), where the activities are the producers of change or what transmits causal forces through a mechanism (the movement of the wheels). [...] The activities that entities engage in move the mechanism from an initial or start condition through different parts to an outcome.

---

[4]Waldner führt weiter aus, dass Mechanismen invariante Eigenschaften besitzen, d. h. sie anders als Variablen eben nicht manipuliert werden können. So kann das Einsetzen des Verbrennungsprozesses etwa nicht direkt außer Kraft gesetzt werden, sondern nur durch Manipulation anderer Variablen wie etwa Absaugen des Benzins oder eine Unterbrechung der Stromzufuhr (Waldner 2012, S. 75).

[5]Einige plädieren dafür, solche Anwendungen unter der Bezeichnung Kongruenzanalyse *(congruence method)* zu fassen (Beach und Pedersen 2016; siehe auch George und Bennett 2005; Blatter und Haverland 2012). George und Bennett sind hier sehr deutlich: „The congruence method has several attractive features. The investigator does not have to trace the causal process that leads from the independent variable to the case outcome; [...] Because the congruence method does not use process-tracing, it does not require a search for data that might establish a causal process from independent to dependent variables" (George und Bennett 2005, S. 182). Blatter und Haverland haben ein leicht abweichendes Verständnis der Kongruenzanalyse, da sie stärker als andere die gegenseitige Evaluation von Theorien ins Zentrum des Ansatzes rücken (Blatter und Haverland 2012, S. 144–45).

Abb. 3 veranschaulicht das zugrunde liegende Prinzip dieses maximalen Verständnisses von Kausalmechanismen. Demnach wird die kausale Verknüpfung zwischen X und Y durch einen Mechanismus (M) hergestellt, der das zu erklärende Outcome generiert. Es ist gerade seine kausale Wirkkraft, die den Mechanismus auszeichnet und die es aufzudecken gilt, was diese Konzeptualisierung von den vorherigen unterscheidet. Das Entpacken des Kausalmechanismus zielt darauf ab, alle Teilelemente theoretisch fundiert herzuleiten, zu operationalisieren und zu analysieren, um eine möglichst lückenlose Kausalkette herzustellen. Damit wird allerdings auch ein sehr hoher Standard gesetzt, der in den Sozialwissenschaften oftmals nur schwer erreichbar ist (Checkel und Bennett 2015; Waldner 2015a).

Die drei Verständnisse von Process Tracing können auf einem Kontinuum zwischen Darstellen und Erklären angeordnet werden, wobei der Übergang eher gradueller Natur ist. Am einen Ende des Spektrums geht es um eine deskriptive Beschreibung *(descriptive inference)* von Prozessen, Argumentationen oder Sequenzen. Diese können durchaus Erkenntnisse zu potenziellen Erklärungsfaktoren liefern, logische Inkonsistenzen aufdecken oder temporale Abfolgen etablieren, ohne dass dabei kausalanalytische Schlussfolgerungen möglich sind. Die Konzeptualisierung von Kausalmechanismen als intervenierende Variablen geht einen Schritt weiter, da sie in der Regel auf kausalen Modellen beruht. Hierbei geht es darum zu identifizieren, welche Faktoren eine ursächliche Rolle spielen und welche nicht, und mögliche Mechanismen zumindest in minimaler Art und Weise zu skizzieren *(causal inference)*. Letztlich ermöglicht aber nur die dritte, maximalistische Lesart von Process Tracing auch kausale Erklärungen *(causal*

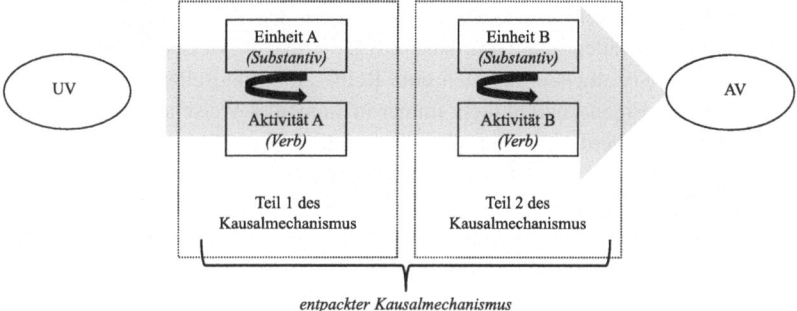

entpackter Kausalmechanismus

Abb. 3 Maximales Verständnis eines Kausalmechanismus. (Quelle: Eigene Darstellung, adaptiert nach Beach und Pedersen 2013, S. 40)

explanation) zu liefern, d. h. warum ein soziales Phänomen existiert und wie es zustande gekommen ist (Waldner 2012, S. 75–78; ähnlich Beach und Pedersen 2016, S. 73–85).

Grundsätzlich sind kausale Mechanismen auf und zwischen unterschiedlichen Ebenen denkbar. Anhand der Typologie von Hedström und Swedberg lassen sich vier Typen von Mechanismen unterscheiden (zum Folgenden Hedström und Swedberg 1998, S. 22; mit Anpassungen auch Beach und Pedersen 2016, S. 86; Blatter und Haverland 2012, S. 95–97; Mayntz 2004, S. 247; Rohlfing 2012, S. 36–39).

1. Situationelle Mechanismen *(situational mechanisms)* verbinden die Makroebene mit der Akteursebene. Hierbei rücken beispielsweise Fragen in den Vordergrund, auf welchem Wege institutionelle Regelsets – worunter einem weiten Institutionenbegriff folgend auch Normen verstanden werden können (March und Olsen 2008) – die Einstellungen und das Handeln von Akteuren prägen.

2. Handlungsgestaltende Mechanismen *(action-formation mechanisms)* erfassen den Zusammenhang zwischen Einstellungen und Handlungen auf der Individualebene.

3. Transformative Mechanismen *(transformational mechanisms)* wiederum binden Akteurshandeln an die strukturelle Ebene rück, wodurch dann auch Veränderungen auf der Makroebene sichtbar werden.

4. Inwieweit Mechanismen zwischen sozialen Phänomenen auf der Makroebene *(social mechanisms)* direkt erfassbar sind, ist indes umstritten. Während einige dahin gehend argumentieren, dass Zusammenhänge auf der strukturellen Ebene nur über den Dreischritt Makro → Mikro I Mikro → Mikro I Mikro → Makro zufriedenstellend erklärt werden können (Hedström und Ylikoski 2010, S. 59; Blatter und Haverland 2012, S. 95), verweisen andere darauf, dass in den Sozialwissenschaften eine Reihe an strukturellen Theorien existieren, deren Eigenschaften nicht immer in sinnvoller Weise auf Einzelakteure zurückgeführt werden können (Beach und Pedersen 2016, S. 86–87; Falleti und Lynch 2009, S. 1149; Mayntz 2004, S. 252–254).

Am Ende können wohl nicht immer – oder vielleicht sogar in den seltensten Fällen – alle Schritte sowohl auf der Makro- wie auch der Mikroebene getraced werden. Zudem kann auch jeder Mechanismus in weitere Einzelschritte untergliedert werden. Forschungspragmatisch weist Ingo Rohlfing daher richtigerweise darauf hin, dass die Wahl des Abstraktionsgrades eine forschungspraktische Entscheidung ist und die Frage danach, wie stark in einen Kausalmechanismus hineingezoomt wird, im jeweiligen Interesse der Forscherin begründet liegt. Letztendlich gelangt man zu einem detailreicheren und präziseren Bild der Kausalerklärung, je genauer ein Mechanismus unter die Lupe genommen wird (Machamer et al. 2000, S. 13–18; Rohlfing 2012, S. 34–40).

3   Wie wird getraced? Zwei Methoden systematischen Process Tracings

Innerhalb der Literatur zu Process Tracing finden sich nicht nur unterschiedliche Ansichten darüber, *was* getraced wird, sondern auch bezüglich der Frage *wie* getraced werden sollte. Insbesondere zwei Varianten systematischen Process Tracings – eine Bayesianische und eine mengentheoretische – deren zentrale Funktionslogiken im Folgenden vorgestellt und anhand politikwissenschaftlicher Anwendungen erläutert werden, stehen im Mittelpunkt jüngster Methodendiskussionen.[6] Dabei greifen beide Ansätze, gleich ob aus einer deskriptiven oder einer kausalanalytischen Motivation heraus, auf grundlegende Ideen zur Überprüfung von Zusammenhängen, Annahmen und Hypothesen zurück, die ihren Ursprung in einer Typologie von Tests haben, die Ende der 1990er Jahre von Stephen Van Evera erstmals formuliert wurde und seither diverse Anpassungen erfahren hat (siehe zum Folgenden Beach und Pedersen 2013, S. 101–103; Bennett 2008, S. 706–707; Collier 2011, S. 825–828; Mahoney 2010, 2012; Rohlfing 2014, S. 609–614; Van Evera 1997, S. 30–32).

Im Zentrum steht hierbei die Unterscheidung der Beweiskraft von Hypothesentests entlang zweier Dimensionen, nämlich einerseits nach ihrem Grad an Einzigartigkeit *(uniqueness)* und andererseits nach ihrer Gewissheit *(certainty)*. Ersteres zielt dabei vorwiegend auf die Bestätigung von Hypothesen, wohingegen letzteres eine größere Rolle zur Widerlegung von Annahmen spielt. Abb. 4 zeigt die vier resultierenden Testtypen und verdeutlicht die ihnen zugrunde liegenden Funktionslogiken am fiktiven Beispiel eines Mordprozesses und dessen Beweisverfahren vor Gericht.

---

[6]An dieser Stelle ist nochmals zu betonen, dass die methodische Literatur zum Thema Process Tracing äußerst heterogen ist. So existieren zahlreiche weitere Ansätze, die jenseits dieser zwei prominentesten Vertreterinnen ebenfalls in diesem Aufsatz Erwähnung finden könnten, wie z. B. Ereignis-Karten in Kombination mit gerichteten azyklischen Graphen (Waldner 2015a, b), *analytic narratives* (Bates et al. 1998), oder auch weniger stark formalisierte Herangehensweisen die unter diversen Labels wie *efficient* (Schimmelfennig 2015) oder *systematic* (Hall 2003, 2013) Process Tracing firmieren. Dabei lassen sich unterschiedliche Ansätze auch miteinander kombinieren.

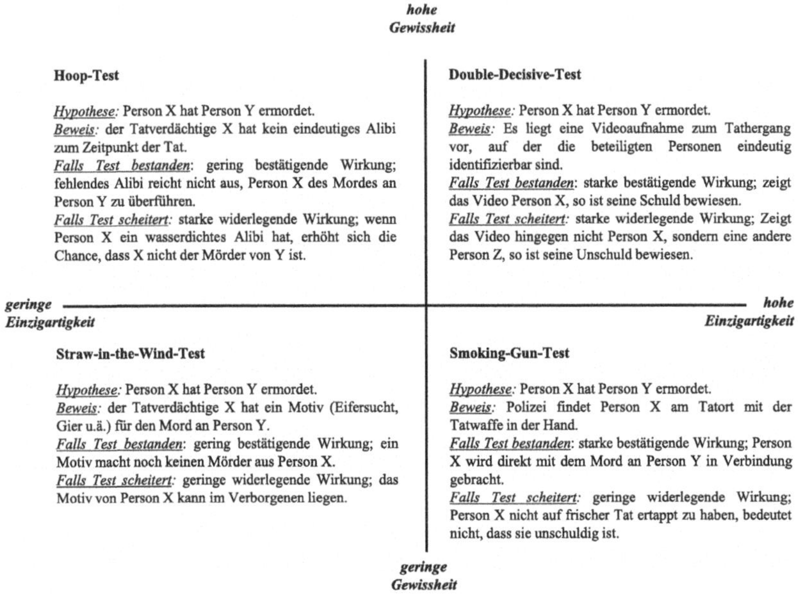

hohe
Gewissheit

Hoop-Test	**Double-Decisive-Test**
Hypothese: Person X hat Person Y ermordet. *Beweis:* der Tatverdächtige X hat kein eindeutiges Alibi zum Zeitpunkt der Tat. *Falls Test bestanden:* gering bestätigende Wirkung; fehlendes Alibi reicht nicht aus, Person X des Mordes an Person Y zu überführen. *Falls Test scheitert:* starke widerlegende Wirkung; wenn Person X ein wasserdichtes Alibi hat, erhöht sich die Chance, dass X nicht der Mörder von Y ist.	*Hypothese:* Person X hat Person Y ermordet. *Beweis:* Es liegt eine Videoaufnahme zum Tathergang vor, auf der die beteiligten Personen eindeutig identifizierbar sind. *Falls Test bestanden:* starke bestätigende Wirkung; zeigt das Video Person X, so ist seine Schuld bewiesen. *Falls Test scheitert:* starke widerlegende Wirkung; Zeigt das Video hingegen nicht Person X, sondern eine andere Person Z, so ist seine Unschuld bewiesen.

geringe **————————————————————————————————** *hohe*
Einzigartigkeit   *Einzigartigkeit*

Straw-in-the-Wind-Test	**Smoking-Gun-Test**
Hypothese: Person X hat Person Y ermordet. *Beweis:* der Tatverdächtige X hat ein Motiv (Eifersucht, Gier u.ä.) für den Mord an Person Y. *Falls Test bestanden:* gering bestätigende Wirkung; ein Motiv macht noch keinen Mörder aus Person X. *Falls Test scheitert:* geringe widerlegende Wirkung; das Motiv von Person X kann im Verborgenen liegen.	*Hypothese:* Person X hat Person Y ermordet. *Beweis:* Polizei findet Person X am Tatort mit der Tatwaffe in der Hand. *Falls Test bestanden:* starke bestätigende Wirkung; Person X wird direkt mit dem Mord an Person Y in Verbindung gebracht. *Falls Test scheitert:* geringe widerlegende Wirkung; Person X nicht auf frischer Tat ertappt zu haben, bedeutet nicht, dass sie unschuldig ist.

geringe
Gewissheit

Abb. 4 Vier Testtypen nach Van Evera. (Quelle: Eigene Darstellung, adaptiert von Collier 2011, S. 825)

Das schwächste Testszenario stellt demnach ein Straw-in-the-Wind-Test dar, weil er weder einen hohen Grad an Gewissheit noch Einzigartigkeit aufweist. Dies bedeutet, dass Belege für eine Hypothese nur unwesentlich zu ihrer Bestätigung beitragen, während ausbleibende oder widerlegende Beweise die Hypothese auch nur geringfügig abschwächen. Die Suche nach einem Tatmotiv in einem Mordfall kommt etwa einem Straw-in-the-Wind-Test gleich. Kann die Staatsanwaltschaft aufzeigen, dass der Angeklagte ein Motiv für einen Mord hatte, z. B. Eifersucht oder die Aussicht auf eine hohe Lebensversicherung, so ist dies nur ein schwacher Beweis dafür, dass er auch tatsächlich der Mörder ist, da ein Motiv alleine eben nicht ausreichend ist, sondern noch viele weitere Erklärungen infrage kommen können. Andererseits räumt das Nichtauffinden eines Tatmotivs den Mordverdacht keinesfalls aus dem Weg, sondern schwächt diesen allenfalls etwas ab.

Ein Hoop-Test unterscheidet sich von einem Straw-in-the-Wind-Test dahin gehend, dass er einen hohen Grad an Gewissheit, aber nur eine geringe Einzigartigkeit aufzeigt. Bleiben in einem Hoop-Test-Szenario die erwarteten Belege aus, so lässt dies starke Zweifel an der Richtigkeit der Hypothese aufkommen. In unserem fiktiven Beispiel kann die Suche nach einem Alibi als Hoop-Test verstanden werden. Kann etwa von der Verteidigung überzeugend dargelegt werden, dass sich der Verdächtige zum Tatzeitpunkt außerhalb des Landes aufgehalten hat, schwächt dies die Anklage enorm. Zeigt sich allerdings, dass der Verdächtige kein wasserdichtes Alibi besitzt und sich zur Tatzeit am Tatort aufgehalten haben könnte, ist dies kein Beweis für seine Schuld. Das Bestehen eines Hoop-Tests trägt folglich nur in geringem Maße dazu bei, unser Vertrauen in eine Hypothese zu steigern, wohingegen widersprüchliche Beweise eine Annahme zwar nicht vollständig widerlegen, aber doch stark schwächen.[7]

Den Smoking-Gun-Test charakterisiert hingegen, dass er eine hohe Einzigartigkeit besitzt, aber nur eine geringe Gewissheit. Das bedeutet, dass Belege hierfür zwar sehr schwer auffindbar sind, wenn sie aber gefunden werden, diese eine hohe Beweiskraft in sich tragen. Dementsprechend trägt ein Smoking-Gun-Test stark zur Bestätigung einer Hypothese bei, wohingegen ein Scheitern, d. h. das Ausbleiben von Beweisen für eine Annahme, diese nur geringfügig abwertet. Vor Gericht würde das Aufgreifen des Angeklagten am Tatort direkt nach der Tat mit der Tatwaffe in der Hand einem Smoking-Gun-Test gleichkommen und die Zweifel an seiner Schuld nahezu vollkommen ausräumen. Findet sich dieser Beweis allerdings nicht, würde dies den Angeklagten nicht von einer möglichen Schuld freisprechen.

Das stärkste Testszenario ist der Double-Decisive-Test, weil er eine Hypothese sehr stark bestätigt und parallel zum Ausschluss von Alternativerklärungen führen kann. Er ist demnach sowohl einzigartig als auch gewiss. Vor Gericht käme eine Videoaufnahme vom Tathergang, auf dem man sowohl Opfer als auch Täter eindeutig identifizieren kann, einem Double-Decisive-Test gleich. Ist auf dem Video der Angeklagte deutlich erkennbar, so bestätigt dies, dass er der Mörder ist und schließt zugleich alle anderen möglichen Täter aus. Zeigt das Video allerdings eine andere Person als den Tatverdächtigen, so beweist dies seine Unschuld.

Hinsichtlich der Testszenarien muss betont werden, dass diese idealtypisch zu verstehen sind und damit ein heuristisches Instrument zur systematischen Analyse bieten. In der praktischen Umsetzung sind die Unterschiede zwischen den Testtypen

---

[7]Die Frage, wie stark eine Annahme widerlegt oder bestätigt werden kann, hängt bei allen Testtypen von den alternativen Szenarien ab und ob diese sich gegenseitig ausschließen oder nicht (siehe u. a. Rohlfing 2014; Zaks 2011). Im vorliegenden Fall könnte man zwei sich ausschließende Hypothesen formulieren; H_1: Person X hat Person Y umgebracht und H_2: X ist nicht der Mörder von Y. In diesem Fall würde das Alibi als Hoop-Test H_1 stark widerlegen und H_2 stark bestätigen. Allerdings könnte zu H_1 auch eine nicht-ausschließende Hypothese H_3 formuliert werden, wonach Person X den Auftragsmord an Y befohlen hat. In diesem Fall würde das Alibi von Person X nur in geringem Maße seine Beteiligung an dem Mord aus dem Weg räumen und H_3 könnte nicht als widerlegt gelten.

nämlich oftmals eher eine Frage gradueller Abstufung und weniger klar voneinander abgrenzbar als dies auf den ersten Blick erscheinen mag.[8] So bewegt sich beispielsweise der gerade beschriebene Smoking-Gun-Test in Richtung eines Straw-in-the-Wind-Test, wenn der Verdächtige erst einige Zeit nach der Tat am Tatort mit der Tatwaffe aufgefunden wird, da er ja auch erst nach der Tat zum Opfer hinzugekommen sein und die Waffe ohne nachzudenken aufgehoben haben könnte. Ebenso spielt der Kontext eine entscheidende Rolle; so trägt die sprichwörtliche Smoking Gun eine unterschiedliche Beweiskraft in sich, abhängig davon ob sich die Tat auf dem Parkplatz eines Einkaufszentrums ereignet oder auf einem Schießplatz, wo Personen in der Regel Waffen bei sich tragen. Ähnliches gilt auch für das Beispiel im Hoop-Test; bereits ein weniger stichhaltiges Alibi schwächt die Falsifikationskraft des Beweises und macht den Hoop-Test eher zu einem Straw-in-the-Wind-Test. Bei sozialwissenschaftlichen Fragestellungen führt dies dazu, dass die klare Zuweisung, um welches Testszenario es sich handelt, nur selten eindeutig zu entscheiden und damit oft umstritten ist. So liegt es immer an der Forscherin, plausibel zu argumentieren, um welchen Testtypen es sich handelt und welche Konsequenzen aus der Analyse gezogen werden können (Collier 2011, S. 825; Van Evera 1997, S. 33; Waldner 2015b, S. 244). Erschwerend kommt hierbei hinzu, dass die einzelnen Testtypen nur bei sich wechselseitig ausschließenden Hypothesen eindeutige Rückschlüsse zulassen, während nicht-ausschließende Hypothesen wesentlich schwieriger zu interpretieren sind (Fairfield und Charman 2015; Rohlfing 2014; Zaks 2011).

3.1   Process Tracing als Bayesianische Beweisführung

Bayesianische Strategien von Process Tracing setzen bei der Frage an, wie wir unser Zutrauen in die (Un)Richtigkeit einer Hypothese im Lichte neuer Beweise abwägen und dabei möglichst intersubjektiv nachvollziehbar vorgehen können. Im Zentrum steht dabei, inwieweit sich durch das (Nicht)Auffinden eines Beweises die Gewissheit hinsichtlich einer Hypothese bestärkt oder abschwächt und wie stark diese Wirkung ist. Zu diesem Zweck werden die beschriebenen Testszenarien mithilfe Bayesianischer Regeln formalisiert und dann einer systematischen Überprüfung unterzogen (siehe zum Folgenden Beach und Pedersen 2013, S. 83–99, 2016, S. 169–177; Bennett 2008, 2015; Fairfield und Charman 2015; Humphreys und Jacobs 2015; Rohlfing 2012, S. 189–199). Dabei sind für eine

---

[8]Grundsätzliche Kritik an den Testszenarien äußern Fairfield und Charman (2015, S. 26–34), die diese einerseits für eine überflüssige Heuristik halten und andererseits für eine Anpassung der Szenarien plädieren.

Analyse aus einer Bayesianischen Perspektive Informationen hinsichtlich dreier Annahmen notwendig:

- erstens, eine a-priori Wahrscheinlichkeit *(prior probability)*, ob die Hypothese, die geprüft werden soll, zutreffend ist oder nicht;
- zweitens, wie wahrscheinlich ist es, dass die Hypothese richtig ist, wenn ein erwarteter Beleg tatsächlich gefunden wird *(true positive)*;
- und drittens, wie wahrscheinlich es ist, dass die Hypothese nicht richtig ist, auch wenn ein erwarteter Beleg gefunden wird *(false positive)*.

Nehmen wir nochmals das oben eingeführte fiktive Beispiel eines Mordfalls zur Hand; hier hatten wir u. a. zwischen einem Hoop-Test – der Verdächtigte hat kein Alibi für den Zeitraum des Tatgeschehens – und einem Smoking-Gun-Test – der vermeintliche Täter wurde mit der Mordwaffe in der Hand am Tatort gesehen – unterschieden. In einem ersten Schritt müssen nun zunächst die angenommenen Wahrscheinlichkeiten ausformuliert werden. In unserem hypothetischen Beispiel könnte etwa die a-priori Wahrscheinlichkeit, dass Person X tatsächlich Person Y ermordet hat, bei 50 % angesetzt werden; d. h. ob die Annahme stimmt oder nicht, hat die gleiche Wahrscheinlichkeit. Dem liegt die Idee zugrunde, dass der Frage von Schuld und Unschuld die gleiche Ausgangswahrscheinlichkeit zugrunde liegt, gleich plausibel ist (principle of maximum indifference; Fairfield und Charman 2015, S. 6). Dabei wären aber durchaus auch geringere a-priori Wahrscheinlichkeiten denkbar, in dem man zunächst von einer Unschuldsvermutung ausgeht, aber eben auch höhere, weil man ja bereits Indizien hat, die Person X mit dem Mord in Verbindung bringen.[9] Idealiter sollten dabei alle Entscheidungen auf vorhergehenden Analysen, Sekundärliteratur oder Fallwissen beruhen, die Indizien darüber liefern, welche Erwartungen gegenüber Annahmen und Belegen formuliert werden können, um diese möglichst stichhaltig zu begründen. Jedoch ist dieses Ideal in den Sozialwissenschaften oftmals unerreichbar; so wird es immer Diskussionen darüber geben, wie unterschiedliche Forscherinnen ihre Hypothesen gegenüber rivalisierenden Erklärungsansätzen bewerten. Hier hilft nur eine möglichst große Transparenz im Umgang mit der Bewertung von Beweisen und

---

[9]Die Festlegung der Ausgangswahrscheinlichkeit hat selbstverständlich Auswirkungen auf die a-posteriori Wahrscheinlichkeit. Während bei singulären Test der a-priori Wahrscheinlichkeit ein großes Gewicht zu kommt, nähern sich die a-posteriori Wahrscheinlichkeiten bei aneinandergereihter Tests auch bei unterschiedlichen Ausgangswahrscheinlichkeiten in der Regel an (Beach und Pedersen 2016, S. 177; Bennett 2015, S. 289–290; Fairfield und Charman 2015, S. 53–54).

Annahmen, welche es ermöglicht, die Entscheidungen und Argumentationslinien intersubjektiv nachzuvollziehen.[10]

Zusätzlich zur a-priori Wahrscheinlichkeit benötigen wir noch weitere Informationen bezüglich der Wahrscheinlichkeiten unter den jeweiligen Bedingungen der Hypothese. Für den Hoop-Test können wir etwa davon ausgehen, dass falls Person X tatsächlich der Mörder von Person Y ist, ersterer in aller Regel kein stichhaltiges Alibi haben wird, weshalb wir eine sehr hohe Wahrscheinlichkeit von 95 % hierfür festlegen. Auf der anderen Seite ist die Wahrscheinlichkeit auch recht hoch, dass kein Alibi vorliegt und Person X dennoch nicht der Mörder ist, wobei wir diese mit 75 % beziffern. Beim Smoking-Gun-Test hingegen ist die Wahrscheinlichkeit gering, Person X mit der Tatwaffe in der Hand zu ertappen, wenn er der Mörder ist (z. B. 10 %), wohingegen es massiv unwahrscheinlich ist, diesen Beweis zu haben, wenn Person X nicht der Mörder ist (z. B. 1 %).[11]

Anhand dieser drei Informationen lassen sich dann in einem zweiten Schritt die a-posteriori Wahrscheinlichkeiten mittels des Theorems von Bayes berechnen:

$$\Pr(H|B) = \frac{pr(H) * pr(B|H)}{pr(H) * pr(B|H) + pr(\sim H) * pr(B|\sim H)}$$

Die Bezeichnung sind wie folgt zu lesen: Pr(H|B) steht für die a-posteriori Wahrscheinlichkeit, B für den vorliegenden Beweis, pr(H) für die a-priori Wahrscheinlichkeit, dass die Hypothese wahr ist, pr(~H) für die a-priori Wahrscheinlichkeit, dass die Hypothese unwahr ist, pr(B|H) für die Wahrscheinlichkeit, dass die Hypothese zutrifft falls ein Beleg gefunden wurde, und pr(B| ~ H) für die Wahrscheinlichkeit, dass die Hypothese falsch ist, obwohl ein Beleg gefunden wurde. Wir können nun die jeweiligen Informationen einsetzen und die a-posteriori Wahrscheinlichkeiten für den Hoop-Test und den Smoking-Gun-Test berechnen.

---

[10]Dabei kann man argumentieren, dass die Bayesianische Formalisierung gerade diese Transparenz fördert, da Forscherinnen gezwungen sind, ihre Annahmen offen darzulegen und zu diskutieren, die andernfalls implizit in die Analyse einfließen würden. Auf der anderen Seite kann die Quantifizierung auch eine irreführende Transparenz und falsche Genauigkeit herstellen, die gerade deshalb zu falschen Bewertungen kommt, weil dichtere Beschreibungen durch Zahlen ersetzt werden (Beach und Pedersen 2013, S. 87–88; Bennett 2015, S. 280–281 und 297–298; Fairfield und Charman 2015, S. 17–23).

[11]Selbstverständlich sind die Zahlen im Beispiel fiktiv und damit relativ willkürlich. Eine Argumentation könnte wie folgt aussehen: Beim Hoop-Test spielt u. a. die Überlegung eine Rolle, dass der Täter eventuell einen Komplizen haben könnte, welcher ihm ein Alibi verschafft. Beim Smoking-Gun-Test auf der anderen Seite können wir nicht vollständig ausschließen, dass ein Unschuldiger die Tatwaffe am Tatort aufhebt, während er eigentlich dem Opfer helfen will.

Bestehen des Hoop-Tests:
$$\frac{0,5 * 0,95}{0,5 * 0,95 + 0,5 * 0,75} = 0,56$$
Scheitern des Hoop-Tests:
$$\frac{0,5 * 0,05}{0,5 * 0,05 + 0,5 * 0,25} = 0,17$$

Bestehen des Smoking-Gun-Tests:
$$\frac{0,5 * 0,10}{0,5 * 0,10 + 0,5 * 0,01} = 0,91$$
Scheitern des Smoking-Gun-Tests:
$$\frac{0,5 * 0,90}{0,5 * 0,90 + 0,5 * 0,99} = 0,48$$

Die Interpretation erfolgt dann in einem dritten Schritt. So zeigt sich zum einen, dass das Bestehen des Hoop-Tests unsere Gewissheit in die Annahme, dass Person X der Mörder von Person Y ist, nur geringfügig aufwertet, wohingegen sein Scheitern zu einer massiven Abschwächung führt. Der Smoking-Gun-Test zum anderen verhält sich hierzu spiegelbildlich. Hier entkräftet ein Scheitern des Testszenarios nur geringfügig die zugrunde liegende Hypothese, wohingegen das Bestehen des Tests zu einer starken Aufwertung der a-priori Wahrscheinlichkeit beiträgt.

Die Arbeit von Tasha Fairfield und Andrew Charman (2015) nimmt zweifelsohne eine Vorreiterrolle ein, da sie als eine der ersten die zugrunde liegenden Annahmen nach Bayesianischen Regeln formalisiert. In dieser Studie geht es um die Frage, unter welchen Bedingungen es in Demokratien mit hoher sozialer Ungleichheit gelingt, Privilegien der ökonomischen Eliten zu kippen und höhere Besteuerungen einzuführen. Am Beispiel der Abschaffung einer Steuererleichterung (Paragraph ‚57 bis') in Chile aus dem Jahr 2005 werden unterschiedliche Erklärungsansätze diskutiert und anschließend geprüft, welcher besser geeignet ist, die in den Vorjahren gescheiterte Reform zu erklären.[12]

Die Argumentation erfolgt dabei entlang mehrerer Schritte: Zunächst werden die möglichen Erklärungsansätze formuliert. Der favorisierten Hypothese nach, kam der öffentlichen Mobilisierungsstrategie des amtierenden Präsidenten Lagos im Wahlkampf des Jahres 2005 eine entscheidende Bedeutung zu, sodass die Oppositionspartei aus dem ideologisch konservativen Lager der Reform letztlich zustimmte (H_1). Die Gegenannahme hierzu bildet, dass die Opposition die Abschaffung des umstrittenen Steuerparagrafs auch ohne die Mobilisierungskampagne der Regierung befürwortet hätte (H_0). Dabei differenzieren Fairfield und Charman die Nullhypothese noch weiter aus und formulieren insgesamt drei sich gegenseitig ausschließende Hypothesen, wonach i) die Opposition aufgrund der

---

[12]Die Diskussion in Fairfield und Charman basiert auf früheren Arbeiten (Fairfield 2013, 2015). Die nachfolgende Darstellung greift nur Teilaspekte des gesamten Designs auf, welches eine ausführliche Diskussion der Analyseschritte sowie weiterführende Robustheitschecks umfasst.

zunehmenden Institutionalisierung des Parteiensystems ihre Position mit Blick auf zukünftige Wahlen moderierte (H_{A1}), ii) die konservative Partei auf die Präferenzverschiebung innerhalb ihrer Stammwählerschaft reagierte (H_{A2}), oder iii) die Oppositionspartei strategisch ihre Haltung in Richtung des Medianwählers verschob (H_{A3}). In einem zweiten Schritt werden dann mögliche a-priori Wahrscheinlichkeiten für die einzelnen Hypothesen präsentiert. Als eine mögliche Alternative wird dabei die gleiche Verteilung nach dem Prinzip maximaler Unwissenheit dargestellt und folglich jeder der vier Hypothesen die gleiche Ausgangswahrscheinlichkeit von 25 % zugewiesen (Fairfield und Charman 2015, S. 35–38).[13]

Der dritte Schritt der Analyse präsentiert die Beweisführung entlang sechs empirischer Belege, die auf der Basis der Einzelfallstudie gewonnen wurden, und diskutiert die zugehörigen Wahrscheinlichkeiten der Belege unter der jeweiligen Hypothese. Ein besonderes Merkmal hierbei ist, dass der Wert des Belegs zunächst für die Hypothese festgesetzt wird, für die die Beweiskraft am stärksten spricht und dann die weiteren Wahrscheinlichkeitswerte in Relation zu ersterem bestimmt werden. Als erster Beleg (B_1) wird angeführt, dass die Mitte-Links-Regierung bereits vor 2005 die Abschaffung des Paragrafen ‚57 bis' befürwortet hatte, aber für nicht wirklich durchsetzbar hielt. Wie verhält sich dieser empirische Beleg nun zu den Hypothesen? Hier kommen Fairfield und Charman zu dem Schluss, dass dies am ehesten für die favorisierte Hypothese spricht ($H_1 = 20$ %), wonach der öffentlichen Mobilisierungsstrategie von Präsident Lagos eine entscheidende Bedeutung zukommen muss, da die Regierung vorher sich nicht in diese Richtung bewegt hatte und dies erst unter den gewandelten Umständen möglich war. Gegenüber den Alternativhypothesen wird dem Beleg hingegen eine geringere ($H_{A2} = 10$ %) bzw. sogar drastisch schwächere Erklärungskraft (H_{A1} & $H_{A3} = 0,02$ %) attestiert (Fairfield und Charman 2015, S. 40–44).

Mithilfe dieser Informationen lassen sich in einem vierten Schritt dann die a-posteriori Wahrscheinlichkeiten für die einzelnen Hypothesen berechnen (Tab. 1). Wie die Ausführungen zeigen, erfährt die favorisierte Hypothese bereits mit dem ersten empirischen Beleg aufgrund der ihr zugeschriebenen Beweiskraft eine enorme Aufwertung (von 25 % auf 67 %), während die Zuversicht in die Alternativhypothesen entweder nur geringfügig angehoben wird (von 25 % auf 33 %) oder gar stark absinkt (von 25 % auf 7 %). Dieser Trend setzt sich mit dem Hinzufügen weiterer Belege noch fort, sodass schlussendlich die Hypothese

---

[13]Die Studie diskutiert insgesamt drei alternative a-priori Wahrscheinlichkeiten und zeigt in der nachfolgenden Analyse auf, dass trotz unterschiedlicher Ausgangsannahmen, die priorisierte Hypothese gegenüber allen Alternativannahmen überlegen ist (Fairfield und Charman 2015, S. 37–64).

Tab. 1 Übersicht zum ersten Hypothesentest bei Fairfield und Charman (2015)

Hypothese	a-priori Wahrscheinlichkeit (%)	Beweis (%)	a-posteriori Wahrscheinlichkeit (%)
H_1	25	20	67
H_{A1}	25	0,02	7
H_{A2}	25	10	33
H_{A3}	25	0,02	7

von der maßgeblichen Rolle der Mobilisierungsstrategie unter Lagos wesentlich besser abschneidet als die rivalisierenden Ansätze zur Erklärung der Reform der Steuergesetzgebung in Chile (Fairfield und Charman 2015, S. 53–54).

Die Studie von Fairfield und Charman kann in vielerlei Hinsicht als innovativ und vorbildhaft bezeichnet werden. So wird z. B. nicht von einer einzelnen Nullhypothese ausgegangen, welche in der Regel die Negation der zu prüfenden Annahme darstellt, sondern es werden bewusst rivalisierende Hypothesen aufgestellt, die sich gegenseitig ausschließen. Alle Informationen hinsichtlich der Ausgangswahrscheinlichkeiten und der Beweise werden transparent gemacht und explizit nicht nur gegeneinander, sondern auch im Lichte ihres Kontexts diskutiert. Darüber hinaus werden mehrere Berechnungen mit unterschiedlichen a-priori Annahmen durchgeführt oder auch geprüft, inwieweit die Reihenfolge der Tests Auswirkungen auf das Ergebnis nehmen, was sinnvolle Überprüfungen der Robustheit bzw. Sensitivität der Analyse darstellen. Bei all ihren Stärken treten in der Arbeit aber auch die Schwächen des Ansatzes deutlich zutage. Beispielsweise gelingt es eigentlich nicht wirklich, den kausalen Mechanismus zwischen der öffentlichen Mobilisierungsstrategie des Präsidenten und dem Outcome, nämlich der Durchsetzung der Reform, aufzudecken, sodass dieser weitgehend *grey-boxed* bleibt. Des Weiteren zeigt sich, wie schwierig es ist, zu allgemein akzeptierten Einschätzungen hinsichtlich der Wahrscheinlichkeitsparameter zu gelangen, sodass immer ein gewisser Grad an Subjektivität verbleibt. Dabei kann die explizite Quantifizierung der benötigten Informationen leicht Objektivität und Genauigkeit vorgaukeln, die im besten Fall der Komplexität sozialer Phänomene nicht gerecht wird.[14] Allerdings kann es auch leicht passieren, dass technische Aspekte gegenüber analytischer Argumentation überbewertet werden, dass die inhärente Willkür der Quantifizierung Ergebnisse

---

[14]Beach und Pedersen plädieren aus diesem Grund dafür, die Bayesianischen Regeln nur implizit anzuwenden, aber keine pseudo-Genauigkeiten durch exakte Prozentangaben zu machen (Beach und Pedersen 2016, S. 154–55).

hervorbringt, die nicht schlüssig sind, oder dass eine scheinbare Objektivität geschaffen wird, die in der Analyse nicht mehr hinterfragt wird und somit etwaige Fehlschlüsse verdeckt bleiben. So weisen Fairfield und Charman zu Recht auf die Gefahr hin, dass „making too many steps explicit may lull readers into uncritically accepting the author's reasoning, rather than assessing whether they can arrive at the conclusions through their own independent logical pathways, thereby undermining the scholarly scrutiny of inferences that analytical transparency is intended to promote" (Fairfield und Charman 2015, S. 17–21, hier 18; ähnlich auch Beach und Pedersen 2016; Checkel und Bennett 2015).

3.2 Process Tracing als Test von notwendigen und hinreichenden Bedingungen

Neben der Bayesianischen Variante von Process Tracing können die zum Anfang dieses Kapitels eingeführten Testszenarien (siehe Abb. 4) auch im Sinne von notwendigen und hinreichenden Bedingungen interpretiert werden. Demnach muss bei einem Hoop-Test die Hypothese diesen bestehen, um bestätigt werden zu können bzw. um nicht als widerlegt zu gelten. Bei einem Hoop-Test ist demnach das Auffinden von Beweisen notwendig dafür, dass eine Annahme weiterhin Bestand hat, gleichzeitig aber nicht hinreichend, um positive Rückschlüsse hinsichtlich der Hypothese zu ziehen. Ein Smoking-Gun-Test auf der anderen Seite ist hinreichend – führt also zur Bestätigung einer Hypothese, falls bestanden – ist aber nicht notwendig, weshalb die Hypothese auch bei einem Scheitern des Tests nicht falsifiziert wird. Logischerweise ist demnach ein Straw-in-the-Wind-Test weder hinreichend noch notwendig für eine Hypothese, wohingegen das (Nicht-)Bestehen eines Double-Decisive-Test sowohl eine notwendige als auch hinreichende Voraussetzung für eine Annahme ist, um diese positiv oder negativ zu bewerten (Bennett 2008; Collier 2011; Mahoney 2012).[15]

---

[15]David Waldner weist zu Recht daraufhin, dass sich durch das Ersetzen von Gewissheit und Einzigartigkeit in hinreichend und notwendig der analytische Fokus verschiebt und die Tests nun eine deterministische Sichtweise impliziert, die nicht haltbar ist (Waldner 2015b, S. 244–245). Hier ist zweierlei zu entgegnen: Erstens bleibt das Argument von zuvor bestehen, dass die Testszenarios als Heuristiken zu verstehen sind, wobei keine exakte Zuordnung zu einem Quadranten möglich ist und zwischen den vier Tests eher *differences-in-degree* und nicht *differences-in-kind* bestehen (Beach und Pedersen 2013, S. 100–105). Zweitens schließt diese Interpretation mögliche Inkonsistenzen im Sinne von nicht-perfekt hinreichenden bzw. notwendigen Bedingungen keineswegs aus (siehe hierzu auch Siewert zu QCA in diesem Band oder auch Schneider und Wagemann 2012; Ragin 2008).

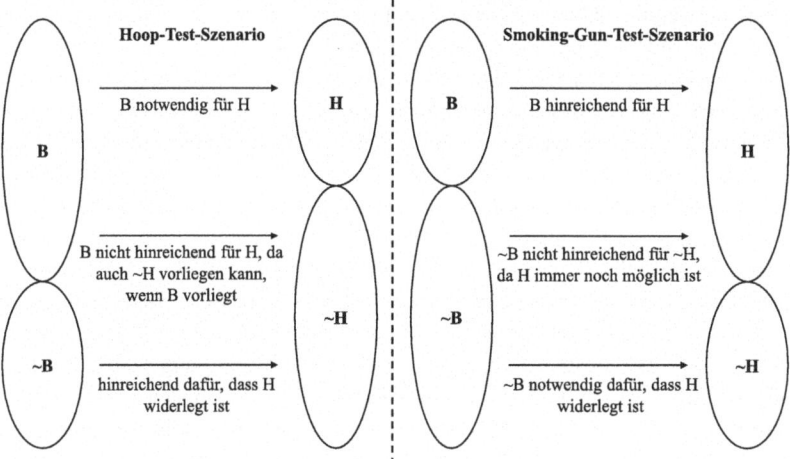

Abb. 5 Hoop-Test und Smoking-Gun-Test als Euler-Diagramme. (Quelle: Eigene Darstellung, adaptiert von Mahoney und Vanderpoel 2015, S. 69–75)

Zur Visualisierung der Testszenarien kann auf unterschiedliche Mengenschaubilder wie etwa Euler-Diagramme oder Venn-Diagramme zurückgegriffen werden. Abb. 5 zeigt die zugrunde liegende Logiken am Beispiel eines Hoop-Tests und eines Smoking-Gun-Tests. Das in Abb. 5 dargestellte Hoop-Test-Szenario veranschaulicht nochmals dreierlei Aspekte: erstens, ist das Auffinden eines empirischen Belegs (B) notwendig, damit Hypothese (H) aufrecht erhalten bleiben kann; gleichzeitig ist, zweitens, das Auffinden von B nicht hinreichend für H, da die Hypothese immer noch ungültig sein könnte (~H); und drittens, ist umgekehrt die Abwesenheit eines empirischen Belegs (~B) hinreichend für die Widerlegung der Hypothese (~H).[16] Der Smoking-Gun-Test funktioniert spiegelbildlich. Hier ist das Finden eines Beweises hinreichend für die Bestätigung der Hypothese, aber nicht notwendig, da die Hypothese auch zutreffend sein kann, wenn kein empirischer Beleg gefunden wurde. Andererseits ist das Nichtauffinden eines

---

[16]Bei letzterem ist allerdings aus zweierlei Gründen Vorsicht geboten. Zum einen hängt dies u. a. davon ab, wie die Fragestellung oder Gegenhypothese formuliert sind, und ob Hypothese und Gegenhypothese ausschließend sind. Zum anderen ist *the absence of evidence* nicht zwangsläufig auch gleichbedeutend mit *the evidence of absence*. So muss zweifelsfrei sein, dass ein Beleg unter keinen Umständen aufgefunden werden kann, auch wenn man sehr gründlich gesucht hat.

Belegs notwendig dafür, dass die Hypothese widerlegt wird (Mahoney 2015, S. 206–212; Mahoney und Vanderpoel 2015, S. 72–77). Die im Folgenden vorgestellte Studie von Henry E. Brady macht zwar nicht explizit von den Testszenarien Gebrauch, ihre Grundlogiken lassen sich an ihr dennoch sehr schön verdeutlichen (Brady 2010). In dem kurzen Aufsatz argumentiert Brady gegen eine Studie von John R. Lott, der mittels ausgefeilter statistischer Verfahren aufzeigt, dass durch die verfrühte Bekanntgabe des Wahlsiegs für George W. Bush in Florida diesem in den zehn Distrikten des Florida Panhandle, in denen die Wahllokale zu diesem Zeitpunkt noch nicht geschlossen hatten, etwa 10.000 Stimmen verloren gegangen sind.[17] Brady zweifelt Lotts Analyse hingegen an und zieht für seine Interpretation einzelne „diagnostic nuggets" heran (Brady 2010, S. 237). Die Beweisführung ist in mehreren Etappen aufgebaut, die einerseits eine Serie von Hoop-Tests für Lotts Ergebnis bilden, andererseits aber auch als Kette von Straw-in-the-Wind-Tests für die eigenen Schlussfolgerungen dienen. Abb. 6 gibt die einzelnen Schritte von Bradys Argumentation wieder, die im Folgenden kurz skizziert werden (siehe zum Folgenden Brady 2010, S. 239–240).

1. Die Ausgangsposition (A) ist die Wahlbevölkerung in den zehn Distrikten des Florida Panhandle im Jahr 2000. Demnach waren insgesamt ca. 379.000 Einwohner zur Wahl registriert. Zieht man die ca. 20 % ab, die ihre Stimme bereits per Briefwahl vor dem eigentlichen Wahltag abgegeben haben, so bleiben noch etwa 303.000 potenzielle Wähler*innen übrig.
2. Der erste Test (B) bezieht sich darauf, wie viele Menschen zum Zeitpunkt der verfrühten Bekanntgabe des Wahlsiegs von Bush noch nicht ihre Stimme abgegeben haben. Die Medien riefen Bush 10 min vor der Schließung der Wahllokale im Panhandle als Sieger in Florida aus. Unter der Annahme, dass sich Wähler*innen gleichförmig über den Wahltag – die Wahllokale waren von 7.00 Uhr bis 19.00 Uhr geöffnet – verteilen (also weder besonders früh noch besonders spät zur Wahl gehen), argumentiert Brady, dass maximal 1/72 der ca. 303.000 potenziellen Wähler*innen, also 4200, noch nicht ihre Stimme abgegeben haben können, als die Nachricht verbreitet wurde. Damit scheitert die Argumentation von Lott bereits am ersten Hoop-Test.

---

[17]Man erinnere sich, dass die Wahl zwischen George W. Bush und Al Gore im Jahr 2000 denkbar knapp verlief. Insbesondere in Florida traten damals zahlreiche Probleme bei der Auszählung zu Tage. Letztlich wurde die Nachzählung durch den U.S. Supreme Court gestoppt, was die Wahl von Bush zum 41. Präsidenten der USA bestätigte. Lotts Studie wurde sogar im Nachgang der Wahlen in den Anhörungen im Kongress besprochen.

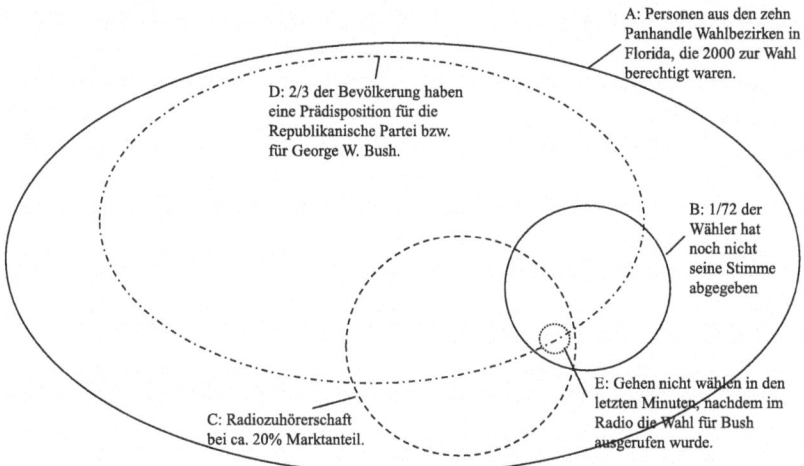

Abb. 6 Visualisierung der Argumentation Bradys durch Venn-Diagramme. (Quelle: Eigene Darstellung)

3. Brady setzt seine Argumentation mit einem zweiten Test (C) fort, in dem er davon ausgeht, dass wahrscheinlich nicht alle der 4200 möglichen Wähler*innen die Nachricht von Bushs Sieg auch tatsächlich mitbekommen haben. Unter Bezugnahme auf die Medienforschung, setzt er die Reichweite der Medienberichterstattung bei 20 % an. Demnach reduziert sich der Kreis nochmals auf 840 Wähler*innen.

4. In einem dritten Schritt (D) verweist Brady auf den Aspekt, dass innerhalb der Wählerschaft sowohl Prädispositionen für Bush als Kandidaten der Republikanischen Partei als auch für den Demokraten Gore bestehen. Im Florida Panhandle lag die Wahlbeteiligung für Bush bei etwa 2/3. Folgt man der Annahme, dass sich diese prozentuale Verteilung der Parteipräferenzen auch unter denjenigen findet, die noch nicht gewählt und die Medienberichterstattung gehört haben, dann verteilt sich die Zahl potenziell fernbleibender Wähler*innen dementsprechend auf Bush (560 Personen) und Gore (280).

5. Das letzte Testszenario (E) bezieht sich auf die Frage, wie viele Personen, die ihre Stimme noch nicht abgegeben haben, aufgrund der verfrühten Bekanntgabe des Wahlergebnisses dann auch zuhause bleiben. Unter Bezugnahme auf frühere Studien zu diesem Thema, geht Brady wieder davon aus, dass keineswegs alle Personen wirklich von ihrer Wahlabsicht Abstand nehmen, sondern dass dies nur bei etwa 10 % zutreffend sein ist. Daraus schließt Brady, dass

George W. Bush letzten Endes nicht 10.000 Stimmen abhandengekommen sind, sondern lediglich 56. Bezieht man auch noch die 28 ausbleibenden Stimmen für Gore in die Überlegungen ein, so fallen die Nettoverluste sogar noch geringer aus.

Die Studie von Brady wird häufig als Paradebeispiel für Process Tracing zitiert (u. a. Collier 2011). Auch hier handelt es sich allerdings am ehesten um *Tracing Lite,* da Brady nicht an der Analyse von kausalen Mechanismen – wie oben definiert – interessiert ist und folglich nicht wirklich den Kausalzusammenhang zwischen der verfrühten Verkündigung von Bushs Sieg und dem Fernbleiben potenzieller Wähler*innen aufzudecken vermag. Nichtsdestotrotz zeigt das Beispiel dreierlei auf. Auch wenn man, erstens, nicht allen Argumentationslinien unumwunden folgen will, so gelingt es Brady doch auf beeindruckende Weise, durch mehrere Hoop-Tests erhebliche Zweifel an Lotts Resultaten zum Wahlausgang in den Florida Panhandles zu erwecken, wenn nicht gar diese vollständig zu widerlegen. Folgt man Bradys Argumentation, so zeigt bereits der erste Testschritt, dass Lotts Studie nicht die notwendige Bedingung besteht – eine Tatsache, die sich mit den weiteren Testszenarien noch verstärkt. Zweitens wird deutlich, dass durch die Aneinanderreihung miteinander verbundener Straw-in-the-Wind-Tests unser Vertrauen in Bradys Beweisführung durchaus nach und nach angehoben wird. So verstärkt sich im Zuge der Argumentation die Beweiskraft, auch wenn jeder einzelne Teilschritt für sich keinen eindeutigen Beleg liefert und damit eben nicht hinreichend ist. Drittens zeigt sich aber auch, dass die Komplexität solcher Argumentationsketten schnell ansteigt, da immer auch rivalisierende Hypothesen und Erklärungsansätze mitgedacht werden müssen. Kritisch betrachtet, ist jede Annahme von Brady berechtigterweise hinterfragbar; z. B. geben Wähler*innen wirklich gleichförmig am Wahltag ihre Stimme ab oder gibt es nicht eher gewisse Ballungszeiträume, etwa früh morgens, nach der Mittagspause und eben kurz vor Schließung? Schlägt sich die Wählerpräferenz wirklich proportional nieder, oder geben Republikanische Wähler*innen später ihre Stimme ab als Demokratische? Können Personen, die die Medienberichte zwar nicht direkt gehört haben, nicht trotzdem indirekt durch Freunde oder Familie davon informiert worden sein? Wie bereits zuvor konstatiert, kommt somit der Argumentation hinsichtlich aller potenzieller Erklärungen und deren Annahmen eine zentrale Bedeutung zu. Bradys Studie hätte hier sicherlich eingehender auf Alternativerklärungen eingehen können, um nicht nur die eigene Lesart in den Vordergrund zu stellen, sondern auch weitere Erklärungen zu zulassen und diese im Lichte der eigenen Argumentation zu diskutieren. Gutes Process Tracing sollte diesem Umstand Rechnung tragen und Diskussionen über alle potenziellen Erklärungen möglichst transparent und offen artikulieren, wobei hier die Visualisierung über Mengendiagramme eine Möglichkeit bietet, die logische Stringenz zu kontrollieren und auf alternative Szenarien zu überprüfen.

4 Anmerkungen zur Durchführung von systematischem Process Tracing

Angesichts der Diversität von Ansätzen, die unter dem Label Process Tracing firmieren, wurden in jüngster Zeit die Bestrebungen intensiviert, anwendungsorientierte Standards guter Praxis auszuarbeiten, welche Anregungen für die praktische Durchführung von Process Tracing bieten (siehe u. a. Beach und Pedersen 2013, 2016; Bennett und Checkel 2015; Checkel und Bennett 2015; Collier 2011; Fairfield und Charman 2015; Humphreys und Jacobs 2015; Mahoney 2012; Waldner 2015a). Hier liegt die Herausforderung im Spannungsfeld begründet, Hilfestellungen und Leitfaden zu entwickeln, die einerseits auf das durchaus berechtigte Anliegen einer stärkeren Systematisierung qualitativer Forschung abzielen und dabei andererseits der Pluralität von Herangehensweisen gerecht zu werden, die sich teilweise auch auf unterschiedliche ontologische und epistemologischen Prämissen zurückführen lassen, und gleichzeitig fallorientierte Studien nicht in ein methodologisches Korsett zu zwängen, welches ihre narrative Kreativität zu ersticken droht (Checkel und Bennett 2015, S. 266–269).

4.1 Aspekte des Forschungsdesigns

Ein Set von Anregungen bezieht sich auf die generelle Anlage des Forschungsdesigns für eine Studie mittels Process Tracing. Beach und Pedersen (Beach und Pedersen 2013, S. 13–21 und 56–66, 2016, S. 308–324) differenzieren hier zwischen drei grundlegenden Herangehensweisen. Bei der ersten Variante geht es um die Auseinandersetzung mit einem bestimmten, oftmals historisch-singulären Ereignis wie z. B. dem Ausbruch des Ersten Weltkriegs, Entscheidungsprozessen während der Kuba-Krise oder dem Zusammenbruch der Sowjetunion. Ihr zentrales Anliegen ist in der Regel, eine möglichst umfassende und erschöpfende Erklärungskette für das Outcome zu liefern. Im Mittelpunkt steht demnach die dichte Beschreibung des Geschehens eingebettet in den jeweiligen Kontext, wohingegen Fragen der Generalisierbarkeit über den Einzelfall hinaus in den Hintergrund rücken. Neben solch idiografischen Forschungsanlagen wird zwischen theorie-testenden und theorie-bildenden Ansätzen unterschieden. Ersteres legt ein eher deduktives Vorgehen nahe, wobei alle Annahmen hinsichtlich des erwarteten Kausalmechanismus samt Alternativerklärungen möglichst ausführlich hypothesiert werden sollten, um diese dann in der nachfolgenden Analyse einer eingehenden Prüfung zu unterziehen. Dies setzt allerdings voraus, dass bereits eine kritische Masse an theoretischen Annahmen oder empirischen Ergebnissen existieren, die sowohl auf die Existenz einer Kausalbeziehung als auch mögliche Operationalisierungen des kausalen Mechanismus hindeuten. Liegen diese hingegen nicht vor, ist eine systematische a-priori Konzeptualisierung des Kausalmechanismus wenig sinnvoll, weshalb in diesem Falle das Process Tracing stärker induktiv erfolgen sollte, mit dem Ziel aufzuzeigen, wie ein möglicher Kausalmechanismus aussehen könnte.

Ein weiterer Aspekt des Forschungsdesigns ist die Frage der Verbindung von Process Tracing mit anderen Ansätzen und Methoden. Hier existiert eine ausführliche Literatur zum Thema Mixed-Methods- und Multi-Methods-Designs, wie Einzelfallstudien mit auf größeren Fallzahlen basierenden Ansätzen auf sinnvolle Art und Weise kombiniert werden können. Dabei konzentriert sich die Mehrzahl der Vorschläge auf eine Arbeitsteilung zwischen den beiden Forschungsperspektiven. Hier wird Process Tracing klassischerweise die Last zugeschrieben, kausale Erklärungen für einen vermuteten Ursache-Wirkungs-Zusammenhang zu liefern oder Hintergrundbedingungen für die Wirkung des Kausalmechanismus aufzuzeigen, während andere Ansätze wie beispielsweise Regressionen oder Qualitative Comparative Analysis (QCA) entweder die Fallauswahl anleiten *(cross-case first, within-case second design)* oder der Generalisierung über den Einzelfall hinaus dienen sollen *(within-case first, cross-case second design)* (Lieberman 2005; Kuehn und Rohlfing 2010; Tarrow 2010; Wolf 2010).[18] Hierzu hat die methodologische Diskussion in jüngster Zeit eine Vielzahl von Innovationen hervorgebracht, die sich mit der Kombination von Cross-Case-Analyse und Fallstudiendesigns auseinandersetzen, wobei eine zunehmende Ausdifferenzierung zwischen unterschiedlichen methodischen Kulturen beobachtbar ist, welche durchaus auch als eine teilweise Abkehr von der monistischen Suche nach dem *einen* Weg deskriptiver und kausaler Inferenz gedeutet werden kann (siehe u. a. Beach und Rohlfing 2015; Elman et al. 2016; Gerring 2007; Goertz 2017; Schneider und Rohlfing

---

[18]Dass diese Sichtweise zu einfach und oftmals problematisch ist, betont Jason Seawright zu Recht. So bleiben die meisten Mixed-Methods-Studien wohl dem Anspruch des Methodenmix schuldig, sondern produzieren voneinander getrennte Analysen, die im schlimmsten Falle miteinander nicht vereinbare Ergebnisse hervorbringen können (Seawright 2016; Kuehn und Rohlfing 2010).

2013, 2016; Rohlfing 2012; Rohlfing und Schneider 2013, 2016; Seawright 2016; Seawright und Gerring 2008; Weller und Barnes 2014).

Denkt man Process Tracing zudem weniger als spezifische Methode denn als Ansatz, der zunächst einmal methodisch offen ist, so trägt dies ein enormes Innovationspotential in sich. Es öffnet nämlich den Blick auf Forschungsdesigns, die dem Desiderat eines integrativen Methodenmix sehr nahekommen. So wäre es etwa durchaus denkbar, einzelne Teile eines zuvor konzeptualisierten Kausalmechanismus mithilfe unterschiedlicher Methoden zu überprüfen, z.b. den ersten Schritt des Mechanismus durch ein Experiment, den zweiten mit Hilfe von Fokusgruppen und den dritten mittels Textanalyse.[19]

4.2 Aspekte im Hinblick auf die Datenerhebung und Interpretation

Letzteres verweist auch auf die Tatsache, dass für Process Tracing alle erdenklichen Informationen als Belege herangezogen werden können. Dabei sind diese Beweise oftmals weder gleichwertig noch zwangsläufig miteinander vergleichbar. Denken wir nochmals an unser fiktives Beispiel des Mordfalles zurück, so unterscheidet sich ein fehlendes Alibi von einem Fingerabdruck am Tatort oder einer Schmauchspur an der Kleidung des Anklagten. Und um es noch komplizierter zu machen, variieren diese Beweise in der Regel in ihrer Form und Qualität über Fälle hinweg, sodass sie sich nicht standardisieren lassen und selbst gleichen Belegen nicht immer dieselbe Beweiskraft innewohnt, was wiederum zentrale Annahmen homogener Kausalwirkungen aushebelt.

Daraus folgt auch, dass Beobachtungen nicht für sich selbst sprechen, sondern von der Forscherin im Lichte theoretischer Erwartungen und empirischer Erfahrungen evaluiert werden müssen. Zentrale Fragen in diesem Zusammenhang sind etwa: Für was steht eine bestimmte Beobachtung und wie eindeutig ist sie? Wie vertrauenswürdig ist die Beobachtung und ihre jeweilige Quelle? Wie erwartbar oder überraschend ist die Beobachtung vor dem Hintergrund unseres bisherigen Wissensstandes? Wäre die Beobachtung auch unter anderen Umständen denkbar bzw. welche alternativen Erklärungen lassen sich für sie anführen? Ein zentraler Teil der Arbeit einer Process Tracerin besteht somit in der quellenkritischen Interpretation

---

[19]Diese Idee geht auf einen Vortrag von Jason Seawright während des Institute for Qualitative and Multi-Method Research in Syracuse, NY (15.–26.06.2015) zurück.

von empirischen Beobachtungen.[20] Die Rolle der Forscherin im Process Tracing
weist somit Parallelen mit der einer Richterin im Gerichtssaal auf, welche die vorge-
legten Beweise der Anklage und Verteidigung gegeneinander abwägen und deren
Gewissheit und Einzigartigkeit bewerten muss (Beach und Pedersen 2013, S. 80–81,
2016, S. 172; Collier 2011).

Der Vergleich hinkt allerdings insofern, dass die Forscherin in der Regel alle
drei Hüte, nämlich Richterin, Anklägerin und Verteidigern zur gleichen Zeit trägt
bzw. zwischen diesen hin und her wechseln muss. Diese notwendige Schizophre-
nie birgt die Gefahr von Verzerrungseffekten in sich; ein Problem, das bereits bei
der Auswahl von Quellen und Beobachtungen beginnt *(selection bias)* und sich
bei deren Bewertungen vor dem Hintergrund unterschiedlicher Erklärungsmög-
lichkeiten fortsetzen kann *(confirmation bias)*. Eine Möglichkeit beiden Arten
von Bias entgegenzuwirken, ist ein möglichst breites und vielfältiges Spektrum
an Beobachtungen zu einer Vielzahl von Erklärungen zu sammeln und diese
gegeneinander zu evaluieren. Dabei sollten alternative Erklärungsansätze eine
ähnliche Aufmerksamkeit erfahren wie die zentrale Hypothese der Forscherin.
Während die vorgestellte Studie von Brady (Brady 2010) hier eindeutig Potenzial für Verbesserungen aufweist, kann die Arbeit von Fairfield und Charman
(Fairfield und Charman 2015) in dieser Hinsicht sicherlich als ein gelungenes
Beispiel angeführt werden, weil hier der mögliche Erklärungsraum systematisch
und transparent dargestellt wird. Durch die relativ gleichwertige Behandlung der
unterschiedlichen Hypothesen wird zumindest versucht, nicht eine Annahme in
den Vordergrund zu rücken und dabei im Gegenzug lediglich eklektische Beweise
gegen die präferierte Hypothese ins Feld zu führen.

Die Triangulation von unterschiedlichen Quellen und Perspektiven wird häufig als eine weitere Möglichkeit angeführt, den Gefahren von Verzerrungseffekten
entgegenzuwirken. „If you want to know whether an animal is a duck, instead of
just looking at how it walks, you should also consider how it flies, sounds, looks,
and so on" (Bennett und Checkel 2015, S. 27; ähnlich Beach und Pedersen 2013,
S. 163–170; Kuehn und Rohlfing 2010, S. 19–20) Als eine weitere Hilfestellung
bietet es sich an, erwartete Beobachtungen vorab zu formulieren – im Sinne von,
falls eine Hypothese wirklich zutrifft, welche empirischen Fingerabdrücke sollte
sie dann hinterlassen? Dabei kann es durchaus auch hilfreich sein, nach Belegen
Ausschau zu halten, die nicht direkt zur Erklärung eines Outcomes beitragen, die

---

[20]Der Werkzeugkasten der Geschichtswissenschaften bietet hier einige nützliche Instrumente, die wieder stärker in den Politikwissenschaften rezipiert werden könnten (siehe u. a.
Lustick 1996; Zelizer 2010).

aber ebenfalls vorliegen sollten, falls die Hypothese wahr ist (auxiliary outcomes; Mahoney 2010, S. 126–131; Collier 2011, S. 828–829).

Ein weiteres Problem tritt aber auch auf, wenn sich die erwarteten Beobachtungen nicht finden lassen. Dann stellt sich nämlich die Frage, ob die Abwesenheit eines Beleges gegen eine angenommene Hypothese spricht oder ob schlichtweg nicht genau genug gesucht wurde. Hier gibt es kein allgemeines Rezept, sondern vieles hängt von dem zugrunde liegenden Forschungsinteresse sowie oftmals auch den zur Verfügung stehenden Ressourcen ab. Wie ist der Zugang zu Quellen ausgestaltet? Sind beispielsweise einige wichtige Informationsquellen noch unter Verschluss? Wie sorgfältig konnte recherchiert werden? Haben die Quellen einen Grund, gewisse Dinge zu verbergen? Wie würde sich die Argumentation verändern, falls doch ein Beweis gefunden würde? Auch hier zeigen die Empfehlungen also in die Richtung einer eingehenden quellenkritischen Auseinandersetzung, wobei letztendlich immer Zweifel bleiben, wann das Fehlen von Beweisen tatsächlich ein Beweis gegen eine Annahme darstellt (Beach und Pedersen 2016, S. 191–200; Bennett und Checkel 2015, S. 19–20; Rohlfing 2012, S. 169–170).

5   Zusammenfassung

Wie der vorliegende Beitrag gezeigt hat, liegt Process Tracing kein kohärentes Methodengebäude zugrunde, sondern es muss vielmehr als eine Familie unterschiedlicher methodischer Ansätze verstanden werden, deren gemeinsamer analytischer Fokus auf der Untersuchung kausaler Mechanismen in einem Ursache-Wirkungs-Zusammenhang liegt. Dabei existieren sowohl auf der Ebene des Ansatzes unterschiedliche Verständnisse davon, was ein Kausalmechanismus ist bzw. wie dieser operationalisiert werden sollte, als auch auf der methodischen Ebene, welche Instrumente zu seiner Analyse herangezogen werden.

In Zukunft wird sich zeigen müssen, inwieweit die teilweise doch sehr technischen methodischen Innovationen in sozialwissenschaftlichen Anwendungen umgesetzt werden und ob die stärkere Formalisierung von Process Tracing tatsächlich einen analytischen Mehrwert gegenüber bis dato stärker narrativen Studien bietet. Allerdings müssen auch diejenigen zugeben, die den neueren Entwicklungen eher kritisch gegenüberstehen, dass die Systematisierung mithilfe von Bayesianischen oder mengentheoretischen Prinzipien, aber auch anderer Ansätze wie z. B. Ereignis-Karten eine explizitere methodische und inhaltliche Herangehensweise erfordert und zu mehr Transparenz in der Argumentation führen kann – wobei allerdings systematisches und transparentes Vorgehen auch in stärker narrativen Ansätzen umgesetzt werden kann und nicht zwangsläufig einer stärkeren Formalisierung bedarf. Man darf also gespannt sein, inwiefern Process Tracing Studien in den nächsten Jahren dem methodologischen Anspruch gerecht werden, sich als Goldstandard zur Analyse von Kausalmechanismen zu etablieren.

6   Kommentierte Literaturempfehlungen

Beach, Derek, und Rasmus Brun Pedersen. 2016. Causal Case Study Methods: Foundations and Guidelines for Comparing, Matching, and Tracing. Ann Arbor: University of Michigan Press. Anwendungsorientiertes und gut lesbares Einführungsbuch zu Process Tracing und anderen Aspekten fallorientierter Forschung. Ideal für Einsteiger geeignet.

Bennett, Andrew, und Jeffrey T. Checkel (Hrsg.). 2015. Process Tracing: From Philosophical Roots to Best Practices. Cambridge/New York: Cambridge University Press. Sammelband, der zahlreiche State-of-theArt-Beiträge zum Thema Process Tracing beinhaltet und einen guten Überblick zu den Standards guter Praxis bietet. Zudem finden sich in dem Band einige sehr gute Process Tracing Anwendungen.

Blatter, Joachim, und Markus Haverland. 2012. Designing Case Studies: Explanatory Approaches in Small-N Research. Basingstoke: Palgrave Macmillan. Umfassendes Standardwerk zu unterschiedlichen Fallstudiendesigns, welches nicht nur die ontologischen und epistemologischen Grundlagen erläutert, sondern auch am Beispiel von Anwendungen den spezifischen Nutzen der Designs veranschaulicht.

George, Alexander, und Andrew Bennett. 2005. Case Studies and Theory Development in the Social Sciences. Cambridge: MIT Press. Mittlerweile ein, wenn nicht gar der Klassiker zu fallorientierter Forschung. Beleuchtet neben Process Tracing auch weitere Ansätze wie etwa erklärende Typologien oder Kongruenzanalyse.

Rohlfing, Ingo. 2012. Case Studies and Causal Inference: An Integrative Framework. Basingstoke: Palgrave Macmillan. Ein Muss für die weiterführende Beschäftigung mit Fallstudiendesigns. Bietet einen umfassenden Überblick und zahlreiche Innovationen, wobei ein gewisses Grundwissen vorausgesetzt werden sollte.

Literatur

Bates, Robert H., Avner Greif, Margaret Levi, Jean-Laurent Rosenthal, und Barry R. Weingast, Hrsg. 1998. *Analytic narratives.* Princeton: Princeton University Press.
Beach, Derek, und Ingo Rohlfing. 2015. Integrating cross-case analyses and process tracing in set-theoretic research: Strategies and parameters of debate. *Sociological Methods & Research.* doi:10.1177/0049124115613780 (Nr. online first (Dezember)).

Beach, Derek, und Rasmus Brun Pedersen. 2013. *Process-tracing methods: Foundations and guidelines.* Ann Arbor: University of Michigan Press.

Beach, Derek, und Rasmus Brun Pedersen 2016. *Causal case study methods: Foundations and guidelines for comparing, matching, and tracing.* Ann Arbor: University of Michigan Press.

Bennett, Andrew. 2008. Process tracing: A Bayesian perspective. In *The oxford handbook of political methodology*, Hrsg. Janet M. Box-Steffensmeier, Henry E. Brady, und David Collier, 702–721. Oxford: Oxford University Press.

Bennett, Andrew. 2015. Appendix: Disciplining our conjectures. Systematizing process tracing with bayesian analysis. In *Process Tracing: From Metaphor to Analytic Tool*, Hrsg. Andrew Bennett und Jeffrey T. Checkel, 276–298. Cambridge: Cambridge University Press.

Bennett, Andrew, und Colin Elman. 2006. Qualitative research: Recent developments in case study methods. *Annual Review of Political Science* 9 (1): 455–476. doi:10.1146/annurev.polisci.8.082103.104918.

Bennett, Andrew, und Jeffrey T. Checkel. 2015. Process tracing: From philosophical roots to best practices. In *Process tracing. from metaphor to analytic tool*, Hrsg. Andrew Bennett und Jeffrey T. Checkel, 3–37. Cambridge: Cambridge University Press.

Blatter, Joachim, und Markus Haverland. 2012. *Designing case studies: Explanatory approaches in small-N research.* Basingstoke: Palgrave Macmillan.

Brady, Henry E. 2008. Causation and explanation in social science. In *The Oxford Handbook of Political Methodology*, Hrsg. Janet M. Box-Steffensmeier, Henry E. Brady, und David Collier, 217–270. Oxford: Oxford University Press.

Brady, Henry E. 2010. Data-set observations versus causal-process observations: The 2000 U.S. presidential election. In *Rethinking Social Inquiry: Diverse Tools, Shared Standards*, Hrsg. Henry E. Brady und David Collier, 237–242. Lanham: Rowman & Littlefield.

Brady, Henry E., und David Collier, Hrsg. 2004. *Rethinking social inquiry: Diverse tools, shared standards.* Lanham: Rowman & Littlefield.

Brady, Henry E., und David Collier, Hrsg. 2010. *Rethinking social inquiry: Diverse tools, shared standards.* Lanham: Rowman & Littlefield.

Büthe, Tim. 2002. Taking temporality seriously: Modeling history and the use of narratives as evidence. *American Political Science Review* 96 (3): 481–493.

Checkel, Jeffrey T., und Andrew Bennett. 2015. Beyond metaphors: Standards, theory, and the ‚Where Next' for process tracing. In *Process tracing: from metaphor to analytic tools*, Hrsg. Andrew Bennett und Jeffrey T. Checkel, 260–275. Cambridge: Cambridge University Press.

Collier, David. 2011. Understanding process tracing. *PS: Political Science & Politics* 44 (4): 823–830. doi:10.1017/S1049096511001429.

Eckstein, Harry. 1975. Case study and theory in political science. In *Handbook of Political Science*, Hrsg. Fred I. Greenstein und Nelson W. Polsby, 79–137. Reading: Addison-Wesley.

Elman, Colin, John Gerring, und James Mahoney. 2016. Case study research: Putting the quant into the qual. *Sociological Methods & Research* 45 (3): 375–391. doi:10.1177/0049124116644273.

Fairfield, Tasha. 2013. Going where the money is: Strategies for taxing economic elites in unequal democracies. *World Development* 47 (7): 42–57. doi:10.1016/j.worlddev.2013.02.011.

Fairfield, Tasha. 2015. *Private wealth and public revenue in Latin America: Business power and tax politics.* Cambridge: Cambridge University Press.

Fairfield, Tasha, und Andrew Charman. 2015. Formal Bayesian process tracing: Guidelines, opportunities, and caveats. The London School of Economics and Political Science, Working Paper. London. http://eprints.lse.ac.uk/62368/.

Falleti, Tulia G. 2016. Process tracing of extensive and intensive processes. *New Political Economy* 1–8. doi:10.1080/13563467.2015.1135550.

Falleti, Tulia G., und James Mahoney. 2015. The comparative sequential method. In *Advances in comparative-historical analysis*, Hrsg. James Mahoney und Kathleen Thelen, 211–239. Cambridge: Cambridge University Press.

Falleti, Tulia G., und Julia F. Lynch. 2009. Context and causal mechanisms in political analysis. *Comparative Political Studies* 42 (9): 1143–1166.

Flyvbjerg, Bent. 2006. Five misunderstandings about case-study research. *Qualitative Inquiry* 12:219–245.

George, Alexander L., und Andrew Bennett. 2005. *Case studies and theory development in the social sciences.* Cambridge: MIT Press.

Gerring, John. 2007. *Case study research: Principles and practices.* Cambridge: Cambridge University Press.

Gerring, John. 2008. The Mechanismic worldview: Thinking inside the box. *British Journal of Political Science* 38 (1). doi:10.1017/S0007123408000082.

Gerring, John. 2010. Causal mechanisms: Yes, but. *Comparative Political Studies* 43 (11): 1499–1526.

Goertz, Gary. 2017. *Multimethod research, causal mechanisms, and case studies: An integrated approach.* Princeton: Princeton University Press.

Grzymala-Busse, Anna. 2011. Time will tell? Temporality and the analysis of causal mechanisms and processes. *Comparative Political Studies* 44 (9): 1267–1297.

Hall, Peter A. 2003. Aligning ontology and methodology in comparative research. In *Comparative historical analysis in the social sciences.* Cambridge Studies in Comparative Politics, Hrsg. James Mahoney und Dietrich Rueschemeyer. Cambridge: Cambridge University Press.

Hall, Peter A. 2013. Tracing the progress of process tracing. *European Political Science* 12 (1): 20–30.

Hay, Colin. 2016. Process tracing: A laudable aim or a high-tariff methodology? *New Political Economy* 21 (5): 500–504. doi:10.1080/13563467.2016.1201806.

Hedström, Peter, und Richard Swedberg. 1998. *Social mechanisms: An analytical approach to social theory.* Cambridge: Cambridge University Press.

Hedström, Peter, und Petri Ylikoski. 2010. Causal mechanisms in the social sciences. *Annual Review of Sociology* 36:49–67.

Humphreys, Macartan, und Alan Jacobs. 2015. Mixing methods: A Bayesian approach. http://www.columbia.edu/~mh2245/papers1/BIQQ.pdf.

Illari, Phyllis McKay, und Jon Williamson. 2012. What is a mechanism? Thinking about mechanisms across the sciences. *European Journal for Philosophy of Science* 2 (1): 119–135. doi:10.1007/s13194-011-0038-2.

King, Gary, Robert O. Keohane, und Sidney Verba. 1994. *Designing social inquiry: Scientific inference in qualitative research.* Princeton: Princeton University Press.

Kittel, Bernhard, und David Kuehn. 2013. Introduction: Reassessing the methodology of process tracing. *European Political Science* 12:1–9.

Kreuzer, Marcus. 2016. Assessing causal inference problems with bayesian process tracing: The economic effects of proportional representation and the problem of endogeneity. *New Political Economy* 21 (5): 473–483. doi:10.1080/13563467.2015.1134467.

Kuehn, David, und Ingo Rohlfing. 2010. Causal explanation and multi-method research in the social sciences. *Committee on Concepts and Methods Working Paper Series*. https://www.ipsa.org/sites/default/files/rc01_pm_26_kuehn_rohlfing.pdf.

Lieberman, Evan S. 2005. Nested analysis as a mixed-method strategy for comparative research. *American Political Science Review* 99 (3): 435–452. doi:10.1017/S0003055405051762.

Lijphart, Arend. 1971. Comparative politics and the comparative method. *American Political Science Review* 65 (3): 682–693. doi:10.2307/1955513.

Lustick, Ian S. 1996. History, historiography, and political science: Multiple historical records and the problem of selection bias. *American Political Science Review* 90 (3): 605–618. doi:10.2307/2082612.

Machamer, Peter, Lindley Darden, und Carl F. Craver. 2000. Thinking about mechanisms. *Philosophy of Science* 67 (1): 1–25.

Mahoney, James. 2001. Beyond correlational analysis: Recent innovations in theory and method. *Sociological Forum* 16 (3): 575–593.

Mahoney, James. 2010. After KKV: The new methodology of qualitative research. *World Politics* 62 (1): 120–147. doi:10.1017/S0043887109990220.

Mahoney, James. 2012. The logic of process tracing tests in the social sciences. *Sociological Methods & Research* 41 (4): 570–597. doi:10.1177/0049124112437709.

Mahoney, James. 2015. Process tracing and historical explanation. *Security Studies* 24 (2): 200–218. doi:10.1080/09636412.2015.1036610.

Mahoney, James, und Rachel Sweet Vanderpoel. 2015. Set diagrams and qualitative research. *Comparative Political Studies* 48 (1): 65–100.

Mahoney, James, Erin Kimball, und K. L. Koivu. 2009. The logic of historical explanation in the social sciences. *Comparative Political Studies* 42 (1): 114–146. doi:10.1177/0010414008325433.

March, James G., und Johan P. Olsen. 2008. Elaborating the ‚New Institutionalism'. In *The oxford handbook of political institutions*, Hrsg. Sarah Binder, R. A. W. Rhodes, und Bert A. Rockman, 4–20. Oxford: Oxford University Press.

Mayntz, Renate. 2004. Mechanisms in the analysis of social macro-phenomena. *Philosophy of the Social Sciences* 34 (2): 237–259.

Morgan, Kimberly J. 2016. Process tracing and the causal identification revolution. *New Political Economy*, 1–4. doi:10.1080/13563467.2016.1201804.

Pierson, Paul. 2003. Big, slow-moving, and … invisible. Macrosocial Processes in the study of comparative politics. In *Comparative Historical Analysis in the Social Sciences*, Hrsg. Dietrich Rueschemeyer und James Mahoney, 177–207. Cambridge: Cambridge University Press.

Ragin, Charles C. 2008. *Redesigning social inquiry: Fuzzy sets and beyond*. Chicago: University of Chicago Press.

Rohlfing, Ingo. 2012. *Case studies and causal inference: An integrative framework*. London: Palgrave Macmillan.

Rohlfing, Ingo. 2014. Comparative hypothesis testing via process tracing. *Sociological Methods & Research* 43 (4): 606–642. doi:10.1177/0049124113503142.

Rohlfing, Ingo, und Carsten Q. Schneider. 2013. Improving research on necessary conditions: Formalized case selection for process tracing after QCA. *Political Research Quarterly* 66 (1): 220–235.

Rohlfing, Ingo, und Carsten Q. Schneider. 2016. A unifying framework for causal analysis in set-theoretic multimethod research. *Sociological Methods & Research.* doi:10.1177/0049124115626170 (Nr. online first (März)).

Schimmelfennig, Frank. 2015. Efficient process tracing: Analyzing causal mechanisms of eruopean integration. In *Process Tracing: From Metaphor to Analytic Tool,* Hrsg. Andrew Bennett und Jeffrey T. Checkel, 98–125. Cambridge: Cambridge University Press.

Schneider, Carsten Q., und Ingo Rohlfing. 2013. Combining QCA and process tracing in set-theoretic multi-method research. *Sociological Methods & Research* 42 (4): 559–597.

Schneider, Carsten Q., und Ingo Rohlfing. 2016. Case studies nested in fuzzy-set QCA on sufficiency: Formalizing case selection and causal inference. *Sociological Methods & Research* 45 (3): 526–568. doi:10.1177/0049124114532446.

Schneider, Carsten Q., und Claudius Wagemann. 2012. *Set-theoretic methods for the social sciences: A guide to qualitative comparative analysis.* Cambridge: Cambridge University Press.

Seawright, Jason. 2016. *Multi-method social science: Combining qualitative and quantitative tools.* Cambridge: Cambridge University Press.

Seawright, Jason, und John Gerring. 2008. Case selection techniques in case study research a menu of qualitative and quantitative options. *Political Research Quarterly* 61 (2): 294–308.

Tarrow, Sidney. 2010. Bridging the quantitative-qualitative divide. In *Rethinking Social Inquiry: Diverse Tools, Shared Standards,* Hrsg. Henry E. Brady und David Collier, 101–110. Lanham: Rowman & Littlefield.

Trampusch, Christine, und Bruno Palier. 2016. Between X and Y: How process tracing contributes to opening the black box of causality. *New Political Economy* 1–18. doi:10.1080/13563467.2015.1134465.

Van Evera, Stephen. 1997. *Guide to methods for students of political science.* Ithaca: Cornell University Press.

Waldner, David. 2012. Process tracing and causal mechanisms. In *The oxford handbook of philosophy of social science,* Hrsg. Harold Kincaid, 65–84. Oxford: Oxford University Press.

Waldner, David. 2015a. What makes process tracing good? Causal mechanisms, causal inference, and the completeness standard in comparative politics. In *Process tracing. from metaphor to analytic tool,* Hrsg. Andrew Bennett und Jeffrey T. Checkel, 126–152. Cambridge: Cambridge University Press.

Waldner, David. 2015b. Process tracing and qualitative causal inference. *Security Studies* 24 (2): 239–250. doi:10.1080/09636412.2015.1036624.

Weller, Nicholas, und Jeb Barnes. 2014. *Finding pathways: Mixed-method research for studying causal mechanisms.* Cambridge: Cambridge University Press.

Wolf, Frieder. 2010. Enlightened eclecticism or hazardous hotchpotch? Mixed methods and triangulation strategies in comparative public policy research. *Journal of Mixed Methods Research* 4 (2): 144–167. doi:10.1177/1558689810364987.

Wolf, Frieder, Andreas Heindl, und Sebastian Jäckle. 2015. Prozessanalyse und (verglei-chende) einzelfallstudien. In *Methodologie, Methoden, Forschungsdesign. Ein Lehr-buch für fortgeschrittene Studierende der Politikwissenschaft*, Hrsg. Achim Hildebrandt, Sebastian Jäckle, Frieder Wolf, und Andreas Heindl, 215–240. Wiesbaden: Springer VS.

Zaks, Sherry. 2011. Relationships among rivals: Analyzing contending hypotheses with a new logic of process tracing. Paper presented at the Annual Meeting of the American Political Science Association, Seattle 2011.

Zelizer, Julian E. 2010. What political science can learn from the new political history. *Annual Review of Political Science* 13 (1): 25–36. doi:10.1146/annurev.polisci.032708.120246.

Qualitative Comparative Analysis

Markus B. Siewert

1 Einleitung

Ein Sammelband zu methodischen Innovationen in den Sozialwissenschaften ist sicherlich unvollständig ohne ein Kapitel zu *Qualitative Comparative Analysis;* kurz: *QCA*. Auch wenn die Geburtsstunde von QCA nunmehr fast drei Dekaden zurückliegt,[1] stellt QCA im Vergleich zu anderen Ansätzen wie etwa Fallstudiendesigns, hermeneutisch-interpretativen Verfahren oder auch statistischen Methoden zweifelsohne eine jüngere Entwicklung im methodologischen Werkzeugkasten der Sozialwissenschaften dar.

Abb. 1, basierend auf einer Schlagwortsuche im SSCI, veranschaulicht diesen Trend anhand von QCA-Anwendungen in der Politikwissenschaft und Soziologie sowie anderen sozialwissenschaftlichen Disziplinen. Insbesondere drei Aspekte sind hier hervorzuheben: Erstens stechen einige wenige Anwendungen ins Auge, die auf mengentheoretischen Grundlagen operierten und bereits vor Ragins bahnbrechender Publikation 1987 erschienen sind. Zweitens ist ein massiver Anstieg von Studien beruhend auf QCA seit den frühen 2000er Jahren feststellbar, der eng mit den methodologischen Weiterentwicklungen von QCA in dieser Zeit verbunden ist. Drittens ist auffällig, dass sich die QCA-Anwendungen in den ausgewählten

---

[1]Diese kann ziemlich genau auf das Jahr 1987 datiert werden, in dem der amerikanische Soziologe Charles C. Ragin sein Buch „The Comparative Method. Moving Beyond the Qualitative and Quantitative Strategies" veröffentlichte und erstmals seinen damals noch als „Boolean approach" bezeichneten Ansatz einer breiteren Öffentlichkeit präsentierte.

M.B. Siewert (✉)
Goethe Universität, Frankfurt a. M., Deutschland
E-Mail: siewert@soz.uni-frankfurt.de

© Springer Fachmedien Wiesbaden GmbH 2017   273
S. Jäckle (Hrsg.), *Neue Trends in den Sozialwissenschaften,*
DOI 10.1007/978-3-658-17189-6_10

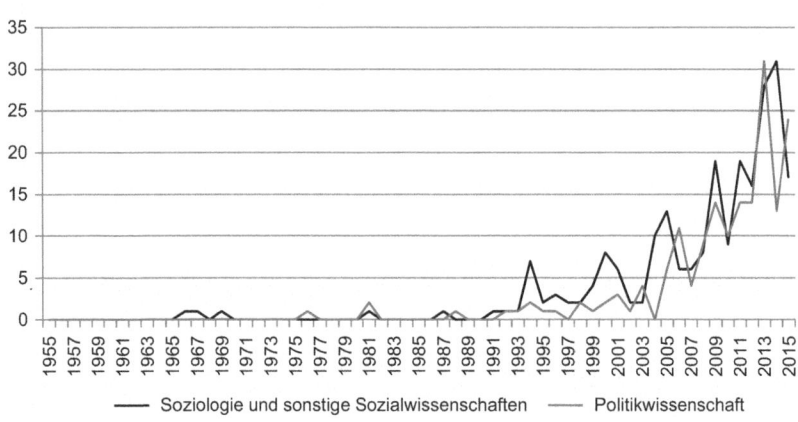

Abb. 1 Entwicklung von QCA in den Sozialwissenschaften. (Quelle: Eigene Darstellung)

Teilbereichen Politikwissenschaft und Soziologie eingerechnet weiterer Sozialwissenschaften quasi im Gleichschritt bewegen, wobei die Soziologie ihre anfängliche Vorreiterrolle gegenüber der Politikwissenschaft verloren hat (siehe hierzu J. Buche und Siewert 2015; Rihoux et al. 2013; Wagemann et al. 2016).

Das Adjektiv „innovativ" im Titel dieses Buches trifft gleich in mehrerlei Hinsicht auf QCA zu: Qualitative Forschungsansätze[2] haben in den vergangenen Jahren, insbesondere angetrieben durch die methodologischen Debatten in den USA (Blatter et al. 2016, 2017; Brady und Collier 2004, 2010; Goertz und Mahoney 2012; King et al. 1994), eine enorme Weiterentwicklung und dabei auch eine zunehmende Ausdifferenzierung erfahren, wobei QCA nur eine von zahlreichen weiteren Innovationen darstellt (für einen Überblick siehe Bennett und Elman 2006; Mahoney 2010). Dabei bringt QCA Ideen aus verschiedenen Disziplinen zusammen wie zum Beispiel der Philosophie (formale Logik), den Ingenieurwissenschaften (Quine-McClusky-Algorithmus), der Mathematik (Boolesche Algebra und Mengentheorie) und den Sozialwissenschaften (Fallstudiendesigns). Ursprünglich mit der Zielsetzung konzipiert, die

---

[2]Der Begriff ‚qualitativ' wird in der europäischen und amerikanischen Methodendiskussion unterschiedlich verwendet. In Europa werden unter qualitativen Methoden in der Regel sowohl interpretativ-hermeneutische Verfahren als auch klassische Fallstudiendesigns subsummiert, während in den USA zwischen ‚qualitative', d. h. fallorientierten Ansätzen, die an deskriptiver und kausaler Inferenz interessiert sind, und ‚interpretavistic approaches' unterschieden wird (Wagemann 2015, S. 429 f.; Blatter et al. 2017). Dieser Beitrag folgt der engeren US-amerikanischen Lesart.

Kluft zwischen qualitativen und quantitativen Ansätzen zu überwinden (Ragin 1987), besitzt QCA durchaus Elemente, die sowohl dem einen als auch dem anderen Paradigma zuzuordnen sind. Jedoch spricht einiges dafür, dass das „Q" in QCA zurecht für qualitativ steht, zumal QCA-inhärente Grundprinzipien wie mengentheoretisches Denken, eine fallorientierte Untersuchungsperspektive oder auch Diversitätsorientierung zentrale Charakteristika qualitativer Forschung sind (Ragin 2004; Mahoney und Goertz 2006; Schneider und Wagemann 2012; Blatter et al. 2017). Und auch wenn man dem Argument, dass fallorientierte Forschung im Wesentlichen auf mengentheoretischen Grundlagen basiert (Goertz und Mahoney 2012), nicht vollumfänglich zustimmen mag (Elman 2013; Ebbinghaus 2014), so ist die Behauptung sicherlich nicht von der Hand zu weisen, dass gerade mengentheoretisches Denken in jüngster Zeit wichtige Stimuli für zahlreiche qualitative Verfahren wie Typologiebildung, Process Tracing, Comparative Historical Analysis aber eben auch QCA geleistet hat (Beach und Rohlfing 2015; Mahoney und Vanderpoel 2015).

2   Grundideen von QCA als Forschungsansatz

Die methodischen Ansätze und Instrumente, mit denen wir unsere soziale Welt untersuchen, beeinflussen selbstredend wie wir diese wahrnehmen und welche Schlussfolgerungen wir aus unseren Analysen ziehen. Aus diesem Grund ist das Plädoyer, unsere ontologische Weltsicht mit unserem methodologischen Rüstzeug in Einklang zu bringen und sich darüber Gedanken zu machen, welche Funktionslogiken methodologischen Instrumentarien zugrunde liegen, keinesfalls unbedeutend (Hall 2003; Goertz und Mahoney 2013). QCA bietet in diesem Kontext eine spezifische Perspektive auf soziale Phänomene, die darauf abzielt, (Kombinationen von) Bedingungen aufzuspüren, die notwendig oder hinreichend für ein bestimmtes Outcome[3] sind. Kurzgefasst ist eine Bedingung(skombination) X dann notwendig, wenn das Outcome Y nicht ohne ihr Zutun auftreten kann. Anders ausgedrückt: Bedingung X muss vorhanden sein, damit Y auftreten kann. Im Umkehrschluss bedeutet dies allerdings nicht, dass wann immer Bedingung X gegeben ist, auch Outcome Y präsent ist. Dieser Umstand beschreibt vielmehr eine hinreichende Bedingung, wonach die Anwesenheit von Bedingung X

---

[3]Im Gegensatz zu Regressionsanalysen wird in QCA nicht von abhängigen und unabhängigen Variablen, sondern von Bedingungen und Outcome gesprochen. Zum ontologischen Unterschied zwischen Mengen und Variablen siehe eingehend (Ragin 2008b, S. 71–84; Schneider und Wagemann 2012, S. 24–31; Thiem et al. 2015, S. 8).

zugleich Outcome Y impliziert. Zur Analyse von notwendigen und hinreichenden Bedingungen greift QCA auf mengentheoretische Grundprinzipien zurück, die es erlauben, notwendige und hinreichende Bedingungen als Mengenbeziehungen auszudrücken. Venn-Diagramme veranschaulichen sehr deutlich die Grundlogiken. Handelt es sich nämlich um eine notwendige Bedingung, so ist X eine Übermenge *(superset)* von Y, wohingegen eine hinreichende Bedingung eine Untermenge *(subset)* der Outcomemenge darstellt (siehe Abb. 2a und b).

Ein wesentliches Charakteristikum von Mengenbeziehungen ist dabei ihre asymmetrische Perspektive auf Zusammenhänge zwischen X und Y. Werfen wir etwa einen Blick auf die hinreichende Bedingung in Abb. 2e, so widersprechen nur diejenigen Fälle, die X aber nicht Y zeigen, unserer Aussage, dass Bedingung X hinreichend für Outcome Y ist. Fälle hingegen, in denen X nicht vorliegt aber Y, oder die weder X noch Y aufweisen, sind keinesfalls widersprüchlich zur Aussage einer hinreichenden Bedingung, da keinerlei Annahmen über die Wirkung in Abwesenheit von X getroffen werden können. Hinzukommt, dass aus der Analyse der Anwesenheit von Y in der Regel keinerlei Rückschlüsse auf Erklärungen für die Abwesenheit von Y getroffen werden können, sodass die Untersuchung von Outcome und Nicht-Outcome in QCA getrennter Analysen bedarf.

In einer QCA steht zudem die Suche nach Konfigurationen von Bedingungen im Vordergrund, die in ihrem Zusammentreffen hinreichend oder notwendig sind und aus mehreren sogenannten INUS- oder SUIN-Bedingungen[4] bestehen (Mackie 1965; Mahoney et al. 2009). Im Gegensatz zu statistisch-korrelativen Verfahren geht es also weder um die Ermittlung von mittleren oder *ceteris paribus* Effektstärken einzelner Variablen noch um die Analyse von Interaktionseffekten, die multiplikativ verknüpft sind (Ragin 1987; Grofman und Schneider 2009; Schneider und Wagemann 2012, S. 83 ff.; Goertz und Mahoney 2013; Thiem et al. 2015, S. 16 ff.). Ragin spricht in diesem Zusammenhang vielmehr von *causal packages,* die in ihrem Zusammenkommen ein Outcome erklären und auch als solche interpretiert werden sollten. Allerdings müssen an dieser Stelle zwei grundlegende Einschränkungen angemerkt werden: Erstens lässt sich parallel zum altbekannten Hinweis in

---

[4]Das Akronym INUS steht für „an *insufficient* but *necessary* part of a condition which is itself *unnecessary* but *sufficient* for the result" (Mackie 1965, S. 246). Diese doch etwas sperrige Definition beschreibt den einfachen Zustand von einer Kombination von Bedingungen: Ist beispielsweise die Kombination aus A UND B hinreichend (aber nicht notwendig) für Y, so sind sowohl A und B INUS-Bedingungen für Y. SUIN, auf der anderen Seite, steht für „a *sufficient* but *unnecessary* part of a factor that is *insufficient* but *necessary* for an outcome" (Mahoney et al. 2009, S. 126). Sind beispielweise E und F in ihrer ODER-Verknüpfung notwendig, nicht aber alleine, so sind beide Einzelbedingungen SUIN-Bedingungen und damit alternativ notwendig für ein Outcome.

a Perfekt hinreichende Bedingung

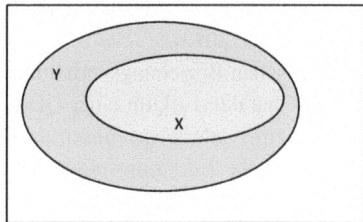

b Perfekt notwendige Bedingung

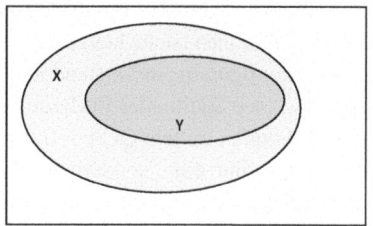

c Perfekt hinreichende Bedingung mit geringer Abdeckung

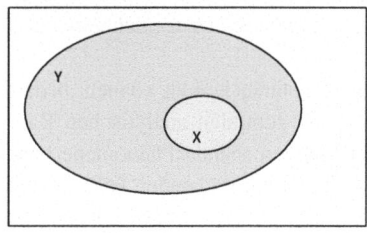

d Perfekt notwendige Bedingung mit geringer Abdeckung (hoher Trivialität)

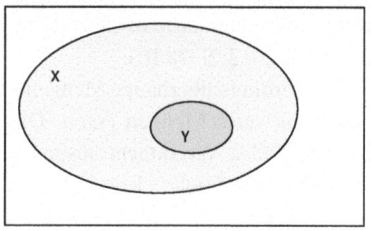

e Nicht-perfekt hinreichende Bedingung mit abweichenden Fällen

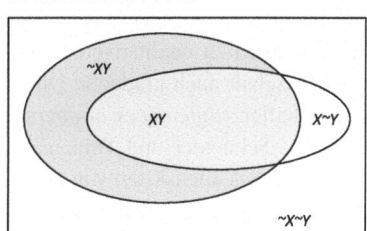

f Nicht-perfekt notwendige Bedingung mit abweichenden Fällen

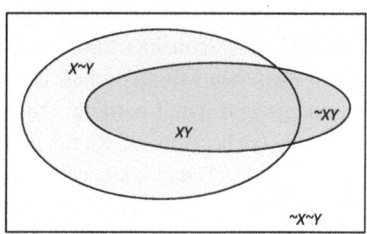

Abb. 2 Hinreichende und notwendige Bedingungen als Venn-Diagramme. (Quelle: Eigene Darstellung)

Statistikeinführungen, dass Korrelation nicht gleich Kausalität ist, auch für QCA formulieren, dass Mengenbeziehungen nicht automatisch mit Kausalbeziehungen gleichgesetzt werden können (statt vieler Rohlfing und Schneider 2016). Ob eine Bedingungskombination am Ende einer QCA tatsächlich kausal interpretiert werden kann, hängt vielmehr vom Forschungsdesign der Studie und dem Datengenerierungsprozess ab und muss in der Regel über weiterführende empirische Analysen wie z. B. Einzelfallstudien überprüft werden (Schneider und Rohlfing 2013, 2014;

Rohlfing und Schneider 2013; Beach und Rohlfing 2015). Zweitens ermöglicht QCA keine Aussagen über das exakte Zusammenspiel von Bedingungen innerhalb von Konfigurationen (siehe hierzu etwa Baumgartner 2009, 2013).

Neben konfigurativem Verständnis und asymmetrischen Beziehungsverhältnissen tritt die Idee äquifinaler Erklärungen als drittes Charakteristikum einer QCA. Demnach können mittels QCA – frei nach dem Prinzip ‚viele Wege führen nach Rom' – nicht nur eine, sondern mehrere unterschiedliche Erklärungspfade herausgearbeitet werden und so unterschiedliche Bedingungskonfigurationen dasselbe Outcome über verschiedene Fälle hinweg erklären. Dabei kann es durchaus vorkommen, dass eine Bedingung in unterschiedlichen Konfigurationen einmal in ihrer Anwesenheit und einmal in ihrer Abwesenheit auftaucht, was einen weiteren Aspekt von Asymmetrie in QCA darstellt (Ragin 2008b, S. 109 ff.; Schneider und Wagemann 2012, S. 78 ff.).

Um allerdings überhaupt Mengenbeziehungen untersuchen zu können, bedarf es logischerweise Mengen *(sets)*. Diese bilden die zentralen analytischen Bausteine der QCA. Vereinfacht ausgedrückt sind Mengen soziale Phänomene bzw. sozialwissenschaftliche Konzepte, in denen zu untersuchende Fälle einen bestimmten Grad an Mitgliedschaft aufweisen, der zwischen voller Mitgliedschaft und voller Nichtmitgliedschaft variieren kann. Während dichotome Mengen *(crisp sets)* lediglich zwischen Mitgliedschaft und Nichtmitgliedschaft *(differences in kind)* unterscheiden, sind *fuzzy sets* bzw. sogenannte „unscharfe Mengen" (Wagemann und Schneider 2003) in der Lage, zusätzlich zu qualitativen Unterschieden zwischen Mitgliedschaft und Nichtmitgliedschaft auch graduelle Differenzierungen und damit partielle (Nicht)Mitgliedschaften *(differences in degree)* zu erfassen (siehe Abb. 3; Ragin 2008b, S. 71–84; Schneider und Wagemann 2012, S. 23–31).[5] Dabei können Mengen grundsätzlich aus allen Arten von Daten geformt werden, egal ob diese qualitativ oder quantitativ erhoben wurden. Hervorzuheben ist dabei, dass der Konstruktion von Mengen aus den ursprünglichen Rohdaten *(set calibration)* ein inhärent qualitatives Moment innewohnt, da die Merkmale, welche eine volle Mitgliedschaft (1.0), eine volle Nichtmitgliedschaft (0.0) sowie den Übergang zwischen diesen beiden Zuständen (0.5) definieren, von der Forscherin festgelegt werden müssen. Die Kalibrierung von Mengen kann somit auch als Interpretation der Daten vor dem Hintergrund der jeweiligen Konzeptualisierung verstanden werden – ein Prozess, welcher idealiter auf Grundlage

---

[5]Neben crisp-set QCA (csQCA) und fuzzy-set QCA (fsQCA) gibt es noch die sogenannte multi-value QCA (mvQCA), die die Analyse multinominaler Daten erlaubt. In der Anwendung spielt mvQCA aufgrund unterschiedlicher methodischer Probleme allerdings kaum eine Rolle (Cronquist und Berg-Schlosser 2009; Vink und Vliet 2009, 2013; Thiem 2013).

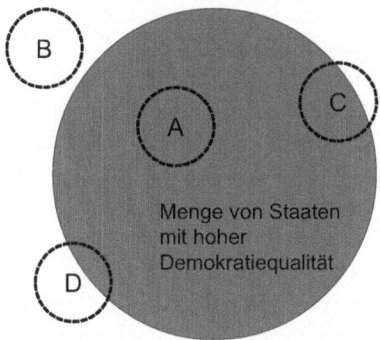

Abb. 3 Idee voller und partieller Mengenmitgliedschaften. Anmerkung: Fall A ist ein volles Mitglied in der Menge „Staaten mit hoher Demokratiequalität", während Fall B hingegen ein volles Nichtmitglied in der Menge ist. Fall C ist ein partielles Mitglied in der Menge „Staaten mit hoher Demokratiequalität", d. h. er weist zwar mehrheitlich Eigenschaften einer hohen Demokratiequalität auf, allerdings nicht umfassend. Fall D letztlich ist ein partielles Nichtmitglied, das einige Eigenschaften einer hohen Demokratiequalität besitzt, aber nicht hinreichend viele um der Menge zugerechnet zu werden. (Quelle: Eigene Darstellung, adaptiert von Mahoney und Vanderpoel 2015, S. 89)

unterschiedlicher Informationen aus Theorie und Empirie sowie vor dem Hintergrund detaillierten Fallwissens erfolgt (Ragin 2008a; Schneider und Wagemann 2012, S. 32–41).

Die Fallorientierung spielt allerdings nicht nur bei der Formierung von Konzepten und der Kalibrierung von Mengen eine wichtige Rolle, sondern prägt vielmehr alle Phasen des Forschungsdesigns einer QCA (Schneider und Wagemann 2010; Rihoux und Lobe 2009). So zielt etwa eine QCA darauf ab, das (Nicht-) Auftreten eines Outcomes für möglichst jeden einzelnen Fall zu erklären, weshalb es auch unerlässlich ist, die durch eine QCA gewonnenen Einsichten nicht nur in Formeln auszudrücken, sondern stets an die untersuchten Fälle rückzubinden und anhand dieser zu erläutern. Abweichende Fälle wiederum stellen interessante Sonderfälle dar, die erklärt werden wollen und hierbei einen wichtigen Beitrag zur Aufdeckung von Hintergrundbedingungen oder intervenierenden Faktoren – und damit zur Spezifikation oder Generierung von Theorien – leisten können. Die Analyseperspektive einer QCA ist dabei Y-zentriert, was bedeutet, dass sie sich *ex post* auf die Erklärung eines Outcomes und damit auf die (potenziellen) Ursachen eines bestimmten Ereignisses *(causes of effects)* richtet (Mahoney und Goertz 2006, S. 230 ff.; Rohlfing 2012, S. 44 ff.).

Infobox: Zentrale Grundideen in QCA

Mengentheoretischem Denken liegt die Idee zugrunde, Beziehungszusammenhänge im Sinne von Unter- und Übermengen, aber auch den Grad der Überlappung von Mengen zu untersuchen. Hierzu werden soziale Phänomene als *Mengen* konzeptualisiert und operationalisiert.

In QCA drückt sich die *Fallorientierung* zuvorderst im Forschungsinteresse an „echten" Fällen aus, d. h. ein bestimmtes Outcome über möglichst viele Fälle zu erklären. In allen Untersuchungsphasen einer QCA spielt diese Fallsensitivität eine wichtige Rolle wie z. B. bei der Kalibrierung von Mengen, der Entscheidung hinsichtlich nicht-perfekter Mengenbeziehungen und der Interpretation der Lösungsterme. Die Forschungsperspektive in einer QCA ist Y-zentriert.

Diversitätsorientierung lässt sich mit der Trias von *konfigurativem Verständnis*, *Äquifinalität* und *Asymmetrie* erfassen. Fälle werden demnach als Konfigurationen von Bedingungen verstanden, deren Zusammenspiel ein Outcome ermöglichen. Äquifinalität öffnet den Blick auf mehrere, durchaus unterschiedliche Erklärungen für ein und dasselbe Outcome. Asymmetrie spielt in mehrerlei Hinsicht eine Rolle, etwa in der getrennten Analyse von Outcome und Nicht-Outcome, der asymmetrischen Kalibrierung von Mengen oder auch der Tatsache, dass in unterschiedlichen Konfigurationen eine Bedingung mal in ihrer Anwesenheit und mal in ihrer Abwesenheit zuträglich für ein Outcome sein.

Selbstverständlich besteht ein gewisser *trade-off* zwischen der Fallorientierung einerseits und der Anzahl der untersuchten Fälle andererseits. Zwar wird QCA bis heute als Methode zur Analyse mittlerer Fallzahlen – zwischen 10 und 50 Fällen – beworben, was aber angesichts einer steigenden Zahl von QCAs mit hunderten oder gar tausenden Fällen nicht als entscheidendes Kriterium gelten kann.[6] Allerdings tritt in solchen QCA-Studien die Fallorientierung gezwungenermaßen in den Hintergrund, da nicht zu allen Fällen tiefe Fallexpertise vorhanden sein kann. Ob eine QCA sinnvoll auf

---

[6]Während der Anzahl der Fälle, die einer QCA unterzogen werden können, nach oben keine Grenzen gesetzt sind, so macht eine QCA wohl erst ab mindestens 10 Fällen wirklich Sinn. Zum einen ist bei geringen Fallzahlen der Aufwand einer QCA gegenüber dem analytischen Mehrwert sehr hoch, so dass etwa Typologien oder klassische vergleichende Fallstudiendesigns besser geeignet sind. Zum anderen muss die Fallzahl immer im Verhältnis mit der Anzahl der Erklärungsfaktoren der Studie betrachtet werden (zum Problem begrenzter empirischer Vielfalt siehe weiter unten).

einen Untersuchungsgegenstand angewandt werden kann, ist somit relativ unabhängig von der Fallzahl, der Thematik oder der Datenform; zentral sind vielmehr die Grundprinzipien der Diversitätsorientierung und den ihr zugrunde liegenden Elementen wie konfigurativem Denken, Äquifinalität und Asymmetrie.

3 Zentrale Analyseschritte einer QCA

Der nachfolgende Abschnitt erläutert den Ablauf einer QCA anhand der Studie von Epple et al. (2014) „Institutions and Gender Time Inequality: A Fuzzy-Set QCA of Swiss Cantons". Dabei kann diese Publikation durchaus als ein gelungenes Beispiel für *practiced practices* gelten, indem sie wesentliche Minimalanforderungen guter Praxis in einer QCA beachtet (Schneider und Wagemann 2012, S. 275–284, 2010). Evaluationen publizierter QCA-Studien aus der Politikwissenschaft, Soziologie oder Management- und Betriebswirtschaftslehre zeigen allerdings, dass dies leider nicht auf alle QCA-Anwendungen zutrifft (J. Buche und Siewert 2015; Emmenegger et al. 2013; Rihoux et al. 2009; Wagemann et al. 2016).

Die Studie von Epple et al. beschäftigt sich mit Geschlechterunterschieden in Bezug auf die Zeitaufteilung zwischen bezahlter Erwerbstätigkeit und unbezahlter Heimarbeit in den Schweizer Kantonen. Diese makro-soziologische Fragestellung – es geht um aggregierte Daten auf kantonaler Ebene – und die mittlere Fallzahl – es gibt nur 26 (Halb-)Kantone in der Schweiz – machen die Arbeit zu einer klassischen QCA-Anwendung. Wichtiger: die Entscheidung für eine QCA deckt sich dabei mit den bereits herausgestellten Funktionslogiken. So zielt die Studie darauf ab, multiple Konfigurationen politischer, wirtschaftlicher, kultureller und sozio-struktureller Faktoren herauszuarbeiten, von denen vermutet wird, dass sie in ihrer Kombination notwendig oder hinreichend für das Outcome hohe bzw. niedrige „gender time inequality" sind (Epple et al. 2014, S. 259 f.).

Zur Analyse von Geschlechterungleichheiten zwischen den Schweizer Kantonen ziehen Epple et al. vier theoretische Ansätze heran, auf Basis derer sie dann fünf Erklärungsfaktoren auswählen (Epple et al. 2014, S. 261–265): starker Traditionalismus (T), großer öffentlicher Sektor (P), hohe Wohlfahrtsstaatsausgaben (W), politische Unterstützung für Geschlechtergleichheit (B) und starker Betreuungsbedarf für Kinder und Senioren (A).[7] Das Outcome sowie vier der fünf Bedingungen basieren auf quantitativen Indikatoren und werden mithilfe der Software R Paket (Dusa und Thiem 2014) direkt kalibriert *direct calibration;* (Ragin 2008a; Schneider und Wagemann 2012, S. 35 ff.); die Bedingung politische Unterstützung hingegen wurde qualitativ durch die Autoren in einer früheren Studie erhoben. Die im Anhang publizierten Tabellen geben auf einen Blick die den Indikatoren zugrunde liegenden Daten, die Werte der Ankerpunkte (1.0, 0.0 und 0.5) sowie die kalibrierten fuzzy-Werte für alle Fälle wieder (Epple et al. 2014, S. 277 f.) – allesamt Informationen, die die Replikation der Studie erlauben und ein Mindestmaß an Transparenz erfüllen (Wagemann und Schneider 2015). Kritikwürdig sind jedoch die Erklärungen zu den Ankerpunkten: So werden zwar die Kriterien für die Festlegung des 0.5 Transitionspunktes erklärt;[8] Informationen zu den Kriterien für volle Mitgliedschaft bzw. Nichtmitgliedschaft sowie eine Beschreibung der fuzzy-Werte für die qualitativ erhobene Bedingung B sucht man allerdings vergeblich.

Die Suche nach notwendigen und hinreichenden Bedingungen erfolgt dann in zwei getrennten Analysen. Mit Blick auf starke Geschlechterungleichheiten (D) machen Epple und seine Mitautoren eine notwendige Bedingung in einem stark ausgeprägten Traditionalismus (T) aus. Dass es sich dabei um eine nicht-perfekte notwendige Bedingung handelt, signalisiert der Konsistenzparameter *(consistency)*, welcher den Grad der Abweichung von einer perfekten Mengenbeziehung angibt. Dieser liegt für T bei 0.92 und damit knapp über dem konventionellen Richtwert von 0.9 als Untergrenze für eine nicht-perfekte notwendige Bedingung (Ragin 2006; Schneider und Wagemann 2012, S. 143). Anhand des XY-Plots lässt sich zudem leicht nachvollziehen, welche Kantone der Annahme einer notwendigen Bedingung widersprechen und wie stark dieser Widerspruch ist (Epple et al. 2014, S. 267 f.). Weitere Informationen wie z. B. Abdeckungswerte oder zur Relevanz fehlen leider, sodass eine Bewertung hinsichtlich der Trivialität der notwendigen Bedingung nicht möglich ist.

---

[7]An dieser Stelle soll kurz das Notationssystem in QCA eingeführt werden: eine anwesende Bedingung/Outcome wird in der Regel mit einem Großbuchstaben (z. B. T für starken Traditionalismus) abgekürzt, während eine abwesende Bedingung/Outcome durch eine Tilde vor dem Buchstaben gekennzeichnet wird (~T für die Abwesenheit starken Traditionalismus). Alternativ finden sich in einigen Studien auch Großbuchstaben für anwesend, und kleine Buchstaben für abwesend. Entsprechend der Booleschen Algebra werden ODER-Kombinationen durch das Additionszeichen (+) und UND-Kombinationen durch das Multiplikationszeichen (*) erfasst, wobei letzteres oftmals auch weggelassen wird.

[8]Alle Fälle über dem Schweizer Durchschnitt wurden mehr innerhalb der jeweiligen Menge kalibriert und umgekehrt Fälle unterhalb des Durchschnitts mehr außerhalb. Zusätzlich wurde auch auf Lücken innerhalb der empirischen Verteilung der Daten geachtet, um *clusternde* Werte nicht künstlich auf Basis des Durchschnittswertes zu trennen (Epple et al. 2014, S. 262).

In einen zweiten Schritt schließt sich dann die Untersuchung für hinreichende Bedingungen an, wobei hier das Auftreten starker Geschlechterunterschiede bei der Zeitaufteilung zwischen Erwerbstätigkeit und Heimarbeit (D) getrennt von der Untersuchung geringer Ungleichheiten (~D) analysiert wird (Epple et al. 2014, S. 268–272). Die Analyse von hinreichenden Bedingungen erfolgt auf der Grundlage einer sogenannten Wahrheitstafel *(truth table)*, welche alle logisch möglichen Kombinationen der Bedingungen abbildet, die Untersuchungsfälle den idealtypischen Konfigurationen zuweist und überprüft, inwieweit die Bedingungskonfiguration über alle Fälle hinweg hinreichend für das entsprechende Outcome sind (siehe für ein Beispiel einer Wahrheitstafel: Epple et al. 2014, S. 266). Bei der Konstruktion der Wahrheitstafel treten regelmäßig zwei Schwierigkeiten zutage: Zum einen inkonsistente Wahrheitstafelzeilen, die abweichende Fälle anzeigen, und zum anderen Wahrheitstafelzeilen ohne empirisch beobachtbare Fälle, sogenannte logische Rudimente *(logical remainders)*.

Im Umgang mit inkonsistenten Wahrheitstafelzeilen greifen Epple et al. auf etablierte Konsistenzmaße zurück, um den Grad der Abweichung von einer perfekten hinreichenden Bedingungskombination zu diskutieren (Ragin 2006; Schneider und Wagemann 2012, S. 123 ff.). Dabei gehen die Autoren in zwei Schritten vor: Zunächst werden all diejenigen Konfigurationen als hinreichend in Betracht gezogen, die einen Konsistenzwert von über 0.8 aufweisen. Ein Blick auf die Wahrheitstafel (Epple et al. 2014, S. 266), in der parallel die Konsistenzwerte für die Analyse des Outcomes und seiner Negation abgetragen sind, offenbart jedoch eine zweite Schwierigkeit: So weisen einige Konfigurationen hohe Konsistenzwerte sowohl für das Outcome als auch für das Nicht-Outcome auf und erscheinen damit unlogischerweise hinreichend für beide. Dieser Umstand ist ein starkes Indiz für eine schiefe Verteilung *(skewedness)* innerhalb der Daten (Schneider und Wagemann 2012, S. 237–248). Um dieses Problem zu umgehen, berechnen die Autoren deshalb in einem zweiten Schritt die Konsistenz nur für diejenigen Fälle, die einen Mitgliedschaftswert größer als 0.5 in der jeweiligen Wahrheitstafelzeile besitzen und damit idealtypisch durch diese Konfiguration beschrieben werden (Cooper und Glaesser 2011). Auf diesem Weg werden dann alle Wahrheitstafelzeilen entweder der Analyse des Outcomes oder des Nicht-Outcomes zugewiesen.[9]

---

[9]Dies löst zwar das Problem der klaren Zuweisung von Wahrheitstafelzeilen; an der Ursache, nämlich der schiefen Verteilung innerhalb der Daten, ändert sich allerdings nichts. Zudem wurde diese Strategie von Cooper und Glasser vor dem Hintergrund von QCAs mit hohen Fallzahlen entwickelt, so dass in der Regel letztendlich auch zahlreiche Fälle in die einzelnen Wahrheitstafelzeile fallen. Bei Epple et al. hingegen führt dies dazu, dass Entscheidungen, in welche Analyse uneindeutige Wahrheitstafelzeilen einbezogen werden, auf der Basis eines einzelnen Falles erfolgen.

Die Wahrheitstafel weist zudem aus, dass nur zwölf der 32 logisch möglichen Bedingungskonfigurationen auch empirisch beobachtbare Fälle aufweisen (Epple et al. 2014, S. 266). Dieses Problem wird mit dem Begriff der begrenzten empirischen Vielfalt *(limited empirical diversity)* beschrieben (Ragin 2008b, S. 147–159; Schneider und Wagemann 2012, S. 151–175).[10] Hier wählen Epple und seine Mitautoren die Strategie der *standard analysis,* die auf Basis von theoretischen Erwartungen wie sich einzelne Bedingungen in ihrer jeweiligen Kombination auf das Outcome auswirken, kontrafaktische Annahmen auf logische Rudimente anwendet. So wird beispielsweise formuliert, dass die Abwesenheit hoher Wohlfahrtsausgaben (~W) eher zu starken Geschlechterunterschieden (D) führen, während umgekehrt hohe wohlfahrtsstaatliche Ausgaben (W) zu ihrer Nivellierung (~D) beitragen. Dabei werden nur solche logischen Rudimente in die Analyse genommen, die einfache kontrafaktische Aussagen *(easy counterfactuals)* zulassen. Die Idee dahinter ist, dass wenn bereits eine Kombination von Bedingungen mit hohen Wohlfahrtsausgaben zu hoher Ungleichheit führt, die gleiche Kombination nur mit geringen wohlfahrtsstaatlichen Ausgaben erst Recht zu hohen Geschlechterunterschieden beiträgt (Ragin 2008b, S. 160–175; Schneider und Wagemann 2012, S. 167 ff.). Die zugrunde liegende Logik lässt sich am Beispiel der Konfiguration von T*P*W*B*A veranschaulichen, die als hinreichend für D identifiziert wurde (siehe Wahrheitstafelzeile 9, Epple et al. 2014, S. 266). Aufgrund der zuvor formulierten theoretischen Erwartung, dass W eher in seiner Abwesenheit zu D beiträgt, wird daher das logische Rudiment T*P*~W*B*A von der Software ebenfalls als potentiell hinreichend bewertet und in den Minimierungsprozess aufgenommen.[11] Dabei achten Epple et al. darauf, keine widersprüchlichen Annahmen zu machen, die sowohl in die Analyse hoher als auch geringer Geschlechterunterschiede eingespeist werden könnten. Darüber hinaus werden auch diejenigen logischen Rudimente von der Analyse auf hinreichende Bedingungen für das Outcome hohe Geschlechterungleichheit

---

[10]Eine Wahrheitstafel erfasst alle möglichen Kombinationen an Bedingungen. Da Bedingungen in diesen Konfigurationen entweder ‚wahr' (1) oder ‚falsch' (0) sein können, berechnet sich die Zahl der logisch möglichen Kombinationen durch 2 hoch der Anzahl an Erklärungsfaktoren (k): 2^k. 5 Bedingungen resultieren demnach in 2^5 oder 32 Bedingungskombinationen und damit 32 Wahrheitstafelzeilen.

[11]Diese Strategie steht und fällt natürlich mit der Eindeutigkeit und Gewissheit der theoretischen Erwartungen, welche in den Sozialwissenschaften leider nicht immer gegeben ist. Daher sei an diese Stelle ausdrücklich vor einer allzu mechanischen Anwendung gewarnt.

(D) ausgeklammert, welche die zuvor gefundene notwendige Bedingung eines starken Traditionalismus (T) nicht zeigen (Epple et al. 2014, S. 267).[12]

Diese Strategie in Bezug auf logische Rudimente produziert die mittlere Lösung *(intermediate solution)*, welche die Autoren dann auch für ihre Interpretation heranziehen.[13] So zeigt sich, dass hohe bzw. geringe Geschlechterunterschiede in den Schweizer Kantonen in der Tat durch äquifinale Konfigurationen erfassbar sind, die aus verschiedenen Kombinationen politischer, kultureller, sozio-struktureller sowie sozio-ökonomischer Faktoren bestehen. In ihrer abschließenden Darstellung binden Epple und seinen Mitautoren die Booleschen Formeln inhaltlich an die Schweizer Kantone rück. Auf diesem Weg können sie nicht nur unterschiedliche Cluster an Kantonen typisieren, sondern auch widersprüchliche bzw. nicht erklärbare Fälle wie beispielsweise den Kanton Solothurn herausarbeiten, welche dann in vertiefenden Einzelfallstudien untersucht werden können.

4 Anmerkungen zur praktischen Durchführung einer QCA

Wie die Darstellung des „rezeptartigen" Ablaufs einer QCA (Wagemann 2015, S. 436) bereits gezeigt hat, ist man bei der Durchführung der Analyse stets mit Problemen konfrontiert, die gewisse *trade-offs* zwischen idealer und tatsächlicher Methodenanwendung unumgänglich machen. Im Folgenden werden daher einige zentrale Strategien und praktische Hinweise präsentiert, um gängigen Fallstricken im Laufe einer QCA zu begegnen.

---

[12]Dies verdeutlicht nochmals, dass die Entscheidung ob eine notwendige Bedingung als notwendig betrachtet wird, durchaus Auswirkungen auf die nachfolgende Analyse hat, was im Sinne von zusätzlichen Tests überprüft werden sollte.

[13]Neben der mittleren Lösung gibt es noch zwei weitere Lösungsterme. Während die konservative Lösung *(conservative solution)* alle logischen Rudimenten als nicht hinreichend behandelt, bezieht die sparsamste Lösung *(most parsimonious solution)* alle logischen Rudimente in die Analyse ein, die das Ergebnis einfacher machen. Epple et al. (2014: S. 268 f.) präsentieren alle Terme, nutzen für die Interpretation dann aber nur die *intermediate solution.*

4.1   Auswahl von Erklärungsfaktoren und Kalibrierung von Mengen

Eine erste Entscheidung in einer QCA betrifft die Frage, wie (viele) Erklärungsfaktoren ausgewählt werden sollen (Amenta und Poulsen 1994; Berg-Schlosser und De Meur 2009, S. 25 ff.). Ein Problem hierbei ist das bereits oben beschriebene Phänomen der begrenzten empirischen Vielfalt: Da sich die Zahl logisch möglicher Konfigurationen mit jeder Bedingung verdoppelt, ist selbst bei Studien mit hohen Fallzahlen die Wahrscheinlichkeit von logischen Rudimenten – also theoretisch möglichen Konfigurationen ohne realweltliche Repräsentation durch einen entsprechenden Fall – recht groß. Aus diesem Grund sollte ein ,gesundes' Verhältnis zwischen der Anzahl an Fällen und der Bedingungen bestehen.[14] Aus einer theoriegeleiteten Perspektive ist es daher sinnvoll, die zentralen Erklärungsfaktoren unterschiedlicher Ansätze zu identifizieren oder konfigurative Hypothesen zu einzelnen Theorien zu formulieren und diese dann in ein QCA-Model einzubauen. Eine stärker empirische Strategie bezieht nur diejenigen Bedingungen in eine Untersuchung ein, die sich zuvor als statistisch signifikant oder einzeln relativ konsistent notwendig bzw. hinreichend erwiesen haben. Diese Herangehensweise, obwohl in Anwendungen praktiziert, läuft allerdings ein Stück weit konträr zur konfigurativen Logik von QCA, da etwa eine Bedingung durchaus in einer Kombination mit anderen hinreichend sein kann, auch wenn sie sich zuvor nicht signifikant zeigte bzw. eine hohe Einzelkonsistenz hatte. Eine pragmatische Lösung zum Umgang mit zu vielen Erklärungsfaktoren ist zudem, zwei (oder mehrere) Bedingungen zu einer Meta-Bedingung zusammenzufassen, wenn sich diese dann im Sinne eines *higher-order concepts* interpretieren lässt. Darüber hinaus gibt es immer auch die Möglichkeit, mehrere QCAs durchzuführen und dabei immer nur eine begrenzte Zahl an Bedingungen in die Analyse aufzunehmen (Emmenegger et al. 2013, S. 190).

Die Kalibrierung von Mengen erfolgt idealiter auf Grundlage theoretischen und konzeptuellen Wissens sowie der Fallexpertise der Forscherin in Kombination mit empirischen Informationen, die aus den Daten gewonnen werden können. Zentral ist dabei, dass alle Kriterien und Entscheidungen hinsichtlich der Festlegung der Ankerpunkte – d. h. der Zuweisung der Werte für eine volle Mitgliedschaft, eine volle Nichtmitgliedschaft sowie des 0.5 Ankers – sowie bei qualitativen Kalibrierungen auch der weiteren Operationalisierung der graduellen Mengenwerte zwischen

---

[14]Die allermeisten QCA-Studien verwenden eine mittlere Anzahl von 4 bis 8 Bedingungen (siehe Rihoux et al. 2013; J. Buche und Siewert 2015; Wagemann et al. 2016). Marx and Dusa haben hier für csQCA Richtwerte für eine maximale Anzahl von Bedingungen vorgelegt (Marx und Dusa 2011), wobei diese bei hohen Fallzahlen leicht unterschritten werden.

den Ankerpunkten transparent darlegt und diskutiert werden (Ragin 2008a; Wagemann und Schneider 2015). Bei quantitativen Indikatoren wird mehrheitlich auf die direkte Kalibrierung zurückgegriffen (Ragin 2008a; Verkuilen 2005); hier definiert die Forscherin zunächst die Schwellenwerte für die drei Ankerpunkte (1.0, 0.0 und 0.5), auf Basis derer die Software dann mittels mathematischer Funktionen[15] den Indikator in fein gradierte Mengenmitgliedschaften transformiert. Aufwendigere Kalibrierungsstrategien wie etwa Indizes, aber auch Faktoren-, Latent Class- oder Clusteranalysen (siehe zu letzteren Elkins 2014) kommen bis dato nur vereinzelt zum Einsatz. Bei standardisierten Formen der Datenerhebung über Fragebögen oder Surveys bietet es sich zudem an, die Fragekategorien von Anfang an aus einer mengentheoretischen Perspektive zu formulieren. So kann man beispielsweise abgestufte Mitgliedschaftswerte direkt in den Fragen verankern und muss diese nicht im Nachhinein wie etwa bei einer Likert-Skala ‚umkalibrieren' (Emmenegger et al. 2014). Gleiches gilt natürlich auch für qualitative Varianten der Datengenerierung wie etwa Interviews oder Inhaltsanalysen bei denen das Codierschema nach *fuzzy*-Werten aufgesetzt werden kann (Basurto und Speer 2012).

4.2 Analyse von notwendigen und hinreichenden Bedingungen

In der Standardliteratur wird geraten, die Analyse in QCA mit der Überprüfung notwendiger Bedingungen zu beginnen (Schneider und Wagemann 2012, S. 278).[16] Dieses Vorgehen hat gewisse Vorteile: Erstens kann verhindert werden,

---

[15]Standardmäßig sind in fsQCA und R logistische Funktionen implementiert, wobei R auch andere Funktionen ermöglicht. Die gewählte Transformationsfunktion sollte idealiter theoretisch begründet werden, wobei es hierzu allerdings bis dato noch keine Erkenntnisse gibt (Danke an Sebastian Jäckle für diesen Hinweis). Wenig überraschend hat die gewählte Funktion Auswirkungen auf die Mitgliedschaftswerte in einer Menge (siehe Thiem 2010). Die Abweichungen zwischen den Werten ist aber in der Regel minimal und beeinflusst nicht die Verteilung über oder unter dem 0.5 Anker, weshalb die gewählte Funktion auch keine dramatischen Effekte auf die nachfolgende Analyse haben sollte (Schneider und Wagemann 2012, S. 38 ff.). Wichtig ist allerdings, dass sich die Konsistenz- und Abdeckungsparameter verändern können, weshalb ausdrücklich vor einer mechanischen Anwendung und einer absolutistischen Interpretation dieser gewarnt wird (siehe weiter unten).

[16]Andere plädieren für die umgekehrte Reihenfolge ohne weitere Begründung (Marx et al. 2013, S. 29). Grundsätzlich ist in QCA ein gewisser *sufficiency-bias* feststellbar; für eine weiterführende Diskussion zu notwendigen Bedingungen und anderen Analysestrategien siehe etwa (Braumoeller und Goertz 2000; Goertz und Starr 2002; Dul 2016).

falsche notwendige Bedingungen *(false necessary condition)* aus der Analyse hinreichender Bedingungen abzuleiten. Insbesondere bei *fuzzy sets* gilt, dass eine Bedingung nicht zwangsläufig notwendig sein muss, auch wenn sie in allen Termen der finalen Lösung enthalten ist, sondern vielmehr muss dies in einem separaten Schritt geprüft werden. Zweitens kann auf diesem Wege vermieden werden, dass eine zuvor gefundene notwendige Bedingung in der Analyse auf hinreichende Bedingungen ‚verloren' geht *(hidden necessary condition)*, weil logische Rudimente, die im Gegensatz zur notwendigen Bedingung stehen, in den Minimierungsprozess einbezogen wurden (Schneider und Wagemann 2012, S. 220–232).[17] Und drittens kann eine als notwendig identifizierte Bedingung in die Analyse von hinreichenden Bedingungen einbezogen werden, etwa in dem logische Rudimente, die die notwendige Bedingung nicht zeigen, als nicht hinreichend von der Analyse ausgeklammert werden (Schneider und Wagemann 2012, S. 201 ff.). Da in der Regel allerdings nur nicht-perfekte notwendige Beziehungen identifiziert werden, müssen diese und nachfolgende Schritte mit Bedacht durchgeführt werden.

Erstens ist die Frage, wie viel Inkonsistenz eine Forscherin zu akzeptieren gewillt ist; anders formuliert: wie viele Fälle, die von der Aussage „ohne X, kein Y" abweichen, sind noch erlaubt, um von einer notwendigen Bedingung sprechen zu können? Der Konsistenzparameter gibt hier einen ersten Hinweis; allerdings kann die Warnung, diesen absolutistisch zu interpretieren, nicht deutlich genug ausgesprochen werden. So legen die in der Literatur vorgeschlagenen Richtwerte einer Konsistenz von 0.9 (Ragin 2006; Schneider und Wagemann 2012, S. 143) lediglich Untergrenzen fest, die nicht unterschritten werden sollten. So sollte im Einzelnen geprüft werden, welche Fälle für Inkonsistenzen verantwortlich sind und wie stark die Widersprüche zur Aussage einer notwendigen Bedingung sind. Zweitens sollte mithilfe weiterer Parameter kontrolliert werden, inwieweit eine als notwendig identifizierte Bedingung *trivial* bzw. *relevant* ist (Ragin 2006; Goertz 2006; Schneider und Wagemann 2012, S. 235 ff.). Trivialität liegt etwa dann vor, wenn eine Bedingung (nahezu) konstant vorhanden ist oder die Mengenmitgliedschaftswerte in einer Bedingung wesentlich größer sind als die

---

[17]Wie Schneider und Wagemann (2012, S. 225 ff.) deutlich machen, ist dies allerdings nicht die einzige Quelle von *hidden necessary conditions*. So kann es bei inkonsistenten notwendigen Bedingungen eben durchaus vorkommen, dass die Bedingung nicht in allen Fällen notwendig ist und damit das Outcome auch ohne diese auftritt. Grundlegend ist hier natürlich die Entscheidung darüber, wann eine nicht perfekt konsistente Bedingung als notwendig akzeptiert werden soll oder nicht – so kann eine nicht notwendige Bedingung eben auch nicht ‚verschwinden' (Schneider und Wagemann 2015).

Werte in der Outcomemenge. Drittens besteht nicht nur die Möglichkeit, einzelne Bedingungen auf ihre Notwendigkeit zu prüfen, sondern auch deren Kombinationen. Dies kann eher daten-explorativ (Bol und Luppi 2013), parameter-getrieben (Thiem 2014, S. 492–498) oder theorie-geleitet erfolgen (Schneider und Wagemann 2012, S. 69–76). Dabei ist zu beachten, dass aus rein mathematischer Sicht selbstverständlich jederzeit mehrere Bedingungen in ihrer ODER-Kombination notwendig für ein Outcome sein können oder dass sich eine trivial notwendige Bedingung durch eine UND-Kombination in eine weniger triviale transformieren lässt. Zentrales Kriterium sollte dabei allerdings immer sein, dass diese Konfiguration einer notwendigen Bedingung auch inhaltlich sinnvoll interpretierbar ist. Dies liegt beispielsweise dann vor, wenn die in einer ODER-Kombination auftretenden Bedingungen funktional äquivalent sind und sich demnach durch ein übergeordnetes Konzept beschreiben lassen (Schneider und Wagemann 2012, S. 74 f.).

Bei der Analyse hinreichender Bedingungen in QCA ist man regelmäßig mit den beiden grundsätzlichen Problemen inkonsistenter Wahrheitstafelzeilen und logischen Rudimenten konfrontiert. Hinsichtlich ersterem stehen wie auch bei der Untersuchung von notwendigen Bedingungen unterschiedliche Parameter zur Verfügung, welche der Forscherin helfen können, eine informierte Entscheidung darüber zu treffen, ob eine Wahrheitstafelzeile als hinreichend oder nicht akzeptiert und damit in den Minimierungsprozess einbezogen wird. Während der klassische Konsistenzparameter auf Grundlage aller Fälle berechnet wird (Ragin 2006), besteht auch die Möglichkeit einen Konsistenzwert lediglich für diejenigen Fälle zu berechnen, die durch die gleiche Wahrheitstafelzeile beschrieben werden (Cooper und Glaesser 2011), was allerdings nur bei großen Fallzahlen sinnvoll erscheint. Wiederum gilt, dass Konsistenzwerte von 0.8 bzw. 0.75, die konventionell für hinreichende Bedingungen genutzt werden, lediglich eine Orientierungshilfe geben. Es muss jedoch davor gewarnt werden, diese mechanisch anzuwenden, da die Parameter in einer QCA von zahlreichen Faktoren wie Datenqualität, Kalibrierungsstrategie u. v. m. beeinflusst werden (Ragin 2008b, S. 53 f.; Schneider und Wagemann 2012, S. 127 f.). Vielmehr ist anzuraten, Entscheidungen, ob eine Wahrheitstafelzeile, d. h. eine Kombination an Bedingungen, hinreichend ist oder nicht, vor dem Hintergrund abweichender Fälle innerhalb dieser Konfiguration zu treffen. Dies wiederum setzt eine eingehendere Untersuchung der widersprüchlichen Fälle voraus, z. B. wie stark ist die Abweichung, welche theoretische und empirische Wichtigkeit haben abweichende Fälle, wie ist die Datenqualität und damit auch die Reliabilität der Kalibrierung, etc.[18]

4.3 Logische Rudimente und begrenzte empirische Vielfalt

Hinsichtlich begrenzter empirischer Vielfalt zählt es mittlerweile zum Standardprozedere, drei Lösungen zu präsentieren, die sich in ihrem Umgang mit logischen Rudimenten unterscheiden. Während die konservative Lösung *(conservative solution)* davon ausgeht, dass alle logischen Rudimente nicht hinreichend für das Outcome sind, bezieht die Software bei der sparsamsten Lösung *(most parsimonious solution)* all diejenigen logischen Rudimente in die Minimierung ein, welche das Ergebnis vereinfachen. Die *intermediate solution* basiert auf einfachen kontrafaktischen Annahmen über logische Rudimente, die auf Grundlage theoretischer Erwartungen von der Software getroffen werden und das Ergebnis schmaler machen (Ragin 2008b, S. 124–147; Schneider und Wagemann 2012, S. 160–177).

Neben diesen Standardansätzen gibt es aber noch weitere hilfreiche Strategien in Bezug auf logische Rudimente. So sollte etwa darauf geachtet werden, keine unhaltbaren logischen Rudimente in die Minimierung einzubeziehen *(enhanced standard analysis;* Schneider und Wagemann 2012, S. 197–211, 2015; Cooper und Glaesser 2015): Erstens sollten keine logischen Rudimente in die Analyse einfließen, deren Konfiguration logisch oder lebensweltlich unmöglich sind wie z. B. der schwangere Mann oder ein friedvoller Krieg. Zweitens sollten logische Rudimente, wie weiter oben bereits beschrieben, nicht im Gegensatz zu einer etwaigen notwendigen Bedingung stehen. Drittens sollte darauf geachtet werden, ein und dasselbe logische Rudiment nur für die Analyse des Outcomes oder des Nicht-Outcomes, nicht aber in beide Untersuchungen aufzunehmen. Der Vorschlag einer *theory-guided enhanced standard analysis* von Schneider und Wagemann (2012, S. 211–219) sieht zudem vor, nicht nur solche kontrafaktische Gedankenexperimente[19] auf logische Rudimente anzuwenden, die zu einem sparsameren Ergebnis führen, sondern auch auf solche, die es auch komplexer machen können.

---

[18]Visualisierungen in XY-Plots sind hier sehr hilfreiche Instrumente zur Interpretation von Inkonsistenzen.

[19]Kontrafaktisches Denken ist weit verbreitet in der qualitativen Politikwissenschaft, wobei diese Gedankenexperimenten auch gewissen Kriterien unterworfen sind (Tetlock und Belkin 1996; Levy 2008, 2015; Emmenegger 2011).

4.4 Simultane Untermengenbeziehungen und schiefe Verteilungen

Widersprüchliche Annahmen können allerdings nicht nur bei logischen Rudimenten auftreten, sondern auch bei Wahrheitstafelzeilen, für die empirisch beobachtbare Fälle vorliegen. So kann eine Bedingungskonfiguration logisch nur hinreichend für das Outcome oder das Nicht-Outcome sein, aber nicht für beide.[20] Häufig wird hierzu der PRI-Parameter *(proportional reduction in inconsistency)* herangezogen, wobei PRI-Werte um 0.5 herum auf simultane Untermengenbeziehungen hindeuten. Ein weiterer Parameter ist der PRODUCT, welcher aus dem Produkt von Konsistenz und PRI berechnet wird. Ist der PRODUCT-Wert hoch, besteht kein Problem gleichzeitiger Untermengenbeziehungen (Schneider und Wagemann 2012, S. 237–244). Darüber hinaus bietet es sich an, die Parameter für die Analyse von Outcome und Nicht-Outcome in einer Wahrheitstafel abzutragen und so alle Informationen zu widersprüchlichen Wahrheitstafelzeilen auf einen Blick offenzulegen. Letztendlich sollte die Entscheidung, wie mit solch problematischen Bedingungskonfigurationen umgegangen wird – möglich ist diese entweder in eine oder keine der Analysen einzubeziehen –, durch die Zusammenschau der verschiedenen Konsistenzparameter in Verbindung mit theoretischen Annahmen und Fallwissen erfolgen.

Simultane Unter- bzw. Übermengenbeziehungen, wie sie unter anderem widersprüchlichen Wahrheitstafelzeilen und trivialen notwendigen Bedingungen zugrunde liegen, sind in der Regel auf eine schiefe Verteilung *(skewedness)* innerhalb der empirischen Daten bzw. der Konfigurationen zurückzuführen (Schneider und Wagemann 2012, S. 244–249; Cooper und Glaesser 2011). QCA ist wie andere Methoden des systematischen Fallvergleichs auf ein gewisses Maß an Varianz innerhalb der Bedingungen und des Outcomes angewiesen. Deshalb ist bereits bei der Kalibrierung darauf zu achten, wie sich die Daten über die Mengenmitgliedschaften verteilen und diese gegebenenfalls zu rekalibrieren, was dann allerdings auch eine Veränderung des zugrunde liegenden Konzeptes nach sich ziehen sollte. So könnte z. B. das Konzept ‚stark ausgeprägter Traditionalismus' in der Studie von Epple et al. (2014) in ‚extrem starker Traditionalismus' umkalibriert werden, um die schiefe Verteilung (nur 6 von 26 Kantonen haben einen *fuzzy*-Wert von unter 0.5) abzumildern. Letztendlich ist die Handhabe schiefer Datenverteilung allerdings recht begrenzt, weshalb man sich ihrer in der Interpretation der Untersuchungsergebnisse bewusst sein sollte.

---

[20]Gleichermaßen sollte darauf geachtet werden, dass nicht gleichzeitig X und ~X hinreichend für Y sind.

4.5   Rückbindung der Ergebnisse an Fälle und generelle Darstellungsfragen

In QCA ist ein zentraler Bestandteil der Ergebnisinterpretation, die Booleschen Lösungsterme an die untersuchten Fälle bzw. Typen von Fällen sowie an die theoretischen Erwartungen rückzubinden. Dabei sollte darauf geachtet werden, die einzelnen Terme der Gesamtlösung als Konfigurationen zu beschreiben und die Bedeutung einzelner Bedingungen nicht überzuinterpretieren. Zudem sollte am Ende einer jeden Analyse immer auch erläutert werden, welche Fälle durch welchen Lösungsterm am besten beschrieben werden, welche abweichenden Fälle existieren, und welche Fälle gegebenenfalls nicht erklärt werden konnten. Darüber hinaus sollten immer alle drei Lösungen basierend auf den unterschiedlichen Strategien zu logischen Rudimenten präsentiert und gegebenenfalls diskutiert werden. Dabei kann es durchaus vorkommen, dass es je Lösungsstrategie nicht nur ein Ergebnis, sondern mehrere logisch gleichwertige Ergebnisse gibt *(model ambiguity)* und damit die Interpretation der QCA verkompliziert (Thiem 2014, S. 498–505; Baumgartner und Thiem 2015).

Zur Präsentation einzelner Analyseschritte und Interpretation der Untersuchungsergebnisse gibt es in QCA zudem zahlreiche Darstellungsoptionen. Streu- und Venn-Diagramme, aber auch einfache Kreuztabellen eignen sich besonders zur Visualisierung von Mengenbeziehungen (siehe etwa Schneider und Wagemann 2012, S. 280; Mahoney und Vanderpoel 2015). Hinsichtlich der Kalibrierung ist eine Übersicht über die verwendeten Schwellenwerte sehr hilfreich; nicht nur, aber insbesondere bei qualitativen Kalibrierungsstrategien bietet es sich zudem an, eine Verbalisierung der Mengenmitgliedschaften sowie prägnante Ankerbeispiele aufzuführen. Eine Wahrheitstafel mit allen relevanten Informationen hinsichtlich Konsistenzparameter und logischen Rudimenten darf in keiner Studie fehlen. Gleiches gilt für die Darstellung der finalen Lösungsterme, die nicht nur alle maßgeblichen Konsistenz- und Abdeckungsparameter wiedergeben, sondern auch die durch die Ergebnisse beschriebenen Fälle aufführen sollte.

5   Software zur Durchführung einer QCA

Eigentlich alle vorgestellten Schritte einer QCA bedürfen einer Software, wobei derzeit mit fsQCA (Ragin und Davey 2014), Tosmana (Cronquist 2011), Kirq (Reichert und Rubinson 2014), sowie mit Paketen für Stata (Longest und Vaisey 2008) und R (Dusa 2016; Huang 2014; Thiem 2016; Quaranta 2013) verschiedene

Programme mit unterschiedlichen Funktionalitäten zur Verfügung stehen.[21] Aufgrund der intuitiven Handhabe wird bis heute die überragende Mehrheit der Anwendungen mit dem fsQCA-Programm durchgeführt, welches neben der Analyse von *crisp* und *fuzzy sets* unter anderem auch die Darstellung von Streudiagrammen und weiterführende Untersuchungen von Mengenbeziehungen ermöglicht. Mit Hilfe von TOSMANA lassen sich derzeit nur dichotome und multinominale Daten analysieren und zudem Venn-Diagramme anfertigen. Die größte Palette an Funktionen besitzen aber zweifelsohne die neuen R-Pakete, welche insbesondere aber nicht ausschließlich in der Weiterentwicklung von QCA zum Einsatz kommen. Neu ist dabei ein von Adrian Dusa entwickeltes *graphical user interface*, das auf R basiert aber weniger Versiertheit in der Code-Sprache von R benötigt (Dusa 2016).

6   Häufig geäußerte Kritikpunkte an QCA

Abschließend soll noch auf einige grundlegende Aspekte von QCA als Forschungsansatz und -methode eingegangen werden, die jüngst innerhalb wie auch außerhalb der QCA-Gemeinschaft teilweise heftig diskutiert wurden.[22] Ein wesentlicher Kritikpunkt betrifft dabei immer wieder die Frage nach der Robustheit von QCA, wobei sich gleich mehrere Problemkomplexe hinter diesem Schlagwort verbergen, die eng mit Fragen der Validität und Reliabilität in QCA verbunden sind. Maggetti und Levi-Faur (Maggetti und Levi-Faur 2013) präsentieren eine Übersicht möglicher Fehlerquellen in QCA und Strategien diese anzugehen, wie z. B. Überspezifizierung und Fehlspezifizierung der Bedingungen oder auch systematische und willkürliche Messfehler. Darüber hinaus existieren seit längerem diverse Robustheitschecks, die insbesondere bei quantitativen Daten und direkter Kalibrierung sinnvoll sind, allerdings bis dato noch nicht wirklich zum Standardprozedere in QCA zählen (Ragin 2000; Eliason und Stryker 2009; Skaaning 2011; Schneider und Wagemann 2012). Überhaupt scheint die Anwendung von Simulationen in erster Linie bei QCAs mit einer geringen Fallorientierung bzw. hohen Fallzahl eine lohnenswerte Strategie zu sein, um die Robustheit der Ergebnisse an unterschiedlichen Stellen wie Fallauswahl, Kalibrierung oder im Umgang mit logischen Rudimenten zu testen. Hierzu müssen

---

[21]Ein guter Überblick über existierende Software findet sich auf www.compasss.org/software.htm.

[22]Siehe etwa die Symposien in Sociological Methodology 2014, Vol. 44(1), oder in Qualitative and Multi-Method Research 2014, Vol. 12(1&2).

Simulationen allerdings QCA-inhärente Forschungslogiken aufgreifen und diesen gerecht werden (Hug 2013, 2014; Krogslund und Michel 2014; Krogslund et al. 2015; Rohlfing 2015; Thiem et al. 2016; Thiem 2014). Ein weiteres heiß diskutiertes Thema dreht sich um Transparenz in der Forschungspraxis. Selbstredend gelten für QCA die gleichen Standards wie für alle Methodenanwendungen, die u. a. die Überprüfbarkeit und Nachvollziehbarkeit der Analyseschritte und -ergebnisse gewährleisten sollen (Wagemann und Schneider 2015). So sollte jede QCA alle wichtigen Daten, Entscheidungen und Ergebnisse offen darlegen und zugänglich machen. Dies beinhaltet bspw. die Rohdaten oder zumindest die kalibrierten Mengenmitgliedschaftswerte, die Wahrheitstafel, alle Parameter der Analyse, Entscheidungen zu Richtwerten, theoretischen Annahmen und logischen Rudimenten, sowie die Reportage aller Lösungsterme. Da in der Regel in Aufsätzen und Büchern der Platz knapp bemessen ist, eignet sich ein Appendix insbesondere für weitergehende Darstellungen der Kalibrierung, Robustheitschecks oder Ergebnisinterpretation (Schneider und Wagemann 2010, 2012; Rihoux und Ragin 2009).

7 Komplexere Designs und erweiterte Analysen mit QCA

7.1 Wie inkludiert man die Zeit in eine QCA?

Der Einbezug von Zeit ist oftmals zentral für die Analyse sozialer Phänomene. QCA ist hier zunächst einmal eine *snap-shot* Methode; nichtsdestotrotz liegen einige Ansätze und Strategien vor, die es erlauben, die zeitliche Dimension in eine QCA einzubauen. Zur Untersuchung von temporalen Sequenzen liegt mit *temporal QCA* (tQCA) ein elaborierter Ansatz vor (Caren und Panofsky 2005; Ragin und Strand 2008), der bis dato allerdings aufgrund seiner Komplexität kaum angewendet wird. Die grundlegende Idee ist, dass oftmals die zeitliche Abfolge von Bedingungen entscheidend ist, ob ein Outcome auftritt oder nicht. Robert Dahl (Dahl 1971) bspw. stellte mit Blick auf die Demokratien des frühen 20. Jahrhunderts fest, dass politische Systeme stabiler waren (Y), in denen ein inklusives Wahlrecht (B) dem Prozess der Eliten-Liberalisierung (A) nachgelagert war. Ging die Ausweitung des Wahlrechts (B) allerdings der Liberalisierung (A) voran, so waren die politischen Systeme wesentlich instabiler (~Y). In tQCA wird für diese Art von Sequenzen ein weiterer Operator eingeführt, sodass sich Dahls Argument folgendermaßen mengentheoretisch umformulieren lässt: A/B → Y wohingegen B/A $\rightarrow$ ~Y^{23}. Diese zeitlichen Abfolgen können dann im Folgenden als neue Konfigurationen in einer Wahrheitstafel erfasst und gegebenenfalls auch minimiert werden. Nachteilig an diesem Ansatz ist, dass sich selbst bei wenigen Sequenzen die Anzahl der logisch möglichen Kombinationen schnell erhöht, was wiederum das Problem begrenzter empirischer Vielfalt verschärfen kann.

Ist man weniger an Sequenzen und mehr an Effekten über Zeit interessiert, kann auch auf andere Strategien zurückgegriffen werden, um eine Zeitkomponente in QCA einzubauen (Schneider und Wagemann 2012, S. 263–274; Hino 2009). Eine Option ist hier, jede Beobachtung zu einem bestimmten Zeitpunkt als eigenen Fall zu behandeln. Basiert eine Studie beispielsweise auf einem Datensatz, der Länder pro Jahr erfasst, kann für jedes Jahr ein eigener Fall vergeben werden. Der Nachteil hierbei ist, dass diese Fälle sich oft sehr ähnlich sind, da sich qualitative Veränderungen in der Regel nicht in kurzfristigen Zeithorizonten ereignen. In QCA clustern diese Fälle dann in einer Wahrheitstafelzeile, da sie von der gleichen Konfiguration idealtypisch beschrieben werden. Als ein Ausweg bietet es sich daher an, über gewisse Zeiträume einen Mittelwert zu erheben oder wiederum nur ausgewählte Zeitpunkte wie etwa alle 5 Jahre, Legislaturperioden oder etwaige *critical junctures* in die Analyse einzubeziehen. Eine weitere Strategie zur Integration von Zeit in QCA ist mittels Kalibrierung von Mengen als Trend (Anstieg/Rückgang) oder Veränderung über Zeit (Δt).

Ein anderer Ansatz um eine zeitliche Komponente, aber vor allem eine Differenzierung zwischen strukturellen und akteurszentrierten Erklärungsfaktoren in eine QCA einfließen zu lassen, ist zwischen fernen und näheren Erklärungsfaktoren zu unterscheiden (Schneider und Wagemann 2006; Schneider 2009). Im Grunde werden bei diesem Ansatz mehrere QCAs hintereinander durchgeführt *(two-step approach)*: In einem ersten Schritt werden zunächst nur die strukturellen Faktoren einer QCA unterzogen, um gewissermaßen die kontextuellen Rahmenbedingungen zu ermitteln, die zuträglich für ein gewisses Outcome sind. In einem zweiten Schritt wird dann je einer der minimierten Kontexte aus der ersten QCA gemeinsam mit allen ereignis-orientierten Erklärungsfaktoren untersucht. Tomini und Wagemann (2015) verwenden bspw. diesen Ansatz, um zu überprüfen, unter welchen Kombinationen von Bedingungen ein Rückgang demokratischer Qualität in politischen Systemen beobachtbar ist. Dabei folgen aus der ersten Analyse mit sechs strukturellen Faktoren zwei unterschiedliche Kontexte, die dann in einem zweiten Schritt

---

[23]Der Operator/liest sich als ‚vor' z. B. A vor B; sollte sowohl A/B als auch B/A hinreichend für Y sein, so scheint die zeitliche Abfolge irrelevant und man kann einfach A*B konstatieren.

mit drei akteurszentrierten Bedingungen kombiniert werden, die letztlich in vier Erklärungen für demokratische Regression resultieren.

7.2 Theoriebezug, kausale Inferenz und Schnittstellen zu anderen Methoden

QCA eignet sich darüber hinaus zur Evaluation und Spezifikation von Theorien (Ragin 1987, S. 118 ff.; Schneider und Wagemann 2012, S. 295 ff.; Rohlfing 2012, S. 40–47). Explizit kann QCA zur empirischen Überprüfung von konfigurativen Hypothesen und typologischen Theorien *(typological theories)* herangezogen werden (George und Bennett 2005; Elman 2005; Bennett und Elman 2006; Collier et al. 2012; Moller und Skaaning 2015). Schneider und Wagemann (2012: 295–305) schlagen in diesem Zusammenhang vor, theoretische Annahmen in Boolescher Algebra zu formulieren und dann durch unterschiedliche Schnittmengen mit den Lösungstermen einer QCA zu untersuchen, welche Fälle durch die Theorie beschrieben werden, an welchen Stellen die Theorie ergänzt werden müsste, und wo die Grenzen der Erklärungsreichweite liegen. Eine etwas andere Herangehensweise findet sich in der Studie von Blatter et al. (2010). Hier werden zunächst konfigurative Hypothesen für ein Outcome skizziert und dann im Sinne einer Kongruenzanalyse geprüft (Blatter und Blume 2008; Blatter und Haverland 2012), welche theoretischen Annahmen am besten in der Lage sind, die Empirie zu beschreiben.

Auch wenn QCA grundsätzlich an kausalen Zusammenhängen interessiert ist, lassen sich diese in der Regel weder in Bezug auf ein Outcome noch innerhalb einzelner Konfigurationen direkt mittels QCA aufdecken. Mengenbeziehungen in QCA lassen sich demnach nicht *per se* kausal interpretieren, sondern sollten vielmehr als ein *potenzieller* Zusammenhangsraum – bestehend aus einem konfigurativen Merkmalsraum – verstanden werden (Blatter und Haverland 2012; Beach und Rohlfing 2015; Rohlfing und Schneider 2016; Wagemann 2015). Nichtsdestotrotz kann QCA in Kombination mit anderen Methoden einen maßgeblichen Beitrag zu kausaler Inferenz leisten. Insbesondere zur Verbindung von QCA mit Fallstudien wurden in jüngster Zeit zahlreiche methodologische Diskussionen und anwendungsorientierte Vorschläge vorgelegt, die helfen sollen, einerseits die Suche nach Kausalmechanismen und die Aufdeckung von Wechselwirkungen zwischen Bedingungskonfigurationen im Anschluss an eine QCA zu systematisieren, und andererseits auch Einsichten aus Einzelfallstudien auf eine größere Gesamtheit in einer QCA zu übertragen (Beach und Rohlfing 2015; Rohlfing und Schneider 2013, 2016; Schneider und Rohlfing 2013, 2014). Ein Beispiel für ein solch integriertes *multi-methods* Design ist die Studie von Derek Beach, die sich mit der Frage nach übereinstimmende Positionen zwischen Bevölkerungen und Regierungen in europäischen Nationalstaaten hinsichtlich der EU-Verfassungsgebung beschäftigt. So werden mittels einer QCA im ersten Schritt der Analyse zunächst zentrale Konfigurationen herausgearbeitet, die in der Lage sind, über mehrere Fälle eine Kongruenz zwischen Wählerschaft und Regierung in EU-Angelegenheiten zu beschreiben. Auf Basis der QCA-Ergebnisse analysiert Beach dann mehrere Fälle mittels theoriegeleitetem *process tracing,* um zum einen das Zusammenspiel der Bedingungen innerhalb der Konfigurationen näher zu beleuchten sowie zum anderen die Wirkkraft unterschiedlicher Mechanismen gegeneinander abzuwiegen (Beach 2016).

Während sich QCA und Fallstudien aufgrund ihrer ontologischen und epistemologischen Grundideen recht gut kombinieren lassen (Beach und Pedersen 2013; Blatter und Haverland 2012; Rohlfing 2012), gibt es auch Forschungsparadigmen überspannende *multi-methods designs* mit QCA. Eine Variante ist z. B. die separate Durchführung von Untersuchungen basierend auf Regressionen und QCA, um die unterschiedlichen Perspektiven der beiden Ansätze auf eine Fragestellung hin nutzbar zu machen (Vis 2012; Fiss et al. 2013; A. Buche et al. 2016; Thiem et al. 2015). Eine weitere Möglichkeit ist die Integration von Ergebnissen aus einer Regression oder anderen Ansätzen in eine QCA oder *vice versa* (Schneider und Makszin 2014; Hollstein und Wagemann 2015).

8   Zusammenfassung

Die vorangegangenen Ausführungen haben gezeigt, dass QCA als Forschungsansatz und -methode eine originäre Perspektive auf die soziale Welt bietet, die sich in einem *konfigurativen Grundverständnis, mengentheoretischen Denken* sowie einer Betonung der *Diversitäts-* und Fallorientierung zusammenfassen lässt. Zentrales Ziel einer jeden QCA ist demnach die Aufdeckung von notwendigen und hinreichenden Erklärungsfaktoren für ein bestimmtes Outcome. Dabei zeichnet sich diese Sichtweise in erster Linie dadurch aus, dass sie den Fokus auf multiple Kombinationen von Bedingungen und äquifinale Erklärungsmuster richtet. Fälle lassen sich diesem Verständnis nach als Konfigurationen erfassen, die wiederum aus Mengen gebildet werden können. Ein besonderer Vorteil einer QCA ist dabei, dass die ursprünglichen Fälle in allen Untersuchungsschritten präsent bleiben, und während der Analyse immer zu diesen zurückgekehrt werden kann, was die Forscherin auch durchaus tun sollte, etwa um sich immer wieder zu vergewissern, dass die Kalibrierung weiterhin Sinn ergibt, inwieweit Inkonsistenzen zugelassen werden sollen oder in welcher Art und Weise die erzielten Ergebnisse sinnvoll mit Blick auf die Fälle interpretiert werden können.

Um allerdings die diversen Probleme und Fallstricke im Zuge einer Analyse zu meistern, bedarf es einer fundierten Kenntnis mengentheoretischen Denkens im Allgemeinen und QCA im Speziellen. Methodologisch betrachtet ist die Entwicklung von QCA derzeit ohne Zweifel sehr innovativ und von zahlreichen Ausdifferenzierungen gekennzeichnet. Für all diejenigen, die eher an der Anwendung von QCA interessiert sind, führt dies allerdings leicht zu Unübersichtlichkeit und Konfusion – die in diesem Beitrag präsentierten Analyseschritte und zentralen Problemhorizonte einer QCA sollen den Anwenderinnen daher eine hinreichende Orientierungshilfe bieten.

9 Kommentierte Literaturhinweise

Ragin, Charles C. 2000. Fuzzy Set Social Science. Chicago: University of Chicago Press. Der Band besteht aus zwei Teilen: Teil 1 ist quasi identisch mit Ragins bahnbrechender Publikation von 1987; Teil 2 führt dann in die Innovation von fuzzy sets in den Sozialwissenschaften ein.

Ragin, Charles C. 2008. Redesigning Social Inquiry. Fuzzy Sets and Beyond. Chicago: University of Chicago Press. Der Sammelband umfasst zentrale methodologische Aufsätze zu zentralen Logiken und Problemen in QCA. Teilweise wird ein gewisses Grundverständnis von QCA vorausgesetzt.

Rihoux, Benoit, und Charles C. Ragin (Hrsg.). 2009. Comparative Configurational Methods. Qualitative Comparative Analysis (QCA) and Related Techniques. Los Angeles u. a.: Sage. Sammelband mit Überblicksaufsätzen zu crisp-set QCA, fuzzy-set QCA und multi-value QCA sowie wesentlichen Analyseschritten.

Schneider, Carsten Q., und Claudius Wagemann. 2012. Set-Theoretic Methods for the Social Sciences. A Guide to Qualitative Comparative Analysis. New York: Cambridge University Press. Zentrales und einziges Lehrbuch, das die einzelnen Schritte einer QCA von A bis Z durchdekliniert und leicht verständlich aufbereitet. Idealer Einstieg, um sich QCA als Forschungsansatz und Methode zu nähern.

Literatur

Amenta, Edwin, und Jane D. Poulsen. 1994. Where to begin a survey of five approaches to selecting independent variables for qualitative comparative analysis. *Sociological Methods & Research* 23 (1): 22–53. doi:10.1177/0049124194023001002.

Basurto, Xavier, und Johanna Speer. 2012. Structuring the calibration of qualitative data as sets for qualitative comparative analysis (QCA). *Field Methods* 24 (2): 155–174. doi:10 .1177/1525822X11433998.

Baumgartner, Michael. 2009. Uncovering deterministic causal structures: A boolean approach. *Synthese* 170 (1): 71–96.

Baumgartner, Michael. 2013. Detecting causal chains in small-N data. *Field Methods* 25 (1): 3–24.

Baumgartner, Michael, und A. Thiem. 2015. Model ambiguities in configurational comparative research. *Sociological Methods & Research*. doi:10.1177/0049124115610351.

Beach, Derek, und Rasmus Brun Pedersen. 2013. *Process-tracing methods: Foundations and guidelines*. Ann Arbor: University of Michigan Press.

Beach, Derek. 2016. Achieving methodological alignment when combining QCA and process-tracing in practice. *Sociological Methods & Research*. (Nr. online first).

Beach, Derek, und Ingo Rohlfing. 2015. Integrating cross-case analyses and process tracing in set-theoretic research: Strategies and parameters of debate. *Sociological Methods & Research*. doi:10.1177/0049124115613780 (Nr. online first (Dezember)).

Bennett, Andrew, und Colin Elman. 2006. Qualitative research: Recent developments in case study methods. *Annual Review of Political Science* 9 (1): 455–476. doi:10.1146/annurev.polisci.8.082103.104918.

Berg-Schlosser, Dirk, und Gisèle De Meur. 2009. Comparative research design: Case and variable selection. In *Configurational Comparative Methods: Qualitative Comparative Analysis*, Hrsg. Benoît Rihoux und Charles C. Ragin, 19–32. Thousand Oaks: Sage Publications.

Blatter, Joachim, und Markus Haverland. 2012. *Designing case studies: Explanatory approaches in small-N research*. Basingstoke: Palgrave Macmillan.

Blatter, Joachim, Markus Haverland, und Merlijn van Hulst, Hrsg. 2016. *Qualitative research in political science,* 4. Aufl. Thousand Oaks: Sage Publications.

Blatter, Joachim, Phil Langer, und Claudius Wagemann. 2017. *Qualitative Methoden in der Politikwissenschaft*. Wiesbaden: Springer Fachmedien.

Blatter, Joachim, und Till Blume. 2008. In search of co-variance, causal mechanisms or congruence? Towards a plural understanding of case studies. *Swiss Political Science Review* 14 (2): 315–356.

Bol, Damien, und Francesca Luppi. 2013. Confronting theories based on necessary relations: Making the best of Qca possibilities. *Political Research Quarterly* 66 (1): 205–210.

Brady, Henry E., und David Collier, Hrsg. 2004. *Rethinking social inquiry: Diverse tools, shared standards*. Lanham: Rowman & Littlefield.

Brady, Henry E., und David Collier, Hrsg. 2010. *Rethinking social inquiry: Diverse tools, shared standards*. Lanham: Rowman & Littlefield.

Braumoeller, Bear F., und Gary Goertz. 2000. The methodology of necessary conditions. *American Journal of Political Science* 44 (4): 844–858. doi:10.2307/2669285.

Buche, Antje, Jonas Buche, und Markus B. Siewert. 2016. Fuzzy logic or fuzzy application? A response to stockemer's 'fuzzy set or fuzzy logic? *European Political Science*. doi:10.1057/eps.2015.97.

Buche, Jonas, und Markus B. Siewert. 2015. Qualitative Comparative Analysis (QCA) in der Soziologie-Perspektiven, Potentiale und Anwendungsbereiche. *Zeitschrift für Soziologie* 44 (6): 386–406.

Caren, Neal, und Panofsky. 2005. TQCA: A Technique for Adding Temporality to Qualitative Comparative Analysis. *Sociological Methods & Research* 34 (2): 147–172. doi:10.1177/0049124105277197.

Collier, David, Jody LaPorte, und Jason M. Seawright. 2012. Putting typologies to work: Concept formation, measurement, and analytic rigor. *Political Research Quarterly* 65 (1): 217–232. doi:10.1177/1065912912437162.

Cooper, Barry, und Judith Glaesser. 2011. Paradoxes and pitfalls in using fuzzy set QCA: Illustrations from a critical review of a study of educational inequality. *Sociological Research Online* 16 (3). doi:10.5153/sro.2444.

Cooper, Barry, und Judith Glaesser. 2015. Qualitative comparative analysis, necessary conditions, and limited diversity: Some problematic consequences of schneider and wagemann's enhanced standard analysis. *Field Methods*. doi:10.1177/15258 22X15598974 (Nr. online first (Oktober)).

Cronquist, Lasse. 2011. Tosmana: Tool for small-N analysis (Version 1.4). Trier. http://www.tosmana.net/.

Cronquist, Lasse, und Dirk Berg-Schlosser. 2009. Multi-value QCA (mvQCA). In *Configurational comparative methods. Qualitative Comparative Analysis (QCA) and related techniques*, Hrsg. Benoît Rihoux und Charles C. Ragin, 69–86. Thousand Oaks: Sage.

Dahl, Robert A. 1971. *Polyarchy: Participation and opposition*. New Haven: Yale University Press.

Dul, J. 2016. Necessary condition analysis (NCA): Logic and methodology of ‚Necessary but Not Sufficient' causality. *Organizational Research Methods* 19 (1): 10–52. doi:10.1177/1094428115584005.

Dusa, Adrian. 2016. QCA/GUI: Modern functions for Qualitative Comparative Analysis (Version 2.2). R. http://cran.r-project.org/package=QCAGUI.

Dusa, Adrian, und Alrik Thiem. 2014. QCA: A package for Qualitative Comparative Analysis (Version 1.1–4.). R.

Ebbinghaus, Bernhard. 2014. Methode: Review zu Gary Goertz/James Mahoney, A tale of two cultures. Qualitative and quantitative research in the social sciences. *Soziologische Revue* 37 (3): 363–365. doi:10.1515/srsr-2014-0064.

Eliason, Scott R., und Robin Stryker. 2009. Goodness-of-fit tests and descriptive measures in fuzzy-set analysis. *Sociological Methods & Research* 38 (1): 102–146. doi:10.1177/0049124109339371.

Elkins, Zachary. 2014. Measuring partial membership in categories: Alternative tools. *Qualitative & Multi-Method Research* 12 (1): 33–40.

Elman, Colin. 2005. Explanatory typologies in qualitative studies of international politics. *International Organization* 59 (2): 293–326. doi:10.1017/S0020818305050101.

Elman, Colin. 2013. Duck-rabbits in social analysis a tale of two cultures. *Comparative Political Studies* 46 (2): 266–277.

Emmenegger, Patrick. 2011. How good are your counterfactuals? Assessing quantitative macro-comparative welfare state research with qualitative criteria. *Journal of European Social Policy* 21 (4): 365–380. doi:10.1177/0958928711412222.

Emmenegger, Patrick, Dominik Schraff, und André Walter. 2014. QCA, the truth table analysis and large-N survey data: The benefits of calibration and the importance of robustness tests. COMPASSS Working Paper Series. http://citeseerx.ist.psu.edu/viewdoc/download?doi=10.1.1.666.3115&rep=rep1&type=pdf.

Emmenegger, Patrick, Jon Kvist, und Svend-Erik Skaaning. 2013. Making the most of configurational comparative analysis: An assessment of QCA applications in comparative welfare-state research. *Political Research Quarterly* 66:185–190.

Epple, Ruedi, Martin Gasser, Sarah Kersten, Michael Nollert, und Sebastian Schief. 2014. Institutions and gender time inequality: A fuzzy-set QCA of Swiss cantons. *Swiss Journal of Sociology* 40 (2): 259–278.

George, Alexander L., und Andrew Bennett. 2005. *Case studies and theory development in the social sciences*. Cambridge: The MIT Press.

Fiss, Peer C., Dmitry Sharapov, und Lasse Cronqvist. 2013. Opposites attract? Opportunities and challenges for integrating large-N Qca and econometric analysis. *Political Research Quarterly* 66:191–198.

Goertz, Gary. 2006. Assessing the trivialness, relevance, and relative importance of necessary or sufficient conditions in social science. *Studies in Comparative International Development* 41 (2): 88–109.

Goertz, Gary, und J. Mahoney. 2013. Methodological rorschach tests: Contrasting interpretations in qualitative and quantitative research. *Comparative Political Studies* 46 (2): 236–251. doi:10.1177/0010414012466376.

Goertz, Gary, und James Mahoney. 2012. *A tale of two cultures: Qualitative and quantitative research in the social sciences*. Princeton: Princeton University Press.

Goertz, Gary, und Harvey Starr, Hrsg. 2002. *Necessary conditions: Theory, methodology, and applications*. Lanham: Rowman & Littlefield.

Grofman, Bernard, und Carsten Q. Schneider. 2009. An introduction to crisp set QCA, with a comparison to binary logistic regression. *Political Research Quarterly* 62 (4): 662–672.

Hall, Peter A. 2003. Aligning ontology and methodology in comparative research. In *Comparative Historical Analysis in the Social Sciences*, Hrsg. James Mahoney und Dietrich Rueschemeyer. Cambridge Studies in Comparative Politics. Cambridge: Cambridge University Press.

Hino, Airo. 2009. Time-series QCA. *Sociological Theory and Methods* 24 (2): 247–265.

Hollstein, Betina, und Claudius Wagemann. 2015. Fuzzy set analysis of network data as mixed method personal networks and the transition from school to work. In *Mixed Methods Social Networks Research. Design and Applications*, Hrsg. Silvia Dominguez und Betina Hollstein, 237–269. Cambridge: Cambridge University Press.

Huang, Ronggui. 2014. QCA3: Yet another Package for Qualitative Comparative Analysis (Version 0.0-7.). R. http://cran.r-project.org/package=QCA3.

Hug, Simon. 2013. Qualitative comparative analysis: How inductive use and measurement error lead to problematic inference. *Political Analysis* 21 (2): 252–265. doi:10.1093/pan/mps061.

Hug, Simon. 2014. We need an open discussion of QCA's limitations. A comment on thiem. *Qualitative & Multi-Method Research* 12 (2).

King, Gary, Robert O. Keohane, und Sidney Verba. 1994. *Designing social inquiry: Scientific inference in qualitative research*. Princeton: Princeton University Press.

Krogslund, Chris, Donghyun Danny Choi, und Mathias Poertner. 2015. Fuzzy sets on shaky ground: Parameter sensitivity and confirmation bias in fsQCA. *Political Analysis* 23 (1): 21–41. doi:10.1093/pan/mpu016.

Krogslund, Chris, und Katherine Michel. 2014. A larger-N, fewer variables problem? The counterintuitive sensitivity of QCA. *Qualitative & Multi-Method Research* 12 (1): 25–33.

Levy, Jack S. 2008. Counterfactuals and case studies. In *The Oxford Handbook of Political Methodology*, Hrsg. Janet M. Box-Steffensmeier, Henry E. Brady, und David Collier, 627–644. Oxford: Oxford University Press.

Levy, Jack S. 2015. Counterfactuals, causal inference, and historical analysis. *Security Studies* 24 (3): 378–402. doi:10.1080/09636412.2015.1070602.

Longest, Kyle C., und Stephen Vaisey. 2008. Fuzzy: A program for performing Qualitative Comparative Analysis (QCA) in stata. *Stata Journal* 8 (1): 79–104.

Mackie, John L. 1965. Causes and conditions. *American Philosophical Quarterly* 2 (4): 245–264.

Maggetti, Martino, und David Levi-Faur. 2013. Dealing with errors in QCA. *Political Research Quarterly* 66 (1): 198–204.

Mahoney, James. 2010. After KKV: The new methodology of qualitative research. *World Politics* 62 (1): 120–147. doi:10.1017/S0043887109990220.

Mahoney, James, und Gary Goertz. 2006. A tale of two cultures: Contrasting quantitative and qualitative research. *Political Analysis* 14 (3): 227–249. doi:10.1093/pan/mpj017.

Mahoney, James, Erin Kimball, und K. L. Koivu. 2009. The logic of historical explanation in the social sciences. *Comparative Political Studies* 42 (1): 114–146. doi:10.1177/0010414008325433.

Mahoney, James, und Rachel Sweet Vanderpoel. 2015. Set diagrams and qualitative research. *Comparative Political Studies* 48 (1): 65–100.

Marx, Axel, Bart Cambré, und Benoît Rihoux. 2013. Crisp-set qualitative comparative analysis in organizational studies. In *Configurational Theory and Methods in Organizational Research*, Hrsg. Peer C. Fiss, Bart Cambré, und Axel Marx, 38:23–47. Research in the Sociology of Organizations 38. Emerald Group Publishing Limited.

Marx, Axel, und Adrian Dusa. 2011. Crisp-set qualitative comparative analysis (csqca), Contradictions and consistency benchmarks for model specification. *Methodological Innovations Online* 6 (2): 103–148.

Moller, Jorgen, und Svend-Erik Skaaning. 2015. Explanatory typologies as a nested strategy of inquiry: Combining cross-case and within-case analyses. *Sociological Methods & Research*. doi:10.1177/0049124115613778.

Quaranta, Mario. 2013. SetMethods: A Package Companion to „Set-Theoretic Methods for the Social Sciences" (Version 1.0). R. http://cran.r-project.org/package=SetMethods.

Ragin, Charles C. 1987. *The comparative method: Moving beyond qualitative and quantitative strategies*. Berkley: University of California Press.

Ragin, Charles C. 2000. *Fuzzy-set social science*. Chicago: University of Chicago Press.

Ragin, Charles C. 2004. Turning the tables: How case-oriented research challenges variable-oriented research. In *Rethinking Social Inquiry : Diverse Tools, Shared Standards*, Hrsg. Henry E. Brady und David Collier, 123–138. Lanham: Rowman & Littlefield.

Ragin, Charles C. 2006. Set relations in social research: Evaluating their consistency and coverage. *Political Analysis* 14 (3): 291–310. doi:10.1093/pan/mpj019.

Ragin, Charles C. 2008a. Calibration versus measurement: A set-theoretic approach. In *The Oxford Handbook of Political Methodology*, Hrsg. Janet M. Box-Steffensmeier, Henry E. Brady, und David Collier, 174–198. Oxford: Oxford University Press.

Ragin, Charles C. 2008b. *Redesigning social inquiry: Fuzzy sets and beyond*. Chicago: University of Chicago Press.

Ragin, Charles C., und Sean Davey. 2014. fs/QCA Software (Version 2.5). Irvine.

Ragin, Charles C., und Sarah Ilene Strand. 2008. Using qualitative comparative analysis to study causal order comment on caren and panofsky. *Sociological Methods & Research* 36 (4): 431–441. doi:10.1177/0049124107313903.

Reichert, Christopher, und Claude Rubinson. 2014. Kirq (Version 2.1.12). Houston. http://grundrisse.org/qca/download/.

Rihoux, Benoît, Priscilla Álamos-Concha, Damien Bol, Axel Marx, und Ilona Rezsöhazy. 2013. From niche to mainstream method? A comprehensive mapping of Qca applications in journal articles from 1984 to 2011. *Political Research Quarterly* 66 (1): 175–184.

Rihoux, Benoît, und Bojana Lobe. 2009. The case for qualitative comparative analysis (qca): Adding leverage for thick cross-case comparison. In *The Sage Handbook of Case-Based Methods*, Hrsg. David Byrne und Charles C. Ragin, 222–242. Sage.

Rihoux, Benoît, und Charles C. Ragin. 2009. *Configurational comparative methods: Qualitative comparative analysis*. Thousand Oaks: Sage Publications.

Rihoux, Benoît, Ilona Rezsöhazy, und Damien Bol. 2009. Qualitative comparative analysis (QCA) in public policy analysis: An extensive review. *German Political Studies* 7 (3): 9–82.

Rohlfing, Ingo. 2012. *Case Studies and Causal Inference: An Integrative Framework*. Palgrave Macmillan.

Rohlfing, Ingo. 2015. Why simulations are appropriate for evaluating qualitative comparative analysis. *Quality & Quantity*. doi:10.1007/s11135-015-0251-8 (Nr. online first (Juli)).

Rohlfing, Ingo, und Carsten Q. Schneider. 2013. Improving research on necessary conditions: Formalized case selection for process tracing after QCA. *Political Research Quarterly* 66 (1): 220–235.

Rohlfing, Ingo, und Carsten Q. Schneider. 2016. A unifying framework for causal analysis in set-theoretic multimethod research. *Sociological Methods & Research*. doi:10.1177/0049124115626170 (Nr. online first (März)).

Schneider, Carsten Q. 2009. *The consolidation of democracy: Comparing europe and latin america*. Abingdon: Routledge.

Schneider, Carsten Q., und Claudius Wagemann. 2006. Reducing complexity in qualitative comparative analysis (qca): Remote and proximate factors and the consolidation of democracy. *European Journal of Political Research* 45 (5): 751–786.

Schneider, Carsten Q., und Claudius Wagemann. 2010. Standards of good practice in Qualitative Comparative Analysis (QCA) and fuzzy-sets. *Comparative Sociology* 9 (3): 397–418. doi:10.1163/156913210X12493538729793.

Schneider, Carsten Q., und Claudius Wagemann. 2012. *Set-theoretic methods for the social sciences: A guide to qualitative comparative analysis*. Cambridge: Cambridge University Press.

Schneider, Carsten Q., und Claudius Wagemann. 2015. Assessing ESA on what it is designed for: A reply to cooper and glaesser. *Field Methods*. doi:10.1177/1525822X15598977 (Nr. online first (September)).

Schneider, Carsten Q., und Kristin Makszin. 2014. Forms of welfare capitalism and education-based participatory inequality. *Socio-Economic Review* 12 (2): 437–462. doi:10.1093/ser/mwu010.

Schneider, Carsten Q., und Ingo Rohlfing. 2013. Combining QCA and process tracing in set-theoretic multi-method research. *Sociological Methods & Research* 42 (4): 559–597.

Schneider, Carsten Q., und Ingo Rohlfing. 2014. Case studies nested in fuzzy-set QCA on sufficiency: Formalizing case selection and causal inference. *Sociological Methods & Research*. doi:10.1177/0049124114532446 (Nr. online first).

Skaaning, S.-E. 2011. Assessing the robustness of crisp-set and fuzzy-set QCA results. *Sociological Methods & Research* 40 (2): 391–408. doi:10.1177/0049124111404818.

Tetlock, Philip E., und Aaron Belkin. 1996. Counterfactual thought experiments in world politics: Logical, methodological, and psychological perspectives. In *Counterfactual Thought Experiments in World Politics*, Hrsg. Philip E. Tetlock und Aaron Belkin. Princeton: Princeton University Press.

Thiem, Alrik. 2013. Clearly crisp, and not fuzzy a reassessment of the (Putative) pitfalls of multi-value QCA. *Field Methods* 25 (2): 197–207. doi:10.1177/1525822X13478135.

Thiem, Alrik. 2014. Navigating the complexities of qualitative comparative analysis: Case numbers, necessity relations, and model ambiguities. *Evaluation Review* 38 (6): 487–513. doi:10.1177/0193841X14550863.

Thiem, Alrik. 2016. QCApro: Professional Functionality for Performing and Evaluating Qualitative Comparative Analysis (Version 1.1-1.). R. http://www.alrik-thiem.net/software/.

Thiem, Alrik, Michael Baumgartner, und Damien Bol. 2015. Still lost in translation! A correction of three misunderstandings between configurational comparativists and regressional analysts. *Comparative Political Studies* 1–33. doi:10.1177/0010414014565892 (Nr. online first (März)).

Thiem, Alrik, Reto Spöhel, und Adrian Duşa. 2016. Enhancing sensitivity diagnostics for qualitative comparative analysis: A combinatorial approach. *Political Analysis* 24 (1): 104–120. doi:10.1093/pan/mpv028.

Tomini, Luca, und Claudius Wagemann. 2015. Assessing causes for democratic regression during the third wave of democratization. In. Cosenza.

Verkuilen, Jay. 2005. Assigning membership in a fuzzy set analysis. *Sociological Methods & Research* 33 (4): 462–496. doi:10.1177/0049124105274498.

Vink, Maarten P., und Olaf Van Vliet. 2009. Not quite crisp, not yet fuzzy? Assessing the potentials and pitfalls of multi-value QCA. *Field Methods* 21 (3): 265–289. doi:10.1177/1525822X09332633.

Vink, Maarten P., und Olaf van Vliet. 2013. Potentials and pitfalls of multi-value QCA response to thiem. *Field Methods* 25 (2): 208–213. doi:10.1177/1525822X13478134.

Vis, Barbara. 2012. The comparative advantages of fsQCA and regression analysis for moderately large-N analyses. *Sociological Methods & Research* 41 (1): 168–198. doi:10.1177/0049124112442142.

Wagemann, Claudius. 2015. Qualitative comparative analysis. In *Handbuch Policy-Forschung*, Hrsg. Georg Wenzelburger und Reimut Zohlnhöfer, 429–452. Wiesbaden: Springer Fachmedien. http://link.springer.com/10.1007/978-3-658-01968-6_17.

Wagemann, Claudius, und Carsten Q. Schneider. 2003. Fuzzy-set qualitative comparative analysis (fs/QCA): Ein zwei-stufen-modul. In *Vergleichende politikwissenschaftliche Methoden*, Hrsg. Susanne Pickel, Gert Pickel, Hans-Joachim Lauth, und Detlef Jahn, 105–34. Wiesbaden: VS Verlag. http://link.springer.com/chapter/10.1007/978-3-663-12430-6_6.

Wagemann, Claudius, und Carsten Q. Schneider. 2015. Transparency standards in qualitative comparative analysis. *Qualitative & Multi-Method Research* 13 (1).
Wagemann, Claudius, Jonas Buche, und Markus B. Siewert. 2016. QCA and business research: Work in progress or a consolidated agenda? *Journal of Business Research* 69 (7): 2531–2540. doi:10.1016/j.jbusres.2015.10.010.

Real-Time-Response-Messungen

Thomas Waldvogel und Thomas Metz

1 Problemaufriss und Einführung in die Methode

Apple oder Android? Ober- oder offene Grenze? Schwarz, Rot, Dunkelrot, Grün oder doch etwas anderes? Nicht nur unserer wirtschaftlicher und gesellschaftlicher Alltag, sondern auch das politische Leben ist in einer pluralistischen Demokratie geprägt durch eine Vielzahl an (Wahl-)Entscheidungen und Urteilen. Politische Mandatsträger entscheiden über Problemlösungsstrategien, Wähler beurteilen die jeweiligen Wahlprogramme und entscheiden mit ihrem Votum über Stimmenanteile und Mandate. Medien kommentieren politische Entscheidungen, Rezipienten entscheiden über ihr politisches (Konsum-)Verhalten. Eine wesentliche Grundlage zur Erforschung dieser Urteilsbildung bilden Daten der empirischen Sozial- und Umfrageforschung. Mit unterschiedlichsten Methoden versuchen kommerzielle und akademische Umfrageforscher mit seismografischer Genauigkeit die gesellschaftlichen Stimmungen, individuellen Meinungsbilder und politischen Einstellungen einzufangen und zu verstehen, um sie anschließend in den öffentlichen Diskurs zurückzuspiegeln. Insbesondere Wahlkampfzeiten bilden dabei die Hochphasen der Disziplin.

Da die meisten Wähler Politik über die Medien vermittelt wahrnehmen, spielen audiovisuelle Stimuli in der politischen Urteilsbildung eine zentrale Rolle. Den zugrundeliegenden Rezeptionsprozess zu erforschen, bildet eine besondere

T. Waldvogel (✉) · T. Metz
Albert-Ludwigs-Universität, Freiburg, Deutschland
E-Mail: thomas.waldvogel@politik.uni-freiburg.de

T. Metz
E-Mail: thomas.metz@politik.uni-freiburg.de

© Springer Fachmedien Wiesbaden GmbH 2017
S. Jäckle (Hrsg.), *Neue Trends in den Sozialwissenschaften,*
DOI 10.1007/978-3-658-17189-6_11

Herausforderung: Welche Rolle spielen die Inhalte von Reden auf (Nominie-rungs-)Parteitagen? Welchen Einfluss haben Fernsehdiskussionen („TV-Duelle", „Elefantenrunden" oder Talkshows) auf die Zuschauer? Wie beeinflusst der ver-bale „Schlagabtausch" zwischen Spitzenkandidaten die Wahlentscheidung? Tra-ditionellen Forschungsansätzen entziehen sich die Antworten auf diese Fragen, weil sie den prozesshaften Charakter von politischer Kommunikation und Urteils-bildung mit ihren klassischen Instrumenten der Ex-Post-Befragung nur unzu-reichend erfassen können. Die oftmals besondere Bedeutung zuerst oder zuletzt erhaltener Informationen (Primacy- und Recency-Effekte), die Tendenz nach-träglich Gründe für die eigene Entscheidung zu suchen (Vermeidung kognitiver Dissonanzen), die Schwierigkeit, die eigenen Vorstellungen in Worte zu fassen (Verbalisierungsprobleme) oder die Neigung, bei sensiblen Themen nur allge-mein akzeptierte Antworten zu geben (soziale Erwünschtheit), sind zentrale Prob-lembereiche der traditionellen, postrezeptiven Umfragemethodik bei der Analyse audio-visueller Stimuli (Ottler 2013; Maurer und Reinemann 2009).

Eine innovative Erhebungstechnik, die in diese Problemfelder vordringen und Licht in die „black box" des Rezeptionsprozesses audio-visueller Stimuli bringen kann, ist die Real-Time-Response (RTR)-Messtechnik, in der US-Forschung auch bekannt als Continuous Response Measurement (CRM). Denn anders als traditi-onelle Ex-Post-Studiendesigns, die Probanden zu einem einzigen Zeitpunkt nach dem Erlebten eine Vielzahl an Fragen stellen, erfassen RTR-Messungen ein ein-zelnes Frageitem kontinuierlich, d. h. z. B. jede Sekunde während der gesamten Dauer einer Stimuluspräsentation (Maurer 2013).

1.1 Real-Time-Response als Technik der sozialwissenschaftlichen Forschung

RTR-Messungen ermöglichen die rezeptionsbegleitende Erfassung individueller und subjektiver Reaktionen auf audio-visuelle Stimuli. Die Probanden können mithilfe technischer Eingabegeräte kontinuierlich ihren Eindruck während der Medienrezeption abgeben, für gewöhnlich über ein zuvor vom Forscher festge-legtes und ihnen in einer Messanweisung mitgeteiltes Konstrukt. Hierbei kann etwa bewertet werden, ob eine Szene in einem Film als „angenehm" empfun-den, oder ein Vortrag gerade als informativ wahrgenommen wird. Auch ist es auf diese Weise möglich herauszufinden, welcher von zwei Diskutanten gerade den besseren Eindruck macht. Die so erfassten Datenpunkte der individuellen Wahrnehmungen werden zentral von einem Rechner erfasst und stehen dann für eine grafische und statistische Auswertung zur Verfügung. Biocca und Kollegen

(Biocca et al. 1994) beschreiben die RTR-Erhebungsmethode in ihrem noch heute lesenswerten Überblicksartikel zusammenfassend:

> In sum, CRM systems collect, in real time, discrete or continuous introspective self reports, evaluations, or opinions in response to any stimulus for any duration along any discrete or continuous scale. Respondents introspect about their reactions to the message stimulus, and continuously signal perceived changes in mental states using a single scale. The scale used by the experimenter is limited only by the research question, the researcher's imagination, and the respondent's ability to make the requested discrimination in real time (Biocca et al. 1994, S. 20).

Klassische RTR-Studiendesigns kombinieren die rezeptionsbegleitenden Messungen zumeist mit Inhaltsanalysen und mehrwelligen Panelbefragungen. Sie ermöglichen damit eine tiefer gehende Analyse der Medienrezeption unter Berücksichtigung politischer Prädispositionen und weiterer, determinierender Einflussfaktoren auf individuelle Wahrnehmungs- und Reaktionsmuster (Maurer 2013). RTR-Messungen versprechen damit, die kognitiven Prozesse der Informationsverarbeitung für die grafische und statistische Analyse zugänglich zu machen und sollen gleichzeitig Erklärungen dafür liefern, warum ein- und derselbe Medienstimulus in Abhängigkeit von den individuellen Voreinstellungen der Zuschauer mitunter zu sehr unterschiedlichen Wahrnehmungen und Reaktionen führen kann. Somit wird es durch RTR möglich, einen Medienstimulus nicht mehr nur als monolithischen Block zu behandeln, sondern individuelle Bewertungen auf die einzelnen Merkmale seines Inhaltes zurückzuführen.

1.2 Entwicklung und systematisierende Darstellung der RTR-Technologie

Ihren Anfang nahm die RTR-Technologie bereits 1945 als Paul Lazarsfeld, Direktor des *Bureau of Applied Social Research* an der Columbia University in New York und Frank Stanton, seinerzeit Medienforscher und später Präsident des kommerziellen Fernsehkonzernes CBS, den *program analyzer* zur Radio-Programmforschung entwickelten und patentierten. Dieser bestand aus einem elektronischen Eingabegerät mit zwei Knöpfen: ein grüner Knopf diente dazu, einen positiven, ein roter dazu einen negativen momentanen Eindruck widerzugeben. Wurde kein Knopf gedrückt, galt dies als Indifferenz des Rezipienten. In den Folgejahren hielt die neue Technik Einzug in die kommerzielle Programmforschung. Neben CBS setzten auch NBC und die Hollywood Filmindustrie die Technik zur Vermessung ihrer Produkte ein. In der akademischen Forschung wurde die

RTR-Technologie vor allem in von der Psychologie geprägten Forschungsfeldern verwandt, fristete aber angesichts des vorherrschenden Behavioralismus und aufgrund der hohen Kosten für die technische Infrastruktur lange Zeit ein Schattendasein. Erst die kognitive Wende der 1970er und das Aufkommen von Mikrocomputersystemen in den 1980er Jahren gaben der RTR-Messtechnologie neue Impulse und etablierten sie als Instrumentarium der empirischen Sozialforschung (Biocca et al. 1994).

In der deutschsprachigen Forschung ist der Aufstieg der RTR-Messtechnik eng mit dem Aufkommen von TV-Duellen zwischen Spitzenpolitikern vor Bundestagswahlen um die Jahrtausendwende verknüpft. Eine Reihe innovativer Arbeiten analysierte in der Folge TV-Duelle auf Bundes- und Landesebene und konnte mithilfe der RTR-Technik zahlreiche Wirkungsmechanismen von TV-Debatten auf ihre Rezipienten nachweisen (siehe Abschn. 2.1). Im Gegensatz zu den anderen Kapiteln in diesem Buch kann an dieser Stelle die Entwicklung der Methode allerdings nicht sinnvollerweise über die Ergebnisse der SSCI-Stichwortsuche widergegeben werden. Eine solche Suche ergibt für die unterschiedlichen Schreibweisen nämlich nur extrem wenige Treffer, was mutmaßlich daran liegt, dass aufgrund der relativ hohen Kosten für die technische Ausstattung nur wenige Forschergruppen über die für eine RTR-Studie notwendige Hardware verfügen sodass die Methode trotz intensiver Nutzung nur eine begrenzte Breitenwirkung hat. Die im Folgenden beschriebenen Tendenzen zur Virtualisierung der Methode dürften diese Situation jedoch mittelfristig entschärften. Unbenommen der Kostensituation gibt es ein ausdifferenziertes Spektrum an RTR-Eingabesystemen, die sich in ihren Eigenschaften unterscheiden. Tab. 1 stellt die verschiedenen Spezifikationen systematisch dar (Maier 2013).

Push-Button-Systeme folgen der Idee des *program analyzer* und sind damit die älteste Form der RTR-Technologie. Als einfachste Variante können handelsübliche Computer-Tastaturen dienen, auf denen bestimmte Tasten als Druckknöpfe definiert werden. Darüber hinaus gibt es aber auch sehr ausgereifte,

Tab. 1 Typen von RTR-Eingabesystemen

Gerätetyp	Push-Button	Dialer	Slider	Joystick
Datenniveau	Je nach Anzahl nominal bis quasi-metrisch	Ordinal/quasi-metrisch	Ordinal/quasi-metrisch	Quasi-metrisch
Eingabemodus	*Reset mode*	*Latched mode*	*Latched mode*	*Reset mode*
# Bewertungs-items	Flexibel	1	1	1 bis 2

spezialisierte Systeme. Meist mit zwölf Druckknöpfen ausgestattet erlauben sie Evaluationen für mehrere Merkmale und in verschiedenen Abstufungen. Push-Button-Systeme unterscheiden sich deutlich von den anderen, nachfolgend dargestellten Eingabegeräten: Die produzierten Daten haben ein nominales (bzw. sofern sie Abstufungen zulassen ein ordinales bis quasi-metrisches) Skalenniveau.[1] Dies hat unmittelbare Auswirkungen auf die Datenauswertungsstrategie und die ableitbaren Befunde. Die Eingabe erfolgt im sogenannten *reset mode,* d. h. dass lediglich beim aktiven Drücken des Knopfes ein Signal an das Speichermedium übermittelt wird. Dies hat einerseits den Vorteil, einer jeden Bewertung eine eindeutige Nutzeraktivität zuordnen zu können. Gleichzeitig hat die Forschungspraxis gezeigt, dass die Schwelle für das Drücken eines Feedbackknopfes interindividuell stark variieren und mitunter so hoch liegen kann, dass am Ende einer Untersuchung nur wenige Datenpunkte für die Analyse zur Verfügung stehen. Die Anzahl an Bewertungsitems ist bei Push-Button-Systemen von vornherein nicht festgelegt, allerdings setzt die Anzahl verfügbarer Knöpfe und die geistige Belastbarkeit der Teilnehmer eine praktische Grenze.

Dialer und Slider unterscheiden sich in ihrer Logik stark von Eingabegeräten auf Basis von Druckknöpfen, ähneln einander jedoch deutlich. Unterschiede zwischen Dialer und Slider ergeben sich vor allem durch die verschiedene Haptik der Geräte und die Art der Eingabe. Während Dialer die Rückmeldung über einen Drehknopf erfassen, basieren Slider auf Schiebereglern, oft visuell unterstützt von einer LED-Anzeige. Dialer können dabei entweder eine festgelegte Anzahl an Bewertungen erlauben (z. B. sieben oder zehn mögliche Drehpositionen) oder aber das Urteil kontinuierlich erfassen. Während letzteres eine freie Rückmeldung möglich macht, schränken erstere Geräte zwar die Feedbackmöglichkeiten ein, erlauben es aber auch, dass Teilnehmer damit z. B. Multiple-Choice-Fragen beantworten. Trotz dieser Unterschiede sind Dialer und Slider in der systematischen Darstellung äquivalent. Beide Eingabegeräte produzieren Daten von ordinalem oder quasi-metrischen Niveau. Außerdem arbeiten beide Gerätetypen im *latched mode,* d. h. es wird kontinuierlich die momentane Position des Drehknopfes oder Schiebereglers aufgezeichnet. Dies produziert gemeinhin weitaus mehr Datenpunkte als der *reset mode,* in dem die Geräte nach der Eingabe automatisch wieder in eine Ausgangsstellung „zurückspringen". Nachteilig ist, dass es im

---

[1]Zwar fokussiert der „übliche" RTR-Messansatz auf eine Bewertung zu einem einzelnen Zeitpunkt und würde daher Buttons eher als nominales bzw. ordinales Instrument erscheinen lassen, erfasst man aber das Nutzerverhalten über Zeit kann auch eine Absolutskala vorliegen (z. B. wenn die Anzahl Bewertungen in einem Zeitintervall erfasst wird).

latched mode nicht immer möglich ist zu entscheiden, ob ein momentaner Wert tatsächlich einer bewussten Bewertung entspricht, was die Datenqualität negativ beeinflussen kann. Außerdem sind Dialer und Slider bauartbedingt üblicherweise auf ein Bewertungsitem mit zwei Bewertungsobjekten bzw. -polen festgelegt (Bachl 2014). Die Forschungspraxis hat verschiedene Strategien entwickelt, diese Einschränkungen zu umgehen. Wenn beispielsweise zwei Bewertungsitems erfasst werden sollen, die jeweils unterschiedliche Konstrukte messen (z. B. Kompetenz und Sympathie), so lassen sich zwei randomisierte Teilgruppen bilden (Wolf 2010). Alternativ lassen sich aber auch physiologische Indikatoren zur Erfassung weiterer Items nutzen wie z. B. die Aktivierung der Probanden (Früh und Fahr 2006; Früh 2010; siehe auch Bachl 2014). Neben der mangelnden Flexibilität von Dialern und Slidern kann weiter problematisiert werden, dass es die Probanden zwingt ihren Eindruck von beiden Kandidaten saldieren zu müssen, sodass eine positive Bewertung für Kandidat A zugleich als negatives Urteil über B interpretiert wird.

Ein weiteres Messinstrument, welches in der Forschungspraxis allerdings wenig Verwendung findet sind Joysticks (Ottler 2013). Bei diesen werden die Datenpunkte entsprechend der Stellung des Hebels relativ zur Mittelstellung erfasst. Gemäß der obigen Systematik produzieren Joysticks quasi-metrische Daten. Wo Joysticks in der Literatur eingesetzt werden (z. B. Ramanathan und McGill 2007; Wünsch 2006) wird ihr Eingabemodus nicht näher beschrieben. Nach der Funktionsweise eines handelsüblichen Joysticks müsste die Messung allerdings im *reset mode* erfolgen, weil dieser beim Loslassen automatisch in die neutrale Mittelstellung zurückkehrt. Joysticks ähneln in ihrer Art der Datenerhebung also der Slider- und Dialer-Technik. Ein Unterschied ergibt sich hinsichtlich der Zahl der Bewertungsitems. Hier können Probanden zwei Bewertungsitems mit vier Objekten durch vertikale und horizontale Bewegung des Joysticks beurteilen. Während sich Schiebe-, Drehregler- und Druckknopfsysteme als RTR-Technik fest etabliert haben, ist die Einordnung von Joysticks schwierig, da sie nur selten zum Einsatz kommen und kaum empirisch untersucht wurden (Bachl 2014).

2   Darstellung der Methode

Zentraler Forschungsgegenstand rezeptionsbegleitender Messverfahren in den Sozialwissenschaften ist die Untersuchung von TV-Duellen und politischen TV-Debatten. Anhand dieses Forschungsbereichs werden im Folgenden exemplarisch die Leistungsfähigkeit aber auch Problembereiche von RTR-basierten Forschungsdesigns erläutert.

2.1 TV-Duelle: Ein kurzer Forschungsüberblick

Insbesondere die Politikwissenschaft hat sich mit TV-Duellen bereits seit deren Aufkommen Mitte der 1950er Jahre intensiv befasst (McKinney und Carlin 2004; Benoit et al. 2003; Maier et al. 2014), vor allem im Kontext der US-Präsidentschaftswahlen. Hier hat die Forschung gezeigt, dass die Effekte einer Debatte davon abhängen, welche Voraussetzungen die Zuschauer mitbringen. So wirken z. B. Debatten am stärksten, wenn ein Kandidat nur wenig bekannt ist, Parteianhänger neigen dazu, sich eher in ihrer Entscheidung bestätigt zu sehen während Meinungsänderungen bei ungebundenen aber interessierten Zuschauern am ehesten vorkommen. Insofern wird TV-Duellen zwar durchaus Einfluss auf die Wahl attestiert, zugleich beeinflussen aber Prädispositionen wie die Parteiidentifikation auch, wie die Debatte wahrgenommen wird, weshalb ihre Wirkung begrenzt ist. Darüber hinaus ist die Stabilität vieler Effekte insofern unsicher, als dass Duelle im Rahmen eines Wahlkampfes ablaufen, der seinerseits wieder auf das Ereignis reagiert (McKinney und Carlin 2004). Belegt ist zudem, dass TV-Duelle unter anderem das politische Wissen, das subjektive Kompetenzgefühl, das Interesse am Wahlkampf sowie die Wahlbeteiligung steigern können (McKinney et al. 2011; Wald und Lupfer 1978; McKinney und Warner 2013). Auch für Deutschland analysierte eine Reihe innovativer Arbeiten TV-Duelle mithilfe von RTR-Technik (Faas und Maier 2004; Maier und Faas 2005; Maurer und Reinemann 2003; Reinemann und Maurer 2007b; Bachl et al. 2013a; Bachl 2014). Insgesamt unterstützen diese Studien die für die USA beobachteten Zusammenhänge – die Parteiidentifikation spielt auch in Deutschland eine zentrale Rolle, Unentschiedene bilden eher Präferenzen aus während Entschiedene die ihrigen bekräftigen, zugleich finden sich aber auch Präferenzänderungen (Klein und Pötschke 2005; Maier 2007).

Eine besondere Stärke der RTR-basierten Forschung ist die Offenlegung struktureller Wirkungsmechanismen: So beeinflussen TV-Duelle die Wahl indirekt über eine Veränderung der Kandidatenorientierung, die sich aus bestehenden Präferenzen sowie aus der Debattenleistung speist; die Wahrnehmung als Debattensieger ist weitgehend eine Funktion der laufenden Bewertung während der Diskussion, auch wenn Parteianhänger meist einen Sieg ihres Kandidaten erwarten (Maier und Faas 2004; Maier 2007). Zugleich aber ist die Wahrnehmung der Diskussion deutlich durch die Parteiidentifikation vorgeformt (Faas und Maier 2004). Entsprechend sind die Effekte von TV-Duellen bei Ungebundenen am stärksten (Maier und Faas 2011). Kandidaten punkten vor allem mit Aussagen zu Themen, für die ihre Partei als kompetent gilt. Auch finden eher allgemeine

Aussagen ebenso wie populäre bis populistische Statements Zustimmung (Bachl 2013a; Reinemann und Maurer 2007a). Konkrete Politik- oder Personalaussagen polarisieren eher, ähnlich wie Angriffe auf den politischen Gegner (aber auch die damit verbundene Defensive) abgelehnt werden; Selbstpräsentationen kommen insbesondere bei Ungebundenen gut an (Reinemann und Maurer 2005; Bachl 2013b; Reinemann und Maurer 2007a). Entgegen populärer Erwartungen spielen nonverbale Aussagen nur eine untergeordnete Rolle (Nagel 2012; Maurer 2009).

2.2   Validität und Reliabilität der RTR-Messtechnik

RTR-Messungen haben die Debattenforschung deutlich bereichert. Sie ermöglichen gerahmt von mehrwelligen Ex-Post-Befragungen die sekundengenaue Erfassung von Zuschauerreaktionen in Echtzeit und damit eine sehr detaillierte Analyse über die Bewertungsmuster der Rezipienten politischer TV-Debatten. Was an potenziellen Einwänden gegen den Einsatz von RTR diskutiert wird, bezieht sich vornehmlich auf drei Problembereiche: die Reliabilität, die interne und externe Validität des Messverfahrens.

Die Kenntnisse zur Reliabilität sind noch fragmentiert (Papastefanou 2013; Bachl 2014). Allerdings weisen die wenigen, vorliegenden Studien akzeptable Reliabilitätskoeffizienten für das bestehende RTR-Instrumentarium aus (Biocca et al. 1994; Reinemann et al. 2005; Maier et al. 2007).

Weiterhin zeichnet die methodologisch ausgerichtete Forschung das Bild einer intern validen RTR-Technik. Wiederholt konnte nachgewiesen werden, dass die mit RTR erhobenen Daten in erwarteter Weise mit anderen Konstrukten (z. B. der Parteiidentifikation) korrelieren und das Instrumentarium folglich eine hohe Konstruktvalidität besitzt. Gleichzeitig erweisen sich die RTR-Technologien auch im Hinblick auf die Kriteriumsvalidität als robust: Das *nach* einer TV-Debatte gefällte Urteil über den Debattensieger korrespondiert in hohem Maße mit den *während* der Debatte kontinuierlich gemessenen, spontanen Reaktionen der Probanden (Biocca et al. 1994; Reinemann et al. 2005; Maier et al. 2007; Maier 2013).

Unsicherer ist hingegen die externe Validität von RTR-basierten Studien. Einerseits scheinen die Messungen Probanden nicht über Gebühr zu belasten (Maier 2013). Ebenso wenig lassen sich durch die RTR-Technik induzierte Ablenkungs- oder Reaktivitätseffekte nachweisen, wenngleich es auch einzelne Belege gibt, dass die Handhabung von RTR-Geräten die Erinnerungsleistung an visuelle Stimuli negativ beeinflusst (Fahr und Fahr 2009; Maurer und Reinemann 2009). Andererseits finden sich aber auch Hinweise, dass die ungewohnte Selbstauskunft die Introspektion erhöhen könnte, was die Übertragbarkeit auf alltägliche, unreflektierte Situationen erschweren kann (Maier 2013; Bachl 2014, S. 56–58). Deutliche Unsicherheit ergibt sich zudem daraus, dass die bisherige Forschung physische Messgeräte benutzt, die nur im „Labor", d. h. klassischerweise in Hörsälen an Universitäten oder Studioräumen von Medienanstalten einsetzbar sind. Daher konnte bislang kaum überprüft werden, wie sich Labormessungen von einer Erhebung im privaten Umfeld in der Heimanwendung unterscheiden (Bachl 2014, S. 55). Vier Problemfelder sind hier relevant (siehe für das Folgende auch Bachl 2014, S. 54; Papastefanou 2013, S. 9):

1. Die ungewohnte „Überwachung" im Labor könnte bei wenig politisch Involvierten unsicherere, bei Involvierten dagegen prononciertere Urteile hervorbringen als im privaten Umfeld (siehe dazu Zajonc 1965; Aiello und Douthitt 2001).
2. Teilnehmer könnten in dieser Erhebungssituation aufeinander reagieren und sich aneinander bzw. an ein globales Meinungsklima anpassen (Ramanathan und McGill 2007; Weaver et al. 2009; Wolf 2010; Fein et al. 2007; Davis et al. 2011). Die übliche Auswahl von Teilnehmern über Quotenpläne erzeugt damit jedoch ein Laborsetting, das sich stark vom privaten Umfeld unterscheidet, wo Mit-Zuschauer meist sozial und politisch homogener sind (McPherson et al. 2001). Entsprechend sollten sich Urteile im privaten Umfeld weniger stark verändern als in einem Laborsetting (siehe für soziale Effekte im Debattenurteil auch Maier und Faas 2003).
3. Die hohen Anforderungen (Motivation, Anfahrt usw.) machen es wahrscheinlich, dass vor allem stark involvierte Personen teilnehmen, die sich jedoch in ihrer politischen Informiertheit (Converse 2000), der Klarheit und Stabilität ihrer Orientierungen (Converse 2006) und in der Art der politischen Informationsverarbeitung (Campbell et al. 1960) von der breiten Bevölkerung unterscheiden. Es besteht also die Gefahr, dass vorhandene Debatteneffekte die ja besonders auf Unentschlossene wirken sollten, systematisch unterschätzt werden.
4. Die Notwendigkeit physischer Geräte begrenzt die Teilnehmerzahl, sodass in der Praxis meist rund 100 Personen an einer Studie teilnehmen können. Viele Studien wählen Teilnehmer daher über Quoten aus, die aufgrund des kleinen Samples aber nur auf relativ wenigen Kriterien aufbauen können. Zugleich besteht das Problem, alle Felder des Quotenplans zu besetzen (z. B. Bachl et al. 2013b).

Damit lässt sich eine deutliche Lücke in der RTR-basierten Forschung zu TV-Debatten konstatieren: Alle bekannten Befunde beruhen auf Laborstudien, deren externe Validität bisher ungesichert ist. Insofern ist unklar, wie viel des bisherigen Wissens auf „natürliche" Rezeptionssituationen übertragbar ist. Kern des Problems ist, dass es bislang an einer mobilen RTR-Plattform mangelt, die Forscher nicht auf ein Labordesign festlegt, sondern die auch Feldstudien ermöglicht.

2.3   Innovation: Virtualisierung der RTR-Messtechnik

In jüngster Zeit lassen sich ausgehend von den oben beschriebenen Herausforderungen Entwicklungen hin zur Virtualisierung des Messinstrumentariums beobachten.

Virtualisierte Formen der RTR-Messtechnik nutzen dabei mobile Endgeräte als Eingabe-Devices und implementieren die RTR-Technologie softwareseitig als Applikation. Entweder als Web-App (Metz et al. 2016; Boydstun et al. 2014) oder als native Applikation (Maier et al. 2016) programmiert, orientieren sich virtualisierte RTR-Messtechiken bisher sehr stark an bestehenden Messsystemen physischen Typus. Die grafischen Benutzeroberflächen (graphical user interface; GUI) sind dabei in Anlehnung an die klassische Forschung mit physischen Eingabegeräten als Push-Button-Version im *reset mode* (Metz et al. 2016; Boydstun et al. 2014; Kercher et al. 2012) oder als Slider (Metz et al. 2016; Maier et al. 2016; Kercher et al. 2012) bzw. Dialer (Kercher et al. 2012) im *latched mode* implementiert, sodass sie sich problemlos in die bestehende Systematik einordnen.

Die Vorteile einer Virtualisierung scheinen offensichtlich: Messungen sind außerhalb des Labors und damit in natürlichen Rezeptionssituationen möglich (Maier et al. 2016), was die externe Validität der RTR-Studien erhöht. Es lassen sich umfangreiche Stichproben erheben (Boydstun et al. 2014), was die Robustheit und Generalisierbarkeit der abgeleiteten Befunde verbessert. Die Erhebung wird zudem deutlich kostengünstiger, da Ausgaben für spezialisierte RTR-Hardware entfallen, zumal Teilnehmer ihre eigenen Geräte benutzen können (Papastefanou 2013). Besonders vielversprechend ist jedoch die hohe Flexibilität des Instrumentariums, da unterschiedliche Konfigurationen (Slider, Push-Button, Dialer) der GUI softwareseitig umgesetzt werden können (Kercher et al. 2012) und sich auch nicht mehr an den Beschränkungen physischer Geräte orientieren müssen. Damit lässt sich das RTR-Instrumentarium ressourcenschonend spezifisch an das jeweilige Erhebungsszenario und Bewertungskonstrukt anpassen. Das Datenniveau kann flexibel angepasst, der Eingabemodus und die Anzahl der Bewertungsitems entsprechend des Medienstimulus (z. B. Duellsituation oder Elefantenrunde) adäquat definiert werden (Metz et al. 2016).

Exemplarisch kann die Funktionsweise einer solchen Virtualisierung anhand des Debat-O-Meter erläutert werden (siehe für das Folgende auch Metz et al. 2016). Aufseiten des Benutzers (Client) ist das Debat-O-Meter als einfache

Website programmiert, deren Aussehen einer gewöhnlichen Smartphone-App nachempfunden ist. Zwar bietet dieser Ansatz gegenüber einer nativen (d. h. auf dem Gerät installierten) Anwendung etwas weniger entwicklerische Freiheiten. Da das benötigte Funktionsrepertoire problemlos mit den Techniken klassischer Webentwicklung (Hypertext Markup Language [HTML5], Javascript) umgesetzt werden kann, überwiegt jedoch der Vorteil, das Instrument plattformübergreifend auf Smartphones und Tablets (Android, iOS), aber auch auf Notebooks, PCs, oder anderen internetfähigen Geräten anbieten zu können. Zudem beschleunigt sich die Entwicklung, da Änderungen nur mit einer überschaubaren Anzahl von Browsern und nicht mehr mit einer großen Anzahl verschiedener Geräte getestet werden müssen. Darüber hinaus ist keine AppStore-Zulassung (und damit potenzielle Abhängigkeit in der Anwendungsgestaltung) nötig, genauso können Updates schnell umgesetzt werden, was die Flexibilität der Applikation erhält. Zusätzlich umgeht eine Web-App Implementierung eine weitere Hürde: Nutzer müssen die App nicht auf ihrem Smartphone installieren, sondern lediglich eine Website besuchen. Das Debat-O-Meter selbst bietet verschiedene GUI-Konfigurationen für die RTR-Eingabe (z. B. Slider, Push-Button, Rubberband[2]; siehe Abb. 1) und kann sowohl über das Internet als auch auf einem lokalen Server über WLAN betrieben werden.

Das Debat-O-Meter folgt der klassischen Serverstruktur für Websites, d. h. der Server selbst wird mit Linux betrieben, setzt die Software Apache zur Internetkommunikation ein und speichert die gesammelten Daten in einer Datenbank, die über eine Skriptsprache bedient wird. Der Debat-O-Meter Server wird nur dann aktiv, wenn ein Nutzer clientenseitig (d. h. von seinem Smartphone) eine Nachricht sendet, z. B. durch Bewegen des Sliders oder Drücken eines Buttons. Die Nachricht enthält dabei den Wert der Sliderposition oder des Buttons. Der Server versieht diesen Wert beim Eintreffen mit einem Zeitstempel und speichert beides zusammen mit der pseudonymisierten Kennung des Nutzers in der Datenbank. Diese Rohdaten bilden die Basis für alle weiteren Auswertungen.

Über die Validität und Reliabilität virtualisierter RTR-Messtechnologien ist bisher wenig bekannt. Maier et al. (2016) liefern in ihrer Studie anlässlich des TV-Duells zur Bundestagswahl 2013 deutliche Hinweise auf die interne Validität ihrer Version einer mobilen RTR-Applikation. Sowohl Konstruktvalidität (gemessen als Assoziation von RTR-Score und Parteiidentifikation) als auch

---

[2]Rubberband bezeichnet eine *reset mode* Version des Sliders, bei der die Messung wieder auf neutral zurückspringt, sobald der Nutzer den virtuellen Schiebeknopf loslässt.

Abb. 1 Oberflächen des Debat-O-Meters. Anmerkung: Oberfläche des Debat-O-Meters am 14.01.2016 und 10.03.2016. (Quelle: Eigene Darstellung, siehe auch Metz et al. 2016, S. 132)

Kriteriumsvalidität (erfasst als Korrelation der individuellen RTR-Bewertung mit der Wahrnehmung über den Debattensieger) sind klar gegeben. Darüber hinaus bestätigt ein Pfadmodell die über einfache Korrelationen getroffenen Befunde. Zudem sind in einem Paralleltestverfahren die aus physischen Dialern und virtualisierten Slidern gewonnenen, gemittelten Bewertungskurven trotz unterschiedlicher Rezeptionssituationen der beiden Teilnehmergruppen stark miteinander korreliert.

In einem weiteren Methodenexperiment vergleichen Metz et al. (2016) anhand des TV-Streitgesprächs zwischen dem baden-württembergischen Ministerpräsident Winfried Kretschmann (Bündnis90/Die Grünen) und seinem Herausforderer Guido Wolf (CDU) vor der Landtagswahl 2016 physische Dialer mit einer Slider-Spezifikation des Debat-O-Meter. Hierbei wurden die Probanden randomisiert in zwei Gruppen eingeteilt, von denen eine mit physischen Dialern ausgestattet wurde während die andere das Debat-O-Meter als virtuellen Slider nutzte. Durch die randomisierte Einteilung lassen sich Unterschiede in den gemittelten Bewertungskurven dem Messinstrument zuordnen, oder mit anderen Worten: Je ähnlicher sich beide Instrumente sind, umso stärker sollten die Messungen miteinander korrelieren. Das Ergebnis ist in Abb. 2 dargestellt. Für alle berechneten Größen wurden die (in der Grafik grau hinterlegten) Sprechphasen der Moderation ausgeschlossen.

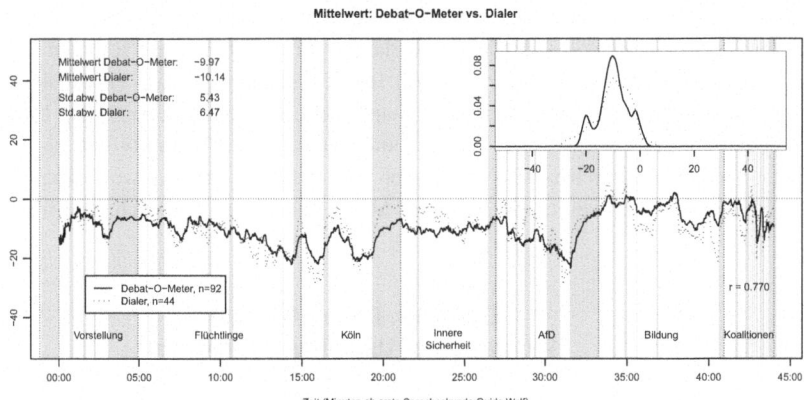

Abb. 2 Vergleich physischer Dialer und virtueller Slider anhand des TV-Streitgesprächs Kretschmann vs. Wolf. (Quelle: Eigene Darstellung, siehe auch Metz et al. 2016, S. 135)

Beide Kurven zeigen nur minimale Unterschiede in der Lage (9,97 vs. 10,14), was darauf hindeutet, dass die Dialer und das Debat-O-Meter die gleiche Grundstimmung der Wahrnehmung erfassen (die Skala reicht von −50 bei einem sehr guten/schlechten Eindruck von Kretschmann/Wolf bis +50 für die umgekehrte Konstellation). Ein interessanter Befund ist, dass die Standardabweichung für die Dialer etwas erhöht ist (6,47 gegenüber 5,43), was mutmaßlich daher rührt, dass sich Dialer ohne Hinsehen bedienen lassen und damit zu einer etwas höheren Bewertungsfrequenz einladen. Die etwas stärkere Volatilität der Dialer wird auch in der Kerndichteschätzung der Messwerte an den weiter ausgreifenden Rändern sichtbar (kleine Grafik oben in Abb. 2). Hier wird deutlich, dass nicht nur die Gipfel beider Verteilungen an der gleichen Position liegen, sondern dass im Debat-O-Meter auch der zweite Gipfel der Verteilung noch erfasst wird. In der Detailansicht verlaufen beide Kurven äußerst parallel. Entsprechend sind beide Kurven auch in dieser grundlegenden Betrachtungsweise stark korreliert (r = 0,770). Die Gesamtschau der Befunde belegt damit eine zufriedenstellende Reliabilität des Debat-O-Meters als virtualisierte RTR-Messtechnologie.

Hinsichtlich der externen Validität der neuen Messtechnik lässt sich bisher noch kein Bild zeichnen. Maier und Kollegen (2016) folgern aus der mittelstarken Korrelation der aggregierten Bewertungskurven von Labor- und Heimmessung im Rahmen ihrer RTR-Studie, dass das Argument mangelnder externer Validität labor-experimenteller Studiendesigns infrage gestellt werden muss und

Erhebungen in beiden Settings extern valide Daten produzieren. Wenngleich hier sicher noch weitere Forschung nötig ist, lassen die Ergebnisse im Rahmen des Methodenexperiments von Metz et al. (2016) den Schluss zu, dass virtualisierte RTR-Messinstrumente trotz fehlenden haptischen Feedbacks eine hohe Usability aufweisen. Dies wird aus der Gegenüberstellung der Usability von physischen Dialern und Debat-O-Meter in Abb. 3 ersichtlich. Das Antwortverhalten der beiden Gruppen zeigt, dass Debat-O-Meter und Dialer praktisch äquivalent

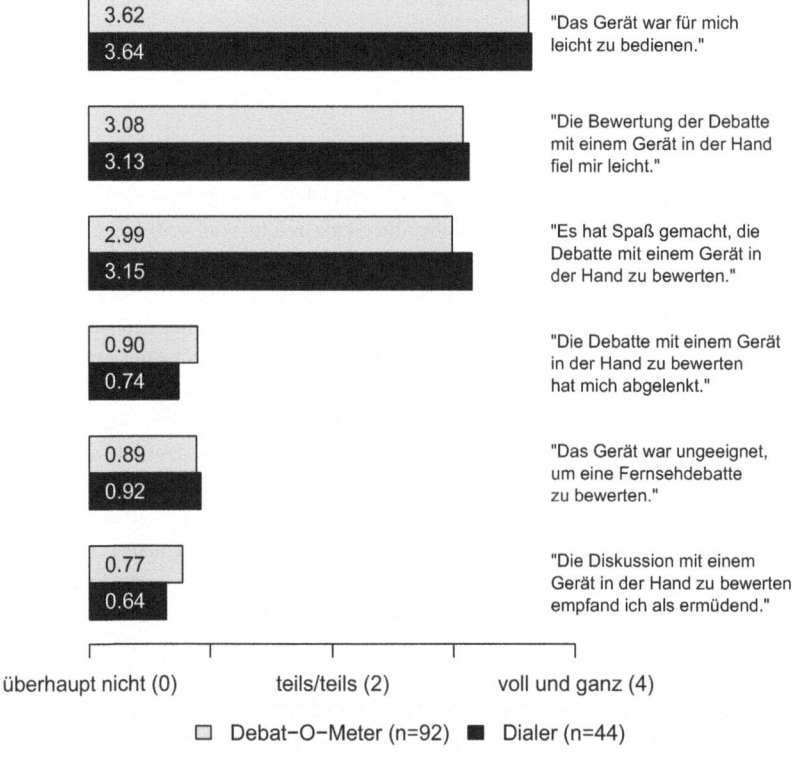

Dialer vs. Debat–O–Meter
Vergleich der Usability (Mittelwerte)

3.62 / 3.64	"Das Gerät war für mich leicht zu bedienen."
3.08 / 3.13	"Die Bewertung der Debatte mit einem Gerät in der Hand fiel mir leicht."
2.99 / 3.15	"Es hat Spaß gemacht, die Debatte mit einem Gerät in der Hand zu bewerten."
0.90 / 0.74	"Die Debatte mit einem Gerät in der Hand zu bewerten hat mich abgelenkt."
0.89 / 0.92	"Das Gerät war ungeeignet, um eine Fernsehdebatte zu bewerten."
0.77 / 0.64	"Die Diskussion mit einem Gerät in der Hand zu bewerten empfand ich als ermüdend."

überhaupt nicht (0)   teils/teils (2)   voll und ganz (4)

☐ Debat–O–Meter (n=92)   ■ Dialer (n=44)

Abb. 3 Usability Debat-O-Meter und Dialer. (Quelle: Eigene Darstellung, siehe auch Metz et al. 2016, S. 137)

abschneiden. Auch statistisch lässt sich kein systematischer Unterschied zwischen beiden Gruppen erkennen. Für die Anwender waren beide Geräte gleichermaßen einfach zu bedienen und schienen ihnen auch subjektiv geeignet, um damit eine Diskussion zu bewerten. Das eigene Urteil über die Diskussion zum Ausdruck zu bringen war auf beiden Geräten gleichermaßen leicht, auch wenn die Bewertung auf dem Debat-O-Meter vielleicht geringfügig mehr Konzentration von den Teilnehmern erforderte als der Drehknopf. Im Fazit wird die Nutzung des Debat-O-Meters ähnlich bewertet wie die von Dialern. Entsprechend kann dies als Hinweis gelesen werden, dass virtualisierte RTR-Messtechnologien gegenüber physischen Messgeräten kein höheres Ablenkungs- oder Reaktivitätspotenzial (Reinemann und Maurer 2009; Fahr und Fahr 2009) besitzen und in diesem Sinne auch die externe Validität nicht negativ beeinflussen.

Neben methodologischen Fragestellungen erweisen sich insbesondere technische Aspekte und Fragen der Datenauswertung als Desiderata der rezeptionsbegleitenden Forschung mit virtualisierten RTR-Messinstrumenten. Vor allem die Nutzung im privaten Umfeld führt dazu, dass der Stimulus über eine Vielzahl möglicher Quellen (Kabel, Satellit, Internetstream) bezogen werden kann, was eine Synchronisation der einzelnen Messreihen notwendig macht, da die Latenzzeiten je nach Bezugsquelle des Medienstimulus sehr unterschiedlich sein können. Weiterhin bestehen im Forschungsbereich kaum Erfahrungen in der Auswertung von Datenmengen, die auf Bewertungen einer potenziell deutlich höheren Studienteilnehmerzahl (sog. „large scale studies") basieren. Hier gilt es Heuristiken und adäquate Strategien der Datenauswertung zu entwickeln.

2.4 Auswertungsstrategien für RTR-Daten

RTR-Daten fallen fast immer im Rahmen einer größeren Untersuchung an, bei der neben der eigentlichen Messung die Teilnehmer für gewöhnlich vor und nach der Diskussion per Fragebogen interviewt werden. Regelmäßig wird auch die gesehene Diskussion aufgezeichnet und inhaltsanalytisch oder im Hinblick auf z. B. visuelle Elemente hin untersucht. Dass all diese zusätzlich anfallenden Daten mit der RTR-Messung in Verbindung gebracht werden können ist ein entscheidendes „Verkaufsargument" für die Methode, ergibt sich daraus doch eine breite Palette von Auswertungsmöglichkeiten. Um diese zu systematisieren ist es empfehlenswert, sich noch einmal zu vergegenwärtigen, dass eine RTR-Messung allgemein für jeden Teilnehmer eine Datenreihe liefert, die für jede Sekunde des

Stimulus einen Messwert für das Konstrukt enthält[3], sodass Auswertungen, sofern sie nicht direkt auf die sekundengenauen Einzelwerte aufbauen, diese entweder über die Teilnehmer hinweg oder über Zeit hinweg aggregieren können. Die wohl unmittelbarste Auswertung von RTR-Daten ist sicherlich die sog. Peak-Spike-Analyse (siehe z. B. Ottler 2013; Bachl 2013a), bei der für gewöhnlich zuerst die RTR-Kurven für jeden Zeitpunkt über alle Teilnehmer hinweg gemittelt werden, sodass sich für den Stimulusverlauf eine globale „Fieberkurve" ergibt, welche die durchschnittliche Publikumsreaktion zu einer gegebenen Sekunde widerspiegelt. Größere Ausschläge weisen in dieser Kurve auf relevante Stellen hin, in denen das Publikum deutlich in einer Richtung des Konstrukts (z. B Zustimmung zu Kandidat A) tendierte, während der Mittelwert der Kurve über Zeit einen Eindruck der allgemeinen „Stimmungslage" im Publikum liefert. Oft wird bei dieser Herangehensweise der Logik von Signifikanztests gefolgt und besonderer Augenmerk auf jene Stellen gerichtet, die mehr als das 1,96-fache der Standardabweichung vom Mittelwert der Kurve entfernt liegen, was den oberen und unteren 2,5 % der Werte entsprechen würde, wenn die Werte der „Fieberkurve" normal verteilt wären (siehe z. B. Biocca et al. 1994, S. 38).

Die Peak-Spike-Analyse kann selbstverständlich auch mit Untergruppen im Publikum durchgeführt werden und so Aufschluss darüber geben, wie diese Gruppen die Debatte wahrgenommen haben. Bei politischen Diskussionen hat sich z. B. gezeigt, dass die Tendenz, längerfristig einer Partei zuzuneigen einen deutlichen Einfluss darauf hat, wie eine Diskussion wahrgenommen wird. Setzt man die jeweiligen Kurven für die Untergruppen zueinander in Bezug, lassen sich Stellen erkennen, in denen sich die Lager im Publikum beispielsweise polarisiert gegenüberstanden oder in denen eine Aussage auf ungeteilte Zustimmung traf. Ebenfalls aufschlussreich ist in diesem Zusammenhang die Untersuchung der Standardabweichung über die individuellen Kurven, deren Spitzen ebenfalls auf Punkte hinweisen, an denen das Publikum in der Bewertung geteilt war. Außerdem können auch Stellen, an denen sich die Bewertung der Teilnehmer deutlich veränderte, auf Schlüsselstellen der Diskussion hinweisen. Regelmäßig werden die so identifizierten Stellen des Stimulus dann z. B. einer inhaltsanalytischen Detailanalyse unterzogen um zu klären, was an ihnen genau das Publikum bewegt hat.

---

[3]In der Praxis liefern nicht alle Instrumente wirklich jede Sekunde genau einen Datenpunkt da es z. B. für einen Slider effizienter sein kann, nur dann Daten zu übertragen, wenn dieser auch wirklich bewegt wird. Die dazwischen liegenden Punkte werden dann nachträglich „aufgefüllt": Auch kann streng genommen Inaktivität der Teilnehmer je nach Messanweisung entweder „Neutralität" oder „keine Angabe" bedeuten.

Alternativ zur Aggregation über die Teilnehmer oder Untergruppen hinweg bietet es sich in dieser Betrachtungsweise natürlich auch an, für einzelne Personen oder Gruppen über sinnvolle zeitliche Abschnitte hinweg die Bewertungen zu mitteln, also z. B. über die gesamte Diskussion, über Themenblöcke, Sprechphasen oder Argumentationsfiguren. Bei einer entsprechenden inhaltsanalytischen Aufbereitung des Stimulus kann man hier versuchen, Aussagen darüber zu treffen, wie bestimmte Arten von Diskussionsbeiträgen oder – abschnitten auf das Publikum gewirkt haben, z. B. durch eine Veränderung der RTR-Kurve, wobei für kürzere untersuchte Einheiten (z. B. Sätze) zusätzlich in Rechnung gestellt werden muss, dass zwischen Stimulus und Reaktion eine Latenzzeit liegt. Beispiele für ein solches Vorgehen wären eine Analyse eines bestimmten Themenblocks einer Diskussion (Bachl und Vögele 2013), eine Untersuchung, wie Angriffe auf den Gegner im Publikum ankommen (Reinemann und Maurer 2007a), oder ob bestimmte Merkmale der Teilnehmer die mittlere Wahrnehmung eines Kandidaten beeinflussen.

Als Beispiel für den Grundgedanken einer Peak-Spike-Analyse kann hier eine Analyse der TV-Diskussion zwischen Ministerpräsident Winfried Kretschmann (Grüne) und seinem Herausforderer Guido Wolf (CDU) am 14. Januar 2016 anlässlich der Landtagswahl Baden-Württemberg herangezogen werden, die an der Universität Freiburg von rund 250 Personen verfolgt wurde, welche die Möglichkeit hatten, mit dem Debat-O-Meter das Abschneiden der beiden Kandidaten zu bewerten (siehe auch Metz et al. 2016). Abb. 4 zeigt hierzu die durchschnittliche Position des Sliders (*latched mode*, positive Werte für einen Kandidaten wurden als negative für den anderen gewertet). Positive Werte deuten auf eine im Schnitt gute Bewertung für Guido Wolf hin, negative Werte dagegen zeigen an, dass Amtsinhaber Winfried Kretschmann vorne gesehen wurde. Als erstes sticht ins Auge, dass die Kurve fast vollständig auf der Seite Kretschmanns zu liegen kommt, dass mithin also die Stimmung im Publikum klar aufseiten des Amtsinhabers war. Dies ist aber insofern nicht weiter überraschend, als dass der Amtsinhaber einen klaren „Heimvorteil" im weitgehend studentischen Freiburger Publikum hatte: Von den 92 Teilnehmern, deren Kurven in die Berechnung der hier abgebildeten Kurve eingingen, hatten 41 % in der Vorbefragung angegeben, Grün wählen zu wollen (vs. ca. 8 % CDU), rund 68 % würden bei einer Direktwahl für Kretschmann stimmen (rund 6 % für Wolf).

Aufschlussreicher ist sicherlich die zeitliche Verteilung der Stellen, die im Publikum eine relativ starke Reaktion hervorriefen, also jene, bei denen die Kurve über/unter einem Wert liegt, der das 1,96-fache der Standardabweichung vom Mittelwert entfernt ist (in der Grafik sind das Werte über 0,67 bzw. unter −20,62; die grau markierten Zeitabschnitte sind Sprechphasen des

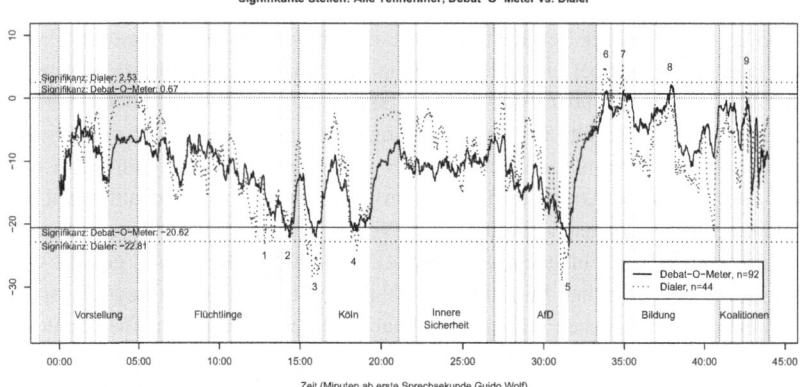

Abb. 4 Peak-Spike-Analyse Kretschmann vs. Wolf. (Quelle: Eigene Darstellung, siehe auch Metz et al. 2016, S. 138)

Moderators). Drei Stellen (alle pro Kretschmann) finden sich dabei im Zusammenhang mit der Flüchtlingssituation und der Diskussion zu den Ereignissen der Silvesternacht in Köln, ein weiterer Punkt ist beim Themenfeld AfD zu finden, die restlichen drei (alle pro Wolf) liegen dagegen im Bereich Bildungspolitik. Dass die Kurve dort trotz des stark pro Kretschmann eingestellten Publikums in Richtung Wolf tendiert deutet darauf hin, dass es sich bei diesem Abschnitt um seinen stärksten Moment in der Diskussion handelte, während das Publikum in Sachen Flüchtlingspolitik und AfD den Ministerpräsidenten unterstützte. Zuspruch bekam hier zum Beispiel die Aussage, dass das Fehlverhalten einzelner in der Kölner Silvesternacht nicht auf alle übertragen werden dürfe (Nr. 2) und dass unabhängig vom Status jeder Flüchtling ein Anrecht auf einen Arztbesuch habe (Nr. 3). Deutlich konnte hingegen Wolf mit seiner Kritik an der Gemeinschaftsschule punkten (Nr. 5 und 6) und auch sein Hinweis, „dass der Mensch nicht erst beim Abitur beginnt" (Nr. 7) verfing.

Als weiterführende Analyseverfahren haben sich bislang in der Forschung zu TV-Duellen Pfad- bzw. Strukturgleichungsmodelle etabliert. Allgemein dient diese Methode dazu, die korrelativen Strukturen zwischen (direkt oder nicht direkt beobachtbaren) Größen zu untersuchen und so komplexe Wirkungspfade aufzuzeigen. Im Kontext von TV-Duellen stehen dabei meist die Zusammenhänge zwischen den Einstellungen eines Teilnehmers vor der Diskussion, seiner mittleren RTR-Bewertung währenddessen (evtl. auch nur in einem Teilabschnitt) und die nach der Debatte gehaltenen Einstellungen im Zentrum der Aufmerksamkeit.

Meist interessiert dabei, inwiefern die vorher geäußerten Einstellungen die unmittelbare Wahrnehmung der Diskussion beeinflussen und welchen Effekt diese wiederum auf die Meinungen nach der Debatte hat. Ein klassischer Befund dieser Betrachtungsweise ist z. B. die Beobachtung, dass zwar die per RTR gemessene wahrgenommene Debattenleistung die Kandidatenbewertung nach der Diskussion beeinflusst, die Debatte also mithin einen Effekt hat, dass jedoch die unmittelbare Wahrnehmung der Diskussion wiederum davon abhängt, welchem Lager man vor der Diskussion zugeneigt war (siehe z. B. Maier 2007). Auch wurde vorgeschlagen (Nagel 2012, siehe auch Bachl 2014, S. 154–159), eine Debatte als mehrere separate Zeitreihen (z. B. je eine für Sprechgeschwindigkeit, Tonhöhe und Lautstärke) zu erfassen, die dann zusammengenommen in einem laufenden Zeitfenster die RTR-Kurve vorhersagen. Andere Ansätze sind Mehrebenenmodelle (Bachl 2014), bei denen die RTR-Bewertung gleichermaßen als Bewertung durch individuelle Personen und während bestimmter Debatteninhalte modelliert wird. Derartige Verfahren sind in der Literatur allerdings noch sehr neu und haben daher bislang noch keine größere Verbreitung gefunden.

3 Hinweise zur praktischen Umsetzung

Wie jede andere Forschungsarbeit auch ist eine RTR-Studie mit Unwägbarkeiten verbunden, für die sich keine eindeutigen Lösungsrezepte angeben lassen. Gleichwohl zeichnen sich in der Praxis immer wieder Punkte ab, denen man in jedem Fall Aufmerksamkeit schenken sollte. Diese werden im Folgenden lose nach ihrem mutmaßlichen Auftreten im Forschungsprozess angesprochen:

- Unterschätzen Sie nicht den Arbeitsaufwand einer Studie. Die nötige Veranstaltungsorganisation entspricht in etwa der eines mittelgroßen Experiments, daneben treten (wenn keine Aufzeichnung verwendet wird) die Unwägbarkeiten einer Live-Situation. Hier ist es hilfreich, die Arbeit auf mehreren Schultern mit klar abgegrenzten Aufgabenbereichen zu verteilen und sich in regelmäßigen Treffen zu koordinieren. Machen Sie vor der Veranstaltung zudem einen kleinen Testlauf und suchen Sie sich einige Unterstützer, die die Studienteilnehmer bei Fragen betreuen können.
- Messanweisungen sollten kurz aber deutlich sein, um Missverständnisse zu vermeiden. Da Ihre Teilnehmer mit dem RTR-Instrument voraussichtlich keine Erfahrungen haben werden, sollten Sie Zeit einplanen, den Umgang damit anhand eines kurzen Videos zu üben.

- Achten Sie darauf, dass die Uhr des RTR-Instruments und die Debatte miteinander verbunden werden können, z. B. indem Sie für eine markante Stelle (bspw. die erste Antwort auf die erste Frage der Moderation) die Uhrzeit des RTR-Instruments notieren. Dies erleichtert es bei der späteren Auswertung Messung und Aufzeichnung aneinander auszurichten.
- Betrachten Sie vor der Analyse die individuellen RTR-Kurven. Erfahrungsgemäß muss ein Teil der Kurven als nicht plausibel aussortiert werden. Die wohl häufigste Situation ist, dass Probanden während der Diskussion die Bewertung abbrechen. Klare Regeln für einen Ausschluss sind schwer zu geben, die Entscheidung sollte aber in jedem Fall bewusst getroffen werden.
- Bedenken Sie bei der Analyse die Zeitverzögerung zwischen Stimulus und Reaktion. Auch unterscheiden sich Teilnehmer in ihrer „Reaktionsfreudigkeit" sodass die einen bereits während eines Satzes reagieren während die anderen bis zum Ende warten. Eine zu kleinteilige Interpretation kann dies leicht übersehen.
- Bei Buttons lohnt es sich, nicht nur eine für die Kandidaten saldierte Kurve zu betrachten, sondern gezielt auch einen Blick darauf zu werfen, welche Aussagen womöglich positive und negative Bewertungen gleichzeitig angezogen haben.
- Vorsicht bei der Verallgemeinerung von Befunden. Ein Publikum kann mitunter sehr speziell sein, sodass seine Wahrnehmung nur schlecht übertragbar ist. Prüfen Sie in jedem Fall, wie sich die für Ihre Frage relevanten Attribute (z. B. Demografie, Parteineigung usw.) zur intendierten Grundgesamtheit verhalten.

4   Zusammenfassung

RTR ist ein lange Zeit vernachlässigtes, in jüngster Vergangenheit aber aufstrebendes Instrument der sozialwissenschaftlichen Forschung. Echtzeitmessungen haben insbesondere die Analyse politischer TV-Debatten vorangebracht, weil sie gerahmt von mehrwelligen Panelbefragungen eine sekundengenaue Vermessung von Zuschauerreaktionen ermöglichen und kleinteiligen Analysen den Weg bereiten. Die beginnende Virtualisierung des Instrumentariums verspricht dabei, die bisher noch problematischen Grenzen des Labors (im konkreten Fall also meist die Beschränkung auf Studierendensamples in Hörsälen) zu überwinden und RTR-Messungen auch in Feldstudien (z. B. in der Heimanwendung) möglich zu machen. Außerdem können virtuelle Messinstrumente noch besser und kostengünstiger an die Bedürfnisse einer Forschungsfrage angepasst werden als die bisher verfügbaren physischen Geräte und somit die Anwendbarkeit der Methode noch mal erweitern. Im Hinblick auf die Datenstruktur von RTR-Studien lassen sich bereits jetzt vielfache Wege ausmachen, die anfallenden Informationen auszuwerten und es ist zu erwarten, dass die Methodenentwicklung in Zukunft noch weitere Analyseansätze präsentieren wird. Zwar sind Studien mit dieser Messmethode aufwendiger als klassische Survey- oder Sekundäranalysen, gleichwohl lassen sie sich aber gut kontrollieren. Insofern stellen RTR-Messungen eine wertvolle Bereicherung des sozialwissenschaftlichen Methodenkanons mit erheblichem Innovationspotenzial dar.

5 Kommentierte Literaturempfehlungen

Biocca, Frank, Prabu David, und Mark West. 1994: Continuous Response Measurement (CRM): A Computerized Tool for Research on the Cognitive Processing of Communication Messages, in Annie Lang (Hrsg.), Measuring Psychological Responses to Media, Hillsdale: Erlbaum, 15–64. Der Referenztext für die Einführung in die RTR-Messmethode. Ein auch noch heute lesenswerter Überblicksartikel mit einer grundlegenden Einführung und Diskussion zentraler Felder der RTR-basierten Forschung.

Maier, Jürgen, Michaela Maier, Marcus Maurer, Carsten Reinemann, und Vincent Meyer (Hrsg.). 2009. RTR-Measurement in the Social Sciences. Frankfurt: Verlag Peter Lang. Ein methodologisch ausgerichteter Sammelband, der verschiedene Aspekte der RTR-Methodik beleuchtet und intensiv diskutiert.

Maurer, Marcus, Carsten Reinemann, Jürgen Maier, und Michaela Maier (Hrsg.). 2007. Schröder gegen Merkel. Wiesbaden: VS. Breit angelegte Untersuchung zum TV-Duell 2005 mit elaboriertem Studiendesign, die eine Vielzahl von Wirkungsmechanismen offenlegt. Der Sammelband gibt einen breiten Überblick über die vielfältigen Analyseperspektiven RTR-basierter Forschung zu politischen TV-Debatten.

Bachl, Marco, Frank Brettschneider, und Simon Ottler (Hrsg.). 2013. Das TV-Duell in Baden-Württemberg 2011. Wiesbaden: VS. Gründliche, gut zugängliche Analyse des TV-Duells in Baden-Württemberg 2011. Ähnlich der Untersuchung zum TV-Duell Schröder gegen Merkel findet sich hier ein „Rundumschlag" der möglichen Anwendungsszenarien.

Bachl, Marco. 2014. Analyse rezeptionsbegleitend gemessener Kandidatenbewertungen in TV-Duellen. Erweiterung etablierter Verfahren und Vorschlag einer Mehrebenenmodellierung. Berlin: epubli. Umfassende Darstellung der Methode und aktueller Stand der methodischen Entwicklung.

Literatur

Aiello, John R., und Elizabeth A. Douthitt. 2001. Social facilitation from triplett to electronic performance monitoring. *Group Dynamics: Theory, Research, and Practice* 5 (3): 163–180.

Bachl, Marko. 2013a. Die Wahrnehmung des TV-Duells. In *Das TV-Duell in Baden-Württemberg 2011. Inhalte, Wahrnehmungen und Wirkungen*, Hrsg. Marko Bachl, Frank Brettschneider, und Simon Ottler, 135–169. Wiesbaden: Springer VS.

Bachl, Marko. 2013b. Die Wirkung des TV-Duells auf die Bewertung der Kandidaten und die Wahlabsicht. In *Das TV-Duell in Baden-Württemberg 2011. Inhalte, Wahrnehmungen und Wirkungen*, Hrsg. Marko Bachl, Frank Brettschneider, und Simon Ottler, 171–198. Wiesbaden: Springer VS.

Bachl, Marko. 2014. *Analyse rezeptionsbegleitend gemessener Kandidatenbewertungen in TV-Duellen Erweiterung etablierter Verfahren und Vorschlag einer Mehrebenenmodellierung*. Berlin: epubli.

Bachl, Marko, und Catharina Vögele. 2013. ‚Ich habe die Möglichkeiten in diesem großartigen Land bekommen durch eine tolle Bildung'. Inhalte, Wahrnehmung und Wirkungen des bildungspolitischen Debattenteils im TV-Duell vor der Landtagswahl 2011 in Baden-Württemberg. *Studies in Communication Media* 3 (2): 367–400.

Bachl, Marko, Frank Brettschneider, und Simon Ottler. Hrsg. 2013a. *Das TV-Duell in Baden-Württemberg 2011. Inhalte, Wahrnehmungen und Wirkungen*. Wiesbaden: Springer VS.

Bachl, Marko, Frank Brettschneider, und Simon Ottler. 2013b. Die TV-Duell-Studie Baden-Württemberg 2011. In *Das TV-Duell in Baden-Württemberg 2011. Inhalte, Wahrnehmungen und Wirkungen*, Hrsg. Marko Bachl, Frank Brettschneider, und Simon Ottler, 7–27. Wiesbaden: Springer VS.

Benoit, William L., Glenn J. Hansen, und Rebecca M. Verser. 2003. A meta-analysis of the effects viewing U.S. presidential debates. *Communication Monographs* 70 (4): 335–350.

Biocca, Frank, Prabu David, und Mark West. 1994. Continuous Response Measurement (CRM): A computerized tool for research on the cognitive processing of communication messages. In *Measuring psychological responses to media messages*, Hrsg. Annie Lang, 15–64. Hillsdale: Erlbaum.

Boydstun, Amber E., Rebecca A. Glazier, Matthew T. Pietryka, und Philip Resnik. 2014. Real-time reactions to a 2012 presidential debate. A method for understanding which messages matter. *Public Opinion Quarterly* 78 (Special issue): 330–343.

Campbell, Angus, Philip Converse, Warren Miller, und Donald Stokes. 1960. *The American voter*. New York: Wiley.

Converse, Philip E. 2000. Assessing the capacity of mass electorates. *Annual Review of Political Science* 3 (1): 331–353.

Converse, Philip E. 2006. The nature of belief systems in mass publics (1964). *Critical Review* 18 (1): 1–74.

Davis, Colin J., Jeffrey S. Bowers, und Amina Memon. 2011. Social influence in televised election debates: A potential distortion of democracy. *PLOS One* 6 (3): e18154.

Faas, Thorsten, und Jürgen Maier. 2004. Mobilisierung, Verstärkung, Konversion? Ergebnisse eines Experiments zur Wahrnehmung der Fernsehduelle im Vorfeld der Bundestagswahl 2002. *Politische Vierteljahresschrift* 45 (1): 55–72.

Fahr, Andreas, und Annette Fahr. 2009. Reactivity of Real-Time Response measurement: The influence of employing RTR techniques on processing media content. In *Real-time response measurement in the social sciences. Methodological perspectives and applications*, Hrsg. Jürgen Maier, Michaela Maier, Marcus Maurer, Carsten Reinemann, und Vincent Meyer, 45–61. Frankfurt a. M.: Lang.

Fein, Steven, George R. Goethals, und Matthew B. Kugler. 2007. Social influence on political judgments: The case of presidential debates. How do citizens respond to campaign events? *Political Psychology* 28 (2): 165–192.

Früh, Hannah. 2010. *Emotionalisierung durch Nachrichten: Emotionen und Informationsverarbeitung in der Nachrichtenrezeption*. Baden-Baden: Nomos.

Früh, Hannah, und Andreas Fahr. 2006. Erlebte Emotionen. Messung von Rezeptionsemotionen am Beispiel legitimierter Gewalt im Spielfilm. *Publizistik* 51 (1): 24–38.

Kercher, Jan, Marko Bachl, und Frank Vohle. 2012. The "MediaLiveTracker". A new online tool for Real-Time-Response-measurement. https://www.uni-hohenheim.de/fileadmin/einrichtungen/komm/PDFs/Komm/Publikationen/Vortrag_MediaLiveTracker_GOR_2012.pdf.

Klein, Markus, und Manuela Pötschke. 2005. Haben die beiden TV-Duelle im Vorfeld der Bundestagswahl 2002 den Wahlausgang beeinflusst? Eine Mehrebenenanalyse auf der Grundlage eines 11-Wellen-Kurzfristpanels. In *Wahlen und Wähler. Analysen aus Anlass der Bundestagswahl 2002*, Hrsg. Jürgen W. Falter, Oscar W. Gabriel, und Bernhard Weßels, 357–370. Wiesbaden: VS Verlag.

Maier, Jürgen. 2007. Erfolgreiche Überzeugungsarbeit. Urteile über den Debattensieger und die Veränderung der Kanzlerpräferenz. In *Schröder gegen Merkel. Wahrnehmung und Wirkung des TV-Duells 2005 im Ost-West-Vergleich*, Hrsg. Marcus Maurer, Carsten Reinemann, Jürgen Maier, und Michaela Maier, 91–109. Wiesbaden: VS Verlag.

Maier, Jürgen. 2013. Rezeptionsbegleitende Erfassung individueller Reaktionen auf Medieninhalte. Bedeutung, Varianten, Qualität und Analyse von Real-Time-Response-Messungen. *ESSACHESS – Journal for Communication Studies* 6 (1): 169–184.

Maier, Jürgen, und Thorsten Faas. 2003. Die Fernsehduelle bei der Bundestagswahl 2002: Einfluss der Massenmedien und der interpersonalen Kommunikation auf die Bewertung der Kanzlerkandidaten. *Bamberger Beiträge zur Politikwissenschaft*, II–15:3 f.

Maier, Jürgen, und Thorsten Faas. 2004. Debattenwahrnehmung und Kandidatenorientierung. Eine Analyse von Real-Time-Response- und Paneldaten zu den Fernsehduellen im Bundestagswahlkampf 2002. *Zeitschrift für Medienpsychologie* 16 (1): 26–35.

Maier, Jürgen, und Thorsten Faas. 2005. Schröder gegen Stoiber. Wahrnehmung, Verarbeitung und Wirkung der Fernsehdebatten im Bundestagswahlkampf 2002. In *Wahlen und Wähler. Analysen aus Anlass der Bundestagswahl 2002*, Hrsg. Jürgen W. Falter, Oscar W. Gabriel, und Bernhard Weßels, 77–101. Wiesbaden: VS Verlag.

Maier, Jürgen, und Thorsten Faas. 2011. 'Miniature Campaigns' in comparison: The German televised debates, 2002–2009. *German Politics* 20 (1): 75–91. doi:10.1080/09644008.2011.554102.

Maier, Jürgen, Marcus Maurer, Carsten Reinemann, und Thorsten Faas. 2007. Reliability and validity of real-time response measurement: A comparison of two studies of a televised debate in Germany. *International Journal of Public Opinion Research* 19 (1): 53–73. doi:10.1093/ijpor/edl002.

Maier, Jürgen, Thorsten Faas, und Michaela Maier. 2014. Aufgeholt, aber nicht aufgeschlossen: Ausgewählte Befunde zur Wahrnehmung und Wirkung des TV-Duells 2013 zwischen Angela Merkel und Peer Steinbrück. *Zeitschrift für Parlamentsfragen* 45 (1): 38–54.

Maier, Jürgen, J. Felix Hampe, und Nico Jahn. 2016. Breaking out of the lab: Measuring real-time responses to televised political content in real-world settings. *Public Opinion Quarterly* 80 (2): 542–553.

Maurer, Marcus. 2009. Sagen Bilder mehr als tausend Worte? Die Relevanz verbaler und visueller Informationen für die Urteilsbildung über Personen im Fernsehen. *M & K – Medien und Kommunikationswissenschaft* 57 (2): 198–216.

Maurer, Marcus. 2013. Real-Time Response Messung: Kontinuierliche Befragung in Echtzeit. In *Handbuch standardisierte Erhebungsverfahren in der Kommunikationswissenschaft*, Hrsg. Wiebke Möhring und Daniela Schlütz, 219–234. Wiesbaden: Springer VS.

Maurer, Marcus, und Carsten Reinemann. 2003. *Schröder gegen Stoiber: Nutzung, Wahrnehmung und Wirkung der TV-Duelle*. Wiesbaden: Westdeutscher Verlag.

Maurer, Marcus, und Carsten Reinemann. 2009. RTR measures in the social sciences: Applications, benefits, and some open questions. In *Real-time response measurement in the social sciences. Methodological perspectives and applications*, Hrsg. Jürgen Maier, Michaela Maier, Marcus Maurer, Carsten Reinemann, und Vincent Meyer, 1–13. Frankfurt a. M.: Lang.

McKinney, Mitchell S., und Diana B. Carlin. 2004. Political campaign debates. In *Handbook of political communication research*, Hrsg. Lynda Lee Kaid, 203–234. Mahwah: Lawrence Erlbaum Associates.

McKinney, Mitchell S., Leslie A. Rill, und Darin Gully. 2011. Civic engagement through presidential debates: Young citizens attitudes of political engagement throughout the 2008 election. In *Communication in the 2008 U.S. election: Digital natives elect a president*, Hrsg. S. Mitchell und Mary C. Banwart, 121–141. New York: Lang.

McKinney, Mitchell S., und Benjamin R. Warner. 2013. Do presidential debates matter? *Argumentation and Advocacy* 49 (4): 238–258.

McPherson, J. Miller, Lynn Smith-Lovin, und James M. Cook. 2001. Birds of a feather: Homophily in social networks. *Annual Review of Sociology* 27: 415–444.

Metz, Thomas, Uwe Wagschal, Thomas Waldvogel, Marko Bachl, Linus Feiten, und Bernd Becker. 2016. Das Debat-O-Meter: Ein neues Instrument zur Analyse von TV-Duellen. *Zeitschrift für Staats- und Europawissenschaften* 14 (1): 124–149.

Nagel, Friederike. 2012. *Die Wirkung verbaler und nonverbaler Kommunikation in TV-Duellen. Eine Untersuchung am Beispiel von Gerhard Schröder und Angela Merkel*. Wiesbaden: VS Research.

Ottler, Simon. 2013. RTR-Messung: Möglichkeiten und Grenzen einer sozialwissenschaftlichen Methode. In *Das TV-Duell in Baden-Württemberg 2011. Inhalte, Wahrnehmungen und Wirkungen*, Hrsg. Marko Bachl, Frank Brettschneider, und Simon Ottler, 113–134. Wiesbaden: Springer VS.

Papastefanou, Georgios. 2013. *Reliability and validity of RTR measurement device* (GESIS Working Papers 2013/27). Mannheim: GESIS – Leibniz-Institut für Sozialwissenschaften.

Ramanathan, Suresh, und Ann L. McGill. 2007. Consuming with others: Social influences on moment-to-moment and retrospective evaluations of an experience. *Journal of Consumer Research* 34 (4): 506–524.

Reinemann, Carsten, und Marcus Maurer. 2005. Unifying or polarizing? Short-term effects and postdebate consequences of different rhetorical strategies in televised debates. *Journal of Communication* 55 (4): 775–794. doi:10.1111/j.1460-2466.2005.tb03022.x.

Reinemann, Carsten, und Marcus Maurer. 2007a. Populistisch und unkonkret. Die unmittelbare Wahrnehmung des TV-Duells. In *Schröder gegen Merkel. Wahrnehmung und Wirkung des TV-Duells 2005 im Ost-West-Vergleich*, Hrsg. Marcus Maurer, Carsten Reinemann, Jürgen Maier, und Michaela Maier, 53–89. Wiesbaden: VS Verlag.

Reinemann, Carsten, und Marcus Maurer. 2007b. Schröder gegen Merkel. Wahrnehmung und Wirkung des TV-Duells. In *Die Bundestagswahl 2005. Analysen des Wahlkampfes und der Wahlergebnisse*, Hrsg. Frank Brettschneider, Oskar Niedermayer, und Bernhard Weßels, 197–217. Wiesbaden: VS Verlag.

Reinemann, Carsten, und Marcus Maurer. 2009. Is RTR biased towards verbal message components? An experimental test of the external validity of RTR measurements. In *Real-Time Response measurement in the social sciences. Methodological perspectives and applications*, Hrsg. Jürgen Maier, Michaela Maier, Marcus Maurer, Carsten Reinemann, und Vincent Meyer, 27–44. Frankfurt a. M.: Lang.

Reinemann, Carsten, Jürgen Maier, Thorsten Faas, und Marcus Maurer. 2005. Reliabilität und Validität von RTR-Messungen. *Publizistik* 50 (1): 56–73. doi:10.1007/s11616-005-0118-4.

Wald, Kenneth D., und Michael B. Lupfer. 1978. The presidential debate as a civics lesson. *Public Opinion Quarterly* 42 (3): 342–353. doi:10.1086/268457.

Weaver, James B., Inga Huck, und Hans-Bernd Brosius. 2009. Biasing public opinion: Computerized continuous response measurement displays impact viewers' perceptions of media messages. *Computers in Human Behavior* 25 (1): 50–55.

Wolf, Barbara. 2010. *Beurteilung politischer Kandidaten in TV-Duellen: Effekte rezeptionsbegleitender Fremdmeinungen auf Zuschauerurteile.* Baden-Baden: Nomos.

Wünsch, Carsten. 2006. *Unterhaltungserleben. Ein hierarchisches Zwei-Ebenen-Modell affektiv-kognitiver Informationsverarbeitung.* Köln: Halem.

Zajonc, Robert. 1965. Social facilitation. *Science* 149: 269–274.

Sequenzanalyse

Sebastian Jäckle

1 Grundidee und historische Entwicklung

Die Sequenzanalyse ist ein statistisches Verfahren zur Mustererkennung in Daten, die einem bestimmten Format folgen. Dieses Sequenzformat ist durch zwei Parameter gekennzeichnet: erstens eine begrenzte Anzahl an Zuständen oder Ereignissen, die zweitens in einer Reihung aufeinander folgen. Entwickelt wurde die Sequenzanalyse ursprünglich in den späten 1960er Jahren zur Analyse der DNA. Dabei werden DNA-Sequenzen, die stets aus einer Abfolge der vier Basen Adenin, Guanin, Cytosin und Thymin bestehen, miteinander verglichen, um Gruppen von ähnlichen DNA-Sequenzen zu identifizieren. Während sich hierbei die Sequenzialität aus der physischen Anordnung der Basen im DNA-Strang bestimmt, wird die Sequenzanalyse in den Sozialwissenschaften primär dazu verwendet, zeitlich aufeinanderfolgende Ereignisse oder Zustände zu analysieren. Die ersten sozialwissenschaftlichen Sequenzanalysen stammten aus der Soziologie und untersuchten primär Lebensläufe beispielsweise in Bezug auf Heirat, Familienentwicklung oder Berufslaufbahn (Abbott und Hrycak 1990; Stovel et al. 1996; Halpin und Chan 1998; Blair-Loy 1999; Pollock 2007).[1] Abb. 1 zeigt, dass

---

[1]Bereits Mitte der 1980er Jahre hatte Abbott sequenzanalytisches Vorgehen für die Analyse von sozialen Prozessen in die Geschichtswissenschaft eingeführt (Abbott 1983, 1984). Daneben wurden Sequenzanalysen von ihm auch schon in gänzlich anderen Themengebieten eingesetzt, z. B. bei der Analyse der Schrittfolgen von irischen Volkstänzen (Abbott und Forrest 1986) oder der Entwicklung der sozialwissenschaftlichen Fachsprache (Abbott und Barman 1997).

S. Jäckle (✉)
Albert-Ludwigs-Universität, Freiburg, Deutschland
E-Mail: sebastian.jaeckle@politik.uni-freiburg.de

© Springer Fachmedien Wiesbaden GmbH 2017   333
S. Jäckle (Hrsg.), *Neue Trends in den Sozialwissenschaften,*
DOI 10.1007/978-3-658-17189-6_12

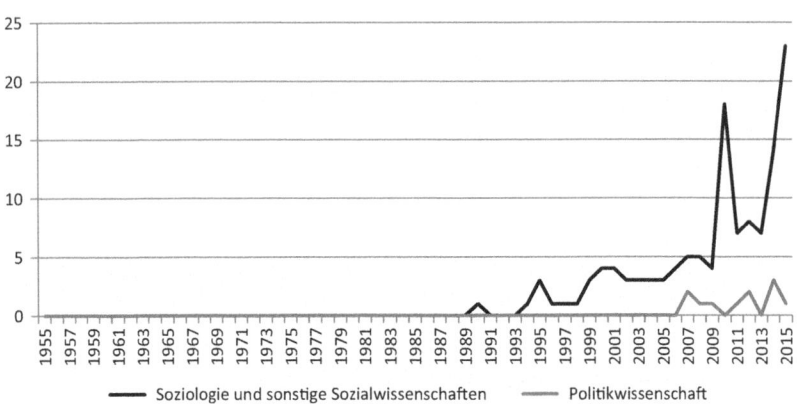

Abb. 1 Entwicklung der Sequenzanalyse in den Sozialwissenschaften. (Quelle: Eigene Darstellung)

sequenzanalytische Untersuchungen insgesamt noch ziemlich selten in den Sozialwissenschaften vorkommen, wobei die Politikwissenschaft noch deutlich hinter den anderen Sozialwissenschaften – vornehmlich der Soziologie – zurückliegt. Gleichwohl lässt sich, betrachtet man insbesondere die Entwicklung in der Soziologie, gerade in den letzten fünf bis zehn Jahren ein deutlicher Zuwachs verzeichnen. Dieser äußert sich auch darin, dass eine Reihe von sozialwissenschaftlichen Lehrbüchern und Handbüchern mittlerweile ebenfalls das Thema Sequenzanalyse behandelt und dabei sowohl für Einsteiger als auch Fortgeschrittene Anwender hilfreiche Anregungen geben können (Mills 2011; S. Aisenbrey 2000; MacIndoe und Abbott 2004; Stegmann et al. 2013; Cornwell 2015; Blanchard et al. 2014).

Für das Verständnis der Grundlogik von Sequenzanalysen ist es hilfreich diese mit anderen, in den Sozialwissenschaften bekannten, statistischen Verfahren zu vergleichen. Insbesondere die Ereignis- oder Survival-Analyse bietet sich hier an, da diese ebenfalls Transitionen von einem Zustand A in einen anderen Zustand B betrachtet, die nach einer bestimmten Verweildauer in A stattfinden. Der Unterschied zur Sequenzanalyse ist aber, dass Ereignisanalysen stets nur auf einen Übergang oder im Fall von *repeated events* einen bestimmten Übergang aus einer Reihe an Transitionen (z. B. wenn eine Frau mehrfach Kinder gebiert) fokussieren, wohingegen bei der Sequenzanalyse die gesamte Ereignis-Sequenz holistisch betrachtet wird. So würde ein ereignisanalytisch arbeitender Soziologe beispielsweise untersuchen, wie sich der konkrete Übergang von der Arbeitslosigkeit zurück in den Arbeitsmarkt gestaltet, wobei beispielsweise das Risiko – der sogenannte

Hazard – eines Ereignisses (d. h. hier des Wiederaufnehmens einer Erwerbstätigkeit) bzw. die Dauer, bis dieses Ereignis eintritt, im Fokus der Analyse stünde.[2] Gerade dann jedoch, wenn es um Lebensläufe geht, ergibt es oftmals wenig Sinn, solche einzelnen Transitionen, die spezifische Fortschritte oder Rückschritte in den Karrieren der untersuchten Personen darstellen, abgekoppelt von früheren Ereignissen zu betrachten. Howard Becker, der gewissermaßen als der theoretische Vordenker der Sequenzanalyse in den Sozialwissenschaften gelten kann, hat mit Blick auf Forschung zu *deviant behavior*, die untersucht weshalb Individuen von einem gesellschaftlich akzeptierten Verhalten abweichen, diesen Punkt folgendermaßen zum Ausdruck gebracht: „in fact, all causes do not operate at the same time, and we need a model which takes into account the fact that patterns of behavior develop in orderly sequence" (Becker 1963, S. 23). Entsprechend könne Verhalten von Akteuren innerhalb sozialer Systeme auch nur angemessen verstanden werden, wenn Informationen über die chronologische Abfolge der dem letztlichen Verhalten vorangehenden einzelnen Phasen zur Verfügung stehen (Gauthier et al. 2014, S. 3). Ein weiterer relevanter Unterschied zwischen Sequenz- und Survival-Analysen liegt darin begründet, dass bei letzteren oftmals nur eine bestimmte Reihenfolge der Ereignisse (und damit auch der aufeinanderfolgenden Zustände) möglich ist – so kann nur jemand, der vorher verheiratet war in den Zustand „geschieden" wechseln und eine Survival-Analyse würde sich entsprechend auch nur für das Risiko dieses einen Übergangs interessieren. Im Gegensatz dazu gibt es bei Sequenzanalysen oftmals viele mögliche Zustände, die aufeinander folgen können. Um diesem Umstand gerecht zu werden, verschiebt die Sequenzanalyse den Fokus auch stärker auf die Reihenfolge der einzelnen Zustände. Dies ist etwas, was bei Survival-Analysen nur eine untergeordnete Rolle spielt.

2 Datenstruktur für Sequenzanalysen

Um eine Sequenzanalyse durchführen zu können benötigt man man zwei Arten von Informationen: 1) Informationen darüber, welche Zustände ein Untersuchungsobjekt annehmen kann und 2) Informationen über die Dauer, in der das Untersuchungsobjekt in den einzelnen Zuständen verbleibt oder zu welchen Zeitpunkten es in andere wechselt, d. h. wann die Transitionsereignisse stattfinden. Die Zustände müssen dabei klar voneinander zu trennen sein und mindestens für eine mit den zur Verfügung stehenden Mitteln messbare Zeitdauer anhalten. Bei Lebensverlauf- und

---

[2]Genauer zur Ereignisanalyse siehe Box-Steffensmeier und Jones (2004), Jäckle (2015), Mills (2011) und Yamaguchi (1991).

Karrierestudien wird die Zustandsdauer aufgrund von Datenverfügbarkeitserwägungen zumeist jährlich codiert (Abbott und Hrycak 1990; Jäckle 2016; Martin et al. 2008), wobei auch andere, beispielsweise monatliche oder vierteljährliche Messungen (Rohwer und Trappe 1997; Halpin und Chan 1998) existieren. Finden mehrere Zustandswechsel innerhalb der Messeinheit statt (z. B. innerhalb eines Jahres, wenn jährlich gemessen wird), dann finden diese keine Repräsentation in den Daten, was freilich problematisch für die Analyse ist. Aus diesem Grund sollte man sich als Forscher, zumindest wenn man die Daten selbst erhebt, zunächst die Frage stellen, wie häufig Zustandswechsel empirisch vorkommen. Daran angepasst lässt sich dann ein sinnvolles Zeitmaß wählen.

Die Gesamtheit aller Zustände, die ein Untersuchungsobjekt annehmen kann – bzw. die für den Forscher von theoretischem Interesse sind – wird in der Sequenzanalyse als *Alphabet* bezeichnet. Für eine Analyse von Berufsbiografien könnte ein Alphabet z. B. die folgenden fünf Zustände beinhalten: Vollzeitbeschäftigt (V), Teilzeitbeschäftigt (T), Erwerbslos (E), Haus- und Familienarbeit (H) und Ausbildung (A).

Abb. 2 verdeutlicht am Beispiel einer möglichen Sequenz einer Berufskarriere die für die Sequenzanalyse relevanten Begrifflichkeiten. Eine Sequenz ist dabei eine Reihenfolge von einzelnen Elementen, die jeweils einen Zustand – d. h. hier einen der fünf Beschäftigungszustände – aus dem Alphabet annehmen. Teilabschnitte von Sequenzen werden als Sektionen bezeichnet. Enthalten diese ausschließlich Elemente mit denselben Zuständen – oder anders ausgedrückt, keinerlei Transitionen von einem Zustand in einen anderen innerhalb der Sektion, dann spricht man von einem Spell (da sich dieser englische Ausdruck nur umständlich – etwa als Reihung gleichartiger Zustände – übersetzen ließe, soll er auch nachfolgend weiter verwendet werden). Grundsätzlich können Sequenzen auf unterschiedliche Art und Weise präsentiert werden. Tab. 1 stellt anhand der obigen und einer weiteren Beispielsequenz (ID 1 und ID 2) vier Formate vor

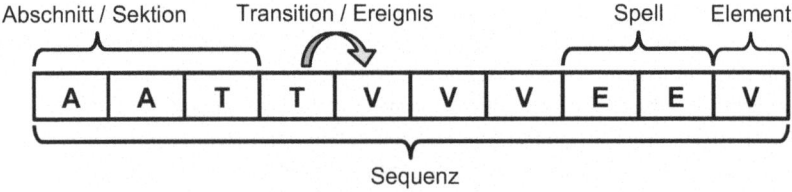

Abb. 2 Beispielsequenz mit Erläuterung der grundlegenden Sequenzterminologie. (Quelle: Eigene Darstellung nach Martin und Wiggins 2011, S. 388)

Tab. 1 Vier Formate für Sequenzdaten

Format	Beispiel									
STS (state sequence)		1	2	3	4	5	6	7	8	9	10
	ID 1	A	A	T	T	V	V	V	E	E	V
	ID 2	A	A	H	H	H	T	T	T	V	V
SPS (state permanence sequence)		1	2	3	4	5					
	ID 1	(A,2)	(T,2)	(V,3)	(E,2)	(V,1)					
	ID 2	(A,2)	(H,3)	(T,3)	(V,2)						
DSS (distinct-successive states)		1	2	3	4	5					
	ID 1	A	T	V	E	V					
	ID 2	A	H	T	V						
SPELL		Index	From	To	State						
	ID 1	1	1	2	A						
	ID 1	2	3	4	T						
	ID 1	3	5	7	V						
	ID 1	4	8	9	E						
	ID 1	5	10	10	V						
	ID 2	1	1	2	A						
	ID 2	2	3	5	H						
	ID 2	3	6	8	T						
	ID 2	4	9	10	V						

(vgl. Gabadinho et al. 2011a, S. 9). Die einfachste Darstellungsweise ist das *state sequence* Format (STS), bei dem die einzelnen Elemente in aufeinanderfolgenden Spalten aufgeführt werden. Die Zeitachse kann dabei entweder die Kalenderzeit messen (alle Sequenzen beginnen an einem gemeinsamen Datum), oder die Ereigniszeit (alle Sequenzen beginnen an einem bestimmten Zeitpunkt innerhalb des Lebensverlaufs, z. B. mit dem Einstieg ins Berufsleben). Daneben kann es teilweise sinnvoll sein, Sequenzen zurückblickend von einer bestimmten Transition aus zu betrachten. Ist ein Politikwissenschaftler beispielsweise daran interessiert, die in das Europäische Parlament führenden Karrierepfade aufzudecken, so ist es sinnvoll, die Jahre vor dem erstmaligen Einzug eines Abgeordneten in das EP zu betrachten. Eine kompaktere Darstellungsweise bietet das *state permanence sequence* Format, bei dem der Typ und die Länge der aufeinanderfolgenden Spells angegeben werden. Noch kompakter, dafür aber auch mit einem gewissen Informationsverlust verbunden, ist das *distinct-successive states* Format (DSS), bei dem nur noch Informationen zur Reihenfolge, nicht aber zur Länge der einzelnen Spells angegeben werden. Als vierte Variante der Datensatzorganisation für Sequenzdaten kann schließlich auf das SPELL-Format zurückgegriffen werden. Bei diesem werden die einzelnen Spells durchgezählt und ihre jeweiligen Anfangs- und Endpunkte innerhalb der Sequenz vermerkt. Die beiden Sequenzen hier im Beispiel sind gleich lang. Ist dies nicht der Fall, kann dies zu Verzerrungen bei der Distanzberechnung führen. Genauer hierzu weiter unten.

3   Vorgehen bei Sequenzanalysen

Die Durchführung einer Sequenzanalyse ist ein mehrstufiger Prozess, dessen einzelne Schritte im Folgenden kurz beschrieben werden sollen (vgl. Abb. 3). Um das Verständnis zu erleichtern, wird dabei auf ein Beispiel aus der politischen Elitenforschung zurückgegriffen, in dem die Karrieren von Bundesverfassungsrichtern vor deren Ernennung untersucht werden (Jäckle 2016). Eine Sequenzanalyse beginnt stets mit der Definition des Alphabets. Dies bedeutet einerseits, die Zustände entsprechend des theoretischen Forschungsinteresses zu wählen.[3] Andererseits ist es erforderlich, einen guten Mittelweg zu finden zwischen einer möglichst exakten Abbildung der sozialen Realität mit ihren oftmals vielen, sich nur in Nuancen unterscheidenden Zuständen und einer Reduzierung dieser Zustandszahl auf eine sinnvoll behandelbare Größe. Letzteres ist vor allem deshalb bedeutsam, weil durch die damit einhergehende Komplexitätsreduktion erst eine sinnvolle Interpretation der Sequenzdaten ermöglicht wird. Zu wenige Zustände sollten es indes auch nicht sein, da eine zu starke Komplexitätsreduktion die Aussagekraft der Ergebnisse begrenzt. Im hier verwendeten Beispiel sollen zunächst fünf Zustände unterschieden werden: Positionen im Justizapparat (Jud), in der Politik (Pol), in der Verwaltung (Adm), an Universitäten (Uni) und eine Residualkategorie, die sonstige Positionen beinhaltet (Oth).

---

[3]Bei der Frage welche Karrierepfade ins Bundesverfassungsgericht nach Karlsruhe führen dürfte es beispielsweise irrelevant sein, ob, und wenn ja, für welchen Zeitraum eine Person Mitglied in einem Sportverein war. Ein Zustand „Mitglied in Fußballverein" wäre entsprechend bei dieser Fragestellung nicht zielführend. Für die Frage der sozialen Integration benachteiligter Jugendlicher hingegen könnte es durchaus Sinn ergeben einen solchen Zustand zu codieren.

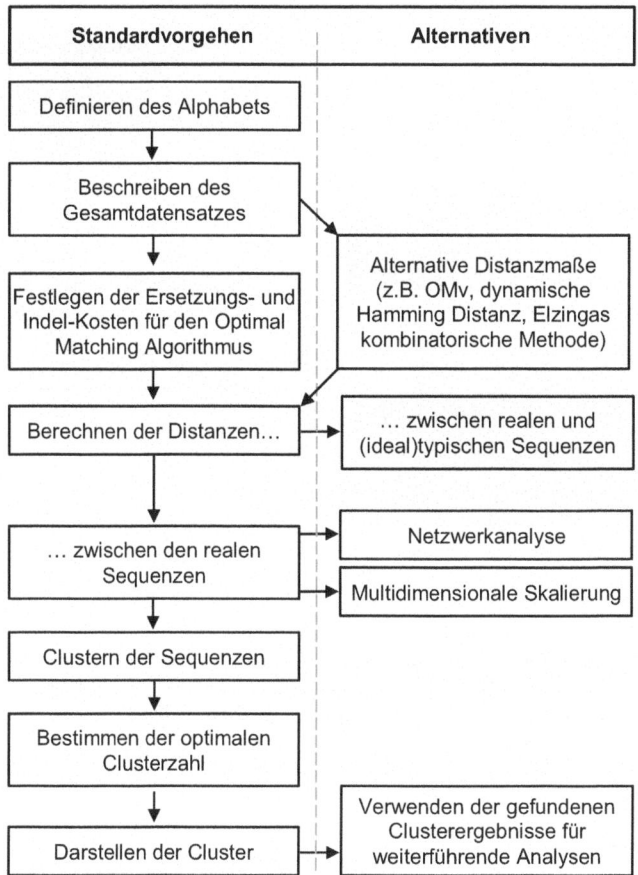

Abb. 3 Schritte bei einer Sequenzanalyse. (Quelle: Eigene Darstellung)

3.1 Beschreiben des Gesamtdatensatzes

Mit der Deskription des gesamten Sequenzdatensatzes folgt der erste eigentliche Analyseschritt. Hierbei bietet es sich an, zunächst Aggregatmaße wie die durchschnittliche Dauer der Zustände zu berechnen (Abb. 4a) sowie die Gesamtdaten grafisch – beispielsweise in Form von transversalen Häufigkeitsplots – darzustellen (Abb. 4b). Jede Spalte dieser transversalen Plots gibt die relative Häufigkeit der

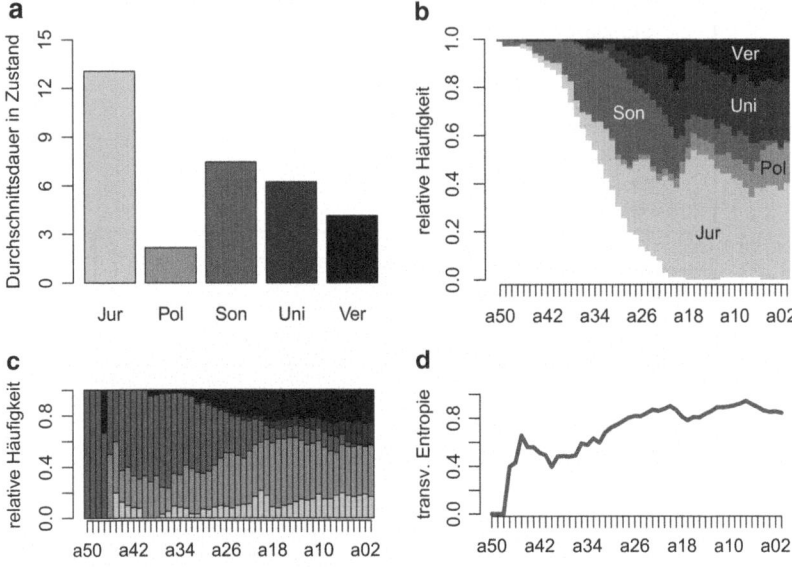

Abb. 4 Vier Optionen zur überblicksartigen Darstellung von Sequenzdaten am Beispiel des BVerfG-Datensatzes. Anmerkung: a = Jahre vor Amtsantritt am BVerfG: **a** Durchschnittszeit in Zuständen, **b** Transversale Häufigkeitsplots mit weißer extra Kategorie für fehlende Werte, **c** Transversale Häufigkeitsplots ohne extra Kategorie, **d** transversale Shannon-Entropie der Zustandsverteilungen. (Quelle: Eigene Darstellung)

Zustände in einer Zeiteinheit (hier Jahre) an.[4] So arbeiteten in den letzten 20 Jahren vor der Ernennung zum Bundesverfassungsrichter zwischen 20 und 25 % der späteren höchsten Richter an Universitäten. Immer wenn Datensätze Sequenzen unterschiedlicher Länge enthalten, sollten die transversalen Häufigkeitsplots die hiermit einhergehenden nicht vorhandenen Werte extra ausweisen. In Abb. 4b sind dies die weißen Flächen. Dabei ist zu beachten, dass es sich hierbei in der Regel nicht um fehlende Werte aufgrund von schlechten/unvollständigen Datenquellen handelt, sondern um de facto nicht vorhandene Werte. Der betrachtete Zeitraum wird im Beispiel durch die Hochschulreife einerseits und den Eintritt ins Bundesverfassungsgericht andererseits begrenzt. Diese Zeitspanne variiert deutlich zwischen den einzelnen Richtern, sodass beispielsweise bei Andreas Voßkuhle, der

---

[4]Die Sequenzen werden rückwärts gemessen ab dem Zeitpunkt der Ernennung zum Bundesverfassungsrichter. Der Code a02 stünde demnach für das vorletzte Jahr vor Amtsbeginn.

bereits 25 Jahre nach seinem Abitur zum Verfassungsrichter ernannt wurde, die
Zustände innerhalb des Zeitraums 50 bis 26 Jahre vor der Ernennung als nicht vor-
handene Werte ausgewiesen werden müssen. Abb. 4c zeigt, wie die transversalen
Häufigkeiten aussähen, wenn keine extra Kategorie für fehlende/nicht vorhandene
Werte definiert wird.[5] Daneben kann mit der transversalen Shannon-Entropie die
Diversität der Zustände zu jedem einzelnen Zeitpunkt gemessen werden (Abb. 4d).
Werte von 0 geben an, dass sich alle vorhandenen Fälle zu einem Zeitpunkt in
einem einzigen Zustand befinden, wohingegen die transversale Shannon-Entropie
ihr Maximum annimmt, wenn zu einem gegebenen Zeitpunkt alle Zustände mit
demselben Anteil an Fällen vorliegen (Billari 2001; Gabadinho et al. 2011a, S. 20).

Betrachtet man die Daten nicht über die einzelnen Zeitabschnitte (wie es die
transversalen Plots und die transversale Shannon-Entropie tun), sondern aus der
Perspektive der einzelnen Sequenzen, lassen sich vier weitere Maße berechnen,
die für eine Beschreibung des Gesamtdatensatzes ebenfalls hilfreich sein können:
1) die Anzahl der Transitionen – die sicherlich das simpelste dieser Maße darstellt, 2) die normalisierte Entropie innerhalb der Sequenzen, 3) das von Elzinga
und Liefbroer (2007) eingeführte Turbulenzmaß und 4) der von Gabadinho und
Kollegen entwickelte Komplexitätsindex (2010). Die Logik der Entropie ist dabei
dieselbe wie bei der transversalen Shannon-Entropie, wobei sie allerdings nicht
über die Verteilung der Zustände an einzelnen Zeitpunkten, sondern über die Verteilung der Zustände in einzelnen Sequenzen berechnet wird. Bei einem Wert von
0 enthält ein Fall nur einen einzigen Zustand, ein Wert von 1 (in der normalisierten Version) gibt an, dass jeder im Alphabet vorhandene Zustandstyp gleichhäu-
fig in einer Sequenz vorkommt. Während für die Entropie die Reihenfolge der
Zustände irrelevant ist, geht diese in die Turbulenz und den Komplexitätsindex
mit ein (Gabadinho et al. 2011a, S. 23, 24). Abb. 5 vergleicht die vier Maße in
einer auf den Wertebereich von null bis eins normalisierten Version anhand von
zehn Beispielsequenzen. Während alle vier für den Fall, dass die Sequenz nur aus

---

[5]Fasang und Liao (2014) schlagen mit dem sogenannten *relative frequency sequence plot,*
eine weitere Form der Darstellung für Sequenzen vor. Hierbei werden 1) die Sequenzen
anhand eines sinnvollen Kriteriums geordnet (z. B. dem Zeitpunkt eines relevanten Events,
wie der Heirat), 2) der Datensatz in k gleichgroße Teile unterteilt, 3) für jede dieser Teilgruppen die Medoid-Sequenz bestimmt, und 4) die ausgewählten repräsentativen Sequenzen als regulärer Sequenzplot (Sequenzindexplot) gezeichnet. Zusätzlich können anhand
von Boxplots die Verteilungen der Sequenzen innerhalb jeder der k Gruppen betrachtet
werden und anhand eines R^2 und F-Tests bestimmt werden, wie stark der *relative frequency
sequence plot* von den drei a priori zu treffenden Entscheidungen (welches Sortierungskri-
terium? welches Distanzmaß zur Identifikation der Medoid-Sequenzen? und wie viele Teil-
guppen k?) abhängt.

**Zehn Beispielsequenzen
bestehend aus vier Zuständen**

**Vier Maße für
Sequenzcharakteristika**

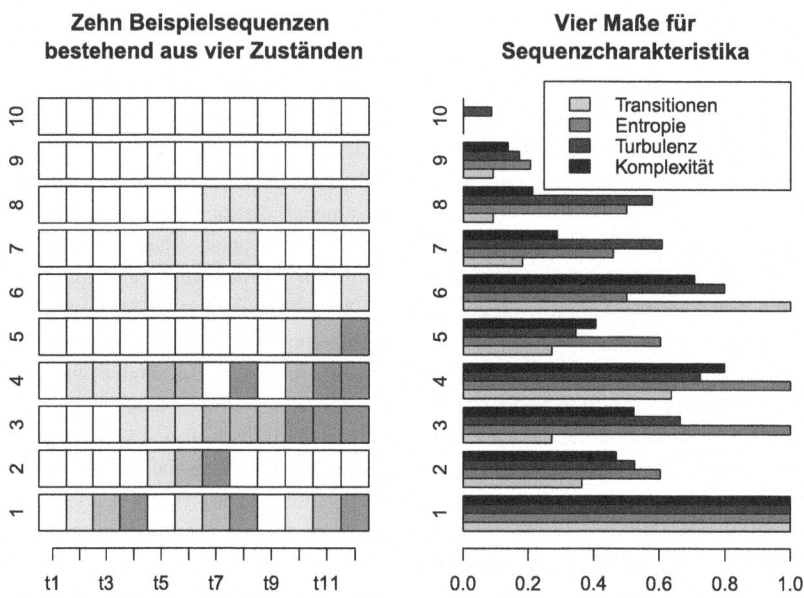

Abb. 5 Vier Maße der Uneinheitlichkeit bzw. Komplexität von Sequenzen. (Quelle: Eigene Darstellung adaptiert von Gabadinho et al. 2011a, S. 22)

einem einzigen Zustand besteht (Sequenz 10), ihr Minimum annehmen (bis auf die Turbulenz ist dies jeweils der Wert null), gibt es eine größere Varianz hinsichtlich der Sequenzen, die das andere Ende der Skala ausmachen. Während die Zahl der Transitionen offensichtlich dann maximal ist, wenn zwei aufeinanderfolgende Zustände niemals identisch sind (Sequenzen 1 und 6), ist die Entropie innerhalb der Sequenzen am höchsten, wenn alle vier möglichen Zustände gleichlang in der Gesamtsequenz vorkommen – gleich wie sie sich auf diese aufteilen (Sequenzen 1, 3 und 4). Die Werte der Turbulenz sind bereits bei vergleichsweise wenig komplexen Sequenzen dann vergleichsweise hoch, sobald Spells derselben Länge vorliegen (Sequenzen 7 und 8). In Fällen mit vielen verschiedenen Zuständen sind sie nochmals höher (Sequenzen 3, 4 und 6). Der Komplexitätsindex fasst zwei Konzepte der Ähnlichkeit zusammen indem er die Transitionszahl mit der Entropie innerhalb der Sequenzen multiplikativ verknüpft. Entsprechend der unterschiedlichen Herangehensweisen der vier Maße an das zu messende Konzept der Uneinheitlichkeit bzw. Komplexität von Sequenzen, gilt es bei Forschungsvorhaben das konzeptionell zur Forschungsfrage passende Maß zu wählen. Sofern unterschiedliche Zustandsdauern Uneinheitlichkeit der zu vergleichenden Sequenzen indizieren sollen, sind Turbulenz und der Komplexitätsindex angemessen. Wenn hingegen einzig die Veränderung von zwei aufeinanderfolgenden Zuständen eine Sequenz als uneinheitlich kennzeichnen soll, ist die Transitionszahl ein geeignetes Maß. Die Entropie wiederum sollte dann verwendet werden, wenn eine gleichmäßige Verteilung vieler unterschiedlicher Zustände auf die Gesamtsequenz als maximale „Komplexität" gedeutet wird.

3.2 Vergleich der Sequenzen und Distanzberechnung zwischen ihnen

Nach dem Überblick über den Gesamtdatensatz beginnt die eigentliche Sequenzanalyse mit der Berechnung der Distanzen zwischen Sequenzen. Grundsätzlich lassen sich dabei zwei unterschiedliche Dinge berechnen: erstens die Distanzen zwischen den realen Sequenzen und zweitens, die Distanzen zwischen den realen und idealtypischen Sequenzen. Bei dem zuletzt genannten Ansatz lässt sich beispielsweise feststellen, wie nahe ein Lebenslauf einer als typisch anzusehenden Akademiker- oder Arbeiterkarriere kommt (Wiggins et al. 2007; Martin und Wiggins 2011, S. 394, 395). Hierfür lässt sich mit dem ursprünglich für die Multidimensionale Skalierung vorgeschlagenen Stress-Wert (vgl. Kap. Multidimensionale Skalierung) statistisch abschätzen wie nahe die Sequenzen einer idealtyischen Sequenz kommen: bei Stress $= 0$ ist jede Sequenz ihr eigener Idealtyp, bei Stress $= 1$ repräsentiert eine einzige idealtypische Sequenz alle empirisch vorliegenden Sequenzen (Martin und Wiggins 2011, S. 396, 397). Anders ausgedrückt bedeutet ein hoher Stress-Wert, dass die betrachteten Sequenzen sich gut durch eine oder wenige idealtypische Sequenzen repräsentieren lassen, wohingegen sich die Empirie bei niedrigem Stress-Wert nur schlecht über die theoretisch hergeleiteten Idealtypen erfassen lässt. Der Vergleich realer Sequenzen mit Idealtypen mag durchaus sinnvoll sein und findet sich auch in einigen sozialwissenschaftlichen Anwendungsbeispielen (Scherer 2001; Wiggins et al. 2007; Stovel et al. 1996)[6]. Doch häufiger ist die Variante anzutreffen, bei der

---

[6]Neben den Vorteilen, die die idealtypische Betrachtungsweise bei der Darstellung von theoretisch wie empirisch abgeleiteten Sequenztypologien bietet, weisen Martin und Wiggins (2011, S. 397) v. a. darauf hin, dass idealtypische Sequenzen auch eine große Hilfe bei der Erstellung empirischer Klassifikationen selbst darstellen können. Da die für die Klassifikation in der Regel genutzten agglomerativen Clusterverfahren dafür bekannt sind, vor allem bei Vorliegen von Ties in der Distanzmatrix uneinheitliche Ergebnisse zu liefern (vgl. Kap. Clusteranalyse), kann es eine Option sein, zunächst auf Basis einer Teilpopulation mehrere Clusteranalysen durchzuführen. Aus diesen lassen sich dann in einem weiteren Schritt idealtypische Sequenzen extrahieren und das Gesamtsample dann mit diesen vergleichen. Beispiele für ein solches Vorgehen finden sich bei Martin et al. (2008) sowie Stovel und Bolan (2004).

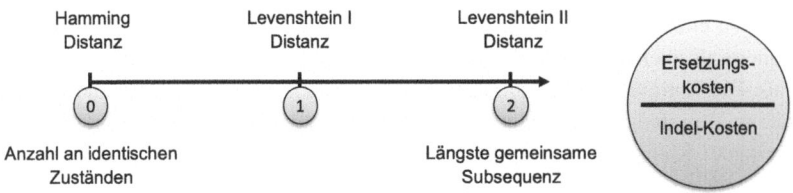

Abb. 6 OM-Algorithmen. (Quelle: Eigene Darstellung nach Lesnard 2010, S. 397)

reale Sequenzen untereinander verglichen werden. In der Regel wird hierbei eine Form des *Optimal Matching* (OM) angewandt. Dessen grundlegende Idee ist es, Sequenzpaare zu vergleichen und dabei eine Sequenz A durch bestimmte Transformationsoperationen in die andere Sequenz B zu überführen. Mögliche Operationen sind hierbei Ersetzen sowie Einfügen und Löschen, wobei die beiden letztgenannten zumeist als Indel-Operationen zusammengefasst werden.[7] Für jede dieser Operationen gilt es zunächst deren Kosten festzulegen. Der OM-Algorithmus findet dann diejenige Umformung von A zu B, die insgesamt die geringsten Kosten aufweist. Als Distanzmaß wird sodann die Anzahl der hierfür notwendigen Transformationsoperationen definiert. Das entscheidende Element in diesem Schritt der Sequenzanalyse ist das Festlegen der Kosten für Ersetzungen und Indel-Operationen, und insbesondere deren Verhältnis zueinander, da hierüber definiert wird, welches Verständnis von Ähnlichkeit der Sequenzen die Analyse leitet (Robette und Bry 2012; Lesnard 2014, S. 40). Dabei ist es wichtig zu wissen, dass sämtliche vorhandenen OM-Algorithmen sich letztlich darauf zurückführen lassen, wie kostspielig Ersetzungen im Vergleich zu Indel-Operationen sind. Abb. 6 verdeutlicht dies.

Am einen Ende des Spektrums liegt die Hamming Distanz, bei der Ersetzungen deutlich günstiger durchzuführen sind als Indel-Operationen, was dazu führt, dass bei den Transformationen ausschließlich Ersetzungen verwendet werden. Dies wiederum bedeutet nichts anderes, als dass zwei Sequenzen dann als ähnlich angesehen werden, wenn viele der aufeinanderfolgenden Zustände zwischen den beiden Sequenzen identisch sind. Das andere Ende des Spektrums wird durch die Levenshtein II Distanz gebildet. Bei dieser werden die Ersetzungskosten mindestens doppelt so hoch angesetzt wie die Indel-Kosten, wodurch für die Sequenztransformationen niemals auf Ersetzungen zurückgegriffen wird, da dasselbe Ergebnis auch zu geringeren Kosten über Einfügen und Löschen erzielt werden

---

[7]Da die Länge der Sequenzen beim OM nicht verändert werden soll, muss auf ein Einfügen *(Insertion)* zwangsläufig an anderer Stelle ein Löschen *(Deletion)* folgen.

kann (Lesnard 2014, S. 41). Als ähnlich werden Sequenzen folglich dann gesehen, wenn sie lange gemeinsame Subsequenzen besitzen. Angenommen man würde die folgenden beiden Sequenzen einmal mittels Hamming Distanz und einmal anhand der Levenshtein II Distanz vergleichen:

Sequenz 1: A – A – B – B – C – D
Sequenz 2: B – B – C – D – A – A

Da die beiden Sequenzen an keiner ihrer sechs Positionen denselben Zustand aufweisen müssten entsprechend der Hamming Distanz sechs Ersetzungen durchgeführt werden, was einer maximalen Unähnlichkeit der beiden Sequenzen entspräche. Nach Levenshtein II müssten hingegen bei Sequenz 2 nur die beiden A am Ende gelöscht und am Anfang eingefügt werden um Sequenz 1 zu erhalten, oder anders ausgedrückt es findet sich mit „B – B – C – D" eine relativ lange gemeinsame Subsequenz, was eine eher geringe Distanz zwischen den Sequenzen bedeutet. Die Levenshtein I Distanz, bei der die Kosten für Indel-Operationen und Ersetzungen gleich groß sind, kann als Mittelweg zwischen Levenshtein II und Hamming Distanz gesehen werden.

Nach Lesnard (2014, S. 39) konnte sich die Sequenzanalyse in der Biologie und Genetik deshalb so stark durchsetzen, da es die Forscher dort verstanden, die OM-Algorithmen für ihre Daten passfähig zu machen. Gleiches gilt es auch für die Sozialwissenschaften zu versuchen, bei denen ein durchaus anderes Verständnis von Ähnlichkeit zum Tragen kommt. Bei der Analyse von DNA-Sequenzen geht es in höherem Maß um die exakte Positionierung, was stärker für eine Verwendung der Hamming Distanz spricht, wohingegen Lebensläufe als das klassische Anwendungsgebiet der Sequenzanalyse in den Sozialwissenschaften vielmehr dann als ähnlich anzusehen sind, wenn sich die Abfolge ihrer Zustände relativ ähnelt, auch wenn diese Zustandsabfolgen nicht an der exakt selben Stelle in den Sequenzen auftauchen. Ein Distanzmaß, das mehr in Richtung Levenshtein II geht, würde dies besser erfassen.

Neben dem Verhältnis zwischen Ersetzungs- und Indel-Kosten ist insbesondere von Relevanz, ob die Ersetzungskosten alle gleich hoch angesetzt werden oder sich je nach Zustandspaar unterscheiden sollen. Hinter dem zuletzt genannten Ansatz steht die Idee, dass die Ersetzungskosten die Ähnlichkeit in den Zuständen widerspiegeln sollten, da doch zumeist davon auszugehen ist, dass sich einige Zustände ähnlicher sind als andere. Liegen (quantifizierbare) Informationen darüber vor, wie ähnlich sich die einzelnen Zustände sind, kann dieses Wissen dafür genutzt werden, um eine Ähnlichkeits-Matrix der Ersetzungskosten zwischen allen Zuständen zu erstellen (Martin und Wiggins 2011, S. 389). Mit dieser ist es dann möglich auch solche Sequenzen differenziert miteinander zu vergleichen, die bei ausschließlicher Verwendung von einheitlich angesetzten Indel-Operationen als gleich weit voneinander entfernt gesehen würden. Beispielsweise könnte man in einer Karriereanalyse wohl davon ausgehen, dass der Zustand „G = Schüler an Gymnasium" näher am Zustand „S = Student" ist, als am Zustand „R = Rentner". Demnach hätten die Sequenzen „X – G – Y" und „X – S – Y" eine geringere Distanz als die beiden Sequenzen „X – G – Y" und „X – R – Y" – obgleich nach Levenshtein II alle drei Sequenzen dieselbe Distanz aufweisen (Halpin 2010, S. 369).

Alternativ zur theoretischen Herleitung der Ersetzungskostenmatrix – die sich in der Forschungsrealität zumeist als schwierige Aufgabe herausstellen dürfte – ist der Rückgriff auf das empirische Transitionsverhalten denkbar. Obgleich häufig eingesetzt, da in der Anwendung einfach, ist dieser Ansatz nicht wirklich zu empfehlen, da reale Transitionen ein schlechter Indikator dafür sind, wie ähnlich zwei Zustände sich sind. Ein Beispiel aus der Lebensverlaufforschung macht dies klar: der Zustand „G = geschieden" ist in vielerlei Hinsicht dem Zustand „N = noch niemals verheiratet gewesen" ähnlicher als dem Zustand „V = verheiratet". Transitionen sind allerdings nur in der Reihenfolge „N – V – G" möglich. Eine auf den Häufigkeiten der real stattgefundenen Transitionen basierende Ersetzungskostenmatrix könnte die wirklichen Ähnlichkeiten zwischen den Zuständen entsprechend nicht widerspiegeln.

Eine dritte Option zur Bestimmung der Ersetzungskosten stammt von Lesnard. Dieses von ihm als dynamische Hamming Distanz bezeichnete Verfahren ist insbesondere dann sinnvoll, wenn der Zeitpunkt einer Transition wichtig – und sogar wichtiger als identische gemeinsame Subsequenzen – ist. Die grundlegende Idee dabei ist simpel: je häufiger Transitionen von Zustand A in Zustand B zu einem bestimmten Zeitpunkt stattfinden, desto niedriger sollten die Ersetzungskosten dieser beiden Zustände zu diesem Zeitpunkt sein; d. h. die Ersetzungskosten variieren entsprechend der Anzahl der Transitionen dynamisch über die Zeit. Lesnard erforscht auf diese Weise vor allem den Tagesablauf von Menschen. Mithilfe sogenannter Zeitverwendungserhebungen *(time use surveys),* bei denen die Teilnehmer über einen längeren Zeitraum hinweg in einem kurzen Zeittakt – etwa alle zehn Minuten – ihre aktuelle Tätigkeit angeben, spürt Lesnard Mustern in den Tagesabläufen nach. Ein Großteil der Teilnehmer einer solchen Untersuchung wird beispielsweise im Laufe eines Wochentages eine Transition vom Zustand „nicht arbeitend" in den Zustand „Arbeit" erfahren. Die interessante Information dabei ist jedoch, wann diese Transition stattfindet. Würde beispielsweise ein großer Teil der Teilnehmer zwischen 9.00 und 9.10 mit der Arbeit beginnen, wohingegen nur sehr wenige diese Transition zwischen 11.40 und 11.50 machten, so würde die dynamische Hamming Distanz den beiden Zustände „nicht arbeitend" und „Arbeit" um 9.00 geringere Ersetzungskosten zuweisen als um 11.40 (Lesnard 2014, S. 44).

Zusammenfassend lässt sich sagen, dass es für die Frage, wie die Kosten beim Optimal Matching zu setzen sind, keine einfachen und einheitlichen Lösungen gibt. Insbesondere gilt es zu überlegen, wie sich die oftmals elementar wichtige zeitliche Komponente sozialer Sequenzen – etwas das in der klassischen Sequenzanalyse im Bereich der Genetik keinerlei Entsprechung hat – in die Algorithmen integrieren lässt.[8] Zumindest für soziologische Lebensverlaufsstudien geht Halpin (2010) allerdings davon aus, dass die hier aufgezeigte Problematik in der konkreten Forschung oftmals keine gravierenden Konsequenzen mit sich bringt.[9] Ein standardmäßiges OM-Verfahren lieferte in einer seiner Untersuchungen fast identische Ergebnisse zu einer von ihm entwickelten modifizierten Variante, welche sensitiver in Bezug auf die Länge der Spells ist. Seiner Auffassung nach liegt der geringe Unterschied in den Ergebnissen darin begründet, dass soziologische Lebensverlaufsstudien zumeist auf nur sehr wenigen Zuständen (z. B. Schule, Ausbildung, Arbeit, Rente oder unverheiratet, verheiratet, geschieden) und oftmals wenigen Transitionen zwischen diesen basieren. In solchen Fällen spiele die Frage der Kosten entsprechend eine vergleichsweise geringe Rolle. Anders sieht

---

[8]Neben der weiter oben bereits erwähnten dynamischen Hamming Distanz gibt es noch weitere Ansätze, die versuchen, die Probleme mit der zeitlichen Komponente in sozialwissenschaftlichen Sequenzen anzugehen. Halpin (2010) beispielsweise schlägt mit dem OMv-Algorithmus ein Verfahren vor, bei dem die Ersetzungs- und Indel-Kosten umso niedriger angesetzt werden, je länger der Spell ist, in dem ein Zustand geändert werden soll. Auf diese Weise würde beispielsweise eine Transition der Sequenz A-A-A-A-B zu A-A-A-B-B als weniger kostspielig gesehen als eine von A-B-C-C-C zu B-B-C-C-C, da der Spell aus dem heraus die Ersetzung erfolgt im ersten Fall aus vier A besteht, wohingegen er im zweiten Fall aus nur einem A besteht. Daneben hat Elzinga (Elzinga 2003, 2005) ein ganz auf Ersetzungen und Indel-Operationen verzichtendes kombinatorisches Verfahren der Distanzberechnung vorgeschlagen, das die Zahl der in den beiden zu vergleichenden Sequenzen vorkommenden Subsequenzen ins Verhältnis zur Zahl aller Subsequenzen einer Sequenz setzt (Martin und Wiggins 2011, S. 400–402). Weitere Alternativen zum klassischen Optimal Matching, die allesamt ein spezifisch anderes Verständnis von Ähnlichkeit zwischen Sequenzen aufweisen, werden von Halpin (2014a) diskutiert.

[9]Zu einem ähnlichen Ergebnis kommen Barban und Billari (2012, S. 773), die in ihrer sowohl auf realen Lebensverlaufdaten als auch auf Simulationen aufbauenden Studie zeigen, dass Optimal Matching mit konstanten Kosten und die Levenshtein II Distanz (= Längste gemeinsame Subsequenz) praktisch identische Ergebnisse liefern – deutlich abweichend sind hingegen die Clusterlösungen, die auf der Hamming-Distanz aufbauen.

es bei komplexeren Sequenzen aus, wie sie beispielsweise in der politischen Elitenforschung anzutreffen sind – dort kommen durchaus Alphabete mit bis zu 50 ursprünglichen Zuständen vor (vgl. Jäckle 2016). Selbst wenn sich diese auf etwa zehn Typen von Zuständen reduzieren ließen, so wären die hierdurch entstehenden Sequenzen doch noch so komplex, dass die Frage der Ersetzungskosten wieder virulent würde.

Um ein Bild davon zu bekommen, wie relevant die Entscheidung für einen bestimmten Kostentyp sein kann, wird nochmals auf die BVerfG-Daten zurückgegriffen. Im Gegensatz zu vorher wird nun jedoch nicht nur zwischen fünf, sondern zwischen insgesamt zwölf Karrierezuständen unterschieden[10], eine Alphabetgröße, die in der Regel der sozialwissenschaftlichen Forschungsrealität eher nahe kommen dürfte, da ein aus weniger Zuständen bestehendes Alphabet oftmals eine zu große Komplexitätsreduktion bedeuten würde. Berechnet man die Distanzmatrizen für diese Daten anhand der verschiedenen vorgestellten Optionen (Hamming, dynamic Hamming, Optimal Matching mit Ersetzungskosten abgeleitet aus den empirischen Transitionshäufigkeiten und unterschiedlich hohen Indel-Kosten, sowie Levenshtein I und II) zeigt sich zunächst, dass alle Verfahren sehr ähnliche Distanzen berechnen. Keiner der Korrelationskoeffizienten liegt unter 0,9. Gleichwohl zeigt sich, dass wie erwartet die über die Hamming Methode berechnete Distanzmatrix am geringsten mit der Levenshtein II Matrix übereinstimmt. Niedrige Indel-Kosten (im Vergleich zu den Ersetzungskosten) lassen den OM-Algorithmus Ergebnisse erzielen, die näher bei denen des Levenshtein-II-Algorithmus liegen, wohingegen größere Indel-Kosten zu höheren Korrelationen mit den Hamming-Distanzmatrizen führen. Ob man die Ersetzungskosten aus den empirischen Transitionsraten errechnet (zweite und vierte Spalte in Abb. 7) oder konstant beim Wert zwei ansetzt (nicht präsentiert), ändert in diesem Beispiel so gut wie nichts. Auch der Unterschied zwischen der dynamischen und der klassischen Hamming Distanz ist hier marginal. Betrachtet man die Ergebnisse der mit dem Ward-Algorithmus durchgeführten Clusteranalysen (zum auf die Distanzberechnung folgenden Schritt der Clusterbildung genauer im nächsten Abschnitt) zeigt sich, dass insbesondere Levenshtein II und Hamming doch deutlich voneinander abweichende Ergebnisse generieren, was dafür spricht, der Frage der Kostenfestlegung im sozialwissenschaftlichen Kontext einige Aufmerksam zukommen zu lassen.

---

[10]Primär werden die administrativen, juristischen und politischen Karrierezustände nach dem Level des föderalen Systems in Positionen auf der Bundes-, Landes-, und unterhalb der Landesebene aufgegliedert (vgl. Jäckle 2016, S. 35).

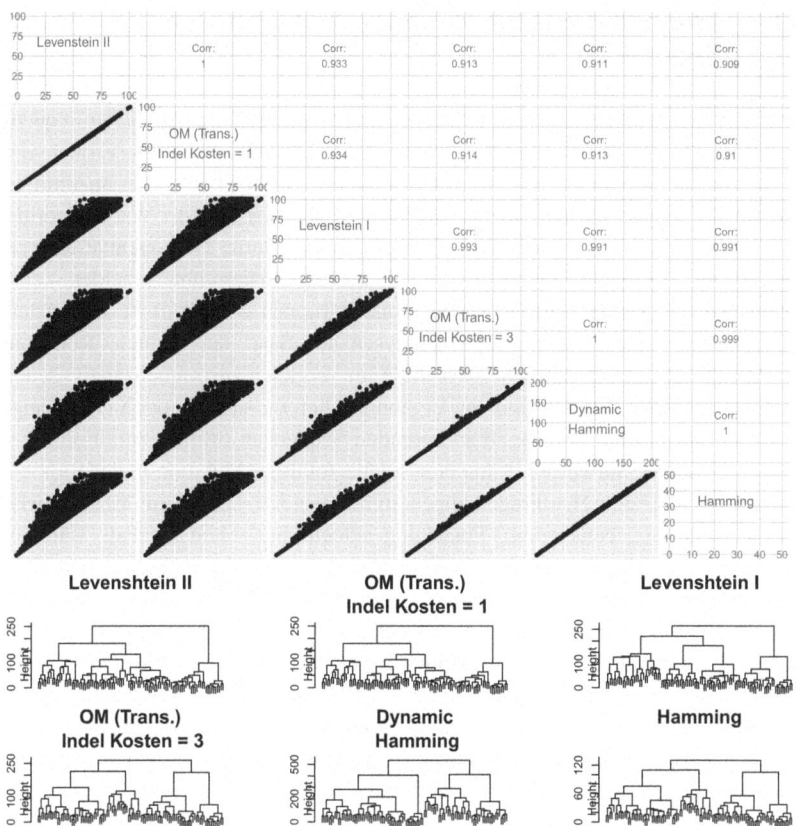

Abb. 7 Vergleich der Distanzmatrizen verschiedener Kostenkonfigurationen auf Basis eines aus zwölf Zuständen bestehenden Alphabets der Karrieren am BVerfG und sich hieraus ergebende Unterschiede in den Clusterlösungen. (Quelle: Eigene Darstellung)

Mit der Berechnung der Distanzmatrizen, die in der Regel auf einer der vorgestellten Varianten des OM-Algorithmus basiert, ist das Verfahren der Sequenzanalyse in den Grundzügen beschrieben. Die darauf folgenden, in Abb. 3 genannten Schritte werden zwar zumeist im Anschluss durchgeführt, da sie aber keine originär sequenzanalytischen Verfahren sind, werden sie im Folgenden nur knapp und im Zusammenhang mit Verweisen auf spezielle Literatur hierzu behandelt.

3.3   Identifikation einer Gruppenstruktur in den Sequenzen

Ein Ziel vieler Sequenzanalysen ist das Auffinden von Gruppen ähnlicher Sequenzen. Zumeist wird hierfür über die zuvor erstellte Distanzmatrix eine Variante der Clusteranalyse gerechnet (vgl. Kap. Clusteranalyse). Am häufigsten anzutreffen sind dabei hierarchisch-agglomerative Verfahren und hier v. a. der Ward-Algorithmus, da die von ihm gefundenen Cluster eine hohe interne Homogenität aufweisen und sich gleichzeitig maximal von den anderen Clustern unterscheiden – eine Eigenschaft, die für das Auffinden von Sequenzgruppen vorteilhaft ist. Eine Alternative hierzu stellen latente Klassenanalysen auf Basis der Sequenz-Rohdaten dar. Auch wenn sich gezeigt hat, dass diese im Vergleich zur sequenzanalytischen Herangehensweise oftmals ähnliche Ergebnisse liefern, sind sie doch eher geeignet, wenn die in eine Gruppe zu sortierenden Sequenzen oftmals zufällig ausgetauschte Zustände aufweisen. Kann eine solche zufällige Mutation in der Biologie oder Informatik bei vielen Fragen angenommen werden, ist dies in der sozialwissenschaftlichen (Lebensverlauf)-Forschung jedoch eher selten der Fall. Häufiger sind dort Unterschiede zwischen den Sequenzen vorzufinden, die auf den Zeitpunkt einer Transition oder beispielsweise die Umkehrung einer Sequenzabfolge zurückzuführen sind. Diese lassen sich mit der latenten Klassenanalyse deutlich schlechter abbilden als mit der Optimal Matching basierten Sequenzanalyse. Zudem bedarf die latente Klassenanalyse einer Schätzprozedur, bei der die Anzahl der Parameter mit der Länge der Sequenzen und der Größe des Alphabets ansteigt. Dies kann dazu führen, dass bei langen Sequenzen (z. B. bei täglich gemessenen Zuständen) und einem großen Zustandsraum die latente Klassenanalyse ineffiziente Ergebnisse generiert (Barban und Billari 2012, S. 781). Alles in Allem ist sie also eher keine gute Alternative zur Sequenzanalyse.

Bleibt man im sequenzanalytischen Framework – d. h. hat man bereits die Distanzen über eine Form des Optimal Matching berechnet –, so kann alternativ zur Clusteranalyse auch über eine Multidimensionale Skalierung (MDS, vgl. Kap. Multidimensionale Skalierung) eine Gruppenstruktur aufgedeckt werden. Im Gegensatz zur Clusteranalyse (v. a. wenn dabei der Ward-Algorithmus zum Einsatz kommt) ist es bei einer MDS allerdings schwierig, die einzelnen Gruppen klar voneinander zu unterscheiden. Zudem stellt sich bei einer MDS stets die Frage, ob und wenn ja, wie sich die Dimensionen inhaltlich interpretieren lassen. Auch wenn die MDS aus diesen Gründen die Clusteranalyse nicht als Standardmethode zum Auffinden einer Gruppenstruktur in Sequenzdaten verdrängen wird, so ist sie doch gut dafür geeignet, die Robustheit der gefundenen Cluster-Lösung zu überprüfen (siehe unten).

Neben Clusteranalysen finden sich in den letzten Jahren auch vermehrt Anwendungen, in denen Netzwerkanalysen im Anschluss an die Distanzberechnung durchgeführt werden. Die Grundidee ist dabei, dass eine Distanzmatrix auch als Netzwerk interpretiert werden kann, in dem die einzelnen Sequenzen entsprechend ihrer Distanzen untereinander verbunden sind und so ein Netzwerk mit unterschiedlich starken Kantengewichten entsteht (Blanchard 2011, S. 16). Aktuell befindet sich die Forschung hierzu noch in den Kinderschuhen, aber es ist bereits abzusehen, dass die Kombination aus Netzwerk- und Sequenzanalyse ein großes Potenzial besitzt, um insbesondere komplexe Sequenzstrukturen besser aufzubereiten und analysierbar zu machen. Einführungen und erste Anwendungen finden sich bei Cornwell (2015, S. 155–209) und Bison (2014).

Die zumeist verwendeten hierarchischen Clusteralgorithmen liefern für eine vorgegebene Anzahl an Clustern die Antwort auf die Frage, welche Sequenz in welches Cluster sortiert werden sollte – zu der Frage, wie viele Cluster eine gute Repräsentation der Daten darstellen, machen sie keine definitive Aussage. Hierfür gilt es auf die bekannten Verfahren wie das Dendrogramm, den Inverse-Scree-Test, die Silhouettenanalyse oder auch die Multidimensionale Skalierung zurückzugreifen (genauer hierzu vgl. Kap. Clusteranalyse und Multidimensionale Skalierung). Die entsprechenden Tests für das BVerfG-Beispiel finden sich in Abb. 4 in Kap. Clusteranalyse. Anstatt diesen Tests blind zu folgen, ist es allerdings zumeist eine gute Idee, zunächst zu überprüfen, ob die statistisch am besten passende Clusterlösung auch sinnvoll interpretierbare Cluster generiert. Im BVerfG-Beispiel hätte die von allen Testverfahren als sehr gut eingestufte zwei-Cluster-Lösung einen nur geringen Erklärungswert, da das erste – in der Tat sehr homogene Cluster – ausschließlich aus ehemaligen Universitätsprofessoren bestünde, wohingegen das zweite Cluster alle übrigen späteren Bundesverfassungsrichter enthielte. Eine vier Cluster-Lösung, die zwar ein sehr heterogenes Cluster generieren würde, dafür aber zumindest drei vergleichsweise homogene und dabei auch sinnvoll interpretierbare Cluster (Professoren, Richter und Verwaltung + Politik) wäre zielführender.

Hat man sich für eine Clusterlösung entschieden, gilt es die gefundenen Cluster zu präsentieren. Hierfür bieten sich erneut die transversalen Häufigkeitsverteilungen sowie die regulären Sequenzplots (= Sequenzindexplots) an. Abb. 8 zeigt die beiden Darstellungsweisen anhand der zwei homogensten Cluster aus der vier-Cluster Lösung für die BVerfG-Karriere-Daten.

Die gefundene Clusterlösung kann darüber hinaus in weitere Analysen eingehen. Dabei kann man entweder versuchen, sie als abhängige Variable über weitere, exogene Variablen zu erklären, oder als unabhängige Variable zur Erklärung bestimmter Outcomes heranziehen. Ein Beispiel für letzteres findet sich in einer

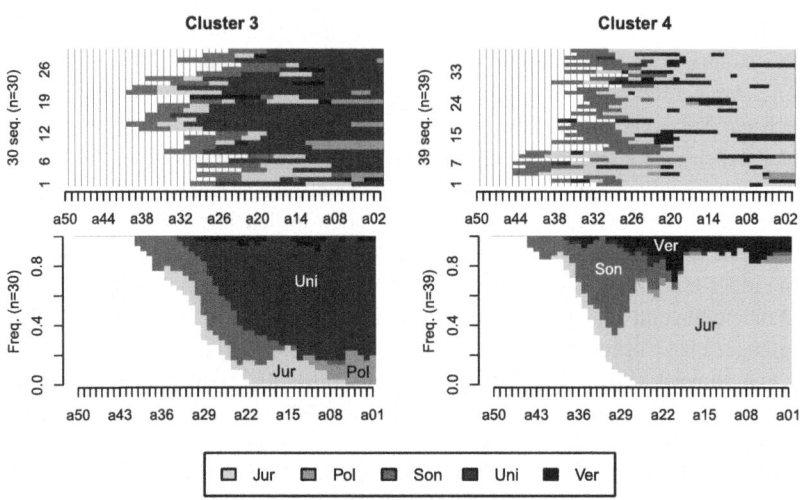

Abb. 8 Reguläre Sequenzplots und transversale Häufigkeitsplots für die beiden homogensten Cluster aus der vier-Cluster-Lösung der BVerfG-Daten. (Quelle: Eigene Darstellung)

Studie von Zwinkels und Mills (2015), die auf Basis von acht Clustern an Politikerkarrieren vor dem Eintritt in das Niederländische Parlament Vorhersagen darüber treffen, wer es auf einen Ministerposten schafft. Zudem bietet sich bei Sequenzanalysen generell auch der Vergleich zweier oder mehrerer Gruppen an, die sich anhand einer potenziell für die Sequenzstruktur relevanten Variablen unterscheiden. So können einfache transversale Häufigkeitsplots der BVerfG-Daten unterteilt nach denjenigen Richtern, die vom Bundesrat und denjenigen, die vom Bundestag bestellt worden sind, zeigen, dass sich die Karrieren der späteren Bundesverfassungsrichter so gut wie gar nicht anhand des bestellenden Gremiums unterscheiden. Auf dieselbe Weise lässt sich auch testen, ob Richter, die von der SPD vorgeschlagen wurden, sich systematisch in ihren bisherigen Karrieren von denjenigen unterscheiden, die auf der Karte der CDU/CSU nach Karlsruhe gekommen sind – in der empirischen Analyse finden sich im Großen und Ganzen diesbezüglich keine relevanten Unterschiede zwischen SPD und CDU/CSU Kandidaten (Jäckle 2016, S. 41, 42).

Eine weitere Option, um Gruppenunterschiede zu testen, bietet sich an, sofern man das *distinct-successive states* Format (DSS) voraussetzt, d. h. sämtliche Informationen über die Dauer der Zustände nicht weiter beachtet. Ausschließlich die Reihenfolge der Transitionen von einem Zustand in den anderen bleibt damit als Information erhalten. Man spricht deshalb auch kurz von Ereignissequenz. Kennt man die kompletten Ereignissequenzen lassen sich die häufigsten Ereignissubsequenzen ermitteln. Diese wiederum können hilfreich sein, um Unterschiede zwischen Gruppen festzustellen. Beispielsweise ließen sich so diejenigen Ereignissubsequenzen bestimmen, die am stärksten zwischen den beiden Gruppen, der von der SPD und der von der CDU/CSU vorgeschlagenen Richtern diskriminieren. Mittels eines Chi-Quadrat-Tests lassen sich Signifikanzen für diese Gruppenunterschiede berechnen (Ritschard et al. 2008, S. 17, 18; Gabadinho et al. 2011b, S. 106–110).

Infobox: Der Umgang mit parallel stattfindenden Zuständen
Gerade in der Lebenslaufforschung können oftmals mehrere unterschiedliche Biografiestränge parallel verlaufen. So kann es für einen Politiker beispielsweise ebenso relevant sein, welche Parteipositionen er über die Zeit einnimmt, wie die Frage, welche offiziellen politischen Mandate er im selben Zeitraum erlangt. In der klassischen Sequenzanalyse ließen sich diese beiden unterschiedlichen Elemente ein und derselben Biografie allerdings nur getrennt voneinander analysieren (Brzinsky-Fay und Kohler 2010, S. 361). Eine zumindest bei vergleichsweise kleinen Alphabeten sinnvolle Lösung für den Umgang mit dieser Problematik beschreiben Aassve und Kollegen (2007) sowie Pollock (2007) für die Lebenslaufforschung. Dabei werden simultane Zustände bezüglich Familienstand, Anzahl der Kinder und Beschäftigungsstatus (bei Pollock zusätzlich als viertes Element auch noch die Wohnverhältnisse) in einen Gesamtzustand zusammengefasst. So stünde der Zustand „1AV" für eine Frau mit einem Kind (1), die einer Arbeit nachgeht (A) und verheiratet ist (V). Die Sequenzanalyse wird sodann über diese zusammengefügten Gesamtsequenzen berechnet.[11] Problematisch an diesem Ansatz ist allerdings, dass für größere Alphabete und mit jeder

---

[11]Gauthier et al. (2010, S. 6, 7) beschreiben zwei weitere Möglichkeiten, multidimensionale Sequenzen im Zusammenhang mit Sequenzanalysen zu berücksichtigen. So könnte man die Ergebnisse einer über eine Dimension durchgeführten Sequenzanalyse als abhängige Variable in einem logistischen Regressionsmodell über Indikatoren anderer Sequenzdimensionen zu erklären versuchen. Auch wäre es möglich, die Ergebnisse von getrennten, über die verschiedenen Dimensionen durchgeführten Sequenzanalysen a posteriori in distinkten Typen zu bündeln. Gauthier und Kollegen sehen bei beiden Ansätzen allerdings gravierende Nachteile.

zusätzlichen Dimension die Zahl der Zustandskombinationen schnell auf eine Größe anwächst, die nicht mehr sinnvoll zu handhaben ist. Zudem lässt sich auch die Festlegung der Kosten für die Ersetzung solch zusammengelegter Zustände deutlich schlechter theoretisch rechtfertigen als bei Zuständen, die nur einer Dimension entstammen (Gauthier et al. 2010, S. 7). Mit der Multichannel Sequence Analysis (MCSA) haben Gauthier und seine Kollegen einen weiteren Vorschlag unterbreitet, wie Ähnlichkeiten zwischen zwei Sequenzen anhand von mehreren parallel laufenden Sequenzsträngen in verschiedenen Dimensionen identifiziert werden können. Sequenzen gelten dabei als ähnlich, wenn die Zustände über mehrere Dimensionen hinweg zu ähnlichen Zeitpunkten ähnlich sind. Die Autoren sehen zwei Vorteile ihres Verfahrens gegenüber eindimensionalen Sequenzanalysen: erstens ermöglicht es das Aufdecken von Regelmäßigkeiten in mehrdimensionalen Trajektorien und zweitens reduziert es die Gefahr, durch eine schlechte Datenlage (fehlende Werte), wegen fehlerhafter Informationen oder einer großen Heterogenität in den Daten die Ergebnisse der Analyse zu verzerren (Gauthier et al. 2010, S. 34).

4   Drei Anwendungsbeispiele für die Sequenzanalyse in den Sozialwissenschaften

4.1   Madero-Cabib und Fasang (2016): Gendered work-familiy life courses and financial well-being in retirement

Der Artikel von Madero-Cabib und Fasang steht in der Tradition der soziologischen Lebenslaufforschung. Die beiden Autorinnen vergleichen aufbauend auf dem SHARELIFE-Survey, das 2008 und 2009 retrospektiv Informationen zu individuellen Arbeits- und Familienlebensläufen von der Jugend bis zum Eintritt in die Rente erhoben hat, Deutsche und Schweizer der Geburtsjahrgänge 1920 bis 1950. Hierfür betrachten sie die Lebensläufe unter zwei unterschiedlichen Perspektiven: Arbeit und Familie. Die Arbeitssequenzen werden über die drei Zustände „nicht erwerbstätig", „Vollzeit" und „Teilzeit" definiert, im familiären Lebenslauf werden die sechs Zustände „Single, kein Kind", „Single, 1+ Kinder", „verheiratet, kein Kind", „verheiratet, 1 Kind", „verheiratet, 2+ Kinder" und „geschieden, mit oder ohne Kinder" unterschieden. Die einzelnen Sequenzen werden dann nicht etwa getrennt nach den beiden unterschiedlichen Typen von Lebensläufen miteinander verglichen, sondern es kommt die in der Infobox angesprochene Multichannel Sequence Analysis zum Einsatz. Deren Idee ist, dass zwei Sequenzen nur dann ähnlich sind, wenn sie aus ähnlichen Zuständen in mindestens zwei unterschiedlichen Domänen (hier die Bereiche der Arbeitswelt und der Familie) bestehen und die ähnlichen Zustände zudem zu ähnlichen Zeitpunkten vorliegen. Konkret heißt das, dass zwei Lebensläufe beispielsweise noch nicht als ähnlich angesehen werden, wenn sie beide durch eine späte Heirat und keine Kinder gekennzeichnet sind (Domäne Familie), sondern erst wenn zusätzlich beide auch in demselben Zeitraum in Vollzeit beschäftigt waren (Domäne Arbeit) (Madero-Cabib und Fasang 2016, S. 50).

Angewandt auf den Gesamtdatensatz aus schweizer und deutschen Biografien erhalten die beiden Autorinnen insgesamt acht Arbeits-Familien-Cluster. Bei diesen fällt zunächst die klare Teilung in männer- und frauendominierte Cluster auf. Während in den Gruppen der Vollzeitbeschäftigten mit einem oder mit zwei und mehr Kindern jeweils mehr als 80 % Männer vertreten sind, finden sich in den Clustern der Arbeitslosen und Teilzeitbeschäftigten mit einem oder zwei und mehr Kindern mehr als 90 % Frauen (Madero-Cabib und Fasang 2016, S. 52). In einem weiteren Schritt werden die Clusterzugehörigkeiten als unabhängige Variablen in Form von Dummies weiterverwendet. Sie gehen in zwei OLS-Modelle zur Erklärung der individuellen Rentenhöhe sowie des Haushaltsäquivalenzeinkommens im Rentenalter ein. Unter Kontrolle weiterer relevanter Faktoren (z. B. Bildungsniveau und aktueller Familienstand) zeigt sich unter anderem, dass eine Zugehörigkeit zu einem der drei stark mit Frauen besetzten Cluster grundsätzlich mit einem niedrigeren Rentenniveau einhergeht und dieser Effekt in der Schweiz sogar noch stärker ausgeprägt ist als in Deutschland (Madero-Cabib und Fasang 2016, S. 51).

4.2 Manow (2012): Wahlkreis- oder Listenabgeordneter, Typus oder Episode? Eine Sequenzanalyse der Wege in den Bundestag

Dieser im weitesten Sinne ebenfalls dem Bereich der Biografieforschung zuzurechnende Artikel untersucht, inwiefern das Wahlsystem zum Deutschen Bundestag mit seiner Erst- und Zweitstimme die Existenz von zwei unterschiedlichen Typen von Abgeordneten befördert: einem stark am Wahlkreis orientierten Direktkandidaten und einem stark am Parteiinteresse orientierten Listenkandidaten. Hierfür betrachtet Manow alle Bundestagsabgeordneten zwischen 1949 und 2009.

Jede Legislaturperiode stellt dabei einen von vier Zuständen dar: „Listenkandidat + Listenabgeordneter", „Direktkandidat + Direktabgeordneter", „Doppelkandidat mit Listenmandat" und „Doppelkandidat mit Direktmandat" (Manow 2012, S. 61). Es zeigt sich, dass sowohl reine Listenkandidaten, die auch immer über die Liste in den Bundestag eingezogen sind, als auch reine Direktkandidaten, die analog stets ihren Wahlkreis gewonnen haben, die Ausnahme darstellen. Zusammengenommen machen diese beiden exklusiven Karrierepfade nur etwa 23 % aller Sequenztypen aus. Weitaus häufiger sind demgegenüber Doppelkandidaturen. In einem weiteren Schritt testet der Autor mittels logistischer Regression, ob die anhand der Sequenzanalyse identifizierten reinen Listen- und Direktkandidaten unterschiedliche Wahrscheinlichkeiten aufweisen, in bestimmten Bundestagsausschüssen Mitglied zu sein. Dahinter steckt die Annahme der Rollendifferenzierungsthese: dass Wahlkreisabgeordnete, um ihre Chancen auf ein Direktmandat zu erhöhen, häufiger in denjenigen Ausschüssen Mitglied sind, in denen sie die Chance haben, „konkrete[.], materielle[.] Wahlkreisinteressen, etwa die Zuweisung öffentlicher Gelder an den Wahlkreis" (Manow 2012, S. 67) zu bedienen. Listenkandidaten sollten hingegen ein verstärktes Interesse daran haben, einen Sitz in einem Ausschuss zu erlangen, in dem sie sich generell parteipolitisch profilieren können (z. B. Gesundheit oder auswärtige Angelegenheiten). Die empirische Überprüfung ergibt, dass reine Wahlkreisabgeordnete in der Tat signifikant häufiger als reine Listenabgeordnete in den für den Wahlkreis relevanten Ausschüssen für Verkehr und Landwirtschaft vertreten sind. Allerdings zeigt sich, dass auch Listenabgeordnete, die bei ihrer Wahl auch als Direktkandidaten angetreten sind, durchaus versuchen, die Interessen ihres Wahlkreises aktiv zu vertreten. Abschließend kommt Manow entsprechend zu dem Ergebnis, dass „das deutsche gemischte Wahlsystem […] eher zu einer Rollen*verbindung* als zu einer Rollen*differenzierung*" der Abgeordneten führt.

4.3 Stovel (2001): Local Sequential Patterns: The Structure of Lynching in the Deep South, 1882–1930

Die Analyse von Stovel zeigt, dass Sequenzanalysen auch über die Lebenslauf- und Karriereforschung hinweg ein breites Einsatzspektrum aufweisen. Die Arbeit behandelt das Thema rassistisch motivierter Lynchmorde an Schwarzen in den Südstaaten der USA. Auf Basis jährlicher Daten von 1892–1930 für 395 Counties aus dem *Tiefen Süden* (Alabama, Georgia, Louisiana, Missisippi und South Carolina), werden Sequenzen gebildet, bei der die Anzahl der Lynchmorde in einem County pro Jahr die Zustände darstellen. Stovel interessiert sich v. a. dafür, ob 1) die Lynch-Sequenzen geclustert, oder über die gesamte Observationsdauer verteilt auftreten, ob 2) eine Beschleunigung oder Verlangsamung in diesem Prozess zu beobachten ist und 3) welche Intensität die Zustände erreichen, d. h. wie hoch die jährliche Anzahl an Lynchmorden auffällt (Stovel 2001, S. 856, 857). Mittels Optimal Matching werden die Sequenzen dann verglichen, wobei die Kosten für Ersetzungen zwischen zwei Zuständen entsprechend einer nicht-linearen Funktion mit der Summe der Lynchmorde, die beide Zustände zusammen ausmachen, abnimmt.[12] Konkret heißt dies, dass für eine Ersetzung einer 0 (d. h. eines Jahres in einem County in dem es keinen Lynchmord gegeben hat) durch eine 1 (ein Lynchmord in betreffendem Jahr in der Sequenz eines anderen Countys) höhere Kosten veranschlagt werden als für eine Ersetzung einer 3 durch eine 4. Anders ausgedrückt: Zwei Counties/Sequenzen A und B sind ähnlicher, als C und D wenn sie auf einem hohen Niveau an Lynchmorden dieselbe absolute Differenz an Morden aufweisen wie C und D auf einem niedrigeren Niveau (Stovel 2001, S. 862, 863). Die Autorin erhält über den CONCOR-Block-Modeling-Algorithmus[13] neun Cluster, die sie mit neun idealtypischen Sequenzen umschreibt. Diese Typologie vergleicht sie mit einer auf dem Anteil der afroamerikanischen Bevölkerung eines Counties basierenden Gruppeneinteilung. Unter anderem mithilfe des Stress-Maßes kann Stovel zeigen, dass die mithilfe der abnehmenden Kostenfunktion, sequenzanalytisch gebildeten Idealtypen die Daten besser widerspiegeln als es die auf theoretischen Erwägungen und bisherigen Studien aufbauende Gruppierung anhand des Anteils der schwarzen Bevölkerung, vermag. Die Studie von Stovel kann damit nachweisen, dass die Lynchhistorien der Südstaaten-Counties nicht von bestimmten, zu einem Zeitpunkt zu messenden demografischen Faktoren abhängen, sondern vielmehr nur über die zeitliche Entwicklung der Lynchvorfälle verstanden werden können (Wiggins et al. 2007, S. 397).

---

[12]Ohne diese abnehmende Funktion, d. h. mit entweder identischen Kosten oder einer linearen Abnahme der Kosten, würden die vergleichsweise seltenen Lynchmorde als Rauschen in den Daten untergehen (Martin und Wiggins 2011, S. 403).

[13]Genauer zu diesem für Netzwerkdaten geeigneten Verfahren zur Aufdeckung struktureller Ähnlichkeiten s. Scott (2000, S. 131–142).

5   Software für Sequenzanalyse

Mussten die sozialwissenschaftlichen Pioniere der Sequenzanalyse für ihre
Anwendungen entweder auf die vorhandenen, in der Genetik entwickelten Optimal Matching Programme zurückgreifen oder eigene Programme schreiben (Martin und Wiggins 2011, S. 404), gibt es aktuell zumindest zwei Software-Pakete,
mit denen Sequenzanalysen sinnvoll für Sozialwissenschaftler durchzuführen
sind:[14] Stata und R. In Stata gibt es drei nutzergeschriebene Implementationen:
einerseits das ado-file SEQCOMP (Lesnard 2005), das deutlich umfassendere SQ-
Paket, welches allerdings auch schon zehn Jahre alt ist und entsprechend einige
neuere Entwicklungen wie beispielsweise die dynamische Hamming Distanz nicht
beinhaltet (Brzinsky-Fay et al. 2006), sowie das 2007 erstmals vorgestellte, in den
letzten Jahren mehrfach upgedatete und mittlerweile auch direkt aus Stata down-
loadbare SADI-Paket (Halpin 2015).[15] Sofern man Stata nutzen möchte, ist Letzteres sicherlich die beste Option, da es zum einen die meisten aktuell diskutierten
Distanzmaße enthält[16] und zum anderen bis zu 50 mal schneller als das SQ-Paket
ist – was allerdings dem Entwickler zu Folge erkauft wird durch eine vergleichsweise hohe Instabilität und Probleme mit der Plattformabhängigkeit (Halpin
2014b). Die umfassendsten Möglichkeiten zur Sequenzanalyse bietet jedoch zweifelsfrei das R-Paket TraMineR (Gabadinho et al. 2011a). Das umfangreiche Handbuch zu diesem Paket (Gabadinho et al. 2011b), in dem die einzelnen Schritte
einer Sequenzanalyse und das konkrete Vorgehen hierzu in TraMineR anhand ein-
gängiger Beispiele diskutiert werden, hilft darüber hinaus enorm beim Einstieg in
den sequenzanalytischen Forschungsalltag. Für einen allerersten Einstieg in das
Programm sei zudem auf das letzte Kapitel in Mills Buch „Introducing Survival
and Event History Analysis" (Mills 2011, S. 213–226) verwiesen, in dem das Vorgehen bei Sequenzanalysen mit Hilfe von TraMineR kurz behandelt wird.

---

[14]Eine weitere Option stellt das als Freeware zur Verfügung stehende Programm TDA
(Transitional Data Analysis) von Rohwer und Poetter (2005) dar. Es ist allerdings schon
etwas veraltet und bietet keine gute Möglichkeit, die für die Sequenzanalyse so immanent
wichtigen Grafiken zu erstellen.

[15]Installation über ssc install sadi.

[16]Konkret kann man mit SADI neben den klassischen OM und Hamming Distanzen auch
die OMv-Distanz, Hollister's OM-Variante, die dynamische Hamming Distanz, die Time-
Warp-Edit Distanz und eine Version des von Elzinga vorgeschlagenen Verfahrens über die
Anzahl der längsten gemeinsamen Subsequenzen (Halpin 2015).

6 Zusammenfassung

Ursprünglich für die Analyse des Erbguts entwickelt, stellt die Sequenzanalyse ein weiteres gutes Beispiel für eine fruchtbare Übertragung von Methoden aus den Naturwissenschaften in die Sozialwissenschaften dar. Sie ist vor allem deshalb für Sozialwissenschaftler von so großem Interesse, da sie es ermöglicht, einzelne Teilabschnitte von Sequenzen genau zu untersuchen und dabei gleichzeitig das große Ganze – d. h. die Gesamtsequenz – nicht aus dem Auge zu verlieren. Diese Eigenschaft macht die Sequenzanalyse insbesondere natürlich für die Lebenslauf- und Karriereforschung spannend, da sich dort gezeigt hat, dass sich viele Transitionen nicht sonderlich gut ausschließlich durch den letzten Zustand vor der Transition erklären lassen. Auch Auflistungen mehrerer der vorangegangenen Zustände helfen nur bedingt weiter, sofern sie weder nach der Dauer noch der Reihenfolge dieser Ereignisse/Zustände unterscheiden. Entsprechend fassen Aisenbrey und Fasang die Vorteile der Sequenzanalyse für dieses Forschungsfeld folgendermaßen plakativ zusammen: „sequence analysis can play a fundamental role in bringing" the much neglected trajectory concept, the actual 'course,' back into the life course" (2010, S. 450). Daneben bietet die Sequenzanalyse aber auch in vielen anderen Forschungsfeldern interessante Möglichkeiten. Um diese zu nutzen, ist es allerdings notwendig, sich sowohl ihres Potenzials wie auch ihrer Begrenzungen bewusst zu sein und die Methode selbst auch aktiv an Forschungsfrage und Daten anzupassen, denn ein Standard-Sequenzanalyse-Prozedere, das auf alle Fragen und Daten passen würde, gibt es – wie dieses Kapitel gezeigt hat – nicht.

7 Kommentierte Literaturempfehlungen

Gabadinho, Alexis, Gilbert Ritschard, Nicolas S. Müller, und Matthias Studer. 2011. „Analyzing and visualizing state sequences in R with TraMineR". Journal of Statistical Software 40 (4): 1–37. Mit vielen Beispielen versehene Einführung in das Programm TramineR, das aktuell wohl die beste Funktionalität für Sequenzanalysen bietet.

Blanchard, Philippe, Felix Bühlmann, und Jacques-Antoine Gauthier, Hrsg. 2014. Advances in Sequence Analysis: Theory, Method, Applications. Cham: Springer. Umfassendes Handbuch, das zum einen Kapitel enthält, in denen die einzelnen Verfahrensschritte gut nachvollziehbar erläutert sowie Probleme des OM-Algorithmus und daraus resultierende Weiterentwicklungen der Technik vorgestellt werden. Zum anderen wird in insgesamt sechs Kapiteln anhand von verschiedenen Beispielen aus der soziologischen und politikwissenschaftlichen Forschung das breite Spektrum der Anwendungsfelder für Sequenzanalysen aufzeigt.

Brzinsky-Fay, Christian, und Ulrich Kohler et al. 2010. „New Developments in Sequence Analysis". Sociological Methods & Research 38 (3): 359–512. Special Issue von Sociological Methods & Research mit insgesamt sechs Artikeln, die einen guten Überblick der „zweiten Welle der Sequenzanalyse" bieten, wie es Aisenbrey und Fasang (2010) formulieren.

Cornwell, Benjamin. 2015. Social sequence analysis: methods and applications. Structural analysis in the social sciences. New York, NY: Cambridge University Press. Aktuelles Lehrbuch, das neben einer ausführlichen Einführung in die theoretischen Grundlagen und die relevanten Konzepte der Sequenzanalyse sowohl eine gute Diskussion der klassischen Optimal Matching Verfahren als auch deren Weiterentwicklungen beinhaltet. Daneben geht Cornwell auch ausführlich auf die Möglichkeit der netzwerkanalytischen Auswertung von Sequenzdaten ein.

Literatur

Aassve, A., F. Billari, und R. Piccarreta. 2007. Strings of adulthood: A sequence analysis of young British women's work-family trajectories. *European Journal of Population* 23 (3–4): 369–388.

Abbott, A. 1983. Sequences of social events: Concepts and methods for the analysis of order in social processes. *Historical Methods* 16 (4): 129–147.

Abbott, A. 1984. Event sequence and event duration: Colligation and measurement. *Historical Methods* 17 (4): 192–204.

Abbott, A., und E. Barman. 1997. Sequence comparison via alignment and Gibbs sampling. *Sociological Methodology* 27 (1): 47–87.

Abbott, A., und J. Forrest. 1986. Optimal matching methods for historical sequences. *Journal of Interdisciplinary History* 16 (3): 471–494.

Abbott, A., und A. Hrycak. 1990. Measuring resemblance in sequence data: An optimal matching analysis of musicians' careers. *American Journal of Sociology* 96 (1): 144–185.

Aisenbrey, S. 2000. *Optimal matching analyse: Anwendungen in den Sozialwissenschaften.* Opladen: Leske + Budrich.

Aisenbrey, Silke, und Anette E. Fasang. 2010. New life for old ideas: The ‚Second Wave' of sequence analysis bringing the ‚Course' back into the life course. *Sociological Methods & Research* 38 (3): 420–462. doi:10.1177/0049124109357532.

Barban, N., und F. C. Billari. 2012. Classifying life course trajectories: A comparison of latent class and sequence analysis. *Journal of the Royal Statistical Society: Series C* 61 (5): 756–784.

Becker, Howard Saul. 1963. *Outsiders: Studies in the sociology of deviance*. New York: Free Press.

Billari, F. C. 2001. Sequence analysis in demographic research. *Canadian Studies in Population* 28 (2): 439–458.

Bison, Ivano. 2014. Sequence as network: An attempt to apply network analysis to sequence analysis. In *Advances in sequence analysis: Theory, method, applications*, Hrsg. Philippe Blanchard, Felix Bühlmann, und Jacques-Antoine Gauthier, 231–248. Cham: Springer.

Blair-Loy, M. 1999. Career patterns of executive women in finance: An optimal matching analysis. *American Journal of Sociology* 104 (5): 1346–1397.

Blanchard, Philippe. 2011. Sequence analysis for political science. Paper präsentiert auf dem APSA Annual Metting, 2011. Seattle. https://papers.ssrn.com/sol3/papers. cfm?abstract_id=1902086.

Blanchard, Philippe, Felix Bühlmann, und Jacques-Antoine Gauthier, Hrsg. 2014. *Advances in sequence analysis: Theory, method, applications*. Cham: Springer.

Box-Steffensmeier, Janet M., und Bradford S. Jones. 2004. *Event history modeling: A guide for social scientists*. Cambridge: Cambridge University Press.

Brzinsky-Fay, Christian, und Ulrich Kohler. 2010. New developments in sequence analysis. *Sociological Methods & Research* 38 (3): 359–364.

Brzinsky-Fay, Christian, Ulrich Kohler, und Magdalena Luniak. 2006. Sequence analysis with Stata. *Stata Journal* 6 (4): 435–460.

Cornwell, Benjamin. 2015. *Social sequence analysis: Methods and applications*. Structural Analysis in the Social Sciences, Bd. 37. New York: Cambridge University Press.

Elzinga, Cees H. 2003. Sequence similarity: A non-aligning technique. *Sociological Methods and Research* 32 (1): 3–29.

Elzinga, Cees H. 2005. Combinatorial representations of token sequences. *Journal of Classification* 22 (1): 87–118. doi:10.1007/s00357-005-0007-6.

Elzinga, Cees H., und A. C. Liefbroer. 2007. De-standardization of family-life trajectories of young adults: A cross-national comparison using sequence analysis. *European Journal of Population/Revue européenne de Démographie* 23 (3–4): 225–250.

Fasang, Anette E., und T. F. Liao. 2014. Visualizing sequences in the social sciences: Relative frequency sequence plots. *Sociological Methods & Research* 43 (4): 643–676. doi:10.1177/0049124113506563.

Gabadinho, Alexis, Gilbert Ritschard, Matthias Studer, und Nicolas S. Müller. 2010. Indice de complexité pour le tri et la comparaison de séquences catégorielles. *Extraction et gestion des connaissances, Revue des nouvelles technologies de l'information RNTI* E-19:61–66.

Gabadinho, Alexis, Gilbert Ritschard, Nicolas S. Müller, und Matthias Studer. 2011a. Analyzing and visualizing state sequences in R with TraMineR. *Journal of Statistical Software* 40 (4): 1–37.

Gabadinho, Alexis, Gilbert Ritschard, Matthias Studer, und Nicolas S. Müller. 2011b. Mining sequence data in R with TraMineR package: A user's guide. University of Geneva. http://mephisto.unige.ch/traminer/.

Gauthier, Jacques-Antoine, Eric D. Widmer, Philipp Bucher, und Cédric Notredame. 2010. Multichannel sequence analysis applied to social science data. *Sociological Methodology* 40 (1): 1–38. doi:10.1111/j.1467-9531.2010.01227.x.

Gauthier, Jacques-Antoine, Felix Bühlmann, und Philippe Blanchard. 2014. Introduction: Sequence analysis in 2014. In *Advances in sequence analysis*, Hrsg. Jacques-Antoine Gauthier, Felix Bühlmann, und Philippe Blanchard, 1–17. New York: Springer.

Halpin, Brendan. 2010. Optimal matching analysis and life-course data: The importance of duration. *Sociological Methods & Research* 38 (3): 365–388.

Halpin, Brendan. 2014a. Three narratives of sequence analysis. In *Advances in sequence analysis: Theory, method, applications*, Hrsg. Philippe Blanchard, Felix Bühlmann, und Jacques-Antoine Gauthier, 75–103. Cham: Springer.

Halpin, Brendan. 2014b. SADI: Stata tools for sequence analysis. Gehalten auf der Stata User Group, London, September 11. http://teaching.sociology.ul.ie/seqanal/sadilondon.pdf.

Halpin, Brendan. 2015. SADI: Module to compute sequence analysis distance measures. Boston. http://teaching.sociology.ul.ie/seqanal/.

Halpin, Brendan, und Tak Wing Chan. 1998. Class careers as sequences: An optimal matching analysis of work-life histories. *European Sociological Review* 14 (2): 111–130.

Jäckle, Sebastian. 2015. Event-history-analyse. In *Methodologie, Methoden, Forschungsdesign*, Hrsg. Achim Hildebrandt, Sebastian Jäckle, Frieder Wolf, und Andreas Heindl, 163–189. Wiesbaden: Springer Fachmedien.

Jäckle, Sebastian. 2016. Pathways to Karlsruhe: A sequence analysis of the careers of German Federal Constitutional Court judges. *German Politics* 25 (1): 25–53.

Lesnard, Laurent. 2005. *SeqComp – Une extension Stata pour la comparaison de séquences*. http://laurent.lesnard.free.fr/article.php3?id_article=7.

Lesnard, Laurent. 2010. Setting cost in optimal matching to uncover contemporaneous socio-temporal patterns. *Sociological Methods & Research* 38 (3): 389–419. doi:10.1177/0049124110362526.

Lesnard, Laurent. 2014. Using optimal matching analysis in sociology: Cost setting and sociology of time. In *Advances in sequence analysis: Theory, method, applications*, Hrsg. Philippe Blanchard, Felix Bühlmann, und Jacques-Antoine Gauthier, 39–50. New York: Springer.

MacIndoe, Heather, und Andrew Abbott. 2004. Handbook of data analysis. In *Sequence analysis and optimal matching techniques for social science data*, Hrsg. M. Hardy and A. Bryman, 387–406. Thousand Oaks: Sage.

Madero-Cabib, Ignacio, und Anette Eva Fasang. 2016. Gendered work-family life courses and financial well-being in retirement. *Advances in Life Course Research* 27 (März): 43–60. doi:10.1016/j.alcr.2015.11.003.

Manow, Philip. 2012. Wahlkreis- oder Listenabgeordneter, Typus oder Episode? Eine Sequenzanalyse der Wege in den Bundestag. *Politische Vierteljahresschrift* 53 (1): 53–78.

Martin, Peter, und Richard D. Wiggins. 2011. Optimal matching analysis. In *The SAGE Handbook of Innovation in Social Research Methods*, Hrsg. W. Paul Vogt and Malcolm Williams, 385–408. Los Angeles: Sage.

Martin, Peter, Ingrid Schoon, und Andy Ross. 2008. Beyond transitions: Applying optimal matching analysis to life course research. *International Journal of Social Research Methodology* 11 (3): 179–199. doi:10.1080/13645570701622025.

Mills, Melinda. 2011. *Introducing survival and event history analysis*. Los Angeles: Sage.

Pollock, Gary. 2007. Holistic trajectories: A study of combined employment, housing and family careers by using multiple-sequence analysis. *Journal of the Royal Statistical Society: Series A (Statistics in Society)* 170 (1): 167–183. doi:10.1111/j.1467-985X.2006.00450.x.

Ritschard, Gilbert, Alexis Gabadinho, Nicolas S. Muller, und Matthias Studer. 2008. Mining event histories: A social science perspective. *International Journal of Data Mining, Modelling and Management* 1 (1): 68–90.

Robette, Nicolas, und Xavier Bry. 2012. Harpoon or bait? A comparison of various metrics in fishing for sequence patterns. *Bulletin of Sociological Methodology/Bulletin de Méthodologie Sociologique* 116 (1): 5–24.

Rohwer, Götz, und Ulrich Pötter. 2005. TDA user's manual. Bochum, Germany, Ruhr-Universität Bochum. http://www.stat.ruhr-uni-bochum.de/tman.html.

Rohwer, Götz, und Heike Trappe. 1997. Describing life courses. An illustration based on NLSY data. Paper präsentiert auf der POLIS Project Conference, 1997. European University Institute, Florenz. http://www.stat.ruhr-uni-bochum.de/papers/polis.pdf.

Scherer, S. 2001. Early career patterns: A comparison of Great Britain and West Germany. *European Sociological Review* 17 (2): 119–144.

Scott, John. 2000. *Social network analysis: A handbook*, 2. Aufl. London: Sage.

Stegmann, Michael, Julia Werner, und Heiko Müller. 2013. *Sequenzmusteranalyse: Einführung in Theorie und Praxis*. Sozialwissenschaftliche Forschungsmethoden, Bd. 5. München: Hampp.

Stovel, K. 2001. Local sequential patterns: The structure of lynching in the Deep South, 1882–1930. *Social Forces* 79 (3): 843–880.

Stovel, K., und M. Bolan. 2004. Residential trajectories: Using optimal alignment to reveal the structure of residential mobility. *Sociological Methods and Research* 32 (4): 559–598.

Stovel, K., M. Savage, und P. Bearman. 1996. Ascription into achievement: Models of career systems at Lloyds Bank, 1890–1970. *American Journal of Sociology* 102 (2): 358–399.

Wiggins, R. D., C. Erzberger, M. Hyde, P. Higgs, und D. Blane. 2007. Optimal matching analysis using ideal types to describe the lifecourse: An illustration of how histories of work, partnerships and housing relate to quality of life in early old age. *International Journal of Social Research Methodology* 10 (4): 259–278.

Yamaguchi, Kazuo. 1991. *Event history analysis*. Newbury Park: Sage.

Zwinkels, Tomas, und Melinda Mills. 2015. Pathways to power: Careers, communication skills, political contacts and the obtainment of ministerial office. Paper präsentiert auf der ECPR General Conference (26–29 August 2015). Montreal.

Stichwortverzeichnis

A

Abdeckungsparameter, 287, 292
Achsenabschnitt, 159
Adjazenzmatrix, 214, 215, 221
Affiliationsmatrix, 215
Affiliationsnetzwerk, 213
Agent-Based Model (ABM), 11, 211
Agenten, 12, 18, 19
  kognitive, 19
  reaktive, 19
Aggregatdaten, 153
Aggregatebene s. Makro-Ebene
Ähnlichkeitsmaß, 57
Ähnlichkeitsmatrix, 180, 182, 184, 193, 196
Akaike-Informationskriterium (AIC), 161, 163
Alphabet, 336, 338, 348
Alpha-Level, operationales, 154
Amtlicher Gemeindeschlüssel (AGS), 138
Ankerpunkt, 282, 286, 287
Ansteckungseffekt, 132
Ansteckung, soziale, 205, 211
A-posteriori-Wahrscheinlichkeit, 251, 252, 254
A-priori-Wahrscheinlichkeit, 251–254
Äquifinalität, 278, 280, 281, 285, 297
Asymmetrie, 276, 278, 280, 281
audio-visueller Stimulus, 308

Autokorrelation, 169
  räumliche, 130, 132, 133, 140
Average-Linkage-Verfahren, 58

B

Baumdiagramm s. Dendrogramm
Bayesianische Mehrebenenanalyse, 157
Bayesianisches Informationskriterium (BIC), 70, 74, 75, 161, 163
Bayes Theorem, 252
Bedingung, 243, 244
  hinreichende s. hinreichende Bedingung
  notwendige s. notwendige Bedingung
begrenzte empirische Vielfalt, 280, 284, 286, 290, 295
Betweenness-Zentralität, 212, 221, 222, 225
Between-Subject-Design, 96, 97
Bezahlung von Probanden, 103
Bias, 93, 118, 124–126, 132, 133, 147
  (un)verzerrte Darstellung, 124, 139
  (un)verzerrte Stichprobe, 127
  (un)verzerrte Wahrnehmung, 122, 126
  (un)verzerrter Schätzer, 132, 151, 157
black box, 242
Blockmodellanalyse, 206, 219, 228
Boolean Approach, 273
Boolesche Algebra, 274, 282, 296
Bugs (Programmierfehler), 25

© Springer Fachmedien Wiesbaden GmbH 2017
S. Jäckle (Hrsg.), *Neue Trends in den Sozialwissenschaften*,
DOI 10.1007/978-3-658-17189-6

C

Centroid (= Clusterzentrum), 58, 69, 135
Centroid (= geographischer Mittelpunkt), 135
Ceteris-paribus, 91, 276
Chi-Quadrat-Test, 353
Choroplethenkarte s. Karte, thematische
Closeness-Zentralität, 212, 222, 225
Clusteranalyse, 51, 184, 195, 196, 287, 343, 348, 350
  dichtebasierte, 57, 69, 71, 72, 76–78
  hierarchisch-agglomerative, 56, 57, 59, 67, 70, 350
  hierarchisch-divisive, 57
  hierarchische, 55, 57, 63, 67, 70, 71, 76–78
  kombinierte, 57, 70, 78
  modellbasierte, 57, 69, 73, 74, 76–78
  partitionierende, 56, 57, 67, 69, 71
  probabilistische, 68
  rasterbasierte, 72, 76
  Two-Step-Clusteranalyse, 70, 71, 76–78
cluster feature, 70
cluster feature tree, 70
Clusterbaum, 70
Clusterzahl, optimale, 54, 58–62, 71, 74, 78
Clusterzentrum s. Centroid
Cognitive Social Structures, 214
Complete-Linkage-Verfahren, 58
confirmation bias, 264
conservative solution, 290
Continuous Response Measurement (CRM), 308
Convenience-Sample, 93
Coverstory, 101
Crisp-Set, 68, 278, 293
crisp-set QCA (csQCA), 278
Cross-Classified-Daten, 150, 151
Cross-Level-Interaktion, 153, 154, 156–159, 161, 165, 167, 170, 171

D

Datenschutz, 136
Debat-O-Meter, 316–321, 323
Dendrogramm, 58, 71, 77, 351

Devianz, 163
Devianztest, 155, 156, 161, 163
Dialer, 310–312, 316, 318–321
Dichte, 71
Diffusion, 132
Diffusionseffekt, 132
Dimensionalität, 75
Diskriminanzanalyse, 54
Disparität, 181
Distanzmaß, 57, 70, 77
Double-Decisive-Test, 249
Drehregler s. Dialer
Drittvariable s. Störfaktor

E

Ego-Netzwerk, 33, 205, 213, 216
Einzelfallstudie s. Fallstudie
Einzigartigkeit, 247–249, 256, 264
Elimination, 94, 95
Ellbogenkriterium, 60, 351
empirische Transitionsrate, 348
Entropie (innerhalb von Sequenzen), 341–343
Ereignisanalyse, 169, 334, 335
Ereignissequenz, 353
Ereignissubsequenz, 353
ERGM (Exponential Random Graph Modell), 212, 221, 227, 228
Ersetzung, 344, 345
Ersetzungskosten, 344–348
Ethik, 136
Ethikkommission, 102, 103
Euklidische Distanz, quadrierte, 57, 58, 70
Euler-Diagramm, 257
Experiment (s. auch Feldexperiment; Laborexperiment; Online-Experiment; Umfrageexperiment), 17, 263
Experimentalgruppe, 92–94, 99, 101, 105–107
Explanandum, 240, 243
Explanans, 240, 243
Exponential Random Graph Modell, 212, 221, 227, 228
Ex-Post-Befragung, 308, 314
Extrapolation, räumliche, 131

F

Factor Equation (Experiment), 94
Faktorenanalyse, 169, 179, 195–197
faktorielles Design, 97
fallorientierte Forschung, 274, 275, 279,
    280, 293, 297
Fallstudie, 239, 240, 254, 262
false necessary condition, 288
Feldexperiment, 89, 98–100, 105–107
Fokusgruppen, 263
Forschung
    fallorientierte s. fallorientierte Forschung
    idiographische, 261
Freiheitsgrad, 157
Fuzzy-(Means)-Clustering, 68, 69, 76–78
Fuzzy-Set, 68, 278, 288, 293
fuzzy-set QCA (fsQCA), 278

G

Gazetteers, 137
gemeinsamer Raum, 180, 186, 190–193,
    197
Generalized Least Squares (GLS), 132
generative Erklärung, 17, 18
Geodaten s. georeferenzierte Daten
Geographically Weighted Regression
    (GWR), 133
geographisches Objekt, 118
georeferenzierte Daten, 117, 118, 128, 140
Georeferenzierung, 128, 137, 141
Gewissheit, 247–250, 253, 256, 264
Gi*-Maß, 131
Gitter, 13, 20, 22, 27, 33
Gitternetzzelle, 134, 136, 140
Grad eines Knotens, 212, 221, 222
grafische Benutzeroberfläche, 316
grand mean centering, 162
Graph
    einfacher, 213
    gerichteter, 213
Graphentheorie, 206
graphical user interface (GUI), 316, 317
grey boxing, 244, 255
grid cell data s. Gitternetzzelle
group mean centering, 162

Gruppenzugehörigkeit
    abgestufte, 55, 68
    diskrete, 55, 68
Gütemaß, 163

H

Hamming Distanz, 344, 345, 348
    dynamische, 346, 347
Hauptkomponentenanalyse, 196, 197
hidden necessary condition, 288
hierarchically nested data s. hierarchische
    Daten
hierarchische Daten, 150, 151, 153, 171
Hierarchische Lineare Modellierung
    (HLM), 148, 170
hierarchische Struktur, 147, 148, 150–152,
    154, 171
hinreichende Bedingung, 256, 275–277,
    282, 283, 287–289, 297
hochdimensionale Daten, 57, 75, 76, 79
Homophilie, 210, 223
Hoop-Test, 248–253, 256–258
Hotspots, 69, 131
hybride Architekturen, 19

I

idiographische Forschung, 261
Imputation, multiple, 156
Indel-Kosten, 344, 345, 347, 348
Indel-Operation, 344, 345
Individual-Based Model, 11, 211
Individualebene s. Mikro-Ebene
Individualismus, methodologischer, 20
Individualmerkmal, 168
INDSCAL-Verfahren, 189, 190, 193, 194,
    197
Inhaltsanalyse, 309
Integrationspunkt, 170
Interaktion, räumliche, 130
Interaktionseffekt, 276
Intercept, 159
intermediate solution, 290
Interpolation, räumliche, 131
intervenierende Variable, 243–245

Intraklassenkorrelationskoeffizient (IKK), 154, 155
INUS-Bedingung, 276
Inverse-Scree-Test, 60, 351
Inzidenzmatrix, 215
Isolation (Experiment), 91

J
Jenks-Verfahren, 124
Joystick, 310, 312

K
Kalibrierung, 278–280, 286, 287, 290–295, 297
direkte, 282, 287, 293
Kante, 204, 208, 212–217, 224–226
gerichtete, 213
realisierte, 212
ungerichtete, 213, 215
Kantengewicht, 213, 215
Karte
interaktive, 141
thematische, 117, 119, 120, 122–124, 126, 131, 135, 140
Karten-Algebra, 139
Kartenanamorphoten, 122
Kartenvideo, animiertes, 122, 141
Kategoriengrenze, 124, 126
Kausalbeziehung, 85, 86, 91, 93, 97, 104, 108
Kausalmechanismus, 240, 242–246
KIDS (Keep it descriptive, stupid), 24
KISS (Keep it simple, stupid), 24
k-Means, 56, 64, 65, 67–71, 76–78
Knoten, 204, 208–217, 224–226
komplexes System, 26, 34
Komplexitätsindex, 341, 342
Konfiguration, 182, 184, 191, 192, 194, 195
konfiguratives Denken, 278, 280, 281, 297
Kongruenzanalyse, 244
Konsistenz, 283, 288, 291
Konsistenzmaß, 283
Konsistenzparameter, 282, 287–289, 291, 292

Konsistenzwert, 283, 289
Konstanthaltung (Experiment), 94, 95
Konstruktvalidität, 314, 317
Kontextbeschreibung, 107
Kontexteffekt, 149, 171
kontrafaktisches Denken, 284, 290
Kontrolle (Experiment), 91, 92, 95, 98–100, 103, 105, 108
Kontrollgruppe, 92–94, 99, 101, 105–107
Koordinatenbezugssystem, 118, 139
Kriging, 131
Kriteriumsvalidität, 314, 318
künstliche Intelligenz, 14

L
Laborexperiment, 98–100
Lagrange-Multiplier-Test, 133
Laplace-Approximation, 170
latched mode, 310–312, 316, 323
Latent-Class-Modell, 73
latente Klassenanalyse, 350
Level-1 s. Mikro-Ebene
Level-2 s. Makro-Ebene
Levenshtein-I-Distanz, 345
Levenshtein-II-Distanz, 344–346, 348
Likelihood-Ratio-Chi-Quadrat-Test s. Devianztest
Likert-Skala, 287
local indicators of spatial association (LISA-Statistiken), 131
Löcher, strukturelle, 210
logisches Rudiment, 283–286, 288–294
Log-Likelihood-Wert, 70, 155, 156, 163
Lösung
konservative, 285, 290
mittlere, 285, 290
sparsamste, 285, 290

M
Maddala R2, 164
Makro-Ebene, 13, 15, 26, 86, 104, 107, 148, 151–153, 163, 165, 168, 169, 171, 204, 246
Makro-Ebenen-Effekt, 159

Makro-Ebenen-Einheit, 154, 156–160, 165, 166, 168
Makro-Ebenen-Gruppe, 156, 157, 163
Makro-Ebenen-Variable, 153, 154, 157, 161, 165, 167
Manipulation (Experiment), 91, 92, 94, 99, 108
marginale Effekte, 161
Matching (Experiment), 94
Matrixalgebra, 206, 228
Maximum Likelihood (ML), 70, 132, 156–158, 164
Mechanismus, 242, 243
   handlungsgestaltender, 246
   kausaler, 240, 242–246
   situationeller, 246
   sozialer, 246
   transformativer, 246
Medoid, 67
Mehrebenenanalyse, 128, 132
   Bayesianisch, 157
   Fallzahl, 156, 158
Mehrebenenmodell, 325
Mehrebenen-Nullmodell, 155, 163
Mehrebenenregression, 128, 135
Mehrebenenstrukturgleichungsmodell (s. auch Strukturgleichungsmodell), 169
Menge s. Set
Mengentheorie, 273–276, 280, 287, 294, 297, 298
Meso-Ebene, 86
Methodentriangulation, 108
methodologischer Individualismus, 20
Mikro-Ebene, 15, 18, 86, 104, 107, 148, 151–153, 165, 168, 170, 204, 246
Mikro-Ebenen-Effekt, 156, 159
Mikro-Ebenen-Einheit, 148, 165, 167, 169
Mikro-Ebenen-Variable, 153, 159, 161
Mikrosimulation, 13
Mittelpunkt, geografischer, 135
Mixed-Methods-Design, 262, 263
MLwiN, 171
Modell, 16, 17
Modellgüte, 163
Monte-Carlo-Simulation, 157

Moran's I, 130, 131, 133
most parsimonious solution, 290
Multiagentensystem (MAS), 11, 211
Multichannel Sequence Analysis (MCSA), 354, 355
multidimensionale Entfaltung, 186, 191, 192
Multidimensionale Skalierung (MDS), 62, 177, 343, 350, 351
   konfirmatorische, 192
   metrische, 180, 195
   ordinale, 178, 180, 184, 193–195
Multigraph, 213
Multi-Methods-Design, 262, 263
multiple Mitgliedschaft, 151
Multiplexität, 213
multi-value QCA (mvQCA), 278

N
Namensgenerator, 216
Namensinterpretator, 216
Netzwerk, 21, 27
Netzwerkanalyse, 351
Netzwerkdichte, 212
Nicht-Outcome, 276, 280, 283, 290, 291
Non-Compliance, 94
notwendige Bedingung (s. auch hidden necessary condition), 256, 275–277, 282, 287–290, 297
   falsche, 288
Nullmodell (s. auch Mehrebenen-Nullmodell), 35, 155, 164

O
objektorientierte Programmierung, 14, 39
omitted variable bias, 133
Online-Experiment, 100
Open-Streetmaps, 140
operationales Alpha-Level, 154, 157
opinion dynamics, 27
Optimal Matching (OM), 344, 345, 347, 350
Ordinary Least Squares (OLS), 132, 147, 162

Ortslexika, 137
Outcome, 243, 244, 264, 275, 276, 278–280, 282, 289, 291, 295, 297

P

Panelbefragung, 309
Paneldaten, 169
Parallelisierung, 94
Partitionierung, räumliche, 131
Partitition Around Medoids (PAM), 67, 69, 77
Peak-Spike-Analyse, 322–324
Permutationstest, 223
Positionierung s. räumliche Positionierung
Post-Test-Design, 96
Preference Mapping, 190
Pre-Test-Post-Test-Design, 97
PRI-Parameter (Proportional Reduction in Inconsistency), 291
Process Tracing, 239, 240, 297
  Bayesianisches, 247, 250
  mengentheoretisches, 247
Programmierfehler, 25
Programmierung, objektorientierte, 14, 39
Projektion, 118, 139
Property Fitting, 191
proportional reduction in inconsistency, 291
PROXSCAL-Algorithmus, 193
Prozessanalyse, 240
Push-Button, 310, 311, 316, 317

Q

Qualitative Comparative Analysis (QCA)
  s. auch Crisp-Set QCA (csQCA);
  Fuzzy-Set QCA (fsQCA); Multi-Value QCA (mvQCA); Temporal
  QCA (tQCA), 262, 273, 275
Quine-McClusky-Algorithmus, 274
Quotenplan, 315

R

R^2_{makro}, 163
R^2_{mikro}, 163

Random Assignment, 93
Random-Effect, 157
Random-Intercept-Modell, 159, 162, 163
Randomisierung, 92–95, 101, 108
Random Selection, 92
Random-Slope-Modell, 159–161, 163, 170
Rasterformat, 134, 137–139
räumliche Analyse, 116, 127–130, 140
räumliche Autokorrelation, 130–133, 140
räumliche Extrapolation, 131
räumliche Interaktion, 130
räumliche Interpolation, 131
räumliche Nähe, 115, 128, 132
  Nachbarschaft, 115, 128, 133, 136
räumliche Partitionierung, 131
räumliche Positionierung, 187–189, 197
räumliche Regression, 131
Real-Time-Response-Messung (RTR), 308
Regression
  Generalized Least Squares (GLS), 132
  Geographically Weighted Regression (GWR), 133
  Maximum Likelihood (ML), 70, 132, 156–158, 164
  Mehrebenen, 128, 135
  Ordinary Least Squares (OLS), 132, 147, 162
  räumliche, 131
  Restricted Maximum Likelihood (REML), 157
Reliabilität, 293, 314, 317, 319
reset mode, 310–312, 316, 317
Residuum, gruppenspezifisches, 155
Restricted Maximum Likelihood (REML), 156, 157
Robustheit, 67, 74, 77, 87, 126, 156, 194, 195, 293, 316
Robustheitstest (QCA), 293, 294
Rubberband, 317
Rudiment, logisches s. logisches Rudiment

S

Schelling-Modell, 29, 31
Schieberegler s. Slider
Schneeballverfahren, 216

seed, 36
Sektion, 336
selection bias, 264
Sequenz, 336, 337
Sequenzanalyse, 59
Sequenzformate, 336, 337
Sequenzindexplot, 341, 351, 352
Sequenzplot, 341, 351, 352
Set (s. auch Crisp-Set; Fuzzy-Set), 68, 278
Shannon-Entropie s. transversale Shannon-
    Entropie
Shapefile, 139, 140
Silhouettenanalyse, 61, 77, 351
Simulation, 293, 294
    soziale, 12, 13
Single-Linkage-Verfahren, 57, 77
Skalenfreiheit, 207
Skaleninvarianz, 207
Skalierung, 126
Slider, 310–312, 316–318, 322, 323
Smoking-Gun-Test, 249–253, 256, 257
Softwareplanung, 23, 25
Solomon-Vier-Gruppen-Design, 97
soziale Simulation, 12, 13
Sozialisationseffekt, 149, 171
spatial analysis s. räumliche Analyse
Spatial-Error-Modell, 131–133
Spatial-Lag-Modell, 131–133
Spell, 336, 338
stable unit treatment value assumption
    (SUTVA), 92, 106
Standardfehler, 153, 156–158, 161, 169
Startpartition, 65, 66
Startwert, 36
Störfaktor, 92, 94, 95
Straw-in-the-Wind-Test, 248, 250, 256, 258
Stress-Wert, 181, 182, 192, 194, 195, 343,
    357
strukturelle Löcher, 210, 228
Strukturgleichungsmodell (s. auch Mehre-
    benenstrukturgleichungsmodell),
    169, 324
stylized facts, 23, 26, 36
Subsequenz, 345–347
    längste gemeinsame, 347
subset, 276, 280, 291

SUIN-Bedingung, 276
superset, 276, 280, 291
Survey, 213, 216
Survey-Experiment s. Umfrageexperiment
Survival-Analyse s. Ereignisanalyse

T
Täuschung, 101–103
    Coverstory, 101
temporal QCA (tQCA), 294
Theorieverständnis
    semantisches, 17
    syntaktisches, 16
Tile-Grid-Map, 124, 126
time use survey, 346
Time-Series-Cross-Section-Analyse
    (TSCS), 169
Time-Series-Cross-Section-Daten, 169
Transition, 334–337, 346
Transitionen, Anzahl, 341–343
Transitionsrate, empirische, 348
transversale Häufigkeit, 339–341, 351
transversale Shannon-Entropie, 340, 341
Treatment, 92–94, 96, 100, 105
Triangulation s. Mixed-Methods-Design
truth table s. Wahrheitstafel
Turbulenz, 341, 342
Two-Mode-Netzwerk, 213
Two-Step-Clusteranalyse, 70, 71, 76–78
Typologisierung, 51, 52

U
Übermenge, 276, 280, 291
Umfrageexperiment, 98–100
Untermenge, 276, 280, 291
Updating (ABM), 22

V
Validierung, 25
Validität (s. auch Konstruktvalidität; Krite-
    riumsvalidität), 97, 101, 293, 317
    externe, 97–99, 104, 314–316, 319, 321
    interne, 97–100, 314, 317

Varianzanteil, 152, 166
Vektorformat, 137–140
Venn-Diagramm, 257, 259, 276, 277, 292,
    293
Verifizierung, 25
Verschmelzung, 57–60, 77
Verschmelzungsniveau, 58–60, 70
Verständnis, konfiguratives, 278
Verzerrung s. Bias
Visualisierung von Netzwerken, 226, 228
vorhergesagte Werte, 161

W
Wahrheitstafel, 283, 284, 291, 292, 294,
    295
Wahrnehmungsraum, 179, 183–187, 189,
    190, 194, 197
Ward-Verfahren, 58, 70, 77, 348, 350
Weak Ties, 206, 210

Webscraping, 217
Within-Subject-Design, 96, 97

Z
Zeitreihenanalyse, 169
    gepoolte (s. auch Time-Series-Cross-
        Section-Analyse), 132
Zeitverwendungserhebung, 346
zelluläre Automaten, 13
Zentralität s. Betweeness-Zentralität;
        Closeness-Zentralität
Zentrieren, 162
    grand mean centering, 162
    group mean centering, 162
Zufallsauswahl, mehrstufige, 147, 152
Zufallseffekt, 157
Zwei-Ebenen-Modell, 148

The manufacturer's authorised representative in the EU is Springer
Nature Customer Service Centre GmbH, Europaplatz 3, 69115 Heidelberg,
Germany. If you have any concerns regarding our products, please
contact ProductSafety@springernature.com

Printed and bound by CPI Group (UK) Ltd, Croydon, CR0 4YY
27/04/2026
02097656-0004